宁夏回族自治区工会年鉴（2022）

NING XIA HUI ZU ZI ZHI QU GONG HUI NIAN JIAN

宁夏回族自治区总工会

宁夏回族自治区工会年鉴

（2022）

宁夏回族自治区总工会　编

中国文史出版社

图书在版编目(CIP)数据

宁夏回族自治区工会年鉴. 2022 / 宁夏回族自治区
总工会编. -- 北京:中国文史出版社,2024. 6.
ISBN 978-7-5205-4714-7

Ⅰ. D412.843-54

中国国家版本馆 CIP 数据核字第 202433VT32 号

责任编辑:梁玉梅

出版发行:中国文史出版社

社　　址:北京市海淀区西八里庄路69号　邮　编:100142

电　　话:010-81136606　81136602　81136603(发行部)

传　　真:010-81136655

印　　装:宁夏银报智能印刷科技有限公司

经　　销:全国新华书店

开　　本:787mm×1092mm　1/16

印　　张:35.5

字　　数:895千字

版　　次:2024年8月第1版

印　　次:2024年8月第1次印刷

定　　价:188.00元

《宁夏回族自治区工会年鉴》（2022）
编纂委员会

主　任　沈左权

副主任　马军生

委　员　（以姓氏笔画为序）

丁万福	丁文锦	万　煜	马文俊	马玉山	马丽君
马宗新	马津垠	王正奇	王冬焰	王　刚	王志会
王志军	王克栋	王　君	王　琦	尤文涛	左玉祥
白建华	白　虹	白雪峰	毕世喜	朱　伟	刘文平
刘立中	刘伟泽	刘红伟	刘红梅	苏玉生	李生华
李　响	李　婧	李翔宇	杨进余	杨青鸿	杨茂华
杨国林	杨常林	吴士忠	吴会军	吴彦龙	张文懋
张立君	张自华	张庆华	张娅丽	张晓伟	张瑞琳
陈自强	陈明鹏	武建国	杭庆珍	周大兴	赵大光
赵连瑞	赵灵平	赵晓冬	赵溪润	郝　雪	侯学云
耿永杰	徐丽萍	高宁强	彭书涛	蒯金银	雷　文
戴良宗					

《宁夏回族自治区工会年鉴》（2022）
编辑人员

主　　　编　马军生

副 主 编　吴会军

编辑部主任　盛利勇

编　　　辑　张国铭　海　伟　王　娟

图 片 编 辑　盛利勇　张国铭　李煜程

校　　　对　张国铭　海　伟　王　娟

编　辑　说　明

一、《宁夏回族自治区工会年鉴》(2022)是一部按年度反映宁夏工会2022年工作情况的资料工具书。其宗旨是全面反映宁夏回族自治区各级工会主要工作情况,为社会各界提供宁夏工会的有关资料,为自治区各级工会开展工作提供理论政策指导、工作经验及有关信息和资料。

二、本年鉴采用分类编辑法,主体内容分类目、分目、条目3个层次。类目为大单元,大单元内按现行管理体制设置分目。分目下设条目,条目为年鉴的基本单位和内容载体。条目的标题用黑体字外加【】表示。

三、本年鉴共设类目11个,类目下设分目94个,分目下设条目762个;卷首刊有彩图,卷尾设附录。各类目和附录刊载的内容为:

1.**特载**　自治区党委领导、自治区总工会主要领导发表的关于工会工作的重要讲话。

2.**大事记**　工会重要工作、重要会议和大事纪要。

3.**综合**　自治区总工会的主要工作情况。

4.**自治区总工会直属单位**　自治区总工会直属单位的主要工作情况。

5.**市级工会**　各市、宁东能源化工基地工会的主要工作情况。

6.**县(区)工会**　县(区)工会的主要工作情况。

7.**产业及所属部分基层工会**　自治区各产业工会及所属部分基层工会的主要工作情况。

8.**表彰先进与通报**　2022年中华全国总工会、自治区总工会关于表彰五一劳动奖状、劳动奖章和工人先锋号的决定等。

9.**理论与调研**　工会理论政策和调查研究部分成果。

10.**自治区总工会重要文件**　自治区总工会印发的有关文件。

11.**统计**　2022年自治区经济社会发展和工会工作的统计资料。

附录　工会工作的有关资料。

四、本年鉴由宁夏回族自治区总工会各部门、各市县(区)总工会、各产业工会和部分基层工会提供文稿。所有文稿均经编委(各单位负责人)审阅。

五、本年鉴由宁夏回族自治区总工会编辑。

目 录

综 合

自治区总工会直属单位

市级工会

县（区）工会

产业及所属部分基层工会

表彰先进与通报

理论与调研

自治区总工会重要文件

　　2022年8月16日,自治区党委副书记陈雍(前排中)到国家能源集团宁夏煤业公司煤制油分公司调研并慰问职工。

2

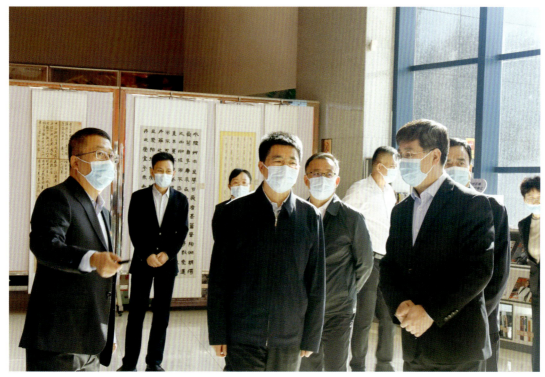

　　2022年10月11日，自治区党委常委、政府副主席买彦州（前排中）调研宁夏总工会工作
情况。

　　2022年1月6日,自治区人大常委会副主任、总工会主席沈左权(左三)慰问银川市困难职工。

4

　　2022年1月11日,自治区人大常委会副主任、总工会主席沈左权(右)调研固原市工会工作,并慰问全国劳动模范隋秀华。

　　2022年9月9日,自治区总工会党组书记、副主席马军生(右)到银川IBI育成中心妥妥E行公司工会调研指导工作。

　　2022年8月25日，自治区总工会"学习贯彻习近平总书记重要指示精神　深入推进产业工人队伍建设改革工作会议"在银川召开。

　　2022年4月28日，自治区庆祝"五一"国际劳动节暨自治区五一劳动奖表彰大会在银川召开。

2022年3月24日，自治区总工会第十二届委员会第六次全体（扩大）会议在银川召开。

2022年5月24日，自治区总工会第十二届委员会第七次全体（扩大）会议在银川召开。

2022年11月10日，自治区总工会十二届八次全委（扩大）会议在银川召开。

2022年6月27日，自治区总工会召开"学习宣传贯彻习近平总书记贺信精神　弘扬'社会主义是干出来的'实干精神　推动自治区第十三次党代会精神落实见效座谈会"。

2022年2月18日，自治区总工会召开2022年党建暨党风廉政建设工作会议。

2022年6月6日，自治区总工会召开深入学习贯彻习近平总书记视察宁夏重要讲话精神专题宣讲会。

2022年6月10日,自治区总工会组织机关干部收看中共宁夏回族自治区第十三次代表大会开幕大会实况。

2022年10月16日,自治区总工会组织机关干部收看中国共产党第二十次全国代表大会开幕会。

2022年11月7日,自治区总工会召开学习宣传贯彻党的二十大精神宣讲报告会。

2022年11月10日,自治区总工会与国家能源集团宁夏煤业有限责任公司签订合作备忘录。

　　2022年7月28日，石嘴山市总工会召开第十二届委员会第三次全体会议，闫学刚当选市总工会主席，侯学云当选副主席。

　　2022年1月11日，吴忠市工会第五次代表大会召开，来自全市各行各业的246名代表参加了会议。

　　2022年4月27日,吴忠市奶产业工会联合会第一届会员代表大会第一次全体会议召开,全市奶产业90名会员代表参加了会议。

　　2022年7月6日,固原市工会第四次代表大会召开,共有来自全市各行各业各基层工会的185名代表参加了会议。

2022年6月21日,中卫市产业工人队伍建设改革工作部署会在市行政中心召开。

2022年12月15日,同心县工会第八次代表大会召开。

2022年1月20日,国网宁夏电力有限公司第十一届职工代表大会第二次会议暨2022年工作会议在银川召开。

2022年8月23日,宁夏回族自治区建设工会第一次会员代表大会在银川召开。

2022年6月25日，全区"劳动者之歌"文艺汇演在银川举行。

2022年7月29日，全区职工"百场主题阅读交流　百名职工读书达人"关爱新就业形态劳动者专场活动在固原市职工活动中心举行。

　　2022年8月8日,自治区总工会开展"感恩奋进新征程　建设美丽新宁夏"全区工会劳模示范性宣讲活动,图为中国石油宁夏石化公司现场活动。

　　2022年8月11日,全区工会劳模示范性宣讲活动吴忠专场在宁夏红山河食品股份有限公司举办。

2022年1月14日，自治区总工会开展"迎新春　送万福　进万家"公益活动。

2022年4月22日，"喜迎党代会·献礼二十大"全区女职工演讲比赛决赛在银川举办。（受新冠疫情影响，本次比赛以视频方式举行）

　　2022年5月10日,全区工会经审干部"喜迎党代会·献礼二十大"演讲比赛决赛在银川市职工文化活动中心举行。(受新冠疫情影响,本次比赛以视频方式举行)

　　2022年6月8日,自治区总工会女职工委员会在吴忠市青铜峡黄河楼举办全区女职工黄河诗会。

　　2022年7月6日，自治区总工会在银川市兴庆区举办"喜迎二十大·建功新时代"送文化下基层文艺演出活动。

　　2022年9月13日，自治区总工会在石嘴山市举办2022年全国职工数字化应用技术技能大赛宁夏选拔赛。

2022年8月30日,银川市总工会在贺兰山体育馆举办银川市第五届职工运动会。

2022年6月17日,银川市西夏区枸杞行业工资集体协商会在宁夏杞里香枸杞有限责任公司召开。

2022年12月3日，银川市金凤区总工会在阿拉善广场蓝骑士站点开展慰问新就业形态劳动者活动。

2022年8月5日，银川市西夏区总工会在西夏万达广场举办"喜迎二十大　建功新时代"外卖配送员岗位技能竞赛。

2022年8月30日，石嘴山市总工会举办"工会班"金秋助学仪式。

2022年8月19日，平罗县总工会举办"建功'十四五' 奋进新征程"职工技能竞赛。

2022年8月24日,第二届吴忠市职工技术创新成果展启动暨颁奖仪式在吴忠市科技馆举行。

2022年5月13日,吴忠市"工会+法院"劳动争议诉调衔接工作室在市中级人民法院诉讼中心挂牌。

　　2022年5月20日,吴忠市利通区在五里坡奶牛生态养殖基地举办企业建会专项行动集中入会启动仪式。

　　2022年11月17日,吴忠市利通区总工会召开推进产业工人队伍建设改革工作会议暨"县级工会加强年"专项工作启动会。

2022年4月28日,青铜峡市"法院+工会"劳动争议诉调对接工作启动仪式在青铜峡市法院举行。

2022年7月27日,盐池县总工会开展"喜迎二十大　夏送清凉关爱职工"慰问活动。

　　2022年8月24日,固原市原州区总工会召开"进一步解放思想、吃透区情、找准定位、创新发展"大讨论活动启动会。

　　2022年6月17日,泾源县总工会联合宁夏理工学院在泾源县人民广场举办"喜迎党的二十大　争创新业绩　奋进新征程"文艺演出。

2022年9月1日,中卫市总工会在职工文化活动中心举行2022年"金秋助学"资金发放暨座谈交流会。

2022年7月30日至31日,中国人民银行宁夏辖区第三届职工羽毛球比赛在中卫市成功举办,来自全区的5支代表队40余名队员参加了比赛。

特 载

在自治区总工会十二届六次全委(扩大)会议上的讲话

(2022年3月24日)

沈左权

刚才,会议传达学习了中华全国总工会第十七届执行委员会第五次全体会议精神,听取并审议通过了马利明同志代表区总十二届委员会常委会作的工作报告,书面听取了闫灵同志代表十二届经审会作的工作报告,特别是陈雍副书记亲临会场并作讲话。陈雍副书记对2021年我区工会工作给予肯定,着眼我区工作全局,科学分析了当前经济社会发展形势,对做好今年的工会工作提出了新的更高的要求。讲话理论性、针对性、实践性都很强,各级工会要及时向同级党委汇报,认真组织学习、深刻领会精神,结合实际、细化措施,把自治区党委的安排部署,把陈雍副书记的讲话要求落实落细。

今年,将召开中国共产党第二十次全国代表大会,这是党和国家政治生活中的一件大事,自治区将召开第十三次党代会。迎接和学习宣传贯彻党的二十大精神、自治区第十三次党代会精神,是今年全区各级工会工作的主线,工会所有工作都要服从服务于这条主线。同时,今年还是全面落实国家、自治区和工会"十四五"规划的关键一年,做好今年的工作意义重大、影响深远。

今天的会议对全年工作作出了全面安排部署。一分部署,九分落实。各项目标任务能不能圆满完成,能不能实现工会"十四五"规划的开局首胜,关键在于落实。习近平总书记指出,有的抓工作不讲实效,不下功夫解决存在的矛盾和问题,难以给领导留下印象的事不做,形不成多大影响的事不做,工作汇报或年终总结看上去不漂亮的事不做,仪式一场接着一场,总结一份接着一份,评奖一个接着一个,最后都是"客里空"。习近平总书记还讲,崇尚实干、狠抓落实是我反复强调的,如果不沉下心来抓落实,再好的目标,再好的蓝图,也只是镜中花、水中月。改革蓝图有了,现在的关键是把蓝图一步步变为现实;落实的重点是坚定信心、凝聚共识、落到实处。我们一起重温习近平总书记关于抓落实的论述,就是要把工作谋在实处、抓在实处、落在实处。下面,我围绕抓好工作落实简要讲几点意见。

一、贯彻新思想,提高站位抓落实

政治性是工会的第一属性,也是工会的灵魂。要落实好工会各项工作任务,首先要把讲政治作为第一位的要求,牢牢把握工会工作的正确政治方向,确保工会工作始终沿着中国特色社会主义道路前进。

一要坚决捍卫"两个确立"。党确立习近平同志党中央的核心、全党的核心地位，确立习近平新时代中国特色社会主义思想的指导地位，反映了全党全军全国各族人民共同心愿，对新时代党和国家事业发展、对推进中华民族伟大复兴历史进程具有决定性意义。抓好工会工作落实，首要任务是坚持不懈学懂弄通做实习近平新时代中国特色社会主义思想，深入学习宣传贯彻党的十九届六中全会精神，引导各级工会组织、广大工会干部准确把握"两个确立"的重大意义、丰富内涵、实践要求，将"两个确立"作为复兴伟业坚实的思想基础、显著的制度优势、主动的精神力量、坚强的政治保证，深学笃行、融会贯通，自觉做忠诚核心、拥护核心、跟随核心、捍卫核心的卫士。

二要坚定不移地落实党中央决策和自治区党委的部署要求。今年年初，中央书记处在听取全总等五家群团组织2021年工作情况和2022年工作安排时指示要求：各群团组织要增强"四个意识"、坚定"四个自信"、做到"两个维护"，把思想和行动统一到党中央决策部署上来，聚焦保持和增强政治性、先进性和群众性，以高度历史主动精神做好新时代群团工作，团结动员广大群众永远跟党走、奋进新征程。为我们做好今年各项工作提供了遵循。抓好工会工作落实，首先要坚决落实党中央和自治区党委的部署要求，紧扣全区经济社会发展大局，把准党政所需、职工所盼、工会所能的结合点，重点要在结合点上做文章，工作没有结合，对上就是口号，对下就是脱离实际、脱离群众，就是形式主义。我们要真抓实干，履职尽责，以优异成绩迎接党的二十大和自治区第十三次党代会胜利召开。

三要坚决承担起工会组织的政治责任。迎接和学习宣传贯彻党的二十大精神和自治区第十三次党代会精神，是今年工会所有工作围绕的一条主线。抓好工会工作落实，必须要以学习宣传贯彻党的二十大精神和自治区第十三次党代会精神为重点，结合学习贯彻习近平总书记视察宁夏重要讲话，结合学习贯彻习近平总书记关于工人阶级和工会工作的重要论述，广泛宣传我们党百年奋斗取得的伟大成就和宝贵经验，宣传新时代中国共产党的历史使命和光明前景，宣传党的领导和我国社会主义制度的巨大优越性，宣传工人阶级在党的百年奋斗历程中作出的突出贡献，宣传习近平总书记和党中央对广大职工的关心关怀关爱，宣传习近平总书记对宁夏人民的深情厚谊，给职工群众讲清楚中国工会的属性、特征和宗旨、使命，引导广大职工从"中国之治"与"西方之乱"的鲜明对比中，从宁夏发展的历史变迁中，深刻认识中国共产党为什么能、马克思主义为什么行、中国特色社会主义为什么好，不断增强道路自信、理论自信、制度自信、文化自信，把广大职工群众紧紧团结在党的周围，听党话、感党恩、跟党走。

二、推进新发展，锚定目标抓落实

目标就是坐标。当前，全区上下正同心协力建设美丽新宁夏，我们要找准工会服务大局的方位坐标和着力重点，引领各级工会坚定向高攀、一起向未来。

一要锚定自治区重点工作目标。今年，自治区党委和政府的重点工作任务主要体现在"三个坚持"（坚持稳中求进工作总基调，坚持以供给侧结构性改革为主线，坚持统筹疫情防控和经济社会发展）、"三个加快"（加快推进先行区建设，加快推动高质量发展，加快实施"四大提升行动"）和"三个保持"（保持经济平稳较快增长，保持社会大局和谐稳定，保持同心协力团结局面）上，作为党领导下的工会组织，我们要放眼全局、立足所能、主动担当，发挥工会优势助力自治区重点工作任务扎实推进。要围绕"三个坚持"和"三个加快"，聚焦"九大重点产业""十大工程项目"，大力弘扬劳模精神、劳动精神、工匠精神，唱响劳动光荣、技能宝贵、创造伟大的主旋律,动员广大职工群众以实际行动"建功'十四五'、奋进新征程";要积极探索新形势下送温暖和帮扶工作的特点规律,叫响做实工会品牌项目,真正把党和政府的温暖送到职工群众的心坎上。要围绕"三个保持",全面加强劳动领域政治安全、和谐劳动关系构建等工作,特别是要重点关注因疫情和经济形势变化引起的劳动纠纷,扎实做好预防化解工作,坚决维护劳动领域政治安全和职工队伍和谐稳定;要适应新技术新业态新模式的迅猛发展,把服务重点向农民工、灵活就业人员等群体倾斜,把人、财、物等向基层一线倾斜,最大限度地把他们吸引到工会中来,让其在"娘家"享受到实实在在的获得感、幸福感、安全感。

二要锚定工会"十四五"规划目标。自治区总工会十二届五次全委会议审议通过了《宁夏工运事业和工会工作"十四五"发展规划》(以下简称《规划》)。《规划》明确:"十四五"时期我区工会工作要遵循5项原则、围绕六大目标、落实38项任务,这是工会今后几年的工作指导书,我们要放眼长远、脚踏实地,抓好落实。要围绕中心、服务大局,结合宁夏的经济、文化、地域等实际情况,积极主动融入新发展格局,坚持大局所系工会该为、形势所趋工会该干、职责所在工会该办,突出工会特色、找准发展定位、选好发展方向。要坚持实事求是,把落实《规划》与本地区本产业工作实际相结合、与解决突出问题相结合,推进各项任务扎实高效落实。要强化措施支撑,按照《规划》各项工作任务,深入研究,拿出具体的工作举措,防止上下"一般粗"和工作上不接天线、下不接地气。要做好任务分解,把《规划》总目标分解到每年来抓,逐年接续用力,及时总结推进,保证如期完成"十四五"时期各项工作任务。

三要锚定年度目标。刚才,利明同志安排部署了今年的工作,主要是实施"六大工程",共有18项任务,其中一些工作明确了量化指标,例如:今年我们力争25人以上企业建会要动态全覆盖,新就业形态劳动者入会率要达到50%以上,要培育30个自治区级职工之家建设示范单位,等等,这些目标,绝不是轻轻松松就能够实现的,要扑下身子、拿出实招、攻坚克难、奋力推进。要实行挂图作战,建立年度工作台账,明确责任人、完成时限和标准要求,把任务压实压紧。要加强督查指导,定期开展检查通报,及时总结经验做法和问题困难,发挥优势、疏通堵点、推进落实。要加强调研分析,在工作推进中开展经常性的调查研究和数据分析,把基础工作做实、把数据统计准确,为做好做实各项工作提供保证。

三、关注新期待,破难补短抓落实

面对我区经济社会发展的新要求、新就业形态劳动者群体日趋壮大的新形势、职工群众对美好生活向往的新期待,工会工作还存在一些短板弱项和需要突破的地方,要进一步强化问题导向,扬长补短、整体提升。

一要破阵地作用发挥之难。建好用好阵地是联系好服务好职工群众的基础和前提。去年以来我到五市进行了调研,发现各地阵地建设水平还不平衡,有些地方阵地建得很好,但是作用发挥不够好,有些地方只想着建新阵地,在统筹协调利用现有资源上文章做得不够,还有些地方硬件软件都有了,但是专业化、人性化服务水平不够高,等等,对于这些问题,我们要善于从自身找原因,因势利导、因地制宜予以解决。例如,凤凰北街联合工会协调使用辖区文化企业职工活动阵地,为更多的职工提供服务的做法很好,要学习这种工作思路,遇到问题善于开拓思维、创新方法予以解决。"阵地"建设要以整合各种资源为主,不是大搞基本建设,凤凰北街联合工会就是很好的示范。要以工人文化宫建设纳入自治区"十四五"规划为契机,借助向同级党委工作汇报、政府和工会联席会议等形式,积极争取党政支持,统筹协调活动场地。同时,要深入研究职工文化生活的新变化，努力适应职工文化生活的新需求，创新职工文化生活的新形式，建好用好工会阵地。

二要破夯实基层基础之难。工作落实要到基层，更要靠基层。但是，当前工会基层基础薄弱的短板仍然没有补齐，一些基层工会吸引力、影响力、凝聚力不够高，作用发挥不明显的问题还比较突出。解决这个问题我们要坚持系统思维，站在完善基层治理体系提高基层治理能力的高度，用情用力、久久为功。要集中攻坚推建会，特别要提升工会在小微企业的覆盖率，突出重点群体，深化货车司机、网约工等八大群体入会和百人以上企业建会专项行动，探索为新就业形态劳动者建会入会提供"种子"资金，推动工会组织不断向中小微企业、"两新"组织延伸，把灵活就业群体和新技术新业态新模式下出现的新就业形态劳动者吸引过来。要注重激发队伍活力，建立考核评价机制，健全监督管理机制，充分发挥社会化工会干部和工会积极分子、志愿者的作用。要树立大抓基层的理念，将力量和资源向基层投放倾斜，坚持眼睛向下、面向基层，推动形成人往基层走、钱往基层投、政策往基层倾斜的格局。目前，区总把85%以上的经费都拨下去了，基层要用好用活这些资金，我们发现，个别县(区)、一些非公企业联合工会存在工会经费没有使用、结余严重的问题，这就是把该用的资金没用好，要深入研究，从制度机制方面解决好这些问题。

三要破干部能力提升之难。工会干部的能力水平直接关系到工会组织作用的发挥。要始终坚持以人民为中心的发展思想，不断强化工会干部的服务意识，着力提升思想引领、依法履职、维权服务、处理矛盾、化解风险、协调沟通等方面的能力，通过春风化雨、细致入微的工作，把更多的职工团结凝聚在党的周围，不断巩固党执政的阶级基础和群众基础。要练好服务职工的"基本功"，聚焦提升政治能力和业务能力，坚持缺什么补什么的原则，全方位培训基层工会专兼职干部和社会化工会工作者，不断增强培训的针对性实效性实践性，着力提高工会干部依法依规履职和做好群众工作的本领。要组织工会干部到实践中去锻炼，在发现和解决实际问题中增长才干，在化解矛盾纠纷、处理舆情事件中提升能力、展现作为。不能坐在机关、高高在上，不了解职工所求所愿，出现苗头性问题认识不到严重性，拿不出得力的解决办法，这是典型的"四化"问题，各级工会都要高度重视，下大力气解决。要养成服务职工的"生物钟"，按照"职工有所需、工会有所帮，职工有所呼、工会有所应"的工作要求，推动服务方式从线下为主到线上线下互动融合转变，服务对象从特殊群体向全体会员转变，服务内容从工会"定菜单"向职工"点菜单"转变。

四、激发新动能，创新方法抓落实

在抓落实中不光要实干、苦干，更要会干。要进一步强化创新思维、策略意识，每年的工作不能都是"老三样""老方法"，要创造性地把各项工作落到实处。

一要创新推进产业工人队伍建设改革显效之法。推进产业工人队伍建设改革，是党交给工会的一项重大工作，现在可以说到了爬坡期、攻坚期，这个时候更需要树立系统思维和创新思维，善于跳出固有思维，使用新方法解决老问题。要加大调研指导力度，围绕产业工人队伍建设改革中的深层次、根本性问题加大调研力度，从调研中启迪智慧、开拓思路、研究方法。要及时总结和推广试点单位和基层探索创新出的好经验好做法，充分发挥国企的带头作用，以点带面、逐级突破，推动改革整体深化。要注重效果跟踪，抓好改革任务落实的监督问效，开展改革情况绩效评估，推进改革成效进一步显现。要加强舆论引导，加强对改革举措的解读、改革进展的宣传，营造社会各界关心、支持、参与产业工人队伍建设改革的良好氛围。

二要创新推进产业工会发展之法。产业工会工作是工会一项重要的基础性工作，是推进产业工人队伍建设改革的重要力量。"十四五"时期，我国进入新发展阶段，经济关系、劳动关系、职工队伍结构发生深刻变化，产业工会也面临着新形势新任务，我们要顺势而为、因时而变，推动产业工会工作创新发展。要加强对产业工会工作的统筹谋划，把做好产业工会工作作为衡量工会工作整体水平的重要依据，适时召开产业工会工作会议，及时研究解决产业工会工作中的重大问题。要注重总结产业工会工作的典型经验，加强对涉及产业工会理论和实践问题的研究，探索新发展阶段产业工会工作的特点和规律，努力提高产业工会工作水平。要加强对产业工会的支持保障，充分发挥产业工会熟悉产业政策、覆盖企业广泛、联系职工紧密的优势，把一些具有产业特色、行业特点的工会工作和活动，交由产业工会组织实施。要支持产业工会协调好与政府及有关部门的关系，建立健全工作协商、工作通报、联合督查等制度，加强与其他社会组织、新闻媒体等联系沟通，引导形成良好的社会舆论环境，形成工作合力。

三要创新推进"智慧工会"深化之法。"智慧工会"建设是做好群众工作的重要路径，网络平台是服务职工群众的重要阵地。近年来，我们在"智慧工会"建设上取得了一定成效，如全区120万会员信息全部实现计算机管理、办公普遍使用OA系统、建成工会工作服务平台、开通运行微信公众号和手机APP等，但是我们也要清楚地认识到，"智慧工会"建设仍然处于浅层次、低水平，还需要不断创新深化。要建立健全结构清晰、数据准确、动态管理的工会工作和会员信息基础数据库，打通数据壁垒、消除信息孤岛、统一工作标准，推动各级工会、工会各部门相关信息互联互通。要善于运用信息化手段开展业务工作，使宣传教育、各类竞赛、劳模评选、维权帮扶、工会组建、民主协商等工作真正实现信息化、精准化、智能化。要大力挖掘工会移动服务平台功能，强化应用宣传推广，为职工提供移动式、便捷化、高效性的工会服务。要加快推进线上线下工作融合发展，以扎实的线下工作支撑线上工作开展，以快捷的线上交流互动促进整体工作质量提升。

五、锻造新品格，转变作风抓落实

作风建设永远在路上。新时代，工会干部要展现新形象、展示新作为、作出新贡献，跟上时代前进的步伐，不能有"船到码头车到站"的思想，要体现出工会干部的精气神，体现出工会干部在新时代真抓实干的优良作风，努力以作风大转变带动工作大提升、推动成绩大显现。

一要坚持立说立行。原地徘徊一千步，抵不上向前迈出第一步；心中想过无数次，不如撸起袖子干一次。现在，新一年的各项目标任务都已经明确，要大力弘扬"马上就办"的优良作风，始终保持"紧在前头、快在前头、干在前头"的奔跑状态，坚决杜绝"等靠要"的拖沓，消除"松懒软"的状态，争分夺秒干事创业。特别是在座的各位，基本上都是"领头雁""火车头"，希望在新征程上一马当先，率领"一班人"、带动"一层人"、影响"一群人"，切实形成虎虎生威的干事氛围。

二要坚持敢作敢当。要增强狠抓落实的行动担当，把该挑的担子挑起来，把该扛的责任扛起来，把该抓的事情抓起来，不能遇到问题往外推、遇到困难绕着走，不当得过且过的"撞钟先生"、滥竽充数的"南郭先生"、是非不分的"东郭先生"、不低不高的"差不多先生"。要做到面对各种困难和挑战时，不是一味强调客观原因，而是敢于解"难"和啃"硬骨头"，多一分"闯冒试"劲头，少一分"等靠要"思想，驰而不息地提高画句号能力，切实以"踏石留印、抓铁有痕""真抓实干、埋头苦干"的实干作风，倾力当好推动工会工作发展的实干家。

三要坚持善作善成。要坚定不移聚焦大局、服务大局、保障大局，以"坐不住"的紧迫感、"慢不得"的危机感、"等不起"的责任感，切实把党赋予工会干部的职责使命放在心上、扛在肩上、抓在手上、站在高处、想在深处、干在实处，扎实推动各项工作不折不扣地落实见成效。要时刻保持事必尽善的专注、精益求精的执着，不断增强抓落实的穿透性和创造性，确保说一件、干一件、成一件。特别是像落实"十四五"规划、落实支持小微企业发展政策等工作，以此为契机，破解组织发展难题。要有一种抓在经常、利在长远的耐心和耐力，找准切入点、拿出新方法、采取新举措，压茬落实，做到步步为营、久久为功、善始善终、善作善成。要持之以恒地保持饱满的工作激情和进取精神，涵养高尚的道德情操，坚决抵制不正之风和低级趣味，做到清正廉洁，树牢工会干部良好的政治品行、工作品行、生活品行和为民务实清廉形象。

各位委员，同志们，新起点开启新征程，新目标赋予新使命。让我们在自治区党委和全总的坚强领导下，团结动员全区广大职工群众，高举思想之旗、把准发展之脉、汇聚奋进之力、谋定创新之策，以优异成绩迎接党的二十大和自治区第十三次党代会胜利召开！

在学习贯彻习近平总书记致首届大国工匠创新交流大会的贺信精神、弘扬"社会主义是干出来的"实干精神、推动自治区第十三次党代会精神落实见效座谈会上的讲话

（2022年6月27日）

沈左权

同志们：

今天我们召开学习贯彻习近平总书记致首届大国工匠创新交流大会的贺信精神、弘扬"社会主义是干出来的"实干精神、推动自治区第十三次党代会精神落实见效座谈会，主要目的是以习近平新时代中国特色社会主义思想为指导，深入学习贯彻习近平总书记致首届大国工匠创新交流大会的贺信精神和视察宁夏重要讲话精神，团结动员广大职工大力弘扬"社会主义是干出来的"实干精神，全面推动自治区第十三次党代会确定的目标任务在工会系统落实见效。刚才，7位同志从不同角度作了交流发言，总体来说学习有感悟、贯彻有思路、落实有举措，听后很受启发，请同志们相互启迪借鉴。下面，围绕学习领会、贯彻落实习近平总书记致首届大国工匠创新交流大会的贺信精神、弘扬"社会主义是干出来的"实干精神，推动自治区第十三次党代会精神在工会系统落实见效，讲几点意见：

一、系统把握深刻内涵，始终保持工会工作正确政治方向

习近平新时代中国特色社会主义思想，是新时代中国共产党的思想旗帜，是国家政治生活和社会生活的根本指针。无论是习近平总书记致首届大国工匠创新交流大会的贺信精神、"社会主义是干出来的"实干精神，还是自治区

第十三次党代会精神，都是习近平新时代中国特色社会主义思想的生动体现，必须整体把握、全面理解、融会贯通。

——习近平总书记致首届大国工匠创新交流大会的贺信，丰富发展了习近平总书记关于工人阶级和工会工作的重要论述，为我们推进工会工作高质量发展提供了根本遵循。党的十八大以来，习近平总书记先后7次在"五一"国际劳动节前夕向工人阶级和广大劳动群众致以节日问候，2次在中国工会全国代表大会闭幕后同全总新一届领导班子成员集体谈话，2次在中央党的群团工作会议和全国劳模大会上发表重要讲话，并多次对工会工作作出重要指示批示。这些重要讲话和重要指示批示，构成了习近平总书记关于工人阶级和工会工作重要论述的基本内涵，全国人大常委会副委员长、全国总工会主席王东明在2018年中国工会十七大报告中将其概括梳理为"八个坚持"，这是我们开展工会工作的根本遵循。今年，是习近平总书记第8次在"五一"国际劳动节前夕向工人阶级和广大劳动群众致以节日问候，总书记的贺信思想深邃、内涵丰富、情真意切、催人奋进，饱含着对技术工人重要地位的高度评价，强调"技术工人队伍是支撑中国制造、中国创造的重要力量"；饱含着对工人阶级和广大劳动群众的殷切希望，强调"工人阶级和广大劳动群众要大力弘扬劳模精神、劳动精神、工匠精神，适应当今世界科技革命和产业变革的需要，勤学苦练、深入钻研，勇于创新、敢为人先，不断提高技术技能水平，为推动高质量发展、实施制造强国战略、全面建设社会主义现代化国家贡献智慧和力量"；饱含着对深化产业工人队伍建设改革的明确要求，强调"各级党委和政府要深化产业工人队伍建设改革，重视发挥技术工人队伍作用，使他们的创新才智充分涌流"；饱含着对工人阶级和劳动群众的亲切关怀，特别提出"五一"国际劳动节即将来临，代表党中央，向广大技能人才和劳动模范致以诚挚的问候，向广大劳动群众致以节日的祝贺。这些充分体现了习近平总书记对工人阶级和工会工作的高度重视，是习近平总书记关于工人阶级和工会工作重要论述的最新发展，具有深刻的理论意义和实践意义。各级工会要把学习贯彻贺信精神作为学习贯彻习近平总书记关于工人阶级和工会工作重要论述的重点内容，常学常新、细照笃行，努力推动新时代工会工作新发展，特别是要深刻领会贺信对广大职工立足岗位创新创造的殷切期望，大力弘扬劳模精神、劳动精神、工匠精神，广泛组织开展劳动技能竞赛和职工创新创造活动，引导广大职工以劳动创造幸福、以技能成就梦想，以实际行动当好主人翁、建功新时代；要深刻领会贺信对深化产业工人队伍建设改革提出的要求，推动各级党委、政府把产业工人队伍建设改革相关举措列入重要议事日程，纳入经济社会发展大局通盘考虑，把改革提升到新水平；要深刻领会贺信蕴含的深厚人民情怀，认真履行维权服务基本职责，切实维护劳动领域政治安全，全力构建和谐劳动关系，把党和政府的温暖送到职工群众的心坎上，真正把学习宣传贯彻贺信精神转化为做好新时代工会工作的强劲动力。

——"社会主义是干出来的"实干精神，生动体现了习近平总书记崇尚实干精神的政治品格，为我们推进工会工作高质量发展指明了方法路径。征途漫漫，惟有奋斗。2016年7月，习近平总书记在宁东能源化工基地视察时发出了"社会主义是干出来的"伟大号召，奏响了声震黄河两岸、响彻神州大地的时代最强音；2020年6月，也是在宁夏，习近平总书记在吴忠市利通区金花园社区视察时再次强调社会主义是干出来的、幸福是奋斗出来的，揭示了中国共产党铸就历史辉煌的制胜法宝，启示了中国共产党引领民族复兴的时代要求。回首党的百年征程，无论是革命时期的浴血奋战、百折不挠，创造了新民主主义革命的伟大成就，还是建设时期自力更生、发愤图强，创造了社会主义革命和建设的伟大成就；无论是改革时期解放思想、锐意进取，创造了改革开放和社会主义现代化建设的伟大成就，还是新时代自信自强、守正创新，创造了新时代中国特色社会主义的伟大成就，这些辉煌答卷的背后，都有一个"干"字。正因为有中国共产党人的持续奋斗、不懈奋斗，有14亿中国人民的埋头苦干、真抓实干，我们才能书写出中华民族几千年历史上最恢宏的史诗。在这部百年波澜巨著中，宁夏用西海固从"贫瘠甲天下"到"全面小康路"、宁东从"毛乌素沙地边缘的戈壁荒滩"到"全国重要的能源化工基地"等非凡蜕变，为"干是社会主义发展的硬道理""不干，半点马克思主义也没有"写下生动注脚，习近平总书记在这里发出了"社会主义是干出来的"伟大号召，这是宁夏的骄傲，更是全区广大产业工人的骄傲。立足新的征程，我们要充分发挥"社会主义是干出来的"伟大号召发源地的优势，要在宁东基地精心打造新时代产业工人思想政治教育基地，集中宣传习近平新时代中国特色社会主义思想，集中展示我区涌现出的人民楷模、劳动模范和工匠人才的先进事迹，讲好新时代我区产业工人奋进新征程的励志故事；要健全完善劳模宣传教育、跟踪服务、动态管理等机制，持续发挥劳模示范引领作用，激励广大职工群众进一步保持真抓实干的优良作风，通过"干"打开工作新局面，让"社会主义是干出来的"伟大号召不断散发新的时代光芒。

——自治区第十三次党代会，全面贯彻了习近平总书记视察宁夏重要讲话和指示批示精神，为我们推进工会工作高质量发展确定了"施工方案"。宁夏是一片有着光荣革命传统的红色土地。习近平总书记十分重视宁夏发展、关怀宁夏人民，党的十八大以来，总书记先后两次视察宁夏并发表重要讲话，为美丽新宁夏建设

把航定向、擘画蓝图，提出了着力推进经济持续健康发展、着力保持社会和谐稳定、着力巩固和发展党的执政基础"三个着力"的战略性部署，明确了坚持不懈推动高质量发展、推动改革开放取得新突破、坚决打赢脱贫攻坚战、抓好生态环境保护、加强民生保障和社会治理、激发广大党员干部奋斗精神6项重点任务，为自治区60大庆题写了"建设美丽新宁夏 共圆伟大中国梦"的贺匾，科学阐明了"新时代建设什么样的新宁夏、怎样建设美丽新宁夏"的重大问题，为新时代宁夏发展提供了行动指南。刚刚闭幕的自治区第十三次党代会，审议通过了题为《坚持以习近平新时代中国特色社会主义思想为指导 奋力谱写全面建设社会主义现代化美丽新宁夏壮丽篇章》的报告，自觉把习近平新时代中国特色社会主义思想作为总遵循、总纲领、总指引，把全面贯彻落实习近平总书记两次视察宁夏重要讲话和重要指示批示精神作为一条红线，把全面建设经济繁荣、民族团结、环境优美、人民富裕的社会主义现代化美丽新宁夏作为一条主线贯穿始终，使衷心拥护习近平总书记、发自内心念着习近平总书记的好成为宁夏大地的最强音，成为全区上下的总基调，集中表明了自治区党委坚定不移沿着习近平总书记指引的方向前进的政治立场，集中表明了全区上下坚定不移感党恩、听党话、跟党走的政治自觉。我们一定要从捍卫"两个确立"、做到"两个维护"的高度，把学习贯彻自治区第十三次党代会精神作为学习贯彻习近平总书记视察宁夏重要讲话精神的具体行动，作为当前和今后一个时期的重大政治任务，迅速掀起学习宣传贯彻热潮，切实把思想统一到党代会精神上来，把力量凝聚到党代会确定的各项目标任务上来，推动党代会精神在工会系统不折不扣贯彻到底、落实到位。

二、聚焦建设社会主义现代化美丽新宁夏，推动工会工作融入中心大局

"行动"是最好的表态，"落实"是最有力的

担当。我们学习习近平总书记致首届大国工匠创新交流大会的贺信精神、自治区第十三次党代会精神,最终的目的是要体现在行动上、落实到工作中。前期,区总办公室梳理了党代会报告中与工会工作直接有关的13条内容,我们要在落实好这13条内容的基础上,放大格局、放宽眼界,坚持以习近平总书记致首届大国工匠创新交流大会的贺信精神为动力,自觉把工会工作置于全面建设社会主义现代化美丽新宁夏的大局下去思考、去谋划、去推进,真正使思想、行动跟上党中央要求、跟上自治区步伐、跟上事业发展需要。

一要聚焦开创经济繁荣新局面,在坚持不懈推动高质量发展上主动作为。高质量发展是遵循经济规律发展的必然要求,也是贯穿自治区第十三次党代会报告的鲜明主题。工运事业是党的事业的重要组成部分,我们要按照党代会报告"坚持以先行区建设为牵引,推动高质量发展实现新突破"的要求,秉持全局思维、系统观念,充分发挥工会组织独特优势、特有作用,做到中心工作推进到哪里、工会的作用就发挥到哪里。要纵深推进产业工人队伍建设改革,努力培育一支适应高质量发展需要的高素质产业工人大军。今年是产业工人队伍建设改革实施五周年,要全面履行好工会牵头职责,精心筹备召开全区产业工人队伍建设改革推进会,系统总结改革实施以来取得的经验,在补短板、强弱项,谋长远、抓持久上下功夫,推动改革向纵深发展(在这方面,区总相关部门要围绕推动相关改革任务落实的政策举措、预期效果、进度安排、核心关切等,建立与市县、产业工会的经常性沟通交流机制,清"淤点"、通"堵点"、解"难点",努力做到认识统一、步调一致、同向发力)。要加快谋划建设宁夏工运史馆,充分发挥工会干部学校在高技能人才培训方面的重要作用,全力打造产业工人思想政治引领和素质提升的主阵地,引领改革取得更大成效。要广泛

开展劳动技能竞赛活动,努力在推动高质量发展中发挥工人阶级主力军作用。实现高质量发展,核心靠产业、关键在项目。要紧紧围绕党代会确定的20个重大项目建设和"六新六特六优"产业发展,广泛深入持久开展"建功'十四五'、奋进新征程""百万职工建功新时代、喜迎二十大"主题劳动和技能竞赛活动,让广大职工在竞赛中提升技能水平、展现担当作为,真正成为高质量发展的第一推动力。要大力弘扬劳模精神、劳动精神、工匠精神,凝聚起百万职工在推进高质量发展中的磅礴力量。报告鲜明提出"要大力弘扬科学家精神和工匠精神,让更多'千里马'在宁夏创新创造、竞相奔腾",可以说是交给工会组织的一项实实在在的工作任务。要广泛宣传习近平总书记贺信对工人阶级和广大劳动群众的高度重视和关心关怀,讲好劳模故事、劳动故事、工匠故事,切实把广大职工的干劲、钻劲、闯劲鼓舞激励起来。劳模和产业工人代表,是职工中的佼佼者,要始终不忘习近平总书记的殷切期望,发挥示范带头作用,引领广大职工群众广泛开展创新创造活动,争当技术能手,争做"金牌工人"。

二要聚焦续写民族团结新篇章,在铸牢中华民族共同体意识上主动作为。中华民族共同体意识,是国家统一之基、民族团结之本、精神力量之魂。报告明确提出要加快建设铸牢中华民族共同体意识示范区,为全区各族职工群众带来了共同团结奋斗、共同繁荣发展新的巨大鼓舞。作为党联系广大职工群众的桥梁纽带和全区125万各族职工群众的"娘家人",我们要紧紧围绕自治区党委决策部署,高举中华民族大团结旗帜,促进各族职工紧跟时代步伐,共同团结奋斗、共同繁荣发展,营造"塞上职工一家亲"的浓厚氛围。要加强中华民族共同体意识教育。广泛开展习近平总书记关于加强和改进民族工作的重要思想及自治区党委加快建设铸牢中华民族共同体意识示范区的有关要求宣传

宣讲活动,推进党的民族理论、民族政策和民族知识进企业、进班组、进头脑,不断强化"三个离不开""五个认同",让中华民族共同体意识深深扎根于工会干部和各族职工群众心中。要构建各族职工共有精神家园。坚持把文化认同作为民族团结的根脉,在各族职工群众中大力培育和践行社会主义核心价值观,广泛开展春节、中秋等中华民族传统节日慰问及文艺演出活动,形成各族职工群众团结奋进的强大精神纽带。要发挥好工人文化宫和职工书屋作用,面向各族职工开展丰富多彩的文体活动,大力弘扬中华优秀传统文化,构建各民族职工共有精神家园。要培树宣传民族团结进步先进典型。榜样的力量是无穷的,要在各级劳动模范、"五一"劳动奖等评选表彰中,注重选树维护民族团结的模范典型。要扎实开展"民族团结进步月"活动,对在维护民族团结方面作出突出贡献的先进集体和职工,加大宣传力度,树立榜样力量,弘扬模范事迹。要深入推进基层工会规范化建设,为各族职工搭建互联互通、互助互信的交流活动场所,打造各族职工手足相亲、守望相助的"大家庭"。

三要聚焦绘就环境优美新画卷,在推动实施生态优先战略上主动作为。习近平总书记反复强调指出,绿水青山就是金山银山,对宁夏黄河流域生态保护寄予殷切期望。但宁夏产业转型升级和生态环境建设还需持续用力,特别是报告深刻指出"生态环境脆弱是最大现状",作为党领导下的工人阶级群众组织,我们要急党政所急,认真落实党代会"全领域推动绿色发展转型"的要求,主动融入中心、服务大局,为加强生态环境保护尽工会所能。一方面,要引导广大职工群众不断增强法治意识、生态意识、环保意识。深入贯彻落实习近平生态文明思想,开展生态文明相关法律法规宣传教育,使依法保护生态环境成为每一名职工的自觉行动。充分利用工会网站、微信公众号、手机APP等宣传阵地,向全区广大职工宣传建设社会主义现代化美丽新宁夏的重大意义,宣传建设黄河流域生态保护和高质量发展先行区的实践要求,引导职工群众像保护眼睛一样保护生态环境、像对待生命一样对待生态环境。另一方面,要动员职工广泛投身天蓝、地绿、水美的美丽宁夏建设。组织职工积极参与"五小"等群众性经济技术创新活动,立足本职岗位,加强科技攻关,广泛参与企业绿色环保新产品开发,推广应用低碳零碳负碳绿色新技术和先进操作法,助力以绿能开发、绿氢生产、绿色发展为主的能源转型发展,推动生态环境质量持续向好。发挥工会干部表率作用,教育引导各级工会干部自觉强化环保意识,倡导"绿色发展、低碳生活"理念,积极做美丽宁夏建设的宣传员、模范践行者。

四要聚焦创造人民富裕新生活,在回应职工对美好生活的向往上主动作为。实现人民对美好生活的向往是我们党的根本政治立场。党代会报告鲜明指出,让老百姓过上好日子,是我们一切工作的出发点和落脚点。工会既是党的群团组织,又是职工的代言人和合法权益的维护者,我们要牢固树立以职工为中心的价值取向,努力把维权服务融入日常、抓在经常,全力让职工群众感受到党的关心和关怀。要推动落实就业优先政策。按照报告"实现更加稳定更可持续的就业"的要求,坚持把稳就业作为维权服务的重点,继续深入实施小微企业工会经费全额返还政策,帮助小微企业稳岗位稳就业(疫情期间有些部门存在"一刀切"的做法,工会组织要帮助协商、监督行政执法行为)。要持续巩固劳动关系和谐稳定的良好态势,充分发挥厂务公开、职工合理化建议、工资集体协商等机制作用,教育引导广大职工理性表达合理诉求,引导企业尽量不裁员、少裁员,千方百计稳住职工就业基本盘。要突出重点群体权益保障。着力在加强货车司机、快递员等新就业形态群体权益保障上下功夫,扎实做好思想引领、建会入会、维权服务等工作,探索通过建立协商机制、完善社会保障等方式,推动解决新就业形态劳动者反映强烈的劳动报酬、社会保险、休息休假、职业安全等突出问题,努力让广大新就业形态劳动者工作得更加体面、更有尊严。要紧扣职工实际需求,牢固树立服务先行理念,进一步提升"司机之家""户外劳动者服务站点"等建设质量,用心、用情、用力打造能够切实解决职工实际困难、受职工欢迎、职工爱去的"职工之家"(这方面区总正在抓紧调研并制定方案,但落实还是要靠各级工会共同努力,希望大家力戒形式主义、杜绝"样子工程",切实把这项惠及新就业形态劳动者的实事办好、好事办实)。要不断提升职工生活品质。加快构建以普惠性服务和精准帮扶为重点的工会服务职工体系,继续做优做强送温暖、金秋助学、职工医疗互助、工会法律援助等工作,加大对因疫情等导致生活困难职工的帮扶救助力度,切实把工会组织的温暖送到职工群众的心坎上。加大对相对困难职工的常态化帮扶力度,持续巩固困难职工解困脱困成果,防止规模性返困返贫,推动实现共同富裕。

三、躬身践行"社会主义是干出来的"伟大号召,用实干实绩书写新时代工会工作新答卷

伟大的事业总是始于梦想而成于实干。推动新时代工会工作高质量发展,是全面建设社会主义现代化美丽新宁夏的题中应有之义,各级工会组织要大力弘扬"社会主义是干出来的"实干精神,按照梁言顺书记"坚持创新创新再创新、坚持落实落实再落实、坚持实干实干再实干"的要求,坚持"实"字打底、"干"字为先,以钉钉子精神把工作做扎实、抓到位,努力创造经得起实践、人民、历史检验的业绩,勠力同心答好全面建设社会主义现代化美丽新宁夏的时代考题。

一要用实干检验忠诚。"干"是坚持党的政治原则和政治纪律的重要体现。各级工会组织和广大工会干部要始终保持对党和人民绝对忠诚、绝对纯洁、绝对可靠的政治本色,在思想上政治上行动上同以习近平同志为核心的党中央保持高度一致,自觉向党中央看齐,向党的理论和路线方针政策看齐。实干意味着要有对标看齐、坚决落实的政治自觉,不能仅在态度和口号上,要落在实干上,对党中央和自治区党委作出的各项决策部署,必须闻令而动,对标对表制定贯彻落实的"施工图",主动靠前、精准发力,绝不允许"束之高阁""偷工减料""讨价还价",确保中央政令畅通、决策落地生根。

二要用实干推动发展。"干"是中国共产党人的鲜明品格和时代责任。一代人有一代人的担当,一代人有一代人的使命,在革命战争年代,不怕流血牺牲、不畏艰难险阻是一种担当;在和平建设年代,勇于创新创造、做好本职工作也是一种担当。要紧扣高质量发展主题,以功成不必在我的精神境界和功成必定有我的历史担当,把学习贯彻党代会精神同落实年初确定的"六大工程"任务结合起来、统筹起来,以实之又实的举措、细之又细的作风,全力以赴把各项工作都往前推、往前促、往前赶,不为困难找借口、只为实干想办法,敢于在全区争名次、勇于在全总进位次,以非凡努力成就非凡业绩,以更加优异的成绩迎接党的二十大胜利召开。

三要用实干服务职工。"干"是践行党的宗旨和使命的必然要求。无论是做决策,还是干工作,我们所做的一切,都是为了让职工群众过上更好的生活。要坚持以人民为中心的发展思想,把职工群众的"表情包"作为检验干部实干作风的"晴雨表",从基层站位科学制定政策,从职工出发务实解决问题,以结果为导向用力抓好落实,让变化看得见,让幸福摸得着。基层是实干的大舞台,要把抓落实的重心放在基层一线,坚持眼睛向下看、身子往下沉,做到知民情、解民忧、暖民心,不断满足职工群众对美好生活的新期待,让工会组织更接地气、更有生机、更具活力。

四要用实干汇聚力量。"干"是马克思主义政党先进性的重要体现。我们党领导人民所取得的伟大成就是"干"出来的,我们党的崇高威望更是"干"出来的。作为党领导下的工人阶级群众组织,我们要始终保持"咬定青山不放松"的信念,满怀"革命理想高于天"的豪情壮志,秉持"心底无私天下宽"的胆识魄力,一级带着一级干,一级做给一级看,切实用共同的事业凝聚人心、用美好的愿景鼓舞斗志、用无声的号召最大限度地把职工群众吸引到工会组织中来,团结在党的周围,坚定不移听党话、感党恩、跟党走,汇聚起实现中华民族伟大复兴中国梦的磅礴力量。

同志们,时代号角已经吹响,美好蓝图催人奋进。让我们在习近平新时代中国特色社会主义思想指导下,深入学习贯彻习近平总书记贺信精神,弘扬"社会主义是干出来的"实干精神,推动自治区第十三次党代会精神落实见效,以实际行动谱写好全面建设社会主义现代化美丽新宁夏的工会篇章!

汇聚正能量　喜迎二十大
团结引领广大职工奋进新征程
——在区总十二届六次全委(扩大)会议上的工作报告
(2022年3月24日)
马利明

我代表自治区总工会第十二届委员会常务委员会作工作报告,请予审议。

一、2021年工作情况

2021年是中国共产党成立一百周年,我国全面建成小康社会、实现了第一个百年奋斗目标,开启了全面建设社会主义现代化国家、向第二个百年奋斗目标进军的新征程。一年来,在自治区党委和全总的坚强领导下,全区各级工会坚持以习近平新时代中国特色社会主义思想为指导,深入贯彻落实党的十九大和十九届历次全会精神及自治区党委决策部署,以庆祝建党百年为主线,以党史学习教育为总抓手,以服务经济社会高质量发展为使命,谋划推进各项工作,全区工运事业和工会工作实现了新发展、取得了新成效,为自治区"十四五"良好开局凝聚了职工群众的奋进力量、作出了工会组织的积极贡献。

(一)弘扬伟大建党精神,思想引领坚强有力

一是用创新理论促实践。把学习宣传贯彻习近平新时代中国特色社会主义思想作为首要政治任务,结合学习宣传贯彻习近平总书记视察宁夏重要讲话精神、习近平总书记关于工人阶级和工会工作的重要论述,认真学习宣传贯彻习近平总书记"七一"重要讲话和党的十九届六中全会精神。在工会网站、微信公众号、"宁工惠"手机客户端、《宁夏工运》开设学习专栏,组织工会干部、劳动模范深入企业、定点帮扶村和工作联系点宣传宣讲,推动党的创新理论进企业、进车间、进职工头脑。

二是用百年党史砺初心。把党史学习教育作为贯穿全年的重大政治任务,组织党员干部深刻领悟伟大建党精神的深刻内涵、坚持党的领导的历史必然和"两个确立"的决定性意义,

进一步增进了对党的深厚感情、对习近平总书记的深厚感情。深入开展"传承党的百年光辉史基因、铸牢中华民族共同体意识"主题教育和"为职工办10件实事"活动，引领工会干部和职工群众坚定做到学史明理、学史增信、学史崇德、学史力行。

三是用多彩活动颂党恩。以"中国梦·劳动美——永远跟党走 奋进新征程"为主题，开展"劳动者之歌"合唱大赛、送文艺下基层、免费观影等职工文化活动1056场（次），吸引43.8万名职工参与。开展"网聚职工正能量、争做中国好网民"主题党史知识竞赛、微视频作品征集展播等活动，网络访问量突破1000万次。各级工会通过新媒体推送"党史上的今天"等信息705条，《工人日报》《宁夏日报》等媒体刊载我区工会信息1122篇（次），形成了全区职工庆祝建党一百周年的浓厚氛围。

（二）围绕先行区和美丽新宁夏建设，助力发展积极有为

一是着力推进产业工人队伍建设改革。将2021年确定为"产业工人队伍建设改革提升年"，紧紧围绕重点任务，制定年度工作要点，加强与成员单位协调联动，推动形成改革合力。在区、市（产业）、县（区）遴选66家企业开展试点，组织召开产改推进会，全面总结工作成效，深化任务举措，64项年度任务全部完成。

二是着力提升职工技能素质。围绕9个重点产业和重点工程项目，开展7项示范性劳动竞赛和30个工种职业技能竞赛，选派18名职工参加第七届全国职工职业技能大赛，示范带动各级工会开展竞赛1000余项。累计建成劳模和技能人才创新工作室600个，组织40名物联网与人工智能行业带头人到福建培训，700余名重点产业技术工人在区内龙头企业学习，促进了职工技能水平整体提升。建成试运行宁夏产业工人教育培训网络学院，搭载课程2361门，为职工技能提升搭建了新平台。

三是着力弘扬劳模精神、劳动精神、工匠精神。以自治区表彰劳动模范和先进工作者为契机，大力弘扬劳模精神、劳动精神、工匠精神。在宁夏电视台等媒体展播劳模风采，组织劳模精神宣讲937场（次），让劳动模范、工匠人才成为职工中最闪亮的群体，唱响劳动最光荣、劳动最崇高、劳动最伟大、劳动最美丽的时代主旋律。

（三）聚焦维护劳动领域政治安全，劳动关系和谐稳定

一是建立"三个体系"保安全。建立制度体系。制定工会劳动领域维护政治安全工作实施方案和细则，明确目标任务和工作举措。建立责任体系。召开全区工会劳动领域维护政治安全工作座谈会，签订责任书，层层压实责任。建立落实体系。全区各级工会排查各类用工单位5344家，受理职工诉求3535件、劳动争议566件，办结率98.6%，着力把矛盾纠纷化解在萌芽状态，确保劳动领域政治安全。

二是坚持"三个狠抓"促稳定。狠抓沟通协调。坚持劳动关系三方成员单位轮值制度，每季度开展劳动关系突出问题和风险隐患分析研判。狠抓源头参与。实施企业集体协商"四季要约"行动，提升区域、行业集体协商工作质量，全区建会企业集体协商建制率保持在95%以上。狠抓监测预警。落实区、市、县三级预警机制，定期会商解决突出问题和风险隐患，维护劳动关系和谐稳定。

三是扩大"三个覆盖"抓聚合。积极扩大工会组织覆盖面。以新就业形态领域为重点，新建工会组织829个，发展会员8.3万名，其中新就业形态工会组织125个，会员2.4万名。积极扩大服务阵地覆盖面。建成户外劳动者服务站370个，其中10个被全总评为"全国最美户外劳动者服务站"，贺兰县电商物流园劳动者服务站为货车司机、快递员等群体提供贴心服务，吸引3100余名新就业形态劳动者加

入工会的做法，得到全总肯定，经验在全国推广，《新闻联播》予以报道。积极扩大服务项目覆盖面。顺应职工群众新期待，将"四送"、帮扶解困、医疗互助等工会品牌服务项目向新就业形态劳动者拓展，为5000名快递员、网约送餐员免费体检，用实实在在的关爱和服务把他们团结在党的周围。

（四）致力提升职工生活品质，维权服务稳中有进

一是帮扶解困常态长效。严格落实全总"四个不脱"和自治区"城乡居民收入提升行动"要求，建立困难职工精准帮扶长效机制。叫响做实"建档帮扶""送温暖""金秋助学""工会班"等工会品牌服务项目，实现5.9万户困难职工解困脱困，解困脱困率达到96%。深化结对帮扶工作，凝聚起全社会助力解困脱困的强大力量。

二是服务职工至真至诚。不断强化阵地建设，新建"职工之家"示范单位131个、"会站家"一体化服务阵地24个、"爱心妈咪小屋"75个。开展法律政策宣讲515场（次），受理法律援助305件。实时跟进就业服务，广泛开展"迎春送暖·稳岗留工·返岗就业"等就业创业活动，帮助上万名职工成功就业。统筹推进企业职工健康行动，提请自治区政府与工会联席会议研究，会同财政厅、人社厅、文旅厅联合印发《关于加强职工疗休养工作的意见（试行）》；开通职工医疗互助网上申报系统，23.4万名职工参加，为近4000名职工减轻医疗负担905万元。

三是服务基层用心用情。面对新一轮疫情给基层带来的实际困难，第一时间筹集资金800万元，支援社区紧缺物资40万件，动员全区4638名工会志愿者下沉一线，凝聚起抗疫合力。将健康企业建设和"安康杯"竞赛活动紧密结合，最大限度消除安全生产隐患。开展"学史力行、惠泽职工"健康体检活动，3.2万名职工受益，得到了基层真心点赞。

（五）着眼工运事业蓬勃发展，自身建设扎实有效

一是基层基础有新加强。制定《基层工会规范化建设细则》《关于加强乡镇（街道）工会建设的实施办法（试行）》，推动基层工作整体提升。广泛开展"公开解难题、民主促发展"主题活动和"聚合力、促发展"优秀职工代表提案征集活动，推动厂务公开民主管理工作提质增效，得到全国总工会调研检查组肯定。实施工会干部政治能力和业务能力提升工程，持续加强社会化工会工作者管理，实行岗位等级竞聘，轮训500余人，公开招考聘用76名社会化工会工作者，为基层输入新动能。

二是研究谋划有新提升。制订《宁夏工运事业和工会工作"十四五"发展规划》，编撰《新时代宁夏工会的实践与探索》一书并由中国工人出版社出版，全面总结我区工会工作发展成果、积累的宝贵经验，进一步明确创新发展目标。全区各级工会围绕产业工人队伍建设改革、新就业形态劳动者权益保障等工作开展调查研究，形成了一批理论成果。

三是从严治党有新推进。认真落实新时代党的建设总要求，扎实开展"五型"模范机关建设，打造特色党建品牌，持续提升机关党建质量。认真履行党风廉政建设主体责任，坚决执行中央八项规定及其实施细则精神、自治区"八条禁令"要求。突出抓好巡视整改，完善《党组会议工作规则》等15项制度规定，扎紧制度"笼子"。严格落实意识形态工作责任制。强化经审监督，全区县级以上工会实施审计1287项，督促整改审计查出问题2741个。

一年来，工会各项工作取得了新进展、新成效，困难职工解困脱困、农民工法律服务等工作得到自治区党委、政府和全总表彰，区总在党史学习教育同组13个厅局中名列前茅。成绩的取得，是自治区党委和全总坚强领导的结果，是相关部门、行业关心帮助的结果，是全

区职工群众信赖支持的结果，凝结着各位委员和全体工会干部的心血与汗水。在此，向各级领导和全区职工群众、各位委员、工会干部表示衷心的感谢！

总结成绩的同时，我们也清醒认识到，工会工作还面临着一些新问题、新挑战：基层基础薄弱的短板仍未补齐；阵地建设的系统性、实效性还不够强；对新就业形态劳动者群体不断壮大给工会工作提出的新课题、新要求研究不够深入；产业工人队伍建设改革工作机制还不够完善等。对这些问题，要认真研究加以解决。

二、2022年工会工作总体要求和主要任务

2022年是党的二十大胜利召开之年，是实施"十四五"规划的关键之年，自治区将召开第十三次党代会，保持平稳健康的经济环境、风清气正的政治环境和国泰民安的社会环境意义重大、影响深远。工会工作的总体要求是：坚持以习近平新时代中国特色社会主义思想为指导，全面贯彻党的十九大和十九届历次全会精神，深入贯彻习近平总书记关于工人阶级和工会工作的重要论述，弘扬伟大建党精神，认真落实自治区党委十二届十四次全会和全总十七届五次执委会议精神，深刻领会"两个确立"的决定性意义，增强"四个意识"、坚定"四个自信"、做到"两个维护"，以新修改的《工会法》实施为契机，以"基层组织建设提质增效年"为重要抓手，实施思想引领铸魂、建功立业聚力、权益维护促稳、服务提升凝心、强基固本增效、改革创新赋能"六大工程"，以实际行动迎接党的二十大和自治区第十三次党代会胜利召开。

（一）实施思想引领铸魂工程，深入学习宣传贯彻党的创新理论，团结引领广大职工群众坚定不移听党话跟党走

一是持续强化理论武装。深入学习宣传贯彻党的十九届六中全会精神，持续巩固党史学习教育成效，切实增强工会干部坚决捍卫"两个确立"的思想自觉、政治自觉和行动自觉。党的

二十大胜利召开后，迅速在各级工会和广大职工中掀起学习宣传贯彻热潮，开展党员干部和职工群众"同上一堂思政课"活动，引导广大职工坚定不移听党话、矢志不渝跟党走。

二是持续强化思想引领。深化"四史"和铸牢中华民族共同体意识常态化宣传教育，以"喜迎二十大 建功新时代"为主题，举办"劳动者之歌"文艺汇演、开展百场"文艺走基层、文化惠职工"等系列活动，积极培育职工文化。大力弘扬劳模精神、劳动精神、工匠精神，评选表彰自治区"五一劳动奖"，深入开展劳模"三进"活动，让诚实劳动、勤勉工作蔚然成风。

三是持续强化舆论引导。充分发挥工会网站、微信公众号、《宁夏工运》杂志等媒体作用，加强与社会媒体协同，推动形成线上线下、内外媒体相贯通的工会宣传工作格局。重点围绕非公企业职工文化、基层组织建设及阵地作用发挥等工作宣传报道，总结工会典型经验、挖掘优秀职工事迹，着力提升工会影响力。继续完善落实网络舆情监测报告、应急响应和处置机制，牢牢把握网上思想引领的主动权。

（二）实施建功立业聚力工程，主动投身先行区和美丽新宁夏建设，组织动员广大职工奋进新征程

一是深化产业工人队伍建设改革。组织产改成员单位负责同志、联络员专题培训，开展互观互检活动，促进各地产改工作交流互鉴、协调推进。开展产改工作理论研究征文活动，总结推广经验做法，研究思路举措，推进产改工作走深走实。编印《宁夏产业工人队伍建设改革工作文件汇编》，加强工作指导，增强改革实效。

二是深化劳动和技能竞赛活动。以"百万职工建功新时代、喜迎二十大"为主题，围绕九个重点产业、已开工的重点工程项目，分级分类组织开展劳动和技能竞赛。在城乡供水一体化等重点工程开展4项示范性劳动竞赛，在葡萄酒、电子信息等产业开展15个工种职业技能竞

赛,示范引领各级工会广泛开展劳动和技能竞赛,多行业、多工种开展技术比武,凝聚起各行各业建功"十四五"、奋进新征程的磅礴力量。

三是深化职工创新创效活动。大力推进职工创新成果转化应用,举办第二届全区职工技术创新成果展,促进创新链和产业链精准对接。持续加大劳模和技能人才创新工作室创建力度,推动同产业、同行业创新工作室联合共建,在枸杞、绿色食品等每个重点产业至少创建1个创新工作室,新建10个自治区级创新工作室。

(三)实施权益维护促稳工程,主动融入完善基层治理体系提高基层治理能力,坚决维护劳动领域政治安全

一是关爱新就业形态劳动者促和谐。认真落实新就业形态劳动权益保护、职业伤害保障等方面的政策措施。推动灵活用工集中的行业制定劳动报酬定额指导标准,推动平台企业、关联企业与劳动者就劳动报酬、支付周期、休息休假和职业安全保障等开展协商。继续对5000名货车司机、外卖配送员等劳动者免费健康体检,为1万名女职工进行"两癌"筛查。

二是坚持协调劳动关系促和谐。加强"四员"队伍建设,常态化开展风险排查,确保劳动领域矛盾纠纷早发现、早处置、早化解。加快推进劳动争议纠纷在线诉调对接工作机制,落实与法院线上联席会议制度,强化信息共享和风险预警,引导劳动者依法理性维权。结合"八五"普法,通过百场普法宣讲、万人网上竞赛和微视频、云直播,深入广泛宣传《工会法》。推动修订《自治区女职工劳动保护办法》,推广女职工维权"一函两书"品牌工作。

三是加强企业民主管理促和谐。完善自治区厂务公开民主管理工作机构,制定《关于进一步加强企业民主管理工作实施意见》,推动各级党委把企事业单位民主管理制度落实情况纳入"平安宁夏"建设考核内容。开展星级职代会创建、企业民主管理互观互学等主题活动,提升企业民主管理工作实效。

(四)实施服务提升凝心工程,积极助力"四大提升行动",着力增强职工的获得感、幸福感、安全感

一是提升帮扶解困工作质量。完善困难职工信息部门间共享机制,实现精准识别、应帮尽帮。实行困难职工网格化服务管理,持续巩固解困脱困成果。提升职工医疗互助工作质量,推动职工医疗互助与医保对接,信息共享,实现全区统一管理、资金统筹使用,提高制度化和规范化水平。

二是提升服务供给品质。发挥示范作用,培育30个自治区级职工之家示范单位,选树50家自治区级"最美户外劳动者服务站",带动工会服务水平全面提升。增强阵地建设质效,提升全区各级工人文化宫服务能力和水平,全面建成自治区工人疗养院新院区,优化升级网上服务阵地,提升"智慧工会"建设水平,打造线上线下深度融合的服务职工工作体系。落实小微企业工会经费返还政策,支持小微企业发展。

三是提升职工健康水平。积极融入健康宁夏建设和全民健康提升行动,牵头推进健康企业建设,建立职工健康管理体系,提高职业病防治水平。深化"安康杯"竞赛活动,全面落实《关于加强职工疗休养工作的意见(试行)》,建立"惠泽职工·关爱健康"体检服务长效机制,建好线上线下职工心理服务驿站,守护职工身心健康。

(五)实施强基固本增效工程,持续推动工会组织作用发挥,不断激发基层组织活力

一是持续扩大工会组织有效覆盖。开展新就业形态劳动者建会入会专项行动,以乡镇(街道)、工业园区和社区为重点,力争实现25人以上企业建会动态全覆盖。建立新就业形态工会组织工作经费保障机制,为他们提供优质服务,增强对工会组织的认同感归属感。

二是持续加强基层工会能力建设。开展模范县级工会创建活动，选树培育30%工作开展较好的示范县，提升30%工作基础相对薄弱的县(区)，真正把县级工会建设成为党政重视、职工满意、社会认可、充满活力的工会组织。加强乡镇(街道)工会规范化建设，制定《关于加强和规范区域性、行业性工会建设的意见》，落实"小三级"工会人、财、物，真正让基层工会建起来、转起来、活起来。

三是持续提升工会干部能力水平。修订加强社会化工会工作者队伍建设实施意见，完善工资集体协商指导员管理制度，科学配置社会化工会工作者。开展新任市、县(区)工会主席轮训，分批次培训乡镇(街道)、工业园区工会干部和社会化工会工作者。强化工会干部实践锻炼，建立下基层"蹲点"长效机制，推动"我为职工办实事""工会进万家"实践活动务实高效。

(六)实施改革创新赋能工程，紧紧围绕"强三性、去四化"目标，不断提高改革的综合效能

一是强化党建引领基础。牢牢把握政治机关属性，突出抓好"五型"模范机关创建，持续实施"三强九严"工程，积极推进党建工作信息化建设，全面提升机关党建工作质量。坚决贯彻落实全面从严治党各项要求，严格执行中央八项规定及其实施细则精神、自治区"八条禁令"，持续纠"四风"树新风，切实为基层减负。

二是打牢提升效能基础。强化工会调查研究工作，建立调研成果质量控制机制。开展工会资产统计调查，建立县级以上工会年度资产统计报告制度。认真落实《工会会计制度》，大力推进全面预算绩效管理。建成财务资产审计系统，加强经审工作，提升工会经费使用效率。

三是健全工作落实机制。细化年度工作任务分工和重点项目实施方案，明确目标任务，压实工作责任。加强督查指导，通过召开重点工作推进会、现场会等形式，推动各项工作高效落实。

各位委员、同志们，新时代为工会工作提供了广阔舞台和空间，工会组织要顺应广大职工群众对美好生活向往的新期待，埋头苦干、勇毅前行，以实际行动迎接党的二十大和自治区第十三次党代会胜利召开。

大事记

重要工作

【自治区总工会认真学习宣传贯彻党的二十大精神】 党的二十大胜利召开以来,自治区总工会迅速掀起学习宣传贯彻热潮,动员全区各级工会和广大职工把思想和行动统一到党的二十大精神上来,把智慧和力量凝聚到党的二十大确定的目标任务上来。一是提高政治站位,着力在整体推进上聚力聚效。精心制定方案。按照紧扣中央精神、符合全总和自治区党委要求、凸显宁夏工会特色的总体思路,通过召开自治区总工会十二届八次全委(扩大)会议、党组会议等,研究出台《宁夏回族自治区总工会关于学习宣传贯彻党的二十大精神的实施意见》《全区工会深入开展党的二十大和习近平总书记视察宁夏重要讲话指示批示精神"大学习、大讨论、大宣传、大实践"活动实施方案》《全区工会开展党的二十大精神宣讲工作实施方案》3个系统性配套方案,印发全区各级工会执行,层层铺开学习宣传贯彻工作。下沉工作力量。党组成员带头落实赴基层蹲点"三蹲六联"机制,带领工会干部带着政策文件、带着宣讲提纲、带着学习体会分赴基层联系点广泛开展学习宣讲,切实将党的二十大精神宣传到基层一线、贯彻到车间班组。同时以学习宣传贯彻党的二十

大精神为契机,对机关部分内设机构职能职责进行了调整优化,将组织部更名为基层工作部,充实工作力量,更好服务基层,坚决防止和克服政策落实的"中梗阻"。抓好督促落实。组建成立由二级巡视员、一级调研员组成的党组督查工作专班,对各级工会学习宣传贯彻党的二十大精神及全总、自治区党委安排要求落实情况开展日常监督和专项督查督办,保证学习宣传贯彻工作落到实处、取得实效。二是强化全员覆盖,着力在学习领会上入脑入心。领导班子带头学。自治区总工会党组严格落实"第一议题"制度,把学习宣传贯彻党的二十大精神作为头等大事,制定机关学习计划,列出重点学习专题,落实领学促学责任,先后召开2次党组会议、3次理论学习中心组学习会、2次交流研讨会和自治区总工会十二届八次全委会议,带头学报告、谈体会、讲担当,示范带动工会干部迅速投入到学习中来。专题辅导深入学。区总党组书记带头在工会系统进行专题辅导,从深刻认识党的二十大主题、充分认识过去5年和新时代10年取得伟大成就和历史性变革的根本原因、深刻领会党的二十大报告中规律性认识背后的人民情怀、深刻领会党的二十大对工人阶级和工会工作提出的新部署新要求四个方面,引导工会党员干部在不断地学习思考中把党的二十大精神落实到工会工作全过程、各方面。广大党员干部原原本本学习《党的二十大

报告辅导读本》《党的二十大报告学习辅导百问》等权威教材，为贯彻落实打下坚实基础。示范培训全面学。分别举办为期两天的自治区总工会干部和全区工会干部学习党的二十大精神专题培训班，通过视频聆听中央宣讲团成员、自治区党委书记梁言顺辅导，邀请中国发展改革报社副社长、中央广播电视总台特约评论员、教授杨禹，自治区党校副校长、全国五一劳动奖章获得者王丛霞，中国劳动关系学院硕士研究生导师、教授潘泰萍等专家学者对党的二十大精神进行阐释解读等方式开展示范培训，带动各级工会对全区工会干部进行全覆盖轮训。三是丰富载体形式，着力在宣传宣讲上走深走实。开辟专栏专题宣讲。升级改版宁夏总工会门户网站，开设"时政栏目"，及时更新党的二十大精神等时政内容；在宁夏总工会门户网站、微信公众号、宁工惠APP、《宁夏工运》杂志开设学习宣传专栏，编载各级工会学习宣传贯彻党的二十大精神动态信息和各级工会干部、劳动模范、职工群众学习体会，增强宣传宣讲的深度、力度和温度。劳动模范示范宣讲。邀请党的二十大代表、自治区劳动模范杨彦锋、赵耐香走进自治区总工会，分享亲历大会盛况、亲耳聆听报告的心得体会，切实提升干部职工政治判断力、政治领悟力、政治执行力。同时邀请宁夏党的二十大代表中的劳模作为骨干成员，深入企业、车间、班组，与广大职工群众交流学习心得体会，同步推出网上劳模宣讲云课堂，形成学习宣传党的二十大精神的浓厚氛围。各级工会广泛宣讲。各级工会将学习宣传党的二十大精神融入到职工文体活动当中，组织开展职工大讲堂、主题演讲比赛、党史知识竞赛、读书分享和文艺汇演、体育比赛等活动，让职工在参与活动、互动交流过程中潜移默化受教育，自觉传递正能量。四是坚持学用贯通，着力在贯彻落实上见行见效。打造新时代产业工人思想政治教育实践地，在汇聚起广大职工为实现党的二十大确定

的目标任务团结奋斗上见行见效。在习近平总书记发出"社会主义是干出来的"伟大号召发声地——宁东能源化工基地打造新时代产业工人思想政治教育实践地，推动宁夏工会干部学校和宁夏工业职业学院校校合作，全力打造产业工人思想政治引领和素质提升的主阵地，目前已与国家能源集团宁夏煤业有限责任公司签订合作备忘录。深化产业工人队伍建设改革，在团结引领广大职工建功立业上见行见效。牵头召开全区推进产业工人队伍建设改革工作会议，回顾总结5年来改革经验成果，推进改革向纵深发展。银川市、国家能源宁夏煤业集团公司等4家单位改革典型经验在全国交流推广。围绕自治区重点工程项目、"六新六特六优"产业等开展9项示范性劳动竞赛和21个工种职业技能竞赛，引领和带动全区广大职工群众在高质量发展中建功立业。发挥工会独特作用，在助力全区疫情防控与经济社会发展上见行见效。主动融入自治区经济社会发展全局，及时研究出台《自治区总工会关于开展工会慰问等活动促进消费的通知》《关于全区工会进一步做好防疫情稳经济保增长促发展有关工作的紧急通知》等文件，全面落实小微企业工会经费支持政策，为1.31万户小微企业返还工会经费1.11亿元，惠及职工21.6万人，帮助小微企业纾困解难。动员全区各级工会直接投入职工福利、促进消费等资金5.36亿元，惠及职工122.5万人次；研究出台关于加大工会经费投入助力疫情防控与经济社会发展的28条措施，区总向各市、县（区）和区直各相关部门划拨疫情防控专项资金933万元，为疫情防控和经济复苏助力助威。打造"工会服务在身边"品牌，在提升维权服务工作水平上见行见效。在银川市金凤区试点构建固定服务阵地、流动服务阵地、网络服务阵地"三位一体"服务体系，完成宁夏工人疗养院迁建项目，建成覆盖所有市、县（区）的工会劳动者服务站点422家，进一步延伸服务触

角。主动融入自治区"城镇居民收入提升行动",健全困难职工帮扶政策,筹集帮扶资金3080万元,帮助在档困难职工4783人次。深入贯彻总体国家安全观,在切实维护劳动领域政治安全上见行见效。认真落实全总"五个坚决"要求,深入开展职工队伍稳定风险隐患专项排查化解行动,全力维护劳动领域政治安全,职工维权服务积极构建和谐劳动关系工作得到王东明主席和陈刚书记的批示肯定。建立党组和领导干部安全生产重点工作责任清单,开展全区工会安全生产"五个一"活动,努力穷尽各类风险隐患。用好"12351"职工服务热线,接听受理职工群众诉求3341件,开设线上心理咨询24小时热线服务,累计受理职工心理健康咨询诉求1246人次,疫情心理健康服务工作得到自治区党委领导批示肯定。建立转作风抓落实长效机制,在推进工会工作行稳致远上见行见效。制定区总党组关于深入推进转作风抓落实的实施方案,开展转作风抓落实专项督查,建立"三误"问题问责制度,倒逼形成雷厉风行、精益求精的工作作风。建立工会干部赴基层"三蹲六联"长效机制,党组成员带头成立9个不脱产蹲点组,带动干部在一线受历练、转作风、长才干。建立党组督查专班重点督查、办公室日常交办、月工作例会点评、半年集中通报"四维一体"的抓落实工作机制,推动工作落到实处、取得实效。

【自治区总工会迅速学习宣传贯彻自治区第十三次党代会精神】 自治区总工会把学习宣传贯彻党代会精神作为重要政治任务,重点做了三个方面的工作:一是迅速掀起学习宣传贯彻热潮。通过开展"五个一"活动,推动工会系统掀起学习宣传贯彻党代会精神的热潮,即:召开一次党组理论学习中心组学习会集体学习。6月16日,区总党组召开理论学习中心组学习会,专题传达学习党代会精神,安排部署区总学习宣传贯彻工作,党组成员和部分部门负

责同志围绕如何把党代会精神与工会工作紧密结合落到实处进行研讨交流。邀请讲师团成员开展一次专题辅导。6月20日,邀请党代会精神讲师团团长张虎对机关和直属单位党员干部进行党代会精神专题辅导,进一步深化对党代会精神的理解把握。在工会门户网站开设一个党代会精神学习专栏。及时把党代会精神推送到工会干部和广大职工群众身边,交流各级工会学习宣传贯彻党代会精神情况,分享工会干部、劳动模范和职工群众的学习体会,大力营造学习宣传贯彻党代会精神的浓厚氛围。召开一次座谈会。6月27日,举办了各市、宁东、各产业工会主要负责同志和劳动模范、产业工人代表参加的座谈会,深入学习习近平总书记致首届大国工匠技术交流大会贺信精神,弘扬"社会主义是干出来的"实干精神,推动自治区第十三次党代会精神落到实处。举办一期全区工会领导干部专题培训班。7月5日、6日,举办一期全区工会领导干部学习贯彻党代会精神专题培训班,指导各级工会找准结合点和切入点,启发落实思路、细化实化举措,推动党代会精神在工会系统、基层一线落地生根。二是主动认领报告各项目标任务。《自治区第十三次党代会报告主要任务分工落实方案》印发后,在积极认领明确工会承担的"充分发挥工会桥梁纽带作用,更好激发社会组织活力,最广泛地把群众凝聚在党的周围"目标任务的基础上,自觉把工会工作融入全面建设社会主义现代化美丽新宁夏大局,对照分工落实方案确定的124项具体任务,主动寻找切入点,梳理出与工会工作相关的21项工作任务,提出39条具体落实措施,并逐条明确责任领导、责任部门、配合部门和完成时限,形成了《自治区总工会落实自治区第十三次党代会报告主要任务分工方案》,印发全区各级工会组织贯彻执行,推动党代会确定的各项任务件件有落实、有成效。三是全力推动会议精神落实落地。按照党代会"坚持创新创新再创新、

坚持落实落实再落实、坚持实干实干再实干"的要求，围绕转作风、抓落实，谋划开展"三项活动"，确保自治区第十三次党代会精神在工会系统落地生根，即开展"创新创新再创新"活动。建立工作创新创优评选机制，每年推选"全区工会十大创新创优工作"，推动形成抓重点、攻难点、出成效的工作局面，努力在全区乃至全国工会总结推出一批创新创优工作经验。开展"落实落实再落实"活动。结合开展下基层调研和"蹲点"等活动，践行在一线了解情况、在一线检视问题、在一线谋划发展、在一线推动落实"四个一线"工作法，着力了解和解决职工群众普遍关注的难点堵点痛点问题；加强督查督办工作，定期对各级工会贯彻落实自治区党委政府、全国总工会、自治区各协调议事机构、相关厅局等关于工会工作部署情况进行督查调研，推动把负责、守责、尽责体现到每项工作中。开展"实干实干再实干"活动。建立形式主义、官僚主义表象问题自评、互评、点评"三评"制度，不断巩固和深化形式主义、官僚主义表象问题整治效果；建立"三误"问题问责制度，对干部职工在文件办理、信息报送、重大事项督查督办、重要工作的组织、重要活动的实施、突发紧急事件的应对处置等明确完成时限的工作中，因责任心不强，敷衍应付、推诿扯皮等不良作风造成的失误、延误和错误问题，及时进行谈话、通报、问责，倒逼形成良好的职业道德和雷厉风行、精益求精的工作作风。

【自治区总工会探索职工思想政治教育新路子】 一是启动打造宁夏新时代产业工人思想政治教育实践地。积极响应习近平总书记"社会主义是干出来的"伟大号召，自治区总工会与国家能源集团宁夏煤业有限责任公司签订合作备忘录，联合在宁东能源化工煤制油项目基地建设新时代产业工人思想政治教育实践地，不断丰富职工思想政治教育载体，让产业工人思想政治教育工作形象化、具体化，教育引领广大产业工人在"社会主义是干出来的"伟大感召下，为建设社会主义现代化美丽新宁夏建功立业。二是推进宁夏工会干部学校和宁夏工业职业学院联合办学。推动自治区工会干部学校与宁夏工业职业学院建立合作关系，开展联合办学，实行设施共用、师资共享、质量共塑、学校共建，依托宁夏工业职业学院硬件、师资等优势，打造全区工会干部和职工群众政治和技能素质提升主阵地。三是依托《中国民族》杂志平台开展专题宣传。与《中国民族》杂志社联合编印宁夏总工会专刊，集中展示近年来全区各族职工群众团结奋进、积极投身社会主义现代化美丽新宁夏建设的精神风貌，强化铸牢中华民族共同体意识宣传，教育引导广大职工树立正确的国家观、历史观、民族观、文化观、宗教观，让中华民族共同体意识深深扎根工会干部和各族职工群众心中，助力铸牢中华民族共同体意识示范区建设。

【自治区总工会推动产业工人队伍建设改革走深走实】 制定产业工人队伍建设改革年度工作要点和工作台账，设立150万元产改专项资金，组织召开全区深入推进产业工人队伍建设改革工作会议，编印《宁夏产业工人队伍建设改革工作文件汇编》，推动年度62项改革任务全部完成。银川市、国家能源宁夏煤业集团公司、国网宁夏电力有限公司和宁夏共享装备公司试点典型案例被编入全国《产业工人队伍建设改革试点案例汇编》。以"百万职工建功新时代、喜迎二十大"为主题，围绕全区已开工的重点工程项目和"六新六特六优"产业，开展9项示范性劳动竞赛和21个工种的职业技能竞赛，带动全区各级工会开展劳动和技能竞赛2300多项，40多万职工积极参与。深化职工创新创效活动，开展第二届全区职工技术创新技术评比，征集职工技术创新项目460项，评审优秀创新成果50项，有效激发职工创新创效活力。大力弘扬劳模精神、劳动精神、工匠精神，召开自治区庆祝五一劳动节暨自治区五一劳动奖表彰大会，推选全国五一劳动奖状2个、奖章9个、工人先锋号8个，评选表彰自治区五一劳动奖状15个、奖章60个、工人先锋号40个，凝聚起各行各业"建功'十四五'、奋进新征程"的磅礴力量。

【自治区总工会培育打造"工会服务在身边"品牌】 一是启动"工会服务在身边"试点工作。紧盯职工多元化、多层次、多领域的服务需求，在银川市金凤区启动"工会服务在身边"工作品牌试点，积极探索整合各方资源，建设职工服务中心、户外劳动者服务站、职工大舞台等固定服务阵地，工会服务大篷车、劳模公交车等流动服务阵地，工会网站、微信公众号、手机APP等网络服务阵地，通过"三个阵地"，努力把工会服务送到职工群众身边。去年，在全区培育了50个"最美工会户外劳动者服务站点"、30个自治区职工之家示范单位、10个示范性职工综合服务中心、10个示范性"爱心妈咪小屋"、4个"司机之家"，带动阵地建设水平整体提升。二是推动职工困难帮扶实现常态化。与民政部门建立困难职工家庭数据比对和信息共享工作机制，常态化开展"送温暖""金秋助学"等品牌工作，进一步增强帮扶工作的精准度和实效性。全年各级工会筹集5708万元送温暖和帮扶资金，常态化走访慰问困难职工、农民工、新就业形态劳动者等34605人次、企业891家，分类和梯度帮扶困难职工4783户（次）。开展困难职工家庭高校毕业生"阳光就业暖心行动""春风行动""民营企业招聘月"等活动，就业服务9.4万余人次。持续开展"金秋助学"活动，帮助1723名"工会班"学生完成学业、317名困难职工子女圆梦大学。三是着力解决好疫情期间职工的实际困难。针对疫情期间企业和职工的实际困难，区总出台关于加大工会经费投入助力疫情防控与经济社会发展的28条措施，向市、县（区）和区直各相关部门划拨疫情防控专项资金933万元，为5845名大货车司机及时送去慰问信和方便食品、牛奶等慰问品，及时将党和政府的温暖送到职工群众的心坎上。同时，高度关注职工的心理健康，各级工会开展线上公益课177期，受益职工8万人次，提供心理咨询服务1.6万余人次。

【自治区总工会全力维护劳动领域政治安全】 一是广泛开展职工队伍稳定风险隐患专项排查化解。将职工队伍稳定风险隐患排查和推动企业落实集体协商制度相结合，组织各级工会干部深入1.12万家企业摸排职工98.99万人，排查风险隐患点53个，化解率86.54%。推动集体协商工作向灵活用工行业、新就业形态领域延伸，全区建会企业工资专项集体合同签订率达到93.16%，覆盖7773家单位、52.32万职工。二是充分发挥职工诉求办理前哨作用。强化矛盾纠纷化解"第一知情人"责任，各级工会直接受理职工群众来访来信2536件2623人，办结率99.7%；"12351"职工服务热线受理诉求3300余件，办理满意度达98%。主动跟进服务，组织各级工会干部和选聘律师深入企业、工地开展"尊法守法·携手筑梦"服务农民工公益普法宣讲370场次，参加8.5万人次，发放普法宣传资料5.6万份，教育引导职工尊法学法守法用法。三是强化督查维护职工安全权益。印发《自治区总工会党组和领导干部安全生产重点工作责任清单》，压实安全生产工作责任。聚焦重点行业企业，区总领导带队开展安全生产督查，督促职工群众时刻绷紧安全生产之弦。组织开展"安康杯"竞赛、"安全生产月"和健康企业创建等活动，不断提升职工安全生产意识，组织职工开展大排查，及时发现和消除隐患，共同营造安全生产的良好环境。

【自治区总工会扎实开展"县级工会加强年"专项工作】 一是调整优化内设机构。牢固树立"大抓基层"的工作导向，积极争取自治区编办支持，调整优化区总机关内设机构，组建基层工作部，集中精力抓好基层工会建设工作，为加强基层工会建设提供了组织保障。推动恢复成立自治区厂务公开领导小组，将企业民主管理制度落实情况纳入"平安宁夏"建设考核内容。因地制宜开展集中建会入会行动，全区新建工会组织808个，发展会员7.1万余人，其中新就业形态劳动者1.7万人，工会组织覆盖不断扩大。为基层工会招录76名社会化工会工作者，基层工会工作基础不断夯实。二是建立"三蹲六联"机制。组织全区428名工会干部通过脱产蹲点、专项蹲点、不脱产蹲点三种方式组成103个蹲点组赴基层察民情、解民忧、办实事，每个工作组联系1个县（区）工会、1个乡镇（街道）工会、1个企业工会，联系5名劳模、5名困难职工、5名新就业形态劳动者，常态化深入基层，查找解决职工群众的急难愁盼问题，全力打通联系服务职工的"最后一公里"，千方百计为职工解难题、办实事。区总"三蹲六联"工作机制被全国总工会以《工作动态》专刊转发各省（区、市）总工会。三是强化专项经费保障。设立"县级工会加强年"专项工作资金1800余万元，同时将专项用于基层工会组织建设经费的80%以上直接拨付给县级工会，有效提升了县级工会履职尽责的经费保障能力。2022年，区总补助市县资金达1.24亿元，区、市直接补助到县级工会的资金达5496万元。

【自治区总工会出台28条措施助力疫情防控与经济社会发展】 为深入贯彻落实习近平总书记关于统筹疫情防控和经济社会发展系列重要指示精神，贯彻落实自治区第十三次党代会关于高效统筹疫情防控和经济社会发展的有关部署，自治区总工会根据中华全国总工会通知要求，结合宁夏发展实情，制定出台了《自治区总工会关于加大工会经费投入助力疫情防控与经济社会发展的若干措施》（以下简称《若干措施》），为缓解疫情对我区经济社会带来的不利影响贡献工会力量。《若干措施》将自治区总工会、市县（区）总工会和基层工会所承担的各项工作职责，细化为28条具体落实举措。其中，自治区总工会层面共15条，市县（区）总工会11条，基层工会层面2条。根据《若干措施》规定，自治区总工会将追加预算300万元，专项用于发生疫情的市县（区）总工会、产业工会开展疫情防控、医护人员和一线工作人员慰问；追加预算300万元，用于货车司机、网约车司机、快递员、外卖配送员等新就业形态劳动者的建会入会、送温暖、劳动保护、健康体检等权益保障服务，同时打造50家自治区级最美户外劳动者服务站；安排预算200万元，用于特困行业、困难企业的职工临时生活困难送温暖慰问活动，对因疫情影响造成的临时性、突发性生活困难职工及时开展慰问，帮助其渡过难关等。各市县（区）总工会结合自身实际从推进困难职工帮扶、加大工会送温暖帮扶和消费帮扶力度、设立疫情防控和新就业形态劳动者关爱资金、支持受疫情影响严重的行业和小微企业、建立职工疗休养激励机制、减免小微企业及个体工商户租用工会房租、为职工提供优质文化体育服务、支持职工创业、推动医疗互助保障等11个方面制定具体落实措施，助力全区经济社会发展。基层工会严格执行《宁夏回族自治区基层工会经费收支管理实施细则》，明确开支范围，细化开支标准，规范操作流程，切实管好用好工会经费，发挥工会经费的积极作用。

（盛利勇）

重要会议

【自治区总工会党史学习教育总结会议】
1月17日,自治区总工会召开党史学习教育总结会议,深入学习贯彻习近平总书记重要指示和中央、自治区党史学习教育总结会议精神,全面系统总结区总党史学习教育情况,对进一步巩固拓展党史学习教育成果、改进和加强工会工作作出部署。自治区总工会党组成员、副主席毛洪峰受区总党组委托,在会议上讲话。

会议指出,要深入学习贯彻习近平总书记关于党史学习教育的重要论述。深刻领悟习近平总书记重要指示的精神实质,深度学习习近平总书记关于党史学习教育的重要论述,深入落实习近平总书记关于党史学习教育的重要论述。在实践依据和理论依据上深刻理解"两个确立"的决定性意义,把"两个确立"真正转化为思想自觉、政治自觉、行动自觉,增强"四个意识"、坚定"四个自信"、做到"两个维护",始终在思想上政治上行动上同以习近平同志为核心的党中央保持高度一致。

会议强调,通过扎实的党史学习教育,区总党员干部受到了全面深刻的政治教育、思想淬炼、精神洗礼,达到了学史明理、学史增信、学史崇德、学史力行的目的,区总党员干部政治忠诚更加牢靠、为民情怀更加深厚、斗争精神更加昂扬、担当作为更加主动、自我革命更加深入。深刻认识到坚持政治统领是确保党史学习教育成效的"总开关",领导率先垂范是提升党史学习教育成效的"强引擎",创新活动方法是增强党史学习教育成效的"催化剂",办实事解难题是检验党史学习教育成效的"度量衡",提升自身本领是巩固党史学习教育成效的"动力源"。

会议要求,区总各级党组织和党员干部要坚持把党史学习教育作为加强党的建设的永恒课题和工会干部的终身课题常抓不懈,建立健全常态化、长效化机制,坚持把党史学习教育抓常抓长,切实推动党史学习教育融入日常、抓在经常,循序渐进、不断提升。要立足新发展阶段,完整准确全面贯彻新发展理念,积极服务和融入新发展格局,强化担当、积极作为,以工会工作高质量发展成效持续巩固拓展党史学习教育成果,确保我区工运事业和工会工作始终与党和国家发展所处的历史方位紧紧联系在一起,不断学好党史"必修课"、苦练运用方法"基本功"、增强成果转化"真本领",持续放大党史学习教育成效,踔厉奋发、笃行不息,推动2022年各项工作取得新的成绩,为迎接党的二十大和自治区第十三次党代会胜利召开不懈努力。

会上,4名党员干部分别结合工作实际就党史学习教育心得体会和思想感悟作了交流发言。区总其他党组成员和厅级干部以及副处以上干部参加了会议。

【自治区总工会党建暨党风廉政建设工作会议】 2月18日,自治区总工会召开党建暨党风廉政建设工作会议。会议传达学习了十九届中央纪委六次全会、自治区纪委十二届六次全体会议和区直机关工委2022年机关党的建设工作会议精神,全面总结了2021年区总机关党建和党风廉政建设工作成效,对2022年工作作出具体安排部署。自治区总工会党组书记、副主席马利明出席会议并讲话。会上,马利明与区总党组成员、分管领导代表,分管领导与部门负责人代表层层签订了党风廉政建设责任书。

会议指出,2021年自治区总工会深入开展党史学习教育,全面从严治党政治意识得到提升;常态化开展纪律规矩教育,全面释放从严治党强烈信号,不断激发党员干部廉洁奉公、自律向上的精神动力;坚持把巡视整改作为推动工作的有力抓手,全面补齐从严治党短板弱项,形成制度性成果15项,营造出风清气正劲足的干事创业浓厚氛围;不断完善全面从严治党责任体系,构建了科学规范、运行有效的党建和党风廉政建设责任落实体系;全面培育从严治党特色品牌,形成了"五园一心""三强化三提升""三个三"等支部党建特色品牌,推动党建与业务工作融合发展。

会议要求,2022年区总各级党组织要通过强化理论武装、深化"三强九严"工程、深化"五型"模范机关创建、打造党建优质品牌、推进"智慧工会+党建"工作模式等,坚定不移扛起管党治党政治责任,不断把党建和党风廉政建设引向深入。要进一步加强教育引导,强化组织建设,弘扬优良传统,严肃监督执纪,坚持以队伍纯洁为目标,始终保持严的主基调不动摇,着力把党风廉政建设引向深入,努力开创党风廉政建设工作的新局面。

会议强调,区总全体党员干部要切实增强责任担当意识,压实管党治党责任;切实增强执行意识,不断加大制度落实力度;切实增强奋斗精神,以更加奋发有为的精神状态,推动工会工作实现高质量发展。

区总研究室、财务部、工人疗养院、工会大厦党支部书记在会上作交流发言。区总机关全体干部职工、直属事业单位负责人参加会议。

【自治区总工会十二届六次全委(扩大)会议】 3月24日上午,自治区总工会十二届六次全委(扩大)会议在银川召开。会议传达学习了中华全国总工会第十七届执行委员会第五次全体会议精神,全面总结2021年工会工作,安排部署2022年工作。自治区党委副书记陈雍出席会议并讲话。自治区人大常委会副主任、总工会主席沈左权主持会议,自治区总工会党组书记、副主席马利明代表区总十二届委员会常委会作工作报告。

陈雍在肯定过去一年全区工会工作时指出,在自治区党委的坚强领导下,全区工会围绕中心、服务大局,发挥优势、积极作为,在思想引领上扛起了"工会责任",在助力发展上体现了"工会担当",在维权服务上提升了"工会温度",在改革创新上激发了"工会动能",得到了社会各界的广泛认可。

陈雍强调,今年我们党将召开二十大,自治区将召开第十三次党代会,做好今年的工作意义重大。全区各级工会要坚持以习近平新时代中国特色社会主义思想为指导,深入落实党中央关于"稳字当头、稳中求进"的决策部署,以迎接宣传贯彻党的二十大精神为主线,以推动高质量发展为主题,以改革创新为动力,持续转作风、解难题、促发展、保稳定,着力抓好职工思想政治引领、产业工人队伍建设、维权服务质量提升等重点工作,团结动员全区广大职工以实际行动迎接党的二十大和自治区第十三次党代会的召开。

陈雍要求,全区各级工会要认清形势、提高站位,切实增强做好新时代工会工作的责任感紧迫感使命感,担当工会工作新使命,明确工会工作新要求,满足职工群众新期盼,切实为职工群众做好事、办实事、解难事,引领广大职工群众坚定不移听党话、感党恩、跟党走。要把握重点、强化担当,在服务大局服务基层服务职工中彰显工会作为,聚焦推动发展的使命任务,牢记维权服务的基本职责,奏响劳模精神、劳动精神、工匠精神的时代强音,团结动员广大职工群众在奋进新征程中建功立业。要深化改革、提升效能,努力开创新时代工运事业和工会工作新局面,延伸领域抓牢基层基础,全力以赴抓严党的建设,用心用脑提升素质能力,持之以恒抓严作风转变;要继续聚焦强"三性"去"四化"提"三力",把改革向基层延伸、向纵深推进,确保工会组织更加系统健全、工会服务更加贴心温暖、工会干部更加充满活力。

沈左权在部署今年全区工会工作时提出要

求,全区各级工会要贯彻新思想,提高站位抓落实,要牢牢把握工会工作的正确政治方向,坚决捍卫"两个确立",坚决落实党中央决策和自治区党委的部署要求,坚决承担起工会组织的政治责任;要推进新发展,锚定目标抓落实,锚定自治区重点工作目标、总工会"十四五"规划目标、工会年度目标;要关注新期待,破难补短抓落实,破阵地作用发挥之难,破夯实基层基础之难,破干部能力提升之难;要激发新动能,创新方法抓落实,创新推进产业工人队伍建设改革显效之法,创新推进产业工会发展之法,创新推进"智慧工会"深化之法;要锻造新品格,转变作风抓落实,坚持立说立行,坚持敢作敢当,坚持善作善成。

会议审议通过了区总十二届常委会工作报告和区总十二届经审会工作报告。区总十二届委员会委员,未担任区总十二届委员会委员的五市总工会(宁东基地工会)主席、副主席,县(区)、产业工会主席,及区总部门、直属单位主要负责同志参加会议。

【2022年庆祝"五一"国际劳动节暨自治区五一劳动奖表彰大会】 4月28日,2022年庆祝"五一"国际劳动节暨自治区五一劳动奖表彰大会在银川隆重举行。自治区党委副书记陈雍出席会议并讲话,自治区人大常委会副主任、总工会主席沈左权主持会议。

陈雍代表自治区党委向受到表彰的先进集体和先进个人表示热烈祝贺,向奋战在全区各条战线的广大职工和劳动群众致以节日问候。他指出,劳动托举梦想,奋斗成就伟业。全区广大职工群众要坚持以习近平新时代中国特色社会主义思想为指导,深入贯彻习近平总书记视察宁夏重要讲话精神,大力弘扬劳模精神、劳动精神、工匠精神,积极投身经济社会发展伟大实践,以勤奋劳动成就更大梦想,以诚实劳动铸就更大辉煌,以创造劳动续写更大荣光。

陈雍强调,全区广大职工群众要始终坚守永远跟党走的理想信念,秉持自觉讲政治的鲜明立场,笃定践行价值观的执着追求,把人生理想、家庭幸福融入国家富强、民族复兴的伟业之中,勇做新时代的追梦人、谱写新时代的奋斗篇章。要牢固树立主人翁意识,以推动宁夏高质量发展为己任,全力投身改革发展稳定各项事业,争当经济发展主战场的建设者、深化改革最前沿的推动者、社会稳定第一线的促进者,勇于担当、甘于奉献,努力创造无愧于时代、无愧于历史、无愧于人民的崭新业绩。要以受表彰的"五一"劳动奖和工人先锋号为榜样,学先进、争优秀,弘扬实干新风、树立标杆导向、发挥头雁效应,始终保持奋斗之姿,奏响劳动光荣的最强音。要始终顺应时代之需,做到沉心学习提能力、潜心钻研练本领、精心培训强素质,立足岗位学习新知识、专心专注钻研新技能、勤学苦练掌握新本领,锤炼干事创业的真本领,努力打造一支知识型、技术型、创新型劳动者大军。

陈雍要求,新形势下工会工作只能加强、不能削弱,只能提高,不能停滞不前。各地各有关部门要全面贯彻落实习近平总书记关于工人阶级和工会工作的重要论述,为工会工作提供有力保障。各级工会组织要认真履行政治责任,教育引领广大职工紧跟党的步伐,听从党的指挥,凝聚起矢志爱党爱国、万众一心、众志成城的磅礴力量。坚决履行好维护职工合法权益,竭诚服务职工群众的基本职责,解决好职工群众最关心、最直接、最现实的利益问题,努力让劳动者实现体面劳动、全面发展。

会议以电视电话会议形式召开,宣读了表彰决定,授予15个单位自治区"五一"劳动奖状,60名职工自治区"五一"劳动奖章,40个集体自治区工人先锋号。受表彰代表领奖并作交流发言。

【自治区总工会十二届七次全委（扩大）会议】 5月24日，自治区总工会召开十二届委员会第七次全体（扩大）会议，深入学习贯彻习近平总书记致首届大国工匠创新交流大会贺信精神。会议强调，全区各级工会组织和工会干部要深入学习宣传贯彻习近平总书记贺信精神，把思想和行动统一到贺信精神上来，把总书记的关心关怀转化为强大工作动力，迅速掀起学习宣传贯彻贺信精神的热潮。自治区人大常委会副主任、总工会主席沈左权主持会议。

会议指出，习近平总书记的贺信，充分彰显了对大国工匠和技术工人的充分肯定，对工人阶级和广大劳动群众的亲切关怀，对职工创新创造的殷切期望，对进一步激励广大职工群众为实现中华民族伟大复兴的中国梦而奋斗具有重要意义。会议强调，充分发挥工人阶级和广大劳动群众的主力军作用，是贯穿贺信的一条主线。全区各级工会干部要围绕这一主线，突出工作重点，坚决落实贺信的期望要求，以更大力度、更实举措把广大职工群众中蕴藏的创新创造活力充分激发出来，团结动员广大职工奋进新征程、建功新时代。

会议要求，各级工会组织要强化学习，把宣传贯彻贺信精神作为党员干部、职工学习的重点内容，把握精神实质，切实把学习成效转化为谋划工作的思路、推进工作的举措。要制定贯彻落实贺信精神和全总重点任务分工，定目标、定责任、定时限，跟踪督查落实，确保贺信精神不折不扣贯彻落实到位，扎实推进各项重点工作落地见效，以优异成绩迎接党的二十大和自治区第十三次党代会胜利召开。

会议邀请中国劳动关系学院潘泰萍教授通过视频连线的方式，为自治区总工会十二届委员会委员作了专题辅导。会议还通过了有关人事事项，替补18名同志为自治区总工会第十二届委员会委员，选举闫学刚、张立君、陈自强、王志军4名同志为常务委员会委员，选举马军生为副主席。

【自治区总工会党组理论中心组专题学习自治区第十三次党代会精神】 6月16日，自治区总工会召开党组理论学习中心组学习会，专题学习自治区第十三次党代会精神，研究贯彻落实工作。自治区总工会党组书记、副主席马军生结合参加党代会的学习体会就党代会精神作了全面系统的专题辅导和解读。

会议指出，自治区第十三次党代会报告通篇贯穿了坚定不移贯彻落实习近平总书记视察宁夏重要讲话和重要指示批示精神的高度政治自觉和强烈的政治担当，彰显了自治区党委矢志不渝沿着总书记指引的方向砥砺前行，以实际行动拥戴党的核心，拥护"两个确立"、做到"两个维护"的思想自觉，体现了自治区党委拥戴核心的政治站位，折射的是自治区党委坚强有力的执行力。报告主题鲜明、思路清晰、全面系统，既贯彻了党中央决策部署，又立足宁夏实际、顺应了人民期待，科学回答了如何贯彻落实习近平总书记的指示批示要求，明确了全面建设经济繁荣、民族团结、环境优美、人民富裕的社会主义现代化美丽新宁夏的奋斗目标，提出了包括实施"五大战略""九个打造"等务实举措在内的方法路径，是宁夏未来发展的战略擘画和发展蓝图，具有很强的政治性、人民性、战略性、创新性，必将对全区今后五年发展产生重大而深远的影响。

会议强调，全区各级工会学习宣传贯彻党代会精神，不能局限在与工会工作相关的内容，要全面系统、深入深度地学习领会、贯彻落实。要提高站位，迅速掀起学习宣传党代会精神的热潮，通过举办辅导会、座谈会、专题培训、媒体宣传等形式，精心组织好党代会精神的学习宣传工作。要以打造新时代产业工人思想教育基地、推进产业工人队伍建设改革工作为重点，形成贯彻落实第十三次党代会精神的实施方案，确保党代会确定的各项目标任务在工会系统落地生根。

会议要求,全区各级工会干部要不断增强"大道至简、实干为要"的行动力,团结协作下好"一盘棋",齐心协力推动自治区第十三次党代会精神在工会系统不折不扣地贯彻到底、落实到位。要切实承担起职责使命,将发扬"不到长城非好汉"的革命精神,激发"走好新时代长征路"的奋斗精神,弘扬"社会主义是干出来的"实干精神与弘扬劳模精神、劳动精神、工匠精神结合起来,把广大职工紧密团结在党的周围,引导广大职工崇尚实干、提升技能、争当工匠,凝聚起建设社会主义现代化美丽新宁夏的磅礴力量。要把维权服务和思想引领结合起来,聚焦新就业形态劳动者群体,保证工会组织和工会服务的有形覆盖和有效覆盖双推进,为建设社会主义现代化美丽新宁夏营造团结和谐的社会环境,在细致入微的服务中引领广大职工感党恩、听党话、跟党走。

自治区总工会党组成员和副厅级干部在会上作学习交流发言,会议还采取双随机的形式临时抽点区总宣教部、劳动部、机关党委负责同志交流学习体会。自治区总工会各部室和直属单位负责同志参加学习。

【自治区总工会召开座谈会 推动自治区第十三次党代会确定的目标任务落到实处】 6月27日上午,自治区总工会召开学习贯彻习近平总书记致首届大国工匠创新交流大会的贺信精神、弘扬"社会主义是干出来的"实干精神、推动自治区第十三次党代会精神落实见效座谈会。自治区人大常委会副主任、总工会主席沈左权参加会议并讲话。自治区总工会党组书记、副主席马军生带领与会人员学习了自治区第十三次党代会精神。与会工会干部、劳动模范、一线职工代表围绕深入学习贯彻习近平总书记致首届大国工匠创新交流大会的贺信精

神、习近平总书记视察宁夏重要讲话和重要指示批示精神,弘扬"社会主义是干出来的"实干精神,推动自治区第十三次党代会确定的目标任务在工会系统落到实处进行座谈交流。

会议指出,习近平总书记致首届大国工匠创新交流大会的贺信精神、"社会主义是干出来的"实干精神、自治区第十三次党代会精神,都是习近平新时代中国特色社会主义思想的生动体现。全区各级工会要系统把握习近平新时代中国特色社会主义思想的深刻内涵,把习近平总书记贺信精神作为工作的根本遵循,按照"社会主义是干出来的"实干精神指明的方法路径和自治区第十三次党代会确定的"施工方案",始终保持正确政治方向,推动工会工作高质量发展,以实际行动谱写好全面建设社会主义现代化美丽新宁夏的工会篇章。

会议强调,各级工会要聚焦建设社会主义现代化美丽新宁夏,推动工会工作融入中心大局,纵深推进产业工人队伍建设改革,培育高素质产业工人大军,广泛开展劳动技能竞赛活动,大力弘扬劳模精神、劳动精神、工匠精神,主动作为,凝聚起百万职工在推进高质量发展中的磅礴力量。要聚焦续写民族团结新篇章,在铸牢中华民族共同体意识上主动作为,加强中华民族共同体意识教育,构建各族职工共有精神家园,培树宣传民族团结进步先进典型,营造"塞上职工一家亲"的浓厚氛围。要聚焦绘就环境优美新画卷,在推动实施生态优先战略上主动作为,引导广大职工群众不断增强法治意识、生态意识、环保意识,广泛投身天蓝、地绿、水美的美丽宁夏建设。要聚焦创造人民富裕新生活,在回应职工对美好生活的向往上主动作为,推动落实就业优先政策,突出重点群体权益保障,不断提升职工生活品质。

会议要求,各级工会干部和广大职工要躬身践行"社会主义是干出来的"伟大号召,按照梁言顺书记"创新创新再创新、落实落实再落

实、实干实干再实干"的要求,坚持"实"字打底、"干"字为先,以钉钉子精神把工作做扎实、抓到位,用实干检验忠诚、推动发展、服务职工、汇聚力量,用实干实绩书写新时代工会工作新答卷,努力创造经得起实践、人民、历史检验的业绩,勠力同心答好全面建设社会主义现代化美丽新宁夏的时代考题。

会上,吴忠市总工会、宁东基地工会、宁夏交通工会和自治区总工会劳动经济部主要负责同志围绕发挥工会作用,推动党代会精神在工会系统落到实处进行了发言交流。全国劳动模范、宁夏天地奔牛实业集团有限公司主任设计师陈云,全国五一劳动奖状获得单位代表国家能源集团宁夏煤业公司煤制油分公司工会副主席陈力鹏,自治区劳动模范、银川市实验小学发展共同体党委书记、校长遇旻分别从弘扬劳模精神、当好主人翁、奋进新征程,为建设社会主义现代化美丽新宁夏贡献智慧和力量作了交流发言。大家一致表示,要以感恩之心、奋斗之姿,认真学习领会和贯彻落实自治区第十三次党代会精神,结合实际锚定目标任务,推动工作落实;要大力弘扬劳模精神、劳动精神、工匠精神,立足岗位,践行使命,展现作为,奋力谱写全面建设经济繁荣、民族团结、环境优美、人民富裕的社会主义现代化美丽新宁夏壮丽篇章。

全国、自治区劳动模范、五一劳动奖获得代表及全区产业工人、技术能手代表,各市总工会、宁东基地工会、各产业工会、区直机关工会主要负责同志,区总领导班子成员和各部门、各直属单位副处级以上干部参加了座谈会。

【全区产业工人队伍建设改革工作会议】
8月25日,宁夏产业工人队伍建设改革工作会议在银川召开。会议深入贯彻习近平总书记关于工人阶级和工会工作的重要论述,认真落实自治区第十三次党代会部署要求,总结交流全区产业工人队伍建设改革经验做法,安排部署

有关工作。自治区党委副书记、自治区推进产业工人队伍建设改革协调小组组长陈雍出席会议并讲话。自治区人大常委会副主任、自治区推进产业工人队伍建设改革协调小组副组长沈左权主持会议。

会议指出,产业工人队伍建设改革是习近平总书记亲自点题、亲自部署、亲自指导的重大改革,是党和国家一项具有战略性、全局性的重大决策部署。要自觉提高政治站位,准确把握形势任务,深入谋划推进和落实好产业工人队伍建设改革各项工作。

会议强调,要严格按照"政治上保证、制度上落实、素质上提高、权益上维护"的总体要求,落实落细思想引领、建功立业、素质提升、地位提高、队伍壮大等重点任务,推动改革取得更大成效。要在自治区第十三次党代会确定的目标任务中找准坐标定位,聚焦产业发展、创新创造、人才支撑等关键重点持续用力,激励广大产业工人积极投身全面建设社会主义现代化美丽新宁夏的火热实践。

会议要求,各地各有关部门要进一步完善制度机制、加大宣传力度、及时总结推广试点成果,广泛凝聚改革合力,推动新时代产业工人队伍建设改革走深走实,以实际行动迎接党的二十大胜利召开。

会议通报了全区产业工人队伍建设改革工作情况。宁夏回族自治区教育厅、人社厅,石嘴山市、宁东能源化工基地,银川隆基硅材料有限责任公司等5家单位在会议上发言,7家单位作书面经验交流。自治区推进产业工人队伍建设改革协调小组成员,五市总工会、宁东基地工会,各产业工会主要负责人,产业工人队伍建设改革工作试点单位负责人,自治区总工会有关同志参加了会议。

【自治区总工会党组召开会议认真学习党的二十大报告】 10月19日,自治区总工会党

组书记、副主席马军生主持召开自治区总工会党组2022年第28次会议,认真学习中国共产党第二十次全国代表大会报告。

会议指出,党的二十大是在全党全国各族人民迈上全面建设社会主义现代化国家新征程、向第二个百年奋斗目标进军的关键时刻召开的一次十分重要的大会。习近平总书记在大会上所作的报告,是一个高举旗帜、指引方向、引领时代、开辟未来的报告,进一步指明了党和国家事业的前进方向,是我们党团结带领全国各族人民在新时代新征程坚持和发展中国特色社会主义的政治宣言和行动纲领。

会议强调,学习贯彻党的二十大精神,要认真落实习近平总书记提出"五个牢牢把握"的要求,即:牢牢把握过去5年工作和新时代10年伟大变革的重大意义;牢牢把握习近平新时代中国特色社会主义思想的世界观和方法论;牢牢把握以中国式现代化推进中华民族伟大复兴的使命任务;牢牢把握以伟大自我革命引领伟大社会革命的重要要求;牢牢把握团结奋斗的时代要求。

会议要求,各级工会和工会干部一定要深刻学习领会党的二十大的重要意义和报告的精髓要义,进一步提高政治站位,深刻领悟"两个确立"的决定性意义,增强"四个意识"、坚定"四个自信"、做到"两个维护";要进一步增强工会干部的责任感、使命感,切实把学习宣传贯彻党的二十大精神作为当前和今后一个时期的重要政治任务,认真领会党的二十大报告有关工会工作的新要求,扎实做好工会改革发展各项工作,不断创造新的业绩,有效发挥桥梁纽带作用,切实把学习成果更好地转化为做好工会工作的能力,用心用情解决好职工群众的急难愁盼问题,积极为全面建设社会主义现代化国家、全面推进中华民族伟大复兴贡献工会力量。

【自治区总工会召开学习贯彻党的二十大精神会议】 10月25日,自治区总工会召开学习贯彻党的二十大精神会议,会议传达了自治区党委、全国总工会学习党的二十大精神会议精神,对区总工会学习宣传贯彻党的二十大精神作出部署。自治区总工会党组书记、副主席马军生主持会议并讲话。

会议指出,党的二十大是在全党全国各族人民迈上全面建设社会主义现代化国家新征程、向第二个百年奋斗目标进军的关键时刻召开的一次十分重要的大会。习近平总书记在大会上所作的报告,是一个高举旗帜、指引方向、引领时代、开辟未来的报告,进一步指明了党和国家事业的前进方向,是我们党团结带领全国各族人民在新时代新征程坚持和发展中国特色社会主义的政治宣言和行动纲领。大会审查批准的中央纪委工作报告彰显了坚定不移推进全面从严治党的政治清醒和坚强定力,通过的党章(修正案)充分体现了党的重大理论创新、实践创新、制度创新成果,实现了党的指导思想、党的事业战略安排、党的建设总体要求的与时俱进。党的二十届一中全会选举产生了新一届中央领导机构,习近平同志继续担任中共中央总书记、中央军委主席,充分体现了全党共同意志,充分反映了亿万人民共同心愿。

会议强调,全区各级工会要把学习宣传贯彻党的二十大精神作为当前和今后一个时期的首要政治任务,深入学习领会,迅速掀起学习宣传贯彻热潮。区总要立即行动起来,做好各项工作的安排部署。一是要认真组织,扎实传达好党的二十大精神。要筹备召开"两个会议",即区总全委会议和党组理论学习中心组学习会议。通过召开区总全委会议,动员组织全区各级工会认真扎实做好学习宣传贯彻党的二十大精神;通过召开党组理论学习中心组学习会议,组织区总领导干部和工会干部率先学一步、深学一层,发挥学习示范作用。要办好"两个班",即区总干部专题培训班和全区工会主席专题培训暨全区工会干部轮训班。通过全覆盖培训工会干部,让每位工会干部都能系统深入学习领会党的二十大的重大意义、精神实质、核心要义,进一步增强工会干部特别是领导干部学习贯彻落实党的二十大精神的能力水平,激励工会干部忠诚履职,切实当好党的二十大精神的宣传员、践行者。二是要精心安排,迅速掀起学习宣传热潮。要搭建一个学习平台,即在宁夏总工会门户网站、微信公众号、宁工惠APP、《宁夏工运》杂志开设学习专栏,编载各级工会学习宣传贯彻党的二十大精神动态信息和各级工会干部、劳动模范、职工群众的学习体会,共同交流学习提高;要组建劳模宣讲团,邀请宁夏出席党的二十大代表中的10名劳动模范组成自治区总工会劳模工匠宣讲团,分批次、分时段深入机关、企业、车间、班组和学校,与广大职工群众面对面交流学习党的二十大精神,并同步推出网上劳模宣讲云课堂;要安排一次宣讲会,主动邀请自治区讲师团成员,面向工会干部和劳动模范、产业工人代表,就学习领会党的二十大精神进行专题辅导,教育引导广大职工群众更加坚定不移感党恩、听党话、跟党走。三是要苦干实干,推动党的二十大精神落地落实。要召开宁夏工会十年新闻通气会,面向社会各界广泛宣传党的十八大以来宁夏工会工作取得的丰硕成果;要推动宁夏新时代产业工人思想教育实践地建设;要抓好"三项活动",即"塞上工匠年度人物"选树活动、第二届全区职工技术创新成果评选展览活动、困难职工"送温暖"活动;要出台《推进宁夏工会工作高质量发展实施意见》和产业工人队伍建设改革方面的7个文件,从顶层设计谋划部署会议精神的贯彻落实;要开展一个试点工作,即在金凤区打造固定服务阵地、流动服务阵地、网络服务阵地"三位一体"服务职工体系,推进工会服务在身边品牌建设。

会议要求,全区各级工会要原汁原味学原文,把学习党的二十大精神纳入支部学习"第一内容",组织党员干部扎扎实实、反反复复学习党的二十大报告原文,认真体悟蕴藏的真理力量、信仰味道、思想光芒、领袖情怀;要找准找实落脚点,特别加强学习报告中涉及工会工作方面的新论述、新要求,结合习近平总书记关于工人阶级和工会工作的重要论述一并领会,通过学习,寻找真经,切实回答好工会是什么、工会干什么、工会怎么干的一系列问题;要见行见效抓落实,坚持目标导向、问题导向、结果导向,紧密结合贯彻落实自治区第十三次党代会精神,对标对表既定的各项目标任务,一项一项检查,逐条梳理,查漏补缺,确保年度目标任务圆满完成;要结合党的二十大提出的新要求,认真科学系统地谋划好明年的各项工作,推动工会工作守正创新、行稳致远。

【自治区总工会召开党组理论学习中心组学习会研讨交流党的二十大精神学习体会】
11月1日,自治区总工会召开党组理论学习中心组学习会,专题学习党的二十大精神,并进行交流研讨。会议传达学习了习近平总书记在党的二十大闭幕大会上的重要讲话精神、党的二十大关于十九届中央委员会报告的决议、党的二十大关于中央纪律检查委员会工作报告的决议、党的二十大关于《中国共产党章程(修正案)》的决议、《中共中央关于认真学习宣传贯彻党的二十大精神的决定》、自治区十三届二次全会精神。自治区总工会党组书记、副主席马军生主持会议并讲话,区总党组成员和部分部门负责人交流发言。

会议指出,党的二十大是在全党全国各族人民迈上全面建设社会主义现代化国家新征程、向第二个百年奋斗目标进军的关键时刻召开的一次十分重要的大会。全区各级工会要把学习宣传贯彻党的二十大精神作为当前和今后一个时期的首要政治任务,不折不扣贯彻落实党中央决策部署和自治区党委工作要求,着力在全面学习上、全面把握上、全面落实上下功夫,推动学习领会入脑入心、宣传宣讲走深走实、贯彻落实见行见效,迅速掀起学习宣传贯彻党的二十大精神热潮。

会议要求,工会组织作为党联系职工群众的桥梁和纽带,学习好宣传好贯彻好党的二十大精神,要重点从宏观层面把握好四个方面。一是最根本的在于团结引领广大职工群众深刻领悟"两个确立"的决定性意义,增强"四个意识"、坚定"四个自信"、做到"两个维护"。要紧扣习近平总书记和自治区党委要求,紧贴职工群众需要,充分发挥自身优势,开展一些针对性强、易于被职工群众所接受的宣讲活动,切实把党的二十大精神讲清楚、讲明白,广泛深入为广大职工群众所了解和掌握。二是最核心的在于要牢牢把握为中华民族伟大复兴而团结奋斗的我国工人运动时代主题,贯彻全心全意依靠工人阶级方针,为全面建设社会主义现代化美丽新宁夏汇聚起磅礴力量。把自身工作与党领导的伟大事业紧密联系,全力以赴为工人阶级发挥作用搭建平台,开展"塞上工匠年度人物"选树活动、举办第二届全区职工技术创新成果展、深化产业工人队伍建设改革,努力打造一支适应黄河流域生态保护和高质量发展先行区建设需要的高素质产业工人大军。三是最基本的在于扎实履行工会维权和服务的基本职责,在发展全过程人民民主中保障职工民主政治权利,关心关爱职工群众,不断增强职工群众的获得感、幸福感、安全感。打造"工会服务在身边"品牌、推进户外劳动者服务站点提质扩面、保障职工群众合法权益,把维护职工合法权益的大旗牢牢掌握在手中,把竭诚为职工群众服务作为工会一切工作的出发点和落脚点,不断回应广大职工群众对美好生活的新期待。四是最关键的在于精准把握对工人阶级和工会工作提出的新要求,找准工会组织贯彻落实党的二十大精神的切入点和落脚点,持续深化工会改革和建设。要扎实开展县级工会加强年专项工作、持续扩大工会组织覆盖面、持续改进工作作风,深入基层查找解决职工群众的急难愁盼问题,全力打通联系服务职工的"最后一公里"。

自治区总工会二级巡视员及区总各部室、直属单位负责同志参加学习会。

【自治区总工会十二届八次全委会议】 11月10日,自治区总工会召开十二届委员会第八次全体会议,传达中国共产党第二十次全国代表大会精神和自治区党委、全国总工会关于学习宣传贯彻党的二十大精神的有关要求,审议《自治区总工会关于学习宣传贯彻党的二十大精神的实施意见》,对全区工会学习宣传贯彻党的二十大精神进行再学习再部署再推进。自治区人大常委会副主任、总工会主席沈左权主持会议并讲话。

会议认为,中国共产党第二十次全国代表大会,是在全党全国各族人民迈上全面建设社会主义现代化国家新征程、向第二个百年奋斗目标进军的关键时刻召开的一次十分重要的大会。大会高举中国特色社会主义伟大旗帜,坚持马克思列宁主义、毛泽东思想、邓小平理论、"三个代表"重要思想、科学发展观,全面贯彻习近平新时代中国特色社会主义思想,分析了国际国内形势,提出了党的二十大主题,回顾总结了过去5年的工作和新时代10年的伟大变革,阐述了在政治上、理论上、实践上取得了一系列重大成果,就新时代新征程党和国家事业发展制定了大政方针和战略部署,是党团结带领全国各族人民全面建设社会主义现代化国家、全面推进中华民族伟大复兴的政治宣言和行动纲领。

会议指出,学习宣传贯彻党的二十大精神是当前和今后一个时期的首要政治任务。全区各级工会要以强烈的担当精神、使命意识,全面系统准确把握精神实质,切实把思想和行动统一到党的二十大精神上来。要按照完整、准确、全面的要求,加强统筹协调,精心制定方案,通过党组理论学习中心组和党支部"三会一课"、主题党日、交流研讨、开设专栏以及专题辅导、专题培训等形式,开展多形式、分层次、全覆盖集中学习教育,教育引导工会干部和广大职工读原著、学原文、悟原理,学深悟透党的二十大的丰富内涵和精神实质,深刻领会党的创新理论的道理学理哲理。要将党的二十大精神与习近平总书记关于工人阶级和工会工作重要论述一体学习,准确把握党对工人阶级和工会工作的新部署新要求,不断深化对新时代新征程工运事业和工会工作的规律性认识。工会领导干部要以上率下、先学一步、深学一层,示范带动和推动广大工会干部和职工群众迅速投入学习。要开展讲微党课、互动交流、分享体会等对象化、分众化、互动化宣传宣讲,组织劳动模范深入企业、车间、班组等,向一线职工群众讲清说透党的二十大精神,增强感召力、凝聚力、影响力,努力营造奋进新征程的良好社会氛围。

会议要求,要以党的二十大精神为统领,坚持不懈用习近平新时代中国特色社会主义思想凝心铸魂,全面抓好贯彻落实,推进新时代新征程工会工作高质量发展,推动党的二十大精神落地生根、开花结果。要深刻领悟"两个确立"的决定性意义,把"两个维护"落实到工会工作全过程各方面;始终坚持以习近平新时代中国特色社会主义思想为指导,牢牢把握工会工作正确政治方向;强化思想政治引领,团结引导广大职工坚定不移听党话、矢志不渝跟党走;充分发挥工人阶级主力军作用,团结动员广大职工为建设社会主义现代化美丽新宁夏建功立业;树牢人民至上理念,切实维护好职工的合法权益;持续深化改革,推动产业工人队伍建设改革和工会改革深化发展;扎实推进工会党的建设,为工会工作高质量发展提供坚强保障。要通过建设职工思想政治引领实践基地、开展主题教育活动、线上线下宣传融合发展等行之有效的

方式,把广大职工的思想凝聚起来、精气神调动起来。要坚持以职工为中心的工作导向,保障职工民主政治权利,打造"工会服务在身边"工作品牌,推动解决好事关职工群众切身利益的实际问题,推动落实就业优先政策,推动健全就业促进机制,加强困难群体就业兜底帮扶,努力推动增加低收入者收入,把服务职工的"小切口"变成团结引领职工的"大天地",扎扎实实为职工群众做好事、办实事、解难事,不断增强职工群众的获得感、幸福感、安全感。

会议强调,要把学习宣传贯彻党的二十大精神与正在开展的习近平总书记视察宁夏重要讲话指示批示精神"大学习、大讨论、大宣传、大实践"活动结合起来,与系统谋划当前和今后一个时期工会工作结合起来,对标对表任务要求,细化贯彻落实的具体举措。要大力弘扬劳模精神、劳动精神、工匠精神,充分发挥工人阶级主力军作用,动员广大职工广泛深入持久开展各种形式的劳动和技能竞赛,开展"五小"等群众性创新活动,推动健全落实高技能人才培养、使用、评价、激励和保障机制,畅通技能人才流动渠道,培养更多的高技能人才和大国工匠。要推动产业工人队伍建设改革和工会改革深化发展,注重调动各成员单位的力量,加强出台政策的协同,注重发挥基层工会干部的作用,指导推动企业落实相关政策文件,让出台的政策文件真正帮助职工成长成才,促进企业稳健发展。要围绕"强三性"的要求,深入推进"县级工会加强年"专项工作,把更多的资源用在基层,增强团结教育、维护权益、服务职工功能,积极构建联系广泛、服务职工的工会工作体系,切实把基层工会建强、建实、建活。

会议以视频形式召开,各市、县(区)设立分会场。区总十二届委员会委员,未担任区总十二届委员会委员的区、市、县(区)总工会及宁东基地工会领导班子、部门负责人和产业工会的负责人参加会议。　　　　　(盛利勇)

大事记

1月6日 自治区人大常委会副主任、总工会主席沈左权率领慰问组,深入银川市开展"两节"送温暖走访慰问活动。慰问组先后走访慰问了宁夏电通信息产业有限公司、西夏区困难职工张俞和困难劳模张华,自治区总工会党组书记、副主席马利明及相关部室负责同志陪同。2022年,自治区总工会筹集"两节"送温暖资金1506万元,将分成7个慰问组分赴全区各地开展慰问活动,组织各级工会对全区2498户困难职工和部分一线职工及困难企业进行节日慰问。同时,自治区总工会还筹集近340万元专款,向健在的2718名全国和省部级劳模发放春节慰问金,把党和政府以及工会组织的温暖送到职工群众心里。

1月11日至13日 自治区人大常委会副主任、总工会主席沈左权率领慰问组,深入固原市、中卫市开展"两节"送温暖走访慰问活动。慰问组一行先后走访慰问了固原市全国劳模隋秀华、困难职工田志明,宁夏隆昌仁德商贸有限公司固原分公司,中卫市自治区劳模张玉凤和宁夏中盛新科技有限公司困难职工刘国元以及宁夏中盛新科技有限公司。慰问期间,沈左权一行还对固原、中卫两市的基层工会组织及职工之家建设等情况进行了调研。自治区总工会党组成员、副主席吴会军及相关部室负责同志陪同。

1月17日 自治区总工会召开党史学习教育总结会议,深入学习贯彻习近平总书记重要指示和中央、自治区党史学习教育总结会议精神,全面系统总结区总党史学习教育情况,对进一步巩固拓展党史学习教育成果、改进和加强

工会工作作出部署。

1月27日 自治区人大常委会副主任、总工会主席沈左权率领慰问组,深入石嘴山市开展"两节"送温暖走访慰问活动。慰问组一行先后走访慰问了困难职工翟惠云、宁夏中能恒力钢丝绳有限公司和困难劳模李志云。慰问期间,沈左权一行还对石嘴山市基层工会组织、会站家一体化建设、职工文化活动阵地、户外劳动者站点等情况进行了调研。自治区总工会党组成员、副主席马丽君及相关部室负责同志陪同。

2月18日 自治区总工会召开党建暨党风廉政建设工作会议。会议传达学习了十九届中央纪委六次全会、自治区纪委十二届六次全体会议和区直机关工委2022年机关党的建设工作会议精神,全面总结了2021年区总机关党建和党风廉政建设工作成效,对2022年工作做出具体安排部署。自治区总工会党组书记、副主席马利明出席会议并讲话。会上,马利明与区总党组成员、分管领导代表,分管领导与部门负责人代表层层签订了《党风廉政建设责任书》。

3月7日 自治区总工会党组书记、副主席马利明一行深入银川市兴庆区新华街工会户外劳动者驿站、中山南街富强社区户外劳动者驿站和宁夏光耀实业(集团)有限公司工会区域性职工服务中心,调研基层工会组织建设及会、站、家一体化建设情况。自治区总工会党组成员、副主席毛洪峰陪同调研。

3月18日 自治区人大常委会副主任、总工会主席沈左权带领自治区总工会调研组一行深入银川市专题调研新修订的《工会法》的宣传贯彻情况。调研组一行先后来到宁夏锦帆医疗器械有限公司和宁夏上好教育集团,详细了解

了企业工会工作开展情况,听取了意见建议,随后与银川市总、市辖三区总工会及有关街道工会负责同志开展了座谈交流。自治区总工会党组成员、副主席毛洪峰、毛鹏飞及相关部室负责同志陪同。

3月24日上午 自治区总工会召开十二届六次全委(扩大)会议,传达学习了中华全国总工会第十七届执行委员会第五次全体会议精神,全面总结2021年工会工作,安排部署2022年工作。自治区党委副书记陈雍出席会议并讲话。自治区人大常委会副主任、总工会主席沈左权主持会议,自治区总工会党组书记、副主席马利明代表区总十二届委员会常委会作工作报告。

3月28日 自治区党委书记、人大常委会主任陈润儿在自治区总工会、团委、妇联调研,强调要深入学习贯彻习近平总书记关于群团工作的重要论述,聚焦保持和增强政治性、先进性、群众性,以高度历史主动精神做好新时代群团工作,团结动员广大群众永远跟党走、奋进新征程,以优异成绩迎接党的二十大胜利召开。自治区领导陈雍、雷东生、沈左权参加调研。

同日 自治区总工会党组书记、副主席马利明带领区总党组成员、厅级干部和部门负责人赴自治区廉政警示教育中心接受党风党纪教育,集中参观了"决策篇""法规篇""警示篇""正气篇""家风篇""宁夏篇"6个展厅,推动"廉政警示教育周"活动走深走实。

4月19日上午 自治区党委书记梁言顺到自治区总工会、团委、妇联走访看望干部职工,调研了解工作情况,强调要深入学习贯彻习近平总书记关于群团工作的重要论述,进一步激发群团组织活力,充分发挥桥梁纽带作用,围绕

中心、服务大局,团结动员广大群众永远跟党走,汇聚起继续建设美丽新宁夏的奋进力量。在自治区总工会,梁言顺听情况介绍、看图片展示,了解工会工作、职工公益培训等情况,强调思政工作非常重要,创新方式方法也很重要,要做到入脑入心。自治区领导陈雍、雷东生、沈左权参加。

4月20日 自治区人大常委会副主任、总工会主席沈左权带领区总调研组一行深入中卫市调研工会工作,并开展了新修改的《工会法》宣讲。调研组一行先后来到宁夏金之鼎企业代理有限公司联合工会和沙坡头区滨河镇工会联合会,详细了解企业关心关爱职工的系列举措及工会组建、组织机构设置和日常工作开展情况。自治区总工会党组成员、副主席毛洪峰及有关部室负责同志陪同。

同日 自治区总工会召开干部大会,马军生同志任自治区总工会党组书记、提名副主席人选。自治区党委副书记陈雍出席会议并讲话,自治区人大常委会副主任、总工会主席沈左权主持会议,自治区党委组织部副部长童刚宣布自治区党委任免决定。

4月28日 2022年庆祝"五一"国际劳动节暨自治区五一劳动奖表彰大会在银川隆重举行。自治区党委副书记陈雍出席会议并讲话,自治区人大常委会副主任、总工会主席沈左权主持会议。会议以电视电话会议形式召开,自治区总工会党组书记、副主席马军生宣读了表彰决定,授予15个单位自治区"五一"劳动奖状,60名职工自治区"五一"劳动奖章、40个集体自治区工人先锋号。受表彰代表领奖并作交流发言。

4月29日上午 自治区总工会党组书记、

副主席人选马军生带领区总检查组,采取不打招呼的方式,对宁夏工会大厦、工人疗养院和工人文化宫的疫情防控、安全生产工作进行了检查。检查组一行还检查了区总职工服务中心,要求做好节假日值班值守、来电来访接待及临时救助等工作。

5月9日至12日 自治区总工会党组书记、副主席人选马军生带领区总调研组,先后赴固原市、中卫市、吴忠市调研工会工作,并看望劳动模范、职工群众和基层工会干部。区总党组成员、副主席毛洪峰及相关部室负责同志陪同调研。

5月24日 自治区总工会召开十二届委员会第七次全体(扩大)会议,深入学习贯彻习近平总书记致首届大国工匠创新交流大会贺信精神。自治区人大常委会副主任、总工会主席沈左权主持会议。会议邀请中国劳动关系学院潘泰萍教授通过视频连线的方式,为自治区总工会十二届委员会委员作了专题辅导。会议还通过了有关人事事项,替补18名同志为自治区总工会第十二届委员会委员,选举闫学刚、张立君、陈自强、王志军4名同志为常务委员会委员,选举马军生为副主席。

5月25日 自治区总工会党组书记、副主席马军生带领区总调研组,赴银川市调研工会工作,并看望劳动模范、职工群众和基层工会干部。区总党组成员、副主席毛洪峰及相关部室负责同志陪同调研。

5月31日上午 自治区总工会党组书记、副主席马军生带领区总调研组,赴宁东基地调研工会工作。调研组一行实地调研了宁东会客厅、宁夏百川新材料有限公司、宝胜(宁夏)线缆、智宁技术、简墨新材料研究院。区总党

组成员、副主席吴会军及相关部室负责同志陪同调研。

5月31日至6月1日 自治区总工会党组书记、副主席马军生带领区总调研组,赴石嘴山市调研工会工作,并看望劳动模范、职工群众和基层工会干部。区总党组成员、副主席毛洪峰及相关部室负责同志陪同调研。

6月6日下午 自治区总工会举办深入学习贯彻习近平总书记视察宁夏重要讲话精神专题宣讲会,自治区宣讲团成员、自治区高校思想政治理论课特聘教授、党委讲师团办公室主任宋丽萍系统阐述了习近平总书记视察宁夏重要讲话精神的核心要义、丰富内涵。自治区总工会党组书记、副主席马军生等区总领导和全区各级劳模代表、自治区总工会干部职工一同聆听了宣讲辅导。

6月10日上午 中国共产党宁夏回族自治区第十三次代表大会在银川隆重开幕,自治区总工会组织全体干部职工集中收看大会实况,宁夏工人文化宫、宁夏工人疗养院、宁夏工会大厦三个直属单位组织干部职工同时段收看。

6月16日 自治区总工会召开党组理论中心组学习,专题学习自治区第十三次党代会精神,研究贯彻落实工作。自治区总工会党组书记、副主席马军生结合参加党代会的学习体会就党代会精神作了全面系统的专题辅导和解读。

6月27日上午 自治区总工会召开学习贯彻习近平总书记致首届大国工匠创新交流大会的贺信精神、弘扬"社会主义是干出来的"实干精神、推动自治区第十三次党代会精神落实见效座谈会。自治区人大常委会副主任、总工会

主席沈左权参加会议并讲话,自治区总工会党组书记、副主席马军生带领与会人员学习了自治区第十三次党代会精神。与会工会干部、劳动模范、一线职工代表进行了座谈交流。

7月18日至7月19日 自治区总工会党组书记、副主席马军生带领区总慰问组一行,深入银川市开展新就业形态劳动者慰问活动。慰问组一行先后来到长燃智享(宁夏)新能源科技有限公司工会、金凤区蓝骑士配送行业联合工会、宁夏茂鑫源汽车运输有限公司工会、顺丰速运(宁夏)有限公司工会、宁夏京东智能产业园5家企业,按照每个企业工会3万元的标准对5家企业工会进行慰问,以每人500元的标准为100名新就业形态劳动者发放了慰问礼包。自治区总工会党组成员、副主席毛洪峰及区总相关部室负责同志一同慰问。

7月19日 第二届全区职工技术创新成果评选展览工作领导小组会议召开,在经过专家组认真评审的基础上,领导小组审定拟授予50项职工技术创新成果奖。自治区人大常委会副主任、总工会主席沈左权主持会议并讲话。自治区总工会党组书记、副主席马军生,自治区科技厅党组书记郭秉晨,自治区科协党组书记、主席陈红缨,自治区科协一级巡视员陈国顺,自治区总工会党组成员、副主席马丽君和自治区总工会劳动和经济工作部、自治区科技厅高新技术处、宁夏企业创新服务中心等部门负责人参加会议。

8月4日 自治区总工会党组书记、副主席马军生赴基层联系点——银川市兴庆区新华街街道工会联合会,就学习贯彻习近平总书记视察宁夏重要讲话和重要指示批示精神,贯彻落实自治区第十三次党代会精神,为新就业形态劳动者和基层工会干部作了专题宣讲。

8月8日 自治区总工会召开党组理论学习中心组学习(扩大)会议,深入学习贯彻习近平总书记关于加强和改进人民信访工作的重要思想,认真学习中共中央、国务院发布的《信访工作条例》,研究部署全区工会信访工作。会议邀请自治区人民政府副秘书长、信访局局长王中作《信访工作条例》专题辅导,自治区总工会党组书记、副主席马军生主持会议并讲话。

8月16日 自治区党委副书记陈雍深入国能集团宁夏煤业公司羊场湾煤矿、国能集团宁夏煤业公司煤制油分公司等地,调研产业工人队伍建设改革工作,看望慰问生产一线产业工人和劳动模范。自治区人大常委会副主任、总工会主席沈左权参加调研和慰问活动。

8月25日 全区产业工人队伍建设改革工作会议在银川召开。会议深入贯彻习近平总书记关于工人阶级和工会工作的重要论述,认真落实自治区第十三次党代会部署要求,总结交流全区产业工人队伍建设改革的经验做法,安排部署有关工作。自治区党委副书记、自治区推进产业工人队伍建设改革协调小组组长陈雍出席会议并讲话。自治区人大常委会副主任、自治区推进产业工人队伍建设改革协调小组副组长沈左权主持会议。

9月24日、25日 自治区总工会党组书记、副主席马军生带领暗访检查组,采取不打招呼、不定行程,"一竿子插到底"的方式,深入自治区工人文化宫、宁夏工会大厦、自治区工人疗养院(新老院区)3家直属单位,对疫情防控及相关工作进行暗访检查。自治区总工会党组成员、副主席毛洪峰陪同检查。

10月1日、4日 自治区总工会先后到兴庆区新民社区、玺悦社区以及宁夏工人疗养院,分别对奋战在疫情一线的社区工作者、工会志愿者、防疫人员以及疗养院医护人员和留院治疗的患者进行慰问，表达了自治区党委、政府对职工群众的关心关爱和节日祝福。自治区总工会党组书记、副主席马军生，党组成员、副主席毛洪峰、马丽君相继带队慰问和检查。

10月11日 自治区党委常委、自治区人民政府副主席买彦州到自治区总工会调研了解工会工作情况。调研组一行实地调研了工人文化宫工作开展情况，并在自治区总工会机关召开座谈会，听取了自治区总工会工作情况汇报，重点围绕工会工作存在的困难问题进行了座谈交流。自治区总工会党组书记、副主席马军生，党组成员毛洪峰、吴会军、马丽君、闫灵及厅级干部、有关部室负责同志参加调研座谈。

10月14日 自治区总工会党组书记、副主席马军生以"深入学习贯彻习近平总书记关于工人阶级和工会工作的重要论述　努力做党的工运事业的组织者和推动者"为主题，给自治区总工会全体党员干部讲授专题党课。

10月16日 中国共产党第二十次全国代表大会在北京人民大会堂开幕。自治区总工会在工会办公大楼和宁夏工人疗养院（新院区）组织工会干部收听收看开幕大会盛况。各级工会干部和职工群众以多种形式、灵活方式收听收看开幕大会盛况，聆听了习近平总书记代表第十九届中央委员会所作的报告。

10月17日 自治区总工会在临时办公驻地宁夏工人疗养院（新院区）、办公大楼，组织党员干部交流学习党的二十大报告心得体会，自治区总工会党组书记、副主席马军生，党组成员、副主席毛洪峰、吴会军、马丽君及部分党员干部进行了学习交流发言。

10月19日 自治区总工会党组书记、副主席马军生主持召开自治区总工会党组2022年第28次会议，认真学习中国共产党第二十次全国代表大会报告。

10月25日 自治区总工会召开学习贯彻党的二十大精神会议，会议传达了自治区党委、全国总工会学习党的二十大精神会议精神，对区总学习宣传贯彻党的二十大精神作出部署。自治区总工会党组书记、副主席马军生主持会议并讲话。

11月1日 自治区总工会召开党组理论中心组学习会，专题学习党的二十大精神，并进行交流研讨。会议传达学习了习近平总书记在党的二十大闭幕大会上的重要讲话精神、党的二十大关于十九届中央委员会报告的决议、党的二十大关于中央纪律检查委员会工作报告的决议、党的二十大关于《中国共产党章程（修正案）》的决议，《中共中央关于认真学习宣传贯彻党的二十大精神的决定》、自治区党委十三届二次全会精神。自治区总工会党组书记、副主席马军生主持会议并讲话，区总党组成员和部分部门负责人交流发言。

11月2日 自治区总工会召开2022年第一次月工作例会，通报和听取了各部室、直属单位1—10月重点工作任务、区总党组会议、主席办公会议议定事项和领导指示批示件办理情况，安排部署了下一步工作。自治区总工会党组书记、副主席马军生出席会议并讲话，区总党组成员、副主席毛洪峰主持会议。

11月7日 自治区总工会邀请党的二十大代表、自治区劳动模范杨彦锋、赵耐香专题宣讲党的二十大精神。自治区总工会党组书记、副主席马军生主持宣讲会。

11月10日 自治区总工会召开十二届委员会第八次全体会议，传达中国共产党第二十次全国代表大会精神和自治区党委、全国总工会关于学习宣传贯彻党的二十大精神的有关要求，审议《自治区总工会关于学习宣传贯彻党的二十大精神的实施意见》，对全区工会学习宣传贯彻党的二十大精神进行再学习再部署再推进。自治区人大常委会副主任、总工会主席沈左权主持会议并讲话。

同日 自治区总工会与国家能源集团宁夏煤业有限责任公司举办合作备忘录签字仪式，就联合加强新时代产业工人思想政治引领工作达成共识。自治区人大常委会副主任、总工会主席沈左权出席并见证签字。自治区总工会党组书记、副主席马军生，国家能源宁夏煤业公司党委副书记、总经理陈艾代表双方致辞并签字。

11月17日 自治区人大常委会副主任、总工会主席沈左权一行深入盐池县调研工会工作，指出要认真学习宣传贯彻党的二十大精神，深刻领会党的二十大的重大意义、精神实质和丰富内涵，自觉把工会工作放到党和国家工作大局中去谋划去推进，充分发挥工会组织桥梁纽带作用，扎实做好思想引领、建功立业、维权服务、基层组建、自身建设等工作，团结引领广大职工群众为全面建设社会主义现代化美丽新宁夏作出积极贡献。区总党组成员、副主席毛洪峰及相关部室负责同志陪同调研。

11月22日至25日 自治区总工会党组书记、副主席马军生先后组织召开4次专题会议，通过各部门分别晒工作、亮成绩、谈思路，分管领导逐一点评的形式，全面总结2022年工作，深入细致研究谋划2023年工作思路。

12月15日上午 为期两天的宁夏工会系统学习贯彻党的二十大精神专题培训班在银川开班，培训班采用"线下"与"线上"相结合的形式举办，自治区总工会设主会场，各市、县（区）总工会，宁东基地工会，非驻会产业工会以及宁夏工人文化宫、工人疗养院、工会大厦分别设立分会场，所有会场通过视频直播的形式同步开展培训，全区各级工会干部近千人参加培训。

12月15日下午 自治区总工会党组书记、副主席马军生在全区工会系统学习贯彻党的二十大精神专题培训班上，以"深刻理解准确把握党的二十大精神的丰富内涵 切实担负起团结引领职工群众听党话跟党走的政治责任"为题，围绕深刻认识党的二十大主题、充分认识我们党过去5年和新时代10年伟大成就和历史性变革的根本原因、深刻领会党的二十大报告中规律性认识背后的人民情怀、深刻领会党的二十大对工人阶级和工会工作提出的新要求新部署4个方面作了党的二十大精神专题辅导。

（盛利勇）

综 合

2022年自治区总工会主席、副主席，经费审查委员会主任，厅级干部名单

自治区总工会

主　席　沈左权

副主席　马利明(回族,2022年3月离任)

　　　　马军生(回族,2022年5月任职)

　　　　毛洪峰

　　　　吴会军

　　　　马丽君(女,回族)

　　　　毛鹏飞(挂职,2022年5月离任)

　　　　张晓玮(兼职)

　　　　白　虹(女,兼职)

经审会主任　闫　灵(女)

二级巡视员　王森林(2022年12月离任)

　　　　　　徐丽萍(女)

　　　　　　王冬焰(2022年3月任职)

2022年自治区总工会机关各部门负责人名单

办公室

主　任　丁文锦(女,回族,2022年12月
　　　　离任)
　　　　吴彦龙(2022年12月任职)

副主任　左玉祥(2022年9月离任)
　　　　杨进余(2022年9月离任)
　　　　盛利勇
　　　　梁　乾(2022年11月任职)

组织部

部　长　王　君(2022年12月离任)

副部长　付海玲(女,2022年11月离任)

宣教文体部

部　长　吴彦龙(2022年12月离任)
　　　　朱　伟(2022年12月任职)

副部长　赵溪润(2022年1月任职)

研究室

主　任　刘文平(女,2022年9月离任)
　　　　左玉祥(2022年9月任职)
副主任　赵连瑞(2022年9月离任)
　　　　吴小琴(女,回族,2022年12月
　　　　任职)

权益保障部

部　长　王冬焰(2022年9月离任)
　　　　刘文平(女,2022年9月任职)
副部长　赵　芳(女,2022年11月离任)
　　　　高万利(2022年11月任职)
　　　　梁　冰
　　　　王添皞(2022年11月离任)
　　　　付海玲(女,2022年11月任职)

劳动和经济工作部

部　长　张娅丽(女,回族,2022年9月离任)
　　　　杨进余(2022年9月任职)
副部长　蒋　林(2022年11月离任)
　　　　孙　琳(女,2022年12月任职)

基层工作部

部　长　郝　雪(女,2022年12月任职)
副部长　王添皞(2022年11月任职)

网络工作部

部　长　朱　伟(2022年12月离任)

丁文锦(女,回族,2022年12月
任职)
副部长　郑文峰
　　　　梁　乾(2022年11月离任)
　　　　买占鹏(2022年12月任职)

女职工部

部　长　刘红梅(女,2022年9月离任)
　　　　张娅丽(女,回族,2022年9月任职)

财务和资产监督管理部

部　长　张瑞琳
副部长　高万利(2022年11月离任)
　　　　赵　芳(女,2022年11月任职)

经费审查委员会办公室

主　任　陈明鹏(回族,2022年9月离任)
　　　　刘红梅(女,2022年9月任职)
副主任　樊宗志

机关党委(人事与老干部处)

专职副书记(处长)
　　　　马玉山(回族,2022年12月离任)
　　　　王　君(2022年12月任职)
副书记、副处长
　　　　党俊梅(女,2022年12月任职)

宣教文体工作

【概述】 2022年,宣教文体部以习近平新时代中国特色社会主义思想为指导,认真学习贯彻党的二十大精神和自治区第十三次党代会精神,深入开展"中国梦·劳动美——喜迎二十大 建功新时代"主题宣传教育,致力构建职工思想引领新格局,在坚守中深化,在深化中创新,围绕全面加强思想引领、弘扬劳模精神、提高职工素质、建设职工文化、宣传工会工作等建机制、搭平台、树品牌,取得了明显成效。

【强化党建凝心聚魂】一是按照要求,学透规定篇目。紧紧围绕学习贯彻党的创新理论、集中组织党员学习,采取主题党日、"三会一课"以及党员讲党课、集中学习研讨、收看专题片、开展实践教学等方式,组织党员干部同上一堂思政课,持续跟进学习习近平新时代中国特色社会主义思想、党的二十大精神、全区"大学习大讨论大宣传大实践"活动精神等。二是结合业务,学好自选篇目。利用每周工作例会、"学习强国"APP、微信公众号等多种方式,深入学习习近平总书记致首届大国工匠创新交流大会贺信精神,深刻理解习近平总书记在庆祝中国共产主义青年团成立100周年大会上的重要讲话精神,重点掌握习近平总书记关于工人阶级和工会工作重要论述、《论党的宣传思想工作》《中国共产党宣传工作条例》等。三是联系实际,提高学习成效。组织全体党员走进宁夏百瑞源枸杞股份有限公司,举办"阅读经典好书 争当时代工匠"主题党日阅读交流活动,让支部党员主动领读、导读,主动谈心得、谈体会,交流自己对学习贯彻党的创新理论的深刻理解和体会,主动让党员学起来、讲起来、悟起来、做起来、热起来。

【加强职工思想政治引领】 一是抓紧做好全区工会系统"大学习大讨论大宣传大实践"活动学习宣传贯彻工作,切实做好职工思想政治引领工作,使全区工会系统增强政治自觉、思想自觉、行动自觉,把思想和行动统一到党的二十大精神上来,把智慧和力量凝聚到自治区党委的决策部署和工作要求上来,按照"落实落实再落实、实干实干再实干"的要求,切实将中央的"必答题"、宁夏的"特色题"、工会的"加试题"做得出色、出彩、出众,推动党的二十大精神落地生根、见行见效。

二是做好区总新闻宣传工作。主动对接区内主流媒体,做好素材准备、原始消息编辑等宣传服务保障工作,争取媒体关注,动态报道贯彻落实党代会精神、冬送温暖、夏送清凉、金秋助学、重大职工文体活动等区总重大事件报道。《中国日报》《工人日报》、人民网、新华网、《宁夏日报》、宁夏电视台等区内外主流媒体刊发区总各类信息稿件210篇。做好"宁夏总工会"官微、"宁夏总工会"门户网站编辑、信息推送工作,积极转发中央、自治区和全总重大事件和重要思想动态,推送职工群众关注的社会热点信息,及时采写、编发、审核区总及基层工会动态。全年,编辑推送公众号信息305期1128条,其中原创信息582条。"宁夏总工会"门户网站推送、上传各类工会动态、通知、公告534条。三是进一步加强意识形态阵地管理。严格落实"三审三校"制度,进一步完善优化宣传工作和网络意识形态的有关文件,进一步强化政治责任、主体责任,切实管好用好工会意识形态阵地,做到守土有责、守土负责、守土尽责。对区总各部门(室)、直属单位出版物、音像制品、电子读物、科研成果、宣传片(专题片)再摸排再深查再清理。

【争当新时代工会宣传教育的领跑者】 一是扎实做好"工"字系列职工文化活动。持续深化"四史"和铸牢中华民族共同体意识常态化宣传教育,联合民族团结杂志社开展铸牢中华民族共同体意识专题宣传;联合自治区文化和旅游厅、自治区广播电视局等,4月至9月举办"喜迎二十大·建功新时代"全区"劳动者之歌"线上线下文艺汇演活动7场次,吸引近7万人通过网络投票为参赛团队加油助威,55.53万人通过线上关注精彩盛宴。组织开展百场"文艺走基层 文化惠职工"活动。联合自治区团委、妇联、文联、残联、宁夏广播电视台举办"声音里的经典——感恩奋进新征程"2022年全区职工诵读演说大赛,热情讴歌党和国家事业包括宁夏发展取得的历史性成就、发生的历史性变革,展示广大职工群众积极投身建设美丽新宁夏的火热实践中的熠熠风采,大赛收到初赛作品41件,网络展播活动受到社会各界68万人(次)的点赞与关注。二是大力弘扬劳模精神、劳动精神、工匠精神。"五一"期间,主动以媒体通气会的形式,通报区总2022年重点工作,邀请媒体记者报道表彰会召开盛况。并在4月29日,以自治区新闻办的名义,召开了自治区首场记者

见面会,5名今年新评选的全国、自治区五一劳动奖获奖代表现场接受记者采访,讲述创新创业背后的故事,分享对劳模精神、劳动精神、工匠精神的理解与感悟,得到了宣传部、新闻媒体和广大职工的点赞与好评。三是持续推进社会主义核心价值观和精神文明创建。各级工会以职工、劳模志愿服务队为主体,组织开展禁毒宣传教育、国防教育、全民科学素质提升等志愿服务工作,使得职工志愿服务成为汇集社会资源、扩大社会参与、维护社会稳定、促进社会和谐的重要力量。积极组织广大职工群众到红色教育基地、国防教育基地开展爱国主义教育,通过百题党史知识竞赛、云宣讲、网络直播、宣讲会等形式,将红色文化和劳动精神向广大职工广泛传播,引导广大职工群众知史爱党、知史爱国、知史爱社会主义,不断增强国防教育观念。自治区总工会、沙坡头区总工会和沙坡头区禁毒办联合举办"喜迎二十大 禁毒我参与"禁毒主题朗诵大赛优秀作品展演活动。

(曹 剑)

调查研究工作

【概述】 2022年,区总研

究室,坚持以习近平新时代中国特色社会主义思想为指导,深入学习贯彻习近平总书记关于工人阶级和工会工作的重要论述和视察宁夏重要讲话指示批示精神,强化支部党的建设,加强理论调查研究,提高书刊编撰质量,做好工会统计年报,完成重要文稿起草,认真履职,积极作为,调查研究取得新突破,《宁夏工运》编发质量实现新提升,各项工作取得新的进展。

【支部党建】 以打造"学习型""思考型""实干型""高效型""廉洁型"党支部为主要措施载体,持续推进支部规范化建设,严格落实"三会一课"制度,实施"三强九严"工程,开展模范机关创建工作,把党建与业务工作融合推进,实现互促共进。不断提高全体党员政治素质和理论素养,开展廉政风险点排查、防范、违规收送红包礼金和高额转借贷专项整治、廉政文化建设等党风廉政建设各项工作,不断强化作风建设,夯实党建基础,形成人人担当作为、个个谋事干事的良好氛围。研究室党支部晋升为四星级党支部。

【调查研究】 一是对全区工会调研工作作出部署,

要求各级工会围绕自治区党委、政府和全总工作部署，紧扣区总工作要点，结合各地各产业实际情况，全方位、多层面展开调查研究工作。继续对全区工会理论调研文章进行评选，各级工会共报送调研文稿286篇，评出优秀调研文章95篇，其中一等奖10篇、二等奖21篇、三等奖30篇，优秀奖34篇。二是与宁夏大学、北方民族大学等单位合作开展重点课题研究，就助力我区建设知识型、技能型、创新型产业工人队伍、我区新业态劳动者权益保障、我区民营企业工会主席待遇情况等课题进行研究，取得了一定成果。推荐的调研报告中有2份获评党委信息处"优秀调研报告"，1份获全国总工会大国工匠征文二等奖。《宁夏工会事业的改革与发展》一文获全国工运史研究三等奖。三是组织开展"我为工会工作高质量发展献一计"活动，对全区各级工会的107条计策进行整理，评出10条好计策。四是向全区各级工会征集"加入工会有什么好处"的意见并进行提炼。五是组织召开两场"大学习大讨论大宣传大实践"活动专题研讨会，围绕"六对照六查看"，聚焦加快黄河流域生态保护和高质量发展先行区建设工会做什么、怎么

做展开热烈讨论，查摆问题，对各部门"六对照六查看"查找出的问题汇总整理并提出改进工作建议。六是认真开展蹲点工作，完成蹲点调研任务等。

【年鉴编撰】 完成《宁夏工会年鉴》(2020)的出版，全书75.2万字；收集、整理、编撰《宁夏工会年鉴》(2021)共92个单位资料，并完成初审、招标、初步编辑、形成样书。按照相关要求，完成《宁夏年鉴》(2022)和《中国工会年鉴》(2022)组稿上报等工作。

【启动《宁夏工运史》研究编撰】 制定《宁夏工运史》研究编撰方案，并以招标形式，联合北方民族大学共同研究，初步完成资料收集工作，制定撰写大纲，启动《宁夏工运史》研究编撰工作，这将填补宁夏工运史编修的空白。成书后，将作为《中国工运通史》(宁夏卷)，献礼中华全国总工会成立100周年。

【《宁夏工运》编发】 全年共编发《宁夏工运》6期。为更好地发挥《宁夏工运》宣传党的工运政策、交流全区工运动态，展示先模风采，反映职工心声等作用，增强视觉和阅

读效果，对《宁夏工运》进行改版，从封面设计到栏目内容，精心编排制作，风格上更加贴近时代，内容上严把质量关，力求贴近工作、贴近职工、贴近基层，以满足职工文化与工运事业不断发展的需要。扩大了赠送面，每期印数达到5800份。针对《宁夏工运》稿源少的问题，开展了全区职工"喜迎二十大 建功新时代"主题征稿评选活动，共收到征文439篇，图片286幅，组织有关专家认真审稿评选，评出获奖征文30篇和图片30幅，并对获奖作品予以通报。落实文献刊物出版意识形态工作责任制，确保舆论导向正确政治方向。

【工会统计年报】 不断加强工会统计与数据分析，完成了6万多字的《2021年宁夏工会数据手册》编辑印制工作，为各级工会及时提供准确的数据及分析。克服新冠疫情影响，探索开展线上培训，指导全区各市、县、产业工会按时高质量完成2022年度工会统计调查年报工作，基层直报率达到98%，走在全国前列。印制《2021年宁夏工会数据手册》，供各级工会和工会干部参考。按时高质量完成全区工会2022年统计年报工作，受到全总表扬。

【区总重要材料起草把关】 起草了《宁夏工会史》讲稿、自治区总工会十二届六次、八次全委(扩大)会议工作报告等相关材料、《区总2022年工作要点》《区总2022年重点工作台账》《区总主要领导在区总十二届六次全委(扩大)会议上的讲话》《闽宁工会协作协议书》《自治区总工会关于商请拟提交自治区政府与工会联席会议审议有关事项的汇报》等,审核修改机关各部门重要材料。

(张国铭)

权益保障工作

【概述】 2022年,权益部以喜迎党的二十大召开和学习贯彻党的二十大精神为主题主线,认真落实自治区第十三次党代会精神及区总党组的贯彻意见,结合部门实际推动实施"权益维护促稳工程""服务提升凝心工程",在维护职工合法权益,巩固城市困难职工解困脱困成果,疫情防控稳经济促就业工作中发挥了积极作用。

【主动融入基层治理体系建设,依法维护职工合法权益】 推动集体协商工作向灵活用工行业、新就业形态延伸,全区建会企业工资专项集体合同签订率达到93.16%,覆盖7773家单位的52.32万名职工。聘请100名集体协商指导员的做法被全总认可,我区成为2022年全国完成集体协商指导员聘用工作任务的12省(市、区)之一。积极维护农民工合法权益,参与自治区政府"根治欠薪百日行动",开展"春暖农民工"服务行动,建立农民工欠薪投诉(举报)台账和周报、月报制度,受理农民工欠薪投诉案件890件,涉及资金1086.37万元。建立劳动争议纠纷在线诉调对接工作机制,指导市县(区)工会建立"法院+工会"诉调对接工作室。引导劳动者理性依法维权,组织开展学习贯彻新修订《工会法》《信访工作条例》等法律法规的宣传教育和服务活动,培训工会干部、工会工作者共12期810人;组织有奖知识答题活动5次16.7万余人参与;深入企业、工地开展"尊法守法·携手筑梦"服务农民工公益普法宣讲370场次,参与职工8.5万人次,发放各类普法宣传资料5.6万余份,各级工会干部和广大职工的依法维权能力不断增强。

【巩固城市困难职工解困脱困成果,帮扶工作取得新成效】 加强工会组织与民政部门困难职工家庭数据比对和信息共享政策衔接和协同工作。组织全区各级工会共筹集2022年送温暖资金2628万元,走访慰问困难职工、一线职工、农民工、新就业形态劳动者、受疫情影响的低收入群体、因公牺牲公安民警和伤残职工34605人,走访慰问企业891家。建立完善梯度帮扶机制,分类分层实现精准帮扶,筹集帮扶资金3080万元,帮扶深度、相对、意外困难职工4783户次。坚持工会助学品牌工作,资助符合"工会班"学生条件的困难职工子女1723名;筹集"金秋助学"资金115.8万元,资助2022年考上大学的困难职工子女317名。困难职工常态化梯度帮扶工作得到自治区党委主要领导和分管领导的批示肯定。

【统筹疫情防控和经济发展,在稳经济促就业工作中发挥工会组织的积极作用】 组织做好就业服务工作。开展困难职工家庭高校毕业生"阳光就业暖心行动""春风行动""民营企业招聘月""金秋招聘月"等活动371场,发布招聘信息260期,就业服务总计94500余人次;开展线上线下技能培训3297人次,培训人员3870人。分析提出工会组织助力"稳经济保民生百日行动"的10条意见。高度重视疫情防控期间职工心理健康服务工作,提供心理咨询服务1.6万余人次,为防疫志愿者提供心理关爱3000余人次;制作相关视频350个,浏览量达10万余人次;慰问大货车司机5845人次,发放慰问金110余万元,发出慰问信8700余份。建设全区"最美工会户外劳动者服务站点"50家,积极解决户外劳动者和新就业形态劳动者"四难问题",推介金凤区户外劳动者和新就业形态劳动者服务工作。组织开展新就业形态劳动者温暖服务季活动。疫情防控期间职工心理健康服务工作得到自治区党委领导批示肯定。

【压实劳动领域政治安全责任,劳动领域政治安全得到维护】 线下线上畅通职工群众表达诉求渠道,充分发挥工会第一知情人、责任人作用。至11月末,共受理职工群众来访来信2536件2623人,办结率99.7%。密切关注"12351"职工服务热线,在3341件诉求中及时处理2691件(其中"三方通话"方式转交律师232件),占80.5%;对涉及工资、社保等重点类诉求的,予以法律指导,并按属地办理原则转五市总工会办理,共650件,占19.5%;对重点、难点诉求开展督办,共74件,占2.21%。适时开展办理回访工

作,回访办结工单700件,占总诉求的21%,满意度达98%以上。加强矛盾纠纷排查化解,组织全区各级工会深入1.12万家企业摸排职工98.99万人,涉及新就业平台单位559家、新就业形态劳动者3.7万人次,共计排查出风险隐患点53个,化解率86.54%;为38名职工提供法律援助,挽回职工经济损失265万元。做好党的二十大期间工会信访维稳、风险防控和安全保障等工作,对一些典型案例处置快、措施稳。开设线上心理咨询24小时热线服务。接听服务热线1030个,提供心理援助88次;一对一线下服务212人次,为职工进行心理沙盘咨询62人次,智能减压舱疗愈44人次。我区劳动领域政治安全工作得到全总主要领导批示肯定;风险防控工作受到自治区党委分管领导重视,予以批示。

【优化提升"12351"心理咨询服务,实现热线服务"不打烊"】 在自治区总工会"12351"平台增设一席心理咨询服务热线,每日安排2名心理咨询专家24小时不间断"双线"接听职工群众来电,随时倾听化解职工群众各类心理健康问题。组织各级工会组织利用网站、微信、视频号,广泛宣传区总12351—2键心

理咨询24小时服务热线、宁工惠APP心理服务留言板块及当地党委政府心理援助热线,发布心理健康咨询科普视频、知识文章79期,充分扩大热线知晓率,提高职工覆盖面。充分发挥心理咨询师服务力量,对外公开合作的心理咨询师、法律援助律师手机号、微信号等,全天候24小时为职工群众提供心理健康及法律维权服务。接听受理职工群众诉求3341件,开设线上心理咨询24小时热线服务,累计受理职工心理健康咨询诉求1246人次,疫情心理健康服务工作得到梁言顺书记、陈雍副书记批示肯定。

【持续推进职工医疗互助,打造宁夏职工医疗互助2.0时代】 持续推进职工医疗互助,全区28.70万职工参加互助,互助职工2742人,支付互助金421.9万元。"职工医疗互助保障管理系统"在银川市总工会试点上线运行,从此开启了互联网赋能的新模式,报销从"线下"搬到"线上",实现了全业务流程线上办理,畅通了报销管理、金额管理、区域管理、单位管理、状态管理信息渠道,全力推进医疗互助线上申请、线上审核、线上报销一站式服务模式。系统运行以来,共有1208家单位完成线上开户,73008名职工完

成信息绑定。截至 2022 年 9 月，系统共受理线上补助申请 4259 条（其中住院医疗 4226 条、身故申请 33 条），受益金额 584.6 万元。《互联网赋能打造宁夏职工医疗互助 2.0 时代》案例在网络部大力支持下，评选为全国互联网+工会服务维权典型案例。

（张书涵）

劳动和经济工作

【概述】 2022 年，劳动和经济工作部加强支部党建工作，深化产业工人队伍建设改革，加强劳模管理与服务，大力弘扬劳模精神、劳动精神、工匠精神，广泛组织职工建功立业，扎实做好安全生产工作，各项工作有了新的进展。

【深化产业工人队伍建设改革】 认真落实牵头抓总作用，制定印发《2022 年宁夏产业工人队伍建设改革工作要点》及《工作台账》，将 2022 年需完成的 62 项具体改革任务落实细化到 22 家成员单位。组织召开学习贯彻习近平总书记重要指示精神深入推进产业工人队伍建设改革工作会议，总结交流产业工人队伍建设改革五年经验做法，安排部署深入推进改革的思路和举措。深化试点工作，带动全

区各级产改协调小组确定试点单位 62 个，银川市、国家能源宁夏煤业集团公司、国网宁夏电力有限公司和宁夏共享装备公司试点典型案例被全国推进产业工人队伍建设改革协调小组办公室编入《产业工人队伍建设改革试点案例汇编》。建立 150 万元改革工作项目专项补助资金，根据改革工作成效给予奖补，激发了相关单位推进改革的积极性、主动性。开展产改工作 5 周年理论征文活动，总结推广经验做法，研究思路举措，推进产改工作走深走实。编印《宁夏产业工人队伍建设改革工作文件汇编》，加强工作指导，增强改革实效。

【大力弘扬劳模精神、劳动精神、工匠精神】 高标准高质量开展全国和自治区五一劳动奖评选表彰工作，向全总推选全国五一劳动奖状 2 个、劳动奖章 9 个、工人先锋号 8 个，评选表彰自治区五一劳动奖状 15 个、五一劳动奖章 60 个、工人先锋号 40 个。召开自治区庆祝五一劳动节暨自治区五一劳动奖表彰大会，广泛宣传获奖集体和个人的先进事迹，大力弘扬劳模精神、劳动精神、工匠精神。积极向自治区表彰办争取，将自治区五一劳动奖评选表彰周

期由三年 1 次调整为每年 1 次，有力维护了全区广大职工的切身利益。用心用情做好劳模服务工作。做好劳模重要节庆日慰问、去世慰问、重点劳模慰问、定期回访等，党的二十大召开前，向全体劳模寄送定制的慰问信；全年发放劳模慰问金、救助金等 776 万元，将党委、政府的关心和工会组织的温暖送到劳模身边。制定了《宁夏回族自治区劳模专项资金发放管理办法（试行）》，进一步规范和加强了劳模"两金"申报发放工作，对困难劳模的帮扶更加精准务实。

【广泛组织职工建功立业】 以"百万职工建功新时代、喜迎二十大"为主题，围绕已开工的重点工程项目和"六新六特六优"产业发展，开展重点工程劳动竞赛 9 项，职工职业技能竞赛 21 个工种，带动全区各级工会开展劳动和技能竞赛 2300 多项，40 多万名职工积极参与，凝聚起各行各业"建功'十四五'、奋进新征程"的磅礴力量。深化职工创新创效活动。开展第二届全区职工技术创新技术评比，收集职工技术创新项目 460 项，评审优秀创新成果 50 项，激发职工创新创效动力和活力，促进创新链和产业链精准对接。

【扎实做好工会安全生产工作】 组织制定了《自治区总工会党组和领导干部安全生产重点工作责任清单》，明确了区总党组和领导干部安全生产重点工作责任。立足工会组织在安全生产工作中的职责定位，制定《自治区总工会安全生产百日专项整治行动方案》，将安全生产和职业病防治工作纳入产业工人队伍建设改革年度工作要点。强化职工宣传教育，通过"安康杯"竞赛、"安全生产月"等活动，广泛宣传习近平总书记关于安全生产重要论述、安全生产法律法规，国务院安委会"15条硬措施"和自治区安全生产"20条措施"，推动安全生产入脑入心。组织各级工会广泛开展"安全隐患随手拍"安全生产职工监督活动和安全生产合理化建议"金点子"征集活动，6118家企事业单位共14.8万余名职工参与"安康杯"职工安全应急技能知识竞赛答题活动。年内有30个集体和4名个人获评全国"安康杯"竞赛先进集体和个人。强化日常监督检查。区总领导把安全生产工作纳入工会调研和综合督查的重要内容，下基层调研时，都调查了解企业安全生产情况，要求企业加强安全生产隐患排查，做到安全生产，切实维护职工安全和健康权益。区总

主要领导在重要节假日期间多次开展暗访，紧盯问题整改，切实提高了区总机关及直属单位安全生产工作水平。

（杨进余）

组织与民主管理工作

【概述】 2022年，基层工作部坚持以习近平新时代中国特色社会主义思想为指导，深入贯彻落实党的二十大精神和自治区第十三次党代会精神，以推动落实"县级工会加强年"专项工作为抓手，统筹谋划、主动作为，不断强化服务意识，全面开展建会入会、服务阵地建设、企业民主管理、干部队伍建设等重点工作，各项任务进展顺利、推进有序。

【设立基层工作部】 为推动"县级工会加强年"专项工作取得新成效，持续建强服务职工的"第一站"，自治区总工会牢固树立"大抓基层"的工作导向，积极争取自治区编办支持，调整优化区总机关内设机构，于2022年11月设立基层工作部，集中精力抓好基层工会建设工作，为加强基层工会建设提供了组织保障。

【企业民主管理】 推动企业将民主管理纳入党政工

作大局，持续推进企业民主管理制度化规范化法制化建设。一是恢复领导机构。于8月恢复由自治区人大常委会副主任、总工会主席为组长，党委组织部、人社厅、国资委、总工会和工商联为成员单位的宁夏回族自治区厂务公开工作领导小组，统筹协调和指导推进全区企业民主管理工作，为推进企业民主管理工作提供组织保证。二是健全工作机制。推动健全"党委统一领导、党政共同负责、各方齐抓共管、职工群众广泛参与"的领导体制和工作格局，将厂务公开民主管理工作纳入"平安宁夏"建设和"企业履行社会责任"评价之中，纳入对各市、县(区)效能考核之中，实行厂务公开民主管理工作与党建和经济工作"同部署、同检查、同考核"制度，确保企业民主管理工作顺利推进。三是认真开展复查整改。按照全总关于开展厂务公开民主管理先进单位复查工作要求，及时安排各市、县(区)总工会对全国、自治区表彰的厂务公开民主管理先进单位、示范单位开展复查，全区19家全国厂务公开民主管理示范单位中，18家单位符合保留称号情形，1家因破产撤销先进单位称号，并按要求对有问题的单位开展整改，确保先进单位更好发挥带动引领作用。四是

持续开展职工代表培训。以提升职工代表民主意识为重点,以增强职工代表参与民主决策、民主管理、民主监督能力为目标,落实全国厂务公开协调小组办公室《2019—2023年职工代表培训规划》,紧密结合我区实际,开展企业民主管理制度体系建设、和谐劳动关系构建、企业民主管理工作实践等方面的职工代表培训工作,年内累计培训工会干部和职工代表近万人次,有效提升了职工代表的参政议事能力和水平。五是持续提升服务职工水平。建立"惠泽职工·关爱健康"长效机制,为5000名货车司机、外卖配送员等劳动者开展免费健康体检,组织慰问100名新就业形态劳动者。六是认真实施"公开解难题、民主促发展"主题活动。举办"聚合力、促发展优秀职工代表提案"、民主管理创新成果和微视频竞赛活动,提高职工代表参政议政的积极性和主动性,引导职工代表紧紧围绕企业生产经营重点环节和职工普遍关心的热点问题积极为企业献计献策。共征集24个优秀提案、12个微视频,并择优向全总推荐3个优秀提案、3个企业民主管理微视频,有效激发了企业和职工参与改革、推动发展的动力和热情。

【基层组织建设】 一是扩大工会组织有效覆盖。大力开展建会入会行动,开发"扫码入会"小程序,拓宽入会渠道,今年新建工会组织808个,发展会员71889人,其中,新就业形态劳动者17384人,工会组织覆盖面不断扩大。二是持续加强基层工会能力建设。制定印发了《关于开展"县级工会加强年"专项工作的实施方案》,从政治引领强、组织功能强、服务阵地强、制度机制强、作用发挥强等5个方面,对全总提出的"五强"目标进行细化量化,提出了24项具体举措。坚持"抓两头、促中间"的工作思路,整顿提升30%组织软、队伍弱的县级工会,选树培育30%组织、队伍、制度建设强的示范县级工会,分类给予专项经费补助。创新建立县级工会专家指导团队,定期深入县级工会及所属基层工会开展"一对一""点对点"的专业指导和培训服务等。

【职工之家建设】 指导各级工会广泛开展模范职工之家"结对共建"和模范职工之家复查活动。印发《关于统筹做好2022年度职工服务阵地项目申报工作的通知》,以项目化的方式推进职工之家、"职工综合服务中心"建设,培育打造了30个自治区职工之家示范单位和10个示范职工综合服务中心。

【工会干部工作】 一是开展工会干部培训。举办区总领导干部政治能力和业务能力、全区工会领导干部学习贯彻自治区第十三次党代会、新任社会化工会工作者4期培训班,培训人数234人次。联合工会干校分两期对吴忠市、中卫市200名干部开展加强基层工会组织建设与工会社会工作实务培训班,提高工会干部队伍综合素质。二是完善基层工会干部队伍。委托自治区人社厅为基层工会招录76名社会化工会工作者,夯实基层工会工作基础。三是建立"三蹲六联"机制。组织全区428名工会干部通过脱产蹲点、专项蹲点、不脱产蹲点三种方式组成103个蹲点组赴基层察民情、解民忧、办实事,每个工作组联系1个县(区)工会、1个乡镇(街道)工会、1个企业工会,联系5名劳模、5名困难职工、5名新就业形态劳动者,常态化深入基层查找解决职工群众的急难愁盼问题,全力打通联系服务职工的"最后一公里",区总"三蹲六联"工作机制被全国总工会以《工作动态》专刊转发各省(区、市)总工会。四是做好工会干部协管工作。充分发挥工会干部协管作用,指导审核吴忠、固原市总工会和电业工会代表大会的代表、委员会组成结构比例,审核9家基层工会领导班子届中调整人事事项。

(马志琴)

网络工作

【概述】 为更好激发工会组织活力,更广泛地把全区广大职工群众团结凝聚在党的周围,以昂扬姿态为先行区建设作贡献,自治区总工会网络工作部以习近平新时代中国特色社会主义思想为指导,充分发挥网络优势,通过运用网络强化职工思想政治引领,建设宁夏产业工人教育培训网络学院,抓好基层组织建设提质增效、网络信息安全舆情监测和处置,开展"网聚职工正能量 争做中国好网民"等活动,展现全区广大职工群众忠诚于党、爱岗敬业、自觉创新、默默奉献、艰苦奋斗的精神风貌,为团结引领全区广大劳动者坚定不移听党话、跟党走,助推宁夏黄河流域生态保护和高质量发展先行区建设贡献了新生力量。

【运用网络强化职工思想政治引领】 为使我们党获得最广泛、最可靠、最牢固的群众基础和力量源泉,网络工作部以深入开展"网聚职工正能量 争做中国好网民"系列活动为抓手,通过举办"致敬劳动者 定格劳动美"宁夏职工网络摄影大赛、"奋斗者的荣光""五一"国际劳动节网络直播等职工群众喜闻乐见的活动,强化职工群众思想政治引领,增强了全区广大职工群众的宗旨意识和理想信念。一是开展宁夏职工摄影大赛。自治区总工会于5月16日至5月22日在网上开展"致敬劳动者 定格劳动美"宁夏职工摄影有奖征集大赛,弘扬劳模精神、劳动精神、工匠精神,讲好中国工人故事。来自全区各地的职工群众上传了295幅用手机拍摄的身边平凡劳动者的最美劳动瞬间,吸引网民投票10.9万次,访问量达107.8万次,经过线上网络大众投票及线下专家集中评审,咱们工人有力量、让百岁老红军的信息成为"国家记忆"等50幅摄影作品分获一、二、三等奖和优秀奖。二是开展"云端送清凉"活动。随着时代发展,在新冠疫情防控要求"少聚集、少接触"的形势下,7月23日至8月10日,自治区总工会在网上以定向发放"清凉券"的方式,精准为全区1万名在册环卫工人和快递员开展"云端送清凉"活动。参与者通过关注"宁夏总工会"微信公众号,抽取3元至100元不等的"清凉券"一张,让新就业形态劳动者感受到了工会组织的真情关爱。三是开展"粽子集集乐"活动。为不断丰富和满足广大职工群众的精神文化需求,增强干事创业的精神动力,5月27日至5月30日,自治区总工会在网上开展了"粽子集集乐"活动。参与者在网上集齐"爱岗粽、敬业粽、诚信粽、团结粽、友爱粽"五种"端午粽",获得一张30元的粽子电子券。10.4万余名职工群众参与集"粽"兑奖并转发分享,活动受到全总肯定并在全总官方微信转发。四是开展网上答题活动。为团结引领全区广大职工群众以崭新精神风貌和优异成绩迎接党的二十大胜利召开,7月1日至7月10日,自治区总工会在网上举办"感党恩知党史 建设美丽新宁夏"——学习贯彻自治区第十三次党代会精神有奖答题活动,答题内容为中国共产党党史、习近平总书记视察宁夏重要讲话和重要指示批示精神、自治区第十三次党代会精神方面的知识点,参与者通过扫描二维码在线上答题,61.29万人浏览,12.16万人答题,增强了全区广大干部和职工群众团结奋斗开新局的前进动力。五是开展庆"五一"系列活动。为讲好宁夏故事,弘扬主旋律，4月29日，网络工作部开发上线一键装扮"五一"专属微信头像小程序，在宁夏总工会微信公众号和宁夏新闻网微信公众号同步推出，5万余名职工群众用小程序为自己的微信头像添加"爱劳动爱生活""坚守抗疫一线""劳动最光荣"等劳动节主题，传递正能量；5月1日，网络工作部首次依托抖音平台，在卧龙电器银川变压器厂生产车间举办"奋斗者的荣光"五一劳动节网络直播活动，邀请自治区五一劳动奖章获得者在直播间与网民面对面交流，直播中还远程连线固原顺丰快递、石嘴山市消防救援支队青山特勤站、国网石嘴山供电公司、吴忠市公安局的在岗同志讲述"五一"勤奋工作的经历，网上访问量超过9万人次；4月29日至5月15日，网络工作部利用微信和抖音平台，加入"宁聚正能量"话题群组，以视频方式走进厂矿车间、生产一线，通过多人称广视角讲述劳模工匠成长成才经历。据统计，"五一"期间持续推出30余条"致敬劳动者"系列原创短视频，提升了工会影响力。

【建设宁夏产业工人教育培训网络学院平台】 为深入贯彻落实习近平新时代中国特色社会主义思想特别是习近平总书记关于产业工人队伍建设改革的重要指示精神，根据自治区党委、人民政府《新时期宁夏产业工人队伍建设改革实施方案》和自治区推进产业工人队伍建设改革协调小组《2021年宁夏产业工人队伍建设改革工作要点》要求，自治区总工会承担的重要任务之一是建立产业工人基础数据库，打造集自主化学习培训、常态化网上练兵、趣味化闯关竞赛等功能于一体的产业工人教育培训网络学院平台（以下简称网络学院平台），现网络学院平台已完成建设，并于2022年12月通过了验收。网络学院平台搭建在线学习、在线考试、闯关练兵、培训课程管理、问卷管理等19个功能模块，部署2529个课件、课件时长1000小时，合计1230个学时，前端服务支持电脑端和移动端，总体功能全面、内容丰富、操作简便。网络学院平台试运行期间，在宁夏水务投资集团进行了推广应用，2022年宁夏水务投资集团利用平台在线开展了51场次技能鉴定考试，建立在线题库试卷20套共计6000多道试题，集团18个下属分公司600余名职工通过平台参与线上学习，获得了宁夏水务投资集团和水投职工的赞誉，为下一步全面推广应用奠定了良好的应用经验。

【开展基层组织建设年活动】 根据《自治区总工会开展"基层组织建设年"活动实施方案》的要求，网络工作部以推进智慧工会建设为抓手，创新建会入会方式，优化工会会员管理，通过一系列工作举措，为提高基层工会组织的吸引力凝聚力战斗力发挥了应有作用。一是推进智慧工会建设。指导市县（区）工会做好会员实名录入、会员卡办理和普惠服务工作。截至目前，全区办理会员卡53.4万张。积极与区总劳动部沟通，全力做好技术支撑，优化升级宁夏工会工作服务平台劳模管理业务模块，实现2022年"五一"劳动奖评选网上全流程申报审批管理。二是创新建会入会方式。针对新就业形态劳动者雇佣关系不明确、传统网上建会入会渠道无法覆盖等问题，简化网上入会流程，实现新就业形态劳动者"扫码填单"入会，提升了入会率。三是优化工会会员管理。在宁夏工会工作服务平台首页增设会员转接动态提醒功能，提醒转入单位及时办理会员信息转入手续。同时利用"12351"网络热线服务系统，办理逾期时由"12351"专线人员为基层工会发送督办单，促进了工会会员的动态管理。

【网络信息安全舆情监测和处置】 网络信息安全状况持续向好。为加强网络信息安全,制定了《自治区总工会社交媒体工作群管理办法》,进一步明确了区总机关微信群等社交媒体工作群备案、管理、监督责任,强化了网络信息安全管理。2022年处理网络突发事件23件,化解区总信息系统高风险问题21件,中风险问题36件,低风险问题42件;指导银川市等五市总工会开展了"网络安全宣传月活动"。将全区工会系统网络信息安全情况上报了自治区党委网信办和全国总工会。工会系统舆情监测得到强化。组织专人设置涉工舆情敏感词,实时监测涉工网络舆情,特别是在疫情期间和涉工涉企政策出台期间,加强舆情监测频次和范围,为区总党组掌握事件主动权和有效处置舆情提供了决策依据。全年监测到涉及宁夏小微企业建会筹备金政策错误解读舆情信息11条,协同自治区党委网信办舆情处做了合规处理。规范了信息系统运行维护服务管理。为了从源头上加强运维服务管理,提高运维服务质量,制定了《自治区总工会信息系统运维管理制度》《自治区总工会运维人员管理制度》,与运维公司签订了《运维服务网络安全协议》,与驻场运维人员分别签订了《保密协议》《岗位安全协议》。建立驻场运维人员月度绩效考核机制,从规范运维人员操作行为、安全守约、运维流程、网络应急等方面,将考核结果纳入合同履行内容,与服务费用支付挂钩,强化了运维服务约束,提高了运维人员的保密意识、安全常识、专业素养和职业操守。全年处理网络突发事件6件,化解信息系统高风险95件、中风险431件、低风险47件,保障视频会议67场次,处理OA协同办公系统需求144件、宁夏工会系统工作服务平台问题434件,有力保障了区总网上各项工作顺利推进。参加2022年全区网络安全攻防对抗演练,区总在全区153支蓝队中取得排名第17名的好成绩。

(唐永富)

女职工工作

【概述】 2022年是我国进入全面建设社会主义现代化国家、向第二个百年奋斗目标进军新征程的重要一年。一年来,在全总女工委的关心指导下,在区总党组的坚强领导下,全区各级工会女职工组织坚持以习近平新时代中国特色社会主义思想为指导,全面学习贯彻党的二十大精神,深入学习贯彻习近平总书记视察宁夏重要讲话精神,坚持以党的政治建设为统领,以女职工对美好生活的新期待为初心使命,以推动高质量发展为主题,对标对表维权服务基本职责,汇聚众智提升技能素质,集聚众力强化维权服务,凝聚众力深化改革创新,久久为功夯实基层基础,团结引领全区女职工为继续建设经济繁荣民族团结环境优美人民富裕的美丽新宁夏作出了积极贡献。

【思想引领持续加强】 坚持以习近平新时代中国特色社会主义思想为指导,采取多种形式,动员组织广大女职工认真学习贯彻党的二十大精神、习近平总书记视察宁夏重要讲话和重要指示批示精神等,团结引领女职工在建设黄河流域生态保护和高质量发展先行区中贡献智慧和力量。根据"中国梦·劳动美——喜迎二十大 奋进新征程"职工主题宣传教育活动部署,开展"喜迎党代会·献礼二十大"全区女职工演讲比赛,来自全区各行各业的21名选手参加决赛,充分展示了女职工的精神风貌。举办"共产党好 黄河水甜"全区女职工黄河诗会,唱响共产党好、黄河水甜的时代主旋律,团结女职工以"强国复兴有我"的责任担当投身自治区黄河流域生态保护和高质量发展先行区建设。组织召开全区女劳模工匠、五一巾帼标兵代表、女工委员代表学习贯彻党的二十大精神座谈会,邀请党的二十大代表并亮相党代表通道的全国和自治区劳模、五一巾帼标兵和女工委员代表讲述参加党代会的亲身经历,畅谈学习报告的体会,结合自身工作实际谋划下一步工作。在区总女工委的引领带动下,全区各级工会女职工组织采取线上线下相结合的方式,举办党的二十大精神宣讲活动1440场,参与女职工近6万人。在国际环保日,参与自治区生态环境厅开展的"共建清洁美丽新世界"宣传活动,引导职工珍惜生态、珍爱环境、珍重绿色,营造人人成为生态环境保护的关注者、监督者和践行者的良好氛围。

【主责主业有效深化】
制定印发《关于加强新时代工会女职工工作的实施意见》,为加强和改进新时代宁夏工会女职工工作提供制度保障和组织保障。以贯彻实施新修改的《工会法》《女职工劳动保护特别规定》颁布十周年为契机,在女职工维权行动月开展"女职工学法用法直播季"活动,将近年来女职工维权典型案例制作成动漫微视频,以

案释法,向全区女职工宣传维护女职工权益法律法规,引领女职工办事依法、遇事找法、解决问题靠法。2022年3月3日,组织动员全区广大职工观看全总"情系女职工 法在你身边"普法宣传活动发布仪式,女工部负责人以视频方式联动发布《"一函两书"工会劳动法律监督普法动漫》。扎实做好维护劳动领域政治安全工作,保障女职工合法权益。全区各级工会女职工组织积极开展线上女职工法律法规知识解读、女职工法律法规知识竞赛、制作女职工普法宣传视频,通过微信公众号、微信群、抖音等平台大力宣传《女职工劳动保护特别规定》等法律法规,积极引导广大女职工尊法学法守法用法。在户外劳动者驿站开展"尊法守法·携手筑梦"服务农民工法治行动宣讲活动,重点对新修订的《工会法》《劳动法》《保障农民工工资支付条例》《宁夏女职工劳动保护办法》等涉及农民工、女职工权益维护的法律法规政策进行详细讲解。维权行动月期间全区开展线上线下专题讲座150余场次,发放宣传资料5万余份,参与职工10万余人。

【提素建功切实增强】
以实施自治区总工会"十四五"规划为主线,围绕自治区

"六新六特六优"产业,深化具有女职工特色的提升素质建功立业工程。认真落实习近平总书记关于产业工人队伍建设改革重要指示精神,在国家能源集团宁煤公司煤制油分公司开展"喜迎二十大 巾帼建新功"煤制油女职工实操技能竞赛,提高广大女职工的岗位技能素质,培养技术技能型和知识智慧型女职工。联合宁夏水投中卫水务公司举办第四届水质化验员技能大赛,引领带动全区各级女职工组织广泛开展各种类型的技能竞赛。2022年,参与各项劳动和技能竞赛的女职工达5万多人;参与女职工素质提升培训活动的女职工达40332人次。搭建女职工创新创造平台,开展女职工创新创造成果展示活动。在2022年首届大国工匠创新交流大会上,全国五一巾帼标兵杨雯研发团队(创新成果KC500智能一体化装置)代表宁夏参加了全国巾帼工匠风采展,有效激发了宁夏巾帼工匠和女性高技能人才的创新创造热情。

【关爱行动走深走实】
立足党政所需、工会所能、职工所盼,从职工需求出发,用心用情做好民生实事。联合自治区妇联为基层工会女职工开展12场"巾帼健康行动"宣讲活动,引导广大女职工提

高主动预防重大疾病的意识，倡导文明健康的生活理念。积极推动全区各级工会组织将"两癌"筛查纳入集体合同及女职工权益保护专项集体合同条款，为全区近4万名新就业形态和困难企业女职工等群体开展"两癌"免费筛查。持续深化"我为职工办实事"实践活动，在全区打造自治区级示范性工会"爱心妈咪小屋"和工会爱心托管班各10个，给予50万元资金补助。推动用人单位探索开展托育试点工作。联合自治区卫生健康委制定印发了《推动用人单位探索开展托育试点工作方案（试行）》的通知，鼓励和支持有条件的机关、企事业单位、产业园区等用人单位举办托育机构、提供托育服务。2022年，我区有一家单位被全总命名为全国爱心托育用人单位示范点。帮助单身职工解决婚恋难题，开展"会聚良缘·四季有你"单身职工联谊交友活动107场，参与职工8000多名，为单身职工解决后顾之忧。

【家风建设不断深化】
深化"培育好家风——女职工在行动"主题实践活动，在国际家庭日开展"诵经典、传家风、建新功好家风倡议"活动，引导广大职工培养正确的家庭观、幸福观，传承良好家风、培育良好家教、建设文明幸福家庭。举办"书香满庭芳 喜迎二十大""玫瑰书香"家庭文化建设活动，开展家风家教宣传，相关活动多次被《宁夏日报》《工人日报》、新华网等重点主流媒体宣传报道，推动形成爱国爱家、相亲相爱、向上向善、共建共享的社会主义家庭文明新风尚。与基层工会共同开展"同上一堂思政课"活动，厚植爱国主义情怀，铸牢中华民族共同体意识。发挥先进家庭典型示范引领作用，2022年推荐获评第十三届全国五好家庭1个。

【自身建设纵深推进】
坚持以工会组织建设带动工会女职工组织建设，做到哪里建工会、哪里有女职工、哪里就要建立工会女职工组织，建立健全各级工会女职工组织体系，构建齐抓共管的工会女职工工作大格局。通过政策宣讲、关爱服务、集中入会等方式，大力推进物流行业、快递、外卖、网约车司机等行业组建工会联合会，积极推动新就业形态女职工群体加入到工会组织中来。聚焦党中央决策部署和工会重点工作，立足新时代女职工队伍和劳动关系发展变化，进一步改进工作作风，开展"新春走基层大调研"和常态化调研，全年共开展下基层活动27次，对基层工作进行指导并广泛听取来自基层一线、各行各业的工作意见，帮助基层解决工作中遇到的实际问题，在基层发现问题，在一线解决问题。

（寇苗苗）

工会财务资产工作

【概述】 2022年，区总财务和资产监督管理部以习近平新时代中国特色社会主义思想为指导，深入学习贯彻党的二十大精神和自治区第十三次党代会精神，紧紧围绕党和国家工作大局与工会工作全局，认真落实全总和区总党组决策要求，积极组织工会收入，推进工会经费收支全面预算管理，优化支出结构，开展小微企业工会经费全额返还工作，进一步加大对工会重点工作和基层工作的经费支持力度，加强财务管理制度建设和工会财务干部队伍建设，加大财务监督检查力度，不断增强财务风险防控意识，努力推进工会财务资产规范化管理，推进全区工会资产高质量发展，为工会各项工作顺利实施和全区工运事业创新发展提供了强有力的资金和物质保障。其中落实小微企业工会经费支持政策为小微企业纾困解难、出台《关于加大工会经费投入助力疫情防控与经济社会发展的若干措施》以及开发应用"宁夏工会经费"微信小程序等工作获选自治区总工会2022年十大创新创优工作。在全总2022年省级工会财务会计考核工作中排名由2018年的全国第29位上升至第8位。

【工会经费收入管理】

2022年，加强工会经费收入管理，夯实工会工作经费保障基础。（一）加大依法收缴工会经费力度。落实全总《关于规范建会筹备金收缴管理的通知》和《宁夏回族自治区工会建会筹备金收缴管理办法》，印发《关于进一步完善税务部门代收工会经费的通知》，建立税务代收信息数据库，对工会组织健全、职工人数、工资总额底数清楚的企业，坚持做到应收尽收。落实税务代收工会经费工作联席会议制度，建立共同监督合力监管的长效机制。联合税务部门开展工会经费申报核查工作，充分发挥以查促收、以查促管的作用，保障工会经费收缴足额、及时、到位。2022年，完成税务代收工会经费8.07亿元，区总本级拨缴经费收入1.45亿元，完成年度预算的111.90%。（二）积极争取全总和自治区财政支持。加强与全总和自治区财政部门的沟通协调，争取全总和区财政对工会重点

工作的资金支持，有效保证送温暖、劳模专项、困难职工帮扶等工会重点工作的开展，有效保障离退休人员的生活待遇等。2022年区总本级取得上级补助收入6214.18万元，完成年度预算的125.23%；取得政府补助收入4925.81万元，完成年度预算的102.15%。（三）多渠道提升保障能力。严格落实全总《关于进一步加强工会资金存放管理的指导意见》和《宁夏回族自治区工会资金存放管理办法（试行）》相关规定，建立健全科学规范、公正透明的工会资金存放管理机制，规范存款方式，实施协定存款、定期存款招标，想方设法增加利息收入，为工会各项工作提供更多资金保障。

【工会预算和财务管理】

按照"统一领导、分级管理"的工会财务管理体制要求，健全完善工会经费全面预算管理制度，确保各级工会预算层级全覆盖、预算单位全覆盖、预算收支全覆盖，积极推进工会经费收支全面预算管理。（一）加强预算编制、执行管理，强化预算刚性约束。以预算为导向，贯彻落实《宁夏回族自治区工会预算管理办法实施细则》和《基层工会预算管理办法实施细则》，推进预算执行，严格落实"过紧日

子"要求，不断优化支出结构，如期完成2022年区总本级预算编制工作，提交区总主席办公会、党组会审定和经审会审查并上报全总。编报2023年财政资金预算和区总本级预算草案。切实加强区总本级2022年度经费收支预算执行管理，全面完成用款计划编制、资金使用、银行对账等工作，按季度通报年度预算完成情况。（二）加强预算项目绩效评价管理。认真落实《宁夏回族自治区工会预算绩效管理办法》，按照"谁申请资金，谁编制绩效目标"的原则，组织自行开展区总本级2021年预算金额在50万元以上项目支出绩效评价，委托第三方对3个重点项目实施绩效评价。落实《中华全国总工会关于全面实施预算绩效管理的实施意见》，要求区总各部门、各直属单位对预算金额在30万元以上的支出项目，明确预算绩效评价目标，开展预算绩效评价工作。（三）加强工会经费决算管理。完成2021年区总本级决算工作和全区工会决算汇总工作，严格落实《工会决算报告制度》，不断提升决算质量。按期批复区总本级直属单位2021年度经费收支决算和财政资金收支决算。建立工会系统财务决算与会计报告制度，全面、完整、准确了解全区各级工会组织及所属

企事业单位的机构人员情况、年度经费收支情况和资产负债情况，为工会财务管理改革创新提供决策参考。

【财务监督检查】 紧盯工会经费管理中存在的问题，加强工会财务监督检查和整改落实情况跟踪督查，推动各级工会财务工作质量持续提高，确保工会经费规范、安全、合理、有效的使用，更好的服务职工群众。(一)加强对财务资产使用管理的监督检查。2022年区总工会严格落实《宁夏回族自治区工会财务监督暂行办法》，印发《关于开展2022年度全区工会财务资产监督检查工作的通知》，采取专项监督检查与调查研究相结合的方法，开展对下级工会财务资产监督检查和整改落实，促进市、县(区)工会财务资产规范化建设。(二)加强内部控制建设。修订《自治区总工会采购管理办法》，进一步加强区总本级采购工作的管理和监督，规范采购行为，提高采购效率，有效防控采购业务活动廉政风险，提高工会经费使用的科学性和规范性。不断完善"宁夏工会财务资产审计内控管理系统"功能，推动县级以上工会广泛使用系统软件，提高工作效率，提升内控信息化管理水平，进一步规范工会财务资产管理。(三)

强化财务监督检查长效机制建设。对各项经济活动和业务工作进行全面自查自纠，查漏补缺，重点探索并逐步完善预算、票据、资产等管理制度，规范财务管理。配合经审办对区总本级2021年经费收支决算进行审计，并积极整改落实，以查促改，不断强化财务监督检查长效机制建设。高度重视并密切配合全国总工会经费审查委员会对自治区总工会2020—2021年度预算执行情况进行审计检查。

【资产管理】 2022年，区总财务和资产监督管理部贯彻落实全总《关于推动工会资产高质量发展的指导意见》，坚持工会资产公益性服务性方向，以服务职工、服务基层为工作的出发点和落脚点，围绕区总中心工作和"十四五"规划，推动工会资产实现高质量发展。(一)依法依规开展资产监督管理工作。贯彻落实工会资产"统一所有、分级管理、单位使用"原则，不断完善有效的监督管理体制，落实分级管理制度，认真贯彻落实工会资产监督管理各项制度，通过线上线下等多种方式，指导各级工会不断加强和规范工会资产监督管理，合理配置和有效利用工会资产，建立了上下对应、权责明确、分级负责的资产管理体系。(二)做好直

属企事业单位资产监督管理工作。按照工会资产"突出公益、聚焦主业、自主经营、依法监管"的要求，落实好区总本级企事业单位资产购置、使用、处置、报废、基建项目等事项审批备案工作。有序推进工会大厦公司制改革和工人疗养院改革工作。(三)做好工会资产基础管理工作。全面抓好《宁夏回族自治区工会行政事业性资产管理办法(试行)》的贯彻落实，压紧压实各级工会管理责任，做到依靠制度把工会资产管住、管严、管好，充分发挥工会资产保障作用，提高工会资产的服务效能。2022年，经宁夏总工会党组、主席办公会研究审议的涉及工会资产事项11次，压实工会资产保值增值责任，用心管好用好工会资产。

【提升财务信息化建设水平】 区总财务部结合实际，多措并举，不断强化信息技术驱动引擎，提升工作质效，切实提高全区各级工会财务工作人员信息化管理和应用水平。(一)将宁夏税务代收工会经费系统由PC端升级为网页版，优化操作界面、简化操作流程、突出经费数据对比展示分析，实现资料信息无纸化电子化储存。开通街道工会、产业工会查询经费缴纳、返还的功能和权限。2022年分成下

拨5.79亿元税务代收工会经费。(二)着力建设"非接触式服务"模式,打造智慧工会,开发启用"宁夏工会经费"微信小程序,企业工会可以通过微信小程序直接查询工会经费缴纳及返还情况,实现了税务代收工会经费系统向手机端延伸,极大方便了企业工会财务人员的操作使用;改变了以往必须通过经费系统中查询后再向企业进行反馈的工作方式,减轻了区市县级工会系统管理员工作量。(三)推广宁夏工会财务资产审计内控管理系统试运行。通过利用网络信息化管控手段,在宁夏工会信息化建设框架内,以互联网技术为支撑,预算管理为核心,预算执行为基础,工会经费集中统一管理为原则,搭建覆盖自治区总工会、市级和县级总工会、基层工会四级联动的上下级经费预算、财务核算管理、资产管理和审计业务统一、基础数据共享、业务办理网络化、内部控制有效的财务、资产、内控信息化综合管理系统。鼓励各级工会试运行该系统,不断修改和完善系统功能,进一步提升全区工会财务资产信息化管理水平。

【落实小微企业工会经费全额返还】 自治区总工会紧紧围绕全总和自治区党委政府的工作部署,全力保障小微企业工会经费返还政策落地见效,纾困惠企,积极赋能市场主体发展。(一)深入调研为落实政策把脉定向。为全面落实国家和自治区党委政府有关减税降费政策,自治区人大常委会副主任、总工会主席沈左权亲自带队,深入企业、社区、基层工会调研2020年以来小微企业工会经费全额返还情况。经过深入调研分析,自治区总工会出台《关于全面落实2020—2022年小微企业工会经费支持政策的通知》和《落实小微企业工会经费支持政策以奖代补方案》,为小微企业工会经费全额返还提供政策支持和保障。(二)多措并举为落实政策奠定基础。根据自治区税务、统计、市场监管等部门提供的企业数据信息核定小微企业名单,各市县(区)工会采取"属地工会+县(区)工会+市总工会"三轮数据信息核查机制,认真核实小微企业基础数据,建立小微企业数据库,为工会经费返还工作提供基础数据。及时将工会经费税务代收业务管理系统进行模块优化升级,促进工会经费返还顺利进行。(三)全面返还为小微企业纾困解难。全区各级工会切实承担起抓落实的主体责任,大力宣传小微企业工会经费返还政策。2022年全区各级工会累计返还2020—2021年小微企业1.31万户,返还工会经费1.11亿元,惠及职工21.6万人次。帮助企业解决了发展中的实际困难,为推动经济恢复活力发挥了积极作用。

【开展工会消费帮扶工作】 发挥工会组织优势、资源优势,围绕服务自治区工作全局,及时研究用好用活工会福利政策,组织引导各级工会使用工会经费,积极开展职工节日慰问、困难职工帮扶、夏送清凉、职工文体等活动,持续促进脱贫地区产品和服务消费,以各类活动促进消费升温,助力实现巩固拓展脱贫攻坚成果同乡村振兴有效衔接。2022年全区各级工会通过开展各类活动促进消费5.36亿元,惠及职工122.5万人次。(一)先后制定印发了自治区总工会《关于开展工会慰问等活动促进消费的通知》《关于加大工会经费投入助力疫情防控与经济社会发展的若干措施》《关于全区工会进一步做好防疫情稳经济保增长促发展有关工作的紧急通知》,动员全区各级工会投入到助力疫情防控、促进经济社会发展工作中来,从讲政治的高度持续抓好促消费工作的落实,充分发挥工会组织在"促消费、稳市场、保增长"中的积极作用。(二)始终坚持资金向下倾斜,把钱用到最需要的地方。划拨疫情防控专项资金933万元,专项用于慰问疫情防控一线人员、购置防疫物资等疫情防控工作,丰富职工疫情期间文化生活,为疫情防控、促进消费助力助威。全区各级工会投入疫情防控资金、新就业形态劳动者关爱、送温暖、消费帮扶、职工互助保障等各类资金5979万元。(三)开展活动形式多样,助力消费帮扶。组织各级工会落实职工每人每年不超过1800元的节日慰问品发放工作,2022年各级工会发放职工节假日慰问品金额3.9亿元。各级工会广泛开展学习培训、技能比武、送文艺下基层、体育比赛、疗(休)养、观看电影等各类活动,通过开展各类工会活动促进消费金额达9193万元。号召广大职工和工会会员通过助农消费平台购买平价农副产品,积极动员区总机关食堂、宁夏工人疗养院、工会大厦等直属事业单位在同等条件下优先采购脱贫地区农副产品,助农消费242万元。

【工会财务干部队伍建设】 区总财务部按照建设高素质专业化财务干部队伍要求,把能力建设作为工会财务工作的重要任务。区总财务部通过下基层调研、座谈等方式了解情况,加强指导,面对面解答基层工会资金使用、会计核算、小微企业全额返还工会经费支持政策、税务代收工会经费系统操作等方面的问题,2篇调研报告被《中国工会财会》采用。举办全区工会财务资产业务培训班和工会财务知识竞赛,提升工会财务干部整体素质。积极组织人员参加全国工会财务知识竞赛,取得了团体三等奖、个人二等奖1个和三等奖2个的好成绩,为全区各级工会储备了财务会计专业干部。以团结务实、业务精通的专业化队伍推动工作,确保工会财务工作切实维护职工合法权益,竭诚服务职工群众。

(高万利)

经费审查工作

【概述】 2022年,在区总党组的正确领导下,在全总经审会的业务指导下,全区各级工会经审会坚持服从服务于党的中心工作和工会创新发展实践,自觉围绕工会重点工作、重点任务,科学谋划和部署工会经审工作,全面履行审查审计监督职责,做好常态化监督工作。扎实推进审计全覆盖,注重事前提示预警和内部控制风险隐患,不断完善以审计为基础的预决算审查工作制度,助力工会重大政策措施落实的跟踪审计,为助推工会工作高质量发展提供坚强保障。

【对自治区总工会本级经费收支预决算进行审查】 按照新冠疫情防控工作要求,运用OA办公系统和通信等方式组织召开区总十二届十三次、十四次经审全体会议和十二届十一次、十二次、十三次、十四次常委会,对区总2021年度经审工作报告、区总本级2021年度经费收支决算(草案)、2022年度经费收支预算(草案)和2022年上半年预算执行情况(审议稿)、2022年经费收支预算调整方案(草案)、自治区总工会本级2021年预算执行审计整改情况的说明(审议稿)进行审查,听取2021年度全区工会行政事业性资产管理情况和对区总本级2021年预算执行情况审计结果的报告。

【突出审计监督强化审计整改】 按照全总经审工作要点和区总工作部署,结合工作实际,聚焦主责主业,开展"工会审计质量提升年"活动。2022年共组织实施各类审计项目53个,审计总金额12.95亿元,发现问题329个,提出审计意见和建议291个,整改

321个,整改率93%;2022年查出少、漏、欠(拨)缴工会经费537万元,已补缴424万元。一是对区总本级2021年度预算执行情况进行审计,并对疫情防控等专项资金使用情况开展延伸审计。二是对区总所属3个直属企事业单位2021年度预算执行情况(含1个任期经济责任审计)、疫情防控等专项资金和固定资产管理使用情况进行审计。三是对全区劳模待遇落实和劳模资金管理使用情况开展专项审计。四是对5个市级工会2021年度预算执行情况、专项资金和固定资产管理使用情况审计。五是对区总3个驻会产业工会所属40家基层工会和2家不驻会产业工会2020—2021年预算执行情况进行审计。六是受全总经审会委托完成对黑龙江省总工会2020—2021年预算执行情况进行审计,并对齐齐哈尔市总工会进行了延伸审计。区总经审会融合监督力量,首次联合派驻纪检监察组、机关纪委对区总直属单位开展审计审前谈话。狠抓审计整改,全面建立审计发现问题整改台账,开展审计回访,检查落实审计整改情况。区总党组专门听取和研究当年区总本级审计整改情况工作汇报。采取线上与线下相结合方式,对驻会产业工会所属基层工

会进行审计回访和政策解答,既推动审计发现问题的整改落实,又对基层工会进行业务指导和答疑,全面提升了审计整改工作实效。

【突出提升服务基层能力和水平】 加强对全区各级工会经审工作的指导,开展新春走基层调研活动。将审计与调研相结合,下发《全区"小三级"工会经审工作调研的通知》,成立5个组深入10个市、县(区)开展调研,形成《全区"小三级"工会经审工作调研报告》。不断加强对全区工会经审人员业务能力的培养,及时转发全国总工会《劳模待遇与劳模资金专项审计实务指南》,夯实审计人员政策基础。针对新冠肺炎疫情防控要求,区总经审会采取线上教学方式组织100余名市、县(市、区)、产业及部分基层工会经审干部参加培训。全年共开展16期"4+N经审讲堂"活动,积极搭建经审干部的学习成长平台。组织区、市、县(区)三级经审骨干参加五市交叉互审工作,通过以审代培、以审代训的方式,有效提升了经审干部的专业能力。各级工会经审干部不断改进工作作风,主动作为,深入基层,积极为企业发展和提振职工信心提供暖心服务,在基层工会进行现场面对面的政策

答疑和业务指导,得到了职工群众的普遍赞誉。

2022年,区总经审会荣获全国工会经审工作规范化建设一等奖。

【突出政治思想引领提升经审干部综合素养】 始终坚持党领导工会经审工作的原则不动摇,以学习宣传贯彻党的二十大精神和自治区第十三次党代会精神为主线,牢牢把握工会经审工作的正确政治方向。区总经审会组织全区经审干部开展"喜迎党代会·献礼二十大"主题演讲比赛,共评选出一等奖1名、二等奖4名、三等奖5名、组织奖10名。区总经审办党支部按照"一支部一特色、一支部一品牌"的要求,结合本部室业务工作内容、性质、特征,按照习近平总书记"以牢记精神立身、以创新规范立业、以自身建设立信"的要求,提出了"依法审计筑牢'防火墙'服务发展锻造'三立观'"的支部党建品牌创建工作思路和"四突出(突出制度、突出学习、突出责任、突出品牌)"支部工作方法,将党建工作与业务工作深度融合,牢固树立以职工为中心的工作理念,依法履行经费审查审计职责,筑牢工会党风廉政建设的"防火墙"。不断提升经审干部的综合能力,加大宣传力度,2022年市、县

(区)经审干部共投稿174篇,其中113篇被县级以上媒体采用。经审人员队伍"能审、能说、能写"水平进一步提升,经审工作影响力不断增强。

（张小玲）

机关党建与干部管理工作

【概述】 自治区总工会机关党委(人事与老干部处)坚持以习近平新时代中国特色社会主义思想为指导,以"五型模范机关"创建为抓手,推动机关党建、干部管理、退休老干部等重点工作取得明显成效。

【强化理论武装】 通过党组会、中心组学习会、支部专题学习会、专题研讨会、专题培训班、集中宣讲等形式,组织党员干部及时跟进学习习近平总书记重要讲话和重要指示批示精神、党的二十大和自治区第十三次党代会精神,准确把握大会精神的丰富内涵、核心要义;扎实开展党的二十大和习近平总书记视察宁夏重要讲话指示批示精神"大学习、大讨论、大宣传、大实践"活动,深入实施政治能力提升工程,推动党史学习教育常态化长效化;组织党员干部先后到宁东能源化工基地、宁夏工业纪念馆开展集中

主题党日活动,举办党支部书记论坛暨聆听劳模故事活动,教育引导党员干部进一步增强"四个意识",坚定"四个自信",坚决拥护"两个确立",坚决做到"两个维护"。

【深化组织建设】 认真落实《中国共产党支部工作条例(试行)》,深化"三强九严"工程,严格落实"三会一课"制度,细化实化谈心谈话、主题党日、廉政教育等活动各方面各环节,全年共开展谈心谈话21人次、讲党课4次、主题党日活动12次,召开支委会11次、支部党员大会23次。

【打造党建品牌】 研究确定了"党建引领聚合力、工会服务在身边"机关党建品牌,深化"一支部一品牌"创建,提炼形成19个党支部党建品牌;对标"五型"模范机关创建标准,开展"五化三好"党支部建设,进一步提升机关和直属单位党建水平,区总机关党委荣获五星级机关党委称号,五星级党支部达到3个、四星级党支部7个、三星级党支部8个、二星级党支部1个。

【加强党风廉政建设】 常态化开展廉政警示教育,制定了《自治区总工会采购管理办法》等8项配套性制度,为最大限度减少廉政风险提供

了有力制度保障。印发了《自治区总工会加强新时代廉洁文化建设实施方案》,持续加强廉洁文化建设、廉政教育等工作落实。成立党组督查组,强化对机关干部工作、作风等情况的督查,推动工作落实。认真排查梳理岗位廉政风险点87个,并制定了防控措施,从源头上预防问题发生。

【扎实开展专项整治行动】 按照全区开展违规收送红包礼金和不当收益及违规借转贷或高额放贷专项整治工作要求,及时动员部署,制定工作方案,认真扎实推进专项整治工作取得实效。通过整治使得党员干部职工受教育、强警醒,自我净化、自我完善、自我革新、自我提高的思想自觉和行动自觉得到有效提升,形成了反腐败的高压态势,进一步筑牢了廉政防线。

【强化监督执纪问责】 制定了《自治区总工会党组加强对"一把手"和领导班子监督的具体措施及任务分工》、机关纪委工作要点等文件,积极参加驻总工会纪检监察组季度联席会议,按要求推进机关纪委工作落实。深化机关纪委规范化建设,调整机关纪委委员职能分工,选优配齐纪检干部,推动机关纪委监督实起来、执纪硬起来、作用发挥

起来。依纪依规对个别干部违纪问题作出处理，扎实推进以案促改工作落实，指导违纪问题当事人所在单位召开党员干部警示教育大会和专题组织生活会，用身边案例教育党员干部。

【加强干部管理】 一是做好干部选拔交流工作。组织制定了《关于贯彻新时代党的组织路线加强干部队伍建设的意见》，提出了12条具体措施，配合党委组织部推荐副厅级领导干部1名、一级巡视员1名、二级巡视员1名，组织推荐正处级干部5人（女干部1名）、副处级干部7人（女干部4名），晋升职级10人次，试用期满考核17人，内部交流轮岗19人，遴选选调机关干部2人、直属事业单位干部1人，区总干部队伍结构进一步优化。二是抓好领导干部个人重大事项报告工作。修订完善了《自治区总工会领导干部个人有关事项报告制度》，查核领导干部个人有关事项19人，如实报告率100%。三是做好干部培训工作。对全区社会化工会工作者进行了普遍轮训，举办了新任社会化工会工作者培训班。区总本级共完成各类培训8期（次），培训人数达956人次。参加网络培训77人次，参训率、结业率均达到了100%。四是做好干部考核工作。科学设定各层级考核内容、考核范围、测评分值构成等要素，在OA系统新增平时考核模块，对每名干部的季度工作进行线上展示，亮工作业绩、亮工作成效，着力形成工作好坏让考核结果说话、让工作实绩、群众口碑说话的良好机制。五是建立"三蹲六联"长效机制。制定印发《全区工会机关干部赴基层蹲点工作实施方案》，开展"我是工人"体验式实践活动等，全面准确掌握企业"所思所想"和职工"所需所盼"。

【退休老干部工作】 一是组织离退休干部定期学习，坚持把学习贯彻习近平新时代中国特色社会主义思想作为首要政治任务，开展违规收送红包礼金和不当收益及违规借转贷或高额放贷专项整治活动，定期研判党员意识形态工作，号召老干部、老党员退岗不褪色。二是按照"思想上关心、生活上关爱、精神上关怀"的原则关心关爱老干部，做好重大节日走访慰问、体检等工作，看望异地和生病退休干部，开展多种多样的活动丰富精神文化生活，严格按照政策程序解决老干部的各项待遇问题，让老干部时刻感受到组织的温暖。

（党俊梅）

自治区总工会直属单位

2022年自治区总工会直属单位负责人名单

宁夏回族自治区工会干校

校　长　强钟琴(女,回族,2022年9月
　　　　　离任)
　　　　　李　响(2022年9月任职)
副校长　黎春芳(女)

宁夏回族自治区工人疗养院

书　记　耿永杰
院　长　靳建宁
副院长　张格会(女)
　　　　　刘明舟(2022年1月任职)

宁夏回族自治区工人文化宫

主　任　李　响(2022年9月离任)
　　　　　王　琦(女,2022年9月任职)
副主任　苏维平(回族)
　　　　　郭　磊(2022年11月任职)

宁夏工会大厦

书　记　赵溪润(挂职,2022年1月任职)
总经理　赵　福(2022年11月离任)
副经理　赵溪润(挂职,2022年1月任职)
　　　　　范辉东
　　　　　马虹霞(女,回族)

宁夏回族自治区总工会干部学校

【概述】 2022年以来，宁夏回族自治区总工会干部学校以习近平新时代中国特色社会主义思想为指导，学习贯彻党的二十大精神和自治区第十三次党代会精神，主动融入新发展格局，紧密围绕我区工会工作总体要求和重点任务，在区总党组的指导下，积极调整职能定位和发展方向，探索建立合作办学机制。同时，统筹疫情防控和干部培训管理，主办、承办、协办全区各级工会各类培训34期，累计培训学员2488人次。

【推进校企合作办学】为贯彻落实自治区第十三次党代会精神，工会干校积极调整职能定位，签订《宁夏回族自治区总工会与国家能源集团宁夏煤业有限公司合作备忘录》，与宁夏工业职业学院共同探索建立合作办学机制。6月，干校负责人随区总领导先后赴宁东能源化工基地管委会培训中心、国家能源集团宁夏煤业公司煤制油分公司和宁夏工业职业学院开展合作办学专题调研，并向全国14个省级工会干部院校开展电话咨询，赴浙江省总工会

干部学校、山西省总工会干部学校学习考察，结合自治区党委政府确定的主要发展方向和自身实际，制定《自治区总工会干校开展合作办学实施方案》并提交区总主席办公会审议通过。

【加强思想政治引领】突出"工会党校"政治属性，把学习贯彻党的二十大精神和自治区第十三次党代会精神培训作为当前工会干部培训的重要政治任务。邀请中国劳动关系学院、自治区党校和党委讲师团及工会兄弟院校知名专家授课，所有主体班次均安排学习贯彻习近平总书记关于工人阶级和工会工作的重要论述和习近平总书记致首届大国工匠创新交流大会贺信精神解读等内容。为增强工会专业课程的针对性和指导性，年初，邀请自治区党校法学教研部副教授结合我区工会实际进行"《工会法》解读"课程研发，在协办基层工会的9个专题培训班上开设相关课程，增强了工会干部依法建会、依法管会、依法履职、依法维权能力。

【开展培训需求调研】牢固树立"服务大局、按需培训"理念，年初对五市和15个县（区）、工业园区工会干部培

训工作现状进行了实地调研；年中按照区总领导要求，向产业工会和宁东工会所属部分企业发放1万余份纸质问卷调查表，开展全区产业工人队伍建设改革教育培训工作调研；年末向各市、县（区）总工会以及宁东基地工会和各产业工会发文征集培训需求，并赴3家新业态劳动者集中企业、2家"六新"产业龙头企业调研职工职业技能提升培训需求，制作发放电子问卷，回收245份。

【加强培训服务管理】持续优化培训管理，主体班次均实行每日学习情况通报制度，培训期间组织开展分组讨论、答疑解惑和交流研讨，培训结束后及时收集学员心得体会、教师测评表和培训效果评估表，对培训取得成效、存在问题等进行总结和评估，切实提升培训质量。在年末疫情形势持续紧张的情况下，全年主办工会干部培训3期，承办干部培训3期，协办全区各级工会各类培训班21期。其中，"青干班"和"送教进基层班"已成为干校品牌班次，受到基层工会干部的广泛欢迎。主办的职工书法美术摄影和短视频制作公益培训春季班开设5个班次，秋季班向基层送教2个班次，课时由10节增加到

15节,完善了"线上+线下"教学模式,丰富了培训手段,增强了培训实效。

(闫 琪)

宁夏回族自治区工人文化宫

【概述】 2022年,工人文化宫坚持以习近平新时代中国特色社会主义思想为指导,以深入学习宣传贯彻党的二十大精神为主线,全面落实自治区第十三次党代会安排部署,聚焦党建引领、主责主业,实现党建工作与业务工作融合发展、相互促进的工作思路。

【强化政治引领,筑牢思想根基】 深入开展党的二十大和习近平总书记视察宁夏重要讲话指示批示精神"大学习、大讨论、大宣传、大实践"活动,学习宣传贯彻党的二十大精神和自治区第十三次党代会精神,利用主题党日、党员大会、网络答题等形式推动学习提质增效。全年组织政治理论学习50次,好书好文分享25篇,文化生活大家讲13次,视频看世界19次,交流研讨180余人次,撰写心得体会100余篇。以"学深悟透党代会 奋楫笃行开启新征程""我与党代表面对面"等为主题开展主题党日活动12次。把学习党的二十大精神纳入公益培训"宁工学堂"、送文化下基层思想政治教育内容,推动党的创新理论进课堂、进基层、进企业。坚持线上线下相结合,用微信公众号、视频号等平台,开设"党的二十大精神"宣传专栏,定期转载权威解读文章,及时发布学习宣传动态,刊发文化宫党员干部学习宣传贯彻党的二十大精神的工作信息和学习体会,全方位、多层次、多渠道宣传解读党的二十大精神,专栏推送相关信息23篇。积极探索运用"互联网+"形式开展线上职工"云课堂""云展播""云推荐""云互动"等活动,利用数字教育资源,为职工提供精准化、订单式、多层次的文化服务,提高公益性服务覆盖面。累计编发活动86期,视频号36期,观看量4.07万人。

【聚焦主责主业,建设"工"字系列职工特色文化品牌】 一是提升"五园一心——宁工学堂"党建品牌影响力。紧紧围绕打造"五园一心——宁工学堂"党建服务品牌,将支部建设与主责主业互融互促,不断发挥"职工的学校和乐园"作用。"宁工学堂"2022年开设2期33类课程,建设5个职工艺术团,线上线下齐发力,服务职工6.15万人;开展基层(企业)文体骨干培训班7期,服务职工270余人;以"弘扬劳模精神"微视频、"加入工会的好处"微宣讲方式开展"开学第一堂思政课",教育引导广大职工听党话、跟党走,累计培训1300余名职工;公众号增设"心理健康教育""云展播""云课堂"等7个专栏,不断提升职工群众生活品质。二是在文艺惠民活动上持续发力。以学习宣传贯彻党的二十大精神为主线,以"喜迎二十大 奋进新时代"为主题,落实"我为群众办实事"活动,承办"百场职工文艺献礼"暨送文化下基层惠职工活动27场,主动对接各县产业园区和"六新六特六优"产业,惠及全区职工近6000人。将基层工会和企业的文体馆、食堂、图书馆、车间厂房等作为演出阵地,打通职工观看文艺演出的"最后一公里"。创编歌曲《幸福花儿漫六盘》参加劳动者之歌展演、获评"全国企(行)业歌曲、职工舞蹈、职工曲艺小品征集展演活动"优秀作品;选派3名音舞美教师为帮扶村小学送教14天,编排情景舞蹈《春天在哪里》参加宁夏电视台"六一"晚会。

【深化闽宁协作】 为加强闽宁两省工人文化宫交流

互访,持续深化协作模式,切实发挥文化宫"职工的学校和乐园"职能,实现"互利双赢、共同发展"的目标。2022年1月4日,宁夏工人文化宫与厦门市工人文化宫签订《开展互帮互学工作协议书》。协议明确了开展互帮互学的目的、干部挂职时间及挂职要求、具体工作事项等内容,为今后两地进一步加强交流协作,促进两地共同进步奠定基础。两地先后共派3名干部挂职交流学习,每期挂职1—3个月。以干部挂职为契机,建立两地"文化宫工作联系群""中青骨干交流群"。3月18日,两地文化宫以"工人文化宫如何吸引青年职工、发挥青年职工作用,推进职工文化建设"为主题,开展线上联合分享交流会和线下座谈会。10月至12月,在宁夏工人文化宫微信公众号中开辟"文化云展播之山海相会"栏目,创新文化交流方式,采用线上展播方式,将厦门、宁夏两宫职工艺术团优秀节目展示给广大职工群众,公众号展播3期,累计观看700余人。扩大"融"的领域、深化两地交流协作。11月23日,采取"线下授课+线上直播"的形式,与厦门宫同步开展亲子剪纸公益课。12月,为推动两地文化宫成果交流,选送职工艺术

团创作编排的民族歌曲《幸福花儿漫六盘》参加"2023年厦门市职工春晚"。

【文明单位创建】 推动文明单位创建质量再提升,强化思想教育,打造文明风尚。2022年1月,工人文化宫被宁夏回族自治区直属机关精神文明建设指导委员会命名为2022—2024年度区直机关文明单位。2022年,工人文化宫将精神文明单位创建工作与政治理论学习相结合,打造"学习+文明创建"机制。结合工作实际,制定文明单位创建工作规划、社会主义核心价值观学习宣传和教育实践、诚信建设三年行动、文明优质服务三年行动等实施方案。培养干部职工文化素养,提高综合素质,提升单位凝聚力、向心力和战斗力。结合每周政治理论学习开设文化生活大家讲、视频看世界、法治讲堂、诚信讲堂等栏目,创新开展好书好文分享、"远离手机、静心读书"等活动,推动干部职工形成全员学习、终身学习的良好风尚,进一步提升精神面貌、工作能力和服务水平。

【保安全促发展,筑牢安全生产防线】 深入贯彻落实习近平总书记关于安全生产重要论述,进一步加强安

全生产管理,压紧压实安全生产主体责任,防范和化解重大安全风险隐患及各类安全生产事故。建立并落实安全生产"日巡查周例会月检查"工作制度,定期开展安全生产隐患大排查和专项整治,做好综合楼消防安全、电力维保、电梯运行、二次供水,综合楼外交通安全等安全生产工作。定期组织综合楼物业人员开展消防安全知识培训和消防演练活动。科学有序统筹好疫情防控和场馆运行、公益培训,根据发展态势,分阶段出台场馆、影院、物业管理、公益培训的相关方案,通过精细化管理确保各项工作有序高效。

(金旭东)

宁夏回族自治区工人疗养院

【概述】 2022年,宁夏工人疗养院按照自治区总工会安排部署和工作要求,以总工会确定的重点工作为抓手,以服务职工群众为宗旨,克服新冠疫情影响,千方百计拓展经营业务,各项事业取得新进展,呈现出向更高质量、更有效率、更可持续发展的良好态势。

【思想引领】 坚持把政治建设作为首要任务,每周组

织召开支部理论学习会和中层干部工作会,采取集中组织主动学、培训辅导专题学、理论测试督促学、网络课堂线上学、领导带头引导学的方式,认真学习党的二十大精神,深入学习习近平总书记关于工人阶级和工会工作的重要论述,完整、准确、全面领会党的二十大总体思路、目标任务和重大战略。拓宽宣传宣讲形式,组织开展党的二十大专题宣讲2次,推送党的二十大精神"党员干部每日学一句"90余条,编发党的二十大精神口袋书260本。聚焦工会服务职工阵地作用发挥,广泛开展查找不足、建言献策、创新创优等研讨活动,先后组织学习研讨8次、交流发言70余人次、撰写心得体会90多篇,研究拟定了"一院两区三基地"发展思路,在全院汇聚起了服务大局、团结和谐、敬业奉献的工作合力。

【支部建设】 坚持把建强支部堡垒作为重要抓手,深入实施"三强九严"工程,制定了《关于落实〈进一步加强区直机关所属事业单位基层党建工作意见〉的实施方案》,努力提升党建工作质量。适应新老院区统筹发展、一体化管理要求,为促进党建活动和贴近业务工作,将原有的3个党小组优化调整为5个党小组,

党小组政治组织功能进一步发挥。严格落实"三会一课"等制度,举办"守正创新、勇毅前行,为推进疗养院高质量发展而团结奋斗"等主题党课3次,开展"弘扬劳动精神·激发创业热情"等主题党日活动12次,考察转正预备党员6名,培养确定入党积极分子4名。严格落实意识形态工作责任制,认真执行信息发布"三审三校"制度,总结报送各类信息43条,宁夏机关党建网、宁夏电视台、《宁夏日报》《新消息报》等先后采用14篇,意识形态领域持续安全稳定。

【党建品牌】 按照党建与业务融合发展的思路,扎实开展"笃行使命当先锋·两带两创建新功"主题实践活动,充分发挥党小组和党员模范带头作用,带领科室和职工奋力推动各项工作,完成了疗养院2020年以前的财务资产清查核对任务,为完善固定资产台账和未来规范管理打下了坚实的基础。制定《关于推进转作风抓落实提效能督查工作方案》,建立重点紧要工作提级办理制度,印发《奖惩管理办法》,成立重点工作督查组,推动了劳模疗休养、职工健康体检、"两癌"筛查等重点工作任务的落实。2022年共实现事业及经营收入3584.8万元,同比增长5%。组织动

员党员职工开展"战疫情、亮身份、做先锋"志愿服务活动,21名党员和56名职工主动请缨,义无反顾投入发热门诊和重症病区,医护人员轻伤不下火线,克服身体不适、坚守工作岗位、一心救治患者。总结表彰带创先进党小组4个、争创先进科室27个、党员带创之星41名、职工争创之星41名,先后有7名职工递交了入党申请书,形成了"支部树品牌、小组亮名片、党员做表率、职工争先进"的带创氛围。

【队伍建设】 坚持把人才作为推进发展的第一资源,根据业务发展和服务职工需要,内设了33个科室(中心)、管理单元,内部管理组织架构基本建立。把政治坚定、业务过硬、担当负责的56名优秀人员选聘到管理岗位,担任管理单元负责人,建立中层干部挂任院长助理工作制度,加强中层干部培养和锻炼。研究制定《院关于加强急需紧缺高层次高技能人才培养方案》,认真落实《首席专家引进管理办法》《返聘人员管理实施办法》,通过柔性引进和公开招聘的方式,录用了3名研究生及80余名专业人员,依法解除和妥善分流了30余名合同制管理人员。开展职工全员"竞争上岗和双向选聘"工作,制定职工薪酬调整方案、奖励

性绩效发放办法、晋职晋级动态管理办法等措施，在编和编外职工职级薪酬向同工同酬迈出了关键一步。按照自治区卫健委要求，对疫情防控和健康服务等一线医务人员从绩效奖励、生活慰问、职级晋升方面给予关心关怀，干部职工的获得感、归属感、幸福感不断增强。

【服务职工】 聚焦工会事业单位主责主业，充分发挥工会服务职工群众阵地作用。积极与工会大厦磋商，协作推进劳模职工疗休养工作，共接待职工疗休养团16批677人次。通过公开比选的方式，与宁夏健友健康管理有限公司等4家企业签订《委托推广宣传职工疗休养和健康促进服务项目协议》，制作了职工健康体检宣传册，拍摄了健康体检微视频，共完成社会普通健康检查约34000人次。积极履行健康企业创建成员单位职责，认真开展女职工"两癌"免费筛查工作，完成女职工"两癌"筛查8144人次。启动了货车司机免费检查工作，完成货车司机体检4400人次。争取自治区技术创新引导计划（科技惠民专项）"宫颈癌前期病变规范化筛查及应用"项目资金94万元，对区直机关各部门及中央驻宁有关单位2400名已婚女职工进

行免费体检。制定《开展新技术新项目激励方案（试行）》，加强与宁夏医科大学总医院的合作，累计接诊患病职工15700人次，收治住院职工1636人次。先后收到职工群众致谢锦旗8面、感谢信11封，彰显了工会直属单位服务职工的初心和使命。

【民主管理】 坚持把民主决策作为提高管理质量的基本要求，严格执行党支部领导下的院长负责制，认真落实《党支部委员会议事制度》和《重大事项集体决策实施细则》，对院发展规划、人员聘任、招标采购、维修改造、大项开支等重大事项，做到事前沟通、会议研究、集体决定，确保科学决策、民主决策、依法决策，先后召开38次支委会议，研究审议重大事项78项。建立重大事项报告制度，妥善解决了清产核资、人事争议、矛盾纠纷等历史遗留问题，及时消除了影响发展的制约因素。研究成立搬迁工作领导小组，制定搬迁方案和工作分工，及时协调推进搬迁工作，全院于7月8日顺利完成了搬迁运行。通过公开招投标引进了物业和餐饮公司，后勤保障服务质量进一步提升。

【风险防控】 坚持把全面从严治党、风险隐患防控贯

穿各项业务工作始终，建立了《院党支部及领导班子成员安全生产责任清单》，制定了《院安全美丽环境网格化管理工作方案》，形成了"层层加压、人人有责、各负其责、环环相扣"的工作责任体系。坚持每季度开展廉政风险点、意识形态问题排查，建立整改清单21项，堵塞了物品采购、维修改造、网络舆情等方面的风险隐患。对照上级巡视巡察、审计审查、纪检监察、暗访督查、督促检查反馈问题，深入开展违规收送红包礼金和卫生领域专项治理及落实疫情防控工作要求等方面的自查自纠，先后整改问题43项，召开专题组织生活会6次。坚持以事为镜，以案促改，健全完善了药械招标、财务管理、责任追究等制度，细化了物品采购、签批、审核等工作规程，引导党员职工知敬畏、存戒惧、守底线。

（卜 斌）

宁夏工会大厦

【概述】 2022年，宁夏工会大厦在区总工会的坚强领导和大力支持下，牢固树立"以职工群众为中心"的工作理念，克服"疫情影响"和竞争力弱化的双重压力，不断拓宽业务、奋力练好内功、守牢安

全底线,努力推动大厦生产经营提质增效。

【强化思想政治引领】坚持把学习贯彻习近平新时代中国特色社会主义思想和习近平总书记视察宁夏重要讲话指示批示精神作为支部学习"第一议题""第一内容"、党员学习"第一任务",学习领会党的二十大和自治区第十三次党代会精神,力求做到整体把握、学深悟透、融会贯通。认真研究制订支部《2022年党建工作要点》《2022年度党员学习教育计划》,开展红色经典诵读、党史故事分享、党员交流研讨等活动,引导党员员工在聆听中树立远大理想、担当时代重任的精神追求。严格落实《自治区总工会网络意识形态工作责任制实施细则(试行)》《自治区总工会网络媒体信息发布审校规定》,加大大厦微信公众号监督检查,严格执行"三审三校"制度,定期分析研判大厦意识形态工作,确保做到"两个所有";扎实开展国家安全和保密知识教育,在保密宣传月、"4·15"国家安全宣传教育日等时间节点,通过召开会议及利用微信公众号、工作群、电子屏等,广泛开展宣传教育,引导党员员工树牢总体安全观,提升保密意识。

【持续做好党建工作】认真贯彻新时代党的建设总要求,坚持以党的政治建设为统领,以提升党员能力为重点,着力在党员员工中培育和践行社会主义核心价值观,有力推动大厦党支部党建工作质量提升。针对党员工作岗位不同、党员经历不同、党员文化程度不高,党的基础知识掌握参差不齐等实际,通过"学习强国"APP、每周利用半天集中组织全体党员学习,采取下发学习材料、线上线下开展体会交流、党的基础知识问答等形式,系统学习贯彻党的二十大精神,丰富学习形式;坚持主题党日活动同党支部年度党建工作相结合,认真落实"三会一课"、主题党日制度,开展以"中国梦·劳动美——永远跟党走 奋进新征程""立足岗位比作为,创先争优当先锋""凝心聚力开新局,奋勇争先建新功"等主题党日活动,让党的创新理论入脑入行、走深走实;在团员青年员工中开展"不负韶华 建功新时代"演讲比赛,给予青年更多机会,更好地发挥青年作用,让广大青年成为驱动大厦发展的蓬勃力量。

【推动党建与业务融合】坚持支部工作与经营管理工作同谋划、同部署、同运行。今年新冠肺炎疫情持续反复,对生产经营带来了严重的影响,在生产经营过程中面临用工紧张、成本上升、资金不足等问题,积极落实"六稳""六保"工作,有效应对疫情不利影响,有力保障生产经营正常开展。围绕生产、经营等中心任务,搭建有效活动载体,通过设立党员责任区、党员示范岗、党员服务队等形式,影响和带动每名员工在各自工作岗位上积极进取、奋发有为。强化现代企业理念,围绕岗位职责和工作目标"党员公开承诺",开展"安全无事故、任务无欠账、成本无超支"活动。通过承诺践诺、制定标准、员工监督和动态考核四个环节激励党员示范岗履行职责要求,让党员在生产经营中比业绩、做奉献。

【严格落实内控制度】以建立现代企业管理机制、适应新的发展趋势为目标,聘请驻地人资管理顾问,着力优化大厦组织管理架构,撤销质培部,成立综合管理办公室,明确部门职责、确定岗位编制,健全管理措施,细化规章制度,全年共梳理各项制度220余项,废除7项、修订17项、合并17项、新增36项,逐步建立了大厦人员管理体系、经营绩效考核体系,薪酬体系和绩效激励体系,形成规范管理、科学发展的长效机制,提升管理水平,激活发展新动力;紧紧围绕工作岗位的"关键点"、内部管理的"薄弱点"、问题易发的"风险点",全面梳理岗位风险,分析表现形式和具体原因,逐条制定防控措施,制成风险提示牌放于桌面,作为日常提醒,形成了一整套权责清晰、流程规范、监督有效的廉洁风险防控制度。

【着力促进经营发展】作为工会企业在同行酒店餐饮业普遍采取裁员、人员轮休、减薪等措施保生存时,克服经营困难,在经营持续亏损下,仍然坚持按时给员工发放工资,保证了大厦员工队伍的稳定;积极应对疫情给酒店行业带来的不利影响,召开经营形势分析会,及时调整经营策略,加快引进行业网络营销专业人才,着力开展OTA网络运营平台建设。与网络营销知名运营平台"微盟""有赞""携程"等服务商合作,对接多种运营途径,拓展互联网的销售渠道;与中国电信股份有限公司银川分公司合作,持续推进改造升级智慧客房,包括灯控系统、智能窗帘遮阳控制系统、背景音乐控制系统、云服务器系统、语音交互控制系统和送物机器人等,打破传统的运营与服务模式,实现新消费群体追求"科技智能、

品质服务"的入住需求。

【安全生产显担当】大厦始终把安全生产作为工作的重中之重来抓,不断提升全员安全意识和员工应对突发事件的能力。建立完善大厦安全生产管理制度和应急预案,逐级落实安全责任,全面提升安全防范能力;开展"落实安全生产责任、筑牢安全发展基石"安全生产月主题活动,对大厦重点区域、重点设施设备、重点环节开展拉网式排查,开展"消防应急疏散拉动演练",严格落实安全隐患排查,进行各类安全预案的培训和实操演练,不断强化员工安全意识,使员工安全意识和大厦安全管理能力得到有效提升;进一步强化食品安全管理工作,严格原材料采购、验收、管理、使用,流程管控。

【人才培养迈出新步伐】大力开展青年业务骨干培养计划,制定《宁夏工会大厦青年职工轮岗锻炼制度》,让青年职工在一线上接受锻炼,在实践中增长才干,将4名优秀年轻职工提拔到管理岗位,树立起能者有位的鲜明用人导向。定期举办职工大讲堂,邀请专业礼仪师、营销师、视频剪辑师开展业务技能培训,大厦员工的服务意

识、营销策略得到整体提升;积极开展大厦内部"提技能 展风采"技能竞赛选拔活动,选派业务骨干参加2022年银川市星级饭店从业人员服务技能竞赛,大厦荣获优秀组织奖,在客房服务赛项中,3名员工分别荣获二等奖、三等奖、优秀奖。

【深化文明创建活动】大厦联合属地山河湾社区开展"携手共进 建设美丽银川"志愿服务活动,党员身穿红马甲走进背街小巷、老旧小区等地对乱停乱放、乱贴乱画等进行集中整治,清理破旧或过时海报,捡拾清扫路面烟头垃圾,将小区内的电动车、自行车进行了有序摆放,充分发挥党员在社区环境整治中的先锋模范带头作用,营造干净、整洁、美丽的社区环境;开展"夏送清凉"慰问活动,大厦班子成员先后慰问辖区派出所一线干警、社区工作者,为辖区派出所、山河湾社区等单位送去防暑降温饮品,向高温环境下坚守岗位的户外劳动者表达真挚敬意和关心关爱。

【疗休养服务项目开业运营】2022年3月,按照自治区总工会部署要求,全力投入疗养院疗休养项目开业筹备工作,投入精锐员工,组

建骨干队伍,完善功能设施,聚全员之力扎实开展项目拓展和试运营,历时100天的奋战,如期投入运营,全年共接待全国疗休养职工17批次744人,得到了广泛好评和高度赞誉。

【召开三届二次职工代表大会】 宁夏工会大厦三届二次职工代表大会于2022年12月15日召开,表决通过了《宁夏工会大厦公司制改革职工安置方案》《宁夏工会大厦薪酬管理办法》《宁夏工会大厦人员管理办法》三项提案。

(范辉东)

市级工会

2022年各市总工会主席、副主席 经费审查委员会主任名单

银川市总工会

主　　席	张自华
副 主 席	魏　富（2022年3月任职）
	程利云（女）
	黄建华
经审会主任	李晓燕（女,2022年12月离任）

石嘴山市总工会主席

主　　席	强　伟（2022年8月离任）
	闫学刚（2022年8月任职）
副 主 席	谢海燕（女,回族,2022年8月离任）
	侯学云（2022年8月任职）
	高秀琴（女）
	马子海
	吴少斌（兼职）
	李世平（兼职）
	陈　刚（兼职）
	李红宾（兼职）
经审会主任	牛小林（女）

吴忠市总工会

主　　席	陈克安
副 主 席	杭庆珍（女）
	徐经生
	马富强（挂职）
	范学东（兼职）
	黄　成（兼职）
	杨爱萍（女,回族,2022年12月离任）
经审会主任	曹柯岩

固原市总工会

主　　席	张立君
副 主 席	王志贤
	王旭东
	张学勇（挂职,2022年6月任职）
	虎　博（兼职,2022年6月任职）
	马建东（兼职,2022年6月任职）

彭丽丽(女,兼职,2022年
6月任职)

经审会主任 张晓娟(女,回族,2022年
5月任职)

中卫市总工会

主　　席 陈自强

副　主　席 王朝升

吴春玲(女)

张景峰(挂职)

鲁掔飞(兼职)

刘维燕(女、兼职)

经审会主任 祝海荣

宁东能源化工基地工会

主　　席 刘红宁(2022年4月离任)

王志军(2022年4月任职)

副　主　席 陶志文(2022年4月任职)

胡海英(女,2022年4月离任)

王　敏(兼职,2022年4月
任职)

经审会主任 王文忠(2022年4月任职)

银川市总工会

【概述】 2022年，在银川市委和自治区总工会的领导下，市总工会坚持以习近平新时代中国特色社会主义思想为指导，全面贯彻党的二十大和二十届一中全会精神，深入贯彻习近平总书记关于工人阶级和工会工作的重要论述、视察宁夏重要讲话和重要指示批示精神、致首届大国工匠创新交流大会的贺信精神等，认真落实自治区第十三次党代会和银川市第十五次党代会决策部署，以保持和增强政治性、先进性、群众性为主线，突出主责主业，深化改革创新，主动担当作为，各项工作取得了新成效。先后荣获全国"安康杯"竞赛活动优秀组织单位，全国市、县级和基层工会财务会计工作先进单位等荣誉。

【思想政治引领】 坚持以习近平新时代中国特色社会主义思想为指导，深入学习贯彻落实习近平总书记视察宁夏重要讲话精神和重要指示批示精神，以及习近平总书记关于工人阶级和工会工作重要论述，围绕学习宣传贯彻党的二十大精神和自治区第十三次党代会精神主线，以

"同上一堂思政课"和"匠心传承·劳动筑梦劳模宣讲团"为载体，深入开展"中国梦·劳动美——喜迎二十大 建功新时代"主题教育，联合基层工会广泛开展时代楷模、劳模工匠、先进女职工事迹主题宣讲进企业、进车间、进班组、进校园等示范性宣讲活动110余场次。持续加强职工网上思想引领，联合市委网信办开展2022年"网聚职工正能量 争做中国好网民"主题活动，切实强化工会网络文明传播志愿者和网评员队伍建设，切实担负起团结引导职工听党话跟党走的政治责任，不断加强职工思想政治引领、壮大主流思想舆论、促进精神生活共同富裕。

【宣传教育引导】 围绕党委政府中心工作，巩固深化自治区文明单位创建成果，强化职工精神文化引领，先后组建了银川市职工管乐团，举办了第五届全市职工运动会、"书香溢工会 文明伴我行"职工主题阅读、"庆五一·比贡献·展风采"职工书画摄影展、"建功新时代——声音里的经典"线上职工经典著作诵读暨故事演说（演讲）大赛、"喜迎二十大·强国复兴有我"全市第二届机关干部岗位技能综合素质培训及竞赛和"职工云上文化节"等形式多样、内容

丰富的"工"字系列职工文体活动200余场次，荣获"声音里的经典——感恩奋进新征程"全区职工诵读演说大赛优秀组织奖，通过线上、线下齐发力，持续打造健康文明、昂扬向上、全员参与的职工文化，为推动全市工运事业高质量发展提供坚强有力保障。大力弘扬劳模精神、劳动精神、工匠精神，自制并发布"最美巾帼风采展播""银川市最美劳动者""礼赞劳动者"宣传短视频19期，把劳动模范等榜样力量转化为各族干部群众的生动实践，让劳动最光荣、劳动最崇高、劳动最伟大、劳动最美丽的理念深入人心，推动形成见贤思齐、崇德向善的良好社会氛围。组织召开银川市总工会新闻通气会，邀请《人民日报》《光明日报》《工人日报》、人民网等中央新闻媒体和区市主要媒体记者，对银川市产业工人队伍建设改革等全年重点工作进行宣传报道。截至2022年末，累计上报各类工会信息297篇，在《人民日报》《工人日报》等国家级媒体宣传报道80篇，《宁夏日报》、宁夏电视台等自治区级媒体宣传报道107篇，《银川日报》、银川电视台等市级媒体宣传报道79篇。

【互联网+工会】 充分发挥工会网络新媒体矩阵优势，

持续增强工会组织影响力、吸引力、凝聚力，截至2022年末，银川市总工会微信公众平台发布图文、视频内容1202篇，阅读量累计39.9万人次，较2021年末同比上涨51.36%。银川总工会微博政务号用户数15.6406万人，累计发布相关推文185期，阅读量累计达132万人次。银川工会抖音政务号、微视政务号发布短视频作品累计306期，播放量累计36.1028万次，点赞量达4673人次，网民评论互动量累计317人次，抖音政务号用户数9.2万人，视频号用户人数391人，"银川市总工会开展暖冬行动"短视频内容被中工网视频号采编。银川市总工会微博号、银川工会头条号被评为"2022年全国网络正能量优秀新媒体工会十佳账号"。

【参与疫情防控】 2022年，为积极应对新冠疫情，全市各级工会积极响应市委、市政府号召，多渠道筹措资金530余万元全力投入疫情防控，慰问防疫一线职工近10万人。市总本级同时投入100余万元，慰问防疫卡点、隔离酒店、封控社区、核酸检测机构、社区卫生服务站等防疫一线职工5000余名。为市属7个疫情防控卡点的36名困难职工家庭，每户送上了1000—3000元不等的慰问金，同时建

立了市总班子成员及中层干部36人"一对一"结对帮扶机制，尽最大努力帮助他们纾困解难。中秋节来临之际，对我市100名援琼医疗队员进行慰问，向他们致以节日的祝福。组织398名防疫一线优秀职工赴固原疗休养，得到市委领导和广大职工的认可。开展疫情常态化送温暖活动，为1148名受疫情影响生活遇到临时困难的职工发放71.85万元慰问金。开展"战疫同行　一路有爱"货车司机关爱慰问活动，为3200余名保供货车司机、受疫情影响货车司机和卡点滞留货车司机送去方便食品和生活物资。

【职工文化建设】 扎实开展丰富多彩的职工文体活动，打造积极昂扬的职工文化。积极筹备成立宁夏首家职工管乐团，填补了空白。9月15日，自治区党委常委、银川市委书记、市长赵旭辉调研银川市工人文化宫项目建设推进情况，对工程建设情况给予充分肯定。持续举办"银川职工学堂千堂百场公益课"职工文化体育公益培训班，开设钢琴、民族舞、乒乓球等14门线下公益课程及油画创作、剪纸等10门线上公益课程，参与职工30000余人次。举办银川市第五届职工运动会，共

有104个单位、5000余人次参加气排球、象棋、健身操、男子足球等12个项目的比赛，参赛单位、职工人数均为历届运动会之最。举办"劳动创造幸福·奋斗成就梦想——银川劳动者之歌"职工线上才艺展示大赛；举办"建功新时代——声音里的经典"线上职工经典著作诵读暨故事演说（演讲）大赛；举办"庆五一·比贡献·展风采"职工书画摄影展；举办"喜迎二十大　建功新时代——银川劳动者之歌"职工文艺汇演；举办"喜迎党的二十大·我为党旗添光彩"主题演讲比赛；开展"欢度国庆节·喜迎二十大"职工云上文化节和职工"云"上运动会，参赛职工达到3万余人次。举办"喜迎二十大·建功新时代——工会与职工心连心"文化进基层慰问演出系列活动，全年为重点项目工地、企业送文艺演出、送图书、送讲座等20余场次。

【劳动技能竞赛】 按照宁夏第十三次党代会上提出的以发展"六新六特六优"产业（"六新"产业：新型材料、清洁能源、装备制造、数字信息、现代化工、轻工纺织；"六特"产业：葡萄酒、枸杞、牛奶、肉牛、滩羊、冷凉蔬菜；"六优"产业：文化旅游、现代物流、现代金融、健康养老、电子商务、会展博览），和建设"两都五基

地"(银川市提出的两都:葡萄酒之都、中国新硅都;五基地:新型电池制造基地、智能终端和半导体材料生产基地、枸杞精深加工基地、高端奶产业基地),银川市总工会广泛开展新材料产业、高端奶产业、文化旅游、班组长管理等技能竞赛200余场次,指导1000多家企业开展岗位练兵、劳动竞赛活动,企业职工参与面超过90%。对2021年银川市"三新"产业(银川市提出的新材料、新能源、新食品)等示范性劳动和技能竞赛中13个优秀组织单位和100名"劳动之星""技能之星""创新之星"给予奖励,奖励资金近50万元。承办全区快递行业职工技能竞赛、全国职工数字化技术技能大赛宁夏选拔赛、全区首届生态园林绿化设计职工职业技能大赛。举办职工通用数字技能培训班2期;通过各级各类劳动和技能竞赛,实现了与培养选树高技能人才标兵的有机衔接。

【劳模管理服务】 为深入学习贯彻习近平总书记在全国劳动模范和先进工作者表彰大会上的重要讲话精神,今年,市总工会加大了对劳模的关心关爱工作力度。根据《宁夏回族自治区劳模专项资金发放管理办法》要求,经过调查、摸底、审核确定符合申报劳模生活困难补助金、特殊困难帮扶金的全国、省部级劳模共60人。组织安排107名自治区、市级困难劳模进行健康体检,在全社会营造出"尊重劳模、关爱劳模"的良好社会氛围。大力弘扬劳模精神、劳动精神、工匠精神,邀请二十大代表、自治区劳模杨彦峰、赵耐香巡回宣讲党的二十大精神,进一步带动广大职工群众深入学习领会党的二十大精神。全年,通过自下而上、优中选优、层层选拔的方式,推荐申报并获评全国五一劳动奖章2个、工人先锋号1个,自治区五一劳动奖状2个、奖章11个、工人先锋号7个。目前全市共有劳模创新工作室116个,其中全国示范性创新工作室2个,自治区示范性创新工作室14个。

【职工素质提升】 为深入推进企业职工职业技能提升行动,落实稳就业保民生政策、大力实施万名企业职工技能培训计划,创新"点单+配菜""名师+名课""理论+实操"培训新模式,线上线下开展培训活动500余期,培训产业工人10万余人,通过培训取得初级以上职业资格证书的达26081人。加强实训基地建设,与中国石油大学等7家单位合作建立职工实训基地。成立了上海交通大学(银川)材料产业研究院等354家创新平台,占全区总数的52.4%。对获得国家一级、二级职业资格的25名高技能人才每人分别给予5000元、3000元补贴共计8.1万元。征集职工"十佳五小"创新成果项目248项。推荐40项创新成果参加第二届全区职工技术创新成果评选活动,获得一等奖1个、二等奖1个、优秀奖3个。

【产业工人队伍建设改革】 为深入学习贯彻习近平总书记关于产业工人队伍建设改革的重要指示精神,进一步推动银川市产业工人队伍建设,市总工会今年创建"364"银川市产改工作模式,召开银川市产业工人队伍建设改革推进会,出台《关于打造高素质产业工人队伍建强高技能人才队伍助力银川高质量发展的意见》,"364"产改模式被《工人日报》报道,产改工作成效位居全区前列。打造宁夏共享集团、宝丰集团、银川隆基硅材料有限公司、哈纳斯燃气、力成电器、百瑞源枸杞、银川公共交通公司、宁夏电通物联网科技有限公司8家产改示范企业。宁夏共享集团股份有限公司构建的"123"产改新模式被多家企业学习观摩,该公司试点典型案例被全国推进产业工人队伍建设改革协调小组办公室编入《产业工人队伍建设改革试点案例汇编》。银川市产改工作得到自治区产改协调小组调研检查组高度肯定。

【开展线上+线下培训】受新冠疫情影响,为助力企业复工复产,采取"线上+线下"培训方式,让培训工作不停步,职工素质持续提升。在银川市总工会微信公众号开设"职工课堂"专栏,推出企业舆情管理等20门课程。开设"银川职工学堂"凤城名师专栏,推出员工队伍职业素养提升、企业班组长素质提升、魅力女性、应急管理通用安全知识、救援科普知识、电气相关安全技术等50门课程。举行"喜迎二十大 建功新时代"暨"免费培训"进企业活动,分别为宁夏哈纳斯燃气集团有限公司等50余家企业开展"免费培训"进企业活动71场次,其中市总本级培训41场次,服务职工3900余人次,市总本级服务职工2400余人次。

【普惠服务和帮扶工作】为进一步落实困难职工帮扶工作,推动困难职工实现解困脱困,积极开展"两节"送温暖活动,走访慰问劳动模范、困难职工、坚守工作一线职工8100余人。开展"五一"送祝福、"夏送清凉"活动,对34个重点企业、困难企业、重点项目、重点行业的1.9万余名职工进行慰问。开展"金秋助学""工会班"活动,为199名学子送上71.78万元助学金。积极争取中央财政和自治区专项资金,对222名建档困难职工进行梯度帮扶,发放帮扶资金222.01万元。推动职工医疗互助保障活动列入市政府看病就医"安心"实事,组织135813名职工参加互助活动,比上年增长50.2%,为3579名患病住院职工减轻医疗负担4999389元,让职工有更多获得感、幸福感、安全感。开展"线下招聘会、线上直播带岗、观摩企业、就业恳谈会"四项活动,开启了工会就业招聘服务新模式。全市各级工会开展专场招聘23场次,线上发布招聘信息277期,参与企业800余家,提供岗位30000余个,达成意向性协议4700人,切实解决"求职难""用工难"问题。

【普法宣传工作】 围绕"八五"普法工作目标任务,发挥工会组织参与、维护、建设、教育职能,扎实开展第八个五年法治宣传教育,组织《工会法》集中学习130场次,专题讲座20场次、云课堂参与3万人次,发放各类宣传材料2万余份,全市4.7万余名国家工作人员在智慧普法依法治理云平台开展学习和考试,实现参考率、合格率100%。开展民法典进机关专题讲座15场。在项目工地、商圈、企业、广场开展《民法典》线下宣传62场次,发放各类宣传资料10万余份,覆盖职工群众12万人,切实让《民法典》走到群众身边,走进群众心里。

【维护职工合法权益】为更加有效维护职工合法权益,实行"工会+人社+法院+司法+互联网"模式,推行"两书制度",成立银川市劳动人事争议三方联合调解中心和"工会+法院"劳动争议诉调对接工作室,完成法律援助案件58件,化解矛盾纠纷264个。制定关爱新就业形态劳动者"关爱16条",疫情期间筹集30万元慰问5个物流园、16个交通运输、物流配送企业和3200余名滞留和货运保供企业货运司机。配合开展根治欠薪工作,协助职工(农民工)讨薪案件384件次,涉及职工1320余人,涉及金额1500多万元,协调追回欠薪900余万元。

【构建和谐劳动关系】认真落实《关于推进新时代和谐劳动关系创建活动的意见》,扎实推进和谐劳动关系创建活动,在保障职工各项权益、完善协商协调机制、推动企业与职工共商共建共享取得积极成效。2022年开展"百名律师进千企"活动,律师送法进企业法律知识讲座130场,覆盖职工20560人次;开展企业法治体检86次,法律咨询283次,排查并解决问题29个。全市建会企业共签订集体合同2750份,集体合同动态签订率96.6%。建立职代会和厂务公开制度企事业单位3014家,国有企业和事业单位建制率达100%,非公有制企业达92.6%。行业性、区域性集体协商40场,签订区域集体合同200份,为企业营造了和谐稳定的用工环境。

【基层组织建设】 认真落实以服务促组建,以组建促发展的工作理念,深入开展"基层组织建设提质增效年"活动和"县级工会加强年"活动,聚焦新业态企业和小微企业组建及服务,开展集中组建服务专项行动,截至2022年10月底,全市共新建工会组织316个,新发展会员25133人,发展新就业形态劳动者会员2734人、产业工人会员1.5万余人。新建、升级改造"职工之家"50多个。着力打造高家闸司机之家、春林道班司机之家、西夏现代物流产业职工之家、四季鲜职工之家、金盛物流园司机之家、正兴源区域性职工之家、新百物流司机之

家、贺兰电商快递物流园"小蜜蜂"社区、T6出行、宁夏梦驼铃科技有限公司工会共计10个新业态职工之家,"工会在身边,服务零距离"品牌初步形成。先后举办银川市工会工作者"喜迎二十大·奋进新征程"综合素质技能大赛及工会干部素质提升培训班,共有500余人参加。

【财务及经审工作】 认真贯彻落实《工会法》《会计法》等法律法规,紧紧围绕全市重点工作,深化预算管理,强化财务监督,持续提升财务会计工作规范化建设上水平上台阶。以培训为抓手,常态化举办全市工会财务业务知识培训和技能竞赛,通过竞赛方式选拔优秀财务人员参加区市工会财务业务知识竞赛,永宁县总工会邹月兰同志喜获全国工会财务知识竞赛个人赛省级工会组二等奖。修订和完善内部控制制度,严防各个环节风险点,确保内部控制制度不光写在纸上还要落到实处。对银川市总本级年度所有预算项目,均从项目决策、项目管理、项目产出和项目效益四个方面开展绩效评价工作,确保推进项目资金使用科学合理、精细高效。根据《自治区总工会关于全面落实2020—2022年小微企业工会经费支持政策的通知》要求,

成立工作专班,一个月完成了全市2020—2021年7061家小微企业工会经费返还工作,共返费6281万元,惠及职工11.2万人,在5市中率先完成了小微企业返费工作。

为更好地发挥工会经审组织职能,收好、管好、用好工会经费,加强基层工会经审规范化建设。通过不懈努力,全年对下审计共出具审计报告28份,审计发现问题133个,提出审计建议60条。全年对春送温暖、夏送清凉、困难慰问、普惠职工、全市运动会、劳模资金等32个重要事项和活动进行事前监督,规范内部控制、采购、经费、合同等重要环节。2022年审计发现问题已全部收到书面整改报告,经审计回访销号,已整改问题90个,整改率95%,审计回访率达到了100%。通过整改回访,已整改问题388个,整改率90%。

【女职工工作】 坚持以党的政治建设为统领,以女职工对美好生活的新期待为初心使命,以推动高质量发展为主题,开展"三八"国际妇女节系列活动,吸引6万余名职工线上观看。制定《银川市家庭友好型工作场所建设实施方案》,在8家企业试点开展创建家庭友好型工作场所。为1200余名困难女职工、外卖女

骑手、环卫女工、防疫一线的女职工免费提供健康体检。2022年,全市打造市级以上"工会爱心托管班示范点"64家,开设工会爱心托管班2323个。打造"会聚良缘、凤城恋歌"职工联谊交友服务品牌,组织开展青年职工联谊交友活动48余场,参与职工3000多人次。举办女职工读书沙龙成果展、交流会、经典诵读、主题演讲等系列读书活动60余场,参与女职工4000余人次。宁夏凯晨电气集团工程师杨雯研发团队代表宁夏女职工参加"2022年全国巾帼工匠风采展"。

【加强自身建设】 深入贯彻落实新时代党的建设总要求,把推动工会党的建设作为首要政治任务,推动工会自身建设全面推进。扎实开展"改进作风 提升质效"专项行动,广泛开展习近平总书记视察宁夏重要讲话和重要指示批示精神"大学习、大讨论、大宣传、大实践"活动;不断加强工会系统党风廉政建设,严格履行党组主体责任和班子成员"一岗双责",全年组织召开党组会35次,主席办公会21次,党组理论学习中心组学习会议14次;圆满完成市委巡察各项任务,扎实做好巡察整改"后半篇"文章;始终坚持以强"三性"、去"四化"为目标,不断深化工会改革。

(高 静)

石嘴山市总工会

【概述】 2022年,在市委和自治区总工会的坚强领导下,全市各级工会全面贯彻习近平新时代中国特色社会主义思想,深入贯彻落实习近平总书记视察宁夏重要讲话和重要指示批示精神、习近平总书记关于工人阶级和工会工作的重要论述,党的二十大精神、自治区第十三次党代会精神、市第十一次党代会精神,聚焦主责主业,以产业工人队伍建设改革为主线,以强基固本狠抓工作落实年各项任务为抓手,谋划推进各项工作,市总工会获2021年度市级工会财务会计工作先进单位,全国和谐劳动关系创建示范单位、2020—2021年度全国安康杯竞赛活动先进集体等国家级荣誉4项;获"喜迎二十大·建功新时代"全区"劳动者之歌"文艺汇演活动组织奖、"喜迎党代会·献礼二十大"全区工会经审干部演讲比赛优秀组织奖、第一批自治区级金牌调解组织名单等自治区级荣誉7项;全国及自治区级相关媒体8次报道工会特色工作,工会组织的影响力、凝聚力显著增强。

【思想政治引领】 一是始终把学习作为指导实践、推动工会工作的有效途径抓实抓细,及时对全总、市委、自治区总工会相关会议、文件和领导批示精神传达学习,研究落实意见,确保各项工作上下贯通、落地见效,召开党组理论学习中心组学习会12次,推动理论武装走深走实。二是党建引领培根铸魂。以党的政治建设为统领,全面加强工会系统党的政治建设、思想建设、组织建设、作风建设,把制度建设贯穿其中,不断提高党建质量,研究部署2022年党建和党风廉政建设工作,制定《市总工会党组2022年党建工作要点》《市总工会党组2022年全面从严治党、党风廉政建设和反腐败工作主要任务工作安排》《市总工会全面从严治党"三个清单"》,履行"三会一课"和党支部书记"一岗双责"制度,党组副书记赴基层单位(社区)开展讲党课8次,支部开展专题学习30次,党建引领持续加强。三是严格落实意识形态工作责任制,及时分析研判意识形态领域风险隐患,线上线下职工思想引领齐发力,网络阵地规范化建设再上新台阶。四是特色主题宣传活动凝聚正能量。整合新闻传媒集团等资源,构建大宣传格局,发挥"市总+县区微信公众号"、传统媒体和新媒体齐发力的宣传模式,以职工喜闻乐见的话语体系和传播方式,弘扬劳模精神、劳动精神、工匠精神,讲好新时代工会故事、中国故事。举办"喜迎二十大 建功新时代——劳动者之歌"职工线上展演、"同上一堂思政课"百场宣讲、"职工好家庭"、一线产业工人点赞等活动10场(次),惠及职工5万人(次)。"石嘴山工会"微信公众号荣获自治区"网络正能量账号"称号,是我市唯一获此殊荣的微信账号。

【产业工人队伍建设改革】 把产业工人队伍建设改革,作为培养建设高素质产业工人队伍、辐射带动工会各项工作的重要抓手贯穿始终,为全面建设社会主义现代化美丽石嘴山提供智力支持。一是在提标扩面上见成效。聚焦全市重点产业、企业,培育试点37家,实现产改由"试点探路"向"区域推广"纵深发展,自治区"产改"调研座谈会在我市召开,我市产改工作在自治区"产改"工作会议上交流发言。二是在示范引领上求突破。制定《石嘴山市劳动模范技能大师学科带头人乡村振兴人才工作室管理办法》,对全市111家工作室进行动态考核,取消8家,创建命名创新工作室15家,培育

典型、示范引领作用进一步彰显。三是在创新载体上树亮点。积极推进工匠学院建设,区总领导高度关注(马军生批示:"请干校关注石嘴山工匠学院运行情况并跟踪指导,争取形成可复制可推广的经验")。四是在成果展示上要提质量。制定《石嘴山市职工"五小"活动创新成果评选表彰奖励办法》,征集自治区"五小"活动创新成果50项,入选自治区成果展4项,征集市级创新成果405项,入选91项。五是在技能竞赛中展风采。承办全国职工数字化应用技术技能大赛宁夏选拔赛,组织各层级劳动和职业技能竞赛活动134场(次)。六是在"互检互学互评"中显身手。创新开展三县区产改经验交流活动,通过现场观摩、选树典型、推广经验,营造推动产改比学赶超浓厚氛围。

【"工字号"品牌服务】 一是做实"四送服务"。"两节"期间慰问困难边缘及一线职工2000户,发放77万元的慰问金及粮油慰问品(困难边缘职工904人,发放慰问金45.2万元;1023名环卫工人和意外致困困难职工21万元粮油及其他慰问);为266户在档困难职工发放帮扶资金250万元,为150名工会班学生、37名考入高校学子发放救助金

51.2万元;召开就业招聘会8场,发布信息141期,提供岗位4000个,惠及企业1200家;送清凉活动投入40万元,为润阳公司、氟峰新材料、晶体新材料、杉杉能源、109改道工程、高铁建设等42个重点企业(项目)建设者、环卫工人、绿化工人送去50万斤西瓜等慰问品,惠及职工3万余名;为1500名女职工免费提供"两癌"筛查。二是职工医疗互助保障活动有序推进。加大互助金收缴宣传力度,3.92万名职工参加互助活动,收缴互助金392万元,为职工提供了第二道健康保护伞。三是疫情防控彰显工会担当。统筹市县区总工会、工业园工会300余万元资金,对公安、高校、应急管理等重要岗位的全市140个防疫卡点、核酸检测点、隔离点、乡镇(街道)卫生服务中心及122个社区防疫点实现慰问全覆盖,送去防寒棉衣、口罩、食品等慰问品;为受疫情影响致困的447户职工发放疫情生活补贴75万元;加大新业态群体关爱力度,为滞留我市547名货车司机发放生活用品,第一时间助力疫情防控。四是及时落实减税降费优惠政策,全年小微企业工会累计返还经费618.37万元,惠及企业1277家;动员职工购买牛羊肉等特色农产品,助力拉动经济消费

2万人（次），资金总量达432.03万元，2022年我市财务工作获中华全国总工会通报表扬。五是场馆阵地建设持续优化。对2005年以来命名的364家市级以上先进（模范）职工之家（小家）全面复查，撤销76家，保留288家；新建户外劳动者服务站（法律援助）站点7家，打造自治区级"爱心妈咪小屋"2家、爱心托管班2家，建设市级"爱心妈咪小屋"3家、爱心托管班3家、爱心托育示范点1家，成为新时期服务职工的"温暖之家"。

【维护劳动领域政治安全】 一是制定《石嘴山市总工会落实维护劳动领域政治安全工作方案》《石嘴山市总工会应对群体性突发事件应急预案》，督促县区建立维护劳动领域政治安全工作台账，开展常态化职工队伍稳定风险隐患排查化解，覆盖用工单位（企业）1572家，涉及职工9.67万人，排查化解风险隐患4件，解决接待来信来访177件。二是持续深化工资集体协商。聚焦市委、市政府重点工作及全市收入提升行动，将集体协商纳入企业治理、城乡居民收入提升、我为群众办实事工作的大局中谋划开展。举办培训班4期，签订集体合同覆盖企业946家，惠及职工70728人；完成18个行业、24个区域集体协商，覆盖职工23026人，建会企业集体协商动态建制率达94%以上。三是法律服务惠民生。充分发挥农民工维权法律服务站作用，接待各类咨询1350人（次），办理法律援助案件70起，帮助新业态职工（农民工）挽回经济损失280余万元。2022年，市总工会荣获"平安石嘴山建设先进集体"称号。

【加强自身建设】 一是全面落实"县级工会加强年"和蹲点工作部署要求，对县区工会组织建设、阵地建设、矛盾纠纷排查化解等情况全面摸排，明确任务，建立完善工作台账；积极推进县（区）非公企业建会和新就业形态劳动者入会工作，新增工会组织单位113个，发展会员7834人，25人以上非公企业实现建会全覆盖。二是加大新就业形态劳动者关心关爱力度。会同三县区举办新就业形态劳动者集中入会暨关爱行动启动仪式，300余名货车、网约车司机、快递员、外卖员加入工会组织。三是厂务公开不断完善。恢复完善厂务公开领导机构，开展"公开解难题、民主促发展"主题活动，上报重点提案9件，对全市厂务公开先进单位进行复查，撤销4家，充分保障职工权益。四是干部培训持续加强。举办"走

好新长征路、踔厉奋发建设美丽新宁夏"全市工会干部红色教育及生态建设学习和工会业务知识技能竞赛培训班，开展经审、工资集体协商等工会业务培训5期，提升干部综合素养。

（郭亚江）

吴忠市总工会

【概述】 2022年，吴忠市总工会紧紧围绕学习宣传贯彻党的二十大精神和区、市党代会精神，守正创新、担当作为，狠抓"五个工会"建设，工会工作高质量发展迈出新步伐、取得新成效。强化"政治工会"，凝聚发展共识有新作为。开展党组中心组、干部理论学习、青年小组学习76场次，在红旗渠干部学院等地培训专职工会干部213人，发布信息视频1409条，各级媒体采稿239篇，总结形成"'1236'工作法，强化产业工人思想政治建设"受到市委主要领导的批示肯定。突出"实干工会"，高质量发展有新突破。在滩羊产业、建筑行业等开展主题劳动和技能竞赛47场，举办第二届全市职工技术创新大赛暨成果展，新创建劳模创新工作室12家，开展"劳模聚服务"活动46场次，建立奶产业工会联合会，伊利乳业

等15家企事业单位荣获全国、全区五一劳动奖。打造"品牌工会"，工会工作活力有新跃升。组建全区首个"劳动者之声"宣讲团，开展"礼赞劳动者·奋进新时代"等主题宣讲148场次。建成户外劳动者服务站点51个，培育职工之家项目20个，开展职工"公益课"28期，成立"会聚良缘1314"俱乐部，常态化开展相亲交友活动。落实"服务工会"，职工生活品质有新提升。筹集资金120余万元，慰问银西高铁等重点工程项目、重点企业166家，覆盖职工3.38万人。创新"工会+仲裁""工会+法院""互联网+协商"多元维权模式，调处劳动争议案件8件，提供法律援助3件，挽回经济损失12万余元。指导全市工会返还8713户（次）小微企业近两年的工会经费811.73万元。巩固"活力工会"，自我净化能力有新突破。探索"工会+社保"建会模式，新建工会组织163家，发展工会会员1.5万人，产业工人队伍不断壮大。持续深化工会改革，培育选树创新创优项目24个，27项改革举措全面落实。开展"两个专项整治"，巩固模范机关、五星级党组织建设成果，市总工会党支部获评规范化建设示范点。

【开展"大学习、大讨论、大宣传、大实践"活动】 全市工会系统广泛开展党的二十大和习近平总书记视察宁夏重要讲话和重要指示批示精神"大学习、大讨论、大宣传、大实践"活动。一是广泛开展大学习，把牢干部职工思想政治引领之舵。紧扣工会干部政治能力和专业能力"双提升"，构建"5+1"教育体系，形成干部政治理论学习、青年理论学习、党小组学习、党员干部学习、党组中心组学习5个主体，构建"学讲评促""党课开讲啦""中层干部讲业务""每日学一点""业务大讲堂"和"双测双促"，将培训教育贯穿始终。二是广泛开展大讨论，厚植职工群众发展信心之基。成立吴忠市推进产业工人队伍建设改革协调小组办公室专项调研组，对各县（市、区）产业工人队伍建设改革工作整体推进情况进行专项调研，深入了解各县（市、区）产改工作进展情况、试点单位工作情况以及产业工人急难愁盼问题，现场指导推进产改工作。三是广泛开展大宣传，凝聚职工群众团结奋进之力。创建全区首个"劳动者之声"宣讲团，建立"1+6"宣讲组织体系，根据青年职工、农民工、新就业形态劳动者差异化需求，采用启发式、案例式、体验式方法，完整、准确、全面宣讲好、解读好党的二十大精神和

方针政策。四是广泛开展大实践，彰显职工群众拼搏实干之效。举办示范性劳动和技能竞赛47场，参与职工5928余人，50名职工实现技能等级晋升。举办第二届全市职工技术创新大赛，收集创新项目155个，实现技术革新、技术攻关176项。深化就业服务"春风行动"，发布招聘信息53期，提供岗位6042个，推荐用工8072个，实现就业1916人，为助企纾困、稳岗留工发挥了工会作用。

【弘扬志愿精神，诠释初心，践行使命】 吴忠市总工会志愿服务队不断丰富形式、创新载体，推动志愿服务常态化、多样化、长效化发展，被自治区文明办等19个部门评为学雷锋志愿服务先进集体。一是强化思想引领。率先组建全区首个"劳动者之声"宣讲团，按照"每月一主题"要求，紧紧围绕习近平新时代中国特色社会主义思想、党的二十大精神、自治区第十三次党代会精神等开展"礼赞劳动者·奋进新时代"等主题宣讲148场次。二是深化劳模服务。扩大劳模服务覆盖面，将劳模聚服务团增至9个服务分团，开展技术攻关、技术协作、教育培训、医疗服务、法律维权等公益活动34场。为职工成长、企业攻坚、技术突破

搭建了广阔平台。三是发挥职能优势。履行区级文明单位职责，每季度到同心县汪家塬村、盐池县王乐井村开展新时代文明实践站志愿服务活动，宣讲政策，送去温暖。常态化开展共建社区服务，认领微心愿12个，帮助共建社区开展困难职工救助20人。四是精准帮扶慰问。筹措资金450.56万元，慰问困难企业88家3712名职工；走访慰问患病及单亲困难女职工106人，发放慰问金4.8万元；对431名困难职工子女、残疾儿童等发放价值7.84万元的慰问品；筹资45.28万元对深度困难职工421人进行慰问；筹措120万元慰问重点建设项目一线职工、新就业形态劳动者等33755人。五是加强普法宣传。组织志愿服务队员深入企业、广场、车站、工地开展"尊法守法·携手筑梦"普法宣传宣讲20场次，录制劳动领域热点问题普法节目4期，举办线上普法讲座2场，组织线上知识答题4期，拍摄《工会说法》微视频6期，在吴忠日报刊登《工会说法》12期。

【践行新发展理念 创建节约型机关】 按照节约能源、合理利用资源、杜绝铺张浪费的要求，开展节约型机关创建工作，采取有力措施，强化机关日常管理，扎实推进节约型机关创建工作。一是加强水电管理。在醒目位置张贴节约标语，强化节约意识，杜绝"长明灯""白昼灯""长流水""电脑不关机""空调不停转"现象。二是倡议低碳出行。号召职工践行"135"行动——上下班和办理公务时，在1公里以内的尽可能选择步行，在3公里以内的尽可能选择骑自行车，在5公里以内的尽可能乘坐公共交通工具，将绿色出行融入工作和生活，降低碳排放。三是推行绿色办公。推进OA无纸化办公，加大对环保、可再生等绿色产品的采购力度，纸张双面打印。四是实行垃圾分类。垃圾分类投放、分类收集，规范回收，做到回收再利用。五是强化宣传教育。组织开展"节能宣传周""绿色出行""光盘"行动等宣传活动，通过自媒体、LED屏、节能标识等方式，营造节能低碳的浓厚氛围。2022年，吴忠市总工会被国家机关事务管理局等四部委局联合授予"节约型机关"荣誉称号。

【发挥党支部战斗堡垒作用】 始终坚持市委有部署、工会有行动，面对疫情，主动扛起政治责任，快速反应，广泛动员，厅级领导带头包抓重点村、处级干部请缨加入先锋队、党员干部紧跟下沉社区一线，协同完成1170余户2880余名群众风险管控、疫情阻击、生活保障等任务。坚持党政所需、工会所能，千方百计筹措资金70余万元，分别拨付重点地区、重点行业采购应急物资，战胜眼前困难。第一时间启动全市职工疫情防控心理健康服务工作，开设防疫心理健康云课堂5期，访问量达9000余人次。经过40多天的坚守，市总工会党支部被市委授予先进基层党组织。

【开展工会干部素能提升工作】 组织实施政治能力和业务能力"双提升"工程，在红旗渠干部学院举办全市工会系统党员干部党性教育培训班，邀请区市专家为"自治区第十三次党代会精神专题辅导班"授课，争取自治区总工会干校"送教下基层"，累计参训专职工会干部213人，组织市总工会中层干部、业务能手到基层工会开展业务讲座12场次，努力把工会干部培养成"行家里手"。

【开展全国和自治区"五一"劳动奖推荐评选工作】 推选宁夏伊利乳业有限责任公司参评全国五一劳动奖状，吴忠仪表有限责任公司调节阀事业部参评全国工人先锋号，湖南中烟工业有限责任公司吴忠卷烟厂参评自治区五一劳动奖状,马克云等6名同志参评自治区五一劳动奖章,宁夏瑞牧盐池滩羊购销有限公司销售部等6个班组参评自治区工人先锋号。发挥劳模示范引领作用,新建吴忠市劳模创新工作室12家。开展"劳模聚服务活动"46场次,服务职工群众4000余人。

【举办第二届吴忠市职工技术创新大赛】 联合吴忠市科学技术局、吴忠市科学技术协会举办以"创新智造强吴、匠心筑梦兴宁"为主题的第二届全市职工技术创新大赛,受到了社会各界的广泛关注,共收到各县(市、区)、各工(农)业园区、市直属各基层工会上报的创新成果155项,涵盖工业、农业、教育、餐饮、医疗等多个领域,经专家初步评审和现场复审,评选出第二届全市职工技术大赛创新成果一、二、三等奖和优秀奖50个。围绕"六新""六特""六优"展出自治区及吴忠市获奖成果53项,为职工创新成果转化和技能展示搭建平台,激发产业工人昂扬奋斗的实干、精益求精的匠心、执着专注的坚守、持之以恒的传承精神。

【选树"吴忠工匠"】 2022年9月启动"吴忠工匠"选树活动,采取单位推荐、个人自荐两种方式,面向全市经济领域的在职职工,重点关注基层一线从事生产、技术、研发等岗位工作的职工,聚焦"六新六特六优"产业,以技术创新装备制造和对中华优秀传统文化的传承和延续发挥关键作用的工匠人才为主,经广泛动员、逐级推荐、专家审核、考察谈话等环节,选树吴忠仪表有限责任公司总工程师王学朋、吴忠市康复专科医院院长、陈氏医技十法非遗传承人陈堃、宁夏吴忠市好运电焊机有限公司技术中心副主任牛军等9名"吴忠工匠"。

【组建"劳动者之声"宣讲团】 在工会主席宣讲的基础上整合资源,组建了由劳动模范和先进工作者、优秀职工代表、工会干部组成的宣讲团——吴忠市"劳动者之声"宣讲团,并在利通区、红寺堡区、青铜峡市、盐池县、同心县及太阳山开发区设立宣讲分团,构建全市"1+6"宣讲组织体系,形成横向到边、纵向到底的联动效应。借助全市"劳动者之声"宣讲团83名团员的力量,深入企业、机关、村、社区,围绕党的二十大、自治区第十三次党代会,每月一主题,开展"学习宣传贯彻党的二十大精神""学习宣传贯彻自治区第十三次党代会精神""礼赞劳动者 奋进新时代"等主题宣讲活动148场次。同时,联合市委宣传部组织开展"强国复兴有我实干尽显担当"全市职工微宣讲比赛,探索出了一条传递劳动者声音、深入劳动者身边、弘扬劳动者精神的理论宣讲新路子。

【推动蹲点工作走深走实】 健全"三项机制"、围绕"五项任务"、聚焦"N个群体",多措并举推进蹲点工作走深走实。印发《吴忠市总工会机关干部赴基层蹲点工作实施方案》,确定27个蹲点小组,制定"领导带头赴基层、市县联动聚合力、明确目标定任务"三项机制,围绕"五项任务",深入基层一线,面对面开展政策宣讲活动、实打实推进基层工会组建、心贴心解决职工群众实际问题、点对点维护职工群众合法权益,全方位提升了工会干部的素质能力。聚焦奶产业和新就业形态领域的劳动者,集中开展为期2周的"我是工人——体验式实践活动",深入了解职工的工作环境、薪资待遇、劳动保障等方面的情况。蹲点干部走访干部职工1050人,提出解决工会组织覆盖不全、职工服务质量不优等对策建议52条,形成调研报告88篇,召开2022年调研成果转化座谈会,提出10个方面18条意见建议，指导新建基层工会52家，发展会员7125人，及时推动调研成果"落地"。

【加大舆论宣传 增强工会影响力】 吴忠工会网站、微博、微信公众号基础上开通"吴忠工会"微信视频号，依托"两微一端一视一报一台"六个平台，围绕"同上一堂思政课""劳模聚服务""四季送"工资集体协商、职工特色文化等品牌工作进行多角度、多维度、多层次宣传。在微信视频号开设"热议党代会""工会说法""职工公益课""我们的抗'疫'故事""学习宣传贯彻党的二十大精神·劳模职工说"等栏目，进一步展现职工风采。截至12月31日，微信公众号共发布信息316期1284条，微信视频号发布原创视频125条，吸引粉丝13638人，浏览量突破20万次，有力推动工会媒体融合向纵深发展。宣传时效性进一步增强。

【举办全市集体协商技能大赛】 为促进集体协商工作提质增效，建设一支敢谈、善谈、会谈的集体协商指导员队伍，举办了集体协商技能大赛。大赛采取模拟协商的方式，分别进行了以毛纺织、奶牛养殖、快递、外卖为重点的区域性、行业性模拟协商和国企、非公企业工资集体协商。

协商双方坚持依法依规原则，摆事实讲改革讲法理讲道理，运用灵活的协商技巧和策略，协商职工切身利益的问题，通过以赛代学，极大地激发了集体协商指导员比业务、比技能的热情。经激烈角逐，同心县总工会代表队荣获一等奖，利通区总工会代表队、青铜峡市总工会代表队荣获二等奖，盐池县总工会代表队、金积工业园区总工会代表队和红寺堡区总工会代表队荣获三等奖。

【成立"会聚良缘"1314相亲交友俱乐部】 为帮助单身青年职工搭建相互认识、相互交流的平台，解决企事业单位单身青年职工的婚恋问题，成立"会聚良缘"1314相亲交友俱乐部。2022年7月31日，市总工会联合市妇联、团市委共同举办"会聚良缘"1314相亲交友俱乐部启动仪式，来自市直企事业单位的200余名单身青年职工参加了相亲交友会。年内，各基层工会共牵头举办相亲交友活动7场次，吸引全市机关、企事业单位以及消防、武警支队的495名单身青年职工参加，202名青年职工通过活动迅速找到自己的"另一半"。

【全力推进户外劳动者服务站点建设】 按照"工会主导、社会参与、共建共享"工作

思路，以"方便职工、特色服务"为目标，采取"自建+共建"模式，新建户外劳动者服务站点22家，累计建成52家。共培树国家级户外站点4家、自治区级户外站点29家，吴忠市新南加气站工会户外劳动者服务（法律援助）站、盐池县司机之家暨工会户外劳动者（法律援助）站等10家户外劳动者站点为特色站点。

【持续深化"诉调""裁调"衔接】 在市中级人民法院和市仲裁院挂牌，成立了"工会+法院""工会+仲裁"诉调衔接工作室，通过"委派单"形式，接受市劳动仲裁委转办案件25件，已成功调处108件，为职工提供法律援助54件等，为职工、农民工挽回直接经济损失320余万元。结合工作需要举办劳动法律法规及维权业务培训2期，推动"工会+法院""工会+仲裁"机制向县（市、区）工会延伸。截至9月底，在全区率先实现市县两级"工会+法院+仲裁""诉调裁调"衔接工作机构"全覆盖"工作目标。

【开展困难职工帮扶工作】 常态化开展"冬送温暖""春送岗位""夏送清凉""金秋助学"等活动，持续推进困难职工解困脱困。2022年帮扶救助在档困难职工、慰问一线

职工、工会班37728人次，投入资金1181.95万元。使在档困难职工由2022年初的691户下降到目前的528户。推进医疗互助，实现大病互助互济。2022年，全市共参与职工重特大病医疗互助75346人，参保金额381.18万元，报销人数655人，报销金额131.8428万元，进一步巩固扩大了职工医疗互助工作的覆盖面。

【增进职工福祉，提升职工生活品质】 为保障职工的身心健康，提升职工生活品质，首次组织41位一线职工到宁夏工人疗养院疗休养基地参加了为期5天的疗休养之旅，增强职工获得感和幸福感；印发《关于开展提升职工生活品质试点工作的通知》要求，在全市筛选15家企业开展提升职工生活品质、打造幸福企业试点工作，分管领导带领试点组深入部分企业一线进行分类指导。2022年年底，宁夏伊利乳业有限公司、中核（宁夏）同心防护科技有限公司，被中华全国总工会确定为2023年度提升职工生活品质试点单位。

【开展新就业形态劳动者"网上入会"工作】 创新工会组织形式，拓宽入会方式，以新就业形态劳动者为重点，探索"网上工会"工作新模式，积极推行新就业形态劳动者扫码入会活动，通过在工会网站、微信公众号等开设入会通道，让新就业形态劳动者通过扫描入会二维码，实现"网上入会"。截至2022年底，全市组建新就业形态工会49家，发展会员4567人。

【丰富职工文化体育生活】 举办全市职工象棋、围棋、羽毛球、乒乓球、台球比赛，来自全市205支基层工会代表队，1046名职工参加比赛。举办了"声音里的经典——感恩奋进新征程"2022年全市职工诵读演说大赛，来自全市各行各业的20支代表队，31名一线职工参加了比赛。线上线下开展乒乓球、舞蹈、游泳、太极拳和摄影等职工"公益课"，覆盖职工20860人次。吴忠市总工会荣获"2018—2021年度全区群众体育先进单位"荣誉称号。

（苏 兵）

固原市总工会

【概述】 2022年，固原市总工会在固原市委和自治区总工会的正确领导下，认真贯彻落实市委决策部署，对照自治区总工会确定的具体工作任务目标，立足"维护职工合法权益、竭诚服务职工群众"基本职责，坚持以习近平新时代中国特色社会主义思想为指引，深入学习贯彻党的二十大精神、自治区第十三次党代会精神和市委五届五次、六次、七次全会精神，按照全市群团工作座谈会精神指示要求，自觉对标市委、市政府中心任务，深入实施凝心聚力工程、建功立业工程、维权帮扶工程、和谐劳动关系构建工程，实施"九大行动"，把抓落实作为工作主旋律，勇于靠前工作、善于抓出亮点、敢于展示形象，不断提升工作水平和成效，各项任务基本实现预期目标，为全市经济社会持续健康发展持续凝聚奋进力量、汇聚强大合力。

【深入推进工会系统党建工作】 一是高度重视工会系统的思想政治教育。按照固原市委和自治区总工会关于学习宣传贯彻落实党的二十大精神和自治区第十三次党代会精神通知要求和任务分工方案，有机结合"大学习、大讨论、大宣传、大实践"活动，通过召开党组会、中心组学习、干部理论学习、专题学习班等形式，扎扎实实开展大学习活动，牢牢抓住职工队伍意识形态工作领导权，结合主题党日等有序推动大讨论活动，发挥组织优势推动会议精神向一线职工群众覆盖，紧密结合工会职能积极实施大实践活动,用实践不断检验学习宣传贯彻成果。二是严格落实全面从严治党主体责任。坚持把纪律规矩挺在前面,严格落实"两个责任"和"一岗双责",定期开展警示教育活动,深入推进作风建设常态化,认真执行中央八项规定及实施细则精神,保持对"四风"问题的高压态势。完成"两个违规"问题的专项整治工作,及时召开专题民主生活会和专题会议,巩固整治成果。有力发挥工会经审会职能作用,对下审计覆盖面达到35%以上,压实审计反馈问题整改责任,确保整改到位,保证工会资金安全高效规范使用。

【强化职工思想政治引领】 坚持以习近平新时代中国特色社会主义思想为指导,以党的二十大、十九届六中全会精神、习近平致首届大国工匠创新交流大会的贺信、自治区第十三次党代会精神、市第五次党代会精神和《工会法》等为宣讲宣传重点,以"同上一堂思政课"为载体,大力弘扬劳模精神、劳动精神、工匠精神,市、县两级共组织劳模宣讲团和理论宣讲小分队15批次,深入基层企事业单位76家、覆盖职工3000余人。举办"喜迎二十大 建功新时代"为主题职工演讲比赛20

场次,带动210余家基层工会2000余名职工参加,深入社区村组、企业一线开展送文化活动5场次,命名市级"职工书屋"15家,突出了思想政治引领,画出了感党恩、听党话、跟党走的最大同心圆。

【维护劳动领域政治安全】 按照自治区总工会2022年维护劳动领域政治安全工作相关会议精神,我市先后印发了《固原市工会劳动领域维护政治安全工作实施方案》《固原市工会劳动领域维护政治安全工作实施细则》,与各县区、市直各相关企业单位签订了《2022年度工会劳动领域维护政治安全工作责任书》,坚持以防范化解劳动领域政治安全突出风险为主线,以建立运转落实"五个坚决"要求长效机制为载体,积极发挥工会组织联系、协调、动员优势,注重加强政策和法律法规宣传教育,创新提高履行维权服务能力,保持了劳动领域政治安全和职工队伍稳定。

【召开固原市工会第四次代表大会】 7月6日上午,固原市工会第四次代表大会开幕,共有来自全市各行各业各基层工会的185名代表出席大会。固原市委常委、组织部部长杨继宏出席会议并讲话,市人大常委会副主任、市总工

会党组书记张立君主持会议。自治区总工会党组成员、经审会主任闫灵代表自治区总工会向大会表示祝贺并讲话,市领导张学斌、马正学出席会议。市妇联主席马红英代表人民团体向大会致辞。大会全面总结了固原市工会第三次代表大会以来工会工作取得的工作成果,安排部署今后五年的目标任务,选举产生了市总工会四届委员会主席、副主席、常委、经审会主任。

【加强工会基层组织建设】 一是加强基层工会组织建设。以开展新就业形态劳动者建会入会专项行动为抓手,积极吸纳货运司机、快递员等新业态从业者加入工会,不断扩大工会组织有效覆盖。2022年全市新建工会组织96家,发展会员5653人(其中新就业形态组织组建10家,发展会员1262人),打造模范职工之家10家、建设"农民工之家"6个,并为1000余名新业态劳动者免费健康检查。二是持续加强基层工会能力建设。大力开展县级工会加强年活动,确定两个开展较好的县(区)总工会为示范点,积极提升开发区总工会等两个工作相对薄弱的县级总工会组织能力。确定7个乡镇(街道)工会规范化建设样板,示范带动全市乡镇(街道)

工会建设整体水平提升。新录用9名社会化工会工作者，补齐各县（区）总工会工作力量薄弱短板，完成对新录用社会化工会工作者的岗位培训工作，同时认真落实"六个一"常态化蹲点制度，市总干部职工累计蹲点53人次，发现基层困难难题18个，已解决16个，投入各类资金20余万元。完成两期220人次全市基层工会干部培训工作。三是加强基层民主管理，构建和谐劳动关系。督促指导企业开展民主管理工作，全市505个建会企业中有399个企业建立了职工（代表）大会、厂务公开制度；建会国有企业和100人以上非公企业职代会、厂务公开制度建制实现全覆盖，100人以下小微非公企业民主管理建制率稳步提升。坚持完善工资集体协商指导员管理制度，推荐自治区级工资协商指导员3名，市本级聘任工资集体协商指导员4名。

【推进产业工人队伍建设改革】 以开展一次大调研、制定一个管理办法、组织一场推进会、安排一个幸福型试点企业、组织一次大督查和若干场技能竞培"五个一"为抓手，全面推进产业工人队伍建设改革，突出把农民变市民、把农民工变产业工人这个方向，开展了全市产业工人队伍现状摸底调查，切实履行全市产业工人队伍建设改革部门责任，督促各个责任单位履行工作职责，凝聚了工作合力。在全市开展产业工人素质、技能培训10多场次，帮助800名职工实现学历提升、职业资格晋升。今年建设"于春娟创新工作室""曹辉创新工作室"等6个市级劳模创新工作室。举办全市建筑工人技能大赛等4场次。通过推荐，我市11个集体和个人荣获了2022年度全国、自治区五一劳动奖、工人先锋号荣誉称号，在全市启动了"寻找最美劳动者"活动，为全市产业工人树立新榜样。

【依法维护职工合法权益】 全市各级工会组织积极开展职工队伍稳定调研排查化解专项行动，在"预"字上下功夫，变事后调解为事前预防；在"调"字上做文章，将问题解决在萌芽状态。一是组织机关工会干部职工下沉企业一线，对辖区28家园区企业和改制企业进行重点排查，及时掌握苗头线索。全市工会系统共排查各类矛盾纠纷30余起，主要涉及劳动合同签订、违法解除劳动合同、工资拖欠等方面。目前，已全部化解。二是坚持以"尊法守法、携手筑梦"服务农民工公益法律服务行动等宣传日活动为载体，积极在工业园区举办宣传活动20场次，现场接受职工群众咨询1500多人次，发放劳动法律法规宣传单页15000余份。投入近30万元，在全市工业园区、重点企业打造"职工说事"室10个，聘请法律援助律师15人、职工健康心理咨询师6人，提供法律咨询等服务3100余人次，办理法律援助案件23件。三是累计投入资金260万元，建成户外劳动者站点54个，在农民工相对集中的企业均设立"职工法律援助点"，将法援的触角延伸到职工最需要的地方，覆盖户外劳动者6.5万人。2022年，按照固原市委、市政府30件民生实事办理要求，在市城区建成户外劳动者服务（法律援助）站30个。四是认真落实女职工保护工作条例，联合妇联、人社等部门深入一线开展女职工权益专项检查工作，打造自治区级"爱心妈咪小屋"1个、爱心托管班2个，组织对1400名女职工开展免费"两癌"筛查。

【推动工会改革】 严格落实向市委定期汇报请示机制，及时将固原市工会重点工作进展情况、自治区五一表彰大会精神、落实市委书记指示精神等向市委进行了专题汇报。成功召开固原市工会第四次代表大会，严格落实了《固原市总工会改革实施方案》关于"增强工会组织的广泛性和代表性群众性"的改革要求,使一线优秀职工和劳模代表在工会会员代表大会代表、工会委员会委员、常委的比例分别达到了78%、53%、40%,市总领导班子中兼挂职副主席达到4人,切实增强了职工在工会组织中的话语权和影响力。配合市人大完成对《工会法》学习贯彻落实情况的执法检查。完成《固原工会志》的编纂工作。

【提高政治站位,主动参与党委政府中心工作】 一是严格落实小微企业工会经费返还政策,全额返还2020—2021年度小微企业工会经费91.8万元,返还企业105家。二是凸显工会担当,推动职工(农民工)就业。开展就业援助月招聘活动,举办线上、线下招聘会8场次,组织全市180多家各类企业提供就业岗位1500多个,通过双向选择,共800多人达成了就业意向,发布各类政策信息20期;市县两级总工会联动开展农民工技能培训500人次,培训工种涉及砌筑工、中式烹调师、刺绣人员、育婴员等。与福建省福州市总工会协调对接,联合相关部门组织固原赴福建转移就业人员900余名。三是助力"推动消费扩容提质"工作目标实现。按照自治区总工会《关于开展工会慰问等活动促进消费的通知》要求,助力完成自治区党委、政府提出的"推动消费扩容提质"的工作目标。全市各级工会已发放职工福利等1030余万元,1.6万余名会员职工享受到了组织温暖。四是主动参与疫情防控。"9·20"疫情发生以来,市、县两级总工会共筹措130余万元开展防控一线慰问和防疫物资采购,慰问街道(社区)73个、疫情检测点40个、重点单位11个、医护人员828人、货车司机600人。五是认真落实安全生产工作责任。开展各类安全生产宣传活动88场,发放安全宣传资料15000余份,开展安全生产专题集中培训6场,播放《生命重于泰山》专题片79场次,举办新《安全生产法》知识竞赛36场,组织商场逃生演练5场。严格按照《宁夏健康企业标准(试行)》,培育打造健康企业创建示范点12个。

(余 慧 蒲国栋)

中卫市总工会

【概述】 2022年,在市委和自治区总工会的坚强领导下,中卫市总工会始终坚定正确政治方向,强化思想政治教育引领,凝聚职工强大力量,用心用情开展维权服务,统筹推进产业工人队伍建设改革,全力以赴抗击疫情,各项工作取得了新的进展和成效。全区"劳动者之歌"职工文艺汇演等5项工作获得全区工会系统优秀组织奖。被市直机关工委确定命名为模范机关达标单位。

【思想政治引领】 坚持以习近平新时代中国特色社会主义思想为指导,把学习贯彻党的十九大、十九届历次全会、党的二十大及习近平总书记关于工人阶级和工会工作的重要论述、视察宁夏重要讲话精神作为首要政治任务,以"喜迎二十大 建功新时代"为主题,举办了"迎新年展新貌·开新局谱新篇"线上知识竞答、职工普惠、两节送温暖、最美笑脸及寄语征集、线上猜灯谜等庆"两节"系列活动,举办了全市工会经审干部、女职工比赛、"劳动者之歌"文艺汇演、全市职工诵读演说大赛、第十届全市职工环湖徒步走、"润夏杯"安全和党史知识竞赛等活动,以活动凝聚思想、激发动力、推进工作。采取"请上来、走下去"和线上线下相结合,组建宣讲小分队,开展党的二十大、十九届六中全会、自治区第十三次党代会精神宣讲57场次、"同上一堂思政课"296场次、禁毒宣讲4场次、举办基层工会干部能力提升培训班2期150人。

【助力打赢疫情防控阻击战】　"8·04""9·20"疫情防控期间，严格按照市委、市政府疫情防控部署要求，认真履行工会职能职责，在组织党员干部做好责任小区值守的同时，第一时间向全市广大工会干部和职工以及劳动模范发出倡议，号召全市14万工会会员积极投身疫情防控一线开展疫情防控工作，全市各级劳模为中卫疫情防控捐赠款物170余万元，各级工会筹措资金926.37万元慰问医护人员、社区志愿者、快递（外卖）员、大货车司机以及企业生产一线人员等1.57万人。积极争取自治区总工会支持，筹措资金250多万元，支持县（区）总工会和62个市直部门（单位）工会组织开展慰问、疫情防控等工作。向市新洁垃圾处理有限公司捐赠防护服等抗疫物资200套。按照市委统一安排，四次抽调13名党员干部支援中宁疫情防控工作。疫情期间，第一时间沟通调处2起企业拖欠职工工资的劳动纠纷诉求，解决了近千名职工400余万元的工资拖欠诉求，维护了疫情防控形势下职工的合法权益。

【工会宣传教育】　坚持传统宣传与新媒体并重，在人民网、中工网、新浪网、《工人日报》客户端等各网络平台上刊稿80篇，《宁夏日报》等区级以上媒体上刊稿27篇，中卫电视台、报纸等市级媒体上刊稿72篇，利用中卫工会微信公众号和宁工惠中卫频道推送各类宣传信息195期527篇。向广大职工群众推送防疫小知识、物资保供渠道、防诈防骗宣传信息87期116篇。

【职工素质提升】　紧扣自治区"六新六特六优"产业和我市"六大特色产业"，举办职工劳动和技能竞赛28场次，参与职工3020人。积极与市农业农村、口岸办等部门配合，组织参加的全区首届物流行业技能大赛3名选手分别获个人一、二、三等奖，第五届全国农业行业职业技能大赛宁夏赛区比赛四个工种中2名选手获第一名，1名选手获第二名，5名选手获第三名、第四名、第五名，中卫市代表队两个工种获得优秀团体奖。组织选送53件职工创新作品参加第二届全区职工创新成果评选活动，获得二等奖2个、三等奖2个、优秀奖3个。扎实开展困难职工、下岗失业人员（农民工）技能培训促就业活动，培训2期100人次。

【劳模管理服务】　推荐评选全国工人先锋号1个，自治区五一劳动奖状1个、自治区五一劳动奖章4人，自治区工人先锋号4个。关爱劳动模范，为385名各级劳模发放春节慰问金37.55万元，组织24名省部级劳模、68名职工在区内进行了疗休养活动。精选10名五一劳动奖章、工人先锋号获得者的先进事迹，在中卫电视台、《中卫日报》、中卫工会微信公众号等媒体平台和部分企业进行广泛宣传宣讲，大力弘扬劳模精神、劳动精神、工匠精神。

【协调劳动关系】　积极配合开展劳动用工检查和矛盾纠纷排查，对劳动用工不规范等问题进行了督促检查，下达"一函两书"21份。高度重视信访维权工作，受理职工来信来访33件52人，利用"12351"平台，网上受理办结职工各类申请事项142件，为职工（农民工）追回工资、补偿金等433.65万元。扎实推进集体协商工作，续签、新签工资集体合同349份、女职工劳动保护专项集体合同223份、集体合同245份，覆盖中小型企业1200余家、职工8.9万人，集体合同签约率达到95.8%。常态化组织开展"八五"普法、"尊法守法·携手筑梦"服务农民工公益法律服务行动30余场次，利用中卫工会微信公众号推送普法栏目84期。

【困难职工帮扶】 积极帮扶困难职工解决生活困难,为356户建档困难职工(农民工)发放帮扶资金309.3万元。坚持"四季帮扶"常态化,"冬送温暖"筹措资金149.8万元,对60多家困难企业(行业)和从事生产一线工作以及节日期间坚守一线的2980多名职工进行慰问;"春送岗位"线上线下相结合,线上通过微信公众号发布招聘信息139期,涉及774家企业11182个工作岗位,线下组织开展"春风行动"招聘会12场次,帮助近7000名职工达成就业意向;"夏送清凉"筹措资金52.98万元,慰问113家单位33401名高温一线职工;"金秋助学"筹集资金98万元,资助高考入学困难职工(农民工)子女43人、高中阶段困难职工(农民工)子女300人。组织全市4.2万名职工参与医疗互助,为153名患病住院职工发放职工医疗互助补助金46.46万元。筹资34.16万元建成工会户外劳动者服务(法律援助)站11家。推出"5元观影""6元洗车"等普惠活动21项,让更多职工享受到普惠化的服务。

【产业工人队伍建设改革】 认真贯彻落实党中央和自治区党委、市委推进产业工人队伍建设改革工作的部署要求,及时调整充实了市推进产业工人队伍建设改革协调小组,组织召开产改工作部署推进会,印发了年度工作要点和工作台账,督促各成员单位围绕加强产业工人思想政治引领、建功立业、素质提高、地位提升、队伍壮大等重点任务,合力推进产业工人队伍建设改革工作。突出试点示范引领,积极鼓励不同区域、不同企业进行差别化试点。《中卫市三动协同、力促产改走深走实》被自治区产改工作协调小组在《宁夏产改动态》转发推广。

【基层组织建设】 大力实施"基层组织建设提质增效年"活动,年内,全市新成立工会组织91家、发展会员5617人,全市工会组织累计达1637家、发展会员140576人。打造自治区模范职工之家示范点4家、职工综合服务中心示范点2个。争取自治区总工会支持360万元,完善了职工活动中心体育场馆基础设施。培育市级"先进职工之家"12家。配合自治区工人疗养院完成200余名大货车司机免费体检。

【女职工工作】 举办"关爱女职工 关心下一代"线上公益课和线下"巾帼健康行动"压力管理专题讲座共9期,惠及500余名女职工。为全市1443名新就业形态女性劳动者、工会建档立卡困难女职工、单亲女职工、在抗疫一线开展志愿服务的社区工作者、女性医务人员进行了两癌筛查。创建自治区级"爱心妈咪小屋"1家、自治区级"爱心托管班"2家。

【财务经审工作】 严格落实小微企业工会经费返还支持政策,组织返还991家小微企业2020—2021年工会经费129.18万元。认真执行财务管理规定,建立完善内控机制,规范财务运行管理,优化工会经费支出结构。加强工会经费管理和审计监督,组织对市总工会本级及市属基层工会经费管理使用、决算报表、会员会费收缴、拨缴经费的计提进行全面审计,并对"小三级工会"进行了走访调研。

【加强自身建设】 认真落实新时代党的建设总要求,着力打造特色党建品牌,以"四桥一亭"特色品牌为基础,不断提升模范机关创建质量水平。认真履行党风廉政建设主体责任,坚决执行中央八项规定及其实施细则精神、自治区"八条禁令"要求。结合开展党员领导干部警示教育周活动,以党风廉政教育等为主题,组织召开主题党日活动12次,召开支部党员大会12次、支部委员会12次,讲党课3场次,微课堂竞赛1次。积极组织开展工会系统机关干部赴基层蹲点工作,扎实开展调查研究,进一步夯实工会根基、密切工会与职工联系,赴基层蹲点期间,撰写提交调研报告16篇、理论文章5篇。

(赵凤兰)

宁东能源化工基地工会

【概述】 2022年,宁东基地工会在自治区总工会和宁东基地党工委、管委会领导下,深入贯彻党的二十大精神和自治区第十三次党代会精神,大力践行和弘扬"社会主义是干出来的"伟大号召,推动基层工会组织全面进步过硬。

【基层组织建设】 宁东基地党工委管委会高度重视宁东基地工会建设,坚持党的领导,强化思想政治引领。开展以党的二十大和习近平总书记视察宁夏重要讲话和重要指示批示精神"大学习、大讨论、大宣传、大实践"活动为牵引,结合开展"入企进厂"大调研活动,进企业开展"同上一堂思政课"活动。在自治区总工会的帮助下,把"社会主义是干出来的"主题教室打造成政治引领和党性教育的主阵地。及时补选宁东基地党工委委员、管委会副主任王志军为宁东基地工会主席,不断加强工会自身建设,宁东基地工会被评为2021年地市级工会考核第二名。审议下发《宁东基地工会2022年工作要点》,召开宁东基地工会常务委员会12次,认真落实自治区总工会"基层组织建设提质增效年"活动方案,开展新就业形态劳动者建会入会专项行动,共指导新建基层工会18家,完成基层工会换届选举40家,新发展会员2000余人。积极开展基层工会示范点建设活动,宁东镇职工书屋被评为全国工会职工书屋示范点。积极发挥宁东基地活动场馆、宁东镇和企业活动场馆作用,持续开展职工之家、职工活动中心、户外劳动者服务站点建设工作;落实小微企业工会经费返还政策,返还小微企业工会经费38.45万元。

【走访慰问】 开展了庆"六一"走访关爱、"春送岗位、夏送清凉、金秋助学、冬送温暖"帮扶品牌等慰问活动,全年发放各类慰问品共计80万元,积极为6747名企业职工开展职工医疗互助,组织为辖区1000名新就业形态劳动者免费健康体检。8月中旬,自治区总工会、宁东基地工会组织开展助力复工复产,发放慰问金23.2万元,对8家单位的3700余名奋战在生产、抗疫、服务行业一线职工深切慰问;9月底开展疫情防控的5个重要卡点,34家企业等发放慰问品。积极组织开展春节"送温暖"慰问活动,筹集资金48万元,对辖区的困难企业、困难职工、劳动模范、先进工作者、坚守在工作一线的执勤人员、外卖快递小哥,以及重点项目、重点工程、服务行业春节值守人员和外地留宁过节职工,共计62家单位1200名职工进行了慰问。

【劳模工作】 8月9日,自治区总工会组织全国"五一"劳动奖章、自治区劳动模范、自治区"五一"劳动奖章获得者代表走进宁东基地开展主题为"感恩奋进新征程 建设美丽新宁夏"的宣传宣讲活动,近100名管委会机关、宁东镇村社区和各企业职工代表在现场聆听了宣讲,大力弘扬劳模精神、劳动精神、工匠精神。推选自治区级"工人先锋号"、"五一"劳动奖状、"自治区巾帼建功集体"等先进集体3个,联合人力资源局开展首届寻找宁东"最美劳动者"活动,选树范围涵盖企业一线、文化、公安、教育、快递物流、绿化环卫、社区服务、社区管理、农民工、应急消防、党政机关、科技、医疗卫生、抗疫工作等行业领域，努力做好宣传推广，引导各行业领域积极报名参加，广泛营造了学习先进、争当先进的浓厚氛围。

【职工文化建设】 建好活动阵地，2022年6月30日，"社会主义是干出来的"主题教室在宁东基地党群活动中心落成，建设宁东基地党群活动服务中心、社区服务中心等综合性服务阵地5个，充分用好宁东体育场、篮球馆、足球场、乒羽中心、游泳馆、网球场等体育活动阵地，指导企业工会建设"职工之家"10余个，为职工开展文体活动提供坚强保障；七夕节，宁东基地工会联合团工委、妇联举办"情系宁东·爱在七夕"单身青年职工交友联谊活动，吸引来自宁东基地及周边银川市、灵武市的150余名青年参加。开展体育活动，举办了"迎新春"系列活动，活动包括毽球、羽毛球、台球、乒乓球、跳绳、知识竞赛等项目，150余名职工踊跃报名参赛；各基层工会还积极开展趣味运动会、跳绳比赛、接力赛、拔河比赛等职工乐于参与的体育活动。

【劳动技能竞赛】 广泛开展岗位练兵、技术比武、合理化建议、节能降耗等多样化竞赛活动，持续深入开展"安康杯"竞赛和"安全生产月"活动；以技能竞赛为载体，着力提升职工队伍业务能力，举办宁东建筑工人技能大赛、医护人员技能大赛、思政优质课评选等各行业技能竞赛，掀起宁东基地各行业比、学、赶、超劳动热潮；积极组织职工参加技能人才培训教育，超过12000人参加各类技能培训并获得资格取证；推动落实高级技师补贴等人才政策。

【职工权益保障】 深入开展重大风险大排查大化解工作，维护劳动领域政治安全。建立与管委会相关部门、宁东镇劳动执法部门合作对接工作机制，在宁东镇劳动执法部门建设"劳动纠纷调解室"，构建和谐劳动关系，深化和谐劳动关系企业和园区创建活动，宁东基地被评为"全国和谐劳动关系创建示范园区"。受理宁夏总工会12351职工信访案件20起，其中拖欠工资16起，法律咨询2起，入会咨询2起。联合综合执法局及时协调办理，涉及金额60万元；积极为2名困难职工建档立卡，开展职工大病救助等帮扶工作；参与社会事务局、社保中心、劳动监察执法大队等多部门联合检查，重点检查企业集体劳动合同签订、专项合同签订、女职工保护制度建设等工作，促进和谐劳动关系规范化、制度化建设。经过检查，东基地各企业四项专项合同签订率达到了90%以上。

【产业工人队伍建设改革】 宁东基地党工委管委会工会高度重视产业工人队伍建设，高位推进产业工人队伍建设。建立党建工建联合工作机制。每年安排人才专项资金2000万元，叠加落实自治区级和宁东本级人才优厚待遇。搭建多元平台。合作共建宁东产业学院，率先组建国内首批、西北首家化工园区的宁东中试基地，布局建设五个实验室，与21所院校建立政校企、产学研合作新机制，组织培训37期2671人次，每年定向培养技术工人400人，累计招引解决2万多人就业需求。聚焦素质提升。实施"宁东头雁""宁东工匠"等一批特色人才项目，打造"宁东人才高地""技能大师工作室""创新基础团队"等特色团队。建立完善技能人才补贴、维权保障、多部门联合监管等机制。

（陶志文）

县(区)工会

2022年各县(区)总工会主席、副主席 经费审查委员会主任名单

银川市兴庆区总工会

主　　　席　丁万福

副　主　席　杨学文

　　　　　　刘　军

经审会主任　马　丽(女,回族)

金凤区总工会

主　　　席　王　玫(女)

副　主　席　杨国林

　　　　　　张玉芳(女,2022年11月离任)

　　　　　　张　荣(2022年12月任职)

　　　　　　张　焱(女,挂职)

　　　　　　王晓玲(女,兼职)

经审会主任　张　军(2022年5月离任)

　　　　　　文海燕(女,2022年5月任职)

银川市西夏区总工会

主　　　席　刘红伟(女,回族)

副　主　席　金　玲(女,回族)

　　　　　　刘　芳(女,兼职)

　　　　　　张　颖(女,兼职)

　　　　　　刘　贤(兼职)

经审会主任　马海波(2022年4月任职)

灵武市总工会

主　　　席　赵灵平

副　主　席　高　春

　　　　　　蔡　芳

　　　　　　贺　彬(女,回族,2022年2月任职)

　　　　　　张　斌(2022年5月任职,挂职)

经审会主任　杨　双(2022年2月离任)

　　　　　　贺　彬(女,回族,2022年2月任职)

永宁县总工会

主　　　席　蒯金银

副　主　席　王文勇

　　　　　　李晓峰

　　　　　　尹承德(兼职)

经审会主任　李晓峰

贺兰县总工会

主　　　席　王岩弘(2022年1月任职)

盛国为(2022年1月离任)

副　主　席　吴士忠(回族,2022年4月任职)

徐　华(2022年4月离任)

马宏文(回族)

王学文

赵仕瑛(挂职,2022年2月离任)

崔　娟(女,兼职)

经审会主任　夏　华(女)

银川经济技术开发区工会工作委员会

主　　　席　高宁强

经审会主任　刘　萍(女)

石嘴山市大武口区总工会

主　　　席　李　婧(女)

副　主　席　杨永新(女,2022年1月任职)

张冬梅(女,挂职)

陈海涛(兼职)

经审会主任　吕　谦

石嘴山市惠农区总工会

主　　　席　雷　文

副　主　席　姜立清

丁淑琴(女)

杨　博(回族,兼职)

孙　茹(女,挂职)

经审会主任　潘玉萍(女)

平罗县总工会

主　　　席　冯　斌(2022年5月任职)

副　主　席　赵海燕(女,回族,2022年
8月任职)

王艳霞(女)

马金锋(回族,2022年4月
任职,挂职)

姚婷(女,挂职,2022年12月
离任)

经审会主任　张　瑜(女,2022年11月离任)

吴忠市利通区总工会

主　　　席　张庆华(2022年11月任职)

副　主　席　王红苗(女,2022年8月任职)

金晓菲(女,回族,2022年8月
任职)

经审会主任　沈玉琴(女)

同心县总工会

主　　　席　马宗新(回族)

副　主　席　杨玉明(回族,2022年11月
离任)

杨彦德(回族,2022年11月
任职)

马淑红(女,回族)

杨红艳(女,回族)

李小红(女,回族,挂职)

周　军(回族,挂职)

樊晨伟(兼职)

经审会主任　马　红(女,回族)

盐池县总工会

主　　　席　曹　军

副　主　席　张文懋

石天翔

田卫华

蔡永清(挂职,2022年7月离职)

朱玉国(兼职)

李焱龙(兼职)

经审会主任　周永霞(女)

青铜峡市总工会

主　　　席　马文俊(回族,2022年11月
任职)

史　君(2022年11月离任)

副　主　席　马文俊(回族,2022年4月离任)

王　东(回族,2022年4月任职)

沈　冰(2022年4月离任)

郭淑娟(女)

王品娟(女,回族,2022年
11月任职)

郭亚军(回族,挂职)

陈少峰(兼职)

经审会主任　马　蓉(女,回族)

吴忠市红寺堡区总工会

主　　席　买廷东(回族)

常务副主席　马　军(回族)

副　主　席　马晓霞(女,回族)

张小江(兼职)

王燕华(女,挂职)

经审会主任　王志刚(2022年9月离任)

吴忠太阳山开发区总工会

主　　席　刘伟泽(2022年11月离任)

副　主　席　苏玉生(回族)

姜　红(女,挂职)

代长礼(兼职)

经审会主任　苏　娟(女,回族)

固原市原州区总工会

主　　席　王正奇(2022年3月任职)

副　主　席　张宏羽

施小红(女)

海　勇(回族,挂职)

侯洪明(兼职)

经审会主任　常玉玲(女)

西吉县工会

主　　席　杨青鸿(回族)

副　主　席　陶志明

王　悦

张军良(挂职)

焦建鹏(兼职)

经审会主任　喜建平(回族,2022年6月任职)

隆德县总工会

主　　席　毕世喜

常务副主席　王　峰

副　主　席　王小军(2022年10月任职)

穆　青

张建龙

经审会主任　柳　青(2022年10月任职)

泾源县总工会

主　　席　马津垠

副　主　席　兰　莹(女,回族)

蒙晓东

经审会主任　王　鹏

彭阳县总工会

主　　席　王志会

副　主　席　马文智(回族)

赵志武

张丹枫(女,挂职)

李文存(兼职)

经审会主任　杨晓琴(女)

中卫市沙坡头区总工会

主　　席　武建国

副　主　席　马　丽(女)

狄天文

袁　玫(女,回族,挂职
2022年9月任职)

经审会主任　狄天文

中宁县总工会

主　　席　刘宁远

副　主　席　严旭祥(2022年11月离任)

万　煜

马金虎(回族)

经审会主任　马金虎(回族)

海原县总工会

主　　　席　杨常林(回族)

副　主　席　田彦仓(回族)

李颖宇(女,回族,2022年10月离任)

杨志福(回族,2022年10月任职)

马治兰(女,回族,挂职,2022年6月离任)

顾　娟(女,兼职)

经审会主任　李正庭(回族)

银川市兴庆区总工会

【概述】 2022年，兴庆区总工会坚持以习近平新时代中国特色社会主义思想为指导，认真学习贯彻习近平总书记关于工人阶级和工会工作的重要论述，以学习宣传贯彻党的二十大精神为主线，立足新发展阶段，贯彻新发展理念，构建新发展格局，围绕中心、服务大局，团结引领广大职工为兴庆区经济社会高质量发展作出积极贡献。

【党建】 理论武装持续强化，学习宣传贯彻党的二十大精神，严格落实意识形态工作责任制，扎实开展"改进作风 提升质效"专项行动。以巩固星级(先进)创建成果为己任，严格落实"三会一课"制度，组织开展主题党日活动，同时深入开展专项行动、专项整治、党员报到、民主评议、共驻共建等工作，不断提升组织力、凝聚力、向心力，切实引导党员发挥先锋示范作用。

【宣传教育】 线上线下相结合，着力增强职工思想教育引领的影响力，为辖区职工群众带去营养丰富的"精神食粮"。组织开展自治区第十三次党代会、同上一堂思政课、强国复兴有我、"匠心传承 劳动筑梦"等主题宣讲活动11期。充分发挥微信公众号、微博、"学习强国"APP等网络阵地作用，深入宣传新时期党的路线方针政策和法律法规等知识。上报信息254篇，在全国、自治区、银川市各级媒体发布信息218篇；微信公众号共发布信息201篇，微博共发布信息61篇。开展"网聚职工正能量 争做中国好网民"系列宣传活动9场次，发放宣传彩页500余份。

【疫情防控】 抗击疫情展现责任担当。各级工会干部职工充分发挥模范作用，积极奔赴疫情防控一线，用坚强的担当意识和奋斗精神，把初心写在行动上，把使命落在岗位上。充分发挥工会组织的作用，让战斗在疫情防控一线的工作人员感受到工会"娘家人"的温暖，兴庆区各级工会组织迅速行动，主动作为，筹集资金50余万元全面开展慰问活动，为一线工作人员送去口罩、消毒液、矿泉水、方便面等急需物资，凝聚起职工决战疫情、决胜防控的磅礴力量，助推疫情防控工作高效开展。

【劳动与经济技术保护】 劳模精神汇聚奋斗力量。大力弘扬劳模精神、劳动精神、工匠精神。加强劳模信息动态管理，组织劳模参加庆"五一"鸣翠湖疗休养活动及黄河旅游文化节开幕式，召开劳模座谈会，开展劳模宣讲活动3场，在春节期间走访慰问劳模5名。依托兴庆区廉政文化广场，以"最美奋斗者"为主题，打造劳模文化宣传街，收集24名劳模相关事迹、信息，制作成灯箱进行展示。组织20名劳模进行体检，把关心劳模落到实处。劳动和技能竞赛蓬勃开展。成立兴庆区推进产业工人队伍建设改革协调小组，印发《新时期兴庆区产业工人队伍建设改革实施方案》，多部门齐头并进，确保产改工作有序推进。以加强产业工人队伍建设改革为契机，完善"五位一体"技能人才培育培养体系，开展技能人才盘点汇总工作，收集人才信息290份。深化"六比一创争六星"劳动竞赛评比机制，聚焦重点项目工程一线开展劳动和技能竞赛4场，评选"六星"90人，涵盖职工1000余人。加强技能培训，举办电工(四级)和西式面点师(四级)职业技能培训班，参训人员100人，取证率达到92%。联合红十字会开设心肺复苏(CPR+AED)培训班两期，参训人员87人，取证率达到100%。开展小企业素质教育培训班34场次，参训人员1458人次。安全生产工作有序推进。组织开展"疫情防护""安全生产大讲堂""安全技能竞赛""消防知识培训"等多形式的安全宣传活动40余次,参培人员1000余人,发放各种宣传资料5000余份;组织基层工会开展"安全隐患随手拍""安康杯"答题竞赛活动,共计700余人参加;组织参加银川市组织的"安康杯"知识竞赛,荣获一等奖及优秀组织奖。

【维权帮扶】 职工权益得到有效维护。大力开展法律援助活动,与律师事务所签订合作协议,通过"12351"维权热线、网络服务平台、接待来信来访职工等渠道,为辖区职工提供免费法律服务,共接待诉求信访法律服务案件396件411人次,办结率100%。结合法律颁布实施日、"宪法宣传周"等时间节点,我们组织了20场次"送法"进企业、进工地、进社区活动,吸引了5000余名职工参加。此外,我们还发放了5000余份宣传资料,并发布了17期《中华人民共和国工会法》小课堂。制定《2022年兴庆区百名律师进千企实施方案》,依托16个基层工会,联系40名律师开展活动,服务企业27家,涵盖职工628人。和谐劳动关系不断深化。结合市域社会治理现代化试点创建、平安兴庆建设等

工作,开展职工队伍稳定风险专项排查化解,实行日排查、周分析工作机制,建立工作台账,形成分析报告。将维护劳动领域维护政治安全工作纳入工会工作全局,与基层工会签订责任书,进一步加强对各基层工会开展劳动领域维护政治安全工作的指导、督促和考核。对接兴庆区协调劳动关系三方部门,召开三方会议,针对辖区64家重点行业、重点企业开展专项检查。开展集体协商"春季要约"活动,进行"微课开了"线上系列培训4期,通过互联网、微信、APP、电子邮件、线下等方式开展要约、应约行动,发出要约单位693个,覆盖单位2179个,覆盖职工48316人,要约覆盖面达99%。深入推进集体协商工作,推荐选聘区级指导员5名、选聘兴庆区级指导员12名,组织开展劳动关系四员队伍建设培训班,召开集体协商模拟谈判现场会,签订四项集体协商合同673份,覆盖企业1968个,覆盖职工46142人,签订率达到97%,动态建制率达90%以上。广泛征集全市优秀职工代表提案11件,创建自治区和谐劳动关系示范企业3家,落实民主管理厂务公开制度建设,建立职代会制度企事业单位686家、建立厂务公开制度企事业单位686家,建制率达98%,50

人以上企业建制率达100%。服务职工品牌日趋响亮。对在档困难职工进行100%入户回访,与同级民政部门加强联系,定期对档案进行维护、修改,及时调整档案,确保做到全面、准确。重点关注在档困难职工、困难职工边缘户、新就业形态劳动者等七类困难群体,开展"四送"品牌活动、"工会班""浓情中秋·喜迎国庆""一对一"结对帮扶等主题活动。截至目前,发布线上招聘信息32期,122家企业提供就业岗位439个;线下招聘会1期,参与招聘单位118家,提供就业岗位8010个,初步达成就业意向300余人。走访慰问一线职工及困难职工9086人次,发放物资慰问金284.7638万元。深入辖区重点项目建设工地一线职工、环卫、交警等25个部门、企业,为辖区13700余名一线职工送去182万元清凉慰问品。开展医疗互助活动,155家企事业单位9243名在职职工自愿参保,收取互助金46.215万元,为306名参保职工申请补助金41.5547万元。

【组织建设】 加大组建力度,关爱职工有温度。将抓好工会组织建设作为重中之重,按照哪里有职工、哪里就有工会组织的原则,推动一定规模的企业建立工会组织,重

点推进25人以上企业组建工会，实现发展会员"精准定位"、服务职工"按需施策"。持续开展新就业形态劳动者集中入会行动，最大限度吸引辖区内新就业形态劳动者加入工会，实现对小微企业、流动分散的灵活就业人员、农民工等群体的有效覆盖。截至目前，兴庆区共建立基层工会组织780个，其中区域性工会联合会87个、行业性工会联合会7个、村级工会7个、非公有制企业独立建会601个、机关行政事业单位工会78个，涵盖单位3405个，职工58190人，其中女职工29867人、农民工12490人。2022年，新增工会组织62家、新增会员4798人、新增农民工会员1082人、新增"新就业形态劳动者"会员632人，均超额完成上级工会下达任务。提高建家水平，服务职工零距离。依托兴庆区职工体育馆开展篮球、羽毛球、武术、瑜伽、健身舞、乒乓球等各类职工体育活动。依托兴庆区职工培训中心开设舞蹈、瑜伽、声乐、萨克斯、葫芦丝、古琴、朗诵、绘画、茶艺、花艺、心理健康等课程，保证上班时间每晚有课，周末时间天天有课，以满足不同职工需求。依托兴庆区职工文化中心开展兴庆区职工书画展、兴庆区劳动者之歌大赛、兴庆区职工春晚海选、兴

庆区女职工沙龙展演暨表彰等活动，承办消防安全、物业管理、电工技能等培训班。目前，兴庆区共有全国模范职工之家2个、职工小家3个，自治区模范职工之家3个、职工小家6个，银川市先进职工之家15个、职工小家16个，兴庆区合格职工之家21个、职工小家4个。兴庆区建成区级"职工书屋"示范点24个、市级示范点30个，兴庆区级示范点18个，覆盖职工万余人，并多次承接全国、区、市总工会及兄弟县区工会的观摩指导。加强队伍建设，提升职工凝聚力。开展干部下基层蹲点活动，领导——对应"承包"辖区各基层工会组织，人均联系6—7个基层单位，实现领导包片"全覆盖"，截至目前，已开展下基层蹲点活动6次，为职工办实事8件。进一步加强基层工会干部队伍建设，提高工会干部的思想认识、工作热情、综合素质。召开新入职社会化工会工作者谈话会，帮助新入职社会化工会工作者"系好入职的第一粒扣子"；举办基层工会主席培训班，来自各直管部门单位、乡镇（街道）、商贸物流中心、直属非公企业主席等50余人参训。

【女工经审财务】 女职工工作持续向好。打造女职工教育培训工作站，定期进行

读书分享，提升女职工素质，有2.5万余人次的女职工参加各类课程培训，达到促进女职工教育培训工作提质增效的目标。广泛开展关爱女职工活动，举办"幸福奶爸 快乐宝妈"育儿技能大比拼活动；开展"书香满庭芳·奋斗新征程"女职工读书沙龙成果线上展演评比活动，26部微视频作品分五期在兴庆区总工会微信公众号展播；以新就业形态和困难企业女职工等群体为重点，为辖区332名女职工开展"两癌"筛查；承办银川市总工会"书香满庭芳 喜迎二十大""玫瑰书香"女职工主题阅读暨家庭文化建设活动。联合街道、社区开设9个爱心暑托班，受益家庭153个，为辖区职工的孩子们提供"教育+托管"的公益性服务，帮助职工解难题。财务经审工作齐头并进。开展小微企业工会经费返还工作，按照"一会一企一档一册"机制，通过走访调研、分类指导、建立台账、精准服务等措施，不断加大企业对工会组织的认同感、归属感，为2654家小微企业返还2020—2021年度经费2331.43万元。在基层工会正式推广实施"集中云支付"财务管理模式，按照管理流程一体化、业务衔接一体化、数据标准一体化、信息资源一体化的"四化"目标，对23家基层工会实

行"集中云支付"模式进行核算,账务处理1000余笔,总金额达1100余万元;线上线下共培训500余人次,对各项数据进行高效汇总、比较、分析,实现了对工会经费的动态管理,解决了基层财务人员短缺、不专业的实际问题。上半年组织对本级及基层工会组织进行全面审计,审计覆盖42个单位及9名工会主席离任审计,共出具审计报告51份,审计覆盖率达100%,审计发现问题102条,提出审计建议130条。下半年全覆盖开展审计整改"回头看"工作,督促整改落实问题84条,清退收回资金17650元,整改落实率为81.55%,力争2022年底审计整改落实率达100%。组织工会干部参加银川市总工会"喜迎二十大 建功新时代"财务经审知识竞赛。举办兴庆区总工会经审业务知识培训班,对2020年、2021年兴庆区基层工会经审工作规范化建设进行考核。

【创新亮点工作】 兴庆区打造"15分钟服务圈"竭诚服务职工群众。坚持"党政所需、职工所盼、工会所能"的工作定位,倾心打造"15分钟服务圈"。严格按照"六有"建设标准,广泛建立以职工服务中心、户外劳动者驿站站点为圆心,以徒步15分钟路程为半径辐射周边区域,形成以"10个区域性职工服务中心和73个职工服务驿站"为网络架构的"15分钟服务圈",加强手机加油站、电动车充电站、图书阅览室、台球室等资源配置,切实发挥普惠服务职工的作用,实现服务标识网格化、服务种类多样化、服务活动普惠化、服务功能智慧化。兴庆区公益课堂,是职工业余生活的"大学校"、素质提升的"加油站"、实现理想的"圆梦园"。通过积极整合辖区资源,共抓共建,秉承不求所有、只为所用、借力发展理念,建立兴庆区总工会职工培训中心、职工文体中心,设立心理健康、舞蹈、瑜伽、声乐、葫芦丝、萨克斯、朗诵、工笔画、写意画、茶艺、花艺、古琴、书法、电子琴、美妆等15类课程,每周26节课,在线学员2400人。采取手机线上报名约课,利用互联网+微信方式,方便职工一分钟完成报名约课。通过购买服务等形式,聘请19位有着丰富教学经验的知名教师及培训机构任教。根据基层工会要求,采取"订单式"送课下基层方式,送课进企业、进单位、进社区。线上线下促进互学互通,使广大职工享受普惠优质服务。兴庆区实施"集中云支付",提升财务管理水平。充分利用网络信息化管控手段,采取"集中管理、统一开户、分别核算"运行机制,按照"两权"不变的原则,各单位对资金的使用权不变、各单位对资产的管理权不变,对所辖基层工会组织的经费进行统一管理,达到了对各项数据的高效汇总、比较、分析功能,实现了对工会经费的动态管理。巩固现行集中支付运行成果,深化集中支付模式,从纸质化财务管理转向数字化财务管理,切实做到"一网通办"和"零跑腿"完成账务处理工作,为基层财务人员减负的同时有效发挥工会经费使用效益,构建高效、安全、便捷的信息资源一体化平台。

(杨 莹)

银川市金凤区总工会

【概述】 2022年,金凤区总工会坚持以习近平新时代中国特色社会主义思想为指导,深入学习宣传贯彻党的二十大精神及习近平总书记关于工人阶级和工会工作重要论述,紧紧围绕区委、区政府重点工作、重大部署,主动跨前、担当作为、积极作为、上下联动、群防群治,动员带领广大职工抗疫防疫、复工复产,工会业务工作在2022年区总、市总工会考核中荣获一等奖。

【工会组织建设】 金凤

区总工会2022年单独建会74家，发展会员4717人，新就业形态劳动者会员346人，完成目标任务的114%、105%、115%。并按照"会、站、家"一体化思路，把组建工会、创办职工服务站点（户外劳动者之家）与建设职工之家有机统一起来，建设7家新就业形态劳动者职工服务站。其中，根据辖区实际确定了以外卖行业作为突破口成立了银川市金凤区蓝骑士配送行业联合工会，共有222名蓝骑士参加了蓝骑士集中入会仪式并加入工会组织。组织开展工会干部素质提升培训班5期，共计培训干部300余人，有效提高了工会干部的理论水平和业务能力。金凤区蓝骑士工会户外劳动者服务站荣获全国最美户外劳动者之家荣誉称号。

【建功立业竞赛活动】 全年共组织职工开展电工、驾驶员、妇女维权、医疗护理和职工形象设计、保安行业、快递员等多角度的劳动竞赛44场，覆盖职工1881名。举办砌筑工、电焊工、网约配送行业劳动技能竞赛等技术比武2场次，参与职工80余人。申报2022年自治区劳动模范（技能人才）创新工作室2家（伏兆娥技能人才创新工作室和张利杰技能人才创新工作

室）和健康企业示范点2家（宁夏丹特义齿科技开发有限公司、太平人寿保险有限公司宁夏分公司）。共评选上报"十佳五小"成果11余项。举办职业病防治、安全生产、消防知识培训及灭火演练30余次，指导各类企业开展灾害避险逃生、自救互救演练、培训等25场900余人次参加，参与金凤区建筑工地、社区、物业等安全生产活动检查7次，组织安全生产现场咨询活动12场次，覆盖职工800余人。

【关爱劳模工作】 大力弘扬劳模精神、劳动精神、工匠精神。通过"6+N"线上线下主题活动，在微信公众号开设《"中国梦 劳动美——劳模故事汇"》专栏，以6名劳模的亲身故事深入宣传宣讲"劳模精神、劳动精神、工匠精神"。在"七一"节慰问11名劳模、五一劳动奖章获得者并发放慰问品；组织9名区、市级劳模参加上级工会组织的体检；协助3名劳模申报自治区2022年全国和自治区劳模生活困难补助金和特殊困难帮扶金申报工作。

【维权机制建设】 以"尊法守法·携手筑梦"服务农民工公益法律服务行动为抓手，结合金凤区"智慧工会"、微信公众号等平台，实现线上、线

下同步宣传，广泛开展"法律进企业""法律进工地"等活动62场次。截至目前，共接待职工来访来电224人次223批次，处理"12351"平台转办法律服务案件77件，回复率达100%；通过与企业座谈、走访职工、电话咨询等方式，共对452家企业、1个商业综合体进行了摸底排查，化解碧桂园天汇理项目、宁夏国旅汽车旅游服务有限公司等一批群体性投诉案件，金凤区职工队伍整体稳定。

【送温暖工程】 扎实开展"冬送温暖""金秋助学"等服务品牌活动。截至目前，累计救助帮扶困难职工和低收入职工233人次，发放慰问金62万元；疫情期间慰问一线职工和环卫工人共1718人，发放价值25.45万元的米面蔬菜等慰问物资。举办困难职工帮扶政策培训班，20余人参加；2022年共有205家单位6275名职工参加了医疗互助，为121名职工申请医疗互助报销金12.5万元。2022年9月20日新冠疫情暴发后，金凤区总工会筹措80余万元疫情防控专项资金，集中慰问了金凤区各级一线抗疫工作人员，重点慰问了医护人员、金凤区辖区的83个村（居）的一线工作人员，把党和政府、工会组织的关怀送到战"疫"一

线职工的心坎上。

【厂务公开民主管理】充分发挥集体协商指导员专业化水平,采取"1对1"或"1对N"的方式,通过调研指导、共同参与、会后督查等方式推动集体协商工作,工资专项集体合同签约单位508家,签订率达98.6％。厂务公开、职代会制度推行面和建制率达99％,建立董事会15个、监事会14个。创新建立"红、黄、绿"三色动态管理机制,维护劳动领域政治安全,实行"红牌"管理企业6家,覆盖职工505人;实行"黄牌"管理企业6家,覆盖职工147人;实行"绿牌"管理企业485家,覆盖职工26224人。召开金凤区协调劳动关系三方会议2次。"七一"前夕,联合金凤区人社局对辖区10家用工规范、规章制度完善、劳动关系和谐稳定、职工权益得到有效维护的10家企业授予"金凤区劳动关系和谐企业"称号。荣获银川市集体协商技能大赛三等奖。

【宣教文体工作】带领干部职工赴宁夏葡萄酒与防沙治沙学院、大武口五七干校、工业遗址公园等地进行党性教育培训,同时在各个站点开设"刘健宣讲台",为广大职工群众开展党的理论与党的精神相关专题讲座,惠及人数超过200人。举办职工红色经典读书活动、职工红色经典诵读活动、职工故事演说、职工趣味运动会等活动共计10场次,参与职工人数达1000余人。开展民族舞、合唱团、八段锦、瑜伽、非洲鼓、非遗剪纸、形体塑形(尊巴)等公益课,报名参与人数达310人;建立"金凤区总工会职工志愿者服务队"和"金凤区新时代文明实践关爱农民工志愿服务队",开展志愿服务活动20余场次。以"喜迎二十大 建功新时代"活动为契机,深化"中国梦·劳动美"主题教育活动,积极组织开展庆"七一"文艺演出暨"夏送清凉"慰问活动,劳模代表、外卖行业、物流行业、环卫工人等200余名一线职工齐聚一堂,载歌载舞;举办"展魅力风采 享健康生活""粽情端午 工会有爱"慰问活动暨职工趣味运动会4场次共208名职工参加。

【女职工工作】 在"三八"妇女节期间,金凤区总工会女工委在丰登镇举办"寻找美、发现美,争做最美女职工"主题宣讲活动,40余人参加。开展插花技艺、剪纸、形体、合唱、瑜伽、舞蹈、八段锦、电钢琴等公益课培训15场次。举办"爱读书、读好书、传家风""书香悦三八 阅读越美丽"读书沙龙活动8场次,共参与职工1238人。为辖区318名女职工送去心理健康讲座6场次,组织300名女职工(其中有20名是新就业形态劳动者),进行"两癌"筛查及免费体检活动。"六一"期间,金凤区总工会组织各基层工会慰问困难职工子女123名,送去近万元"爱心大礼包"和节日祝福。建立"爱心妈咪小屋"4家。

【"5有双10"工作机制助推新就业形态规范化建设】2022年,金凤区总工会针对新就业形态劳动者就业契约式劳动关系化、流动性强、收入不确定等特点,积极转变思路,成立金凤区蓝骑士配送行业联合工会,通过建立"5有双10"工作机制,推进快递网点、外卖配送站点普遍建立工会组织,采取"扫码入会"等方式,最大限度吸引新就业形态劳动者加入工会,实现对小微企业、流动分散的灵活就业人员、农民工等群体的有效覆盖,目前加入工会组织的有222名。在疫情防控期间采取多项措施维护外卖配送人员权益。新冠肺炎疫情发生以来,为解决疫情管控期间外卖配送从业人员居家隔离、居民生活物资供应链断裂等问题,结合辖区实际制定了疫情管控期间物资配送应急保障预案,总工会联合相关部门单位推出多项暖心措施，一是设立可供骑手临时居住的站点。各单位在确保布局合理，分散安置的前提下，提供了26个可供骑手临时居住的站点，作为外卖骑手临时居住区，免费提供热水、食品、洗手液、褥子、被子等物资，做好外卖骑手的管理服务工作，有力支持民生基本保障。二是做好疫情防控工作。外卖骑手入驻站点时，要求其做好扫码登记、出示24小时内核酸阴性证明、测量体温等工作，对其进行分开管理，不得聚集，每个房间根据防疫规定合理居住，由住建交通局对房间定期消杀。三是设立核酸采样绿色通道。卫生健康局负责根据疫情防控工作形势，指导临时住宿点科学做好人员分配及疫情防控工作，建立外卖骑手核酸检测"绿色通道"，方便快递小哥随时核酸采样。四是设置临时充电柜。在站点周边提供充电柜等充电设施，为骑手给电动自行车充电提供方便。系列暖心行动极大鼓舞了身在一线的外卖骑手们，体会到了城市的温暖。

【移动户外劳动者之家——工会服务大篷车】 为了让户外工作者们"顺道、顺便"就能享受到工会服务，金凤区总工会打造"移动户外劳动者之家——工会服务大篷车"。

车内设有休息区、饮品区、应急用品区、健康区、法律服务区、政策宣传区等区域，可为快递员、外卖骑手等新就业形态劳动者和环卫、交警等户外工作者免费提供解暑避寒、血压测量、应急药物(雨具)、手机充电、理发饮水、饭菜加热等服务。一是职工"点单"工会"买单"，实现由"被动"到"主动"的新转变。总工会主动回应职工关切，立说立行筹集资金、抽调干部、协调公安交警、综合执法等部门，将职工群众的"愿景蓝图"迅速变成了贯彻落实的"施工图"，通过职工"点单"工会"买单"，推动工会组织的服务与职工需求有效对接，不仅实现了从"职工找驿站"到"驿站找职工"的改变，也实现了被动服务到主动服务工作方式的转变。二是服务关口前移，让职工感受"家"在身边的温馨体验。依托"工会爱心大篷车"，将建会入会、争议调解、维权帮扶、就业推荐、技能培训、医疗互助等所有面向职工的服务项目摆到"大篷车前台"，企业和户外劳动者只需来到这里或者拨打"工会服务卡"上的联系电话，就能享受金凤区总工会提供的面对面、心贴心、实打实的服务，现场宣讲政策、现场倾听诉求、现场调解争议，确保问题在一线破解，权益在一线维护，争议消

除在萌芽状态，在流动中维护职工合法权益，让职工随时随地找得到"家"、满意到"家"。三是缩短服务半径，打通服务职工群众"最后一公里"。利用大篷车灵活机动的优势，开辟大篷车进企业专线、进商圈专线、进工地专线、进重点项目专线，工会干部人员下沉、服务下沉，搭乘大篷车哪里有需要就出现在哪里，围绕专线周边职工特点，有针对性地开展服务企业职工、新就业形态劳动者、环卫职工、建筑职工、市政建设者等活动，不仅提供休息场所和服务场所，为他们送去饱含"娘家人"深情厚谊的"清凉包""健康包""防护包""学习包"，以"工会在身边 服务零距离"为目标，兼有服务保障、政策宣传、健康义诊、心理咨询、法律咨询、就业推荐、劳动争议调解等功能，常态化停靠到职工身边开展"您守护城市·我守护您"关爱户外劳动者公益服务活动、暑期送清凉活动、主题服务日活动20余场次。

【智慧工会平台】 金凤区总工会以普惠化服务职工群众为导向，加快推进信息化、智能化、数字化工会服务阵地建设，依托"金凤e家"手机APP，研发"智慧工会"APP，建设"智慧工会"大数据驾驶舱，实现工会管理和服务方式

向"数字模式"的提升转变。通过收集APP实时数据反馈及大数据多维度分析，对金凤区下辖8个乡镇街道工会的职工入会率、活动参与度、职工服务驿站的活跃度等工会业务工作数据进行全面准确掌握和可视化展现，通过柱状图、热点图、趋势图等动态数据工具在管理端量化呈现，及时发现工作问题、预判工作重点、展现工作效能，以数字驱动基层工会提高服务质效的积极性和创新性；以会员实名制为基础，为广大职工提供网上一站式服务，从建会入会到免费培训，从政策咨询到法律援助，从大病救助到维权服务，从公益普惠到我要报修，凡是职工身边的事情，都能在手指间实现"一键通达"，建立了职工与"娘家人"的网上服务快捷通道，使职工感受到工会便捷、无障碍的贴心服务。

（徐　佳）

银川市西夏区总工会

【概述】 2022年，西夏区总工会始终坚持以习近平新时代中国特色社会主义思想为指导，全面贯彻落实党的二十大精神、习近平总书记视察宁夏重要讲话和重要指示批示精神，认真履行"维护职工合法权益，竭诚服务职工群众"基本职责，圆满完成了各项目标任务，充分发挥了桥梁纽带作用。被命名为西夏区第二批"让党中央放心、让人民群众满意"模范机关，评定为"三星级党支部"。

【深化职工思想政治引领】 认真学习宣传党的二十大精神、习近平总书记致首届大国工匠创新交流大会贺信精神，贯彻落实习近平总书记视察宁夏重要讲话指示批示精神"大学习大讨论大宣传大实践"活动要求，深入开展"中国梦·劳动美——喜迎二十大　建功新时代"劳模工匠事迹展播、"悦读新思想"宣传宣讲、"劳模林"维护等活动8场次，推动习近平新时代中国特色社会主义思想进企业、进车间、进社区。开展"思想铸魂　匠心筑梦"劳模思政课进企业、"同上一堂思政课　凝心铸魂向未来"劳模思政课进校园、"劳动创造幸福"、"喜迎二十大　读经典好书　做时代工匠"等系列主题宣传教育和职工读书活动60场次，引领广大职工群众奋进新征程，建功新时代。着力打造"中国梦·劳动美"系列职工文化品牌，举办"迎新春　送万福进万家　暖人心"、"喜迎二十大"职工朗诵暨演讲比赛、"喜迎二十大　建功新时代"文艺汇演、"服务企业　关爱职工"青年联谊会、职工公益培训班等职工文化活动近百场。

【助推职工建功立业】 围绕"六新六特六优"产业和重点项目建设，举办西夏区第二届旅游行业讲解员技能大赛、"喜迎二十大　建功新时代"建筑行业劳动技能比武、"弘扬工匠精神　彰显职业风采"驾驶员岗位练兵等劳动和技能竞赛20余场次，参与职工近2万人。探索新业态劳动竞赛形式，举办快递员、外卖送餐员、养老护理员等新就业形态劳动者技能竞赛。组织开展"安全生产月"活动，举办"喜迎二十大　匠心筑未来"职工安全技能大比武、"安康杯"知识竞赛、"安全隐患随手拍"、安全生产合理化建议"金点子"征集等活动，增强广大职工安全意识。参加银川市总工会"安康杯"知识竞赛，获优秀组织奖。围绕创新驱动发展战略，建立完善技能人才（劳模）创新工作室，组织开展"五小"活动300余场，择优上报银川市职工技术创新成果评选项目15项、自治区职工技术创新成果评选项目6项，合理化建议"金点子"2项。

【帮扶职工纾困解困】 聚焦城乡居民收入提升行动，常态化做实春送岗位、夏送清凉、金秋助学、冬送温暖工作。筹集资金84.98万元，慰问困难职工、一线环卫职工、交警、新就业形态劳动者等5829人次。六一儿童节期间慰问留守儿童208人。组织800名女职工参加"两癌"体检；开展现场招聘、直播带岗、微招聘等线上线下招聘会75场，提供岗位10185个，达成初步就业意向847人；举办网络创业、电工、职工素质教育等培训9期422人。疫情期间，积极响应"党有号召　工会有行动"，筹措资金51.2万元，慰问疫情防控一线医务人员、工作人员12000余人次。筹集资金50万元，发放"抗疫暖心券"。积极落实小微企业工会经费返还政策，共返还2020—2021年727家小微企业工会经费768.22万元，帮助小微企业纾困解困。

【维护职工合法权益】聚焦新形势下劳动者维权需求，成立西夏区劳动争议诉调对接中心，建立"工会+法院+仲裁+N"劳动争议多元化解机制，将劳资纠纷化解端口前移，主动与人社、法院等部门对接，简化程序，"一站式"服务，最大限度将矛盾化解在萌芽状态。共接待信访案件214件251人次，讨回职工（农民工）工资30.53万元，办结率100%。其中，转接诉前调解33案33人次。召开2022年劳动关系领域工作研判会，签订责任书，落实"五个坚决"。劳动关系三方对123家用工单位进行联合执法检查，常态化开展风险隐患排查，切实维护劳动领域政治安全。聚焦民主法治建设，将新修订的《工会法》作为"八五"普法重点内容，印制宣传资料2万份。聘请律师进企业、进车间开展法律知识讲座，组织开展"尊法守法·携手筑梦"公益法律服务、《工会法》《民法典》宣讲、知识竞赛等法治宣传教育活动53场次。推动厂务公开民主管理工作规范化建设，建会单位厂务公开建制率达100%，职代会召开率达95%以上。启动2022年工资集体协商"春季要约"行动，发出邀约书373份，覆盖职工41140人。召开现代物流、驾校培训、枸杞、葡萄、汽修、学前教育行业及怀远商圈区域集体协商会10场，覆盖职工6000余人。

【加强工会组织建设】按照"先服务后入会、先服务覆盖后组织覆盖"思路，以缴纳社保未组建工会企业和建立党组织未建工会企业为重点，最大限度地把企业和职工纳入到工会组织中来，新建工会组织48家，发展会员3632人。聚焦产业工人队伍建设改革，成立西夏区文化旅游产业工会联合会、西夏区现代物流产业工会联合会、西夏区新就业形态劳动者联合工会等特色工会组织。及时督促基层工会组织换届，健全完善乡镇（街道）—村（社区）—企业"小三级"工会组织体系，提升工会服务水平。全面推进"八有六好三型"工会规范化、示范化建设，新打造职工之家3家，升级打造职工之家（小家）2家。获评市级爱心托管班2个，市级"爱心妈咪小屋"2个。探索打造"工会+环卫+社区+企业"共建共享户外劳动者服务站点7个，形成15分钟服务圈。获评"自治区最美户外劳动者驿站"3家。

【推进产业工人队伍建设改革】成立西夏区推进产业工人队伍建设改革协调小组，召开西夏区产业工人队伍建设改革工作推进会。聚焦产改任务，在思想引领上，始终坚持党的领导，将党建引领固根基、思想铸魂强信念、文化浸润聚合力有机融合促进产改；在素质提升上，始终聚焦素质上提高，将培训提素质、竞赛增活力、创新促发展相辅相成推动产改；在维权服务上，始终坚持权益上维护，在制度保障上、权益保障上、服务保障上齐抓共促落实产改任务；在改革试点上，探索542模式，从企业、行业、园区三个层面进行试点探路,以点带面,推动西夏区产业工人队伍建设改革走深走实。主要以舍弗勒(宁夏)有限公司为企业试点,做到日常关爱到位、社会保障到位、权益维护到位、福利保障到位、人文关怀到位"五个到位"维护产业工人合法权益;以西夏区文旅为行业试点,"四个依托"(依托镇北堡镇综合职工文化活动中心、依托旅游景区户外劳动者驿站、依托志辉源石酒庄技能人才创新工作室、依托漫葡小镇)推动文旅产业工人队伍建设改革;以银川中关村创新中心为园区试点,"两个抓手"(以党群服务中心和"互联网+"产业为抓手)激发产业科技创新新动能。示范引领西夏区产改落地生根。作为唯一一个县(市)区在银川市产业工人队伍建设改革工作推进会上作经验交流发言。

【规范工会自身建设】坚持党建带工建,构建党建和工会业务工作深度融合的长效机制,打造"党建带工建,建功西夏区"党建品牌。认真履行全面从严治党主体责任,严格落实"三会一课"制度,开展"廉政主题教育""作风建设永远在路上""献礼二十大、喜迎党代会、奋进新征程、保密作贡献"等丰富多彩的主题党日活动。大力弘扬"严细深实勤俭廉+快"工作作风,扎实开展"改进作风提升质效"专项行动,组织工会干部、劳动模范、职工志愿服务队,主动参加文明城市创建、交通文明执勤、疫情防控等志愿服务活动200余次。核酸检测中,在包抓社区扫码登记近25万人次。加强工会宣传工作,工会特色活动和工作被《工人日报》《经济日报》刊登26篇,《宁夏日报》《银川日报》《银川晚报》《华兴时报》等刊登78篇。微信公众号开设党史学习教育、民族团结、学习工会法、反诈骗、疫情防控等专栏,发布各类信息278期,点击量4.2万次。举办财务云平台软件操作暨财务知识培训、经审业务知识及案例分析云培训、"四员"队伍培训等,提升工会干部业务水平。坚持"审、帮、促"原则,对本级和34家基层工会2021年工会经费、专项经费收支及固定资产管理使用情况进行审计,审计金额400余万元,督促各级工会管好用好工会经费,提高工会财务经审规范化水平。

(刘桂芳)

灵武市总工会

【概述】2022年,灵武市总工会始终坚持以习近平新时代中国特色社会主义思想为指导,紧扣建设黄河流域生态保护和高质量发展先行区,围绕"1535"生态经济体系,发挥工会优势,汇聚职工力量,主动担当、积极作为,工会工作迈上新台阶,为推动全市高质量发展作出新贡献。现有行政人员4名,所属职工文化活动中心实有事业人员3名,社会化工会工作者32名。全市共有已建会基层工会组织529家,职工27611人,会员27284人,其中农民工会员5911人。新组建基层工会28家,发展会员1868人,发展新业态群体会员91人。

【思想政治引领】坚持把学习宣传贯彻习近平新时代中国特色社会主义思想作为首要政治任务,围绕"劳动创造幸福""中国梦·劳动美——喜迎二十大 建功新时代"等主题,广泛开展"同上一堂思政课"、劳模宣讲进企业、进车间、进班组、进校园活动,切实将习近平总书记的关心关怀转化为奋进新征程、建功新时代的强劲动力。以"喜迎二十大""喜迎党代会"为契机,开展"健康灵武动起来"、全市职工读书月、羽毛球比赛、围棋比赛等活动40余场次,参与职工1.3万余人,展现了广大职工积极向上爱岗敬业的精神风貌。

【信息宣传】 在宣传工作中坚持主动求新求变求突破，与灵武融媒体中心建立合作，实现资源共享、栏目共建、合作共赢，使得工会影响力不断扩大。2022年，灵武工会微信公众号推送信息509条，阅读量2万人次，发布微博推文160余条，阅读量40万人次，我会重点工作被《人民日报》客户端、《工人日报》客户端、中工网、人民网等全国级媒体宣传报道42篇，被宁夏新闻网、宁夏电视台、宁夏总工会网站等区内、行业媒体宣传报道29篇，被银川发布客户端、银川市总工会微信公众号等市级媒体宣传报道30篇，被"美丽灵武"微信公众号宣传报道60篇。

【劳模服务管理】 大力弘扬劳模精神，持续抓实抓好劳模服务管理工作，营造尊重劳模、学习劳模、关爱劳模的浓厚氛围。一是大力弘扬劳模精神、劳动精神、工匠精神。开设"劳模云宣讲"专栏，讲述本地10名劳模先进典型和一线职工代表的奋斗事迹，点击率达1万余次。开展劳模宣讲进企业、进车间、进班组、进校园活动，引导广大职工向为改革、创新、发展作出积极贡献的劳动模范和工匠致敬。二是发挥劳模创新工作室引领作用，在银川市级基础上打造和申报以"传承红色基因、赓续劳模精神、弘扬治沙文化"为一体的自治区级王有德劳模创新工作室。2022年，6家创新工作室通过各项措施新培育无人机飞手、长枣种植能手、科技型教师等一线技术人才70余人，总工会对下补助资金3万元。三是关心关爱劳模，春节慰问各级劳模15人，发放慰问金1.5万元。

【劳动和技能竞赛】 围绕自治区"六新六特六优"、银川市"两都五基地"和我市构建"1535"生态经济体系建设，在高端奶产业、现代纺织产业、循环经济产业打造"133"劳动技能竞赛品牌（依托1个重点特色产业竞赛，通过赛前技能培训、人才体系认定、企业内部晋升3项机制，实现岗位技术技能提升、企业内工资等级晋升、行业内人才体系认定3个效果），提升产业工人"三大"地位。承办"喜迎二十大·建功新时代"银川市第二届高端奶产业职工职业技能竞赛，举办现代农业、纺织行业、建筑行业、循环经济产业、创新创效等6场次劳动竞赛，先后在《工人日报》、"学习强国"、央视网、中工网、宁夏电视台等多家媒体宣传报道。通过"竞赛+指导+培训"模式提高一线产业工人技能素质，全市5000余名一线产业工人实现业务知识和技能双提升，300余名优秀产业工人通过竞赛脱颖而出，分别得到企业内部表彰、资金配套奖励和岗位晋级待遇。产业工人人才评定体系在高端奶产业人才体系建设当中首次运用。开展"五小"等群众性创新活动，申报银川市十佳"五小"职工创新成果23项。

【工会组织建设】 按照"哪里有职工群众，哪里有工会组织"的要求，以"新领域、新业态、新群体"为重点，抓好25人以上未建会组织的建会工作，加大新就业形态劳动者及农民工入会服务工作力度，进一步加强与税务、市场监督等部门的沟通协作。2022年，新组建工会组织28家，发展会员1868人，发展农民工会员330人，发展新就业形态劳动者91人；成立灵武市首个小微企业联合工会，吸纳22家小微企业的160名职工加入了工会组织；指导基层工会换届83家，完成委员、主席补选及单位工会名称变更31家；完成工会法人资格证的新建及变更90家。推进"会站家"一体化建设，灵武市审批服务管理局工会和灵武市谢家井社区卫生服务站工会"爱心妈咪小屋"荣获银川市级工会"爱心妈咪小屋"称号。

【女职工工作】 扎实开展女职工关爱慰问活动。开展全市女职工"情暖三八 巾帼之花"插花活动10场次，惠及职工500余人；开展健康讲座5场次，惠及女职工300余人；开展"两癌"筛查体检，为355名社区工作者、建档立卡困难女职工、困难企业女职工进行体检；开展"缤纷六月 七彩人生"帮扶慰问活动，发放慰问礼包74份。搭建平台，力促建功立业。举办"喜迎党代会·献礼二十大"全市女职工演讲比赛1场次，全市职工家教家风宣传讲座1场次；开展"巾帼标兵""五一劳动奖章""金牌工人"等女职工先进事迹宣传活动，引导广大女职工参与"巾帼标兵岗""巾帼标兵"评选活动。开展职工子女托管服务，解决职工子女假期无人看管问题。灵武市公安局"工会爱心托管班"被评为全国级工会爱心托管班。

【帮扶救助】 按照"应建尽建、应帮尽帮、动态管理"原则，建立常态化帮扶体系，现有在档困难职工46户，走访核查率达100%。开展"两节慰问"，慰问困难职工201名，困难企业4家，发放慰问金26.4万元；开展小微企业慰问活动，为一线职工，送去新春的祝福以及价值46762元的新春大礼包；开展"夏送清凉"慰问活动，慰问一线户外劳动者1746人，慰问资金18万余元；开展"金秋助学""工会班"活动，发放助学金10.56万元，帮助31名困难学子圆梦。开展现场招聘会1场次，直播带岗招聘活动1场次，发布招聘信息40期，提供就业岗位5000余个，达成就业意向900余人，为破解企业用工难、职工就业难出实招。

【职工权益保障】 坚决维护劳动领域政治安全，守牢"五个不发生"责任底线，落实上级关于防范重大风险部署，进一步畅通职工诉求表达渠道，引导劳动者依法理性维权。新签合同128份，覆盖企业262家，覆盖职工10143人。发挥协调劳动关系三方机制作用，建立劳动关系监测点9家，宁夏新澳羊绒有限公司等3家企业被评为自治区和谐劳动关系创建示范企业。认真履行维权服务基本职责，创新"工会+人社+司法+法院"四级联动工作机制，打造职工（农民工）法律维权服务站28家。诉调对接中心处理调解职工诉求150余件，接到处理职工信访案件86件96人次，职工诉求办结率达100%。广泛开展《工会法》《民法典》等法律法规进企业、进社区、进家庭宣讲55场次，法律知识竞赛1场次及开设线上工会普法课堂，参与职工1万余人，切实提高职工群众法治观念，增强维权意识。

【职工医疗互助】 职工互助保障是抵御风险的有效屏障，是职工基本医疗保险的有益补充。2022年，参加职工医疗互助的单位达180家，参保职工达8935人，比上年增长12%；办理申请补助68人次，报销医药费85638元，切实为患重病的职工减轻了医疗负担，真正发挥了为职工排忧解难的作用。

【经费审查】 积极开展基层工会审计及指导工作，抽取65个基层工会，集中开展对下审计工作，全年共发出审计报告58份，审计发现问题70条，整改67条，整改率95%。健全完善工会经审工作制度，开展经审工作规范化建设。开展本级工会经费审查审计工作。聘请第三方审计机构，对市总本级年度预算执行、专项资金、资产管理等情况进行审计，提出三个方面10个问题，已全部整改完成。

【加强自身建设】 认真履行党组全面从严治党主体责任，全面加强机关党建工作，深入践行"党建带工建、工建服务党建"理念，以开展"转变作风提升质效"专项行动为契机，以"情系职工·暖心服务"党建品牌创建为载体，按照"一部室一特色一主题"工作思路，先后走进白土岗奶牛养殖基地、临河镇石坝村、梧桐树乡等地开展支部主题党日6期，专题研讨8次，让"走出去、受教育"成为经常。灵武市总工会成功创建第二批"让党中央放心、让人民群众满意"模范机关，党支部成功晋级三星级党支部。

【疫情防控】 "9·20"疫情发生后，灵武市总工会党员干部和职工以实际行动，传承发扬了"党有号召，工会有行动"的优良传统，40余名干部职工闻令而动，把勇毅和担当写在"疫"线。组建3个小区门口值守小分队，严格落实"一扫三查"制度，全力保障居民生命健康安全。组建3支核酸检测志愿服务小组，24小时待命，全力配合医护、社区工作者完成核酸检测现场秩序维护、信息登记、扫码测温等工作，彰显工会人的一线担当。组建1个封控单元小分队，24小时做好消杀、垃圾清理、物资运送等防疫工作，全力保障封控单元内居民的生命健康安全和生活服务。迅速开展疫情防控后勤保障慰问工作，共计投入70余万元，对全市部分核酸检测机构、社区卫生院、卡口卡点、隔离点等疫情防控一线工作人员及新就业形态劳动者2000余人进行慰问，为大家提供暖心服务和物资保障。

（刘富梅）

永宁县总工会

【概述】 2022年，永宁县总工会以习近平新时代中国特色社会主义思想为指导，全面加强机关党的建设，落实党风廉政建设主体责任，围绕中心谋作为，服务大局促发展，坚持以服务职工为导向，切实履行工会职责，圆满完成了各项工作任务。2022年，被国家机关事务管理局、中共中央直属机关事务管理局、国家发展和改革委员会、财政部评为节约型机关。

【全面从严治党】 以"一支部一品牌"创建活动为抓手，严格落实"三会一课"，开展好党员评星定格、志愿服务等工作，建设好党建工作阵地，做好在职党员"双报到双服务"、党务公开等工作，积极开展好"主题党日"，推动全体党员干部进一步增强"四个意识"、坚定"四个自信"、做到"两个维护"。全年，组织机关党员干部集中学习56次、党组中心组理论学习11次，围绕学习党的二十大精神、自治区第十三次党代会精神等开展交流研讨10次、讲党课4次、主题党日活动11次。坚决落实党组党风廉政建设主体责任和纪检监察组监督责任，严格执行中央八项规定及其实施细则，认真开展违规收送红包礼金和不当收益及违规转贷或高额放贷专项整治工作，把纠治"四风"工作往深里抓、往实里做。

【职工思想引领】 将思想政治引领贯穿工会工作全过程，把劳模宣讲进基层活动和开展学习宣传贯彻党的二十大精神宣讲有机融合，全年，举办"匠心传承·劳动筑梦"暨"同上一堂思政课"主题宣讲4场次，借助微信公众号开展线上劳模事迹宣讲2场次，领导班子带头深入基层面对面宣讲党的二十大精神9场次，邀请市委党校讲师进行专题辅导1次。编排节目《山海情缘》获得全市工会工作者才艺比赛三等奖，举办全县职工篮球、足球、羽毛球、乒乓球比赛，"欢乐永宁·踏雪迎春"职工冰雪趣味运动会，全民阅读读书分享会等职工文化活动，引导广大职工群众坚定不移听党话、矢志不渝跟党走。

【参与疫情防控】 面对

疫情防控严峻形势,全体干部职工下沉到疫情防控一线、联系包扶村和共建社区日夜值守,在协助核酸检测、管控小区值班值守、封控楼栋驻守等志愿服务工作的同时,县总工会先后筹措资金近50万元,实现慰问疫情防控一线医护人员、工作人员全覆盖。在了解到我县部分专业合作社和农民种植的蔬菜滞销在田间时,主动联系企业、农户,将80吨"滞销菜"送到疫情期间实行封闭管理的40家生产企业及困难企业,惠及职工10000余人。并号召全县职工群众配合县委、县政府做好疫情防控工作,利用横幅标语、电子屏、微信公众号等宣传阵地向社会大众宣传疫情防控知识。

【群众性经济技术创新活动】 聚焦我县重大战略、重点工程(项目)、重点产业,示范性举办葡萄酒产业职工技能竞赛、建筑行业职工劳动竞赛,广泛开展"五小"成果评选活动,通过以奖代补的形式,对全县11项创新成果补助经费4.1万元,进一步助力成果转化和经济提质。在县电视台设立"劳动创造幸福"专题,对涌现出来"最美职工"、职工"好家风"等先进典型进行宣传报道,营造"比学赶帮超"浓厚氛围。精心策划庆"五一"系列活动,开展劳模慰问、组织劳模进行体检,借助微信公众号开展线上劳模事迹宣讲2场次,联合县电视台制作"劳模风采"宣传片,在全社会大力弘扬"劳动创造幸福"的价值理念。

【竭诚服务职工群众】 持续有效开展"四季送"服务,精准摸底、分类服务,"两节"期间为全县1300余名一线户外职工、新就业形态劳动者等送上价值近26万元的慰问物资;举办电焊工、保育员、养老护理员等职工职业技能培训班3场次,开展班组长、文明礼仪等素质培训7场次;针对疫情对企业用工需求及高校毕业生求职的冲击和影响,举办大型线上线下招聘会2场次,联合就业局开展直播带岗12场次,借助微信公众号等累计为300余家企事业单位发布招聘信息34期,帮助下岗失业人员等实现再就业。同时,依托闽宁镇原隆村闽宁协作困难职工帮扶基地,全年培训困难职工300余人,直播带货260余场,实现销售收入过千万,直接带动就业92人。落实好小微企业工会经费支持政策,向符合返还政策的396家小微企业返还2020年度工会经费89.5万元,向符合返还政策的580家小微企业返还2021年度工会经费155.4万余元,惠及职工1.5万人次。

【依法维护职工合法权益】 充分发挥工会组织维护职工合法权益基本职责,扎实推进普法教育、职工维权、和谐劳动关系工作,助力平安永宁建设。一是建立维护劳动领域政治安全工作推进例会,司法、人社、法院等多部门联动,提前提出预判措施,并与各乡镇街道及园区工会签订《维护劳动领域政治安全责任书》,进一步明确责任,确保做到"五个坚决"。二是深化普法教育,开展"百名律师进千企"活动,全年组织法律顾问为企业提供咨询51次,开展法律知识进企业、进社区9场次、开展法治宣传15场次,线上线下开展《工会法》知识答题4次。三是健全完善以职代会为基本形式的厂务公开民主管理机制,进一步提升基层厂务公开的实效性和时效性,全县国有、集体、外资以及港澳台企业厂务公开建制率为100%,非公有制企业职代会厂务公开建制率达92%以上。推动企业广泛参与集体协商"百日要约"行动,目前,单独签订"四项"集体合同323份、区域性集体合同8份、行业性集体合同6份,签订率达到92%以上。四是发挥安委会成员单位作用,积极主动参与涉及职工切身利益的劳动安全事故处理。进一步加强职工安全生产教育,举办全县职工"安康杯"知识竞赛、动员组织各基层工会开展应急演练、安全知识培训,提升广大职工群众学法、守法、用法、尊法的良好氛围。宁夏晓鸣农牧股份有限公司、宁夏永建建筑工程有限公司荣获自治区级劳动关系和谐企业。

【夯实基层工会基础】 聚焦新就业形态劳动者等重点群体,通过开展义诊、义剪等关爱服务活动,对货车司机进行多次慰问、组织进行免费体检等服务举措,吸引广大职工加入工会组织。2022年新组建工会28家,发展会员2605人,农民工会员1026人,新就业形态劳动者会员130人。打造"工会服务在身边"品牌,积极向县委、县政府争取有效资源建设职工服务阵地,在体育中心打造职工文化活动中心、将总工会"职工之家"改造升级为职工公益课堂,在望远工作委员会设立户外劳动者服务站,并因地因企制宜在宁夏正德源科技发展股份有限公司、银川德瑞斯创业园、团结西路街道永和社区等建设符合企业、区域实际的职工文化阵地。宁夏四季鲜果蔬批发市场"户外劳动者服务站"荣获全国"最美户外劳动者服务站点"称号。

(李 倩)

贺兰县总工会

【概述】 2022年,在上级工会和贺兰县委、县政府的坚强领导下,贺兰县总工会坚持以习近平新时代中国特色社会主义思想为指导,深入贯彻党的十九大、十九届历次全会精神和自治区第十三次党代会精神,认真学习宣传贯彻党的二十大精神,坚持正确政治方向,持续巩固"我为职工办实事"实践活动成果,围绕中心,服务大局,引领职工群众坚定不移听党话,矢志不渝跟党走;锚定"改进作风 提升质效"专项行动和"县级工会加强年"行动,主动作为,精准服务,深化职工文化建设,构建和谐劳动关系,维护职工合法权益,竭诚服务职工群众,深入推进产业工人建设改革,团结动员全县广大职工群众为全面建设社会主义现代化国家贡献力量。贺银油气工会户外劳动者服务(法律援助)站荣获全国"最美户外劳动者服务站点"荣誉称号;贺兰县总工会被命名为贺兰县第二批"让党中央放心,让人民群众满意"模范机关,党支部由三星级晋升为四星级基层党组织。

【思想政治引领】 通过层层培训、举办报告会、撰写交流体会、同上一堂思政课等形式,组织全县干部职工深入学习贯彻习近平新时代中国特色社会主义思想,深入学习宣传党的二十大精神、贯彻落实习近平总书记视察宁夏重要讲话和重要指示批示精神,推动习近平新时代中国特色社会主义思想及视察宁夏重要讲话精神进企业、进车间、进班组,引领干部职工增强"四个意识",坚定"四个自信",做到"两个维护",切实将党的意志和主张转化为干部职工的自觉行动,坚决贯彻落实意识形态工作责任制,加强和改进职工思想政治工作。

【职工文化建设】 深入开展"中国梦 劳动美"主题宣传教育活动,举办全县职工礼仪大赛、演讲比赛、读书交流活动,组织开展"喜迎二十大 建功新时代""劳动者之歌"文艺汇演、企业职工篮球比赛、全县职工羽毛球比赛及职工趣味运动会等活动124场次,筹措15万余元开展工会"文体健康大礼包"进基层活动,持续深化"书香贺兰"建设,2022年打造的宁夏厚生记食品有限公司职工书屋被全总评为"全国工会职工书屋示范点"称号。

【群众性建功立业活动】

成立以县委副书记为组长、全县18个部门为成员的产业工人队伍建设改革工作领导小组,在全县形成党委统一领导、工会牵头协调、部门协同配合的工作格局,凝聚齐抓共管、高效运行的改革整体合力。在全县重点工程、重点行业中广泛开展形式多样的劳动和技能竞赛活动,共举办县级竞赛10场次,推动全县机械制造、汽车等9个行业开展劳动和技能竞赛40余场次;突出劳动模范、技术能手的"传帮带"作用,新建技能人才创新工作室3家,推荐申报自治区级创新工作室1家,百瑞源枸杞股份有限公司职工杨丽丽荣获2022年自治区五一劳动奖章。深化技术创新活动,推荐上报自治区级优秀技术创新成果1项,市级创新成果46项,其中获得专利的成果项目5项。

【职工权益保障】 深入开展"八五"普法、"尊法守法·携手筑梦"服务农民工公益法律服务行动,发放《工会法》等普法宣传资料3000余份。构建"工会+"劳动争议多元化解机制,打造职工维权服务新模式。联合县司法局、法院、人社局等部门先后成立了贺兰县矛盾纠纷多元调解中心、劳动争议诉调对接中心和贺兰工业园区德胜法庭诉调对接

中心,2022年"三中心"共受理劳动争议调解案件461件,调解成功率达50%,为职工(农民工)挽回经济损失740余万元,进一步增强了贺兰县"工会+"矛盾纠纷调解机制的品牌示范效应。

【建设和谐劳动关系】 全县481家已建会企事业单位建立了职代会和厂务(政务)公开制度,建制率为98%,百瑞源枸杞股份有限公司荣获全国厂务公开民主管理工作示范单位。建立一支由10名专职集体协商指导员组成的集体协商指导员、劳动法律监督员、劳动争议调解员和劳动关系监测信息员为一体的"四员"合一队伍,先后开展了快递行业、机械制造、餐饮等区域性、行业性工资集体协商现场会10场次。集体协商合同签订率达95%以上,劳动关系更加和谐。

【普惠服务和精准帮扶】 扎实开展"工会服务在身边"活动,常态化开展"四送"品牌活动。2022年筹集送温暖资金128余万元,在"两节"、疫情防控期间,慰问一线防疫人员、困难职工、户外劳动者、新就业形态劳动者等人员9000余人。扎实推进职工医疗互助工作,9903名职工积极参保,缴纳互助金49.5万余元。

开展电工(初级)技能培训3期,培训下岗失业人员、困难职工203人,获证率80%以上;联合人社局等部门开展线上线下招聘会12期,参与招聘单位358家企业,为1279人提供了就业岗位,使广大职工的获得感幸福感安全感进一步增强。

【劳模服务管理】 审核推荐自治区五一劳动奖章2名、工人先锋号1个、凤城工匠5人。1人被授予自治区"五一"劳动奖章。目前,全县共有国家、区、市级三级劳动模范55人,五一劳动奖章18人,凤城工匠2人,工人先锋号6个;落实劳模专项补助金申报工作,申报困难劳模12人,其中区级生活困难劳模5人、特殊困难劳模4人;市级生活困难劳模3人;及时准确掌握劳模健康动态,做好劳模报刊订阅、疗休养服务,组织16名农民、农民工和破产改制企业劳模参加健康体检。

【基层组织建设】 各级工会不断完善"党建带工建、工建服务党建"工作机制,通过"党工阵地"共建共享等举措,有效地推动工会组织建设迈上新台阶。2022年,共组建工会41家,发展会员3231人,分别完成市总下达目标任务的102.5%、129.2%。积极筹

措252万余元,对全县建立职工之家和户外劳动者服务站给予经费补助。2022年,新建区域性职工之家4家,职工之家6家,户外劳动者服务站点17个,累计服务职工超5万人次。电商物流园"小蜜蜂"社区、贺银油气工会户外劳动者服务(法律援助)站建设成果在宁夏公共频道《直播60分》多次循环播放。

【女职工工作】 广泛开展女职工维权月行动,举办普法宣讲,组织女职工参观家风馆,增强女职工自我保护意识,激发女职工立足岗位、创先争优的积极性;积极组织"两癌"筛查、心理健康讲座、青年联谊交友、"庆三八"和烘焙教学体验等活动,营造关爱女职工、理解、重视和支持女职工事业的良好氛围。新建4家"爱心妈咪小屋"及爱心托管班,突出示范带动效应,把工会服务阵地打造成贴心、便利、多样化服务的温馨港湾。

【疫情防控工作】 严格单位防疫管理,在疫情期间,安排全体干部职工积极配合社区做好疫情值守、测温验码等防控工作,协助社区开展全县核酸检测工作。积极筹措资金,向和平社区、如意湖社区、金盛瑞园等6个社区、5个封控点、4个高速卡口及卫健

系统一线防疫医护等疫情防控人员发放69000余元的牛奶、面包、方便面等生活物资。针对中宁县"9·20"突发疫情,积极争取上级工会支持,筹措10万元资金,对公安、卫健、街道社区、交通局等单位抽调的千余名一线防疫工作人员及封控小区下沉干部发放牛奶、面包、方便面等生活物资。同时按照区总要求,向电商物流园和海吉星物流园的141名货车司机发放价值1.5万元的方便面、牛奶等生活物资,并送上慰问信。

(王 亮)

银川经济技术开发区工会

【概述】 2022年,银川经济技术开发区工会坚持以习近平新时代中国特色社会主义思想为指导,深入贯彻落实自治区党委"四个继续走在前列"要求,紧扣开发区经济社会发展新定位、新任务、新目标、新要求,坚决做到守土有责、守土担责、守土尽责,团结引导广大职工积极投身经济建设主战场,为加快推动经开区高质量发展贡献智慧和力量。

【深化普惠制劳动竞赛】 银川经开区工会连续三届在全国新区经开区高新区班组

长管理技能大赛中获得一等奖。为充分备战今年的大赛,银川经开区工会先后举办了16期高专业性的培训班,培训班组长达800余人次。最终进入复赛29家企业、300名选手,进入决赛11家企业、20名选手。经过激烈角逐,有17名班组长从全国竞赛中胜出,获得一等奖1人、二等奖1人、三等奖2人、优秀奖13人,占大赛获奖总人数的4.4%。随着大赛品牌作用的不断延伸和拓展,银川经开区工会逐步形成了全国赛、区市赛、开发区赛、企业赛、班组赛五级竞赛体系,构建了以精英赛和群英赛为载体的竞赛新模式。今年,经开区工会围绕"新硅都"建设开展主题劳动竞赛10场次,涉及工种43个,参与职工近万人。在企业职工中营造出了干事创业、大干实干、建功立业的浓厚氛围。

【强化工会阵地建设】 大力推动经开区星级职工之家、职工书屋建设项目提档升级。累计建成经开区星级职工之家32个、职工书屋35个。银川经开区机关职工书屋获评"全国工会职工书屋示范点"。在长燃智享(宁夏)新能源科技有限公司(妥妥E行)打造新就业形态劳动者之家,满足网约车司机活动的阵地需求。加强技能人

才创新工作室建设,培育自治区创新工作室4个、银川市级12个,经开区级21个,积极发挥劳模示范引领作用,为广大职工科技攻关、创新创造搭建平台。

【维护职工合法权益】立足"维护职工合法权益、竭诚服务职工群众"的基本职责,督促指导企业落实民主管理制度,开好职代会、换届选举会、工资集体协商会等,签订综合性集体合同365份,接待处理职工来访103人次,调解劳动争议8件,积极引导帮助职工通过合法渠道维护自身权益。守护职工健康安全,切实履行安全生产责任。工会作为开发区安委会成员单位,积极联合相关部门定期对负责片区企业开展安全生产大检查、专项排查、隐患整治等工作,督促企业落实安全措施,排除安全隐患。共排查出问题隐患34条,已落实整改24条,列入整改计划10条。

【做好小微企业经费返还】按照《自治区总工会关于全面落实2020—2022年小微企业工会经费支持政策的通知》要求和区、市总工会工作部署,在任务重、时间紧、人员少的情况下加班加点完成任务,共同推进政策红利落实到位,不留死角。返费小微企业379家,返费总额500万元,惠及职工4600余人。

【做实做细职工服务】围绕"服务园区、服务企业、服务职工"的工作主责,紧紧贴合职工需求做好职工服务工作。扎实开展困难职工帮扶慰问,认真摸底调查,力求应帮尽帮,开展"两节"送温暖、"夏送清凉"、暖冬行动,累计慰问110余家企业1.6万余名职工,发放慰问金、慰问物资95万余元;办理职工医疗互助参保单位62家,参保职工2487人。

【丰富职工文化活动】组织辖区职工参加银川市"劳动者之歌"职工线上才艺展示大赛,开展红色故事演说、摄影作品征集活动,共上报作品102件。组织79名运动员参加银川市第五届职工运动会。举办"书香工会"系列活动1期。常态化开展经开区职工八段锦健身培训活动。组织开展"立足新起点·迈向新征程"职工系列活动,共设16个项目25个组别的比赛,19个单位共计3301人次参加。

【加强工会自身建设】以服务促建会。深入开展新就业形态劳动者建会入会专项行动,配合区总、市总工会,依托宁夏梦驼铃科技有限责任公司物流平台力促货车司机入会专项行动,着力推动规模以上企业和新入区、新注册企业建立工会组织。全年新建工会组织40家,新发展会员1550人。指导59个基层工会按期开展换届选举工作,促进辖区企业工会组织规范化、制度化建设。强化工会经费审计监督职责,加大对基层工会专项补助经费的监督审计工作,切实加强对开发区工会各类对下专项补助经费的审计监督,提高资金使用效益。开展三方对下审计工作,审计基层工会50家,审计发现问题101条,落实整改101条。抓好工会新闻宣传和理论调研工作,牢牢把握正确舆论导向,加强信息发布,快捷、图文并茂地展示重点亮点工作,提升工会媒体宣传的影响力、感召力和凝聚力。共上报各类工作信息99篇(个),其中中工网采11篇,区总采8篇,市总采21篇。

【认真落实疫情防控任务】按照管委会统筹安排,坚决落实防疫值守任务,下沉防疫企业一线,担负起提级管控重点企业(1个)、白名单保生产运行企业(5个)和第五片区企业的防疫督导检查和安全生产工作。督促企业落实落细防控要求,主动承担"一扫三查"管理、进出入车辆消毒登记、组织企业开展核酸检测、安全生产巡查、防控值班值守等各项工作。累计完成56225人(次)核酸检测。坚持统筹推进,在执行疫情防控任务的同时,同步做好疫情期间职工关爱和舆情引导工作。开通心理咨询专班、帮扶慰问、线上问卷、文体活动,缓解职工压力,帮助企业稳定队伍、渡过难关。

(刘晓燕)

石嘴山市大武口区总工会

【概述】 2022年,大武口区总工会紧紧围绕党和政府的中心工作,坚持以习近平新时代中国特色社会主义思想和党的二十大精神为指导,以贯彻落实习近平总书记视察宁夏重要讲话重要指示批示精神和自治区第十三次党代会精神为引领,扎实开展"大学习、大讨论、大宣传、大实践"活动,深入推进"县级工会加强年"专项工作,充分发挥工会组织桥梁纽带作用和工人阶级主力军作用,主动作为,靠前服务,各项工作取得了明显成效。

【加强工会党的建设】 认真学习党的十九大、二十大精神及习近平新时代中国特色社会主义思想、习近平总书记视察宁夏重要讲话精神、《习近平谈治国理政》(第四卷),深入学习贯彻自治区第十三次党代会精神,扎实开展"大学习、大讨论、大宣传、大实践"活动,开展理论学习中心组学习24次,专题研讨交流5次,着力引领职工听党话、跟党走。积极推进"五型"机关和星级党组织创建工作,实施书记项目"十个一"活动,着力建设"党工共建"示范点。

【思想政治引领】 强化职工文化建设。组织开展"迎新春 送万福 进万家"公益活动,拍摄新春拜年祝福视频。举办"喜迎党代会 献礼二十大"职工演讲比赛,邀请500余名干部职工开展庆"三八"插花、茶艺、编织等公益培训18期,开展职工心理健康和法律知识讲座、经典诵读、粽情端午、演讲比赛、单身职工交友联谊、免费观影等活动。选派9支队伍参加全市"劳动者之歌"大赛,全部获奖,大武口区总工会获优秀组织奖。选派5支队伍参加全区"劳动者之歌"大赛,获得二等奖、三等奖和优秀奖各1个。强化工会宣传引领。各类信息被中工网采用1篇、"学习强国"采用2篇、《宁夏日报》采用2篇、黄河云视采用8篇、自治区总工会官网采用9篇(自治区22个县区信息报送排名第一)、《宁夏工运》采用3篇、幸福大武口采用15篇。报区委办信息31篇,采用4篇,加强微信平台的管理与使用,粉丝关注量达5164人,比去年同期增长21%。

【弘扬劳模精神、劳动精神、工匠精神】 推荐评选全国工人先锋号1个,自治区五一劳动奖状1个、工人先锋号2个、五一劳动奖章1个。"五一"期间慰问在职和退休劳模10名,向党员劳模发放党史学习教育生活大礼包。为倪萍等5家劳模(技能大师)创新工作室授牌,拍摄劳模创新工作室宣传视频4期,评选74项职工"五小"创新成果,其中24项创新成果获得市总通报表彰。

【推进产业工人队伍建设改革】 按照《2022年大武口区产业工人队伍建设改革工作要点》,选取12家企业开展项目试点。围绕"喜迎二十大 建功新时代"主题和自治区党代会"六新六特六优"产业要求,结合实际开展"新时代新技能 新梦想"等区域(行业)劳动竞赛和职业技能大赛12场次,累计参与职工1000余人次。培育和打造劳模(技能大师、乡村人才振兴)创新工作室4个。推进"工桥通业"素质提升项目实施,举办稀有金属熔炼制备培训班一期,培训技能人才97人。连续两年组织227对师徒开展"匠心凝聚 薪火相传"师带徒活动。深化"安康杯"竞赛和新《安全生产法》知识普及,组织5000余人次职工参与答题活动。

【开展健康企业创建工作】 实施健康企业梯队培育计划,重点培育的盈氟金、德运创润等10家健康企业中6家成功通过市级健康细胞示范点命名。联合市总、卫健、工信等部门开展指导服务5次。通过线上线下积极传播各类健康知识,举办健康宣传教育活动30余场次,惠及职工12000余人。在"会站家"示范点、6个全国和自治区级"户外劳动者服务站"无偿为职工提供法律咨询、健康普及等服务,通过"职工之家"和"职工书屋",不断满足职工精神、文化、体育、健康教育需求。以"安康杯"竞赛、"五小成果"评选、技能竞赛等活动为抓手,教育引导广大职工学习安全生产知识,树立安全生产理念。评选74项职工"五小"创新成果,其中24项创新成果获得市总通报表彰。实施女职工关爱行动,为472名女职工提供免费"两癌"筛查体检。

【增强基层活力】 独立建会22家,联合建会39家,更换法人资格证34家,发展会员1903人。举办新就业形态劳动者集中入会启动仪式暨关爱行动,组织50名新就业形态劳动者集中宣誓入会,为13家独立工会授牌。积极筹措资金500余万元,先后对大武口区工人文化宫进行改造提升,在步行街商圈改造大武口区职工服务中心,与组织、科创、高新区筹资共建"党工之家"暨区域性职工综合服务中心,优化服务阵地,提升服务品质。

【履行维权职能】 探索"赋能成长",出台"能级工资"集体协商实施方案,增加"创新创造类成果奖励、技术技能类津补贴、各级荣誉类专项奖励、学历提升类津补贴"四个方面的协商内容。通过产改试点企业培强、新业态行业培植、示范单位培育、集体协商指导员和企业协商代表培训"四培计划",联合区人社局、区司法局举办线上集体协商"春季要约"推进会暨工作指引培训班,150余名企业职工通过电脑和手机在线实时观看和答疑。发出要约函117份,签订集体合同117份,涵盖企业769家,涉及职工20465人。实施"工会+法院+人社+司法+N"多方联动,畅通职工绿色维权通道。融合法院、人力资源和社会保障、司法、高新区等部门人力、阵地等资源,设立"两中心一室一站"(区人民法院设立职工维权诉前调解工作室、劳动监察局设立职工维权调解中心、高新区设立职工维权服务中心、工会户外劳动者服务站点设立职工维权调解服务站),实施阵地共享、部门联合、队伍联建联调、执法司法联动机制,让劳动争议纠纷"消化"在萌芽,化解在源头,营造多元化解大格局。永辉超市69人达成调解协议、签订协议书,涉案金额60余万元;化解大武口区省道303线公路养护站建设项目39名农民工讨薪案件,涉及金额66.8万余元;石嘴山市铸诚励和餐饮管理有限公司一次性支付劳动者工伤待遇7.75万元。

【提升帮扶实效】 助力困难职工解困脱困。走访调研生产经营困难企业、受疫情影响的中小微企业5家,慰问9家重点项目、重点工程企业职工4200余名,慰问"七大"送温暖对象200名,发放慰问资金38.2万元。为50名市三中和光明中学"工会班"学生送去防寒保暖冲锋衣。为在档88名困难职工发放慰问金82.0497万元。助力新就业形态劳动者帮扶。为一线快递员、环卫工人等送去粽子、月饼等慰问品300余份。为150

名外卖员、快递小哥、货车司机提供3天暖心早餐。助力工会"四送"服务不断优化。联合人社等部门举办招聘会5场次，春节期间为40余家企业、3500名职工送去价值70万元的羊肉、米面油等物品和资金，筹资60余万元开展了"夏送清凉"活动。助力疫情防控有序有效。联合市总工会向镇、街道工会拨付慰问资金6万元、4个卫生服务机构拨付11000元；向53个社区及疫情防控卡点、市场、集中隔离点、企业发放价值10余万元的食品及甜瓜等。抽调职工深入隔离点、"包联"社区、封控一线、高速卡口做好疫情防控工作。助力稳经济保增长促发展落到实处。贯彻落实好《自治区总工会关于开展慰问等活动促进消费的通知》精神，各级工会开展促消费稳增长活动，涉及职工5.34万人次，消费资金累计506.83万余元。

【主要荣誉】 大武口区总工会综合业务工作获石嘴山市工会考核一等奖。大武口区总工会2022年被评为三星级党组织和"让党中央放心、让人民群众满意"模范机关、2022年度第二批自治区健康细胞示范单位。宁夏维尔铸造铸钢造型工段获全国工人先锋号、长城街道金山社区

联合工会爱心托管班被评为全国爱心托管班，宁夏盈氟金和科技有限公司获评全国"安康杯"竞赛优胜单位。宁夏盈氟金和科技公司获自治区五一劳动奖状，埃肯碳素（中国）有限公司徐建华获自治区五一劳动奖章，宁夏西北骏马电机制造公司冲剪车间、宁夏苏宁新能源消失模车间获自治区工人先锋号，朝阳街道永康社区联合工会爱心托管班被评为自治区级爱心托管班，石嘴山市佰德隆商贸有限公司、宁夏西北煤机有限公司荣获自治区和谐劳动关系创建示范企业，石嘴山华欣百货商厦获自治区级"爱心妈咪小屋"称号。

（卢志刚）

石嘴山市惠农区总工会

【概述】 2022年，惠农区总工会在区委、区政府和上级工会的领导下，坚持以习近平新时代中国特色社会主义思想为指导，认真学习贯彻党的二十大以及习近平总书记视察宁夏重要讲话重要指示批示精神，紧紧围绕区委、区政府的中心工作，不断夯实基层基础，突出主责主业，致力精准服务，主动为建设黄河流域生态保护和高质量发展先行区发挥自身应有作用。

【工会组建　民主管理】 坚持党工共建机制，做好建会入会工作。全年新增会员3361人，获自治区奖补资金16万元；另外，部分货车司机物流企业建会工作累计获得自治区直补资金15万元。推动职工之家建设工作。培育打造职工之家3家，"会站家"一体化建设项目1个；按照自治区总工会的相关要求，积极做好工人文化宫项目的联系对接和相关房屋产权手续催办等工作。积极参与企业治理。指导企业建立健全以职代会为基本形式的民主管理制度，落实厂务公开和民主管理制度。同时，积极开展工资集体协商工作，促进职工收入合理增长。全年，厂务公开建制率达90.88%，签订工资集体合同221家。

（赵　娟）

【宣传教育　文化体育】 围绕工会重点工作，紧抓工作主题，紧紧把握舆论宣传导向，做好信息常态化推送工作，通过深入挖掘和宣传展示基层一线先进典型和模范事迹，注重用身边的人和事教育身边的人，坚持用先进文化感召广大职工群众，积极培育和践行社会主义核心价值观，大力弘扬爱国主义精神，不断畅通工运信息，传播工会声音，广泛传递社

会正能量。组织举办"巾帼展风采 建功新时代"网络健身操展示大赛、"喜迎党的二十大 黄河流域风光美"书法美术作品展、学习贯彻党的二十大精神线上有奖知识竞答等活动。全年共推出公众号167期,信息300余篇,其中原创信息120篇。

(潘　矜)

【调查研究　资料编撰】
以深入开展党的二十大和习近平总书记视察宁夏重要讲话指示批示精神"大学习、大讨论、大宣传、大实践"活动为契机,认真贯彻落实自治区第十三次、市第十一次党代会和惠农区第五次党代会精神,深刻领悟"两个确立"的决定性意义,坚决做到"两个维护",组织举办"巾帼展风采　建功新时代"网络健身操展示大赛、"喜迎党的二十大 黄河流域风光美"书法美术作品展、学习贯彻党的二十大精神线上有奖知识竞答等活动。同时,以推进创建"五型"模范机关为抓手,大力实施"党建领航铸魂工程",认真组织开展"县级工会加强年"专项工作、赴基层蹲点和"工作落实年""我为群众办实事"等活动,开展大走访大调研,组织党员干部先后走访职工群众300余户、企业50余家,撰写调研报告6篇。

(赵　娟)

【帮扶救助　法律保障】
抓好做实维权工作,主动参与企业治理,构建和谐劳动关系。一是指导企业着重围绕职工需求的热点难点、薪酬福利等涉及职工切身利益问题作为协商重点,探索在新就业形态劳动者中开展集体协商;宣传走访企业230家,发出要约230份,共签订工资集体专项协议229份,其中,区域示范点2家,行业示范点2家,企业示范点6家,新业态企业6家,建制率达90%,职工知晓率达90%。化解劳动纠纷案件2件,提供法律援助案件1件,开展法律服务5场次,受益职工15000余人次,主动帮助解决职工群众急难愁盼问题。二是做实"四送品牌"春送岗位暖人心:共发布招聘信息20期;开展"春风行动"和高校毕业生暨"三支一扶"专场招聘会,发放宣传资料500余份,组织招聘企业31家、提供就业岗位600个。同时,以推进创建"五型"模范机关为抓手,大力实施"党建领航铸魂工程",认真组织开展"县级工会加强年"专项工作、赴基层蹲点和"工作落实年""我为群众办实事"等活动,筹集资金100余万元。夏送清凉助安全:今年共投入资金20万元,为76家单位1.6万余名职工送去了慰问品。金秋助学圆梦大学:在春节期间,为50

名学生发放了保暖衣、学习用品和工会班助学金13万元;对今年参加高考符合"金秋助学"的13名工会班学生进行审核救助;并动员企业开展助学公益活动,在全社会大力营造社会助学氛围。冬送温暖幸福万家:先后开展春送岗位、夏送清凉、金秋助学、冬送温暖"四送"服务活动;组织100余名新业态劳动者开展免费健康体检,开展"关爱一线职工及春暖农民工"专项行动。走访慰问了困难企业、困难职工、农民工等群体,为他们发放了慰问金和春联、米面油等生活用品,增强职工的认同感和归属感。同时走访慰问了坚守春运工作一线、疫情防控一线的公安民警及医务人员,为他们送去"年货"。今年共投入慰问资金83.95万元,惠及704人。三是巩固和新建"工会户外劳动者服务站点"。对已经建立的、作用发挥较好、设施相对完善的8家"工会户外劳动者服务(法律援助)站点"进行回访调研,指导其配齐设施,定位地图,为广大户外劳动者提供更优的服务,新建惠农区育才路街道新就业形态户外劳动者服务站和中(北)街街道中街社区户外劳动者服务站。针对企业因疫情或市场环境造成的停减产而待岗、轮休、放假在家,未能及时再上岗就业的困难职工、农民工和因本人或家庭成员残疾、子女上大学、意外事故等原因造成生活困难的职工、农民工，摸清困难职工情况，及时核查帮扶；在新就业形态劳动者行业工会中开展受疫情影响职工相关数据的摸排统计并进行慰问。开展了形式多样的普法宣传活动，多层次、多角度说法讲法释法，不断增强职工群众的尊法学法用法守法意识；并邀请律师在企业中开展了新《工会法》知识宣传。

（杨彩凤）

【经济技术 劳动保护】 2022年，惠农区总工会积极推进惠农区产业工人队伍建设改革工作，指导11个试点单位制定工作方案，组织开展"互检互学互评互促"交流会，及时总结"产改"阶段性工作成绩和经验做法，结合存在的困难问题和不足，提出了许多改进意见和措施，为合力推动产业工人队伍建设改革工作落地见效奠定了基础。其中，宁夏恒力钢丝绳有限公司、宁夏嘉峰化工有限公司、宁夏富海物流有限公司3家试点企业较好地发挥了产业工人队伍建设改革的示范引领作用，分别获得市总工会奖励资金3万元；围绕"六新六特六优"重点特色产业，搭建各类竞赛和创新创造平台，组织教育系统、卫生医疗、商贸流通等基层工会突出本行业特点的示范性劳动技能竞赛活动10场次，充分调动了职工群众的积极性、主动性和创造性，形成了比学赶超的良好氛围；创建自治区级健康企业3家。参加自治区总工会"安康杯"竞赛活动435家，规模以上企业参赛率达90%，中小非公企业参赛率达到80%以上。创建市级以上劳模（技能大师）工作室13个（其中国家级1个，市级12个）。2022年，创建市级劳模（职工）创新工作室3个，申报自治区级创新工作室2家，累计获得奖补资金14.5万元；推荐69项"五小"成果参与市级创新成果评选，其中有8项成果获奖，极大地激发了广大职工创新创造热情。

（张 静）

【网络建设 互联网+工会】 做好"中国梦·劳动美"全国职工线上运动会的组团报名工作，共组织31个运动团2077名职工参与网上运动会打卡工作；做好网上"巾帼展风采 建功新时代"网络健身操展示大赛投票活动的宣传工作，截至活动结束，累计访问人数达到17.7万人次；做好"网聚职工正能量、争做石嘴山好网民"五大类音视频摄影作品征集活动，共征集到参赛作品54幅，近20幅作品获奖。6—9月，在企业、环卫、教育卫生文化等行业开展了最平凡最普通劳动者展示活动，展示我区36名各行业优秀的普通劳动者；做好党的二十大精神学习贯彻落实活动，先后开展"劳动创造幸福"征文活动，收到文章45篇并上报市总工会；录制了学习贯彻党的二十大精神快问快答活动，8名干部参与活动，网络浏览量近300人次；开展了"干部职工心向党 踔厉奋发新时代"党的二十大报告金句线上诵读活动的征集汇总工作，共收到114篇参赛作品，经过评审32人获奖，获奖作品在公众号上进行了展示。11月，开展了"团结奋斗 同心筑梦 劳动创造幸福"学习宣传贯彻党的二十大精神线上知识竞答活动，1860人参与答题、3327人浏览相关链接，对党的二十大精神宣传起到了积极作用。

（潘 矜）

【女职工工作】 结合"中国梦·劳动美———永远跟党走 奋进新征程"主题宣传教育，积极组织各机关企事业单位女职工参加"书香三八""玫瑰书香"主题阅读征文、视频及职工读书分享活动，开展"喜迎二十大 奋进新征程 阅读新时代"主题阅读活动，惠农区总工会开展中秋经典诵读活动，惠农区文化馆工会开展新时代乡村阅读季活动、全民阅读朗诵会"开卷有益 书香惠农"读书活动。三八期间,惠农区总工会组织全区女职工开展了"巾帼展风采 建功新时代"女职工健身操活动,12个基层工会参加比赛,激发了女职工的工作热情,增强女职工的拼搏精神和凝聚力。邀请宁夏工人疗养院为我区550余名新就业形态女性劳动者、单亲困难女职工、工会建档困难女职工进行"两癌"筛查并发放体检报告单;"六一"前对全区15名困难女职工子女发放慰问金7500元;端午节前夕,为留守儿童、困难农民工子女、留守老人送去粽子、儿童图书等;为单亲困难女职工子女发放助学金3.9万元,帮助单亲困难女职工减轻子女学费负担;开展了新就业形态女性劳动者维权服务周活动,引导全社会关心关爱新就业形态女性劳动者。宁夏煤炭地质博物馆、万德隆商贸公司分别打造的自治区级、市级"爱心妈咪小屋"示范点均已投入使用。在惠农区文景广场开展8场次的普法宣传活动,发放宣传资料1200份。

（孙贵霞）

【财务工作】 坚持80%的经费向劳动竞赛、阵地建设、劳动关系协调、帮扶困难职工、送温暖送清凉等重点项目倾斜,资金争取逐年递增。全年共计支出资金796.32万元。关爱劳模和困难职工13万元,送温暖40.6万元,送清凉20万元,阵地建设27.5万元,下拨基层工会73.3万元,民生保障621.92万元。

（徐 静）

【经费审查】 加强财务管理,推进经审工作规范化建设。一是加强工会经费预算收支管理,按照相应经费投入比例,加大对送清凉、送温暖、困难职工帮扶、阵地建设、劳动经济等重点工作经费投入支持力度,不断提高资金使用效率。二是加强日常审计,严格把好经费审查关。分别返还2020年度、2021年度小微企业工会经费163.59万元。2022年,惠农区总工会经费审查委员会审计组完成对本级以及辖区9个乡镇街道工会联合会、15家机关事业单位工会委员会和10家企业工会的一般审查审计,12家企业及事业单位接受专项审查审计。经费审计共发现问题114条,提出整改意见114条,对财务管理、会计核算比较规范的单位予以通过,对存在预算制度执行不规范、会计科目使用不规范、支出控制不合理,费用管理不严格的单位有针对性地提出了整改意见和建议,要求被审计单位按期上报整改报告,推动各级工会财务管理工作更加规范。

（于婷婷）

【党建工作】 坚持党对工会工作的全面领导,加强理论武装,始终注重将学习贯彻习近平新时代中国特色社会主义思想作为首要政治任务和政治责任,充分发挥党组理论学习中心组的引领示范作用,将"同上一堂思政课"纳入整体学习计划。采取集中学、个人自学、专题辅导、专题党课、交流研学、实地观摩与现场教学、举办学习读书班等多种形式,认真学习贯彻党的二十大精神、习近平总书记视察宁夏重要讲话和重要指示批示以及自治区第十三次党代会精神,深入学习宣传贯彻等内容,深刻领悟"两个确立"的决定性意义,增强"四个意识"、坚定"四个自信"、做到"两个维护",教育广大工会干部切实担负起引导广大职工听党话、跟党走的政治责任,召开党组理论学习中心组集中学习(扩大)会12场次,干部理论学习会44期次,专题交流研讨13场次,支部主题党日活动11次,开展党课教育4次,结合"双包双联"行动,持续开展"双报到"结对帮扶服务活动10场次,组织并参与疫情防控、创城创卫等志愿服务活动88期次。建立"导师帮带"工作机制，先后开展了"讲政治、比忠诚、讲奉献、比实绩、讲落实、比担当"活动和年轻干部"强责任强素质强担当强作风"专项提升行动，注重加强党员干部日常教育管理和年轻干部的培养。

（李淑莲）

平罗县总工会

【概述】 平罗县域工会组织共设有8个主管局工会、1个工业园区工会、13个乡镇工会、23个社区工会。现有企业工会263家，其他机关乡镇单位153家，职工总数47406人，其中农民工20816人和新就业形态劳动者1588人，已纳入实名制管理。

【强化政治引领】 一是坚持以习近平新时代中国特色社会主义思想为指导，紧紧围绕学习宣传贯彻党的二十大精神这条主线，发布信息13期23条，营造浓厚学习宣传氛围，推动习近平新时代中国特色社会主义思想走近职工身边；充分运用网络媒体、微信公众号着力打造宣传平台、交流平台、学习平台，发布各类信息146期、323条内容，总阅读量20.6万余

次。二是实施党工融合建设红培学院，建立5类师资库，开展教育宣讲9场次，覆盖职工1万余人次。三是结合"同上一堂思政课"主题活动，组织线下劳模精神宣讲6期，线上宣传一线劳动模范、全国工人先锋号、劳模（技能大师）创新工作室18期，制作劳模微宣讲视频4期。四是推进职工文化建设。组织开展"中国梦·劳动美——喜迎二十大　建功新时代"系列活动；组织职工参与全国职工线上运动会，举办职工羽毛球比赛、工间操培训班、红色观影、主题读书、配送电子图书听书馆展架等系列活动，有效地丰富了职工群众文体活动。

【开展疫情防控工作】 一是积极响应县委、县政府和上级工会关于疫情防控工作的部署要求，抽调干部职工配合防疫卡点和核酸检测工作79人次。二是筹集慰问金34.2万元，对全县重点开展疫情防控工作的公安、卫健、交通运输部门、核酸检测点、13个乡镇、29个社区、14个卫生院及货车司机进行慰问。

【基层工会规范化建设】 严格履行民主程序，依法规范选举，选强配优工会干部，提高基层工会委员会质量，不断

充实壮大基层工会工作力量。2022年，基层工会规范化换届56家。

【扩大工会组织覆盖面】 按照"县级工会加强年"专项工作要求，持续开展区市工会机关干部赴基层蹲点工作，深化非公有制企业和社会组织建会工作，推进25人以上企业应建尽建，举办石嘴山市"新就业形态劳动者集中入会暨关爱行动"启动仪式。今年新增工会33家，会员2613人，确保会员会籍信息完善、准确，合格率达到100%。

【推进职工服务阵地建设】 按照"六有"标准打造一批职工服务亮点，对下补助60万元建家，建成职工之家4家、"会站家"2家、户外劳动者服务站4家、职工子女托管班2家、"爱心妈咪小屋"2家、司机之家1家、法律服务站1家、"巾帼直播间"1个。投入资金17万元，打造平罗县司机之家建设项目，为新业态从业者提供便捷优质的服务。

【推动产业工人队伍建设改革】 一是举办全县"安全杯"技能竞赛、电工电焊工技能竞赛；采取项目资金对下补助的形式，举办行业区域性技能竞赛，涉及工种10余项。二是广泛开展"师带徒"、合理

化建议等群众性经济技术创新活动,举办平罗县"五小"科技创新成果评审会,征集创新课题132个,获奖成果41项,其中109项成果推荐参加市级"五小"成果评选活动,21项成果荣获二、三等奖。三是对8家创新工作室进行复审验收和动态管理,新培育劳模、乡村振兴人才创新工作室3家,争取专项补助金9.5万元。四是开展五一劳动奖评选工作,推荐评选全国和自治区五一劳动奖章各1名。五是深化产业工人队伍建设改革,确立10家企业为产改试点单位,深化试点单位产改工作,以点带面推广应用经验做法。

【加强职工服务】 一是加大困难帮扶力度,投入资金281.417万元,帮扶慰问临时救助、春节期间一线工作人员、建档困难职工、疫情防控人员、高温一线作业等人群36741人。二是开展"助学救助"活动。为53名"工会班"困难职工子女发放救助金13.78万元、"金秋助学"学子26人发放助学金8万元。三是做好稳就业保就业工作。发布招聘信息27期,涉及企业320个,提供就业岗位1676个,招聘人数9000余名。四是组织全县抗疫一线女性志愿者、新就业形态等641名女职工开展免费"两癌"筛查,为

全县757名快递员、外卖配送员、货车司机等新就业形态劳动者进行健康体检。五是组织开展公益性在职职工医疗互助活动。帮助患病职工减轻住院医疗费用负担,为职工抵御疾病风险增加保障。六是关心关爱职工群众,开展"双包双联"工作,支持5万元用于崇富村二期日光温室和新时代文明实践中心建设,销售蔬菜3万斤,解决就业6人,"两节"期间对10户困难户进行慰问。开展结对帮扶活动,投入资金4.78万元在教育、产业方面为红瑞村9户建档立卡户提供帮扶,冬季取暖期送去采暖煤,"两节"期间送去米面油等慰问品。

【强化职工维权】 一是扎实开展信访维稳和法治宣传教育工作。接待来访案件51起,法律及政策咨询200余人,涉及金额8.96万元,信访诉求办结率达到100%;开展《民法典》主题宣传活动2期、全县女职工维权知识线上答题活动。二是指导企业建立健全职代会组织机构,定期对职工代表培训;积极开展"公开解难题,民主促发展"等活动,培育"厂务公开示范单位"3家;推动全县工资集体协商工作提质扩面,实现建会企业集体协商建制率达95%以上,百人以上企业建制率100%;

建立协调劳动关系三方机制,每季度召开联席会议。三是举办线上线下"安康杯"职工知识竞赛及应急救护专项技能竞赛,参与职工2万余人次。宣传岗位安全技能和消防安全知识,发放宣传手册和画报300余份;组织新《安全生产法》知识测试,参加职工2000余人次。

【小微企业工会经费返还】 严格落实小微企业工会经费返还政策,通过对2021年164家小微企业核查,做到应返尽返,对符合返还条件的小微企业122家,返还经费50余万元。

【工会经费审查审计工作】 近年来,县总工会经费审查委员会在区、市总工会经审会的指导下,立足审查审计监督职责,监督服务并重,扎实做好经审工作。2022年县总审计项目83家,超额完成27%。审计中发现问题49条,整改44条,整改率90%。审计回访率60%,超额完成20%。

(裴 晨)

吴忠市利通区总工会

【概述】 2022年,利通区总工会坚持以习近平新时代

中国特色社会主义思想为指导，深入学习宣传贯彻党的二十大精神和习近平总书记视察宁夏重要讲话和重要指示批示精神，全面落实自治区第十三次党代会精神，坚决执行利通区委和上级工会决策部署，深入开展"政治工会、实干工会、品牌工会、服务工会、活力工会"建设，团结动员全区广大职工为建设社会主义现代化美丽新利通再立新功。区总工会先后荣获国家级"节约型机关"，吴忠市直属基层工会效能目标考核一等奖，全国职工线上运动会吴忠赛区优秀赛区、优秀组织奖；国家税务总局吴忠市利通区税务局工会、宁夏怡安保安集团有限公司工会被命名为全国工会职工书屋示范点；荣获吴忠市"强国复兴有我　实干尽显担当"微宣讲大赛优秀组织奖，全市肉制品行业职工技能大赛优秀组织奖，全市餐饮行业职工服务技能大赛优秀组织奖，全市集体协商指导员技能大赛二等奖，全市职工象棋比赛团体第二名、全市职工围棋比赛团体第三名、全市职工羽毛球比赛团体第二名。

【思想引领】　团结引导广大职工听党话跟党走，坚定扛起党赋予的政治责任。持续深化理论宣传。组织开展集中学习、知识测试、专题辅导培训、交流研讨80余场次，撰写心得体会、调研报告36篇。编发各类信息209期，其中市级以上媒体刊登120余篇；通过新媒体平台发布各类信息800余条。广泛凝聚职工力量。围绕"中国梦·劳动美——喜迎二十大　建功新时代"主题，依托"企业工会三讲小课堂""劳动者之声"等载体，开展各类专题宣讲20场次、微宣讲40余次，覆盖一线职工1500余人次；组织开展演讲比赛、主题阅读、体育赛事、普惠公益等活动36场次，参与职工5761人次，投入活动经费82.37万元。强化意识形态管理。专题研究意识形态工作4次，开展清查自查4次；组织开展党的二十大精神线上线下宣讲、专题辅导、交流研讨12场次，覆盖干部职工500余人次；开展铸牢中华民族共同体意识专项答题、宣讲进企业3场次。

【服务大局】　团结动员广大职工建功立业，全面激发职工创新创造潜能。深化群众性创新活动。承办全市肉制品行业、餐饮行业职工技能大赛；指导基层工会举办创新创业大赛、技能比武等竞赛5场次；15家非公企业在自治区、吴忠市职工技术创新成果展荣获佳绩；安康杯竞赛覆盖企业177家班组541个职工8520人，开展职业健康保护行动等活动25场次；申报宁夏强阿萨生物科技有限公司、精艺裘皮股份有限公司为自治区级健康企业。发挥模范引领作用。复验各级劳模创新工作室8家、新建2家；开展"劳模聚服务"活动5场次；慰问利通区劳模、先进工作者、工匠及高龄劳模、困难劳模27人次，体检26人次，发放慰问金74000元；申报推荐"吴忠工匠"7人；宁夏昊恺牧业饲草部技术员马克云荣获自治区五一劳动奖章、吴忠中创自控阀有限公司技术创新中心荣获自治区工人先锋号。统筹推进产改工作。组织召开产改协调会、专项部署会5次；5家非公企业围绕试点项目开展提质活动20场次，创新发明专利18项，宁夏好运电焊机39名焊工获得自治区人社厅颁发的高级工证书；开展面向奶产业企业职工的主题服务活动30场次；积极推动产改示范点建设；利通区产业工人队伍建设改革工作在全市深入推进产业工人队伍建设改革工作会议上作经验交流发言。

【维权服务】　团结带动广大职工参与社会治理，全力维护职工队伍和谐稳定。依法履行维权职责。开展新就业形态劳动者服务、法律法规主题宣传系列活动49场次；成功办结货车司机跨省维权等案件14起，信访诉求办结率达98%以上；开展集体协商"四季要约"行动，召开协商现场会18场次，综合集体合同和工资专项集体合同动态签订率保持在90%以上；建设户外劳动者服务站9家，获评自治区级二类站点1家、三类站点2家。深入开展精准帮扶。为辖区1676家小微企业返还工会经费74万余元；全年累计慰问困难职工（农民工）12618人次，发放慰问金285万余元；争取政府及上级工会专项保障资金306万余元，开展工会促消费、疫线慰问活动涉及5000余人次；职工互助活动补助患病职工及覆盖人群529人，发放互助资金207万余元。固本强基夯实基础。积极开展25人以上企业、奶产业及新就业形态劳动者建会入会，新建工会组织56家，发展会员3532人，涵盖法人单位61家；全区非公企业厂务公开、职代会建制率动态保持在95%以上；申报自治区、吴忠市工会服务阵地项目7家；新建假期"四点半"课堂2家、"爱心妈咪小屋"3家，郭家桥乡清水沟村"四点半"课堂和上桥镇新民社区"四点半"课堂分别被评为自治区级、吴忠市级"四点半"课堂，获奖补资金3.6万元。

【自身建设】 团结奋斗激发干事创业活力，依法深入推进工会全面从严治党。落实全面从严治党。扎实推进模范机关和星级党组织创建，认真落实党组议事规则和"三重一大"集体决策制度，召开党组会议17次，听取专项工作汇报、研究相关事项87项；认真落实"三会一课"制度，召开党员大会、专项整治工作部署会、民主生活会、组织生活会等8次，班子成员讲党课6次。认真落实党风廉政建设"第一责任人"责任，督促班子成员切实履行"一岗双责"，开展廉政教育5次，廉政谈话12人次。依法提升审计水平。做好经费审查审计监督工作，对区总工会本级上一年度预算执行情况和专项资金管理使用情况进行审计；完成对20家行政事业单位工会活动补助资金事前审查，审计资金达20万元；完成90家基层工会经费审查审计，被审计单位整改率达94%。

（马晓萍）

吴忠市红寺堡区总工会

【概述】 2022年，红寺堡区总工会紧扣区委、区政府及上级工会的决策部署，围绕中心，服务大局，秉持"三四五"工作理念，团结动员全区广大职工为红寺堡区奋力创建全国易地搬迁移民致富提升示范区贡献工会力量，各项工作初显成效。

【加强党的建设】 一是强化理论学习。常态化开展党史学习教育，把党的二十大精神、党的十九届六中全会精神、习近平总书记在中国共产党成立100周年重要讲话精神以及视察宁夏时重要讲话精神、自治区第十三次党代会精神等列入党组理论学习"第一议题"、党支部"三会一课"首要任务，把"抓在平常、融入经常"的要求落到实处；充分运用"学习强国"学习平台、网上党史教育讲座等网络资源和平台拓展学习平台，引导党员干部进一步增强"四个意识"、坚定"四个自信"，忠诚拥护"两个确立"，坚决做到"两个维护"；开展"人人讲一课"活动，讲解业务、交流体会、畅谈经验、分享收获。截至目前，开展集中学习65次，专题研讨16场次。二是强化政治引领。思想引领，凝心聚力。把"大学习""大宣讲""大培训"搬到工厂车间、生产一线、发展前沿，线上线下开展宣讲28场次，推动习近平新时代中国特色社会主义思想和习近平总书记视察宁夏重要讲话精神进园区、进企业、进车间、进班组、进头脑。选树典型，示范引领，推荐马桂芹、杨占江劳模创新工作室申报吴忠市劳模创新工作室；成功推荐宁夏东方裕兴酒庄有限责任公司首席酿酒师吴秀勇为自治区五一劳动奖章；组建红寺堡区劳模志愿服务分队，参与劳模人数70人；开展劳模聚服务5场次，受益900余人。弘扬劳模精神，凝聚奋进力量。通过拍摄劳模先进事迹宣传片、在微信公众号开设《致敬最美劳动者》专栏等多种形式，广泛宣传模范人物和一线劳动者事迹，在全社会营造崇尚劳模、尊重劳模、学习劳模、争当劳模的良好氛围。系列活动，提振精气神。开展了"喜迎二十大 建功新时代"征文、"情暖三八节 鲜花送祝福"、全区女职工演讲比赛等系列活动；推荐歌曲《向往》参加吴忠市"喜迎二十大 建功新时代"庆"五一"国际劳动节职工文艺比赛；推荐摄影作品20余幅参加吴忠市总工会举办的摄影大赛，其中，《佼佼者》荣获三等奖；选派参加2022年全区职工诵读演说大赛，荣获三等奖；参加吴忠市"强国复兴有我——实干尽显担当"微宣讲比赛，荣获三等奖、优秀奖各1个。积极作为，服务经济社会。积极投身爱国卫生运动、志愿之城创建；履行"脱贫户"帮扶责任人职责，定期到红海村入户；

组建党员先锋队，全员下沉到包抓片区核酸采样点开展服务。花样喊话及工会人攻坚克难、"疫"往无前的使命和担当得到各级领导和社会各界一致好评，相关工作信息被中国新闻网、《光明日报》、红寺堡电视台等主流媒体及各自媒体多次报道。三是强化自身队伍建设。加强机关党建，规范党内政治生活，召开了民主生活会3次，组织生活会2次；邀请处级领导讲党课2次；与吴忠市总工会党支部联合开展了"弘扬劳动模范精神铸牢中华民族共同体意识"支部主题党日活动；观看红色影像3场；确定调研课题21个，其中，理论文章《浅谈工会组织如何在红寺堡示范区创建征程中践行使命担当》荣获红寺堡区公文大赛一等奖并被《宁夏工运》《美丽红寺堡》采用。强化廉政意识，筑牢思想防线。开展了领导干部廉政警示教育周活动和违规收送红包礼金和不当收益及违规借转贷或高额放贷专项整治；通过党组书记讲廉政党课、观看《零容忍》警示教育片、廉政"应知应会"知识测试、开展廉政谈话等，党员干部拒腐防变能力得到普遍提高。截至目前，未发生任何违法违纪问题。严格审计，扎实整改。完成对下审计36家。吴忠市总工会审计反馈的问题及本级

2021年度经费使用、专项资金和固定资产管理使用情况审计整改意见建议全部完成整改。四届区委第二轮巡察反馈问题整改正在有序推进中。

【引领职工在助力乡村振兴战略中建功立业】 开展技能竞赛，劳动技术大练兵。以"建功'十四五'、奋进新征程"为主题，围绕"示范区"建设，开展技能大比武、大练兵，举办"安康杯"知识竞赛，枸杞、黄花菜采摘大赛各1场；开展"比技术 赛技能 当能手"的职工技能竞赛5场次，参与职工500余人；组队参加第二届全市职工技术创新大赛，宁夏弘德包装材料有限公司1项技术创新成果获得三等奖、吴忠赛马新型建材有限公司3项技术创新成果、宁夏水投红寺堡水务有限公司1项技术创新成果获得优秀奖，红寺堡区总工会荣获优秀组织奖；技能培训，素质提升。采取理论与实操相结合的方式，在宁夏汇川爱德服装有限公司开展了为期15天的服装缝纫培训班；举办为期3天的工会干部业务培训班1场次50余人；工会干部、基层工会主席参加各级组织开设的各类培训班100余人次。

【加强职工维权体系建设】 在创建县域社会治理示

范区中开拓创新。普法宣传，科学维权。开展了"尊法守法·携手筑梦"服务农民工法律服务行动，深入企业、社区、新就业形态劳动者中开展法律宣传讲座6场次；召开工资集体协商"集中要约"行动3场次，开展专题培训2场次，模拟演练1场次；加强民主管理，营造良好营商环境。加强职代会、厂务公开、职工董事、职工监事制度有机衔接，促进职代会与集体协商、法律监督、法律援助有机结合，推动国有及其控股企事业单位厂务公开、职代会建制率动态保持在90%以上，非公企业建制率动态保持在85%以上，开展"聚合力、促发展"优秀提案征集，推荐上报优秀职工代表提案3件。

【做好职工帮扶工作，增强职工群众获得感幸福感和安全感】 健全困难职工家庭生活状况监测预警和常态化帮扶机制，精准建档，动态清零、分类施策，不断激发困难职工家庭解困脱困的内生动力；举办"春风行动"线上、线下招聘会7场次，50余家企业参加，涉及岗位4600余个，参与人数近5000人次，达成求职意向300余人；在微信公众号上开辟"工会就业直通车"专栏，及时推送招聘、培训、就业咨询等服务信息；筹措资金

32万元，慰问企业27家，困难职工520余人、全国劳模2人，发放爱心大礼包320份；医疗互助参保3664人173200元；医疗互助、大病救助65人149885元；组织15名总工会机关职工、28名劳模开展了健康体检；"12351"维权服务热线上的3件受理诉求全部予以办结。

【加强基层工会基础建设】 提升工会组织凝聚力、向心力、影响力。多措并举将农民工、"八大群体"发展到工会组织中来，重点在"两新组织"建会；新建工会组织17家，发展工会会员887人；工会组织换届、补选33家；积极推进职工之家"会、站、家"一体化建设，推荐鹏胜建设工程有限责任公司申报吴忠市"会站家"一体化项目；推荐供暖公司、纪委、检察院申报吴忠市职工之家建设项目；推荐申报博大社区和红寺堡区非公企业服务中心为自治区级职工服务阵地示范点；开展"乐享生活·嗨购红寺堡"会员普惠活动，与8家单位达成14项具体普惠项目，惠及工会会员近万名。

【推进智慧工会建设】 进一步深化"互联网+工会"服务体系，重点解决入会瓶颈问题，在工会组建、换届、变更工

会主席等工作环节，突出程序精简，压缩工作时限，在原有"三上三下"的基础上，让数据多跑路，基层少跑路，使工会成立申请、提名候选人、选举结果报告等流程全部实现网上申报和上级网上批复，达到"最多跑一次"取得法人资格证的良好结果。

【户外劳动者站点建设】 积极与社会各界加强合作，协调相关部门，打造户外站点，以"点"为圆心服务周边一公里的户外劳动者，在已打造成功并运行较好的四个"工会户外劳动者服务（法律援助）站"的基础上，主动作为，发挥作用，发动沿街爱心企业、银行网点、商户积极参与，在金水广场、火车站、博大社区、残疾人孵化中心打造了工会户外劳动者服务（法律援助）站，打通服务户外劳动者"最后一公里"。

推进"互联网+"工会普惠体系，提升会员知晓率和参与率。以职工需求为导向，依托电商平台，以时代购物广场为圆心，打造了会员普惠商圈，开展了"乐享红寺堡·新年嗨购""以购补贴"采购本地农特产品等活动，让广大会员享受购物、健康运动、车辆清洗等优惠折扣活动，专享文体活动、书屋书店等公共文化服务资源，让广大会员切身体验

"指尖上"的工会，享受"零距离"的服务，感受实实在在的"网上职工之家"。

【建设非公企业职工服务中心】 建设集接待大厅、心理咨询解压室、劳动争议调解室、职工书屋、户外劳动者服务站（点）及多媒体中心为一体的红寺堡区非公企业职工服务中心，进一步完善了工会阵地建设，提高了工会服务水平，解决了非公企业组建难、服务难、无阵地等痛点问题，体现了工会维护职工合法权益、竭诚服务职工群众的宗旨。

（杨晓燕）

青铜峡市总工会

【概述】 2022年，在青铜峡市委、市政府的坚强领导下，青铜峡市总工会带领全市各级工会组织以高度的政治自觉和坚定的政治担当，履职尽责、主动作为，团结动员广大职工在推动青铜峡经济社会高质量发展中发挥了积极作用。被中国疾病预防控制中心授予"万步有约"健走省级竞赛奖，荣获自治区"劳动者之声"比赛优秀奖。获得吴忠市集体协商技能大赛二等奖、吴忠市各项体育赛事奖项3个。2021年全市效能目标考核获优秀等次；2022年吴忠市直属基层工会效能目标考核获二等奖。

【思想政治引领】 青铜峡市总工会切实扛起政治责任，组织各级工会干部深入学习党的二十大精神和习近平总书记视察宁夏重要讲话和重要指示批示精神，把学思践悟转化为履职尽责、扎实工作的实际行动。举办读书班、党组理论研讨会、党员干部学习交流会、故事征文、劳模宣讲、红色家书经典诵读、知识竞赛等活动25场次，引领广大职工坚定不移听党话、矢志不渝跟党走。创新宣传工作形式，开展"强国复兴有我 同上一堂思政课"活动，组建由35名劳动模范和先进工作者、优秀职工代表、工会干部等为成员的青铜峡市劳动者之声宣讲团，深入社区、企业开展宣讲，推动党的方针政策进企业、进车间、进职工头脑。

【产业工人队伍建设改革】 青铜峡市总工会组织召开了全市产业工人队伍建设改革工作座谈会，先后迎接自治区、吴忠市总工会产业工人队伍建设改革调研。作为自治区、吴忠市产改工作的全面试点单位，全力做好改革试点推进工作，打造宁夏新大众机械有限公司"劳模示范引领 产教融合互补 构建产学研一体化人才培养模式"、宁夏青铜峡水泥股份有限公司"培养'四有职工'创建'五型'班组努力锻造一支敢担当讲奉献的职工队伍"、宁夏金昱元化工集团有限公司"实施党员带教 提升产业工人队伍素质"等产改工作重点，形成了典型案例。

【劳模管理服务】 大力弘扬劳模精神、劳动精神、工匠精神，常态化开展劳模事迹宣传，依托青铜峡市总工会微信公众号推送劳模先进事迹。"五一"前夕，慰问12名高龄劳模，送去党和政府以及工会组织的关心关爱。组织7名全国劳模、20名吴忠市劳模参加健康体检，推荐7名吴忠市劳模参加厦门疗（休）养。推荐刘惠银劳模创新工作室为自治区示范性劳模创新工作室，推荐施艳玲、吴峰劳模创新工作室为吴忠市级劳模创新工作室。成立了劳模聚服务宣讲团，走进学校、社区、企业开展宣讲活动5场次。

【职工素质提升】 青铜峡市总工会围绕重大项目特色产业、重点行业开展"当好主人翁 建功新时代——我为古峡建设做贡献"劳动技能竞赛，举办全市建筑工人技能竞赛、消防职业技能培训和技能竞赛、滩羊皮制品职工职业技能竞赛、酿酒葡萄种植师技能竞赛、全市"安康杯"知识竞赛,近10000名职工参加活动。组织12家基层工会28项创新成果参加自治区和吴忠市职工技术创新大赛,2个项目分别荣获自治区创新大赛三等奖和优秀奖;5个项目分别荣获吴忠市科技创新大赛二等奖和三等奖。15名葡萄酒行业的职工参加了自治区葡萄酒综合技能大赛。创建健康企业5家。积极推荐自治区"五一"劳动奖和工人先锋号的评选,宁夏新大众机械有限公司电工班荣获2022年自治区工人先锋号荣誉称号。2名职工被评为吴忠工匠。储备41名团体和个人作为自治区"五一"劳动奖的候选对象。

【基层组织建设】 组织召开了青铜峡市总工会第十届八次、九次全委会议,完成了市总工会委员、常委、主席、副主席的补选工作。将25人以上企业和新业态劳动者全部纳入工会组织,并提供精准服务,新建基层工会组织36家,发展会员3206人,取得了全区县级工会组建工会发展会员第二名的好成绩。全年督促指导105家基层工会依法开展换届和补选工作。对16家基层工会实行项目化补助,共补助经费49万元。重点打造党群服务阵地6家、职工之家9个。在企事业单位中广泛开展了"公开解难题,民主促发展"主题活动和厂务公开"点题制"工作,打造厂务公开民主管理示范点8个。

【职工权益维护】 青铜峡总工会共接待来访26案34人次,处理"12351"转办案件16起,追讨欠薪12万元。开展职工队伍稳定风险排查15次,排查企业和项目工地142个,访谈职工560人次,共排查出主要问题12个,现场指导整改风险隐患3个,解决职工生活困难、劳保发放不及时等问题4个。开展劳动领域政治安全矛盾风险排查,共排查企业162家,受理来信来访3件次,与镇(街道)、直属企业签订《劳动领域政治安全责任书》80份。开展法律服务宣传活动32场次,法治讲座9场次,禁毒宣传10场次,发放法律法规宣传单3400份。开展"法治体检进企业"13场次,指出企业存在的法律风险点8个。

【构建和谐劳动关系】 筹备召开了全市劳动关系三方会议,承办了全区集体协商指导员座谈会,指导156家企业开展了集体协商质效评估、15家企业开展了"互联网+集体协商",参加吴忠市集体协商指导员技能大赛荣获2等奖。指导签订工资专项集体合同208份,覆盖企业424家,覆盖职工12761人,工资专项集体合同动态签订率达95%以上。培树快递行业和皮草行业2个协商品牌,区域(行业)工资集体协商示范点达到6个。新建新就业形态劳动争议调解组织4家。联合市人民法院、人社局率先建立了"工会+法院""工会+仲裁"诉调对接(裁调对接)机制,在大坝法庭挂牌成立劳动争议诉调对接工作室,在人社局仲裁院建立了裁调对接工作室。诉调对接模式启动以来,与法院联合调解劳资纠纷系列案74起,涉及金额61万余元。

【困难职工帮扶】 开展春风行动,提供就业岗位1792个。开展以"喜迎二十大 建功新时代"为主题的夏送清凉慰问活动,慰问各类企事业单位117家,投入资金共32.25万元。开展2022年"金秋助学"活动,向4名职工子女发放助学金2万元。开展新业态劳动者关爱行动,向179名快递员、大货车司机赠送了"暖冬大礼包"和购买了每人保额达到6.8万元的意外伤害保险。"两节"期间,筹集资金31万元对全市620名困难职工、一线职工和防疫一线职工进行了慰问。争取区总资金10.2万元，慰问了塞外香、可可美2家困难企业。对受疫情影响的低收入职工集中摸排，慰问辅警、餐饮行业从业人员80人，发放慰问金7.63万元。集中摸排、慰问疫情期间受到严重影响的低收入职工和防疫一线职工308名，发放慰问金15.45万元。

【职工服务保障】 新打造5家工会户外劳动者服务(法律援助)站点，其中2家站点被评为"全区最美户外劳动者服务站"。举办"职工乐学公益课"插花、羽毛球、书法、瑜伽培训班各10期，参与职工1500余人。实施了第七期职工医疗互助活动，全市14681名职工参与，筹集互助金73.405万元，为227名住院职工报销医疗互助金60万元。切实减轻小微企业负担，促进小微企业健康发展，返还小微企业工会经费340万元。严格落实疫情防控平战转换制度，21名党员干部化身战斗员冲锋在一线，筹措资金16万元购买防疫物资和慰问品。

【关爱女职工工作】 联合市妇联等部门在青秀园举办了"爱妮保"杯"她·健康"健步走活动，全市260余名女职工参加了活动。举办"喜迎党代会 献礼二十大"全市职工演讲比赛，通过市总工会微信平台对获奖选手作品进行线上展播。在自治区工人疗养院对口支持下，全市234名新就业形态女性劳动者、建档立卡困难女职工、单亲困难女职工、抗疫一线社区工作者、女性医务人员、中小微企业和困难企业女职工进行免费"两癌"筛查。开展六一儿童节关爱活动，对27名在档困难职工子女、农村留守儿童、困境儿童等进行走访慰问。联合市妇联、团市委在叶盛镇地三村润来农业研学实践基地举办"强国复兴有我 喜迎二十大——缘来是你"单身青年联谊活动，来自全市机关、企事业单位近100名单身青年职工参加活动。

【经费审查审计】 对本级工会2021年度经费决算(草案)和2022年度经费预算(草案)、2022年上半年预算执行情况进行了审查。对市总本级工会2021年度经费预算执行情况、专项资金和固定资产管理使用情况进行了审计，发现问题3条，提出审计意见及建议3条，市总工会财务对存在的问题进行了整改。对54家基层工会2021—2022年度工会经费收支情况、固定资产管理使用情况和计拨经费等进行了审计，审退违规使用经费21.10万元，提出审计意见和建议102条，落实整改了102条，整改率100%。

【提高自身素质】 持续深化"三强九严"工程，抓好纪律教育、家风教育、廉洁教育，巩固风清气正政治生态，推动工会党组织全面进步、全面过硬。提升党建工作质量，打造党建和工会业务深度融合的党建品牌，巩固模范机关和"四星级党组织"创建成果。严格执行中央八项规定及其实施细则，持续纠"四风"树新风。严格落实十三届市委第二轮巡察反馈意见，制定整改措施47条，建立整改任务清单，完成整改任务25项，正在整改3项。建立"四比四强四提升"机制，开展"模范部室、岗位标兵"评选活动，组织4个部室和25名工会干部进行年度述职，采取自评与互评相结合、部室推荐与集体研究相结合的方式，评选出2个模范部室和4名岗位标兵。

(王海花)

盐池县总工会

【概述】 2022年，盐池县总工会在县委、县政府和区、市总工会的正确领导下，团结带领全县职工服务大局、求实创新、锐意进取，开创新形势下工会工作新局面。"157"党群法务联盟彰显工会活力，周永红劳模创新工作室诠释了工匠精神，户外劳动者服务（法律援助）站暨首个司机之家被推荐为全国最美之站。荣获2022年度全国工会财务会计工作先进单位、全国和自治区级工会爱心托管班。

【职工思想引领】 一是把强化理论武装作为首要政治任务。坚持把习近平新时代中国特色社会主义思想作为武装理论的中心内容，不断加强对习近平总书记关于工人阶级和工会工作的重要论述的学习宣传，通过专题学习、理论宣讲、知识竞赛等形式，广泛开展学习教育活动50余场次，引导广大职工听党话、跟党走，推动重要论述在工会系统和广大职工中落地生根。二是持续推动学习教育常态化实效化。采取专题辅导、知识测试、现场解答等形式，使法律宣讲、安全宣传等内容进企业、进车间、进班组，开展巡回宣讲活动12场，受众达1000人次，广大干部职工用党的各项创新理论武装头脑、指导实践、推动工作的能力得到有效提升。持续开展"我为群众办实事"实践活动，投入资金20余万元，累计完成办实事项目15

件。三是宣传舆论引导工作取得实效。在"盐池工会公众信息平台"开设线上专栏10余种，发布相关信息623篇，浏览点击量50000余次。打造独具特色的"工"字号宣讲品牌。组建以劳动模范、工会干部和优秀职工代表为主体的"劳动者之声"宣讲团，开展各类宣讲30余次，覆盖职工群众5000余人。向区、市工会及新闻媒体报送信息164条，被《人民日报》《工人日报》《宁夏日报》等报纸刊登盐池工会信息30余条，撰写调研文章10篇。

【深化产业工人队伍建设改革】 制定《2022年产业工人队伍建设改革要点》，组织召开产业工人队伍建设改革推进会，建立劳模、工匠等技能人才库，提高产改实效。全县企事业单位厂务公开覆盖面和职代会建制率90%以上，深入开展"聚合力 促发展"优秀职工代表提案征集活动，征集上报了宁夏水投盐池水务有限公司优秀职工代表提案1个。宁夏深燃众源天然气公司民主管理的故事被推荐参加"2022年全国企业民主管理微视频大赛"。组织全县20名职工共12项技术创新成果参加全市第二届职工技术创新大赛，其中有两项分别获得二等奖和三等奖，并推荐参

加全区职工创新成果展。选派5名职工参加吴忠市餐饮技能大赛，获得二等奖1人，盐池宾馆职工刘彩云在全国星级饭店技能大赛宁夏选拔赛中获得客房服务一等奖。

【扩大工会组织覆盖面】 推动新就业形态劳动者集中入会。坚持党建带工建，采取领导包抓、重点建、行业建、兜底建等形式，新建工会28家，新增会员2876人，其中25人以上非公企业建会19家，滩羊产业、电商产业联合工会2家，其他组织建会7家。开展新就业形态劳动者入会集中行动，发展货车司机、快递员、外卖配送员405人。

【开展劳动和技能竞赛】 紧扣黄河流域生态保护和高质量发展先行区建设，围绕重点产业，举办"建功'十四五'、奋进新征程"主题劳动和技能竞赛7场次。大力弘扬劳模精神、劳动精神和工匠精神，开展"劳模聚服务"活动8场次，推荐7名劳模疗休养。周永红劳模创新工作室，言传身教，四十年如一日，坚守滩羊皮毛传统技术，推荐为自治区级劳模创新工作室。选树市级劳模创新工作室1家，推荐自治区五一劳动奖章1人，自治区"工人先锋号"班组1

个。天利丰生产运行班组荣获全国"安康杯"竞赛优胜班组，举办全县"安康杯"知识竞赛，全县84家企业5050名职工参加，进一步提高企业及职工的安全责任意识。

【加大职工权益维护力度】 深入推进县域社会治理现代化示范县和平安盐池建设，打造一体化维权服务阵地。一是发挥集体协商作用，构建和谐稳定劳动关系。选聘17名工资集体协商指导员，实行网格化台账管理。签订专项集体合同，保障职工合法权益，其中工资专项集体合同78份，涵盖114家单位，覆盖职工6097人。开展工资集体协商质效评价工作，全县65家企业500余名职工参与，企业和职工满意率达90%以上。选树培育全县32家和谐企业，天利丰、滩羊集团、金裕海3家企业被评为全区和谐劳动关系创建示范企业。二是拓展维权服务模式，打造企业依法用工治理体系。健全完善"工会+N"和谐劳动关系室，打造集"1个党建为统领、工青妇等5个单位协作、设立7个岗位"为一体的"157"党群法务综合服务联盟，为广大职工提供心理咨询、沙龙座谈、法律服务等，先后为50余名货车司机提供心理疏导，调解完成劳动保护工伤等劳动争

议案件5起，为职工争取利益，挽回损失2万余元。举办青年联谊会3期、党建直播培训5期，开展劳动用工监督检查2次，查找企业用工风险点1个，前置化打造企业用工治理体系，实现劳动纠纷联防共防，源头化解。三是创新普法模式，源头预防劳动纠纷。切实维护劳动领域政治安全，建立来信来访台账，排查企业92家，覆盖职工5000余人，排查并消除风险因素2个。积极探索，奏好调研、清单、宣讲、回访"四步曲"，开展普法宣讲活动。先后深入青山工业园区、苏沪新材料等企业通过"理论+案例+问答"的方式，开展《工会法》等法律知识讲座14场次，覆盖职工300余人次。

【开展普惠服务，关心关爱职工】 健全服务职工体系，推动职工生活品质显著提升，在增强职工获得感幸福感安全感上奋发有为，提升"工会温度"。一是丰富职工文体活动，活跃职工文化生活。深入开展"中国梦 劳动美"活动，线上线下相结合，开展各类文体活动15场次，端午、中秋各类节日活动10场次；结合全民阅读，在女职工中广泛开展书香、演讲、朗诵等活动，逐步构建立体化、多元化职工文化服务网络。二是落实就

业优先，推动创新创业。联合开展"春风行动"、民营企业招聘会，利用线下线上，提供就业岗位3000余个；开展电商直播专题培训班1期，40余人次，企业职工岗位技能提升班1期，90余人次；举办青年创新创业大赛，技术创新成果亮点纷呈。三是精准服务，打响"工"字品牌。加强困难群体兜底帮扶，做实做优"四送"活动，慰问新就业形态等各类群体、困难职工150万余元，为169人发放职工医疗救助25万元；贯彻落实"稳经济、促增长"会议精神，倡议各基层组织积极开展各类工会活动，16000多名工会会员参与促消费活动，带动消费近400万元；高标准建设户外劳动者服务（法律援助）站4家，其中融盐司机之家被推荐为全国最美工会户外劳动者服务（法律援助）站，快递员之家被推荐为区级工会户外劳动者服务（法律援助）站，阵地的建设为广大户外劳动者解决了"吃饭难、喝水难、休息难、如厕难"等实际问题，户外劳动者感激之情溢于言表，上级部门给予了充分的肯定。盐池总工会区爱心托管班荣获全国称号并争取补助4.5万元；王乐井卫生院打造的"爱心妈咪小屋"获得市级表扬；为全县60余家单位246名女职工提供免费"两癌"筛查，全县28个

基层工会614名女职工参保6.14万元。

【加强自身建设】 一是全面从严治党，提升党员干部廉洁履职能力。严格落实全面从严治党主体责任、党员干部"一岗双责"和意识形态工作责任制，按要求开展党组理论学习中心组、"三会一课"等学习活动20余次，积极开展清廉机关建设、违规收送红包礼金和不当收益及违规借转贷或高额放贷专项整治工作、作风建设集中整顿年活动，着力打造工会党建品牌，努力建设对党忠诚、组织过硬、务实高效、和谐文明、勤政清廉的模范机关。二是严把关口，强化经费收支管理。建立税务代收工作联席联动机制，强化经费收缴，通过召开工作联席会议、座谈会等形式，打牢税务代收工会经费"基础盘"。全年税务代收工会经费748万元，与上年同期相比增长276万元，增长58.5%。全年财政全额划拨工会经费243万元（上解工会经费91.23万元）。同时为20家小微企业退还工会经费13万元；聘请第三方机构对全县55家基层工会经费进行审计监督，提出审计意见80余条。三是从严从实抓好疫情防控，确保文明创建和乡村振兴工作统筹推进。疫情防控持续加强，单位党员、干部下沉社区，24小时小区值守，排查风险隐患，协助核酸检测扫码工作，同时慰问医护人员、疫情卡点一线人员千余名，慰问物资20余万元。巩固脱贫成果同乡村振兴有效衔接，累计投入30余万元，打造包扶村马坊农机服务专业合作社，结对帮扶48户；文明创建不断深化，对包抓2个小区每周五组织志愿者进行环境卫生整治，开展垃圾分类、文明养犬、安全用电等各类文明宣传30余场次，累计志愿服务活动150余次，同时投入10万余元，对小区陈旧设施改造维修。

同心县总工会

【概述】 2022年，县总工会在区市总工会、县委的正确领导下，以习近平新时代中国特色社会主义思想为指导，深入学习宣传贯彻党的二十大精神，认真学习贯彻习近平总书记关于工人阶级和工会工作的重要论述，以党的政治建设为统领，牢固树立政治机关意识，紧紧围绕全县中心工作，发挥工人阶级主力军作用，彰显工会组织使命担当，认真履行工作职责，全面完成年度各项工作任务。

【职工思想政治引领】 （一）强化政治理论学习。县总工会党组以党组会议、党组理论学习中心组等形式，深入学习宣传贯彻党的二十大精神，深入学习贯彻习近平总书记视察宁夏重要讲话指示批示精神，全面贯彻落实自治区第十三次党代会、吴忠市第六次党代会和同心县第十四次党代会精神以及县委十四届三次、四次全体会议安排部署，共举办专题培训班2期，专题学习研讨10次。深刻领悟"两个确立"的决定性意义，进一步增强"四个意识"，坚定"四个自信"，做到"两个维护"。（二）用党的创新理论武装头脑。我们在全国、区、市、县级劳动模范和先进工作者中，精心挑选了10名在各行各业中的佼佼者，成立了"劳动者之声"宣讲团，通过以进企业、进车间、进班组为主的"三进"宣讲活动，进一步贯彻落实好习近平新时代中国特色社会主义思想、习近平总书记关于工人阶级和工会工作的重要论述等。共宣讲12场次，参加会员3000多人。（三）严格落实党组工作职责。认真落实《中国共产党党组工作条例》，全面履行党组主体责任，严格执行民主集中制和"三重一大"决策制度，严格落实党组意识形态工作责任制，严格遵守中央八项规定及其实施细则精神，认真履行党风廉政建设主体责任和班子成员"一岗双责"。针对巡察反馈和书记点人点事的问题，我们坚持问题导向，制定了切实可行的整改方案，明确了责任目标，确保整改取得实效。

【同心县工会第八次代表大会】 12月15日，同心县工会第八次代表大会开幕。同心县委副书记宋继忠，吴忠市总工会党组成员、副主席徐经生出席会议并讲话。大会总结了过去五年全县工运事业取得的显著成效和宝贵经验，分析了新形势、新机遇、新挑战，明确了今后五年的奋斗目标，部署了主要任务。会议指出，以习近平新时代中国特色社会主义思想为指导，深入学习宣传贯彻党的二十大精神，认真学习贯彻习近平总书记关于工人阶级和工会工作的重要论述、习近平总书记视察宁夏重要讲话指示批示精神，全面落实宁夏工运事业和工会工作"十四五"发展规划和同心县第十四次党代会精神，深刻领悟"两个确立"的决定性意义，增强"四个意识"、坚定"四个自信"、做到"两个维护"，坚定不移走中国特色社会主义工会发展道路，保持和增强工会组织和工会工作政治性、先进性、群众性。围绕思想引领、建功立业、权益维护、品质提升、改革创新重点

任务，以"县级工会加强年"为抓手，扎实推进"三基三力""三争四拼"行动，努力建设政治工会、实干工会、品牌工会、服务工会、活力工会，大力弘扬劳模精神，劳动精神，工匠精神，团结动员全县职工为全面建设社会主义现代化美丽新同心建功立业。大会审议通过了县总工会第七届委员会工作报告、财务工作报告、经费审查报告，选举产生了县总工会新一届领导班子，马宗新当选为主席，杨彦德、马淑红、杨红艳、李小红（挂职）、周军（挂职）、樊晨伟（兼职）当选为副主席，马红当选为经审会主任。

【职工文化建设】（一）用文化活动凝聚人心。联合县文广局等单位举办了"全民健身火起来 乡村振兴跑起来"——2022年"迎冬奥"新年第一跑活动，有2000名徒步运动爱好者参加了活动；联合县委宣传部等单位共同开展了2022年"翰墨迎新春 送福进万家"书法公益活动，为一线职工群众、农民工、新业态劳动者赠送春联和"福"字1500余副；联合县教育系统工会、豫海镇总工会开展了"书香满庭芳 奋进新征程"庆祝"三八"妇女节读书活动。来自各部门、乡（镇）、企业工会女主席、女委员、女劳模和女

职工代表60余人参加了活动。（二）用先进模范发挥引领作用。为大力弘扬劳模精神、劳动精神、工匠精神，共招募"劳模聚服务"志愿者31名，根据劳动模范、先进工作者专业特长在不同领域开展服务活动，开展"劳模聚服务"活动5场次。

【职工建功立业】（一）扎实做好职工技术创新推选工作。县总工会深入了解我县各行各业及产业工人技术创新工作情况，向吴忠市总工会推选18项各类技术创新大赛参赛评选成果，宁夏源根民俗文化产业有限公司的尕妹子剪纸文创开发项目和宁夏润德生物科技有限责任公司的枸杞酵素益生饮品及工艺研究分别荣获一等奖和三等奖。（二）大力实施职工职业技能素质提升工程。联合县人社局先后开展了烹饪、家政、电焊工等技能培训活动3场次，培训农民工150人次，有效提升了广大群众就业技能，拓宽了就业渠道。（三）深入开展全县职工（农民工）劳动技能大赛。县总工会围绕全区"9+1"重点特色产业，举办了同心县第四届农民工枸杞采摘劳动技能大赛、全县建筑行业技能大赛和"奋进新征程 建功新时代"同心县服装行业劳动技能大赛。近年来，同心县

总工会紧紧围绕产业工人队伍建设改革工作，以竞赛促提升，开展多工种、多形式的劳动竞赛、技能比武等活动，不断提升产业工人职业技能水平，促进产业工人技能成长，推动产业工人素质提升，提升全县产业工人队伍整体水平。

【构建和谐劳动关系】（一）扎实开展"送温暖"活动。2022年"两节"期间，自治区总工会为我县127名困难职工发放"送温暖"资金49.17万元；同心县总工会春节期间走访慰问18家企业，发放慰问资金12.6万元；成立工会班，资助困难职工家庭高中生150名，每人每年发放2600元，共计发放39万元；疫情防控期间，积极筹措帮扶资金5万元，为中核（宁夏）同心防护科技有限公司的56名困难职工送去党和政府的关怀关爱。为我县新就业形态女性劳动者、工会建档立卡困难女职工、在抗疫一线的医护人员等200余人进行了免费"两癌"筛查。（二）推动职工法律维权走深走实。开展"尊法守法 携手筑梦"服务职工（农民工）法治宣传活动9场次，发放宣传册2000余份，涉及农民工2000多人。（三）关心关爱企业职工身心健康。邀请吴忠市劳模、县人民医院感染科主任丁玉林为企业职工

开展了健康知识及职业病防治专题讲座，并为企业职工开展了测量血压、发放药品等医疗服务。邀请宁夏工人疗养院专业团队，为我县新就业形态工会会员开展免费体检292人次。（四）乡村振兴帮扶工作成效明显。按照县委安排，县总工会派出5人分别到兴隆乡王大套村、新生村、丁塘镇八方村、王团镇大沟沿村开展巩固拓展脱贫攻坚成果同乡村振兴有效衔接工作，筹措资金20余万元解决了群众的急难愁盼问题。

【提升工会服务能力】（一）加强工会组织建设。深入贯彻落实《关于加强新时代党建带工建工作的意见》，2022年新组建工会20家，新增会员2942人，在村一级建立健全工会组织53家。目前，全县现有基层工会组织271家（涵盖单位318个），会员30669人，其中农民工16167人。筹备召开了同心县工会第八次代表大会，选举产生了新一届工会领导班子。（二）持续做好"春风行动"促就业工作。与职能部门联合举办了"春风行动"专场招聘会和同心县2022年民营企业招聘月活动暨大中城市招聘高校毕业生现场招聘会，现场发放招聘简章及各类宣传材料3000余份，现场达成就业

意向217人。（三）深化产业工人队伍建设改革。落实产业工人思想引领、建功立业、素质提升、地位提高、队伍壮大等改革措施，中核（宁夏）同心防护科技有限公司、宁夏伊兴羊绒制品有限公司2家试点企业产业工人队伍建设向面上拓宽，会员覆盖面已达到50%以上。中核（宁夏）同心防护科技有限公司被中华全国总工会确定为2023年度提升职工生活品质试点单位。

（李 艳）

吴忠太阳山开发区总工会

【概述】 2022年，开发区总工会在开发区党工委、管委会和市总工会的坚强领导和大力支持下，坚持以习近平新时代中国特色社会主义思想为指导，按照开发区党工委、管委会和市总工会开展"五个工会"建设要求，紧密结合开发区工作实际，主动作为，认真履行工作职责，各项工作有序推进，指导1家企业荣获2020—2021年度全国"安康杯"竞赛优胜单位、2家企业荣获自治区和谐劳动关系创建示范企业荣誉称号。

【强化政治责任】 一是加强理论武装。通过宣传教

育，选树典型，弘扬劳模精神、工匠精神，引导职工听党话、跟党走。加强工会干部自身学习，组织辖区基层工会主席和工会干部参加管委会举办专题学习讲座25次；组织观看警示教育片10次；认真组织辖区干部职工深入学习宣传贯彻自治区第十三次党代会精神；组织工会干部、劳模等骨干组成"劳动者之声"开发区宣讲团进基层活动，通过劳模工匠说、公众号点选、基层一线讲等方式，推动学习、宣传、培训活动进企业、进车间15场次，受益职工2800余名，通过宣讲培训进一步强化开发区职工思想政治建设、深化理想信念教育。二是把牢政治方向。按照党支部安排开展违规收送红包礼金和不当收益及违规借转贷或高额放贷专项整治工作专题讨论，工会4人进行了谈心谈话和剖析检视交流发言；精心制作庆"五一""为奋斗者点赞"、观看首届大国工匠、民法典等视频、美篇共29篇；组织女职工参加市总举办的"喜迎党代会·献礼二十大"全市女职工演讲比赛，荣获优秀奖，开展多形式、多角度、多层次宣传教育系列活动；并为基层工会征订党报等刊物41份，掀起了工会系统思想政治理论学习的热潮，同时共撰写上报调研报告8篇。

【强化产业工人队伍建设改革五个提升】 一是思想引领铸魂。坚定贯彻习近平总书记关于"引导职工群众听党话跟党走，巩固党执政的阶级基础和群众基础"的重大要求。制定《新时期太阳山开发区产业工人队伍建设改革实施方案》《太阳山开发区2022年产业工人队伍思想引领实施方案》，按照加强和改进产业工人队伍思想政治建设的改革任务，加强党建引领，充分发挥党组织的合力作用。将产业工人生产一线懂技术、懂管理、懂经营的优秀人员推选加入党组织，发展产业工人党员11名，各企业在优秀产业工人中选拔进入中层领导干部中16人，强化产业工人在产业改革中的示范带头作用。二是建功立业赋能。以"建功'十四五'、奋进新征程"为主题，围绕"示范区"建设，动员广大职工群众、产业工人把工作岗位作为建功立业主战场，通过技能竞赛、技术比武、知识竞赛、技能培训推动产业工人建功立业。为职工搭建创新创效平台，积极组织职工参加第二届全区职工技术创新成果评选展览活动，上报创新成果13项，宁夏泰富能源有限公司质检高效检测项目荣获2022第十一届中国创新创业大赛（宁夏赛区）暨第七届"中国银行杯"宁夏创

新创业大赛成长组冠军、"中国创翼"创业创新大赛吴忠赛区选拔赛三等奖；年内申报自治区工人先锋号1家。在建劳模创新工作室1家。三是技能素质提升。为进一步促进职工整体素质提升，将职工队伍素质提升作为主要任务，着力完善职工职业培训体系，充分发挥工会技能培训作用。各企业开展炉前工、消防应急救援、生产主要设备结构原理及维护保养技能竞赛3场次，750余人次；举办2022年危险化学品运输车辆驾驶员技能竞赛，共6家企业20名驾驶员参加竞赛，通过竞赛促进开发区危险化学品运输行业的安全发展，全面提升驾驶员业务水平和整体素质；开展2022年建筑领域"安全生产月"应急救援演练活动1场；组织辖区企业1890名产业工人参加法律知识线上答题；组织200余名产业工人参加新《安全生产法》知识竞赛及吴忠市安康杯网络答题；开展各类安全培训、操作员、消防员、质检员、仪表工、危险化学品运输司机、厨师、保安等工种培训600余人次，采取多工种、不定时轮岗轮训的培训计划。组织辖区10名工会干部参加吴忠市举办的"加强基层工会组织建设与工会工作实务培训班"学习。通过5个方面不断提升了产业工人技能

素质,提高了产业工人地位,壮大了产业工人队伍,为积极建功"十四五"、奋进新时代展现新作为。

持续叫响"中国梦 劳动美"文化品牌,深入实施全民健身、心理健康和人文关怀计划。春节前多措并举邀请开发区17家企业共同制作大型虎年灯展;举办开发区职工"庆元旦 猜灯谜"活动;开展"工会学雷锋树新风 志愿服务暖人心"志愿活动;举办"庆三八""管理情绪 走进幸福"女职工知识讲座;开展我为职工办实事"全民防诈共享平安"防诈安全知识讲座;组织召开"喜迎二十大 建功新时代"开发区职工书画摄影比赛,参与绘画、摄影、书法作品100余幅。通过活动展现了开发区经济社会发展各方面的辉煌成就,展现广大职工在生活一线、脱贫攻坚、生态环保、文明城市创建等方面的发展和精神风貌。截至目前,报送简报39期,区总工会采用5篇,《吴忠日报》采用2篇,市总工会采用32篇。

【加强组织建设】 一是坚持党建带工建。坚持以"六有工会"建设为统领,以规范工会组建、换届、补选、深化会员评家工作、年报工作为重点,以25人以上非公企业为重点,年度新组建工会组织8家,新发展会员380人,其中农民工45人,指导企业按期换届7家,指导企业补选程序3家,并将新增企业会员信息、"三委"信息等在宁夏工会工作服务平台系统上进行了录入等具体工作,加强了工会动态数据管理,通过推动非公有制企业依法建会不断扩大小微企业的有效覆盖,实现工会组建精准定位,服务职工按需施策,基层组织机构健全,足额缴纳工会经费。二是积极申报项目。推荐4家单位年度申报2022年自治区、吴忠市职工综合服务中心和职工之家建设项目(工人文化宫、庆华、瑞科化工、瑞祥苑服务中心)。三是共享共建职工书屋。开展职工之家观摩交流会1场次,现场进行了业务知识培训和下一步工作安排,通过理论培训、现场观摩、实操交流进一步提高工会干部自身政治素养和理论修养,做细做实工会工作。共发放《工会法》等宣传资料近百份。积极选树一批打得响、叫得亮的职工书屋建设样板,提升职工之家建设质量。1.参与开发区工人文化宫总建筑面积为2750平方米工程前期设计等分类项目部分招标工作和审核招标资料工作;2.针对非公企业集群及行业集聚的特点,在职工保障房瑞祥苑小区打造职工服务中心示范点,原面积582平方米,新增改造面积100平方米,总面积达682平方米,项目计划于11月底全面竣工并投入使用。

【强化维权帮扶】 一是注重源头参与,开展"四季要约"行动。启动"四季要约"行动,通过"培训+要约"的形式,为开展集体协商工作奠定基础。对12家企业20余名工会主席、协商代表进行集体协商专题培训。重点聚焦开展集体协商、综合集体合同和工资专项集体合同到期需要续签的单位21家,主要任务是指导建制、开展协商、签订合同、监督履约。二是注重夯基固本,持续因企制宜。主动深入辖区企业积极开展集体协商质效评估工作,组织开发区企业开展工资集体协商质效评价工作,参与问卷调查职工1985人,行政方147人,质效评估率达90%。开展职工工资水平状况调查。组织企业工会主席开展开发区《全市企业职工工资状况调研》调查问卷,共有37家企业工会主席参加。开展培育开发区级集体协商指导员日常工作,参与市总工会集体协商指导员考核工作、完善档案的建立等其他业务工作。截至目前,召开工资集体协商"集中要约"行动4场次,开展专题培训、推进会6场次，向企业开展宣传10余次。三是注重多元服务，夯实基层工会基础工作。贯彻落实《宁夏回族自治区职工疗休养工作指导意见（试行）》，根据开发区现有特点，指导企业积极开展职工带薪年休假6家，创建提升职工生活品质健康企业2家，分别是泰富能源和瑞科新源；开展2022年度"和谐同行"企业培育行动工作，其中2家荣获相关荣誉（泰富能源、瑞科化工）；组织企业职工积极参加"聚合力促发展"全市优秀职工代表提案，经优选推荐出7个提案；在企业积极宣传开展"我为工会高质量发展献计策"活动，共总结提炼7家企业10条计策，通过完善劳动经济、集体协商、"互联网+协商"4家、健康企业等创建工作。四是提升帮扶解困工作质量，守护职工身心健康。运用互联网，开展各类招聘行动。按照吴忠市人力资源和社会保障局下发的文件要求，组织企业职工积极参加劳动关系协调员职业技能培训，现有7家企业22名职工报名参加培训工作；联合12家企业发布线上招聘135期，涉及岗位1200余个，达成求职意向573余人，同时向吴忠就业信息网、市总工会、管委会公众号推送招聘、培训、就业咨询等服务信息；开展了"尊法守

法·携手筑梦"服务农民工法律服务行动，深入新就业形态劳动者中开展慰问、法律宣讲、调研5场次。开展"四送品牌"活动。春节前夕送温暖走访慰问，管委会、总工会共筹措资金近47.3万元，成立了5个慰问组，先后走访慰问了19家企业、12家节日值班单位、46名困难党员和300名困难职工；开展"喜迎二十大·夏日送清凉"活动，重点走访慰问企业一线职工、户外劳动者、新业态劳动者，将茶叶、冰糖、矿泉水、饮料及酸奶，共计10万元清凉物资送到各企业车间，切实把"我为群众办实事"活动办到职工的心坎上，为辖区一线职工送去关怀关爱和阵阵清凉；开展了关爱货车司机、疫情防控一线工作人员慰问活动，筹集资金2万元购买牛奶、方便面、矿泉水、水果等爱心物品，充分发挥工会组织联系职工群众的桥梁纽带作用。加强关心关爱，传递组织温暖。在帮扶救助、健康体检、金秋助学、职工技能培训等方面做了大量暖人心的工作，开展女职工"两癌"筛查96人；参加"安康杯"97人，部分企业已完成带薪休假。职工职业健康体检工作，得到了职工一致好评；完成开发区52户困难职工入户调查工作；举办一场"尊法守法服务农民工"进企业活动；完善困难职

工帮扶系统档案，帮扶产业工人困难职工52户，帮扶金额19.372万元。

【夯实经济技术基础】一是扎实开展"劳模聚服务"活动。目前，组织省部级劳模、吴忠市劳模2名同志就《宁夏回族自治区工资集体协商办法》等法律法规进行宣讲8场次；二是民主政治建设要取得新的进展。加强职代会、厂务公开、职工董事、职工监事制度有机衔接，促进职代会与集体协商、法律监督、法律援助有机结合，职代会建制率动态保持在90%以上，非公企业建制率动态保持在90%以上，国有企业建制率动态保持在100%。积极维护产业工人接受教育培训、薪资待遇，职业健康等权利，防范企业欠薪、违规裁员等损害职工权益的现象发生，调解处理各类矛盾23起。通过建立健全企业民主管理制度、职代会制度、厂务公开制度的落实，使广大产业工人参与企业民主管理，全面推行"123X""153N"厂务公开民主管理操作规程，推广《宁夏回族自治区工资集体协商办法》、"通通警官"在线说法微信公众号，使产业工人参与到学法、用法、守法的活动中，参与企业协商、了解协商，保障职工知情权、参与权、表达权、监督权的落实。三是强

化安全生产工作力度。6月组织辖区 10 余家制造业企业职工开展新《安全生产法》竞赛答题 200 人次;结合第 21 个"安全生产月"组织企业开展新《安全生产法》知识竞赛、讲座、消防应急救援、演讲比赛 10 余场次;8月举办危险化学品运输车辆驾驶员技能竞赛 1 场次,形成"人人讲安全"的良好氛围,由"要我安全"转变为"我要安全"的思想意识。四是畅通职工诉求渠道。广泛发动企业职工推荐"聚合力 促发展"全市优秀职工代表提案 6 条,"我为工会高质量发展"献计策 8 条,职工职业技术创新成果 13 项。五是积极推荐先进模范。今年荣获全国安康杯竞赛优胜单位 1 家、自治区工人先锋号 1 家、培育"吴忠工匠"5 人,推荐上报 2 人,储备上报 2023 年自治区五一劳动奖状 1 家、工人先锋号 1 家、奖章 1 人。

【落实经费保障】 在财务工作中,始终坚持责任意识,尽最大力量推进工作的开展。一是做好工会经费收缴。按照《自治区总工会税务局关于进一步完善税务部门代收工会经费的通知》要求,严格执行征收标准。并对 2022 年征收企业进行核准,核准征收缴费企业 52 家,全年税务代收工会经费总额 875 万元,本级工会经费返还 84.1 万余元。撰写调研报告 1 篇《谋在新处,干在实处,加大工会经费征收力度,为工会工作开展提供经费保障》。落实区总《关于开展工会慰问等活动促进消费的通知》要求惠及 14 家企业,5647 名职工,消费金额 173 万元。二是做好小微企业工会经费返还。2020 年落实小微企业工会经费返还 6 家,本级返还 4 家,返还金额约 1.2 万元。2021 年落实小微企业工会经费返还企业 12 家,本级返还 7 家,返还金额约 1.4 万元。三是做好法律宣传教育。分别在"安全生产月"、"12·4"国家宪法日等重大节日深入企业进行法律宣传,发放宣传资料 500 余份;深入开展《宁夏回族自治区基层工会经费收支管理实施细则》、新《工会会计制度》等宣传活动,覆盖职工 500 人次。四是做好基层工会经费审查审计。3月,联合市经审办对开发区总工会 2021 年财务进行审查审计,并对辖区 10 家企业进行工会经费审计,通过以审代训、促学作用,在审计过程中共同学习经审业务规定,共同提高业务能力,对基层工会经费收支、管理、使用进行规范指导。

(苏 娟)

固原市原州区总工会

【概述】 2022年,在原州区委和自治区总工会、固原市总工会的坚强领导下,在区人大、区政府、区政协和社会各界的大力支持下,原州区总工会坚持以习近平新时代中国特色社会主义思想为指导,全面贯彻党的十九大、二十大和十九届历次全会精神,深入贯彻习近平总书记关于工人阶级和工会工作的重要论述,弘扬伟大建党精神,深刻领悟"两个确立"的决定性意义。认真落实原州区第四次党代会,原州区委四届二次、三次全会精神和自治区、固原市总工会安排部署,进一步增强"四个意识"、坚定"四个自信"、做到"两个维护"。紧紧围绕原州区委、区政府中心工作,坚持以思想政治引领为先导、组织建设为基础、维权服务为重点,狠抓各项工会工作的落实落地,并取得了明显成效。

【思想引领】 一是全面加强党的创新理论武装。充分利用公众号、微博等平台转载习近平新时代中国特色社会主义思想宣传链接 30 余条。指导基层工会通过职工大会、小组会等方式学习习近平新时代中国特色社会主义思想，引导广大职工用党的创新理论武装头脑、指导实践、推动工作。及时跟进宣传党的二十大精神，帮助广大职工群众学习和领悟精神实质，为今后开展工作明确方向。二是认真学习宣传习近平总书记致首届大国工匠创新交流大会贺信和自治区第十三次党代会精神。制定了学习宣传习近平总书记致首届大国工匠创新交流大会贺信和自治区第十三次党代会精神实施方案，工会领导班子成员开展宣讲活动两场次，举办专题学习班4场次。组织劳模开展宣讲活动6场。结合下基层蹲点活动，工会干部职工深入包抓基层工会进行宣传活动，切实在工会系统掀起了学习宣传热潮。积极开展"大学习、大讨论、大宣传、大实践"活动和"进一步解放思想、吃透区情、找准定位、创新发展大讨论"活动，通过调查底数、谋划举措、解决问题，切实把党代会精神宣传贯彻到企业、车间、班组及职工群众中，进一步激发了全区工会组织活力，也为基层工会和职工群众办实事办好事。三是持续开展职工文化活动。广泛开展职工群众喜闻乐见、寓教于乐的文化体育活动，把思想引领融入职工文化建设中。4月，开展了以"悦读·分享"为主题

的读书分享会1次，"五一"期间举办了工会干部职工书法、摄影比赛1次。2023年元旦前夕，举办了原州区首届"雁岭杯"千名职工万步走健身活动，520余名干部职工和广大社会健身爱好者参加了活动。承办了固原市"我要上全运"象棋选拔赛，有8名职工获奖并代表固原市参加自治区运动会。组织女职工积极参加自治区总工会"喜迎党代会·献礼二十大"女职工演讲比赛，参赛代表头营镇中心小学教师张乐宁获得了二等奖的好成绩。

【组织建设】 一是扎实推进工会组织建设。2022年新建工会15家，涵盖单位20个，发展会员1479人，其中新业态劳动者802人、农民工会员257人。全区现有基层工会376个，涵盖单位583个，其中企业137家，规上企业11家，会员26085人。在原州区总工会、固原嘉泰农副产品公司新建"会站家"一体化服务站点2个。在黄铎堡镇和润村工会、三营镇安和村工会、彭堡镇惠德村工会、头营镇三和村工会、泉港村工会、古雁街道西源社区工会建设农民工之家6个，切实加强了移民搬迁安置村工会规范化建设，为维护移民村农民工合法权益奠定了基础。同时，组织基

层工会开展了固原市工会第四次代表大会代表和原州区工会第三次代表大会代表推荐、选举等工作，为两次会议顺利召开奠定了基础。二是不断推进企事业单位民主管理。积极推动企事业单位建立完善民主管理制度，持续深化"公开解难题、民主促发展"主题活动和"聚合力　促发展"优秀职工代表提案征集推荐活动。先后征集提案21件，推荐优秀提案3件。在宁夏福苑实业集团有限公司等建立"职工说事"制度，为职工提供了参与民主管理、合理表达诉求的途径。进一步推动了职工知情权、参与权、表达权、监督权的落地见效。目前，已建立民主管理制度的企事业单位214家，覆盖职工13378人。

【权益保障】 一是聚焦服务，着力提升职工生活品质。2022年"两节"期间慰问困难企业107家、困难职工514人、防疫卡点15个，发放资金物资51万余元，送春联1000余副。通过解困脱困核查，脱困13人，解困38人。建档困难职工31人，上报区总给予救助，发放救助金34.34万元。为151人次患病职工发放医疗互助金23.62万元，切实减轻了职工的医疗负担。为2021年"工会班"150

人发放助学金 39 万元,有效缓解了困难职工(农民工)家庭因学造成的生活困难防止返贫现象。投入资金 34.5 万元新建户外劳动者服务(法律援助)站点 7 家。今年全区 16 个户外站点累计服务职工群众达 1.8 万余人次。靖朔门城墙公园户外劳动者服务(法律援助)站被全国总工会评为"全国最美工会户外劳动者服务站点"。积极开展"夏送清凉"活动,在城乡 22 个户外劳动者工作现场、防疫卡点,向奋战在高温一线的环卫工人、防疫人员、城管职工、交警、外卖人员、工程建设人员等 1258 名户外劳动者送去西瓜、矿泉水、绿茶等价值 6.2 万元的防暑用品,最大限度减少疫情和高温天气给职工生产、生活带来的不利影响。二是履职尽责,切实维护劳动领域政治安全。积极开展职工队伍稳定风险排查,维护职工队伍总体稳定。依托职工服务中心、"12351"网络维权平台,目前接待职工来电来访 14 件,其中劳动争议 8 件,涉及人数 14 人,帮助追回拖欠农民工工资 3.42 万元。签订企业工资专项集体合同 40 份,覆盖企业 257 家、职工 6532 人。对 26 家工程建设等领域欠薪易发多发的企业进行了排查,及时发现隐患,着力把矛盾纠纷化解在萌芽状态,确保劳动领域政治安全。三是立足实际,助力稳经济、保增长、促发展。积极开展"春送岗位"活动,通过公众号发布招聘信息 25 次,参与企业 77 家,提供就业岗位 1200 个,浏览信息达 8688 人次,切实为企业和职工牵线搭桥。为原州区光瑞汽修厂发放"工字号"小额借款 10 万元,切实帮助困难小微企业破解经营困难、融资难问题。认真贯彻落实小微企业工会经费支持政策,第一时间为 27 家小微企业返还工会经费 373641.52 元,进一步稳定了小微企业劳动关系,缓解了小微企业发展压力。为落实好区委和自治区总工会有关促消费、稳增长的安排部署,积极督促全区各级工会开展会员节日慰问消费达 1000 万余元。

【经济技术】 持续推进产业工人队伍建设改革。建立了与成员单位沟通协调机制和定期汇报工作机制,形成了成员单位各自负责、互相配合、齐抓共管的工作格局,确保了 25 项产业工人队伍建设改革工作任务有力推进。目前改革取得了较好成效。组织宁夏福苑实业集团有限公司代表队参加了自治区餐饮行业技能大赛和固原市星级饭店行业从业人员服务技能大赛,在固原市技能大赛中斩获中餐服务技能大赛一、二、三等奖和优秀团体奖。新建了以自治区劳动模范曹辉、杨永斌和固原市劳动模范白梅命名的劳模创新工作室 3 个,进一步发挥劳模示范引领作用,激发广大职工和技术骨干的创新意识和劳动精神。原州区推荐申报的宁夏福苑实业集团有限公司后厨部荣获"全国工人先锋号"荣誉称号,宁夏时迈科技有限公司综合事业部荣获"自治区工人先锋号"荣誉称号。

【劳动安全卫生】 围绕安全生产,积极开展健康企业和职工健康权益维护工作。一是开展了多次安全生产工作检查,对企业设施设备、值班值守、"安康杯"职工安全应急能力保障及隐患排查等进行督查检查。组织全区 265 家企事业单位 3000 余名职工参加全国职工新《安全生产法》知识普及竞赛答题。组织 2500 名企事业单位职工参加了全国"安康杯"知识竞赛活动。固原中燃城市燃气发展有限公司被全国总工会授予"全国'安康杯'竞赛活动先进集体"称号。二是积极开展安全生产月活动,向职工群众发放《安全生产法》《员工安全生产知识应知应会》等宣传资料 2000 余份,接受咨询 30 人次,切实增强了职工群众法律意识和安全意识。

【女职工工作】 区总工会积极组织协调区教体局、妇联、司法局开展女职工维权工作。一是开办网络维权知识竞赛、"四期"保护、职业病防治、"两癌"防治、疫情防护等相关知识线上讲座,参与人数3000余人次。举办女教职工"巾帼健康行动"培训班和法律法规知识培训班各1期,培训女教职工代表110人次。通过培训,引导女教职工提升健康水平,依法维护权益的法律意识。二是完善各学校申诉委员会,规范申诉受理程序。畅通12351(工会)、12338(妇联)和12348(司法局)维权咨询热线,构建多元化女教职工维权渠道。目前,接待处理来信来访20件,满意率达100%。同时,做好女职工技能培训、文体活动、"两癌"免费筛查等工作,全方位为女职工提供服务。

【财务经审】 严格按照中央八项规定精神,以财务制度和财经纪律对工会经费的"收、管、用"及时进行审查审计。按要求完成了2021年部门决算和2022年工会经费收支预决算上报工作,并及时进行了公开公示。严格规范各种津补贴的审核、公示、发放工作。经过严把财务监督、审

查关口,确保了工会帮扶资金、送温暖资金得以专款专用,按规运行。

【机关党建】 组织党员干部认真学习习近平新时代中国特色社会主义思想和习近平总书记在宁夏视察时的重要讲话精神等,严格落实"三会一课"、民主生活会、组织生活会、主题党日等9项基本制度。建立完善落实全面从严治党"三个清单",进一步压实了全面从严治党主体责任,提升了党建工作规范化水平。认真落实意识形态工作责任制,每季度排查干部职工意识形态领域风险点,积极开展马克思主义民族观宗教观等学习教育活动,牢牢掌握意识形态工作主动权。

【党风廉政】 组织党员干部职工认真学习党规党纪,进一步增强遵守纪律的意识。通过学习"四风"问题典型案例,观看警示录和《交易之警》警示教育片和发送重要节点廉政教育提醒等方式开展警示教育活动。认真开展违规收送红包礼金和不当收益及违规借转贷或高额放贷专项整治工作,进一步纠正"四风",着力营造风清气正的政治生态和干事创业的良好环境。严格落实《基层工会经费收支管理办法》,严格执行

中央八项规定精神,切实管好用好工会经费。发挥工会经费审查审计监督作用,推行审计公开制度,自觉接受职工群众监督。同时严格落实签字背书、公示公告等制度,切实把抓党风廉政建设责任具体化、规范化和制度化。

【疫情防控】 "9·20"疫情突发以来,全区医护工作者、公安干警、交警、固原市、原州区下沉干部、疫情隔离点工作人员、社区工作者、志愿者积极开展疫情防控工作。区总工会于10月11日至10月12日对市、区疫情防控指挥部和区人民医院、区公安分局、开发区分局、交警分局、22个疫情隔离点、9个防疫卡点、3个街道40个社区6400多名防控一线人员和150名货车司机进行了慰问,送去了价值53万元的自热小火锅、凤爪、卤蛋、苹果、香蕉、橘子、枣子、牛奶、八宝粥、方便面、榨菜、N95口罩、医用酒精等慰问品,并送去了慰问信。通过慰问,切实把区委、区政府及工会组织的关怀温暖及时送到了防控一线人员和货车司机身边,激励了全区广大干部职工在疫情防控中持续发挥主力军作用,为打赢疫情防控阻击战贡献力量。

【工会改革】 深入推进

工会干部队伍改革。坚持严管和厚爱结合、激励和约束并重的要求，深入推进社会化工会工作者队伍改革。为加强街道、乡镇及企业工会工作，选派3名社会化工会工作者到街道工会挂职任副主席。坚持实行蹲点包抓基层工会制度，选派23名工会干部职工包抓14个乡镇(街道)工会、84个基层工会，进一步推进工会工作。目前，在蹲点活动中，工会内部筹集服务基层和服务职工资金34.9万元，访谈基层工会干部职工200余人，指导新建工会4个(含新就业形态企业工会2个)，新发展会员347人(含新就业形态会员92人)，慰问帮扶困难职工104人，培训工会干部84人次，解决基层工会换届、撤销等方面实际问题9件。

(王永强)

西吉县总工会

【概述】 2022年，在县委、县政府和区、市总工会的坚强领导下，在西吉县各级组织的关心支持下，县总工会坚持以习近平新时代中国特色社会主义思想为指导，认真学习宣传贯彻党的二十大精神、深入学习宣传贯彻习近平总书记关于工人阶级和工会工作的重要论述精神、视察宁夏重要讲话精神和重要指示批示精神，自治区第十三次党代会及固原市第五次党代会精神，按照全县第十五次党代会的部署要求，各项工作已取得了明显成效。

【强化思想政治引领】 坚持党组会议"第一议题"制度，把学习贯彻习近平新时代中国特色社会主义思想作为首要政治任务。充分发挥工会职能优势，持续广泛开展以"中国梦·劳动美"为主题的系列活动，联合县教育工会开展"喜迎二十大 铸魂育人做楷模"主题演讲比赛。把学习宣传贯彻党的二十大精神同学习宣传贯彻自治区第十三次党代会精神、工会法结合起来，党组班子成员带头深入"蹲点"企业开展工会法宣传活动5场次，组织干部深入各自联系企业开展党的二十大、自治区第十三次党代会精神宣传活动3场次，推动党的创新理论进企业、进车间。结合推进党史学习教育常态化，组织机关党员干部和基层工会工作者开展"同上一堂思政课"活动1次。发动100余名一线职工积极参与县委统战部发起的西吉县"铸牢中华民族共同体意识"网络知识有奖问答活动，使广大职工群众人心归聚、精神相依。组织全县干部职工积极参与区总"喜迎二十大 建功新时代"征文活动，组稿15篇。参加区总女工委举办的"喜迎二十大 建功新时代"全区女职工演讲比赛荣获三等奖。

【西吉县总工会九届五次全委会】 11月11日，西吉县总工会九届五次全委会在会议中心一会议室召开。县委常委、组织部部长刘杏萍出席会议并讲话，县人大常委会副主任、总工会党组书记、主席杨青鸿主持会议，县纪委监委派驻第三纪检监察组组长桑建政、县总工会领导班子成员及九届委员会委员参加会议。会上，传达学习了党的二十大精神并部署落实意见。替补选举产生了西吉县总工会第九届委员会常务委员、副主席。

【职工素质提升】 着力推进产业工人队伍建设改革。认真履行牵头职责，制定年度工作要点，明确责任单位，加强协调落实。目前，产改方案中的25项工作任务按照时间节点正在有序推进。着力开展创业促就业活动。围绕全县"四大提升"行动，配合人社等部门举办了2022年"春风行动"专场招聘会，开展线上线下就业融合服务15场次，发布招聘信息33条，提供就业岗位信息1000多个，就业指导 300 余人。举办女职工健康知识讲座 2 期，惠及女职工 180 名。着力弘扬劳模精神、劳动精神、工匠精神。组织劳模代表进企业开展劳模精神宣讲 2 场次，活动覆盖 150 多名职工（农民工）。推荐的宁夏天下金盾保安服务有限公司——人力资源服务部获"自治区工人先锋号"称号。

【和谐劳动关系创建】扎实做好集体合同签订工作。落实"春季要约"机制，主要以规模企业单独协商为主、小微企业通过区域性、行业性协商为辅的集体协商工作模式。签订企业集体合同 45 份，建会企业集体协商建制率保持在 95% 以上，覆盖企业 146 家、涉及职工 4616 人。（其中 2022 年新签或续签企业集体合同 5 份，覆盖职工 196 人。）建立维护劳动领域政治安全制度体系。制定工会劳动领域维护政治安全工作实施方案，明确目标任务、工作重点。排查各类用工单位 13 家，涉及职工 621 名；办理拖欠农民工工资法律援助案件 3 件、追回欠薪 2.08 万元，做到问题早发现、矛盾早处置，保障职工队伍安全稳定；将健康企业建设和安全生产宣传活动紧密结合，组织工会工作者深入 11 家建会企业开展《职业病防治法》宣传活动，发放

宣传资料 2000 余份；开展关爱女职工活动，免费为 200 名一线女职工进行"两癌"健康体检。积极扩大工会组织覆盖面。主动将基层工会组建工作重心向新就业形态领域、农村基层倾斜，新建新就业形态工会组织 2 家、发展会员 160 名，新建农村基层工会组织 5 家，发展会员 195 名。指导 4 家建会企业召开职代会。

【职工维权服务】按照县委、县政府关于巩固拓展脱贫攻坚成果同乡村振兴有效衔接，持续完善帮扶救助政策和全县"城乡居民收入提升行动"要求，建立困难职工档案，形成梯度常态化帮扶长效机制。开展常态化送温暖活动，共慰问、救助困难职工 1317 人 275 万元。投入 51.8 万元资助困难职工（农民工）子女，其中资助"工会生" 150 名 39 万元，开展"金秋助学"资助人数 64 人 12.8 万元。开展"夏送清凉"活动，为 1255 名户外作业的一线职工送去近 3 万元防暑降温慰问物品。筹措疫情防控慰问资金 8.3 万余元，分批次对 35 个疫情防控查验点和医疗机构一线人员进行慰问。开展"暖冬行动"，为 275 名环卫工人送去价值 5.5 万元的慰问品。收缴职工医疗互助资金 65.63 万元，参保单位 155 个、覆盖职工

10737 人。截至 12 月底，职工医疗互助金报销 528 人、101.2374 万元。阵地服务实时跟进。打造全国职工书屋 1 家、市级职工书屋 2 家、新建"市级职工之家"示范单位 2 个、"会站家"一体化服务阵地 3 个、创建"农民工之家"示范点 1 处、户外劳动者站点 5 家，服务职工群众 5000 人次。充分发挥 12351 职工服务热线和"尊法守法·携手筑梦"法律服务队功能，开展法律法规政策宣传 5 场次，受益职工 600 余人次。

【加强自身建设】注重基层组织建设。开展 25 人以上未建会企业动态清零工作，新建工会组织 14 家、吸纳会员 638 人。组织干部职工开展下基层蹲点活动。积极开展调研活动，走访调研企业 26 家，围绕劳动关系矛盾突出、工会组织薄弱等问题开展调研，推动基层新就业形态群体入会和维权服务工作。全面从严治党取得显著成效。扎实开展模范机关建设，持续提升机关党建质量。组织全体党员干部到县廉政警示教育馆实地开展廉政警示教育主题党日活动。党支部书记讲廉政警示教育专题党课 1 次。开展岗位廉政风险点排查，查找出 5 个方面可能存在的漏洞，补漏查缺并及时制定

完善廉政风险防控措施。认真开展违规收送红包礼金和不当收益及违规借转贷或高额放贷专项整治推进工作，班子成员共查找问题11个，及时进行跟进整改。严格落实意识形态工作责任制。总工会党组强化对本单位意识形态领导责任，认真履行"一岗双责"，切实提高履职能力，开展专题研讨会，研究意识形态工作2次。开展网络安全宣传活动3场次，培育发展网络安全宣传员27人辐射职工群众2000余人，发放宣传资料2000余份。对55家基层工会组织开展经费管理使用情况审计工作。举办全县工会财务经审人员培训班一期，共有110名工作人员参加培训。对13家基层工会进行审计整改回访，回访率达23.6%。

（王　皓）

隆德县总工会

【概述】 2022年，县总工会在区、市总工会的坚强领导下，坚持以习近平新时代中国特色社会主义思想为指导，全面贯彻党的十九大和十九届历次全会精神及党的二十大精神，深入贯彻习近平总书记关于工人阶级和工会工作的重要论述精神，弘扬伟大建党精神，以"基层组织建设提质增效年"为重要抓手，全面做好职工思想引领、建功立业、权益维护、服务提升、组织建设"五大任务"，促进工会工作取得了新的成效。

【思想政治引领】 一是着力加强职工思想引领，大力培育和践行社会主义核心价值观。深入学习宣传贯彻党的十九届六中全会精神。制定学习方案，明确学习重点内容。持续巩固党史学习教育成效。组织召开党组会议13次，专题民主生活会3次，中心组开展理论学习11次，开展专题党课3次、理论宣讲2次、职工会集中学习30次、集中交流研讨5次、交流发言20多人次，全体参学人员撰写心得体会30余篇。开展专题调研1次。组织党组成员4人参加乡村振兴应知应会知识测试1次。二是推进新修改的工会法有效落实，组织干部职工对新修订的工会法进行了专题学习，利用进企业、进社区、网络平台等活动进行了广泛宣传，将工会法贯穿于工会各项工作的开展。

【组织建设】 不断加强组建力度，强化服务阵地建设，推进"会、站、家"一体化建设思路。一是集中开展建会入会工作。以新就业形态劳动者为主体，扎实开展小微企业、"八大群体"集中入会，推进区域、行业工会联合会组建工作，2022年新建工会组织6家，发展会员282人。截至目前，共有基层工会组织277家，涵盖单位数323家。共有职工20108人。二是着力打造户外劳动者服务站点。按规定标准建成"工会户外劳动者服务·法律援助站"6个。按每站3万元的标准配备微波炉、饮水机、应急医药箱、保洁柜、更衣柜、电源插座及桌椅沙发等设施设备，标示服务内容、开放时间、服务电话和"互联网＋工会"网络服务平台宣传牌，切实为环卫工人、交通警察、外卖小哥和快递业务员等户外工作者提供"冷可取暖、热可纳凉、渴可喝水、累可歇脚、临时避雨"等爱心服务。三是深入推进基层规范化建设。以县委、县政府主抓的企业基层治理工作为契机，督促并指导全县106家非公建会企业建立健全以职代会为基本形式的厂务公开民主管理工作制度。推动规模以上的8家建会企业按照"六有"（有组织机构、有工会工作制度、有工会标识、有活动阵地、有职工书屋、有台账资料）逐步推进职工之家、乡镇街道规范化建设工作，将宁夏爱丽娜地毯有限公司、隆泉社区培育为"职工之家"示范点。新建县公共交通有限公司会站家一体化服务站。

【宣传教育】 强化思想引领。开展以"喜迎二十大奋进新时代"为主题的征文活动。号召各基层工会组织广泛参与，并向区、市总工会分别推送"隆德县产业工人，干出他们该有的样子""播撒科技进万家""畜牧战线上的守护神"等作品。大力弘扬劳模精神、劳动精神、工匠精神。制定并下发了《关于开展"五一"国际劳动节工会宣传工作的通知》。强化舆论引导。充分发挥工会微信公众号、"宁工惠"APP等媒体作用，加强与社会媒体协同，推动形成线上线下融合、内外媒体贯通的工会宣传工作格局，制作了《情暖户外劳动者》专题片，全年共编发《隆德工运信息》100期。通过进企业、进社区、普法宣传日等活动发放工会法、劳动法等宣传资料5000余份。

【权益保障】 深入实施"四送"活动，忠实履行权益维护基本职责。开展"春送岗位"促就业行动。联合就业局从2月中旬至3月底期间，举办以"春风送岗位，就业暖民心"为活动主题的线下招聘活动2场次，其中在搬迁移民安

置点1次。线下招聘活动邀请用工企业38家，提供就业岗位600个，达成聘用合同或意向300人次，发放各类政策宣讲资料1000份。开展"夏送清凉"促安康行动。结合党史学习教育"我为职工群众办实事"活动要求，开展消费扶贫倡议行动。县总工会面向全县各级工会组织，广大工会干部、工会会员和职工同志们发出《关于深入开展消费扶贫巩固脱贫成果助力乡村振兴的倡议书》，号召更多力量参与到扶贫行动中来，共同携起手来，开展更广泛的社会动员，为巩固拓展脱贫攻坚成果同乡村振兴有效衔接贡献力量。开展"金秋助学"促成才行动。助学方面，开设工会班3个，为150名在读初中、高中的困难职工（农民工）家庭子女发放助学金2600元，共计发放36万元助学金。开展"冬送温暖"促保障行动。2022年"两节"慰问困难企业1家，发放慰问金1万元；走访慰问困难职工和困难劳模12人，发放慰问金1.2万元；慰问重点行业、重点人群、重点工程人员，包括环卫工、水暖工、防疫一线及春节值班的一线职工共80人，发放慰问金6.4万元；常态化送温暖发放资金共6万元，惠及职工64人；国庆、中秋双节期间发放困难职工帮扶资金21.6万元，惠及职

工25人；10月筹措资金6010元，慰问疫情影响的货车司机30人，为他们送去牛奶、方便面、火腿肠等急需生活用品。

【协调劳动关系】 开展集体协商工作。落实政府与工会联席会议制度和协调劳动关系三方联席会议机制，以"一书两函"工作机制为抓手，启动集体协商"要约"行动，发出要约提示函56份，签订工资专项集体合同36份，覆盖企业36家，覆盖职工2117人，签订区域性工资专项集体合同1份，覆盖企业30家，覆盖职工602人，签订行业性工资专项集体合同3份，覆盖企业29家，覆盖职工908人。签订集体合同60份，覆盖企业120家，覆盖职工4660人。调整三方联动劳动争议调解委员会，健全相关规章制度，聘请1名专职律师常年为困难职工和农民工开展政策咨询、法律培训、法律援助等维权服务。2022年，县总工会职工维权帮扶中心接待并办理来访来信来电案件共34件34人，其中来访案件23件23人；来电案件共11案11人。

【企业民主管理】 根据自治区总工会《关于进一步发挥企业民主管理工作在基层治理中积极作用的通知》要

求，制定方案并分发了《关于进一步发挥企业民主管理工作在基层治理中积极作用的通知》，指导和推动企事业单位广泛开展厂务公开企业民主管理工作，健全以职代会为基本形式的企事业单位民主管理制度并喷绘上墙。落实职工说事机制，制定方案，明确任务。以工业园区企业为示范点，推进工作有序开展。

【劳模管理】 积极组织各级劳模参加区市县相关活动，为5名全国劳模申请健康体检，为4名省部级以上劳模申请区内外疗休养，组织4名劳模代表参加党的二十大精神宣讲活动，为我县8名劳模进行生活困难补助金和特殊困难帮扶金申报发放，对4名劳模进行了慰问。创建市级劳模工作室1个，推荐1名劳模参加自治区科技创新活动并荣获自治区科技创新优秀奖。

【女职工工作】 建立女职工组织205家，签订女职工劳动保护专项集体合同50份，覆盖女职工3012人。开展了女职工维权行动月系列活动，通过多种形式对《女职工权益保护法》进行了学习宣传，举办培训班2期，培训人数300余人。组织146名女职工进行了健康体检。举办文体活动3场次，参与女职工达1000多人次。

【经费审查】 积极贯彻落实《中国工会审计条例》，以"三公开"推动"基层工会审同级工会经费全覆盖"为工作目标，以经审工作规范化建设为抓手，从组织建设、规章制度、审查审计、业务建设、重点工作五个方面加强县总工会经审工作，按照每年对下审计面不少于25%的工作要求，积极开展对下级工会经费审查审计监督工作。2022年，县总经审办对23个基层工会经费收、管、用情况进行的审计，促进了工会财务工作的规范运作。

（麻晓娟）

泾源县总工会

【概述】 2022年，县总工会在县委和上级工会的正确领导下，以习近平新时代中国特色社会主义思想为指导，以宣传贯彻落实新修订的《中华人民共和国工会法》为契机，围绕发展和谐劳动关系、维护职工合法权益这条主线，突出开展维权机制建设、困难职工帮扶、基层工会建设和建功立业活动四项重点工作，坚定不移地走中国特色社会主义工会发展道路，深化产业工人队伍改革，团结动员全县广大职工，为推动黄河流域生态保护和高质量发展先行区建设作出了新的贡献，各项工作成绩显著，桥头公园户外劳动者服务站点被中华全国总工会评为最美户外劳动者服务站点。

【职工思想政治引领】 牢牢把握工会工作正确的政治方向，始终把学习贯彻习近平新时代中国特色社会主义思想，全面贯彻落实党的二十大精神，习近平总书记视察宁夏时的重要讲话、重要指示批示精神，自治区第十三次党代会精神作为加强政治引领的第一任务，牢固增强"四个意识"，坚定"四个自信"，做到"两个维护"。组织职工认真开展习近平总书记视察宁夏重要讲话、重要指示批示精神"大学习、大讨论、大宣传、大实践活动"，下基层、进企业对党的理论、方针、政策进行宣传、宣讲，教育引导广大职工增强对党的创新理论的政治认同、思想认同、情感认同，坚定不移听党话、矢志不渝跟党走。大力弘扬劳模精神、劳动精神和工匠精神，认真做好劳模事迹、劳模精神宣传，讲好劳模故事，宣传好劳模事迹。举办了喜迎党的二十大宣传活动，组织职工收看了党的二十大开幕会盛况，聆听了习近平总书记代表十九届中央委员会所作的工作报告，随后又组织职工进行专题学习。全年组织干部政治理论、重大会议精神、重要领导讲话学习48次，组织干部职工下基层、进企业宣传、宣讲4次，组织干部职工及时收看了自治区第十三次党代会盛况，聆听、学习、讨论了梁言顺代表自治区十二届委员会所作的工作报告。6月17日，联合宁夏理工学院，在人民广场举办了"喜迎二十大、争创新业绩、奋进新征程"广场文化演出。

【工会组织建设】 围绕建会老大难企业、新就业形态，进一步加大依法组建工会工作力度，集中力量突破，带动中小企业建会实现新的增长，工会组建工作稳中有进、持续发展。当年新建工会组织6家，发展会员185人。其中：组建新业态（快递业）工会联合会1家，覆盖企业5个，发展农民工会员50人。

【职工之家建设】 大力推进"职工之家"建设，使工会服务更贴心，让"家"更温暖。整合资源，采取自建、合建、援建方式在行政中心、轻工业园区、新民乡、荣盛建筑有限公司、泉祥户外纺织品有限公司等单位建设"职工之家"5个。

【劳模服务管理】 为1名全国劳模、2名省部级劳模申报了特殊困难补助金。"两节"期间走访慰问劳动模范4名。

投入2万元建立劳模创新工作室2个，组建了2支劳模创新工作团队，吸收科技、教育创新人才8名。组织劳模下基层、进企业开展大国工匠精神、先进事迹及党的理论、政策、国家法律法规宣传4场次。

【推动职工就业服务】 针对因疫情影响，适时组织开展线上就业服务活动，帮助职工解决就业难，企业解决招工难问题。当年在微信公众号、朋友圈、微信群等平台发布企业用工信息3期，提供就业岗位300多个。

【困难职工帮扶救助】 进一步完善职工援助帮扶机制，加大对就业困难和生活困难职工的帮困送温暖工作力度，精准落实服务职工实事项目，确保"娘家人"的关怀不缺失、服务不断档。当年，投入帮扶资金11.78万元，帮扶建档立卡困难职工31名。

【"工会班"助学】 在县高级中学开设"工会班"3个，资助困难家庭学生75名，发放资金19.5万元。

【送温暖及职工慰问】 "两节"期间，筹措资金16.05万元，慰问节日值班人员、企事业单位困难职工310名，患大病职工6名。"三八"国际妇女节，慰问一线女工50名，发放价值3000元的慰问品。"六一"期间，深入县第三小学、华兴小学、泾水小学、龙潭小学、冶家小学与广大师生共庆"六一"并进行了慰问。慰问学生600名，发放书包、保温杯、洗漱礼包等价值1.8万余元。积极开展爱心助考，关爱进军营、进疫情防控卡点等活动，发放价值2.24万元的慰问品。宁夏"9·20"疫情发生后，第一时间邀请县委、县政府主要领导对公安干警、消防战士、县市场监管局、卫健局一线抗疫人员，医院、乡（镇）卫生院医护人员，进行了走访慰问，送去了牛奶、方便面、香肠等慰问品，价值5.535万元。对受疫情影响较为严重的县汽车站、公交公司2家企业51名困难职工进行慰问，发放慰问金3.8617万元。慰问大货车司机20名，快递员、外卖员42名。

【"四送"活动】 1月21日，组织开展了"迎新春 送万福 进万家"活动，免费为职工群众写春联、送福字500余幅。投入资金5.91万元，购买西瓜（18吨）、饮料等向广大户外劳动者送去了夏日清凉。

【女职工权益维护】 广泛开展女职工维权行动月系列活动。围绕女职工"四期"保护,开展艾滋病、乳腺癌、宫颈癌预防宣传3场次,发放宣传资料1000余份。举办女职工劳动权益保护知识讲座一期,培训女职工40名。对101名女职工进行了"两癌"筛查。

【工资集体协商】 按照《宁夏回族自治区工资集体协商管理办法》,进一步加强对非公企业工资集体协商工作的指导。当年发出要约书40份,下发提示函25份。举办协商培训班2期,培训30多人。集中宣传3场次,进企业宣传6次,开展工资集体协商专项合同执行情况监督检查4次。新签、续签集体合同、工资专项集体合同41份,覆盖企业47家,覆盖职工2455名。其中:企业单独签订39份,行业性签订2份,覆盖企业8家。

【产业工人队伍建设改革工作】 紧密结合我县乡村振兴、特色农业、旅游业、新型加工业及现代服务业等发展需要,制定出台了《新时期泾源县产业工人队伍建设改革方案》,聚焦我县产业工人队伍技能提升、职业发展、公共服

务、维权服务,认真履行工会牵头职能,推动产业工人队伍建设改革向纵深发展、向基层延伸。

【维护劳动领域政治安全】 与21家企业签订了《目标管理责任书》,确保了"五个坚决",有效防范和化解了劳动领域政治安全风险。深化工会协调劳动关系体系建设,加强和指导园区、行业以及企业内部等劳动争议调解组织建设,夯实基层工作基础。持续强化群体性劳资纠纷排摸和预防化解工作。加大对工业园区和重点行业层面的工作指导和监督检查,对区域内可能存在劳资矛盾隐患的非公企业,尤其是受疫情影响而拖欠工资和社会保险、大规模裁员和倒闭的企业重点关注,梳理风险隐患,对排查出的矛盾问题,按照应急预案流程,积极应对,最大限度把劳动争议解决在基层。

【财务经审工作】 向机关事业单位工会计拨经费101.5万元。落实"过紧日子"要求,加强工会财务资产管理工作,推进"四位一体"立体经审监督体系建设,确保工会经费更多地用在服务职工和基层建设上。聘请第三方对县本级工会经费预决算及预算执行情况进行了审计,县审计

局对2021年度工会经费、困难职工帮扶救助、送温暖、劳模慰问等专项资金进行了审计,提出审计意见建议2条,全部整改落实到位。

(兰五六)

彭阳县总工会

【概述】 2022年,县总工会在县委和上级工会的领导下,认真贯彻落实中央和区、市、县委的决策部署,聚焦职工美好生活需求,不断做强主责主业,坚持服务大局、服务职工不动摇,思想引领、组织建设、帮扶关爱等工作精心推进、富有成效。

【组织建设】 依法推进非公企业建会工作,不断提高工会组建率和农民工入会率。截至目前,全县共有基层工会组织315个,会员23619人。着力推进"会站家"一体化建设。已建工会"职工之家"27个,其中被评为全国模范职工小家2个,自治区模范职工小家5个,固原市模范职工之家7个。筹资15万元为工业园区非公企业党群服务中心建设高标准"职工之家"1个,给宁南数字产业经济园配备图书1500册,高标准建成户外劳动者服务站14个,累计服务职工群众16234余人

次。6月下旬，固原市"职工之家"建设现场会在我县召开，充分肯定了我县"职工之家"建设的做法。

【维护职工权益】 进一步完善困难职工帮扶制度，常态化开展困难帮扶、送温暖工作。2022年，共有建档困难职工63户（其中：深度困难28户，相对困难35户）。截至目前，共发放各类救助金172.03万元。其中，发放建档困难职工救助金130.13万元；"两节"期间共慰问困难职工184户28.7万元；慰问困难企业3家共计3.2万元；县级慰问困难职工群众100人10万元。在县一中和三中开设工会班3个，资助高中学生75人，三年累计发放助学金58.5万元，大大减轻了困难职工家庭的经济负担。围绕稳就业、保增长、促发展做好促就业、促消费工作。2022年，返还2020—2021年度小微企业工会经费5.7万元。下发了《关于开展工会系统扩大消费的通知》，鼓励工会会员带头开展消费活动。截至目前，全县55个行政事业单位，涉及7157人次，消费金额达386.08万元。白阳镇惠民劳务移民就业车间户外劳动者服务站被中华全国总工会评为"全国最美工会户外劳动者服务站（点）"。

【经济技术】 不断加强劳模管理与服务工作，逐步完善劳模档案动态化网上管理机制。加强劳模档案动态化管理，规范49个劳模纸质档案，办理劳模工会会员卡，录入劳模管理系统。"两节"期间，申报落实劳模"三金"18人，发放慰问金3.6万元；充分发挥劳模引领作用，在"彭阳县总工会"微信平台上开设"劳模风采"栏目，专题宣传弘扬劳模事迹，在全县不断营造尊崇劳模、热爱劳动的良好氛围。我县茹河老年颐养院养老护理员韩明春被评为自治区2022年五一劳动奖章。提升产业工人技能。推荐申报宁夏唐人企业管理咨询有限公司"一种电脑主机散热装置"、宁夏北国蜜语"一种蜜蜂养殖用具有自动采集蜂蜜功能的蜂箱"2个专利项目，参加第二届全区职工技术创新成果评选展览活动。银昆高速公路"喜迎二十大·建功新时代"劳动技能竞赛在我县启动，联合县医院举办了医护人员"岗位练兵"技能大赛。

【文体活动】 利用职工服务中心这个平台，紧贴职工诉求，创新工作方法，使职工服务中心真正成为职工想去、爱去、常去的温馨之家。多功能音乐厅为职工合唱团、秦腔自乐班常年提供服务。除春节假日外，全天分4个固定时段免费开放，截至目前，服务职工群众6万余人次。职工服务中心举办职工健步走活动比赛1场，干部职工书画展1场，举办"城乡劳动力实用技术"手工编织技能培训班2期，举办全县基层工会财务培训班1期。

【自身建设】 加强班子建设。坚持以政治建设统领班子建设，进一步坚定理想信念，严肃认真开展党内政治生活，严格执行民主集中制，着力提高决策的科学化、规范化。注重团结协作、发扬民主、集思广益、科学决策，把该担的责任担起来，想在先、干在前，发挥带头示范作用，当好工会干部队伍和广大职工群众的领头雁、带头人。强化廉政建设责任，班子成员认真履行"一岗双责"，认真贯彻中央八项规定精神，严格执行廉洁自律的各项规定，坚持以制度管人管事，确保党风廉政建设责任落到实处。切实抓好日常管理监督，经常性开展教育提醒，使工会干部职工严格执行各项纪律规定，严格按照制度规定办事，守住底线、不越红线、筑牢防线，以实际行动维护工会干部的良好形象。注重培养工会干部队伍的专业能力、专业精神，在服务广大职工群众中磨炼工会队伍,增强服务技能。加强社会化工会工作者队伍建设,解决基层工会工作力量不足问题,打造服务职工的"娘家人"队伍。

(石玉国)

中卫市沙坡头区总工会

【概述】 2022年,在沙坡头区委和政府的坚强领导及上级工会的正确领导下,沙坡头区总工会认真学习贯彻党的二十大精神、习近平新时代中国特色社会主义思想和习近平总书记关于工人阶级和工会工作的重要论述精神,切实提高政治站位,强化思想引领,围绕工会职责和职工需求,牢固树立改革、创新、服务、强基的工作理念,团结带领广大职工群众弘扬劳模精神、劳动精神和工匠精神,为推动沙坡头区经济社会高质量发展贡献了工会力量。现有乡镇工会联合会11个,系统工会3个。基层工会782个,会员70027人,其中:企业工会460个、会员16072人;机关事业单位工会133个、会员6850人;村(社区)工会189个、会员47105人。同时,现有"八大群体"企业工会29个、会员1455人;新就业形态劳动者企业工会20个、会员531人。

【职工思想引领】 以党的二十大精神、习近平总书记关于工人阶级和工会工作的重要论述、习近平致首届大国工匠创新交流大会的贺信等精神为主要内容,组织全体工会领导干部进行常态化学习,不断提升工会干部职工的政治素质、政治能力,强化工会组织的政治引领作用。畅通工运信息发布渠道,利用各种平台推送工运信息80余条,组织开展劳模宣讲50场,广泛传播工会声音,讲好劳模故事,有效宣传工会工作职责和职工奋进形象。建设职工之家、职工书屋24个,不断丰富职工生活,营造良好工作氛围。

【建功立业活动】 以"当好主人翁、建功新时代"为主题,紧盯"六新六特六优"和中卫六大产业,开展"产改之星"枸杞深加工、"大漠味集"厨王争霸等特色技能竞赛6场,评选各类技术能手160余名,激发了广大职工比学赶超、争当技术能手和能工巧匠的热情。开展电焊、育婴等技能培训3期,培训农民工210人。大力推进"金点子""随手拍"企业安全生产监督活动,充分调动职工群众参与管理、维护权益、提出建议的主动性、积极性。

【劳动模范服务】 做好劳模管理、服务工作,对全区72名劳模实行网络化、信息化管理。创建韩武珍劳模创新工作室,进一步发挥劳模引领、示范和带动作用。深化劳模关爱活动,及时将14名劳模纳入生活困难补助金和特殊困难帮扶金享受范围;组织3名劳模参加区内外疗休养,向4名困难劳模发放7000元慰问金。

【困难职工帮扶】 常态化开展"四季送""工字号"品牌活动,举办线上招聘会20场,提供岗位4000余个,达成就业意向600余人;紧盯"两节"等节点,向1983名困难职工、企业发放慰问金214.02万元;组织274名女职工进行免费"两癌"筛查,收缴职工医疗互助金41.27万元,核发35人8.85万元;开展"工会在身边"职工普惠系列活动14个项目5场次,惠及职工8000余人,切实提升职工群众获得感、幸福感。

【职工维权服务】 强化职工维权法律宣传教育,开展工会法等法律知识竞赛、讲座5场;畅通"12351"热线和线下来访渠道,积极开展风险点摸排,2022年共化解劳动领域风险点、矛盾纠纷29件,帮助职工(农民工)追回劳务费等151

万元。持续推进"安康杯"竞赛活动,加强企业民主管理和职代会作用,评估职代会29家,持续培育市级厂务公开示范单位2个;落实工资集体协商机制,召开培训会16场,指导签订集体合同268份,保障职工工资合理增长,有效助力城乡居民收入提升行动。

【文体活动】 先后开展"中国梦　劳动美——喜迎二十大　建功新时代"系列主题宣传教育活动,组织基层工会举办职工文艺汇演、征文、摄影书画展等20场次,开展了"推动女性阅读,建设书香家庭"女职工读书征文、"喜迎二十大、奋进新征程"经审干部暨女职工演讲比赛、"喜迎十六运"沙坡头区2022年"星空杯"职工篮球赛、公益瑜伽课等8项文化体育活动,覆盖干部职工群众6000余人次,以丰富多彩的活动载体不断增强工会组织的吸引力和凝聚力,进一步团结引领广大职工坚定不移听党话、矢志不渝跟党走。

【财务经审工作】 始终坚持"依法审计、服务大局、突出重点、注重实效"的工作原则,审核收集"审同级"资料49份,对28个基层工会2021年度工会经费管理使用情况进行审计,完成沙坡头区"小三

级"工会审查审计工作情况调研工作,不断推动基层工会经费使用制度化、规范化。

【基层组织建设】 以"工会基层组织建设提质增效年"为抓手,积极探索"党工共建"有效路径,全力推动新就业形态劳动者入会,年内新建工会35家,新增会员621人。其中,新就业形态劳动者建会2家,新增网约配送员等新就业形态劳动者会员80余人。加强基层工会干部教育培训,举办工会干部培训班1期,各部门、乡镇及企业参加培训人员36名。

【疫情防控工作】 积极主动应对"8·04""9·20""11·17"突发疫情,按照"135"到位原则,严格责任落实,组织领导干部下沉小区,完成全覆盖核酸检测17轮,做实做细卡点值守、巡逻宣传、特殊人群包保等工作,小区被评为沙坡头区第一批"无疫小区"。多方筹措资金物资等104.91万元,向公安、卫健、乡镇等拨付疫情防控专项补助经费46.1万元,慰问外来支援医务人员和公安干警1569名、社区33个、值守卡点(口)292个,向"快递小哥"、滞留货车司机等群体发放慰问品等物资2601份(件),切实加强一线人员自我防护的物资

保障,充分展现工会的战"疫"担当。

(赵鹏翔)

中宁县总工会

【概述】 中宁县总工会是中宁县各行业职工自愿结合的工人阶级群众组织,是县委联系职工群众的桥梁和纽带,是全县工会会员和维护职工利益的代表。所属基层工会在县总工会和同级党组织的领导下,根据工会组织的特点和广大职工的意愿,积极主动、独立自主地开展工作。

【机构设置】 县总工会下辖职工文化活动中心和困难职工帮扶中心,内设办公室、业务部和经审办3个部室,现有干部职工15人(其中:公务员4人,事业编制3人,工勤人员1人,职业化工会工作者7人)。2022年全县有基层工会组织526个,职工(农民工)入会41052人。

【凝心聚力工程】 一是着力发挥劳模示范引领作用。全县各级工会组织大力弘扬劳模精神、劳动精神和工匠精神,积极开展劳模"五个一"活动,为各级劳模发放慰问金6.25万元;宁夏华宝枸杞产业有限公司智能制造生产

车间原浆灌装班组被自治区总工会评为自治区级工人先锋号；自治区劳动模范、中宁县大战场镇东盛村妇女主任姬秀花被选为党的二十大代表。二是着力加强职工思想政治引领。持续深化"中国梦·劳动美"主题教育，开展"翰墨送祝福 欢乐迎新春"送"福"字、送春联活动。举办"喜迎二十大 礼赞新征程"大学生艺术团走基层宣传习近平新时代中国特色社会主义思想巡回演出、第十届"书香三八"读书、全县"喜迎二十大·巾帼展芳华"旗袍秀、"喜迎党代会·献礼二十大"演讲比赛、声音里的经典故事演说大赛等活动。推选优秀节目参加全市"劳动者之歌"合唱比赛、"闪亮最美劳动者·扬帆启航新征程"寻找最美笑脸摄影作品和寄语作品征集活动，并取得优异的成绩。

【建功立业工程】 一是开展劳动技能竞赛和技术创新活动。联合县枸杞服务中心、住建局、教育体育局、隆基公司联合举办全县枸杞采摘、建筑工人、全县中小学教师"三字一话"基本功大赛、"隆基杯"劳动技能竞赛，组织参加全市"沙坡头杯"导游服务技能竞赛，参加全区电力行业、首届物流行业技能竞赛；组织企业工会参与自治区第十二届技术创新评选活动，共征集涵盖产品类、设备类、工艺类、成本类和环保类5个类别的16项创新成果，上报区、市总工会。开展"安康杯"竞赛活动，举办安全生产"金点子"随手拍等活动。二是大力推进产业工人队伍改革。深化《中宁县新时代产业工人队伍建设改革试点工作方案》，选取12个部门、8家企业，采用全面试点和项目试点相结合的方式改革创新；在全区推进产业工人队伍建设改革工作会议上作为试点单位作交流发言。三是巩固拓展脱贫攻坚成果同乡村振兴有效衔接工作。做好大战场红宝村、新堡肖闸村以及喊叫水麦垛新村16户脱贫户、红宝村4户监测户的结对帮扶工作；将结对定点帮扶村工作与县总工会年度工作同安排、同落实，加强与村"两委"班子、驻村工作队联系，进行排查、研讨，坚持每月至少开展一次入户走访，制定"一户一方案，一人一措施"清单，落实各项帮扶措施，不断提升群众满意度。

【维权帮扶工程】 一是唱响困难帮扶"四季歌"。联合县就业和人才服务中心开展"春送岗位"行动，线上发布各类信息70期，线下举办招聘会3次，提供岗位550个；"夏送清凉"，为奋斗在全县重点项目、工程建设、"新业态就业群体"、环卫工人、疫情防控工作人员送去价值14.97万元的防暑降温慰问品；"金秋助学"，对符合救助标准的6名困难职工子女发放慰问金2.4万元；"冬送温暖"，对313名困难职工发放送温暖慰问资金40.9万元。二是常态化送温暖。对全县受疫情影响的低收入群体及防疫一线职工中的低收入群体人员进行大排查，对30名低收入职工发放3万元慰问金，并录入全国工会帮扶管理系统。三是开展困难职工精准帮扶工作。按照自治区总工会《宁夏回族自治区总工会困难职工帮扶管理实施细则》，准确掌握困难职工(农民工)的基本情况，扎实做好困难职工帮扶救助工作，对38户符合救助标准困难职工发放33.02万元救助资金。四是继续搭建救助、培训、关爱、服务帮扶体系"四梁八柱"。六一儿童节期间为10名建档立卡困难职工子女送去慰问金5万元；实施关爱女职工行动计划，举办女职工健康及维权知识培训，邀请宁夏工人疗养院为369名困难女职工进行"两癌"体检；邀请宁夏工人疗养院为我县部分新就业形态群体中的货车司机、快递员和网约送餐员280人进行免费健康体检。五是推行职工医疗互助保障制度。

为保障职工医疗救助力度，县总工会切实履行服务职工的基本职能，组织全县机关、乡镇、企业积极参与职工医疗互助活动，全县有174家企事业单位10455人参与职工医疗互助活动，共缴纳职工医疗互助金62.73万元，发放医疗互助金4.726342万元，为切实减轻患大病职工医疗负担提供制度保障。

【和谐劳动关系工程】 一是健全完善源头参与机制。印发《2022年职工队伍稳定风险隐患专项排查化解工作实施方案》，逐级签订《维护职工队伍稳定工作责任书》；对全县125家企业劳动领域风险进行摸排；坚持政府工会联席会议，召开中宁县协调劳动关系三方会议。二是深化厂务公开民主管理工作。收集厂务公开优秀提案2件，举办全县工会构建和谐劳动关系培训班1期；大力推行区域性、行业性职代会制度，推进厂务公开制度化、规范化建设，全县非公企业职代会建制率达86%以上；健全平等协商机制，建立以社会化工会工作者为主体的集体协商指导员队伍，引导基层工会做好工资集体协商要约，培养行业、区域性集体协商"双百"示范点8个，建会企业集体合同和工资集体合同签订率均达到96%以上。三是健全完善信访维稳机制。开展"两节"期间根治欠薪专项行动、集中接访和"12351"平台的派单办理及劳动争议调解，累计接到44件，办结率达到100%；开展"尊法守法 携手筑梦"服务农民工法治宣传，组织开展《民法典》、习近平法治思想进企业、进工地活动8场次。四是扎实推进基层组织提质增效年活动。加大区域性、行业性工会组建和小微企业建会入会力度，新组建工会组织21家，发展会员2318人，发展农民工会员685人。有序指导20家基层工会按期换届选举。加大户外服务站(点)建设力度，新打造丰安屯工会户外服务站(点)、丰宁社区户外服务站(点)2个，其中丰安屯工会户外服务站(点)被评为全国"最美工会户外劳动者服务站(点)"；开展模范职工之家"结对共建"活动，举行模范职工之家"结对共建"签约仪式。

【助力复工复产】 一是联防联控，坚守疫情防控一线。9月20日全县疫情暴发后，县总工会按照县委要求，迅速安排部署，明确任务分工，下派干部7人，到杞韵社区惠丰苑、金帝小区、城关六队等3个值守点，做好小区居民管理、核酸采样、物资采购等工作。做好长山头红宝疫情隔离点包抓工作，主要领导及2名干部在疫情发生后立即到隔离点开展工作；按照组织部安排，抽调2名干部到振兴社区和石空方舱医院参与疫情防控。二是筹措资金，助力疫情防控。为助力受疫情影响的小微企业复工复产，切实减轻小微企业负担，对2020年、2021年符合条件的163家小微企业，返还工会经费34.5万元；疫情暴发后，县总工会第一时间向自治区总工会申请工会经费100万元，并将资金全额划拨给县人民医院、县疾控中心、县中医医院等21家单位，主要用于慰问疫情防控第一线的医护人员，支持基层工会组织开展疫情防控工作；筹措1.8万元慰问京藏高速中宁卡口、中宁东站卡口、乌玛高速渠口卡口、石空火车站卡口、京藏高速长山头卡口等10个高速卡点(服务区)，对奋战在一线的防疫人员进行慰问；筹措3.5万元，订购本县部分菜农滞销白菜、莲花菜等蔬菜，对受疫情影响的货车司机开展了慰问活动，帮助菜农解决因受"9·20"疫情影响蔬菜滞销问题。

（董 倩）

海原县总工会

【概述】 2022年，在海原

县委、区、市总工会的坚强领导下,在县人大、政府、政协及相关部门的大力支持下,海原县总工会充分发挥联系职工的桥梁纽带作用,坚持以习近平新时代中国特色社会主义思想为指导,深入贯彻落实习近平总书记关于工人阶级和工会工作的重要论述以及习近平总书记视察宁夏重要讲话精神,坚决贯彻落实党中央和区、市、县委各项决策部署,围绕中心、服务大局,扎实做好疫情防控工作,聚焦主业主责,凸显作用作为,各项工作取得了新的进展和成效。被国家发改委、财政部等四部委联合授予"全国节约型机关"荣誉称号。

【思想政治引领】 把学习宣传贯彻习近平新时代中国特色社会主义思想、党的二十大精神、习近平总书记关于工人阶级和工会工作的重要论述以及视察宁夏重要讲话精神作为职工群众思想引领的首要政治任务,汇聚全县广大职工团结奋进的强大正能量,弘扬伟大建党精神,认真践行社会主义核心价值观。紧扣"强三性""去四化"的要求,先后组织开展了"迎新年展新貌·开新局谱新篇"庆"两节""阅享经典 品读人生"读书分享、第十届"书香三八"读书征文、全县"铸牢中华民族

共同体意识 喜迎党的二十大胜利召开"主题演讲比赛等活动30余场次,覆盖职工4000余人。通过开展系列活动,进一步教育引导全县广大职工群众深刻领悟"两个确立"的决定性意义,进一步增强"四个意识"、坚定"四个自信"、做到"两个维护",以丰富职工精神文化活动为载体,进一步引领全县职工群众坚定不移听党话、跟党走,自觉在思想上政治上行动上同以习近平同志为核心的党中央保持高度一致。

【参与疫情防控】 "9·20"突发疫情以来,县总工会积极响应县委、县政府号召,第一时间选派15名干部下沉到建设社区、黎明社区,配合社区积极开展住户信息登记、风险人员排查管控、卡点值守、防控政策知识宣传、组织群众核酸检测等重点工作,2名党员干部主动请缨赴海兴开发区大转盘集中医学隔离点驻点开展疫情防控工作。同时,争取区、市总工会疫情防控专项资金38.5万元,助力全县疫情防控工作,向海兴开发区大转盘集中医学隔离点购置配送价值3.8万元的电脑、打印机、对讲机、生活用品等疫情防控物资。在疫情期间,常态化组织开展送温暖慰问活动,积极筹措资金20.8万

元慰问全县疫情防控一线医护人员和困难职工。同时,通过海原工会微信公众号发布各类疫情防控知识56篇,点击率近万人。

【宣传教育引导】 围绕党的中心工作,巩固深化自治区文明单位创建成果,依托新时代文明实践基地,先后组织开展了劳模"微宣讲",组织开展了演讲比赛、"学习强国"达人挑战赛等6场次,有全县300多名职工参与;"迎新年展新貌·开新局谱新篇"庆"两节"等系列普惠活动,为全县广大职工群众送去春联和福字1200余副,对快递员、环卫工人、出租车司机等新就业形态群体免费理发300余人,优惠购书40人;开展"阅享经典 品读人生"读书分享活动,为冯磊等25名青年职工赠送了书籍;开展第十届"书香三八"读书征文活动,征集作品127篇。上报各类信息95篇,被区市县采用6篇。

【职工文化建设】 举办"喜迎二十大 备战十六运"海原县(群众组)乒乓球选拔赛;举办"发展体育运动、增强人民体质"题词70周年全县职工羽毛球比赛;举办第三届全县"学习强国"达人挑战赛;开展"喜迎二十大 建功新时代"——海原县"相约红梅杏

园 乐享农家生活"史店乡田拐红梅杏采摘节千人健步行活动,全县56家单位及史店乡职工群众1500余人参加活动;开展"弘扬端午文化 传我浓情粽香"端午节民俗活动;举办全县"铸牢中华民族共同体意识 喜迎党的二十大胜利召开"主题演讲比赛等活动,掀起全县职工群众学习和弘扬中华优秀传统文化的新热潮。组织推选5个优秀文艺节目参加区、市总工会"劳动者之歌"文艺汇演,其中,舞蹈类荣获全区一等奖,音乐类荣获全区二等奖;组织参加市总工会举办的"喜迎党代会·献礼二十大"女职工演讲比赛和经审干部演讲比赛,张海燕同志荣获三等奖;组织摄影爱好者参加全市最美职工笑脸摄影展比赛,其中李军、马虹2人分获全市一等奖、三等奖;组织参加全市"讲文明树新风、做文明有礼中卫人"职工视频征集比赛,其中李忠堂同志的《祖国知道我忠诚》荣获全市第二名。

【劳动技能竞赛】 围绕中心、服务大局,积极推进全县产业工人队伍建设改革,调整充实了县推进产业工人队伍建设改革协调小组,研究印发了《海原县2022年产业工人队伍建设改革工作要点》和《任务清单》。以"当好主人

翁、建功新时代"为主题,举办养老、医疗护理、枸杞产品分拣、小杂粮包装、建筑施工等劳动和技能大赛7场次,通过竞赛活动进一步增强了职工群众及产业工人队伍技能水平和团队凝聚力。

【劳模管理服务】 深入学习贯彻习近平总书记致首届大国工匠创新交流大会贺信精神,采取线上线下相结合的方式,通过播放劳模事迹视频,现场组织丁晓龙、王建国等劳模深入企业一线开展劳模事迹宣讲10场次,大力弘扬劳模精神、劳动精神、工匠精神,在全社会营造尊重劳模、爱护劳模、学习劳模、争当劳模的良好风尚。丁晓龙等9名劳模自发组织开展了疫情防控人员慰问和志愿服务活动,向各值守卡点捐赠防疫物资和生活用品价值7.8万元。争取区、市总工会资金16.65万元对赵广等64名全国、省部级、市级劳模进行慰问和"两金"补助,"五一"期间县总工会又自筹资金3.2万元深入劳模家中走访慰问。同时,组织全县15名劳模、40名职工赴区内外疗休养。推荐丁晓龙、王建国劳模创新工作室积极参加区级劳模创新工作室评选活动。开展"安康杯"竞赛活动,征集"安全隐患随手拍"作品13幅,组织企业开展

安全生产知识竞赛答卷3000份。落实小微企业工会经费支持政策,返还海原县泰丰饭店管理有限公司等8家企业工会经费近10万元。

【普惠服务和精准帮扶】 紧紧围绕县委确定的"1355"工作总体要求和目标,抢抓国家乡村振兴重点帮扶县机遇,立足新发展阶段,完整、准确、全面贯彻新发展理念,融入新发展格局,以推动高质量发展为主题,聚焦职工群众收入提升,利用微信公众号加大就业信息宣传,联合县就创局开展了两期适合农民工就业的技能培训,共培训100人,并举办了5场次春送岗位活动,为200人次提供了就业机会,有效实现了需求培训和社会就业的衔接;精准做好在档困难职工解困脱困工作,对马霞等87名在档困难职工经入户走访、电话回访等方式调查核实,实现脱困33人,解困22人,严格实行建档困难职工精准化动态管理。将杨翠花等61名建档困难职工申报自治区总工会予以帮扶,落实帮扶资金53.88万元。聚焦职工健康水平提升,县总工会联合县委组织部研究制定《关于做好全县干部职工健康体检工作的实施方案》,要求全县各单位高度重视,认真做好干部职工健康体检工作。同时,对符

合职工医疗互助申请条件的魏克庆、田晓梅等45名职工发放医疗互助金近16万元，其中，海原一中职工邵步升报销互助资金高达5万元。聚焦基础教育质量提升，积极争取专项资金为海原一中等学校150名工会班困难家庭学生发放助学金39万元。"六一"期间，对包抓帮扶贾塘乡黄坪村、南河村、史店乡苍湾村的64名学龄儿童送去价值1.28万元的学习用品。聚焦关爱帮扶活动，"两节"期间慰问海原县宇涛工贸有限公司等4家困难企业，送去慰问金15万元，慰问马林等230名困难职工，发放慰问金46万元。开展新就业形态劳动者慰问活动，自"9·20"疫情发生后，筹措资金为受疫情影响的258名货运司机送去价值5.55万元的慰问品。为1178名职工送去价值近9万元的"夏送清凉"慰问品。为海原县消防救援大队消防员送去价值2300元的"双拥"活动慰问品。全年共争取区、市总工会各类资金225万元，其中，区总工会204万元，市总工会21万元。

【基层组织建设】 以全区工会系统开展的"基层组织建设提质增效年"活动为契机，以非公企业为重点对象，深入开展25人以上企业建

会、"九大产业""八大群体"集中入会、新就业形态劳动者建会入会工作，新建基层工会组织21家，发展会员1410人，指导县人社局等10家基层工会依照民主程序和工会章程进行了顺利换届。创建海原县新希望牧业有限公司工会等"职工之家"3家。

【互联网+工会】 截至2022年底，海原工会微信公众号发布各类信息277篇，阅读量27514次，微信视频号发布各类视频15个，阅读量20792次。通过"宁工惠"、"12351"等渠道网上申请建会单位1家，入会职工9人；为1起拖欠工资案件提供法律援助服务。

【职工权益保障】 海原县保安服务有限公司、宁夏海原县肉牛产业发展集团有限公司被评为2022年自治区和谐劳动关系创建示范企业。依法维护全县女职工合法权益，针对女职工劳动保护特别规定，对全县12家企业发放"一函两书"，督促协调海原县国华农机制造有限公司等3家企业落实女职工每月35元的卫生补贴。聘请法律顾问在海原县新希望牧业有限公司等企业开展法律进企业宣讲活动5场次。高度重视信访维权工作，利用"12351"职工维权热线，网上受理办结张

会祥等10名农民工欠薪案件2起。

【创建和谐劳动关系】 坚持按照"五个坚决"和"五个不发生"的工作要求，深入企业一线开展劳动领域政治安全风险隐患排查，签订劳动领域政治安全责任书23份。充分发挥县总工会、劳动监察和企业三方联合协调机制的作用，联合县人社局研究下发了《企业开展集体协商四季要约实施方案》，旨在积极推进工资集体协商工作。在海原县泰丰饭店管理有限公司等58家企业开展集体协商，签订集体合同33份。

【女职工工作】 在企业广泛开展健康知识普及和职业病防治宣传等工作，深入机关企事业单位开展健康知识讲座4场次250人次，为209名女职工开展"两癌"免费筛查活动。

【加强自身建设】 坚持从严教育管理监督，着力提升工会干部思想政治素质和业务能力水平，举办全县工会干部综合能力提升培训班2期共培训400人次。认真履行全面从严治党的政治责任和主体责任，以实施"三强九严"工程为抓手，严格落实"三会一课"及主题党日活动制度，

扎实推进学习党的二十大及习近平总书记视察宁夏重要讲话和重要指示批示精神"大学习、大讨论、大宣传、大实践"活动，尤其把学习宣传贯彻党的二十大精神作为首要政治任务，通过党组理论学习中心组学习、辅导讲座、干部集中学习等多种形式持续学、深化学，同时，及时跟进传达学习党中央和区、市、县委最新部署要求。先后组织党组理论学习中心组学习16次、党支部（扩大）学习52次、专题学习10次、交流研讨8次、专题宣讲2次、开展主题党日活动12次，举办主题培训班1期、读书班1期。积极推进在职党员进社区"双报到双服务"，在黎明社区、文昌小区入户开展电信反诈宣传3场次。持续巩固提升"让党中央放心、让人民群众满意"模范机关创建成果，不断提升党建工作水平，机关党支部由二星级晋升为三星级。认真落实党风廉政建设主体责任，切实履行"一岗双责"，坚决执行中央八项规定实施细则和自治区"八条禁令"要求，扎实开展"廉政警示教育周"活动，组织全体党员和干部职工观看了《交易之警》《守机·危信》警示教育片，开展廉政提醒谈话40余人次，签订《党员干部廉政廉洁承诺书》15份。开展"涵养清廉家风 弘扬廉洁文化"活动，签订《家庭助廉承诺书》15份。召开违规收送红包礼金和不当收益及违规借转贷或高额放贷专项整治工作动员部署会、推进会、民主生活会、组织生活会和专题生活会，并签订承诺书。严格落实意识形态工作责任制，强化网络意识形态阵地管控。严格落实"三重一大"议事规则，健全完善规章制度，实行民主决策、科学管理，班子团结和谐、单位风清气正，政治生态良好。全年共召开党组（扩大）会议13次、党支部（扩大）会议24次、党员大会16次、领导干部讲党课4场次。

【财务经审工作】 严格按照《宁夏回族自治区基层工会经费收支管理实施细则》执行财务管理规定，建立完善内控机制，进一步规范财务运行管理，优化工会经费支出结构，切实加强工会资产监管，聘请第三方对县总工会本级固定资产进行了审计。组织对县总工会本级和45家基层工会2021年度经费预算执行、专项资金及工会经费收支管理使用情况进行全面审计，推动我县工会经费审查审计监督工作提质增效。

（李　军）

产业及所属部分基层工会

2022年自治区各产业工会主席、副主席经费审查委员会主任名单

宁夏教科文卫体工会

主　　席　王克栋(回族,2022年9月离任)

副　主　席　李明军

　　　　　　王书铎(兼职)

宁夏农林水财轻工工会

主　　席　郝　雪(女,2022年12月离任)

副　主　席　李　莉(女,挂职)

　　　　　　乔法明(兼职,2022年4月离任)

　　　　　　蒋学勤(女,兼职)

宁夏能源化工冶金通信工会

主　　席　李翔宇(2022年1月任职)

副　主　席　王林吉(兼职)

　　　　　　白　卉(女,回族,挂职,2022年1月任职)

　　　　　　李　欢(女,挂职,2022年1月任职)

宁夏电业工会

主　　席　赵大光

副　主　席　袁　博

　　　　　　彭　云(女,2022年4月任职)

经审会主任　王向普

宁夏邮政工会

主　　席　王　刚

副　主　席　郭　英(女)

经审会主任　徐晓玲(女)

宁夏交通工会

主　　席　赵晓冬

副　主　席　孔繁芸(女)

　　　　　　李占国(兼职)

　　　　　　王靖淞(兼职)

经审会主任　张津嫣(女)

宁夏地质工会

副　主　席　刘立中

经审会主任　薄发喜

宁夏建设工会

主　　席	杨茂华(2022年8月任职)
副　主　席	路修堂(兼职,2022年8月任职)
	郑　晶(女,兼职,2022年8月任职)
经审会主任	柳君琳(女,兼职,2022年8月任职)

宁夏金融工会

主　　任	白雪峰
副　主　任	马　芳(女,回族)
	杨顺杰(兼职)
	李　峰(兼职)
	孙　健(兼职)
	章　斌(兼职)
经审组组长	陈　栋(兼职)

宁夏教科文卫体工会

【概述】 2022年,宁夏教科文卫体工会坚持不懈用习近平新时代中国特色社会主义思想凝心铸魂,深入学习贯彻党的二十大精神和中国工会十七大精神,全面落实习近平总书记视察宁夏重要讲话精神和自治区第十三次党代会精神,在自治区总工会和中国教科文卫体工会的正确领导和关心指导下,在各级工会的大力支持下,团结引领教科文卫体系统广大干部职工听党话跟党走,围绕中心推动发展,服务职工创新创效,积极发挥工会组织的桥梁纽带作用,为推动我区教育、科技、文化、卫生、体育事业高质量发展建功立业,各项工作取得良好成效。

【宁夏教科文卫体工会一届六次全委（扩大）会议】 3月11日,宁夏教科文卫体工会第一届委员会第六次全体（扩大）会议在银川召开。会议审议通过了题为《汲取奋进力量 勇于担当作为 团结动员广大职工为建设两个先行区作出新的更大贡献》工作报告,报告总结了一届五次全委（扩大）会议以来的主要工作,对2022年工作任务进行了具体部署。2022年,教科文卫体系统各级工会和广大工会干部将以迎接党的二十大胜利召开为主线,以习近平新时代中国特色社会主义思想为指导,深入学习贯彻党的十九大和十九届历次全会精神,贯彻落实习近平总书记关于工人阶级和工会工作的重要论述,围绕自治区总工会"十四五"规划确定的目标任务,坚定正确政治方向,团结引领系统职工和工会干部听党话、跟党走;突出产业特点特色,加大维权服务力度,充分激发广大职工建功新时代的劳动热情和创造活力;深化产业工会改革创新,锐意进取,真抓实干,以优异成绩迎接党的二十大和自治区第十三次党代会胜利召开。

【第八届全区高校青年教师教学竞赛】 6月24—25日,由宁夏总工会、宁夏教育厅主办,宁夏教科文卫体工会、宁夏大学承办的第八届全区高校青年教师教学竞赛决赛在宁夏大学贺兰山校区举行。竞赛决赛课堂教学首次实现线上直播,当日观众浏览量达1.4万人次,高校青年教师教学竞赛影响力进一步扩大,学习观摩精品授课有了新路径。竞赛自3月下旬启动以来,全区16所高校2000余名教师参赛。经过各高校初赛复赛,共有59名高校青年教师脱颖而出,进入决赛。决赛包括教学设计、课堂教学、教学反思三个内容,设文科、理科、工科、思想政治课专项四个组别。竞赛旨在充分发挥教学竞赛在提高青年教师综合素质、专业化水平和创新能力中的示范引领作用,进一步激发广大高校青年教师提高思想政治素质、更新教育教学理念、掌握有效教学方法的热情,为黄河流域生态保护和高质量发展先行区建设提供人才保障和智力支持,是全区高校广大教师深入学习贯彻习近平新时代中国特色社会主义思想、喜迎党的二十大的生动实践。张启龙等17名选手分获文科组的一、二、三等奖,吴军等15名选手分获理科组的一、二、三等奖,王凡等15名选手分获工科组的一、二、三等奖,冯鑫等12名选手分获思政组的一、二、三等奖,各组一等奖获得者将代表宁夏参加全国总决赛。宁夏大学工会等16个单位获优秀组织奖。

【职工创新创效活动】 贯彻新发展理念,建设知识型、技能型、创新型产业工人队伍。来自教科文卫体工会的医疗器械、医疗技术、卫生健康、农产品、畜牧产业等近50个专业的64项创新成果参加了第二届全区职工技术创新成果评选活动，其中3项获奖。安排部署宁教科文卫体工会劳动模范名师名医名家及技能人才创新工作室申报工作；满两年以上20家劳模创新工作室按复验标准普遍开展了自查。

【树典型争当劳动先锋】 培育职工职业道德，组织所属基层工会开展全国职工职业道德建设标兵单位和个人工作。自治区第四人民医院刘伯飞被授予全国职工职业道德建设标兵个人。弘扬三种精神。组织所属基层工会开展五一奖和工人先锋号评选推荐工作，贾绍斌、文琦、马杰3名同志被推荐为全国五一劳动奖章，王骋、梁小军、马江涛3名同志被推荐参评自治区"五一"劳动奖章；自治区科技特派员创业指导服务中心项目科被推荐参评自治区工人先锋号。在选树活动中彰显劳模精神、劳动精神、工匠精神。

【首届宁夏教科文卫体职工羽毛球联赛】 2022年9月9日，历时近一个月的首届宁夏教科文卫体职工羽毛球联赛在宁夏亲水体育中心圆满落幕。宁夏师范学院工会等6支代表队分获混合团体前6名，李志芳等42名运动员获各单项前6名，16家单位被评为优秀组织奖。本次联赛以"喜迎二十大 建功新时代"为主题，分预赛和决赛两个环节进行，旨在推广群众性体育活动，让更多职工参与到健身运动中，更好地维护好职工健康权益。其中，近3000名职工参加预赛。经过层层选拔比拼，最终16支代表队、180余名运动员进入联赛决赛环节。决赛在宁夏亲水体育中心举行，设混合团体和单项两个项目，单项包括男双、女双、混双、男单、女单。各代表队发扬奋力拼搏，勇争第一的精神，赛出了水平，赛出了风格，充分展示了教科文卫体系统广大职工积极进取、奋发向上、顽强拼搏的精神风貌。

【组队参加第三届全国中小学青年教师教学竞赛】 在中国教科文卫体工会全国委员会主办，上海市教育工会、上海师范大学承办的第三届全国中小学青年教师教学竞赛决赛中，由宁夏教科文卫体工会选拔选派的4名青年教师分获小学组、中学语文组、中学数学组、中学思想政治组三等奖。宁夏教科文卫体工会获优秀组织奖。全国青年教师教学竞赛是中国教科文卫体工会贯彻落实全总党组书记处部署，助力教育高质量发展，提升教师队伍素质的品牌赛事。为保证在全区选拔出高水平、具有代表性的青年教师参赛，宁夏教科文卫体工会围绕立德树人的根本任务，以加强师德师风建设、锤炼青年教师教学基本功为着力点，充分发挥教学竞赛在提高教师队伍素质中的示范引领作用，历时5个月，通过层层选拔，带动全区1000所学校，3000余名教师参加了初复赛，最终选派4名青年教师参加了全国竞赛。选拔过程中，组委会以"上好一门课"为理念，形成了先培训后竞赛，以赛代训、以训促赛、训赛互补的良好氛围和体制机制，极大激发了青年教师更新教育理念和掌握现代教学方法热情，为造就一支有理想信念、有道德情操、有扎实学识、有仁爱之心的高素质、专业化、创新型教师队伍，加快推进教育现代化、建设教育强国贡献了工会力量。

【参与疫情防控工作】 面对当前疫情形势，全区各高校广大职工勇做先锋、主动担当,积极参与疫情防控工作,齐心协力,将疫情阻挡在校门之外,全力保护师生生命安全和身体健康。除做好校园的疫情防控工作外,还积极参与到银川市疫情防控工作之中。

【关心关爱劳模】 按照自治区总工会关于各级工会要及时关心劳模健康状况的要求,宁夏教科文卫体工会及时部署落实,通过“三个一”措施,确保关心关爱落到实处。一是要求所属工会对所有劳模发送一则温馨提示。提醒劳模在近期加强健康防护,做好健康监测,在出现发热、咳嗽等症状后,如有就医困难,宁夏工人疗养院可提供帮助。二是对70岁以上高龄劳模打一个关爱电话。针对系统高龄劳模比例较高的情况,宁夏教科文卫体工会要求所属工会对所有70岁以上高龄劳模,拨打一个关爱电话,了解劳模健康状况和居住情况,加强与劳模联系,及时提供力所能及的帮助和服务。三是对独居劳模进行一次全面摸底。对系统内劳模独居情况进行全面摸底,在提醒独居劳模加强健康防护,做好健康监测的同时,提醒独居劳模近期一定保证电话等联系方式畅通,确保工会干部能

及时回访、问候,及时掌握劳模健康状况和提供必要服务。宁夏教科文卫体工会要求各工会要持续、长期做好此项工作,将关心关爱劳模健康落到实处,将工会服务送到劳模身边。

【弘扬劳模精神、劳动精神、工匠精神】 组织30名劳模、技能人才深入农村、社区开展健康咨询、专家诊疗、法律服务、乡村振兴政策宣讲、农业技术指导等服务10场次,为助力乡村全面振兴贡献工会力量,受到了广大农民的欢迎。新创建劳模创新工作室8个,推荐上报自治区劳模创新工作室2个,同时对18个创建两年以上的劳模创新工作室运转及作用发挥情况进行了复验。

【换届工作】 根据有关规定和产业工会改革发展需要,对宁夏教科文卫体工会一届委员会五年来的工作进行认真总结,对未来五年工作进行谋划;根据工作需要,对新一届工会委员会委员组成和委员结构进行了初步酝酿,吸收五市产业工会、工会组织关系不在本系统的高职高校、与系统相关的部分厅局企业为委员单位。

(赵　磊)

宁夏大学工会

【概述】 2022年,宁夏大学各级工会组织认真学习贯彻落实习近平新时代中国特色社会主义思想、致首届大国工匠创新交流大会的贺信精神,认真贯彻落实自治区第十三次党代会精神,开展党的二十大和习近平总书记视察宁夏重要讲话指示批示精神“大学习、大讨论、大宣传、大实践”活动。加强工会党支部和各级组织的思想政治与组织建设,引导工会会员把思想和行动统一到校党委提出的奋斗目标、重大决策和重大部署上来,积极主动地把校党委、行政的决议、决定转化为广大教职工的自觉行动,促进学校高质量发展。学校工会现有工作人员10名,设有分工会35个,直属工会小组19个,工会会员3109人。

【宁夏大学工会九届二次会员代表大会】 1月7日,宁夏大学第九届工会会员代表大会第二次全体会议暨2021年度工会工作总结表彰大会在文荟楼东报告厅举行。大会宣读了《关于表彰宁夏大学第九届青年教师教学基本功大赛获奖个人和单位的决定》

《关于命名自治区和我校劳模和高技能人才创新工作室的决定》《关于表彰2021年度基层工会工作先进集体、优秀工会干部和工会积极分子的决定》《关于表彰宁夏大学首届教职工三人制篮球赛获奖单位的决定》。与会校领导分别为受表彰的个人、集体颁发获奖证书、奖牌,并为获得命名的劳模和高技能人才创新工作室授牌。校工会主席孙建军向大会作了2021年度校工会工作总结及2022年工作要点的报告,并传达了《宁夏工运事业和工会工作"十四五"发展规划》精神;工会经审委主任、审计处副处长马萍作了2021年度校工会经费支出情况的报告。

【举办教职工健步走挑战比赛】 为深入学习贯彻党的十九届六中全会精神和习近平总书记关于工人阶级和工会工作的重要论述,巩固、深化党史学习教育成果,增强我校教职工的身体素质和集体凝聚力,促进师德师风建设,活跃校园文化体育生活,激发广大教职工努力工作、建功新时代的革命热情,以优异成绩迎接党的二十大和自治区第十三次党代会胜利召开,宁夏大学举办"喜迎二十大　建功新时代"教职工校园健步走定向挑战比赛活动。比赛以怀远校区环金波湖健身步道为主赛道,辐射周边田径场、图书馆、曾宪梓楼、体操馆等校园经典赛场,比赛全程共设20个打卡集结点,打卡点的主要内容为党的十九届六中全会精神的要点介绍。各参赛队须完成相关任务,方可前往下一打卡点。全校共有3100多名教职工分6组参加了挑战赛。

【举办首届青年教师教学基本技能展示活动】 为认真落实中共中央、国务院《关于全面深化新时代教师队伍建设改革的意见》要求和学校党委人才工作会议精神,扎实开展"喜迎二十大建功新时代"劳动和职业技能主题竞赛活动,充分发挥"青教赛"优秀选手的示范带动作用,坚持"以赛促学,以赛促教",5月18日,宁夏大学首届青年教师教学基本技能展示活动在国际交流中心会议大厅举行。活动邀请了宁夏大学第九届青年教师教学基本功大赛每个组别获得一、二等奖的7名优秀选手通过教学公开课的形式,进行教学设计、课堂讲授等基本技能的展示。

【承办第八届全区高校青年教师教学竞赛】 6月24日至25日,由自治区总工会和教育厅共同主办,宁夏教科文卫体工会与宁夏大学承办的第八届全区高校青年教师教学竞赛在我校举行。竞赛涉及文科、理科、工科、思政四个组别,竞赛内容包括教学设计、课堂教学和教学反思三个方面。竞赛期间采取了线上直播的形式,共计14000多人次观看了决赛的网络直播。竞赛活动得到了各高校的积极响应,16所高等院校2000余名教师参加了比赛。经过与区内各院校的激烈角逐,宁夏大学张启龙等17名选手分获文科组一、二、三等奖;宁夏大学新华学院吴军等15名选手分获理科组一、二、三等奖;宁夏大学新华学院王凡等15名选手分获工科组一、二、三等奖;宁夏大学新华学院冯鑫等12名选手分获思政组一、二、三等奖。宁夏大学、宁夏医科大学等16个单位获得优秀组织奖。

【组织教职工开展暑假疗休养活动】 2022年7月12—16日,学校工会组织73名教职工赴固原市进行为期5天的暑期疗休养活动。疗休养团队先后前往将台堡长征会师纪念园、六盘山红军长征纪念馆及龙王坝村考察学习。

【教职工羽毛球联赛获得优异成绩】 2022年宁夏教科

文卫体工会职工羽毛球联赛9月9日在宁夏亲水体育中心落下帷幕，此次联赛决赛共有16支代表队120名运动员参赛。我校教职工羽毛球队在校工会的精心组织下，刻苦训练、钻研技术、认真准备，在赛场上密切配合、顽强拼搏，打出了水平、赛出了风格，展现了我校教职工良好的体育素质和团队合作精神。获得女子单打第一、女子双打第一、男子双打第四、混合团体第五和优秀组织奖的好成绩。

【举办工会干部及骨干专题培训班】 9月14日至16日，学校工会在石嘴山市大武口区龙泉村举办2022年工会干部及骨干专题培训班，组织全校工会干部和骨干深入学习习近平总书记视察宁夏重要讲话和重要指示批示精神，认真学习贯彻自治区第十三次党代会精神，以提高我校工会干部的思想政治觉悟和业务工作能力，增强工会干部的凝聚力和团队精神。

【召开第八届教代会第三次会议】 11月16日下午，宁夏大学第八届教职工代表大会第三次全体会议在文萃校区大学生活动中心举行。会议主题是：高举中国特色社会主义伟大旗帜，以习近平新时代中国特色社会主义思想为

指导，认真学习宣传贯彻党的二十大精神，凝心聚力，深化改革，推动学校各项事业高质量发展，为建成西部一流大学而团结奋斗。校党委书记李星分别从明确的目标导向性、总量增加的延续性和评价方式方法的科学性三方面向大会阐明了绩效工资改革的原则和思路。校长彭志科表示，本次大会是在全校上下以习近平新时代中国特色社会主义思想为指导，深入学习贯彻党的二十大精神，加快提升学校"双一流"和"部区合建"发展水平关键时期召开的一次重要会议。代表们听取了校党委常委、副校长李学斌代表学校作的关于《宁夏大学绩效工资改革方案（草案）》的说明。全体代表分五个代表团认真讨论审议《宁夏大学绩效工资改革方案（草案）》，并表决通过了《宁夏大学第八届教代会第三次全体会议决议》（草案）。

【争先创优，发挥引领示范作用】 一是根据区总工会2022年度工作目标量化打分考核结果，宁夏大学在全区教科文卫体系统21个工会中成绩排名第一，荣获一等奖。二是筛选、培育校级名师创新工作室7个，新获批自治区级和教科文卫劳模创新工作室各1个。12人参加、3名教师获得

第二届全区职工技术创新成果展参展资格。三是积极树立并发挥各类模范先进的引领示范作用，推荐地理科学与规划学院文琦获批全国五一劳动奖章和自治区级劳模创新工作室，农学院梁熠获批区教科文卫体工会劳模创新工作室，音乐学院陈宏获批自治区三八红旗手。四是为弘扬劳模精神，助力乡村振兴，校工会选派获得2021年全国五一劳动奖章的王彬教授、2022年全国五一劳动奖章的文琦教授以及获得2015年自治区先进工作者蒋全熊教授参加了由自治区总工会组织开展的"喜迎二十大 建功新时代"劳模助力乡村全面振兴服务活动。

（孙建军）

北方民族大学工会

【概述】 2022年，在学校党政的正确领导下，在自治区教科文卫体工会的指导下，校工会紧紧围绕学校中心工作，切实履行工会职能，加强民主管理和监督，积极推进学校民主建设，不断加强工会自身建设，充分发挥工会组织的桥梁纽带作用。

【校第七届第四次教职工代表大会】 2022年4月29

日,北方民族大学召开第七届教职工代表大会第四次会议。校党委书记刀波出席并讲话,校党委副书记、校长李俊杰作工作报告。校领导东·华尔丹、王永强、李岩青、陈永奎、伍永章、李红燕出席大会。118名正式代表、33名列席代表及特邀代表参加。大会审议通过了《学校工作报告》《2021年预算执行情况和2022年预算草案的报告》《北方民族大学章程修正案(2022年讨论稿)》《北方民族大学第七届教职工代表大会第四次会议决议》等文件,并依据《北方民族大学教职工申诉办法》,选举产生了第二届教职工申诉委员会。工会继续做好提案督办工作,积极参与和监督学校重大事项的研究和讨论,认真列席校长办公会议,参与重要基建和后勤项目的验收工作等。

各分工会充分发挥广大教职工的创造性、积极性,依据《北方民族大学院系二级教职工代表大会工作条例》的相关规定,积极推进学院召开二届五次教代会,并在学院教代会上审议学院工作报告、财务报告、弹性绩效分配方案、教职工考核方案等涉及教职工切身利益的工作。

【开展教职工文体活动】学校工会充分发挥群众工作优势,开展形式多样的文化活动,丰富教职工精神文化生活,促进了学校精神文明建设。通过规范各类协会组织管理,拓展教职工文体活动形式,提高教职工生活品质。现全校已建成9个文体协会(培训班),明确了各类协会活动时间、场所及负责人,同时积极宣传鼓励大家积极参与各项活动,目前参与活动的教职工越来越多,影响范围也越来越大。学校教职工运动会、篮球、乒乓球、羽毛球、气排球比赛等常规赛事,动静结合、趣味与竞技结合,教师们在参与过程中体验到运动的快乐。组队参加了2022年教科文卫体工会系统职工羽毛球联赛。获得团体赛第四名及单项男双第三名、女双第五名、混双第五名的好成绩,同时学校还荣获了优秀组织奖。开展了健康讲座、书画摄影展、演讲等活动,也提升了教职工文化艺术修养,营造出健康、高雅、和谐的校园文化氛围,充分展示全校教职工的精神风貌和艺术风采。

【工会干部培训】6月28日至7月3日,我校工会在延安干部培训学院杨家岭分院举办了工会干部2022年"重温红色历史 传承红色基因"专题研修班。通过理论教学、参观革命旧址等,让学员在历史的发生地感悟历史,从中汲取伟大的信仰力量、思想力量、真理力量。7月1日,恰逢中国共产党101岁生日,组织参训的全体党员在南泥湾广场,面对党旗,庄严地重温入党誓词。

【开展女职工活动】为庆祝我国第112个三八妇女节,工会划拨专项经费开展系列庆祝活动,机关第三分工会开展的"巾帼心向党 喜迎二十大"插花制作体验活动、图书馆女职工的保龄球比赛、民族学学院创意押花台灯制作活动等,活跃了女教工的业余生活,增强了凝聚力。工会积极组织动员女教职工参加"安康保"计划,协助老师报销医疗费用,减轻教师疾病治疗的经济压力,并定期开展"关爱女性 呵护健康"健康保健知识讲座。

【开展关怀慰问教职工活动】坚持"送温暖"活动。校工会和基层分工会全年走访、慰问困难教职工50余人,及时为患病住院的14位教职工送去关怀和慰问,其中对因交通事故受伤住院的残疾职工给予了困难救助9000元。工会对即将离岗的24位退休教职工送去祝福,为18位父母去世的教职工送去安慰,共计支付慰问金4万余元,将学校党政领导的关怀、工会组织的慰问送到职工心坎上,让教职工感受工会这个大家庭的温暖,提升教职工的获得感和幸福感。

【"职工之家"建设】 为加强"职工之家"建设,丰富建"家"内容,拓展建"家"领域,改进建"家"方式,鼓励支持各分工会在民主管理、维护职工合法权益、困难职工帮扶、师德师风建设、技能竞赛、服务职工和文体活动等方面形成自身特色,按照重心下移、因地制宜、共建共享的原则,鼓励有条件的分工会建设职工小家,工会现已安排30余万元经费支持建立了19个职工小家。

【加强安全生产】 2022年,工会严格执行安全生产"日自查、周会商、月检查"的工作机制,层层传导压力,建立健全的全员岗位责任制,把安全主体责任落实到校园的各方面,主动加强协调配合,确保学校的安全稳定。组织开展了学校2022年"安康杯"竞赛活动,大力开展宣传教育,强化全员安全意识,使安全精神深入人心。

【组织参加第八届全区高校青年教师教学竞赛】 我校的6位参赛选手在第八届全区高校青年教师教学竞赛中经过激烈角逐,分获工科组二等奖、思想政治课专项组二等奖、理科组二等奖,文科组三等奖;我校工会获得了优秀组织奖,发挥了工会的教育职能。

(王维东)

宁夏职业技术学院(宁夏开放大学)工会

【概述】 2022年,宁夏职业技术学院(宁夏开放大学)工会在学校党委和上级工会的正确领导下,坚持不懈用习近平新时代中国特色社会主义思想凝心铸魂,深入学习贯彻党的二十大精神和中国工会十七大精神,全面落实习近平总书记视察宁夏重要讲话精神和自治区第十三次党代会精神。服务学校发展大局,充分发挥工会桥梁纽带作用,全面履行工会职能,竭诚服务广大教职工,与时俱进,开拓创新,各项工作取得了新进展,为学校高质量发展发挥了积极作用。我校商学院副院长马杰教授荣获全国五一劳动奖章。软件学院专职教师伍晓圆,荣获"自治区三八红旗手"称号。由自治区总工会、自治区教育厅共同主办的第八届全区高校青年教师教学竞赛中,我校老师荣获1个二等奖、3个三等奖,学校荣获优秀组织奖。

【加强党建工作】 制定《宁夏职业技术学院(宁夏开放大学)党建带工建工作方案》,着力打造"匠心筑梦、情暖教工"党建品牌,教育引导广大教职工增强"四个意识"、坚定"四个自信"、坚决做到"两个维护"。增强群团工作的"政治性、先进性、群众性",引导广大教职工把思想和行动统一到学校的重大决策和重大部署上来。切实做到党委有号召,工会有行动,党委有要求,工会有落实。组织引领广大教职工把自身发展融入学校建设发展中,调动教职工投身"双高"建设、开放大学建设的积极性、主动性和创造性。

【加强民主管理】 充分发挥教代会在学校改革发展中的民主管理、民主监督作用,对学校的"十三五"规划、"十四五"规划,教职工体检等重大事项进行了审议。高度重视提案工作,积极协调学校各职能部门,认真落实教代会代表提出的提案,提案涉及工会工作、后勤保障等方面,提案工作委员会对提案梳理后,交职能部门逐项进行了落实。成立教职工申诉委员会,制定《教职工申诉制度》。坚持发挥工会在教职工调解和劳动争议调解中的重要作用，及时调解教职工纠纷等矛盾，工会主席以职工代表身份参加学校非常设机构，参与学校重大决策，及时反映教职工意见和要求，注重从源头上维护教职工的合法权益。

【助力乡村振兴，捐赠爱心包】 为进一步巩固脱贫攻坚成果，助力乡村振兴，7月1日，在党委副书记苏晓军带领下，赴西吉县马莲乡南川村开展"助力乡村振兴、爱心包捐赠"活动。6月1日至20日，按照自治区扶贫基金会关于《"点亮中国梦、牵手校园行"爱心助学公益活动倡议书》（宁扶金发〔2022〕5号）文件要求，工会在全校范围内组织开展捐款活动，共筹集捐款34956元，购置97套"爱心包"（含护眼灯、保温杯和《社会主义核心价值观》读本）。此次活动将97套"爱心包"捐赠给了西吉县马莲乡中心小学，旨在通过捐赠书包的形式，让孩子们深切感受到政府和社会的关爱。

【维护职工权益】 积极努力为教职工解决实际问题，组织完成教职工健康体检工作，走访、慰问生病住院、新婚、生育、困难教职工和直系亲属去世教职工。开展医疗互助，为教职工购买人身意外伤害保险。

【丰富教职工文化生活】 举办系列文化活动，丰富教工文化生活。以工会为主导，依托各部门、院系工会小组，成立合唱艺术团、乒乓球协会。围绕传统节日组织开展了丰富多彩的特色文体活动及各类讲座，如阳光健步行、趣味运动会、插花艺术、礼仪讲座、健康知识讲座、读书分享活动等，弘扬了社会主义核心价值观，丰富了教职工的精神文化生活，引导健康生活。

（安　戈）

宁夏能源化工冶金
通信工会

【概述】 2022年，能源化工工会在自治区总工会的坚强领导下，在各企业工会的大力支持下，履行工会职责，发挥桥梁纽带作用，在思想引领、建功立业、维权服务、党建等方面做了大量富有成效的工作。

【思想政治引领工作】 深入学习宣传贯彻习近平新时代中国特色社会主义思想，举办"中国梦　劳动美——永远跟党走"系列主题教育活动，组织职工参加"颂歌献给党——全区劳动者之歌"合唱大赛，"声音里的经典·奋斗百年启航新征程"全区故事演说大赛，举办"勇担使命开新局　踔厉奋发新征程"职工演讲比赛。举办劳模先进表彰座谈会、劳模精神宣讲报告会、"能工巧匠"交流会，形成了劳动最光荣、劳动最崇高、劳动最伟大、劳动最美丽，尊重劳动模范和工匠人才的浓厚氛围。组织30余名劳模和841名职工参加疗休养，让劳模及职工真正感受到了组织的关怀。大力开展"工会主席上讲堂、机关送课下一线、职工代表话感悟、劳模先进组团讲"宣讲活动，凝聚职工思想共识、激发奋进力量。

【劳动和技能竞赛】 聚焦自治区"九大重点产业""十大工程项目"，召开示范性劳动竞赛现场观摩推进会，承办第七届全国职工职业技能大赛焊工宁夏选拔赛，组织全区钳工、焊工技能大赛，西气东输三线中段（中卫—吉安）项目劳动竞赛、全区电信和互联网行业职业技能竞赛、工会财务资产业务竞赛，覆盖领域和职工群体不断扩大，围绕生产经营、项目攻关、技术革新、提质增效、安全生产和综合服务等工作，开展劳动技能竞赛,覆盖职工超过3万人。开展以职工安全健康教育培训、立足岗位查隐患、企业安全文化建设等为主要内容的"安康杯"竞赛活动,荣获全国"安康杯"竞赛优胜单位9个,优胜班组9个,优秀组织单位3个,优秀个人3名。深化"五小"等群众性创新活动,以"公开解难题、民主促发展"为主题,组织开展技术革新、技术协作、发明创造、合理化建议"金点子"征集、技能比武、技能培训、名师带徒等一系列群众性创新活动,命名10个劳模和技能人才创新工作室,组织企业和职工,赴国家电网宁夏电力公司、宁夏共享集团观摩交流,开展互观互学,加强企业间的沟通和交流。组织清洁能源、新型材料、信息技术领域400名产业职工开展区内技术协作交流,培训100名一线产业技术工人。

【维权服务工作】 指导各单位围绕企业重大决策、生产经营、班子建设、党风廉政建设和涉及职工切身利益的重大问题,强化厂务公开工作,结合各自实际进一步拓展厂务公开新模式,丰富公开形式,深化公开内容,各单位及时签订《集体合同》《女职工权益保护专项集体合同》,部分单位还落实了职工董事、职工监事制度,提高民主管理工作覆盖面和实效性。加强《劳动法》《劳动合同法》等法律法规宣传,对职业病防治、职工保险、劳动保护等方面进行宣传和解答,提升职工的法律意识、安全生产意识、自我保护意识,切实维护自身权益,维护和谐的劳动关系,促进企业和职工健康发展。建立"点、线、面"联动机制,切实为职工办实事,开展"送万福进万家""夏送清凉"等慰问活动,营造了全社会关注职工健康的良好氛围。组织产业工会女职工进行宫颈癌、乳腺癌免费筛查工作。用心、用情、用力着力提升职工的获得感、幸福感。

【工会自身建设】 2022年1月20日,宁夏能源化工冶金通信工会召开二届六次全委会,选举李翔宇为宁夏能源冶金化工通信工会工会主席,白卉、李欢为副主席(挂职)。组织能源冶金化工通信工会等行业的国有企业工会交流经验、相互学习、开拓思路。指导15家基层工会进行换届选举和委员替补工作。加强职工之家(小家)建设,评选表彰先进职工之家10个、先进职工小家10个,优秀工会工作者10名,征集工会工作调研报告和理论文章50篇,获奖16篇。完成工会年度统计报表填报工作,共计统计164家基层单位、121437名职工;依托经审办对基层工会经费审查审计,及时督促整改,促进工会财务经审工作规范化建设。

【疫情防控工作】 落实联防联控、群防群治的要求,第一时间向职工发出倡议书,宣传疫情防控政策知识。动员职工积极参与志愿服务,筑牢群众防疫防线,疫情期间共计3万余名职工参与各类疫情防控。发挥工会组织在劳动保护监督检查工作中的职能作用,组织开展安全生产和防疫风险隐患自查,督促企业落实疫情防控措施和安全生产主体责任;组织企业向惠农区政府捐赠7.2吨工业级次氯酸钠,向馨和苑社区捐赠500公斤消毒液;捐款22.7万元为在鄂企业员工及家属购买医用口罩、测温仪和防护服等防疫物资。

(侯英娟)

国家能源集团
宁夏煤业公司工会

【概述】 2022年,在自治区总工会、能源化工冶金通信工会和公司党委的正确领导下，公司工会坚持以习近平新时代中国特色社会主义思想为指导，以迎接和学习宣传贯彻党的二十大精神为主线，大力践行"社会主义是干出来的"伟大号召，紧紧围绕公司改革发展稳定中心任务，落实"聚心、聚力、聚才、聚效"工作重点，紧扣职能定位，强化创新赋能，提升维权服务水平，各项工作取得了良好成效。

【政治引领 凝聚共识】 坚持党对工会工作的领导，把理论武装作为管根本、保方向的基础工作来抓。认真学习贯彻习近平新时代中国特色社会主义思想和党的二十大精神，教育引导职工不断增强"四个意识"，坚定"四个自信"，做到"两个维护"，切实提高政治判断力、政治领悟力、政治执行力。积极践行"社会主义是干出来的"伟大号召，开展岗位提素、建功、增效等主题活动，切实增强了思想和行动的自觉，牢牢把握住了工会工作坚定正确的政治方向。

【群众监督 发挥实效】 推进"健康国能"工程重点任务落地，持续提升职工健康素养。不断丰富"安康杯""十个一"竞赛的形式、内容，拓展工会群众安全监督的手段、方法。组织全员参加全国新《安全生产法》知识竞赛答题活动，开展职业健康讲座，组织阳光艺术团基层慰问演出16场，丰富了职工安全文化。举办群监员素质提升培训班7期597人。开展家属协管竞赛活动，共慰问132次，两级工会开展班前会有奖问答1499次，开展家协送温暖600余次，帮教不安全行为2441人次，签订《夫妻安全联保责任书》10259份。开展劳动保护监督检查，督促基层落实个体防护新标准。建成健康工作室58个、心理咨询室36个、"爱心妈咪小屋"27个。开展"健康关爱下基层"活动60场次，心理健康讲座120次，护眼健康义诊12次。为井口、爱心服务站等场所配备血压、血糖等检测仪器，关注职工身心健康。

【班组建设 优化升级】 优化班组建设"四五六"模式和"双轮驱动""三长联动"运行体系，修订班组建设实施方案，强化和落实煤炭、化工、专业化单位分类指导新机制。分板块召开班组建设工作座谈会，研究改进工作方法、措施，持续推行班组安全自主管理、标准化建设、岗位创新创效、特色文化建设，持续强化基层基础和基本功。

举办公司班组长素质提升培训28期、3120人，7名优秀班组长参加了中国煤炭协会班组长培训班，班组长素质和管理水平进一步提升。评比表彰公司班组建设各类先进，发挥典型引路、榜样示范作用。13个班组被授予"国家能源集团工人先锋号"，28名班组长被授予"国家能源集团工人标兵"，7个班组被命名为"国家能源集团化工板块五星级班组"。积极探索理论创新，29篇班组建设管理论文参与中煤协会评审。

【民主管理 提质扩面】 组织召开了公司二届六次职代会，征集提案（建议）28条，立案10条，全部完成，测评满意率100%。通过参加党委会、总经理办公会等，多种途径和形式参与公司发展规划、制度修订、职工福利计划等公司日常管理事务，进一步拓宽了民主管理渠道。常态化开展劳保用品、粉尘防治、健康体检、教育培训、"两堂一舍"管理等专项职工代表巡视活动，全面维护职工合法权益。利用网站、公众号等多元化阵地深化厂务公开、业务公开。配合宁夏能源化工冶金通信工会开展企业民主管理调研和互观互学活动。筹备公司三届一次职工代表大会，审议通过公司民主管理实施办法和公司集体合同等重要事项。

【职工文化　育人铸魂】 通过举办劳模、工匠等先进人物事迹巡回宣讲会，营造对标先进、见贤思齐、比学赶超的氛围，大力弘扬劳模精神、劳动精神、工匠精神。开展"全员阅读·书香宁煤"读书、表彰活动，倡导职工阅读、家庭阅读、全民阅读。申报全国职工书屋、劳模书架、职工书屋示范点，为基层补充更新图书1879册。开展"喜迎二十大·宁煤翰墨香"职工书法、美术、摄影大赛，将优秀作品印制成册、线上线下基层展览。6幅书画摄影作品获自治区"喜迎二十大　建功新时代"书画摄影作品表彰。5篇论文获自治区表彰，1篇论文入选第二届新时代职工文化发展线上论坛。拍摄公司工会《永远跟党走》专题片、画册，《工会文化手册》，回顾历史，激发工会工作者荣誉感和自豪感。编演2022年迎新年、庆新春和宁煤公司成立20周年职工文艺演出2场，为基层慰问演出21台，文艺小分队一线演出47场次。与自治区总工会联合开展了"网络安全宣传周"活动，宣讲15场次。参加自治区职工故事演说大赛并获一等奖。《塞上儿女心向党》歌舞作品获第十三届中国艺术节广场舞类群星奖。举办各类"安康杯"职工体育健身比赛活动，陶冶情操，激发干劲。

【职工创新　激发动能】 举办职工经济技术创新培训班，组织召开职工创新成果推广交流暨观摩会议，巡展优秀成果，近2万名职工观摩学习。申报中国职工技术协会优秀成果获三等奖1项，并选派7名技术能手担任竞赛裁判员。申报全国总工会成果15项、中国能源化学地质工会成果20项，1项成果获评自治区职工创新二等奖。开展"国家能源杯"绿色发展劳动竞赛10项，组织参加、筹办全国职业技能竞赛和"国家能源杯"智能建设技能大赛9项，其中，"煤炭清洁高效利用创新大赛"纳入"十四五"全国引领性劳动和技能竞赛项目库，3名职工在全国竞赛中获铜奖，公司获优秀组织奖，在国家能源集团竞赛中8名职工获单项第一名，5个代表队获团体第一名，受到刘国跃董事长、王敏副书记的肯定和表扬。新建巾帼劳模创新工作室4个，进一步引领广大女职工建功立业。实施劳模工匠人才创新工作室星级管理，评定五星级工作室22个、四星级64个、三星级18个。获自治区"五一"劳动奖章1名，国家能源集团劳模5名、工匠1名、劳动竞赛先进个人2名、技术能手13名，评选表彰宁煤公司劳动模范25名、工匠12名。

【服务职工　精准高效】 两节慰问困难职工、因公致残人员、意外死亡人员家庭、失独家庭及春节在银住院职工、家属321人、127万元。4611名领导干部"多助一"帮扶1031户困难职工家庭，帮扶132万元。全年救助大病人员132名、56万元。"金秋助学"132人、13万元。国家能源大病救助44人、147万元。自治区总工会帮扶170人、63万元。自治区红十字会帮扶困难家庭66户。落实"我为职工办实事"项目，开展消费扶贫，发放节日福利、慰问金8479万元。公司工会开展"送清凉"等岗位慰问160万元，节日期间拨专款69万元为职工食堂提供免费营养餐、西瓜、玉米等。开展"健康关爱行"活动44场次，开展高考志愿填报辅导讲座11期、13场次。职工疗休养815人，家属286人。自治区总工会慰问3家单位、50万元。自治区党委领导慰问公司一线产业工人，带来了自治区党委、政府对宁煤公司和广大职工的关怀。

【巾帼建功　绽放风采】 开展"三八"节维权月系

列活动,协调解决产假、育儿假、护理假落实等实际困难。组织1378名女职工在线观看全总"情系女职工 法在你身边"线上法律知识讲座。组织4000余名女职工购买"安康保"两癌保险。开展煤制油女职工实操技能竞赛,表彰8名巾帼标兵和8名技术能手。开展职工手工艺术大赛,征集作品424件,表彰175件。组织女职工参与安全知识竞赛、演讲、技能竞赛、应急演练等活动66场次。开展单身青年交友联谊会3期、150人。开展女职工读书分享、线上打卡等活动。组织"巾帼健康讲堂"宣讲活动40场次。参加自治区总工会"黄河诗会"活动,参加全区女职工演讲比赛并获三等奖。公司工会获第十届全国"书香三八"优秀组织奖,10篇作品在全国"书香三八"征文中获奖。开展"三家"建设系列活动,获全国"五好家庭"1户。获自治区"三八"红旗手标兵1名。获自治区级挂牌命名"爱心妈咪"小屋1个、资金支持2万元。

【自身建设 持续加强】 筹备公司工会第四次代表大会。指导11个基层单位按期规范换届选举。创新亮点项目申报、立项70项,表彰17项。积极宣传工会事迹,"新宁煤"刊登工会信息15条,"娘家人"微信群推送136期、326条。更新"宁工惠"信息612条。在《中国工人》《宁夏工运》刊登稿件6篇。评审工会好故事148个,工会家文化演讲视频56个。开展工会系统学习宣传贯彻党的二十大精神和习近平总书记致首届大国工匠创新交流大会贺信精神。自治区产业工人队伍建设改革小组专项调研公司产改试点工作,充分肯定成绩。举办工会主席培训班,学习宣传新修订的工会法,为工会专(兼)职工作人员购买工会法、《习近平总书记关于工人阶级和工会工作的重要论述》等专业书籍。修订制度8项、废止2项,进一步优化工会制度体系,推动了依法合规管理。

(买 利)

中国华电集团有限公司宁夏分公司工会

【概述】 在宁夏能源化工冶金通信工会和中国华电集团有限公司宁夏分公司党委的正确领导和大力支持下,中国华电集团有限公司宁夏分公司(以下简称华电宁夏公司)工会委员会坚持以习近平新时代中国特色社会主义思想为指导,深入学习贯彻党的十九大、十九届历次全会以及党的二十大精神,紧紧围绕区域中心任务,主动适应变化的新形势,以"当好主人翁,建功新时代"为主线,以"三力"工会建设为抓手,着力加强思想政治引领、规范企业民主管理、深化劳动技能竞赛、扎实推进岗位建功,组织职工、凝聚职工、动员职工全身心投入到公司各项工作中,完成了年初制定的16项工会工作要点和61条具体任务,圆满完成了党的二十大期间的电力供应保障工作,"模范职工之家"建设水平不断提升,工会组织的政治性、先进性、群众性持续增强,有效激发广大职工的向心力、战斗力和创新力,工会工作迈上了新台阶,牢固树立了华电宁夏工会品牌。

【加强党的领导】 把学习贯彻习近平总书记关于工人阶级和工会工作的重要论述、党的十九届六中全会精神和党的二十大精神作为工会组织建设和工会干部教育培训的重中之重,制订系统学习培训计划,通过举办讨论会、研讨会、专题培训班等形式,对全体工会干部进行培训,真正做到入脑入心。党的二十大召开后,各级工会组织把学习贯彻党的二十大精神作为当前和今后一段时间的首要政治任务,组织开展"认真学习贯彻党的二十大精神"活动,实现了党的二十大精神进部门、进一线、进班组,各级工会干部进一步增强"四个意识",坚定"四个自信",做到"两个维护"。通过微信、网站、职工政治学习等方式,在华电宁夏公司区域开展形势任务和共同理想教育,引导广大职工永远跟党走,建功新时代。

【职工文化建设】 组织开展工间操、健身、瑜伽、跑团、联合健走、羽毛球、开心农场采摘等"共护职业健康、争做健康达人"系列活动19次,开展"过廉节 送五福"送春联活动、"旱地冰壶友谊赛"活动、"砥砺奋进谋发展 同心喜迎二十大"职工元宵节文化活动等,进一步丰富职工精神文化生活,在工作、生活日常中培养广大职工健康生活的良好习惯。在公司网站、公众号对各类先进集体和先进个人开展系列报道,形成主流思想、正能量的强大宣传势能。组织开展"砥砺奋进二十载 同心喜迎二十大""喜迎二十大 奋进新征程"等主题活动10余场次,参加职工超300人次,多幅体现"劳动美"的书画摄影作品被自治区国资委选中参加"喜迎党代会 献礼二十大"职工书画摄影展,所属新能源分公司自主拍摄的体现职工工匠精神传承的微电影《"新"火传承》被华电集团公司推荐参加第二届中国职工微电影节。

【劳动技能竞赛】 结合公司实际,制定下发公司劳动竞赛实施方案,涵盖工程建设、机组检修、提质增效、安全环保、精益管理等5项具体方案。全年开展了"聚绿色动能、助'双碳'目标,'宁能''我能'"劳动竞赛、"生产小指标"劳动竞赛、"安康杯"劳动竞赛等各类竞赛活动,有效助力项目发展,提质增效、管理提升。积极参加电力行业光伏发电运行指标对标竞赛,通过对电量指标、能耗指标、设备运行水平指标、设备可靠性指标进行综合评价,宁东光伏一期荣获西北地区宁夏回族自治区2021年度5A级称号,李俊二期风电项目获得5A级称号,宁东风电二期获得3A级称号。华电宁夏公司荣获华电集团公司2022年度"聚绿色动能、助'双碳'目标"劳动竞赛先进单位。

【职工素质提升】 以加强班组建设为切入点,全面贯彻落实《新时期产业工人队伍建设改革方案》,深入推进公司"星级"班组创建工作,在基层企业中大力推行"工人先锋号在行动"活动,使班组建设得到了有效加强。宁东检修一班获得集团公司"五型"标杆班组,评选表彰"明星"班组1个,工人先锋号1个,"安康杯"竞赛优胜集体1个。1篇班组建设文章入选《华电班组》优秀班组长案例,1篇文章入选《2021年宁夏工会调研成果选》。持续深化岗位创新活动,不断做好区域职工(劳模)创新工作室创建工作,建成自治区劳模创新工作室1个,能源工会职工创新工作室2个,集团公司职工创新工作室2个。紧紧围绕安全生产、经营管理、项目建设等重点工作,以合理化建议、QC、五小、技术创新为主要内容,围绕企业重点工作开展职工创新创效立项征集,广泛开展职工创新创效活动,有针对性地解决生产一线、管理中的实际问题,攻坚重点难点项目。举办2022年创新创效成果发布会,宁东"风舞"创新工作室7项成果、六盘山"风行"创新工作室6项成果参加发布会,13人进行经验交流,评选出一、二、三等奖共6个,1项成果获得中电联2022年度电力职工技术创新成果三等奖。

【职工服务和精准帮扶】 不定期对生活困难、患病的职工开展走访慰问,坚持切实维护职工的合法权益,2022年走访慰问6名困难职工并发放慰问金2万元;为困难职工积极申报上级工会补贴、春节

"送温暖"发放慰问物资 7 万余元;"五一"、端午、中秋、国庆等传统佳节期间,工会主席分别到生产一线和基建现场对职工进行了慰问。常态化巩固"我为群众办实事"实践活动成果,班子成员定期到风电场调研,及时了解风电一线职工思想和生活需求,更换检修站区破损水管、修缮宿舍衣柜、更换洗衣机;完善各场站活动室配置,增添跑步机、综合训练机等健身机器,宁东一、二期篮球场铺设地胶,增加了运动场地的舒适度和安全性,把风电场倾心打造成"职工之家"。投入 20 余万元打造"健康小屋"和"职工书屋",充实了职工精神文化生活,便捷了职工健康服务。2022 年共开展职工慰问 28 余次,驻村环境改善 2 次,"度度关爱"志愿服务 1 次,乡村小学用电知识科普 1 次,为华电爱心超市捐款捐物 1 次,疫情爱心捐款 2 次,打通教育群众、关心群众、服务群众"最后一公里"。

【职工权益保障】 充分发挥以职代会为基本形式的企业民主管理作用,积极开展职工代表巡视,广泛征集职工代表提案,规范召开职工代表大会,认真开展民主评议,深化厂务公开,充分维护职工参与权、表达权、监督权,得到了广大职工的真切响应。年度公司领导班子评价满意度 100%,职工之家建设情况、工会工作开展情况、工会主席履职情况,民主评议满意度均为 100%。

【创建和谐劳动关系】 严格落实职工代表大会制度,定期召开职代会、按期进行换届,严格落实平等协商集体合同制度,在职代会前充分征求职工代表意见,并结合意见建议起草集体合同,职代会上由职工代表进行审议、表决通过后,由公司行政和职工首席代表当众签订,合同内容紧密围绕薪酬待遇、休息休假、权益保护、教育培训、女职工特殊权益等职工切身利益问题,设定了政策、标准、原则,保证了职工利益"红线",体现出了合同双方的关切和利益平衡,切实保障劳动关系的和谐稳定。每月定期编制厂务公开简报,利用公示栏、办公系统、网站等多种形式进行公开,使公开、公示成为维护职工合法权益的制度化、规范化、常态化工作,从根本上维护了职工的知情权、参与权、监督权。目前共编制下发厂务公开简报 79 期,从根本上维护了职工的知情权、参与权、监督权。

【加强自身建设】 高度重视工会建设工作,全面贯彻落实工会法,完善公司工会组织,不断深化"职工之家""职工小家"创建活动,工会组织实现全覆盖,职工入会率 100%。狠抓工会干部培训,实现华电宁夏公司所属各级工会干部培训全覆盖,工会专兼职干部完成综合业务培训,工会干部业务能力、理论水平得到有效提升。严格做好工会经费管理工作,按照《全国总工会基层工会经费收支管理办法》《中国华电集团有限公司工会经费管理办法》和《宁夏回族自治区基层工会经费收支管理实施细则》相关要求,按时足额上解工会经费,严格管控工会经费各项支出,经费管理安全规范。加大网上工会、智慧工会建设。依托网站、微信积极搭建"工会之家""工会 e 家"宣教平台,认真开展"华电 e 家"APP 网络信息平台建设,实现职工注册、安装、使用全覆盖。

(上官嫒荟)

国家电投集团宁夏能源铝业有限公司工会

【概述】 2022 年,宁夏能源铝业公司工会坚持以习近平新时代中国特色社会主义思想为指导,在公司党委和自治区总工会、宁夏能源化工冶金通信工会的正确领导下，始终保持工会工作的正确政治方向。牢牢把握团结奋斗的时代要求，加强思想政治引领，深入开展主题宣传教育，团结引导广大职工坚定不移听党话、矢志不渝跟党走。充分发挥工人阶级主力军作用，大力弘扬劳模精神、劳动精神、工匠精神，广泛深入持久开展劳动和技能竞赛，围绕中心工作，坚持服务大局、服务基层、服务职工，开拓创新，真抓实干。不断提高公司民主管理水平，努力构建和谐稳定的劳动关系。

【第四次会员代表大会】 1月18日，召开第四次会员代表大会，会议通过了大会选举办法，宣读工会委员候选人名单。经过选举，刘卫等21名同志为公司工会委员会委员，经工会委员会会议选举，刘卫同志为公司工会主席。党委副书记、工会主席刘卫作了题为《奋进新征程 建功创一流 团结带领广大职工为推动高质量发展不懈奋斗》的工会工作报告。报告从加强思想政治引领，不断巩固党的建设群众基础；强化职工队伍建设，充分发挥工人阶级主力军作用；构建稳定劳动关系，充分落实企业民主管理机制；优化基层班组建设，持续巩固班组管理基础；坚持办实

事好事，不断提升职工幸福指数；强化自身建设，提高工会组织工作效能六个方面回顾了2019年以来各项工作，安排部署了今后五年工会重点工作。

【四届一次职工代表大会】 1月18日，公司四届一次职代会暨2022年工作会议在银川以视频会议形式召开。按程序完成职代会换届工作，认真组织召开职工代表大会，充分发挥职代会民主治理的重要作用，充分行使职代会各项职权。健全完善集体协商机制，签订并履行《职工集体合同》《工资集体专项合同》和《女职工权益保护专项集体合同》。

【民主管理】 实施职代会提案闭环管理，共征集提案53件，立案5件并全部落实，提案办复率100%。提升职工代表履职能力，组织开展职工代表培训并深入各单位围绕公司职代会精神贯彻落实、考勤休假管理制度修订和执行、职工劳动保护等方面内容进行现场巡视检查。全覆盖监督检查各单位评先选优、绩效发放等涉及职工切身利益事项的公开情况，切实维护职工合法权益和特殊利益。发挥群众监督作用，建立"SPIC—家园"直通基层平台，第一时

间传递集团公司、公司各项文件精神，第一时间倾听基层职工群众的诉求及建议。开展以"安康杯"竞赛为载体的群众性安全生产和职业健康活动，有效提高职工群众参与企业管理积极性，切实保障职工职业健康安全。

【劳动技能竞赛】 以"当好主人翁 建功创一流"主题实践活动为载体，开展技能竞赛促提升。扩展竞赛覆盖面，在焊工、钳工、铝电解工等通用工种竞赛基础上，鼓励各单位开展小工种竞赛，"以赛促训"提升产业工人技能水平。开展安全专项劳动竞赛和电解铝、氧化铝板块提升技术指标劳动竞赛，充分激发全体职工积极性，跑赢自己、跑赢同行。参加各级工会开展的劳动和技能竞赛的职工6000人次。参与职工达5000余人次，职工参与率达90%以上。进一步激发了职工群众竞争意识、成才意识和创新意识，掀起了学技术、练本领、比技能、创一流的热潮。

【职工群众创新创效】制定了《创新工作室管理办法》，系统各单位以创新工作室为依托，扎实开展群众性创新创效活动，提出合理化建议400余件，完成创新项目136项，实现直接经济效益

1700万元。其中42项职工创新项目获得公司年度优秀科技创新成果奖，18个QC活动获得公司年度优秀QC成果奖。开展公司首届职工创新大赛，评选出优秀职工创新成果15项。加强产业工人队伍建设改革，助力形成尊重劳动、崇尚技能、鼓励创造的新风尚。

【职工文化活动】 丰富职工工余生活。举办职工篮球赛、足球赛、乒乓球赛、气排球比赛等职工群众喜闻乐见参与率高的群众性体育活动7场次，参与职工700人次。"三八"国际妇女节期间开展户外徒步、品茗插花、红酒品鉴、趣味运动等庆祝活动，激发了广大女职工爱企爱岗热情。各单位积极开展职工喜闻乐见的文体活动，开展了读书季及征文、演讲等形式活动，引导职工多读书、读好书，提升自身综合素质。建立联系青年"1+10"机制，及时、有针对性地解决在团员青年工作学习、生活中存在的思想困惑、焦点问题。积极营造团结向上、奋力拼搏的职工文化氛围，推进企业文化和精神文化建设同频共振，不断促进职工队伍和谐稳定。

【优化班组建设】 压实示范班组建设管理责任，建立党群部门"牵头抓通用"、专业部门"对口抓专业"的"双轮驱动"机制。从安全管理、创新创效、基础工作和团队建设四个方面明确示范班组建设标准，已建成3个集团公司示范班组，183个班组完成年内示范验收。在示范班组创建基础上，将班组安全管理工作分为六大类20小项，要求所属各单位严格按照标准完成自查、互查、抽查三级验收，明确党政负责人主要责任，安全管理部门直接责任，确保所有班组达标。坚持问题导向，公司工会认真落实《优化班组建设2020—2022年行动方案》，有计划、有目标分阶段实施，切实提升班组基础管理水平。持续深化班组减负工作，巩固班组减负取得成效，让班组"轻装上阵"。鼓励班组长大胆探索提升班组管理的新途径和新方法，不断推进班组建设规范化、制度化。

【弘扬劳模精神】 弘扬奋斗者精神树典型。持续开展劳模工匠精神宣讲会，组织承办宁夏能源化工冶金通信工会"能工巧匠"交流会，大力弘扬实干精神、培育实干文化，鼓励引导干部职工奋发有为，以实干创造自身价值。宁东分公司戚政荣获全国"五一"劳动奖章。宣传报道"先进风采""一线手记""典型在身边"等共计100余篇，充分发挥劳模、先进的示范引领和带动作用，凝聚强大的精神力量，落实劳模待遇，"五一"劳动节前完成21名省部级以上劳模慰问，完成对生产现场一线慰问2000余人次。

【关心关爱职工】 时刻关心关注职工群众的工作生活，在构建和谐劳动关系中把职工帮扶关爱工作做细、做实、做出成效。持续打造"暖心工程"。疫情防控期间，划拨专项经费220万元开展封控及驻厂职工慰问工作，依托"电投壹一心能源"工作平台，开展职工心理疏导，充分发挥维护和谐稳定的积极作用。重大节日、职工生病、婚育慰问，发放慰问金20万余元。坚持开展"四送"慰问活动，慰问困难职工62人次，发放慰问金6.7万元；向全体职工发放防暑慰问品30万元；坚持为153名女职工办理团体安康保险、团体重大疾病保险。

【职工小家建设】 制定《职工小家建设实施方案》，以服务生产一线为中心，深入推进职工小家建设，打造具有本单位特色的职工小家，加强服务阵地建设。按照"4+X"标准，在偏远地区开展职工小家建设，打造具有各单位特色的职工小家，满足职工美好生活需要。中卫香山职工小家获"集团公司示范职工小家"称号，青铜峡分公司动力二车间获"自治区职工小家"称号。

（陈 琳）

中铝宁夏能源集团有限公司工会

【概述】 2022年，中铝宁夏能源集团有限公司（以下简称公司）工会在上级工会和公司党委的领导下，以习近平新时代中国特色社会主义思想和党的十九大、十九届历次全会精神为指引，聚焦全面打赢公司高质量发展翻身仗，加强职工思想引领，广泛开展劳动竞赛，大力提升职工技能，维护职工合法权益，加强基层组织建设，充分发挥融合创效作用，团结带领广大职工为企业高质量发展作出新贡献。

【思想引领 汇聚合力】 公司工会深入贯彻公司党委的决策部署，充分发挥桥梁纽带作用，积极引导干部职工把公司党委的决定转化为工会的决议和职工的自觉行动。大力开展评先选优，通过选树先进典型、讲工匠故事、展劳模风采，发挥身边榜样的示范引领作用。"五

一"劳动节前将公司成立以来近20年的130名劳动模范先进事迹进行梳理，编印制作《劳模风采录》送到各位劳模和班组人员手中。组织公司2021年度10名劳动模范赴基层各企业进行宣讲，并结合生产实际情况组织6名劳模赴三亚疗养。通过展板、微信公众号、制作短视频、职工演讲等形式加大正面宣传和舆论引导，引领职工将思想统一到公司党委的要求上，团结一心，履职担当。

【民主管理 不断深化】 组织召开公司二届五次职工（会员）代表大会，履行各项职能。征集职工提案25项，组织相关职能部门及时答复17项，立案跟踪落实3项。职代会闭会期间，召开代表团（组）长联席会审议通过了《员工市场化退出实施细则》《工作时间劳动纪律和请（休）假管理办法》《劳动合同管理办法》3项涉及职工切身利益的方案。每季度开展职工思想动态调研分析，针对职工提出的劳动保护用品配备、食堂就餐、休息休假等涉及职工切身利益的问题，通过与相关部门沟通协调、与职工交流解决职工关心的热点难点问题。持续深入开展厂务公开工作，基层工会每季度在企业门户网页公示

职工思想动态答复意见、奖金分配、考勤等职工密切关心的问题。

【疫情防控 确保生产】 自9月20日疫情发生以来，公司工会坚决贯彻执行公司党委抗疫保供要求，迅速行动，拨付疫情防控和慰问资金60.6万元，在物资紧张、物流不畅的情况下，组织各企业工会千方百计为全体职工协调购买防疫物品、生活保障物资，深入一线车间班组开展慰问，稳定职工情绪。针对基层企业封闭管理，各企业工会及时为职工配备了取暖御寒设备，购买保暖衣袜、修缮改造了职工宿舍洗澡间，购买了热水器、浴霸、洗衣机等设施。利用休息时间组织开展男职工爱心理发，组织开展各类文体活动，将工会的暖心问候和关怀送到一线，缓解职工压力，保持职工队伍稳定，为抗击疫情确保企业生产经营有序进行提供了后勤保障。

【劳动竞赛 凝聚攻坚合力】 公司工会紧紧锚定公司"夯基础、保安全、增效益"这一主题，将生产经营重难点作为劳动竞赛的主阵地，聚焦基层一线和关键岗位人员，将工作与生产经营深度融合。围绕公司年度利润目标，积极开

展"大干上半年,实现硬过半"劳动竞赛,对超额完成半年目标任务的两家单位予以奖励。组织开展煤炭"掘进进尺""精品采掘工作面",王洼二矿210505智能化工作面、银星煤业141206工作面、新能源企业"两增两降"、火电企业全要素对标"揭榜挂帅"等27项劳动竞赛,参与人数2万余人次,表彰奖励成绩突出集体。通过劳动竞赛的正向激励,进一步调动了广大职工力争上游的工作热情,现场设备治理和绩效管理进一步优化,竞赛班组安全生产业绩突出,促进经营业绩有力提升。

【技能竞赛　提升素质】 公司工会以职工技能竞赛为载体,激励职工立足专业特长和岗位实际不断创新创效。2022年,在组织各产业开展电工、钳工、焊工等通用工种竞赛的同时,针对各产业岗位特点,开展了采煤机司机、煤炭瓦斯检测工、煤质化验员、矿山救援、火电集控运行、风电运检工、班组长综合管理、安全知识竞赛等38项技能竞赛,参赛人数2102人,奖励23.31万元。为进一步加强班组建设,组织开展了"班组优秀管理法"推介发布会,评选表彰了10个"优秀班组管理法"和"十大金牌班组长",进一步调动了班组长的积极性。

【职工创新　激发活力】 公司工会以8个劳模(职工)创新工作室为平台,以劳模和技术能手为技术带头人,带领团队成员确定项目课题,解决生产现场技术难题。2022年,公司劳模创新工作室完成攻关项目67个,会同生技部共同开展了"QC"全面质量管理及职工创新创意活动,从报送的48个项目中评选出15个优秀成果。银星能源股份公司王磊工作室的《风电机组叶片内部巡检机器人》项目获得国家专利4项,并获得"行业首创技术"的评价。征集职工合理化建议48条,组织专家组评选出6个"金点子"、9个"银点子"。

【维权服务　更加暖心】 坚持工会品牌服务,积极开展生产一线职工"夏送清凉""冬送温暖"、重点工程及劳模慰问活动,做好全体职工传统节日、生日慰问,职工生病住院、亲属去世慰问等工作;不断完善各企业职工之家阵地建设,2022年基层企业职工之家新建10个篮球场,根据需要为部分场站职工小家增配洗衣机、微波炉。坚决贯彻公司党委要求,将解决井下职工热餐问题作为"我为群众办实事"的重要内容,公司工会牵头组织两家煤业公司对宁煤同类型矿井井下职工就餐情况进行调研,并根据企业实际制定了解决方案,两级工会出资为各区队配备保温箱38个,在下井职工必经之处的井口矿灯房爱心服务站安装5台直饮热水器,为井下一线职工配发2700多个保温水壶,在工会跟踪监督和食堂管理部门的精心准备下,通过接力赛的方式将热饭送到了井下工作面,解决了井下一线职工多年吃冷饭、喝凉水的老大难问题,职工获得感、幸福感不断提升。

(许　丽)

中色(宁夏)东方集团有限公司工会

【概述】 2022年,中色(宁夏)东方集团有限公司工会坚持以习近平新时代中国特色社会主义思想为指导,深入贯彻落实党的十九届历次全会精神,将党的二十大精神,习近平总书记关于工人阶级和工会工作的重要论述,对中国有色集团三次重要指示批示精神学习作为今年的重大政治任务,在集团公司党委和上级工会的领导下,全面落实集团公司2023年工作会议暨三届三次职代会确定的各项目标任务,切实加强职工思想政治引领，做好维权服务工作，动员广大职工立足本职、建功立业，为全面建设世界一流钽铌铍和稀有金属材料科研生产基地作出应有的贡献。2022年，中色（宁夏）东方集团有限公司工会获评全国机械冶金建材行业工会经济技术先进单位；特材分公司矾氮车间氮化班组荣获"全国工人先锋号"称号；东方钽业制品分厂制品组、金航钛业锻造班组获评中国有色集团第六届先进班组；中色新材维修分厂白虎虎荣获自治区"五一"劳动奖章；粉体分厂刘芳获自治区"三八红旗手"荣誉称号；铍铜分厂任海强获评中国有色集团第六届劳动模范；金辉新能源公司刘飞获评中国有色集团第六届先进职工；东方钽业维修分厂赵建波、特材分公司李谦获评"全国机械冶金建材行业岗位能手"。

深入挖掘基层和职工身边的典型，用身边人讲述身边事，唱响"劳动者之歌"，组织开展了"建功'十四五'奋进新时代"劳模事迹宣讲会，300余人现场参加了事迹宣讲会，劳模讲述了自己和团队的成长经历，在职工中产生了强烈反响。组织评选了10名劳动模范进行表彰奖励，进一步弘扬劳模精神、劳动精神、工匠精神。

【深化民主管理】 坚持以职代会为基本形式的民主管理制度。集团所属各级工会能够充分发挥桥梁纽带作用，按期召开恳谈会、座谈会、对话会等，推进厂务公开制度化、规范化。各单位通过多种形式，定期公布生产经营情况。组织召开三届二次职代会，广大职工围绕企业的生产经营和深化改革积极建言献策，对征集的64条提案，分类归纳出4方面提交党委会立项实施。

【提升职工维权服务水平】 切实维护女职工合法权益和特殊利益，积极宣传贯彻女职工权益保障法律法规政策，监督女职工权益保护专项集体合同有效落实，发放独生子女费283人8.4万元、妇女卫生费519人21.2万元。组织374人健康体检、1443人职业健康体检，进一步强化了职业健康监护和应急管理，切实保障职工健康权益。

【提高服务职工群众的能力】 强化工会组织建设，举办工会干部能力提升培训班，邀请自治区工会干校教授为76名工会干部进行培训，进一步提升了工会干部履职能力和业务能力。以"我为职工办实事"为抓手，全年为2152名在岗职工发放生日蛋糕提货卡，各类传统节日积极为职工谋取福利，全年累计支出150余万元为职工发放福利，进一步增强了职工的幸福感和获得感。积极开展了"清凉进班组、温暖润人心"消夏送清凉活动，全员发放消暑饮品4660件、高温岗位发放"清凉包"750份；所有生产班组配置"防暑医疗箱"121个；为集团公司安全生产做好保障服务。走近职工群众，谋实事、解难事、办好事，全年慰问丧亡职工家属，大病、重病住院职工106人次，帮扶慰问困难职工、工伤工亡家属66人，支出慰问金约35万元；发放遗属困难生活补助费120人，支出近40万元。积极组织858名职工参加自治区总工会医疗互助，其中87人申报互助补助6万余元。

【持续推进经济技术创新】 坚决贯彻集团公司"一二三"经营思路，围绕"利润倍增"计划，积极组织"奋进'十四五' 建功新时代"劳动竞赛，全面落实中国有色集团"五比三保"主题劳动竞赛活动，以实实在在的成效，推动企业提质增效工作迈上新台阶。深入落实《新时期产业工人队伍建设改革方案》，以"以赛促学、以赛促改、以赛促发展"为目的，组织了中色东方第十届"强企杯"职工技能竞赛，班组长综合管理、维修电工、机修钳工、焊工4个工种约350人参加了培训竞赛。12人参加了自治区第一届职业技能大赛暨第二届全国职业技能大赛宁夏选拔赛，其中5人获奖，白虎虎获自治区职业技能大赛钳工组第一名并将代表宁夏参加2023年全国职业技能大赛。以"遵守《安全生产法》、当好第一责任人"为主题，扎实开展"安康杯"竞赛活动。组织2000名职工参与全国职工新《安全生产法》知识普及竞赛答题，持续开展集团公司第三十二届"安康杯"黑板报展评活动，来自各单位17块黑板报参展，通过黑板报展评，进一步提高员工安全意识，营造安全生产的良好氛围。

扎实开展"五小"成果、合理化建议等群众性创新活动，向中国机械冶金建材工会、宁夏能源化工冶金通信工会、中国有色集团工会推荐申报45项职工创新项目。今年征集合理化建议474项，通过逐级评审推荐，对119个项目组织专家现场走访、实地考察后，最终80项得到表彰奖励，创造经济效益近1000万元，通过推广应用，不断激发了职工群众的创新智慧和创造热情。

【着力推进职工文化建设，不断增强集团公司发展内生动力】 为迎接党的二十大胜利召开，充分展现中色东方三次艰苦创业历程，以"喜迎二十大 奋进新征程"为主题组织职工书画摄影作品展。共征集376幅作品，经过精心筛选，有158幅作品参加了展评。面对疫情防控复杂态势，各级工会积极组织形式多样的文体活动，以提升职工队伍的凝聚力、向心力和战斗力，着力推进职工文化建设，各单位根据实际开展了羽毛球、篮球、气排球交流比赛，丰富了职工业余文化生活，形成健康向上的团队氛围。

【助力乡村振兴"四个提升"】 按照自治区党委组织部和集团公司党委要求，积极开展乡村振兴工作，集团定点帮扶固原市西吉县马莲乡陆家沟村、平峰镇王庆村，惠农区燕子墩乡海燕村，扶持资金40万元用于环境整治、购买农耕设备、养殖、种植、棚户改造等工作，进一步改善了村民生活收入困难等情况，使乡村振兴工作进一步得到有效落实。

（田 静）

国家能源集团宁夏电力有限公司工会

【概述】 坚持把学习习近平新时代中国特色社会主义思想作为首要政治任务，组织干部职工认真学习宣传贯彻党的二十大精神及习近平总书记关于工人阶级和工会工作的重要论述。各单位工会准确把握全总和自治区总工会的新要求，持续增强政治性、先进性、群众性，使工会工作始终围绕中心、服务大局，在推动公司高质量发展中积极发挥作用，维护了生产经营和职工队伍的稳定。

【开展劳动竞赛和技能竞赛活动】 深入实施《新时期产业工人队伍建设改革方案》，落实公司"十四五"期间"人才强企"新要求，以"绿色低碳转型、高质量发展"为抓手，扎实开展"国家能源杯"六赛一创主题竞赛。紧紧围绕火电、新能源、化工三大产业板块，突出企业特色，找准目标定位，精心策划实施专题竞赛。各项竞赛全面推开，形成了"面上成势、多点开花"的新局面。抓实新能源产业竞赛，赋能绿色发展。围绕新能源项目前期、开工和投产各阶段主要任务开展劳动竞赛，通过全员攻坚、全力推进，形成了推动新能源快速发展的强大合力。2022年以来，超额完成集团公司下达的新能源前期391万千瓦、开工100万千瓦、投产79万千瓦任务，全年兑现竞赛奖励69万元。抓实"治亏攻坚"立功竞赛，赋能企业生产经营。深挖"大协同"创效潜力，以年度预算目标分解落实为抓手，持续落实"加减乘除"法和"六个扭亏"要求，编制治亏管理检查清单，奖惩考评细则，稳步提升治亏组织管理能力。2022年，16家亏损企业亏损额同比减亏28.39亿元，减幅43.5%，3家单位实现扭亏为盈，治亏扭亏工作取得了良好成效。抓实安全管理竞赛，筑牢安全防线。深化"安康杯"劳动竞赛，提高全员安全意识和安全技能素质。鸳鸯湖公司"一站到底"安全知识竞赛、灵武公司VR安全培训体验活动、大坝公司"万次操作无差错"等竞赛，均为严防各类事故发生，筑牢企业安全发展夯实了基础。公司荣获2020—2021年度全国"安康杯"竞赛优秀组织单位，供热公司电仪班获优胜班组。抓实精益检修竞赛，赋能能源保供。将劳动竞赛贯穿于机组检修中，在机组检修中比安全、比质量、比进度、比管理、比节约，以考评促落实，

以竞赛促提升，为机组安全高效经济运行提供了保障。2022年完成各级检修26台次，评选出6台精益检修机组和7名优秀检修个人。全年发电量完成1017.97亿千瓦时，同比增长32.75亿千瓦时，在集团排名第二，省公司中位列第一，在党的二十大、迎峰度夏、保暖保供期间为宁浙鲁和川渝地区的能源保供作出了积极贡献。建立公司级、基层单位级"两级"技能竞赛平台，制定"国家能源杯"智能建设技能大赛——宁夏电力技能竞赛项目23项，按照"一类树标杆、二类重练兵"模式，分级分类列出计划表、时间轴有序推进竞赛。全年完成化工专业、电力交易、水化验、管阀检修等10个项目的竞赛，630多人参赛。受疫情影响，"集控运行、电控专业、煤质化验"三项一类竞赛，及风电运检大赛、对轮找中心竞赛等其他13项竞赛未按期举办，各单位因企制宜开展系列技能竞赛92项，自上而下强化形成"以考代练、以赛促学、全员练兵"的技能竞赛机制，推动优秀技能人才脱颖而出。

【职工创新创效活动】 深化创新工作室创建工作，加强分级分类管理，形成以集团（省）级创新工作室为引领，基层创新工作室蓬勃发展的工作体系。实行"1+1""1+2"创建模式，推动创新工作室领军人物以"老"带"新"。统筹协调推进各级各类职工创新工作室建设，大力推进"五小活动"、QC小组等群众性经济技术创新活动落地班组，累计建成27个不同层级的职工创新工作室，其中国家级1个、省部级5个、市级9个、厂级12个，鸳鸯湖公司张国兴创新工作室被宁夏能源工会命名。累计注册QC小组405个，QC项目368个，获中国水利电力质量管理协会QC成果发布会奖项9个，获集团公司表彰QC成果8个并获特等奖2个，5个创新成果获得国家实用新型发明专利。确立创新工作室创新项目123项，其中2项创新项目获批申报中华全国总工会职工创新补助资金。

【班组建设】 以"55241"工作思路为引领，全面打造"五星五型"班组，提升班组管理体系建设能力。一是成功举行班组建设推进会，确立"55241"班组建设工作思路，以打造"五星五型"班组为目标，持续推进班组建设，不断激发班组活力。二是举办6期组长提升培训班，累计培训14家基层单位548人次；举办优秀、金牌班组长竞

演活动,24名五星级班组的班组长通过两轮班组管理经验宣讲,现场比拼,评选出年度"十佳"金牌班组长和优秀班组长。表彰年度先进单位3家、金牌班组长和优秀班组长各10人,命名5星级班组36个,四星级班组72个。多举措促使班组长从"生产型班组长"向"管理型班组长、创新型班组长"转化。三是在公司微信公众号开设"星级班组"宣传专栏,广泛宣传评选出的"五星"班组事迹,引导基层班组提高班建水平,争创"星级班组"。四是积极开展"班组岗位创新创效"案例评选活动,激发班组创新创效活力。公司所属基层企业432个班组申报案例33个(其中火电版块30个,化工板块3个),推荐集团公司参评案例3个,通过典型案例选树引领班组创新创效。

【弘扬劳模精神、劳动精神、工匠精神】 公司先后涌现出全国劳模翁亚伟、中国电力企业楷模张玉川、全国电力行业技术能手裴琴琴、国家能源集团劳模王海钧、陈文、王永强、袁涛等一批企业精神的践行者,在本职岗位上建功立业,王元臣、吴崛起、龚婷3名同志被评为国家能源集团2022年度劳动模范,3个班组被评为集团"金牌班组",6人

荣膺集团"金牌班组长"。同时,加大宣传力度,讲好职工故事、劳动故事,灵武公司裴琴琴参加能源工会"能工巧匠"交流会到系统内外汇报交流,开展"劳模风采""身边的榜样""星级班组风采展播""先锋模范热议党的二十大""金牌班组长高光亮相"等系列宣传活动,鸳鸯湖公司邀请能源工会"能工巧匠"宣讲团到厂交流,倾听不同战线的劳模、工匠代表的成长经历、心路历程、奋斗感悟。推动职工群众对"三种精神"情感上共鸣、价值上认同、行为上借鉴,鼓励他们立足岗位争先创优,在平凡的岗位上创造不平凡的业绩。

【民主管理】 坚持把厂务公开作为加强基层治理、民主建设、促进改革发展的重要工作抓实抓好。落实"三个到位"(民主管理制度到位、职工合法权益到位、民主监督作用到位),夯实工作基础,强化"三个突出",全面落实企业民主管理。一是突出发挥职代会主体作用。坚持把监督落实职代会制度和提案落实情况作为职工参与民主决策、民主管理和民主监督的重要工作。二是突出加强厂务公开监督力量。秉承"重大决策科学化、队伍建设民主化、经营管理程序化、重大事项公开

化"的原则,把职工利益作为"第一任务",把员工满意作为"第一追求",不断延伸厂务公开工作内涵。三是突出职工提案落实满意度。坚持把职工提案办理作为民主管理的重点工作,把提案承办、协办、督办、落实作为提案闭环管理的重要抓手。

【办好实事暖民心】 持续推进"健康宁电"建设,举办年度职业健康管理专项培训班,邀请区内专家现场授课,公司安环部管理人员进行了内部交流,公司系统34名职业健康、工会、人资等相关专业人员参加了培训。举办第二届"宁夏电力杯"职工气排球赛,积极承办并参加宁夏能源化工冶金通信工会气排球赛,扎实组织各基层单位开展"树立健康小目标,争做职业健康达人"活动,以健步走、气排球赛、篮球赛等活动为载体,营造了"人人参与建设共筑健康国能"的浓厚氛围。灵武公司的"全员健身"行动、中卫热电的"阳光之行 健康生活"等活动,为职工塑造健康体魄搭建了平台。关心关爱一线职工,"两节"期间发放慰问物资36.7万元,迎峰度夏期间发放防暑物品27.6万元;常态化核查年度困难职工,累计对17名困难职工发放帮扶金54.39万元;大力开展"我为

群众办实事"实践活动，完成140项办实事项目，惠及职工9万余人次。督导各单位积极创建健康食堂，在确保食品卫生安全的基础上，充分满足职工"舌尖"上的需求。灵武公司"职工温暖小家"建设，安装路灯96盏，照亮职工回家路；平罗公司开通工会主席热线，畅通职工诉求通道，切实将办实事项目落到实处；宁东公司、大坝三期光伏停车场，利用有限空间，实现了生产与生活的有效融合，切实解决了职工的期盼问题。

【加强工会组织建设】深化工会组织建设。落实区总"组织规范化建设年"的要求，努力实现所属基层工会组织机构建立、工会制度健全、工会干部到位、工会工作有序开展。落实"两普遍"要求，督导售电公司、新能源公司规范成立了工会组织，实现工会组织建设全覆盖。提高工会干部素质。切实加强工会干部队伍素养和专业能力建设，在政治素养方面，旗帜鲜明突出政治建设，强化工会干部政治担当；针对新到岗工会主席、工会干部专业知识欠缺问题，举办2022年基层工会干部培训班，系统42名工会干部参加了专项业务提升培训。开展工运论文征集评选，组织各级工会干部围绕职工需求热

点、工会工作难点，广泛开展调查研究，征集论文18篇，想方设法解决实际问题，提高调查研究质量，推进调研成果转化应用，推动工会干部理论水平和实践能力不断提高。打造工会特色品牌。注重培育挖掘工会亮点、品牌工作，将此项工作作为优秀工会评选主要依据，引导基层工会在工作实践中总结、提炼、推广典型经验，逐步形成一系列模式成熟、载体有效、成果丰富、特色鲜明、党政认可、职工欢迎的品牌活动和品牌工作。持续贯彻上级工会精神，不断适应新形势、迎接新挑战，注重培育挖掘工会亮点、品牌工作，同时引导基层工会在工作实践中总结、提炼、推广典型经验，逐步形成一系列模式成熟、载体有效、成果丰富、特色鲜明、党政认可、职工欢迎的活动和品牌，努力形成"一工会一品牌，一班组一特色"的生动局面。

【疫情防控工作】公司工会坚决贯彻中央关于打赢疫情防控阻击战的安排部署，认真落实集团公司"一防三保"工作要求，为基层拨付抗疫慰问金，号召全体干部职工带头做好疫情防控期间的自我保护、隔离保护和家庭防控。"9·20"疫情暴发期间，公司有7000多名工会会

员，骨干力量长达2个多月驻守在生产一线；45名青年志愿者历时22天下沉银川9个社区，奔赴疫情防控第一线，积极参与社区核酸检测、秩序维护、物资转运等服务保障工作，获赠社区感谢信及锦旗；公司工会采购一批消毒酒精、N95口罩等抗疫物资，为大家架起了一道暖心、有效的防护屏障。

（李艳茹　于　欢）

大唐宁夏分公司工会

【概述】2022年，大唐宁夏公司工会以习近平新时代中国特色社会主义思想为指导，深入贯彻落实习近平总书记关于工人阶级和工会工作的重要论述，贯彻落实自治区第十三次党代会精神和自治区总工会十二届六次全委（扩大）会议精神，贯彻落实大唐集团公司、大唐宁夏公司2022年工作会议精神，围绕中心，服务大局，扎实开展各项工作，竭诚服务职工，充分发挥了工会组织的桥梁纽带作用，为建设美丽新宁夏凝聚了职工智慧和力量。大唐宁夏公司荣获全国"安康杯"劳动竞赛优胜单位。青铜峡运维中心检维二班荣获自治区"工人先锋号"称号；红寺堡运维中心检维二班荣获集团公司

2021年度"大唐工人先锋号"称号,段智荣获"先锋班组长"称号。青铜峡运维中心"苏涛创新工作室"被命名为集团公司创新工作室;红寺堡运维中心"高务文创新工作室"被命名为能源化工冶金通信工会劳模和技能人才创新工作室。5项创新项目获评集团公司2021年度优秀职工创新成果。大唐宁夏公司工会在宁夏能源化工冶金通信工会2022年度综合业务评价中以排名第五的成绩获得"良好",并获得2022年度电力行业"最美职工之家"荣誉称号。

【加强思想政治引领】坚持以习近平新时代中国特色社会主义思想为指导,学习贯彻落实党的二十大精神,坚定践行"国之大者",深刻领悟"两个确立"的决定性意义,增强"四个意识"、坚定"四个自信"、做到"两个维护",凝聚大唐宁夏公司高质量发展的力量与精神。一是凝聚职工思想共识。通过工会干部培训班、工会主席深入基层一线讲党课等方式,推动习近平新时代中国特色社会主义思想、党的二十大精神和习近平总书记来宁视察重要讲话精神进基层、进班组,将听党话、跟党走形成思想自觉和行动自觉。二是开展主题活动。组织开展红色观影、红色主题读书活动,加强爱国主义、集体主义、社会主义教育。以"央企携手 兴农惠民"为主题,开展"兴农周爱心助农"公益直播带货活动,通过工会慰问、食堂采购、直播带货等方式,为乡村振兴消费帮扶11.4万元。三是主动投身疫情防控。开通服务热线,为志愿者配备棉服、防护服、口罩、消毒液等必要的防疫物资,鼓励职工发扬抗疫精神,为遏制疫情扩散、打赢疫情防控阻击战贡献大唐力量。

【一届五次职工代表大会】 2022年1月21日,大唐宁夏公司工会认真组织,召开了一届五次职工(会员)代表大会,听取审议了大唐宁夏公司2022年工作报告和工会工作报告等9项报告,审议通过了关于《大唐宁夏公司系统补充医疗保险委托管理、提高基本医疗补助标准、确定报销限额计算权重及退休人员补充医疗保险待遇》等议案,采取无记名投票方式,对领导干部进行德、能、勤、绩、廉、学六个方面民主评议,确保了民主管理工作的落实。闭会期间,召开职工代表会议、团组长联席会议审议通过《职工内部退养实施办法》《职工年度绩效考核管理办法》等8项涉及职工切身利益的制度。

【全面推进厂务公开工作】 围绕大唐宁夏公司重大决策、生产经营、班子建设、党风廉政建设和涉及职工切实利益的重大问题,通过厂务公开栏、会议纪要、办公OA、通报等形式公开,进一步畅通渠道,深化公开内容,提升了公开成效。定期召开生活后勤管理委员会、"三委"会,启用"工会信箱",各种渠道收集职工意见和建议。组织职工代表深入各场站开展"六查六严""安全生产月""保安全、促节能"专项巡视,参与巡视职工代表92人次,发现问题97项,整改率100%,进一步发挥职工代表在安全生产保护监督检查中的职能和作用。

【维护职工合法权益】签订了《集体合同》《职工薪酬专项集体合同》《女职工权益保护专项集体合同》,切实保障了职工的基本权利和权益,提高了民主管理工作覆盖面和实效性。发挥工会作用,组织新能源事业部职工代表主动参与,听取两级本部及基层职工意见和建议,审议通过了《大唐宁夏公司新能源体制机制优化调整和扁平化管理实施方案》。广泛听取了解职工诉求,时常关注掌握职工思想动态,及时疏通引导,化解职工思想"疙瘩",及时向党委反映职工困难和问题,确保了扁平化管理推进过程中的职工队伍稳定。评选表彰了2021年度"巾帼建功标兵""巾帼建功示范岗",开展了"奋进新征程、建功新时代、喜迎二十大"庆祝"三八"妇女节系列活动,以实际行动关心关爱女职工,进一步落实和维护了女职工权益。

【大力弘扬劳模精神、劳动精神、工匠精神】 大力弘扬劳模精神、劳动精神和工匠精神,评选表彰2021年度先进集体9个、劳模先进26名。召开劳模先进表彰座谈会、劳模精神宣讲报告会、"能工巧匠"交流会,制作劳模先进事迹展架、自治区"工人先锋号"宣传专题片,利用网站和微信公众号宣传劳模先进事迹,进一步发挥劳模先进示范带动作用,引导广大职工充分发扬劳模精神、劳动精神、工匠精神,立足岗位、无私奉献,为建设美丽新宁夏不懈奋斗。

【开展劳动竞赛活动】 积极组织各运维中心参加全国大型风电场(站)、光伏场(站)劳动竞赛和集团公司"三保一增 献礼二十大"劳动竞赛。组织开展了"保供增效 绿色发展 喜迎二十大"风电、光伏小指标劳动竞赛。加大资金支持,鼓励各中心从优化运行、设备治理、技术改造、文明生产、创新创效、修旧利废、合理化建议等方向切入,自主开展跌落组装等劳动竞赛,激发广大职工的积极性和主动性,营造"比学赶帮超"的良好氛围,团结带领广大职工在劳动竞赛中当先锋、唱主角、显身手、增才干、创效益,勇做"二次创业"的践行者、领跑者,为大唐宁夏公司高质量发展唱响最强音。

【深化创新工作室建设】 加大阵地建设和创新项目的经费投入,以创建"职工技术创新工作室"为抓手,开展"立项攻关解难题、我为双过半作贡献"班组创新创效成果评选活动、"岗位建功 工人先锋号在行动"活动,"我为保供增效献一策"合理化建议征集活动,评选表彰优秀创新创效优秀成果3项、"明星班组"3个、优秀合理化建议4条,鼓励职工结合实际工作广泛开展"五小"等活动,解决急难险重任务和"卡脖子"技术难题,进一步激发了职工创新热情和创造活力,提升班组工作效能和职工创新能力。加强职工技能培训,积极选送2名职工参加全国首届光伏职业技能竞赛集训,提升技能水平。开展PPT制作比赛,提升职工综合业务技能。

【为职工办实事】 一是切实为职工办实事。制订2022"五件实事""六最"项目建设推进计划表,定期召开推进会,月督办月汇报,形成党委重视、工会牵头、各职能部门联动的协同机制,确保"五件实事""六最"项目建设扎实推进、落地落实。开展"解决职工实际困难和问题"专项调研,深入场站召开座谈会、个别谈心交流,收集督办职工突出问题和困难。二是建立"送温暖"长效机制。划拨经费73.7万元,开展"冬送温暖""夏送清凉""六必访"等"送温暖"活动,节日慰问会员、生产一线职工、劳动模范、困难职工、扶贫干部,将党委的关心关爱送到职工心坎上。举办"悦心护航 幸福生活"职工心理健康讲座、"守护健康 幸福同行"专项健康知识讲座,切实加强职工心理健康疏导,普及身体健康与心理健康知识,提高职工身心健康水平。三是用心用情关心单身青年。建立单身青年信息库,一对一牵线搭桥,组织70余名青年单身职工,开展"青春有约·缘梦大唐"单身青年联谊活动,多种途径、多种方式切实帮助青年职工解决婚恋交友难的问题。

【职工服务中心建设】

打造"服务、帮扶、维权"三位一体的职工服务中心体系，将职工诉求和困难与大唐公民档案实时联动，开展工会主席接待日，精准收集职工意见和建议。开展职工心理疏导讲座和一对一职工心理健康辅导、职工体质监测活动，提高职工体检标准，"量身定制"体检项目，用心关爱职工身心健康。建立"悦读角"和"爱心妈咪小屋"，定期检查、补充职工服务中心急救药品和常用药品，满足职工多元化需求。建立职工心理关爱室和职工心理健康咨询室，组织工会干部参加集团公司职工心理健康辅导员培训班，努力学习心理辅导专业知识。

【职工文化建设】

开展职工演讲比赛、"主题读书"、女职工趣味运动、篮球联谊赛等活动。组建篮球、乒乓球、气排球等9个文体协会。划拨工会经费，大力支持各分工会、文体协会，利用"我们的节日"自主开展篮球赛、棋牌赛、乒乓球赛等丰富多彩、职工喜闻乐见的文体活动，丰富了职工业余文化生活，增强了职工获得感、幸福感和安全感。积极组队参加能源化工冶金通信工会气排球比赛，荣获"优秀组织奖"，展现了大唐宁夏公司良好的社会形象。

【加强工会自身建设】

一是健全工作组织。及时规范开展大唐宁夏公司工会换届选举和分工会设置调整、成立工作。加强会员会籍管理，职工入会率100%，会费交纳完成率100%。二是深入推进"职工小家"建设。评选表彰2021年度"先进职工小家"3个，"优秀工会工作者"9名，"优秀工会积极分子"10名，青铜峡运维中心苏涛荣获集团公司2021年度"优秀工会积极分子"。三是增强工会干部服务本领。举办工会干部培训班，有针对性学习党的理论知识和方针政策、新工会法，进一步统一思想、凝聚共识，提高工会干部、工会工作者的政策理论水平和工作能力。每季度召开全委会暨生活后勤管理委员会，广泛听取职工衣食住行等方面的意见和建议。四是合法合规使用工会经费。完成了2022年度经费收支预（决）算编报工作、2020—2021年度工会经费审计工作。论文《提升职工技术技能素质，为企业高质量发展蓄能》荣获2021年度集团公司党建思想政治研究成果优秀奖，2021年度全区工会理论调研征文评选二等奖。

（徐玉慧）

华能宁夏能源有限公司工会

【概述】

2022年，华能宁夏公司工会在中国华能集团有限公司工委、自治区能源化工工会和公司党委的正确领导下，深入学习贯彻习近平总书记关于工人阶级和工会工作的重要论述，扎实开展党的二十大精神学习，紧紧围绕党政所需、工会所能，以服务大局、服务基层、服务职工为目标，在夯实基层基础中求突破，在维护职工权益中谋实效，在构建和谐企业中显作为，狠抓工会各项工作的开展，配合打好疫情防控战役，团结动员公司广大职工发挥主力军作用，为公司健康稳定发展作出积极贡献。

【民主管理】

一是积极推进以职代会为基本形式的民主管理制度体系建设，畅通职工民主参与渠道，全面落实职工的参与权和表达权。2022年年初，公司召开了三届四次职工代表大会、三届五次会员代表大会暨2022年工作会。会议期间按照集团公司对职代会民主评议领导人员有关要求认真开展民主评议工作，并在会后将评议情况行文向集团公司报告。职代会前广泛征集职工代表提案和职工意见建议,及时归纳分析,分别召开提案审查委员会、党委会,对符合提案条件的提交职代会讨论立案,对职工的所有意见、建议,工会及时召集相关部门召开协调会,督促相关部门予以答复解决。审议并签订集体合同,切实保障职工合法权益,依法行使职代会各项职权,职代会各项决议都能得到很好落实,职代会各项制度行之有效、档案齐全。

二是厂务公开民主管理工作常态化。认真按照《华能宁夏公司厂务公开管理实施细则》要求,进一步补充完善《华能宁夏公司厂务公开事项基本清单》,督促有关部门及时公开有关事项并做好记录,全面推动厂务公开制度清单的落实,切实保障职工的知情权、参与权、表达权和监督权。

【服务发展】 公司工会紧紧围绕重点生产经营任务,深入开展建功立业劳动技能竞赛活动。2022年在集团公司统一安排下,制定方案并认真开展华能宁夏公司2022年新能源千亿电量劳动竞赛,截至2022年底,A类达标项目5个,B类达标项目1个,其中,吴忠第四十一光伏电站获集团公司A类优胜项目二等奖,灵武隆桥宁东第二十光伏电

站获集团公司A类优胜项目三等奖。组织开展全国职工新《安全生产法》知识竞赛,购买专项知识问卷和宣传挂图,以赛促学。举办公司第二届光伏运维检修技能竞赛,并选拔优秀选手积极参加首届全国光伏技能竞赛赛前集训,同时与新疆公司密切沟通,做好2022年"阳光杯"光伏检修技能竞赛前期工作。

【服务职工】 着力提升职工幸福指数,坚持以人为本,全心全意服务职工群众。开展形式多样的文体活动。一是在三八国际妇女节到来之际,以"追忆青春年华·凝聚巾帼力量"为主题,组织开展了庆三八"重返课间十分钟"趣味运动会和农家采摘、参观活动,活动受到公司女职工广泛好评。二是组织开展"喜迎二十大"职工书法摄影作品征集活动,积极参加宁夏回族自治区总工会和国资委举办的赛事,公司有3名职工在其中斩获奖项。三是利用业余时间以分工会为单位开展爬山、春秋游、健步走活动。四是以协会和各场站为单位开展羽毛球、网球、台球、乒乓球等小微活动,在疫情防控期间,保持职工积极向上的精神状态。五是为职工配发涉及人文、社科、文学等各类图书,在线上建设"读书打卡圈",开展

"全员阅读"活动,极大地激发了职工的阅读兴趣,丰富了职工文化生活。六是继续以"心贴新"这一活动品牌为主题,开展2022年迎新活动,通过发挥桥梁纽带作用,尽心履行"娘家人"的责任和义务,为迎新工作升温,给新员工留下企业温暖、心齐、劲足的第一印象,进一步提升团队凝聚力和向心力。开展关爱职工工作。一是始终做好两节走访慰问工作,坚持在9个传统节日时向职工发放慰问品,坚持为职工发放蛋糕卡券送上生日祝福。通过这些真切的关怀,使大家感受到了工会组织的温暖。二是利用闲置办公室精心装修布置了"爱心妈咪小屋",购置哺乳期女职工需要的生活用品,为公司哺乳期女职工打造舒适温馨的环境,切实保障女职工合法权益和特殊利益。三是疫情期间为职工采购发放N95口罩和便携消毒酒精湿巾,为保护职工身体健康贡献工会力量。

(王晓煜)

中电建宁夏工程有限公司工会

【概述】 2022年,公司召开八届一次会员(职工)代表大会,会议选举产生了新一届工会委员会和经费审查委员会委员,确定工会工作

思路:认真贯彻习近平新时代中国特色社会主义思想,贯彻落实党的二十大精神,以建设团结创新、奋进有为的工会组织为目标,强化"服务大局、服务基层、服务职工"作用,增强职工的归属感、幸福感、安全感。

【开展"喜迎党的二十大"教育实践活动】 开展"喜迎二十大、永远跟党走、奋进新征程"主题教育实践活动,组织职工到大武口"五七"干校旧址、乡村振兴示范村龙泉村和大武口区工业遗址公园、自治区国有企业职工书画摄影展参观,为推动公司高质量发展蓄势蓄能,以实际行动迎接党的二十大胜利召开。组织项目部参建员工在现场会议室收看大会盛况直播。借助各种宣传平台,及时推送大会重要精神、主要理论等内容,推动党的二十大精神进基层、进班组、进头脑,把学习成效转化为工作成效。

【开展"双引双建"活动,引领工会工作提质增效】 按照公司党委"双引双建"(政治引领、示范引导、建优体系、建强基层)工作部署,坚持"讲政治、转作风、提素质、求实效",加强和改进工会工作,打造忠诚于党的红色工会。切实发挥工会"大学校"作用,坚持把职工思想引领融入日常、抓在经常,坚定拥护"两个确立"、坚决做到"两个维护"。承办宁夏能源化工冶金通信工会"能工巧匠"交流会,开展劳模工匠宣讲、职工互学互鉴活动。突出技能、业绩、创新导向,建设劳模工匠宣传阵地,注重网上网下相结合,促进劳模身边再出劳模、工匠身边再出工匠。

【开展职工技术创新,坚持高质量发展主题】 发挥工作室创新创效主阵地作用,进一步加强劳模工匠创新工作室建设,"王进创新工作室"被宁夏回族自治区人力资源和社会保障厅授予"自治区级技能大师工作室"称号。深入打造基层创新"引擎",激发基层技能人才创新活力。在基层选择技术方面有专长且具有较高技能水平的技能人才领衔,成立技能人才创新工作室。"贺利虎创新工作室"获2022年宁夏能源化工冶金通信工会命名。通过发挥公司创新创效平台的作用,形成更加浓厚、更有活力的创新氛围,2022年完成授权发明1项,实用新型专利18项。

【开展"暖心"活动,全方位关爱职工】 贯彻落实上级工会做好关心关爱员工工作的要求,持续把企业人文关怀落到实处,厚植企业关心关爱员工、员工爱岗爱企的和谐文化底蕴。慰问员工及家庭119人次、9.44万元;组织员工参加银川市总工会医疗互助系统,25名员工领取银川市总工会发放住院医疗互助补助金3.3万元。14名高考录取的员工子女领取"金秋助学金"2.08万元。"夏送清凉"、发放防疫物品,"五一"、中秋、国庆慰问项目员工,坚持以人为本,扎实做好送温暖工作,为企业和谐发展凝聚正能量。

【开展素养提升行动,打造职工文化品牌】 组织员工参加"学习十二大 建功新时代"电建红色达人挑战赛活动、"红心向党,健步同行"健步走活动。开展党建、企业文化及"学习强国"知识达人挑战赛、"讲好安全故事""我为安全献一策"职工安全征文、"学《干法》·强力行"主题演讲比赛活动、2022年度"安康杯"安全生产知识竞赛。开展建"小家"活动,飞鹭公司将"家"元素渗透融入服务职工、服务企业的各个环节,被评为"宁夏能源化工冶金通信工会先进职工小家"。基础产业公司举办企业文化知识竞赛力促"文化"入心。平朔矿区农光储氢一体化项目、恒大文化旅游城二期项目开展职工文体活动。通过线上、线下文化活动的开展，为员工提供了精神食粮，激发了员工干事创业的内生动力，更好地服务公司高质量发展。

（柳 毅）

中国电信集团工会宁夏回族自治区委员会

【概述】 2022年，宁夏区电信工会在上级工会和公司党委的领导下，按照自治区总工会、集团工会确定的工作总体要求，以推动企业高质量发展为目标，持续推进"强基础、铸品牌"，围绕科技创新发挥作用，融入中心促进企业云改数转，扎实推进高质量"四小"建设，民主管理再上新台阶，员工获得感、幸福感、安全感、荣誉感进一步提升。团结动员全体员工为推进企业高质量发展贡献力量。聚焦助力企业发展，创建和谐企业。积极营造有理想守信念、懂技术会创新、敢担当讲奉献，身心健康、蓬勃向上的工作氛围，努力打造员工信赖的"职工之家"。全年各项工作任务取得了较好成效。

【先模选树工作】 2022年劳模推选工作取得了优异成绩，公司员工任涛获得自治区"五一"劳动奖章，李金荣同志获得自治区"三八红旗手"标兵称号。石嘴山分公司客户服务部获得自治区"三八红旗"集体称号。公司霍伯杰等4名员工获得中国电信集团技术能手称号。8位员工获得"中国电信宁夏公司劳动模范"荣誉称号，2位员工获得"中国电信宁夏公司最佳合作模范"荣誉称号。开展"劳模树认养"活动，公司20名劳模认养了劳模树。全区组织开展"我为绿色宁夏作贡献"天翼绿色低碳先锋行动。6个基层工会共认种认养天翼林8片，认种认养树木1.2万余棵，通过活动创新了与林草、园林部门合作的新模式，形成种养一体的长效机制，进一步推动了信息化在园林种养领域的应用及深度合作。打破以往的慰问模式，和全国连锁影楼合作，为历年来的52名劳模拍摄了个人形象照片。各基层工会在党建宣传阵地制作劳模荣誉墙，营造尊重先模、学习先模、争当先模的良好氛围。公司原创制作的《红色电信精神之歌》入选全总"喜迎二十大 建功新时代"全国企业歌曲、职工舞蹈征集展演活动参选作品，是电信集团唯一有入选作品的省公司，被中央级媒体先后报道，并在中国电信视频号、央视新闻客户端、"学习强国"APP发布。

组织参加全总"大国工匠创新交流展会"，开展上一年度岗位创新结果评比，结合岗位创新积极吸纳在职劳模成为示范性创新工作室的骨干成员，在职全国劳模的参与比例不低于50%，积极开展集团级评选，评选10项创新成果上报集团工会。在各基层单位选拔专业能力强、在相关领域有一技之长、或创新成果效益明显的"能人"，每个专业至少选拔1名"能工巧匠"，经公司评定后纳入"能工巧匠"人才库，并发挥各专业"能工巧匠"作用，带动专业人才建设。

【办实事工作】 持续开展"五必访、五必贺"，做到传统节日慰问100%，活动现场慰问100%，员工生日、生病住院、生育、员工70岁以上父母、高考子女录取员工等慰问100%。为4名困难员工解决子女就业问题。

针对困难员工的具体问题，通过协调联系就诊医院、协助解决子女就业、联系购买急需药品等方式解决员工实际困难。针对员工生日慰问，在送生日蛋糕和生日贺卡的同时，在员工生日当天制作"爱心长寿面"、提供小型生日会场地，让员工真正感受到公司的关怀和温暖。

实施"健康工程",开展员工健康调查问卷活动、建立员工健康档案,编印《健康手册》近3000册。为员工联系体检医院,主动与院方洽谈争取体检优惠政策,建立体检医院准入清单。开展"百日健步走—重走长征路",为员工配备无绳跳绳、健力棒、拉力器等健身器材540件。针对装维、司机等重点外勤人员执行班前健康监测。高温酷暑期间为一线员工、驻村干部送去藿香正气水、风油精、清凉饮料、冰感毛巾等防暑降温用品。

各基层工会实施"五个一"四小升级项目建设:一个定时理发室,每周定时为员工提供美发服务;一个定点洗车(修车)房,为员工提供优惠洗车服务;一个四季饮料柜,为员工提供优惠饮品;一个快递丰巢柜,免费为员工集中存放快递;接入公司统一的优质食材供应平台,为员工提供低于市场价的安全优质食材。通过"五个一"项目建设,进一步改善员工工作、生活、休息环境。

2022年"四小"建设以"家"文化提升为着力点,不断推进"四小"规范化、标准化建设,各分公司根据"四小"星级标准积极进行完善。青铜峡分公司和贺兰分公司获得集团"四小"标杆示范单位,宁东分公司获得自治区总工会"模范职工小家"单位。

组织广大员工积极参与公司《我向公司说句话》调查问卷及自治区总工会开展的工会满意度测评,对于员工反映出的工会工作短板及时解决,意见反馈率达到100%,解决率达到80%以上,满意率达到90%以上。

【民主管理工作】 组织全区基层工会人员进行培训,确保工会经费使用合理、合法、合规。由经审委对基层工会经费使用情况进行审计,对出现的问题进行落实并督促整改。

2022年2月召开换届选举大会,按法定程序开展选举及表决相关决议,白冰同志代表宁夏区电信工会第四届委员会作了题为《围绕中心　服务大局　团结全体员工积极建功新时代》的工会工作报告,报告总结了宁夏区电信工会五年来的工作成绩,指明了未来五年的工作方向。选举产生第五届宁夏公司工会委员会、经审委,确保职工民主权利。督促各级工会做好换届选举、代表替补等工作,确保基层组织100%健全。对新成立单位督办召开第一次会员大会,选举产生工会组织。

【员工关爱工作】 关爱隔离、抗疫一线员工,定期为公司员工发放抗疫用品、常用药品。疫情期间,安排专人每天电话联系所有集中隔离、居家隔离及健康监测的400余名员工,询问健康状况,了解生活需求,解决实际困难。为抗疫人员配备了洗漱用品、内衣。为员工提供上门核酸检测服务,发放酸奶、水果等生活用品。为员工配备保温饭盒,保证员工在艰苦、寒冷的环境下都能吃上热饭热菜。对因管控缺少物资的同心县扶贫点安排分公司及时送去米、面、油、菜,解决后顾之忧,全力做好封控员工生活保障。

【社会帮扶工作】 继续做好"爱心翼站"建设,对虹桥营业厅等"爱心翼站"示范点继续优化,为社会劳动者提供温馨的休息场所,虹桥营业厅被中华全国总工会命名为2022年"最美工会户外劳动者服务站点"。

宁夏区电信工会按照集团要求,以每人350元的标准,购买集团对口帮扶县农副产品100.8万元。鼓励员工参加本地乡村农副产品订购,同时投入29万元购置本地农副产品支持乡村发展。全年超额完成集团下达的消费帮扶任务。

(郝　慧)

中国移动通信集团工会 宁夏回族自治区委员会

【概述】 2022年是极不平凡的一年,宁夏公司在疫情防控和生产经营的双重考验中奋勇前行,取得了收入增幅全国第一、年度业绩考核A级的优异成绩。公司工会围绕中心、服务大局,紧紧围绕迎接和学习宣传贯彻党的二十大精神这条主线,认真落实上级工会、集团公司、区公司党委关于工会工作的要求,始终保持工会工作正确的政治方向,坚持助力公司发展、做好员工服务、加强自身建设三个工作方向,持续打造"赋能建功"技能竞赛、"暖心"员工关爱两大品牌,不断提升工会服务大局的能力。

【政治引领】 公司工会认真履行团结引导职工群众听党话、跟党走的政治责任,推动党的创新理论进企业、进基层、进班组、进头脑,不断巩固党长期执政的阶级基础和群众基础。一是深入学习宣传贯彻习近平新时代中国特色社会主义思想,通过劳模宣讲、职工演讲、主题阅读、知识竞赛、体育比赛、书画摄影等多种方式,引导职工用党的创新理论成果武装头脑,职工对"两个确立"决

定性意义的认识进一步深化,"四个意识"进一步增强、"四个自信"更加坚定、"两个维护"更加自觉。二是深入开展形势任务教育,围绕学习宣传党的二十大和十九届历次全会精神,广泛开展线上、线下宣传教育活动,各级工会积极参加举办"喜迎二十大 建功新时代"等多种形式的系列主题活动和宣讲;在党的二十大召开后迅速掀起学习宣传党的二十大精神的热潮,通过工会主席上讲堂、劳模先进谈感受、职工代表话感悟的方式进行宣讲,引导职工不断增强对中国共产党和中国特色社会主义制度的政治认同、思想认同、理论认同和情感认同,凝聚职工思想共识、激发奋进力量。

【民主管理】 2022年1月10日,召开了五届一次职代会,会上听取并审议通过了霍伟总经理作的《行政工作报告》、工会主席邵泉作的《工会工作报告》,对2021年公司领导人员廉洁从业情况、履职待遇情况、业务招待费使用情况、工会经费使用情况、员工暖心互助金使用情况进行审议;通过开展协商,续签了《工资集体协商专项合同》《集体合同》《女职工特殊权益专项合同》3项集体

合同;表彰奖励了25个公司先进集体(含十佳网格)、95名公司先进个人、10名巾帼标兵、15名服务明星、6个工会先进集体、74名工会积极分子、十佳网格长。

【疫情防控】 新冠疫情暴发以来,工会坚决贯彻公司党委决策部署,认真落实联防联控、群防群治的要求,积极投身疫情防控。在疫情多点散发时,专项下拨帮扶慰问金19万元,组织各级工会及时开展慰问,第一时间将公司党委和工会组织的关爱传递到抗疫一线;12月,国家优化调整了防疫政策后,工会及时发出主动配合疫情防控的倡议书,竭诚为员工做好疫情防控支撑保障,紧急采购发放升级的N95口罩,协同综合部向全体员工发放"抗疫爱心包",最大限度地保护员工生命安全和身体健康。

【劳动竞赛】 紧紧围绕"数智化转型、高质量发展"主线,与市场部协同开展"12+1"岁末年初劳动竞赛、全员增效PK赛助力公司发展。积极组织参加集团举办的各类"赋能建功"技能竞赛,在全区选拔44名员工参加集团工会首次举办的中国移动员工"赋能建功"工会工作技能竞赛。开展合理化建议征集、评议及推广

活动。将上年度省级职业技能竞赛一等奖获奖的 4 名员工(祁彦辉、李煜、刘永杰、张超)推荐为自治区技术能手,其中祁彦辉、张超获评中国移动技术能手,有力激发了广大员工建功立业热情。公司 5G 网络建设项目劳动竞赛成功申报自治区总工会示范性劳动竞赛;在 2022 年全区工业互联网安全和大数据分析职业技能竞赛中,捧回工业互联网安全赛道职工组一等奖(段斐、朱伯承、勉检)、大数据分析赛道职工组一等奖(李煜、祁彦辉、刘永杰)、三等奖(周瑜、王浩、王凡思)。网络部创新工作室被宁夏能源化工冶金通信工会命名为劳模和技能人才创新工作室。

【员工关爱】　印发《员工关爱行动计划(2022—2024年)》,突出"以奋斗者为本"的 1 个宗旨,从工作关爱、生活关爱、成长关爱 3 个方面,落实 35 项举措,形成了"工会+行政"协同打造"1+3+35"员工关爱体系的良好局面。认真落实"八个坚持"逐级关爱服务(常态化慰问 143 人次),全年投入 53 万元用于暖心工程五小建设,惠及全区 72 个网格小家、18 个职工小家、9 个扶贫点。在春节期间对 13 名困难员工开展点对点慰问,"员

工暖心互助金"受理完成会员互助申请 4 例,发放互助金 8090 元。保障员工休假权益,第一时间跟进政策调整,协调行政对合法生育的夫妻,在子女 0—3 周岁期间,每年给予夫妻双方各 10 天的育儿假;员工 60 岁以上父母患病住院期间,给予员工陪护假。银川分公司工会荣获宁夏能源化工冶金通信工会"先进职工之家"称号。

【文体活动】　优化文体活动组织方式,提升参与率和覆盖面。以"喜迎二十大"为主题开展各类文体活动,持续推广普及"幸福 1+1"、EAP 心理减压活动,帮助员工健身减压、快乐生活。与各分公司工会形成合力,组织开展全区运动会,涵盖乒乓球、羽毛球、篮球、足球等项目,组织参加产业工会、通信体协的运动会,并取得优异成绩。

【班组建设】　开展三期中国移动"最美"网格班组主题宣传活动,展示网格班组"靓丽之美""暖心之美""动人之美",重点宣传公司网格化运营改革过程中业绩优秀、事迹感人、有带动作用的网格班组及成员,吴忠同心分公司陆春燕、石嘴山惠农分公司李红真荣获集团"靓丽之美优秀作

品";石嘴山大武口分公司新区网格汪艺博作品荣获集团"最佳暖心班组作品奖"、吴忠同心分公司长征网格马雅雯作品荣获集团"优秀暖心班组作品奖";固原彭阳分公司黄梅作品荣获集团"动人之美"主题征文活动一等奖。组织开展 2021—2022 年度中国移动班组建设示范单位、卓越班组、优秀班组长评选表彰活动,吴忠分公司获得"中国移动班组建设示范单位"荣誉称号;网络部算网支撑中心数据中心运维室动力火车班组获得"中国移动卓越班组"荣誉称号;网络部算网支撑中心数据中心运维室动力火车班组张龙、信息技术部应用支撑班组陈龙、固原原州分公司中山网格费丽娜、银川分公司政企客户部 DICT 中心魏巍获得"中国移动优秀班组长"荣誉称号。

【自身建设】　中国移动宁夏公司工会在宁夏能源化工冶金通信工会 2022 年度综合业务年度评价考评中被评为"优秀",在已有工会主席接待日基础上,开通工会主席信箱,进一步畅通员工沟通渠道。加强工会经费收支管理,推进工会系统嵌入式廉洁风险防控机制建设,更新工会领域防控分册(风险点由 3 个更新为 8 个),发布《工会经费自

行采购实施细则》,健全和完善防控措施与制度。

(任讯波)

申能吴忠热电有限责任公司工会

【概述】 2022年,申能吴忠热电有限责任公司工会在自治区总工会、能源化工冶金通信工会、申能股份系统工会和公司党委的领导下,以习近平新时代中国特色社会主义思想为统领,聚焦企业中心任务,坚持"搭平台、聚合力、强服务、建家园"的工作思路,深入开展各项工会工作,有效发挥员工在企业建设发展中的主力军作用,为促进企业健康发展发挥了积极作用。

【幸福之家】 以劳动竞赛为切入点,建设"幸福之家"。

1.积极推进"安康杯"竞赛。组织参加自治区总工会"安康杯"竞赛活动,推动落实好安全生产责任制,大力开展群众性安全生产活动。组织员工参与了新安全生产法、工会法知识竞赛活动。坚持评先树优安全生产一票否决,增强各级人员尊重生命、尊重安全的意识。

2.开展运行小指标竞赛、设备消缺竞赛。组织生产运行人员持续开展机组小指标劳动竞赛,优化竞赛评比参数

指标,机组各项经济指标和安全运行水平稳步提升。重新优化设备消缺管理竞赛评比管理机制,按月开展设备消缺管理竞赛,在#2机组检修期间对480余台阀门进行解体、维修和更换,实现了检修后的阀门合格率达到98%以上的目标。2022年,ERP系统共录入缺陷910项,消缺率94.06%,较2021年(1490项)同比下降38.92%,设备健康稳定水平有效提升。

3.组织开展迎峰度夏百日安全稳定运行劳动竞赛。制定了竞赛方案,通过进一步落实公司迎峰度夏保电措施,促进提升了机组设备健康水平,保证了迎峰度夏期间机组的安全运行。设备管理部机务班、电气班、发电部运行二值3个班组获得迎峰度夏优秀班组,朱柯儒、马亮、苏允才等7人获得优秀个人称号。

【文化之家】 以岗位练兵为发力点,建设"文化之家"。

1.以选先树优鼓舞员工。做好年度评先树优工作,以优秀榜样激励和引导全体员工奋发向上,为公司扭亏脱困贡献力量。组织评比表彰年度管理优秀集体2个,管理优秀个人6名。

2.推进技术比武活动。组织开展第六届全能值班员

技术比武,评选出运行技术标兵1名、技术能手2名、技术优秀选手3名。组织开展第四届"两保一促"检修设备消缺技术比武活动,评选出检修技术标兵1名、技术能手2名、技术优秀选手3名。为保证机组安全稳定运行,全面提升部门人员技术水平奠定了基础。

【和谐之家】 以服务员工为落脚点,建设"和谐之家"

1.组织召开职代会并进行换届选举。对公司职工代表大会进行了换届,选举产生了新一届职工代表暨会员代表36名,让代表一线职工和服务企业的优秀员工进入代表行列,为促进企业和员工成长奠定了基础。组织召开公司第四届一次职工代表大会暨2022年中工作会,组织代表对公司年度经营目标任务、生产经营情况等重大事项进行审议。开展平等协商并签订《集体合同》、女职工劳动保护和工资专项合同,并严格按规定执行,保障员工的知情权、参与权和监督权。

2.加强自身组织建设。结合公司机构改革调整,配套完善工会组织机构建设,优化重组4个分工会,换届选举各分工会委员12人,吸纳新会员2人,为工会组织注入了新鲜力量,进一步增强工会服务

生产经营工作的组织保障。

3. 修订工会相关制度。结合当前公司工会情况重新修订了《困难职工帮扶、送温暖及慰问工作管理标准》《职工代表管理标准》等工会相关制度，提升了相关慰问标准。发电燃料分工会获得2022年宁夏能源化工冶金通信工会"先进职工小家"称号。

【健康之家】　以企业文化为结合点，建设"健康之家"

1. 开展惠普性慰问活动。组织开展春节、端午、中秋等重大节假日慰问，并为元旦、"五一""十一"等节假日在岗的一线员工送慰问、"送清凉""送温暖"10次，向员工送去慰问品1300余份，慰问困难、新婚、生育、生日员工240余人次。疫情封控期间，克服物资运输困难、果蔬品种单一等困难，向坚守岗位的员工开展了送水果、送火锅、送餐具慰问活动3次，把员工所想所需的物品送到大家手中。并组织了"一条绳一条心"拔河、跳绳、健康跑等趣味活动2次，设身处地为员工着想、缓解员工长时间被封控的焦虑情绪。

2. 开展群众性文化体育活动。以"申力量、申飞扬、申聚能"为主题，开展"强体能、创建健康家园""展艺能、营造幸福家园""练技能、守

护和谐家园"为主要内容的"聚力新征程，传递申能量"文化体育系列活动，为企业文化建设做好内涵积淀。积极参加上级工会组织的活动，32名员工参加了申能集团工会开展的"一申有你　赋能前行"健康跑活动，获得团队赛第一名；8名员工参加了吴忠市"喜迎二十大　建功新时代"职工乒乓球比赛活动和台球比赛活动，其中乒乓球比赛获得个人第八名的成绩。根据公司企业文化建设和要求，组织开展了"凝心聚力促发展"元宵节猜灯谜活动、迎春节送春联活动、三八妇女节采摘活动。

（李　诗）

宁夏西部创业实业股份有限公司工会

【概述】　2022年，在公司党委的正确领导下，宁夏西部创业公司工会坚持以党建带工建，加强自身建设，不断增强工会的政治性、先进性、群众性，大力弘扬劳模精神、劳动精神、工匠精神，认真履行工会职责，践行"社会主义是干出来的"伟大号召，围绕公司中心任务，立足新起点，展现新作为，团结带领广大职工，以新时代主人翁姿态，在推动公司高质量发展进

程中建功立业。公司获得自治区"和谐劳动关系创建示范企业"称号，工会综合业务评价获较好等次，先后荣获全国"安康杯"竞赛优胜班组1个，自治区"工人先锋号"1个、先进职工小家1个、职工技术创新成果优秀奖1项，自治区优秀共青团员1人、演讲比赛三等奖2人、"学习强国"达人挑战赛三等奖2人，形成了"人人争先、事事创优"的浓厚氛围。

【坚持党的领导，加强政治建设】　西部创业公司工会坚持以习近平新时代中国特色社会主义思想为指导，认真开展党的二十大和习近平总书记视察宁夏重要讲话指示批示精神"大学习、大讨论、大宣传、大实践"活动，深入学习习近平总书记关于工人阶级和工会工作的重要论述，持续开展党史学习教育，坚持以党的创新理论武装工会干部头脑，始终引导广大职工深刻领悟"两个确立"的决定性意义，不断增强"四个意识"、坚定"四个自信"、做到"两个维护"，始终在思想上政治上行动上同以习近平同志为核心的党中央保持高度一致，把捍卫"两个确立"转化为做到"两个维护"的思想自觉、政治自觉、行动自觉，转化为做好各项工会工作的实际行动，不断

提高工会干部担使命、抓落实的意识和能力,充分发挥工人阶级主力军作用。

【坚持依法管理,加强制度建设】 西部创业公司工会认真落实上级工会和公司党委关于加强基层工会建设要求,按照工会法、工会章程等有关规定,补选了5位工会委员会委员,指导各子公司选举产生了工会委员会委员和工会主席,换届选举了新一届监事会2名职工监事,进一步健全完善工会自身组织建设。全年召开9次工会委员会会议集体讨论经费使用、工作安排、职工福利等重要事项,并及时向公司党委请示汇报。组织召开一届四次职工代表大会,听取并审议公司年度工作报告、工会工作报告和工会经费使用情况报告,全面落实职工代表的知情权、参与权、监督权。深入学习贯彻新工会法,为工会干部和工会工作人员购买发放《工会会计制度讲解》《工会财务制度文件选编》等学习资料,提升工会管理水平。组织开展"金点子"合理化建议征集活动,共征集涉及党群建设、降本增效、安全生产等7个方面92条建议,拓宽了民主管理渠道。

【创新创效,提升职工技能水平】 一是加强创新工作室建设,推荐"刘永平创新工作室"申报自治区级技能大师工作室和自治区劳动模范创新工作室。二是开展"五小"创新活动,推荐11项成果参加全区第二届职工技术创新成果评选,推荐18名职工参加"能工巧匠"评选,其中"远程控制定量加注黄油机"荣获2022年度自治区第二届职工技术创新成果优秀奖。三是持续开展"安康杯"劳动竞赛,购买发放新安全生产法职工普及学习读本,组织职工开展安全生产法知识竞赛答题,宁东铁路公司机辆段车辆运用车间古窑子综合检修所被评为全国"安康杯"竞赛优胜班组。以"安全生产月""安康杯"竞赛为抓手,深入开展隐患排查和危险源辨识活动,不断推动公司安全生产标准化及班组安全管理标准化,形成强意识、查隐患、促发展的安全局面。

【弘扬劳模精神、劳动精神、工匠精神】 不断加大先进典型的培养力度,形成劳模品牌效应,带领和培养更多职工为企业发展贡献才智。积极开展"模范职工小家""工会积极分子"推荐评选,分批次对74名先进人物的典型事迹进行微视频拍摄展示,推荐集体参评"三八红旗集体""五一巾帼标兵岗",推荐职工参评"三八红旗手""最美退役军人"。机辆段检修车间获评宁夏能源工会先进职工小家、运通公司市场开发部获评自治区"工人先锋号",1人获评自治区优秀共青团员。面对突发疫情,宁东铁路公司广大职工坚守一线,为全区抗疫保供作出牺牲和贡献;运通公司营销小组主动提供"公铁联运"方案,保障客户企业采购的区外煤炭顺利进厂;酒庄公司克服困难,参与疫情防控志愿服务,让公司形象在关键时刻熠熠生辉。

【服务基层,实施"暖心工程"】 坚持职工关怀常态化,持续开展"冬送温暖、夏送清凉"活动,全年发放192.7万元的节日慰问品,为2名职工在区总工会帮扶系统中建档,发放困难帮扶金2.4万元;为20名职工送去困难补助金4万元;为16名新婚职工和31名生育职工送去祝福金2.35万元;为25名生病职工送去0.99万元的慰问品;为12名退休职工送去1.2万元的退休纪念品;为25名职工送去丧葬慰问金2.87万元;为25名职工办理医疗互助线上报销,报销金额5.5万余元;为1名职工办理应急救助金2.0万元;为1119名职工办理职工体检,保障职工身心健康,全心全意为职工谋福利,努力提升职工的幸福指数。

【丰富职工文化生活】 大力弘扬社会主义精神文明,结合实际组织开展形式多样、职工喜闻乐见的群众性文化体育活动。组织策划铁路运营30周年职工文艺汇演,开展手工艺品、书画、摄影大赛和"勇毅笃行三十年 同心喜迎二十大"演讲比赛等庆祝活动;春节期间组织开展"迎新春 送春联"、拔河比赛等系列活动;"三八"妇女节期间,组织195名女职工开展丰富多彩的文体活动;组织职工参加"喜迎党代会 献礼二十大"系列活动,推荐3名职工参加"声音里的经典——感恩奋进新征程"职工演讲比赛,征集51篇"喜迎二十大 建功新时代"参评稿件,报送57幅"喜迎党代会 献礼二十大"职工书画摄影展参展作品;制作报送1部短视频参加中华全国总工会"喜迎二十大 建功新时代"劳动和技能竞赛短视频活动;征集6篇文章参加"弘扬伟大号召 接续实干奋斗"征文活动。公司2人荣获自治区国有企业"学习强国"达人挑战赛三等奖,2人荣获宁夏能源工会"勇担使命开新局 踔厉奋发新征程"演讲比赛三等

奖。疫情期间,公司工会在公司公众号开辟了"抗疫保供 坚守奉献"专栏,分8期展示职工坚守岗位、无私奉献的责任担当,为职工提供心理疏导志愿服务电话,添置文体用品,开展"抗疫情 强体魄"三人制篮球赛,丰富职工业余活动,为打好疫情阻击战、保供攻坚战打下了坚实的基础。

【助力乡村振兴】 认真贯彻落实自治区党委政府乡村振兴相关政策,对帮扶项目进行现场勘察论证分析,落实重点项目建设,投入25万元购买农机具,提升驻村工作"造血"功能,不断拓宽村民致富路。解决驻村工作队冬季取暖用煤14.2吨,落实驻村队员各项待遇补助,确保驻村队员驻得下、安心干、有成效。对照驻村职责要求,背对背组织开展座谈和测评,对各驻村工作队工作进行现场考核。认真落实自治区国资委党委《关于开展自治区属国有企业"金秋助学"活动的通知》要求,联系公司各驻村工作队,对3个帮扶村49名资助对象资助9.8万元助学帮扶资金,其中职工捐款4.6万元,为贫困家庭学生成长成才提供了机遇和保障,彰显了公司担当社会责任的良好形象。

中国石油宁夏石化公司工会

【概述】 2022年,宁夏石化公司累计加工原油424.8万吨,全年营业收入325亿元,上缴税费107亿元,环境污染事故为零,年度节能减排指标全面完成。荣获"全国和谐劳动关系创建示范企业"称号。公司结合集团公司"转观念、勇担当、高质量、创一流"主题教育活动,全面开展提质增效行动,围绕"喜迎二十大 建功新时代"开展系列活动,助力全年效益指标超额完成。工会围绕企业中心工作,持续深入开展厂务公开民主管理工作;组织开展劳动竞赛、创新工作室工作;在帮助困难职工、金秋助学、职工维权等工作上切实履行职能,服务发展大局,服务职工群众,取得显著成效。

【发挥组织优势,加强工会党建工作】 2022年是"十四五"关键之年,在全面加强工会系统党的建设上,公司工会把"听党话,跟党走"作为行动指南,围绕"喜迎二十大 建功新时代"主题,实施了打造党建工作新高度工程、思想铸魂工程,筑牢意识形态工程、作风塑形工程、党建与工建相融合工程、我为群众办实事等

工程。特别是在疫情防控的严峻形势下，工会组织运用多种方式，主动靠前，采取贴合需求的服务措施，为封控在岗位的基层员工购买生活必需品，送温暖、解难题，温暖了职工群众的心，解决了职工群众生活的燃眉之急，促进员工队伍和谐稳定。

【完善组织机构，加强民主管理】 坚持和完善职工代表大会制度。2022年组织召开了公司七届一次职代会，选举产生了178名新一届员工代表和新一届主席团、专业组组成人员。落实基层单位提交的职代会意见建议29条，并于2022年6月27日全部落实完毕。职代会闭会期间召开1次职工代表团组长和专业组负责人联席会议，审议通过了《宁夏石化公司优化调整员工薪酬结构方案的决议》。组织了员工代表履职能力提升班，来自基层各单位近100名代表参加了培训。完善基层工会组织建设，选举产生了19家新一届基层工会组织。

【不断创新形式，推进群众性创新创效】 持续开展横大班劳动竞赛、丰富多彩的小指标竞赛，在企业提质增效行动中发挥主力军作用。全年共征集84项创新成果、330项合理化建议。2022年，在公司范围内开展了"金点子""亮绝活""名师高徒"的征集、评选活动，共征集"金点子"64项、"亮绝活"14项、"名师高徒"25对，评出了宁夏石化公司十大"金点子"、十大"绝活"和十佳"名师高徒"。这些活动极大地鼓舞了广大员工的积极性，为广大员工搭建了展现创新思维、实现创新梦想的平台。

【完善帮扶机制，有序开展送温暖活动】 公司工会建立了"春送祝福、夏送清凉、金秋助学、冬送温暖"的特色帮扶及日常帮扶相结合的帮扶保障体系，结合2022年企业消费帮扶任务，除选购生活必需的米、面、油传统慰问品外，还采购了茶叶、菊花、红梅杏等时令产品慰问广大会员，全年共计发放会员慰问品346.45万元。2022年为全公司困难群体850余人次发放慰问金302万元，实打实、面对面、心贴心，竭尽全力帮助他们解决困难，有效提升了职工群众对公司的认同感、归属感，增强了公司的凝聚力和向心力，稳定了员工队伍。

【加强企业文化建设，开展丰富多彩的文体活动】 2022年克服新冠疫情带来的影响，工会采取多种形式，线上、线下的途径，组织开展职工文化体育活动，丰富职工业余生活。举办了公司新春团拜会、"三八"节系列活动，"五一"表彰会、书画摄影展，及篮球赛、羽毛球赛、气排球赛等体育比赛，实现了月月有活动、季季有展示，应广大职工需求还举办了"羽毛球""大合唱"公益培训班。2022年宁夏石化公司第三届职工运动会，更是近十年来宁夏石化公司的盛会，起到了凝聚人心、提振士气的作用。

【加强自身建设，提升服务能力】 工会先后组织学习贯彻修订后的工会法，结合工会业务开展《公司3·24事故背后的权益问题》专题培训，组织35名工会主席、工会干事前往贵州大学开展工会干部专业培训，组织开展了100名职工代表履职能力提升班，开展"送荣誉下基层"——表彰奖励工会系统"优秀工会积极分子""优秀工会工作者"和"先进基层工会"，奖励"最美女工""巾帼标兵"和"五好家庭"。在工会内部建立了周例会制度：安全经验分享、岗检情况通报、周工作汇报及党课学习等内容，及时传达公司领导指示精神，及时发现问题并解决落实，通过党建、专题、业务相结合的方式，不断提升工作能力，在开展工会工作的同时永葆初心，践行服务大局、服务基层、服务职工的责任。

（王　琼）

长庆油田分公司第三采油厂工会

【概述】 长庆油田采油三厂工会在宁夏能源化工冶金通信工会和厂党委的坚强领导下，深入学习贯彻落实党的二十大精神，发挥工会组织作用，积极探索"三服务一加强"（服务发展、服务基层、服务职工，加强工会自身建设）高质量创新的落地举措，服务发展大局，维护员工权益，推进工作精准落实，共创美好生活，团结带领广大员工群众为采油三厂高质量发展建功立业。

【劳动技能竞赛】 从4月1日至6月30日，在全厂范围内组织开展"大干二季度、实现硬过半、喜迎二十大"劳动竞赛，通过"立军令状、授竞赛旗、送慰问餐、颁立功牌"全过程激励机制，首次邀请长庆艺术团同台慰问演出形式，制定立功单位评比奖励办法，评选出竞赛立功集体和个人100名，实现用业绩说话，用结果说话，推动了全

年生产建设任务目标的顺利实现。7月15日，高质量承办油气开发专业"国赛"，1人喜获集团公司数字化运维项目个人金奖，1人喜获全国油气开发专业职业技能竞赛采油工项目个人银奖。

【创新创效】 建成多功能靖安油田职工创新中心和创新联盟成果展厅，巩固"基础理论研究—工作室加工—现场试验再优化—工业化生产推广—优秀成果展示交流"员工创新活动全过程。7月20日，举办第七届员工五小成果展暨创新交流活动，76项成果参评，22项成果获奖，20项成果推广应用，产生直接经济效益1500余万元；有1项成果获长庆油田公司科技进步奖，1项成果获宁夏职工创新成果展二等奖，3项成果荣获全国职工创新一等奖。

【普惠服务】 根据"六小工程"（小菜园、小花园、小果园、小绿地、小健身广场、小文化阵地）创建活动内容，8月22日至11月30日在全厂范围内开展"建温馨家园　创美丽油区"专项竞赛，全年打造26个"一站一景一特色"主题职工小家，配套900余件文体器材设施，探索了以专项竞赛创建温馨家园新模式。以员工需求为导向制定幸福民生工

程，新建18个蔬菜大棚、10个塑胶篮球场、8个文体场馆和4条塑胶跑道，精准落实回应员工期待。开展各类困难帮扶152户，实施送清凉、疫情防控等专项慰问，心理关爱、爱心互助、11项普惠慰问有序推进。

【先进典型】 各级工会组织以"寻找好员工"为抓手，坚持面向一线、持续培育、搭建平台、促进成长，65名员工当选为第七届"员工眼中的好员工"。选树培育了宁夏回族自治区"五一"劳动奖章获得者马世清、甘肃省"工人发明家"陈善琴等2名省部级先进个人，爱心联盟荣获"全国爱心托管班"荣誉称号。举办"五一"纪念大会暨第七届"员工眼中的好员工"颁奖典礼，开辟"工人伟大、劳动光荣"等典型宣传专栏，通过多种形式激励全员向先进典型学习，形成了各类典型茁壮成长、各类先进层出不穷的局面。

【民主管理】 进一步巩固厂务公开创新竞赛成果，改进方式方法，修订完善"六表一卡一案"公开内容，细化了56项具体公开内容的方式和时限，6种成熟公开模式全厂推广交流。多帮助职工解决实际困难，及

时调整劳动调处委员会,完善群众矛盾化解"会诊"机制,使21起职工来访的合法诉求得到协调落实。开设网上职工大讲堂、丰富工会主席邮箱、热线等线上民意表达渠道,引导员工理性表达合理诉求,集中处理42件疑难、复杂意见和建议,实现联系服务基层常态化、制度化、规范化,把思想政治工作做得更有深度、更有力度、更有温度。

【文化惠民】 找准学习党的二十大精神和关心关怀员工身心健康的结合点,统筹发挥好群众组织合力,执行"3+X"协会运行模式,推进17个单项协会运行,16场协会骨干提升培训。围绕喜迎党的二十大主题,开展了形式多样的艺术作品展、健步走、健身操、篮球赛等健康运动赛事26场次。组队参加6场次油田内外体育文艺竞技交流,推选2名长庆油田公司健康达人,1745名职工参与"云"上运动会,组队参加上级比赛荣获"长庆·化工杯"足球赛第四名,"好汉坡"自行车赛第五名,志丹县乒乓球邀请赛第五名,定边县职工乒乓球赛亚军。

【自身建设】 推行"表单运行、看板管理",19项工会重点工作得到全面落实。围绕基层工作难点问题深化"以奖代拨"等激励机制,开展基层工会干部培训班,交流6项基层经验,形成11项课题成果。围绕党建信息化平台工会业务总体部署,采取"培训+帮扶+激励"办法,坚持每月跟踪通报,专人跟进落实,在长庆油田公司工会平台应用四季度采油单位第一名。《工人日报》专版报道采油三厂工会助推高质量发展工作经验,《中国工人》特别报道心理关爱服务新模式,宣传工作实现在全国工会系统最核心报刊、最权威期刊的高规格专题报道。

(张立文)

中国石化长城能源化工(宁夏)有限公司工会

【概述】 2022年,中国石化长城能源化工(宁夏)有限公司工会(以下简称公司工会)按照上级工会和公司党委的统一部署,以学习宣传贯彻党的二十大精神为统领,以深入开展"牢记嘱托、再立新功、再创佳绩,迎接学习贯彻党的二十大"主题行动为主线,以推进"五聚焦五着力五增强"为抓手,紧紧围绕"安全环保、经济效益"中心工作,认真履行工会职能,充分发挥主力军作用,各项工作取得了重要的进展和新的成效,在公司全方位推进高质量发展工作大局中作出了积极贡献。

【强化思想引领】 公司工会坚持围绕学习宣传贯彻习近平新时代中国特色社会主义思想这一政治任务发力,着力用新时代党的创新理论武装职工,用先进的文化教育职工,用高尚的精神塑造职工,不断强化思想引领,筑牢思想基础,增强工会组织向心力。各级工会建立健全常态化学习教育机制,充分利用"石化党建""网络学院"、职工书屋等平台和资源,将政治理论学习融入日常。积极开展"牢记嘱托、再立新功、再创佳绩,迎接学习贯彻党的二十大"主题行动,在不断学习和实践中,深刻领悟"两个确立"的决定性意义,不断增强"四个意识"、坚定"四个自信"、做到"两个维护",自觉在思想上政治上行动上同以习近平同志为核心的党中央保持高度一致。

【加大典型选树力度】 公司工会坚持把劳模精神、劳动精神、工匠精神作为做好新时代职工思想引领的鲜明导向,评选表彰了5名劳动模范、3个"巾帼文明岗"、15名"巾帼建功标兵"和15名"最美女工"。BDO运行部郭辉荣获中国石化"劳动模范"称号，聚乙烯醇运行部值班长宋纪红荣获自治区"五一"劳动奖章。完善"石化党建"工会子系统劳模数据库，开展劳模座谈、劳模慰问和劳模宣传活动，大力弘扬工人阶级伟大品格，用劳模的干劲、闯劲、钻劲鼓舞广大职工争做新时代的奋斗者。

【深化民主管理】 组织召开公司二届三次职工代表大会，补选第二届工会委员会委员，调整公司各专门工作委员会成员，制定下发《公司民主管理工作实施细则》，进一步完善职工代表巡视制度，举办职工代表线上培训班，开展每日问答学习。每季度组织召开工会委员会会议，审议通过工会相关制度，通报提案落实和送温暖慰问情况等。组织召开6次职工代表团长联席（扩大）会，审议通过了《公司民主管理工作实施细则》《公司特殊工时制工作方案》等制度方案和上级劳动模范、"五一"劳动奖章推荐人选等9项重要议题。进一步完善职工代表提案制度，围绕中心工作，针对公司改革发展、安全环保、职工利益等方面的重要事项和职工普遍关心的重大问题建言献策，共征集职工代表提案104项，立项20项，已完成19项。

【履行监督职责】 定期组织生活福利委员会及部分职工代表，对公司职工餐厅、宿舍开展综合监督检查，参与后勤中心对餐厅食材供应商单位进行调研和监督4次，不断加强生活福利委员会履职，多渠道督促相关单位加强管理、改善环境、提高服务质量，努力为职工营造一个安全、温馨的食宿环境。深入推进厂务公开制度化、规范化建设，每季度深入各基层单位指导、检查厂务公开落实情况，充分发挥职工群众性监督职责。以"安全生产月"为契机，组织开展安全生产专项监督检查，共查出问题49项，全部整改完成。各基层分工会每月开展劳动保护监督检查，积极履行监督职责。

【落实维权服务】 在疫情防控、困难帮扶等急难险重任务中公司工会主动担当履责，快速有效应对，凝聚共克时艰、共保安全的强大合力。面对疫情防控严峻形势，工会使用32万余元专项费用，为职工购买药品、生活用品等，开展专项慰问，帮助员工共渡难关；开展困难职工、"金秋助学"等帮扶救助工作，发放帮扶救助金9.34万元；及时倾听职工心声，解决职工诉求，通过员工意见反馈平台收到职工诉求230件，采纳并落实了在部分办公楼洗手间配备速热水龙头、在文化活动中心配置自动饮料售卖机等合理诉求125件。

【开展劳动竞赛】 扎实开展"当好主人翁、建功新时代、岗位创一流"主题劳动竞赛，重点围绕生产优化运行、降本减费增效、技能素质提升等重点工作，广泛开展多层次、多专题、多形式的劳动竞赛73项，开展"HSE专项竞赛""产量奖励竞赛"等8项公司级劳动竞赛，"工艺操作优化"、指标对标、"夯基础 提管理 保目标"和"班组成本经济核算"等65项基层单位级和班组级劳动竞赛，总结提炼"直接作业环节""节能降耗"等16个优秀劳动竞赛案例，召开劳动竞赛现场交流推进会，表彰3个劳动竞赛先进组织单位和6个典型案例，交流典型案例，推广特色做法，逐渐形成"三比三赛""装置产能优化""三比一优化"等长期性、有特色、职工群众参与积极性高、具有推广价值的品牌竞赛。以"全员安全诊断"为平台，开展"安康杯"季度竞赛活动，评选出"安全卫士"10名、安全诊断"金点子"5条、"银点子"10条、"铜点子"19条。

【推进创新创效】 利用综合办公平台,修订完善员工意见反馈流程,常态化开展合理化建议征集活动,全年征集各类合理化建议1748条,采纳了1069条,发放"建议奖"金额约7.8万元,充分激发广大职工群众的智慧和创造力。以创建"工人先锋号""创新工作室"等为载体,引导劳模先进、技术骨干立足生产实际,从亟待解决的生产难题入手,广泛开展技术革新、发明创造、"五小"攻关等形式多样的创新创效活动,全年完成技术革新23项、申请发明专利3项、成果转化1项。创建甲醇运行部、聚乙烯醇运行部等4个劳模创新工作室,采取"揭榜挂帅"的方式进行创新项目立项38项,申报成果23项,总结提炼4项创新成果报集团公司和宁夏能源化工冶金通信工会,职工创新创造活力进一步激发。

【做实关心关爱】 公司工会不断巩固"我为群众办实事"实践活动成果,紧紧抓住职工群众最关心最直接最现实的利益问题,竭诚服务职工群众,为职工解决急难愁盼问题,不断提升职工获得感、幸福感、安全感,工会组织凝聚力不断增强。常态化开展"走基层、访万家""三知四访五必谈"等工作,努力解决职工群众最关注、最忧心、最迫切的难事。全年慰问生病、生育职工和职工家属共计397人次,发放慰问品15.6万余元;开展春节、端午和中秋、国庆等重大节日慰问,累计发放慰问物资223万余元;及时开展"酷暑送清凉"和"寒冬送温暖"等慰问活动,累计发放慰问物资100万余元;开展职工生日祝福和离退休座谈等慰问活动,不断增强职工幸福感。

【关注职工健康】 在聚乙烯醇运行部、公用工程运行部、宋新庄煤矿等8个基层单位建立EAP工作室,指导基层单位自主开展EAP专项服务,开通"心理热线",开展"'疫'路有你,与爱同行"义务理发志愿服务活动,收集职工各类诉求并协助相关职能部门跟踪落实解决,为职工纾解情绪、缓解压力。开展"职业健康达人""相约春天,做健康女人"女性健康知识讲座和"中医咨询及把脉"义诊等活动;举办"相约春天,与美同行"美妆培训讲座,推进"爱心妈咪小屋"建设;举办"家企相连,童心相牵"亲子活动,增强职工职业健康意识,提升健康管理水平。

【加强自身建设】 公司工会紧紧围绕保持和增强政治性、先进性、群众性工作主线,深入构建联系广泛、服务职工的工会工作体系,不断加强自身建设,工会组织战斗力不断增强。认真贯彻落实"强三性、去四化"的工作要求,按照《公司建家活动考核评价细则》,认真开展基层工会工作(建家活动)自评和会员满意度测评,开展"优秀/合格职工之家"考核评价工作,公用工程运行部分工会等5个分工会被评为"先进职工之家",热电运行部分工会等17个分工会被评为"合格职工之家"。创新工会服务职工载体,规范民主管理工作程序,制定《公司民主管理工作实施细则》,发布《公司EAP实操手册》,持续修订完善和用好劳动竞赛、合理化建议、文化活动和工会经费报销等日常工作线上审批流程,充分利用各层级工会干部、职工代表工作群,发挥"互联网+工会"优势,持续提升工会信息化水平和工作效率。开展工会财务管理风险专项监督自查,清查盘点工会固定资产,按相关流程和制度要求进行资产处置。举办工会干部培训班和EAP专项培训,有效提升工会干部的业务能力和思想政治工作水平,为进一步推动工会工作更好地融入、促进中心奠定基础。

(张 红)

中国石油宁夏销售公司工会

【概述】 2022年,中国石油宁夏销售公司工会在公司党委和上级工会组织的坚强领导下,认真贯彻落实习近平总书记关于工人阶级和工会工作的重要论述,对中国石油和中国石油相关工作的重要指示批示精神,充分发挥强信心、稳军心、聚人心的桥梁纽带作用,不断夯实工作基础、创新工作方法、拓展工作领域,团结带领广大职工在全力建设转型发展先行示范地区销售企业的火热实践中作出了积极贡献。

【加强思想引领】 各级工会组织聚焦迎接党的二十大胜利召开这一工作主线,广泛开展"喜迎党代会·献礼二十大"主题演讲比赛、"中国梦·劳动美"主题宣传教育,激发了广大职工干事创业原动力。认真落实公司党委《企业文化引领专项工作方案》,全方位、多渠道引导广大职工树立正确的世界观、人生观、价值观。全员开展集团公司新版《企业文化手册》宣贯,有力提升了广大职工"我当个石油工人多荣耀"的职业自豪感。在"塞上中油人"新媒体平台大力宣传石油精神、大庆精神、铁人精神,激励广大职工始终保持石油人的红色底蕴和战斗情怀。春节专题视频《城市守护者》登上新华网总网直播平台,累计观看超30万人次,向全国网络观众展现了宁夏销售职工的良好形象。

【助力企业发展】 深入开展劳动竞赛活动,构建了"全面覆盖、全员参与、全方位推进"的竞赛格局,形成了"培训、练兵、竞赛"三位一体的竞赛模式。两级工会累计开展各类劳动竞赛20个,获得销售板块流动红旗6面,116个劳动竞赛先进集体受到公司表彰,在岗位练兵中锤炼了队伍,激发了动力。始终将员工的健康安全放在首位,广泛开展"安康杯"竞赛活动,有效增强广大员工安全生产意识和安全应急技能。广泛开展以"转观念、勇担当、高质量、创一流"为主题的"形势、目标、任务、责任"主题教育活动,贯穿全年、覆盖全员,各级工会组织积极推进深入学习、层层宣讲、广泛讨论、对标查改、岗位实践等各环节工作,调研督导、专题研讨深入拓展到基层库站、班组一线,有力促进各项工作扎实开展。累计开展专题宣讲141场次,组织大讨论2580人次,广大员工主人翁意识更加强烈,为奋力推动提质增效奠定了思想基础。

【提质创新创效】 广泛组织开展管理创新、"五新五小"等群众性技术创新活动,进一步堵塞管理漏洞,提升管理水平,为职工搭建了施展技艺的舞台。推荐"双保险小举措,破解静电小回路"老难题、加油站专属建设标准等2项职工技术创新成果参加宁夏回族自治区第二届职工技术创新成果评选。组织创建高技能人才工作室,搭建创新创效服务平台,在推进高技能人才队伍建设,促进人才规模、质量、结构与业务发展相匹配、相适应方面迈出了坚实步伐。

【落实民主管理】 坚持党对工会组织的领导,认真落实职代会制度,两级公司职代会召开率达到100%。召开公司十一届二次职代会和各基层单位职代会,两级职代会召开率达到100%。广大职工积极参与企业民主管理,全年向公司职代会提交提案15件,经审议立案2件,落实率达到100%;提出合理化建议28条,经审议采纳13条,其中优化加油站各类系统及电子表单应用、实施光伏发电节约电费等合理化建议被广泛应用。

开展优秀合理化建议评选活动,对评选出的12条优秀合理化建议给予奖励。坚持厂务公开制度,采取职代会、门户网页、公开栏等多种形式,对关系职工切身利益的薪酬分配、评先选优、经费收支等信息及时进行公开公示,充分保障职工知情权、参与权和监督权。

【关心职工生活】 唱响工会"春送慰问、夏送清凉、秋送助学、冬送温暖"四季歌,推动工会帮扶工作精准化、长效化。全年慰问一线库站338座,帮扶困难职工612人次,发放慰问金98万元。开展"金秋助学"活动,为3名困难职工子女发放助学金4.61万元。积极争取社会帮扶资源,帮助3名困难职工申请到国家困难补助金4.61万元。持续开展职工健康疗养,为413名职工发放疗养费121万元。着力推进职工差异化体检和健康风险评估,落实女职工"两癌"筛查,全年组织体检3200人次,支付体检费用472万元。进一步落实好"我为职工群众办实事"实践活动,协助391名职工办理职工医疗互助保险,全力破解职工因病致贫、因病返贫的难题。

【丰富文体活动】 隆重举办"三八"妇女节系列庆祝活动,广泛开展女职工优秀书法、绘画、手工、摄影和短视频作品评选,43个优秀作品受到表彰。积极组织参加"喜迎党代会·献礼二十大"职工书画摄影比赛、演讲比赛、广播体操比赛、气排球比赛和第六届健步走网络公开赛,一批单位和个人受到公司党委和上级组织表彰。持续开展"学习强国"学习达人挑战赛,银川分公司贺兰东二环加油站经理孙玉亮连续3次受到自治区国资委表彰,展现了公司职工良好的精神风貌,激发了广大职工的学习热情。

【积极岗位建功】 第一时间组织295名职工,组建22支疫情防控志愿服务队投入到地方疫情防控工作中,进一步密切了企地关系,营造了良好发展环境。持续做好乡村振兴工作,实施年度帮扶项目8个,累计投入帮扶资金51万元,采销帮扶产品1214万元。市场营销部零售团队8名年轻职工,充分发挥计算机编程优势开展汽油高频客户开发,累计触达汽油高频客户41万人,核销电子券5304万元,增加利润2389万元。吴忠分公司驻同心县田老庄乡套塘村第一书记洪瑞祥连续三年考核结果为"优秀",被同心县委提拔担任田老庄乡党委副书记。

【加强自身建设】 基础建设持续夯实,调整充实工会干部队伍,6名年富力强的年轻干部走上工会主席工作岗位。大力加强"铁人先锋"系统工会模块建设,坚持一月一考核,一月一通报,公司工会总体考核成绩稳居集团公司128家考核单位前15名。组织工会干部和职工代表培训班,39名工会干部和职工代表受训,理论水平和履职能力得到切实提升。财务经审更加规范,认真贯彻落实《宁夏回族自治区基层工会经费收支管理实施细则》,依法收好、管好、用好工会经费,对基层工会2018年以来经费收支预算执行情况和使用管理情况进行审计审查,经审覆盖率达到100%。主动将工会监督工作纳入公司纪委大监督工作范围,自觉接受公司纪委和职工群众监督。

(姚 欣)

西部机场集团
宁夏机场有限公司工会

【概述】 2022年,宁夏机场公司工会坚持以习近平新时代中国特色社会主义思想为指导,以迎接宣传贯彻党的二十大精神为主线,认真落实机场公司2022年工作会暨职代会各项任务,坚持以职工为中心,服务机场发展大局,优化职工服务工作体系,搭建职工素质提升平台,进一步激发职工的主人翁意识,为机场公司统筹疫情防控、安全生产和恢复发展贡献力量。2022年,宁夏银川河东国际机场户外劳动者服务站被全国总工会命名为2022年"最美工会户外劳动者服务站点",地面服务分公司机务工程队维修放行员杨磊荣获第十七届全国职工职业道德建设先进个人、全国民航"五一"劳动奖章和全国民航"安康杯"竞赛先进个人称号。

【思想引领】 把学习贯彻落实党的十九届六中全会和党的二十大精神作为当前的首要政治任务,坚持"党建带工建",并结合工作实际采取职工喜闻乐见的方式开展学习宣贯,引导广大职工听党话跟党走。充分发挥宣传教育阵地作用,对工作动态、劳模先进、各类活动等开展有特色的宣传活动,并在《中国民航报》、西北民航电视台进行发表。持续推进职工文化建设,建立文体活动长效机制,组织开展足球赛、元宵节猜灯谜、线上象棋比赛、健步走等活动,丰富职工文化生活。

【建功立业】 持续开展劳动竞赛,制订年度劳动和技能竞赛计划表,下发机场公司工会《2022年冬季安全生产主题劳动竞赛方案》,并按照计划和方案开展相关活动,持续营造比学赶超的浓厚氛围。放大劳模工匠辐射带动效应,制定并下发《宁夏机场有限公司劳模和工匠人才创新工作室管理办法》,充分发挥劳模先进引领作用,新建蒋家伟创新工作室、徐玲创新工作室和杨磊创新工作室,均被集团公司工会命名。申报和选树先进,机场公司员工荣获全国职工职业道德建设先进个人、全国民航"五一"劳动奖章和全国民航"安康杯"先进个人等多个奖项。

【关心关爱】 公布24小时关心关爱员工服务热线,坚持夏送清凉、冬送温暖、节日送问候,持续开展生日、患病生育、困难职工等慰问活动,为全员发放爱心防疫中草药,拨付专项资金在战时机制期间为员工提供免餐服务,员工EAP心理健康关爱工作在集团分享会上做经验推广。结合疫情防控和员工实际需求,拓展福利慰问发放方式,制定个性化套餐供员工自行选择,满足员工需求。积极申报上级阵地建设项目补助对固原、中卫机场篮球场、活动中心进行改造升级,为疫情防控综合楼安装空调成功申报经费补助,对机坪员工之家墙面氛围进行升级,员工之家被全国总工会和全国民航工会命名。

【组织建设】 加强工会组织自身建设,圆满完成机场公司工会换届选举工作,申请并更换工会法人资格证书,确保工会组织健全、合法合规。开展2020—2022年度"两优一先"评选工作,评选出一批先进基层工会和个人进行表彰。按时收缴工会会费,重视审计监督、资产监管等工作,为工会工作提供物质保障,并配合自治区总工会完成2020—2021年度工会财务审计工作。

（胥瑞轩）

中国航空油料有限责任公司宁夏分公司工会

【概述】 2022年,中国航空油料有限责任公司宁夏分公司工会在自治区能源工会和上级工会与同级党委的正确领导下,坚持以习近平新时代中国特色社会主义思想为指导,深入学习贯彻党的二十大精神和习近平总书记关于工人阶级和工会工作的重要论述,围绕中心,服务大局,以思想引领、建功立业、权益维护、固本强基为主线,助力疫情防控、"奋进二十大 创新促发展"建功实践等活动扎实开展,团结动员广大职工为实现全年各项工作目标作出了积极贡献。

中国航油宁夏分公司工会委员会现有兼职工会干部5名,下设3个工会小组,职工入会率100%。

【把牢组织政治方向,加强职工思想引领】 一是工会建立了贯彻习近平总书记系列重要讲话精神学习机制,并认真落实公司党委"党建强工建"总体部署,以高质量党建保障高质量职工队伍建设,紧紧围绕年度重点工作,发挥工会组织的政治优势、组织优势、群众优势,推动工会各项工作向纵深发展、向基层延伸。二是持续开展了党史学习教育常态化工作,充分利用工委扩大会议把上级工会工作部署转换为实际行动落实落地,组织干部职工赴盐池县革命历史纪念馆、长城关博物馆和佟记圈村开展"奋进二十大 创新促发展"团队拓展实践活动。让大家深受教育,实地见证了公司多年来定点扶贫成果,共享示范村建设宝贵经验,赋能乡村振兴。通过团队徒步,参观长城博物馆,踏寻古长城遗址,更加坚定了员工爱党爱国信念,增强了职工

队伍的凝聚力和战斗力。三是始终把政治理论学习作为首要任务,深入学习了党的二十大精神,切实把为全体员工排忧解难和为分公司发展大局服务作为工作的出发点和落脚点。

【强化职工素质提升,建功立业富有成效】 一是全年深入开展了"安康杯"各项竞赛活动,紧密结合安全生产工作,制定下发活动方案,各单位和班组能够逐项落实,组织了关于"我是吹哨人——民航职工群众性安全隐患排查暨合理化建议"活动,共征集上报安全生产隐患问题和合理化建议8条,使隐患问题得到了及时治理,合理化建议均进行采纳,有效促进了安全生产管理。二是针对受疫情影响业务量骤减的实际情况,工会组织全体职工开展了以"战疫情、练本领、提技能"岗位大练兵和技术比武活动,参与人数达到83人次,取得了"以练促学,以学促用"的良好成效。采取线上、线下相结合方式开展了"2022年度安全知识竞赛",内容涵盖了新安全生产法《西北公司特殊作业管理细则》和《不安全行为管理细则》等内容,有效提升了全员安全意识,各项群众性竞赛活动的开展,有效搭建了职

工成长平台,拓展了广大职工成长成才空间,积极引导了职工树立终身学习理念,不断学习新知识、掌握新技能、增长新本领。三是持续开展技术创新工作,组织召开了专题会议,确定创新课题将机关各职能部门管理创新纳入考核,涵盖设备、工艺、技术、管理等创新内容,全年立项24项创新项目,其中管理创新16项,技术创新8项,全年取得实用新型专利6项和1项技术发明专利,创新技术被有效应用到生产当中,切实解决了影响安全生产的棘手问题,提高了设施、设备的本质安全性。四是有效推进示范班组创建工作,不断完善了班组建设对标考核机制。为进一步提升班组长综合素质,工会积极与国能宁夏职业学院协调,先后分批安排了各库站和机关后勤共11名班组长参加了为期5天的拓展活动暨素质提升培训班,达到了开阔视野、充电赋能、增长才干的目的。全年把班组建设作为落实"党建强工建"工作的着力点,树立了支部带班组、党员强班组的工作理念,充分发挥了班组在职工素质提升、安全保障、改进服务中的基础作用,各班组均衡发展势头强劲。五是大力弘扬劳模精神、劳动精神、工匠精神。

鼓励大家讲好劳模故事、讲好劳动故事、讲好工匠故事，组织员工收听了中国之声《新闻进行时》金牌栏目黄金时段播出的《航油工匠张广忠》，树立劳模典型，让职工群众以身边的人为榜样建功立业。积极参加集团公司"匠心传承"评选，航空加油站"红心师带徒组合"成功入围集团公司十佳师徒组合，同时选送作品参加了航油公司"奋进二十大"作品征集活动，并获铜奖。通过多项活动开展，营造了劳动光荣、精益求精的敬业风尚，形成尊重劳动、尊重知识、尊重人才、尊重创造的良好氛围。

【维护职工合法权益，全面保障职工福利】 一是继续认真落实《中国航空油料集团公司民主管理实施办法》，分公司对于重大事项进展、干部调整、经营管理和人员奖惩等职工关心的热点焦点问题，均能利用信息平台、职工大会、张贴公示等方式进行厂务公开，广泛收集职工群众的意见和建议，充分发挥群众监督作用。二是分公司始终把职工群众的生命安全和身体健康放在第一位，高度重视安全生产重大隐患排查治理和风险辨识管控工作，确保经费投入充足，全年无重大隐患，一般隐患

整改率达到了100%；全年四项重大风险，均管控有效，目前已关闭3项，剩余1项是宁夏石化至油库输油管道竣工、试运行风险，针对该风险已制定了切实可行的措施，能够有效管控。三是开展了形式多样的文体活动。各工会小组上半年开展了"每周一练，每月一赛"体育活动，开展了"棋牌大擂台"、"疫情不抑情——坚守一线员工趣味运动会"、"聚巾帼英才、展女神风采""三八"妇女节庆祝活动、演讲比赛和健步走等文体活动，提高了员工身体素质，保障了员工身心健康发展。四是开展了常态化疫情防控慰问药品及口罩等及时发放，落实了"冬送温暖、夏送凉爽"工作，深入中卫、固原两个供应站看望慰问了一线坚守的职工，保障了传统节日的节礼发放。全年慰问职工婚丧嫁娶、生病住院21人次，确保了对职工的关爱实实在在送到每个人手中。五是对困难职工进行了摸底评估，实行档案动态管理，符合集团公司帮扶条件的2名职工，工会积极协调申请，同时确保了18000元慰问金在春节前到账，发挥了帮扶灵活有效救急的作用。

【加强工会组织建设，提升服务职工效能】 一是工

会定期召开工委会，部署阶段性工作，及时增补工会委员，确保工会组织稳定有效运行，及时梳理阶段性工作，收集掌握各工会小组工作情况，确定工作重点及下一阶段工作任务，使工会工作方向明、任务清、不跑偏。二是积极参加自治区总工会和上级工会干部培训与工作交流会，转变观念，不断提高服务职工群众的能力和工作质量。三是认真对照"六有"工会建设标准，不断完善了工会基础建设，及时收集整理职工群众关心的焦点、难点问题，使工会组织真正成为职工群众信赖的"娘家人"。

（武桂梅）

宁夏回族自治区电力设计院有限公司工会

【概述】 2022年，宁夏回族自治区电力设计院有限公司工会在公司党委和上级工会的正确领导下，在各分工会的支持与配合下，工会紧紧围绕公司战略目标和发展任务，坚定不移地贯彻落实公司党委和上级工会的决策部署，以维护职工权益、构建和谐劳动关系为根本，以促进企业转型升级、提质增效为核心，进一步夯实政治性、先进性和群众性基础，团结动员广大职工为推动企业

深化改革,实现高质量发展发挥了积极作用。

【党建引领,工会向党】 1.以学习教育引领职工。以学习习近平新时代中国特色社会主义思想凝聚广大职工,切实贯彻党的十九届六中全会精神与习近平总书记"七一"重要讲话精神以及习近平总书记关于工人阶级和工会工作重要论述,组织大家广泛开展形式多样的主题宣传教育活动,推动党的十九届六中全会精神进部室、进工地,引导广大职工群众坚定不移听党话、矢志不渝跟党走。2.以效能提升服务职工。督促建立健全职工思想政治工作的领导体制和工作机制,完善党的创新理论和工会理论"下基层"长效机制,督促部室建立健全内部常态化学习制度,组织技术人才、先进人物大力开展有特色、接地气、入人心的宣传宣讲活动,打牢广大职工团结奋斗的思想基础。3.以理想信念教育职工。深化中国特色社会主义和中国梦宣传教育,加强爱国主义、社会主义教育,弘扬党和人民在各个历史时期奋斗中形成的伟大精神,各党支部带动党员、各分工会依据党的引领陆续开展了"永远跟党走""爱岗敬业""爱国主义教育

主题党日"等系列主题宣传教育活动,增强听党话、跟党走的思想自觉和行动自觉。通过演讲比赛、知识竞赛等方式,运用职工书屋等学习平台,引导广大职工紧跟共产党、奋进新时代。

【提升民主,聚力建家】 坚持以落实职工代表大会制度为主要抓手,切实保障职工参与民主管理和民主监督的权利,做到"三坚持",即坚持企业重大事项向职代会报告;坚持企业重大决策按规定提交职代会审议通过;坚持职代会提案全面答复并落实。1.公司工会始终坚持和完善以职代会为基本形式的民主管理制度,认真组织召开公司十届七次职工代表大会,讨论表决《宁夏回族自治区电力设计院有限公司总经理工作报告》《宁夏回族自治区电力设计院有限公司职代会工作报告》,审议财务、业务支出、履职待遇、干部选拔任用等专项工作报告。广泛征集职工代表提案,并明确责任分工,及时落实提案答复,充分发挥了工会参与和监督企业管理的作用。职工代表提案工作是职工代表依法参与企业民主管理的重要实现形式和载体,公司工会将征集提案的工作部署于全年,让各位代表充

分发挥参政议政作用,在平时的工作中注意留心与发现,积极提出更多更好的提案。2.严格履行《集体合同》《女职工权益专项合同》《工资专项合同》。在职代会上代表职工与公司行政签订2022年《集体合同》,并对《集体合同》的履行情况进行巡视检查,进一步维护了职工的合法权益。3.组织职工代表在职代会闭会期间对职代会各项决议,尤其是涉及职工切身利益的社会保险、劳动合同、薪酬发放等相关决议执行情况进行民主巡视,通过民主巡视,企业能够按时足额为职工缴纳各类社会保险,劳动合同、集体合同、劳动保护、女职工专项权益等均得到公司行政的有效执行,职工各项合法权益均得到有效落实及保障。4.信息公开水平进一步提升,信息公开遵循分级分类的原则,充分利用职代会、月度会、文件、公司局域网及公开公示栏的方式将公司生产经营情况、业务招待费使用情况、领导人员履职待遇情况、干部选拔任用情况、空缺岗位竞聘情况、新人招聘、公车拍卖、职工退休等关系职工切身利益的事项,做到应公开尽公开,进一步保障职工的参与权和知情权。5.加强劳动保护监督。开展慰问工

作,同时与安全技术质量部共同开展职业卫生安全隐患排查等监督检查;开展"安全生产月"相关活动,营造安全生产的良好氛围,强化安全责任意识;参与"放心职工食堂"创建工作,定期或不定期组织职工代表对公司食堂食品安全卫生等进行代表巡视检查,促进食堂工作再上新台阶。6.坚持协商共建。发挥桥梁纽带作用,加大同职工群众的联系力度,尽可能精准了解把握职工需求,把职工群众的需求和困难及时准确反映给公司党委、行政,协助公司行政把各项惠民举措落到实处;从职工的需要出发开展工作,把组织的温暖和关怀送到生产一线,尤其是项目现场一线。为此,全年将每个月最后一周的周五下午设立为"工会主席接待日",进一步畅通工会与职工沟通交流渠道,全年共接待职工4位,解除职工顾虑使职工安心工作。7.增强工会入职、离退"仪式感"。组织新入职职工参加庄重严肃的宣誓活动,感受成为工会会员的荣光。清楚会员的权利和义务,让会员更有认同感、归属感。联合相关部室,为退休离职职工举办欢送会发放纪念品,大家畅谈工作经历,回望企业发展历程,留下宝贵意见。

【多元开展,创新竞赛】以各事业部为单元,按专业及设计进度不同持续开展"建功新时代,奋进'十四五'"主题劳动竞赛,以劳动竞赛活动促进高质量发展,动员职工投身发展、岗位建功。1.围绕重点领域开展竞赛,在市场营销、项目履约、数字化转型等方面开展比拼。电网事业部通过开展劳动竞赛,使广大员工树立全心全意争创一流的竞争意识,完成任务不计得失的协作观念和不畏艰难实现目标的拼搏精神。勘测事业部以拓展业务空间、提升工作效率、提质降本增效为目标,从技术能力提升、拓展业务空间、开源节流、提质降本增效等方面开展了全员劳动竞赛。新业务事业部着力发展清洁能源、新型电力系统等研究和技术储备,精准构建核心竞争力。2.结合质量月会同安全质量技术部开展"三标管理体系"、全国"安康杯"安全答题等活动竞赛。围绕技术革新开展竞赛,以"五小"活动、合理化建议为载体,组织发动职工钻研技术、改进工艺、优化流程、降本增效。3.深化团队创新竞赛,深入开展团队攻关、课题研究,发挥团队在科技创新中的重要作用,促进企业的核心竞争力和经济效益提升。

【选树模范,弘扬精神】1.以劳模精神助力高质量发展,大力弘扬劳模精神、劳动精神、工匠精神。加大对劳动模范和优秀技术人才的宣传力度,讲好劳模故事、讲好劳动故事、讲好工匠故事,营造劳动光荣的社会风尚和精益求精的敬业风气。进一步做好劳模培养选树和管理服务工作,形成尊重劳动、尊重知识、尊重人才、尊重创造的良好氛围。2.不断开展创新工作室领衔人、一线能工巧匠培训、交流等活动,积极组织推荐创新工作室的成果和专利参加各类奖项评选、展示、交流,助力成果运用转化。全年申报宁夏能源化工冶金通信工会创新工作室2个,新成立公司级创新工作室2个。截至目前,公司级成立创新工作室总数为5个。

【服务中心,丰富生活】1.严格执行《职工关爱管理办法》规定,使职工关爱落到实处,切身感受到企业各方面的关爱。春节前夕走访慰问困难职工、离退休老干部老党员14人,发放慰问金1.4万元。采购发放符合节日习俗的慰问品(购买慰问品金额全年人均约为1300元),为全体职工购置生日蛋糕、开展各类观影活动(购置费用人均500元),结合回族职工传统节日习俗，为回族职工购置发放开斋节、古尔邦节食品原料（购置费用人均248元）等，进一步凝聚了各族职工的凝聚力和向心力，让全体职工充分感受到公司工会的温暖。2.为解决公司职工普遍存在的颈肩腰腿不适的状况，连续四年全面推广工间操活动，有效控制了颈肩腰腿所产生的不适，使职工受益。此外，由于疫情防控要求，我们采取了"化整为零"的方式，以分工会为单元适时开展各类分工会活动；在疫情平稳期，组织开展了妙趣横生的夏季、秋季趣味运动会，倡导职工健康工作、快乐生活；日常工作之余，职工根据自身健身需求，在四楼职工活动中心进行各项运动健身，在此基础上利用业余休息时间，常年开展午间女职工舞蹈健身、台球及乒乓球比赛活动，同时继续与社会体育场馆开展合作，活跃职工日常文化生活。3.关爱职工子女成长成才，按规定为独生子女发放独生子女抚养费，高考之后对被一类本科院校录取的职工子女发放成才奖励（共奖励2名职工子女，总计3552元），鼓励职工子女多读书、善学习、早成才。4.将女职工关爱落到实处。为女职工搭建巾帼建功立业平台，在职工代表中保证一定数量的代表职数，鼓励女职工积极参与公司民主管理、创新创效、建功立业；将女职工专项保护写入集体合同，并在工作中认真落实各项权益保护，组织女职工在"三八"妇女节听相声，品经典，共同庆祝节日活动，在线上开展亲子教育分享活动，5—9月开展女职工专项体检，设立"爱心妈咪小屋"解决女职工哺乳期难题，增强女职工的归属感、向心力和凝聚力。

【注重建设，提升素质】坚持党建带工建，在党的领导下，发挥好工会组织的桥梁纽带作用。发挥好工会组织创造价值促进发展的作用，紧跟转型步伐，全面建立以职工满意度为导向的工作评价机制，改进工会工作考核机制。1.在专业方面不断加大对工会工作者的培训，有针对性地提升工会工作者的专业素养和工作技能。2.加强工会干部队伍建设，进一步坚定理想信念，增强全局意识，热心为职工说话办事，努力建设和培养一支能够担当重任，让党政放心、职工群众拥护的高素质工会干部队伍。3.关注分工会干部的成长成才，在年度评优评先工作的基础上，加大"双推"工作力度，为兼职工会干部履职创造良好条件。

【走访慰问，增强保障】根据公司生产经营工作实际开展工程组和现场慰问工作。集中投标组夜以继日的繁忙当中、工地现场、项目部职工战沙斗风身旁、节假日加班加点职工当中，总会有工会干部慰问职工的身影，全年走访慰问工地4处，慰问职工总计67人，购置慰问品总计费用1.34万元；慰问集中投标组2个，慰问职工总计25人，购置慰问品总计5000元；慰问加班职工190人次，购置慰问品总计9627元；全年慰问生病住院、职工直系亲属病故、女职工生产14人，购置慰问品总计1.028万元。

做好后勤保障和关心慰问工作，将公司党委、行政、工会的温暖及时送到每一位职工当中，让职工怀抱感恩、心感温暖地投入工作。

（孙志颖）

中国铁塔宁夏分公司工会

【概述】 2022年，宁夏铁塔工会坚持以习近平新时代中国特色社会主义思想为指导，始终坚持全心全意依靠工人阶级的方针，紧紧围绕中心工作、主动服务发展大局，全力促进生产经营和发展稳定，各项工作迈上新台阶。

【协同打造"骑手之家"】 深入贯彻习近平总书记关于新就业形态劳动者的关心关爱精神，在能源化工冶金通信工会关心指导和大力支持下，聚焦更好的提供外卖骑手贴心服务，助力增加其收入，命名宁夏铁塔首批3处"骑手之家"，投入专项扶持资金用于"骑手之家"的建设运营。在"骑手之家"运营期间，注重满足骑手在不同气候条件下的饮水、消暑、取暖和休息需求，不断提高骑手满意度，探索新时代服务新就业形态劳动者实践路径和理论成果。

【关心职工生活】 宁夏"9·20"疫情突发，党有号召、工会有行动，针对奋战一线、长期值班、下沉社区开展专项慰问；宣传抗疫感人事迹，弘扬正能量。及时配备防控物资，配备御寒保暖用品，把组织温暖切实送到员工心坎上。针对员工意外致困，组织全员献爱心、雪中送炭。不断改善驻村干部工作生活条件。开展生日慰问、婚育慰问、因病住院员工及员工直系亲属慰问、困难员工帮扶捐助以及"夏送清凉、冬送温暖"等四季关怀工作。持续加强"职工之家"建设，营造铁塔"家"文化。

【创建创新工作室】 围绕加快创新驱动发展，命名了首批5G室分、智联业务、数智运维、数据管理等4个职工创新工作室。围绕5G室分业务发展，以"资源+需求"模式获取需求超过1000万平方米，起租超过900万平方米，圆满完成年度任务目标和百日行动目标。智联业务突出算法、场景和组织创新的创新方案及课题分别荣获自治区数字化创新应用大赛一等奖、二等奖和优秀奖，签约项目1036万元，在通信管理局举办的QC及企业管理现代化创新发布会上获得一等奖1个、三等奖2个，优秀奖7个。围绕数智运维的铁塔倾角在线监测，通过铁塔日常摆动情况自动记录与异常摆动情况实时告警，使倒塌风险能够早发现早处置，实现了从人防向技防的转变，具备了推广价值。围绕数据管理，自主开发各类报表17张，其中《外市电传导值配置校验月明细》使用次数达到150人次，《相同挂高建造成本不同》和《维护费原始值误配置》使用超过60人次。

【开展劳动竞赛】 聚焦"一体两翼"战略落地，协同业务部门开展"虎跃"和"秋收冬储"劳动竞赛，落地宁东基地高空瞭望、灵武综合监控、青铜峡公安数据接入等13个重点项目，有力促进了业务发展。协同维护专业开展的服务提升劳动竞赛，主要运行指标保持全国前列。实现传导类电费、场租费用精细化管理，数据准确，得到客户认可。银川分公司工会开展的"室分业务和两翼业务发展""奋战八九十，献礼二十大""疑难站址攻坚"等劳动竞赛，石嘴山分公司开展的"包银高铁沿线新建基站获址劳动竞赛"等4项劳动竞赛，吴忠分公司工会开展的"奋战一百天 喜迎二十大"劳动竞赛，中卫分公司围绕室分和两翼业务发展、维护服务提升及精细化管理等5项劳动竞赛，固原市分公司开展的维护服务提升和"两翼业务发展"劳动竞赛都达到了预期目标，取得了夯实基础、加快发展、完成年度目标任务的积极成效。

（景　飞）

宁夏农林水财轻工工会

【概述】 2022年，宁夏农林水财轻工工会深入贯彻落实习近平新时代中国特色社会主义思想，全面落实上级各项决策部署，以助力工会发展、竭诚服务职工为中心，充分发挥工会维护职工合法权益的基本职能和桥梁纽带作用，深入学习宣传贯彻党的二十大精神和自治区第十三次党代会精神，在服务自治区产业振兴战略、团结引领产业工人围绕"六新六特六优"产业奋发进取和实干创新中发挥了主力军作用，推动产业工会工作高质量发展。

【自身建设】 3月10日，宁夏农林水财轻工工会二届一次全体会议在银川召开。会议深入学习习近平总书记视察宁夏重要讲话重要指示批示精神及关于工人阶级和工会工作的重要论述，全面贯彻落实党的二十大精神、自治区第十三次党代会精神；总结第一届委员会五年来的工作，研究今后五年的主要工作思路；部署2023年主要工作；选举产生了宁夏农林水财轻工工会第二届委员会主席、副主席（含兼挂职）和常务委员会委员，并协商产生女职工委员会。自治区总工会党组成员、副主席马丽君同志到会并讲话。

【思想文化】 一是深入学习贯彻习近平新时代中国特色社会主义思想。学习贯彻党的十九大和十九届历次全会精神，深入学习宣传贯彻党的二十大精神，深入学习贯彻习近平新时代中国特色社会主义思想、习近平总书记关于工人阶级和工会工作的重要论述、习近平总书记视察宁夏重要讲话指示批示精神等，提升产业职工群众政治判断力、政治领悟力、政治执行力，深刻认识"两个确立"的决定性意义，不断增强"四个意识"、坚定"四个自信"、做到"两个维护"，引导广大职工坚定不移听党话、跟党走。二是开展社会主义核心价值观教育。开展"健康生活、快乐工作"主题系列职工文体活动，成立读书、朗诵、合唱、书法、美术、摄影等兴趣小组，积极推介宣传重点产业职工好故事、好声音、好典型，展现新时代产业职工的感人事迹，唱响时代主旋律。三是加强职工群众舆论引导。举办全区劳动者之歌文艺汇演、《声音里的经典》职工朗诵大赛等"工"字系列职工文化活动。组织全区劳动者之歌文艺汇演节目选拔，推荐参赛文艺节目8个；组织参加全区工会系统经审干部、女职工"喜迎党代会 献礼二十大"演讲比赛，荣获一等奖、二等奖。举办系统工会职工篮球比赛，丰富职工文化生活。

【职工维权】 一是开展职工权益维护活动。推动产业行业工资集体协商机制，协调劳动关系方机制，落实以职代会为基本形式的民主管理制度，引导产业职工积极参与民主管理，了解职工的意愿和要求，及时化解劳动纠纷，确保产业职工队伍稳定与劳动关系和谐。二是宣传职工互助保障政策。指导农垦区5000余名职工参加医疗互助活动。上线运行宁夏职工医疗互助操作系统，切实解决职工参保缴费不便、申领补贴手续繁琐、补贴到账慢等问题。

【素质提升】 一是以劳动竞赛和技能竞赛深化产业职工素质提升。围绕自治区重大项目、重点工程、重点产业，大力开展"当好主人翁、建功新时代"主题劳动和技能竞赛，在水利厅工会开展全区水文监测行业技能竞赛、宁国运集团开展重点工程建设劳动竞赛，推动竞赛活动不断扩大覆盖面、提高参与度。指导基层工会开展以"全员参与创新、降本提质增效"为主题的"五小"（小发明、小革新、小改造、小设计、小建议）创新竞赛活动，广大职工聚焦技术难题、着眼优化改造、致力革新发明，为提升企业降本增效、节能减排、安全环保水平,研制一大批"神兵利器",提升职工技能素质。二是参与新特优产业发展,助力乡村振兴。农业系统打造现代农业基地,加强品种培育,夯实良种基础,聚焦加工营销,推进延链增值,推动奶产业、肉牛产业、滩羊产业和冷凉蔬菜产业高端化、绿色化、智能化、融合化发展;林业系统干部职工开展"产业创新枸杞红 服务美丽新宁夏"活动,让枸杞产业更"红火";水利系统围绕打造百年防堤、建设河段堤防安全标准区,力推黄河宁夏段河道治理列入国家今年开工建设的55项重大水利项目,完善区域"导、拦、滞、泄"一体化山洪防御体系;税务系统围绕落实新的组合式税费支持政策、保市场主体稳就业促增收等热点关切,出台优化营商环境26条税收措施,加强对环境保护税、资源税、耕地占用税等税种调查研究,推进绿色税制落地显效;供销社组织领办创办农民专业合作社227个,带动服务农民142.5万人次,组建运营宁夏供销电子商务产业发展有限公司,启动运营贫困地区农副产品网络销售平台宁夏运营中心(832电商扶贫平台),建成运营了广东东西部扶贫协作产品交易市场宁夏馆,线上协调9个贫困县区295家企业2600多种农副产品上线"832平台",累计实现交易额4.5亿元。

【劳模选树】 大力弘扬劳模精神、劳动精神、工匠精神,营造劳动光荣、精益求精的社会风尚和敬业风气。推荐评选全国五一劳动奖2个、自治区五一劳动奖8个。深化劳模和工匠人才创新工作室创建活动,命名挂牌农林水财轻工会职工创新工作室。在农业、林业、枸杞、绿色食品、水利系统发挥劳模工作室带动产业技术引领作用,将劳模工作向基层一线、向田间地头延伸,开展技术服务、结对帮扶活动。开展学习宣传先进模范人物典型事迹活动,推广先进典型经验。组织动员各级工会参加第二届全区职工技术创新成果评选活动,评选优秀创新成果,促进产业创新创效活动落实落地。

【工会服务】 一是认真做好疫情防控期间困难职工帮扶工作。开展疫情期间困难职工摸底调查,完善困难职工信息档案,全面掌握困难职工情况。开展"守护健康、情暖职工"职工心理辅导公益讲座,助力职工健康复工、企业稳定生产。针对不同层面、不同类别困难职工的需求,做细做实"医疗互助救助""常态化送温暖""技能培训促就业""结对帮扶""临时救助"等帮扶品牌。立足行业特点服务职工群众,引导职工充分享受"互联网+"工会普惠性服务项目。二是为产业职工办实事解难题。重点突出产业工会党建带工建,做好工建服务党建,结合农、林、水、种植、养殖行业职工队伍实际情况,重点在枸杞、葡萄酒、绿色食品、奶产业、牛羊养殖等行业开展党建带工建、工建服务党建专项行动,引导产业职工听党话、跟党走,推动产业发展。

【产业改革】 一是强化基层工会组织建设。落实基层组织建设年活动,围绕建设"六有"工会,推进基层工会规范化建设。指导宁夏消防救援总队成立工会组织。推荐全国农林水利气象工会模范职工之家、职工小家5个,培育自治区职工之家示范点、职工小家示范点3个,培育本级职工之家、职工小家18个,打造一批基层工会组织示范点。推进基层工会组织和工会会员实名制管理,加强工会法人登记,健全完善工会数据库。二是推进产业工会队伍建设。围绕自治区推进产业工人队伍建设改革目标,将《宁夏产业工会改革实施方案》中任务纳入考评体系，在全系统全面推进产改试点经验，掌握新时代工运事业和工会工作特点与规律。坚持问题导向，聚焦工会服务职工的短板弱项，细化服务职工的具体举措，注重从理论学习中找规律、找方法，研究解决好现实问题，提升做好新时期工会工作的能力和水平。

【基层调研】 围绕产业工会建会入会、劳动领域政治安全、工资集体协商、企业民主管理等，对所属产业、行业25家基层工会进行调研，督促劳动领域政治安全排查化解，确保劳动领域矛盾纠纷早发现、早处置、早化解。围绕加强产业工人队伍建设改革、助力重点特色产业、重点工程建设、乡村振兴战略、生态保护以及落实"十四五"规划等重点工作中，发挥工会组织和产业工人作用进行座谈交流，询问职工困难，征求到工会工作意见建议6项，形成"金点子"上报区总，为产业工会工作献计献策。赴基层工会专题走访，安排部署学习贯彻新修改的工会法、产业职工队伍思想状况排查化解工作。开展机关干部赴基层固原原州区蹲点"三蹲""六联"工作，帮助基层组织和职工群众解决困难。

【疫情防控】 引领各基层级工会做好广大职工疫情防控宣传教育和舆论引导，加强健康理念和传染病防控知识宣传教育。做好疫情防控期间困难职工帮扶，开展摸底调查，完善困难职工信息档案，全面掌握困难职工情况。组织开展"守护健康、情暖职工"职工心理辅导公益讲座，助力职工健康复工、企业稳定生产。针对不同层面、不同类别困难职工需求，做细做实"医疗互助救助""常态化送温暖""技能培训促就业""结对帮扶""临时救助"等帮扶品牌。立足行业特点服务职工群众，引导职工充分享受"互联网+"工会普惠性服务项目。

（撒金东）

宁夏水利工会

【概述】 2022年，水利工会以学习宣传贯彻党的二十大精神和自治区第十三次党代会为主线，以"中国梦·劳动美——喜迎党代会、献礼二十大、建功新时代"为主题，强化思想政治引领、组织职工建功立业、维护职工合法权益、竭诚服务职工群众，各项工作取得了新成效。水利工会被评为全区体育先进单位，荣获农林水财轻工系统职工篮球比赛第四名，全区"劳动者之歌"文艺汇演节目获优秀奖并在宁夏电视台展演，1个基层管理所被评为全国"安康杯"竞赛优胜班组，1个单位获评自治区工人先锋号，1个单位被评为中国农林水利气象工会系统模范职工之家，1个基层单位被评为自治区"三八红旗集体"，同时创建宁夏农林水财轻工工会模范职工之家1个、职工小家2个，以及"劳模创新工作室"1个。此外，3个劳动技能竞赛项目也受到了通报表彰。

【发挥政治引领作用】 深入开展"大学习、大讨论、大宣传、大实践"活动。按照厅党委和区总安排部署，下发了工会实施方案和学习宣传贯彻习近平总书记贺信精神的通知，通过召开会议、组织收听收看党的二十大开幕会、撰写心得体会等形式，组织广大职工深入学习，深刻领会精神实质。组织征集学习体会文章等200多篇，报送总工会50多篇，水文中心工会负责人等2名职工代表水利厅参加区直机关知识竞赛获一等奖。广泛开展"中国梦·劳动美——喜迎二十大　建功新时代"主题宣传教育活动。常态化开展铸牢中华民族共同体意识宣传教育，开展"喜迎党代会、献礼二十大——争做先行区建设排头兵"演讲、征文和"培育好家风——女职工在行动"等系列文化活动,选送3名女职工代表参加农林水财轻工工会演讲比赛。组织动员职工积极参加全国、区总职工摄影、书法美术作品征集活动,报送作品23篇,其中摄影作品获总工会二等奖1篇、三等奖3篇,优秀奖2篇。努力打造"工"字系列职工文化特色品牌。组织固海扬水管理处编排的音乐情景舞《不忘党恩为人民 脱贫路上固海情》《和谐乐章》2个节目代表水利厅参加了全区"劳动者之歌"文艺汇演舞蹈类、语言类决赛,其中,《不忘党恩为人民 脱贫路上固海情》获舞蹈类优秀奖并在宁夏公共频道展演。组织开展了纪念"三八"国际妇女节、庆"六一"、青年联谊活动。组织1285名职工参加了全国职工线上健身运动,开展了篮球比赛,获农林水财轻工系统职工篮球比赛第四名。筹备了"清凉宁夏"广场文化示范演出、自治区第十六届运动会组织报名和"工间操"比赛。支持各基层单位工会在做好疫情防控的基础上开展文体活动。宁夏水利工会荣获2018—2021年度全区群众体育先进单位。

【培树先进典型示范】大力开展创先争优活动。大柳树水利枢纽工程前期工作中心获自治区工人先锋号,固海扬水管理处尚吉武工作室获宁夏农林水财轻工工会"劳模(技能人才)创新工作室";水文中心化验科被授予"自治区三八红旗集体",固海扬水管理处蔡莉获评"自治区三八红旗手"。组织推选了2023年"塞上工匠年度人物"。广泛开展劳动和技能竞赛。13个厅属单位开展了劳动技能竞赛,参与职工1549人次,举办培训班36班次,培训1650多人次。会同区总工会开展了固海扩灌扬水更新改造重点工程示范性劳动竞赛,会同农林水财轻工工会开展了水文监测职业技能竞赛。这两项竞赛和盐环定管理处开展的"工匠建功新征程暨安康杯"技能竞赛,都得到了农林水财轻工工会的表彰和资金补助;组织开展了2022—2023年度"安康杯"竞赛活动,各级工会积极参与安全生产相关工作,发现整改安全隐患566起,参加安全生产知识网络竞赛。西干渠管理处第三管理所获2020—2021年度全国"安康杯"竞赛优胜班组。通过开展劳动技能竞赛,为提高职工业务技能搭建了平台,有164名职工晋升了技术等级。深化职工创新创效活动。充分发挥"劳模(技能人才)创新工作室"作用,加强岗位技能培训和"五小"活动,积极开展合理化建议、技术革新等职工技术创新活动。大力推进职工技术创新成果转化应用,组织申报参加第二届全区职工技术创新成果评选展览10项。

【加强职工维权服务】持续开展送温暖活动。开展了"迎新春 送万福 进万家"公益活动和2022年"双节"志愿服务活动。全厅春节慰问困难职工241人,慰问困难群众196人,及时为全体会员发放了米面油等福利。慰问厅机关生病住院职工及职工家属去世9人。做好困难职工帮扶工作。先后申报总工会建档困难职工81人次,发放帮扶资金44万多元。为全厅3000多名职工办理了职工医疗互助保障,截至11月底,67名患病职工享受补助13.07万元,水利工会对47名大病职工发放救助金31.5万元,安排71名50岁以上女职工和19名困难女职工进行了"两癌"筛查体检,减轻了职工医疗负担。为应对油价不断上涨,为1642名职工办理了中石化加油福利。全力为防疫情稳经济保增长促发展作贡献。组织动员基层工会开展疫情防控、购买农副产品、发放职工福利、慰问水利职工和工程建设者等行动，全厅先后组织20个志愿服务队、1900余人次开展了疫情防控志愿服务，工会组织支持防疫情稳经济保增长促发展500多万元。

【强化基层组织建设】

广泛学习宣传贯彻新修改的工会法。把学习宣传贯彻工会法作为各级工会重要任务，组织工会干部自觉加强学习，增强法治意识，加强依法建会、依法管会、依法履职、依法维权，全面提升工会工作法治化水平。推动基层单位严格落实工会法和有关劳动法律法规，努力营造学习工会法、落实工会法的良好氛围。不断加强民主管理。认真落实以职代会为基本形式的企事业单位民主管理制度，指导各基层工会召开职工（代表）大会，广泛听取职工合理化建议，激发职工参与民主管理的积极性，为创建产业工会民主管理先进单位奠定基础。深入开展调查研究。水利工会邀请宁夏农林水财轻工工会负责人等深入水文中心、盐环定扬水管理处开展调研工作，了解水利基层情况，解决实际问题。开展了如何在"先行区"建设中扛起工会使命担当、全国和省部级劳模统计、

职工生育后顾之忧情况调研，完成了调研报告。加强基层工会组织建设。批准成立工会组织1个，批复11个基层工会组织换届或调整工会主席，加强工会干部队伍建设，严格工会干部标准；坚持党建带工建，整合服务资源、提升服务能力、激发组织活力，一体推进党员之家和"会站家"建设，做到基层建会全覆盖。确认了水利工会系统模范职工之家4个、职工小家24个，申报农林水财轻工工会模范职工之家2个、职工小家2个、优秀工会工作者2名。西干渠管理处工会被确认为全国农林水气象工会系统模范职工之家。组织工会干部参加工会统计年报系统、职工医疗互助保障系统等有关工会业务培训，维护了4237名会员信息。加强工会经费管理。认真贯彻执行《宁夏回族自治区基层工会经费收支管理实施细则》等法律规章规定，严格执行廉洁从政从业规定和中央八项规定精神，进一步加强工会财务管理工作，发挥工会经费审查委员会作用，监督工会依法合规用好、管好工会经费，更好地服务基层职工，工会干部无违纪违法现象发生。

（张玉铭）

宁夏银行工会

【概述】

2022年，宁夏银行工会在上级工会和宁夏银行党委的领导下，以习近平新时代中国特色社会主义思想为指导，深入学习贯彻党的十九大和十九届历次全会精神，深入学习贯彻党的二十大精神，坚定拥护"两个确立"、坚决做到"两个维护"，坚持稳中求进的总基调，保持和增强政治性、先进性、群众性，发挥工会作用，完善服务功能，构建和谐劳动关系，加大保障力度，各项工作取得新成效。

【加强理论学习】

宁夏银行工会联合团委召开学习宣传贯彻党的二十大精神专题学习会。传达学习党的二十大精神、全国总工会、中国金融工会、共青团中央、自治区总工会、自治区团委关于学习宣传贯彻党的二十大精神有关会议精神，并围绕"学习宣传贯彻党的二十大精神，充分发挥群团组织桥梁纽带作用，助推全行高质量发展"为主题开展研讨，提高群团组织干部思想理论水平、政治站位，将党的理论和路线方针政策落实到群团工作全过程和各方面，努力开创工会工作新局面。

【民主管理】 2022年度共组织召开3次全行职工代表大会，审议《宁夏银行员工内部退养管理办法》《宁夏银行员工请(休)假管理办法》《宁夏银行综合计算工时工作制实施方案》《宁夏银行重要岗位人员岗位轮换和强制休假管理办法》等涉及员工切身利益的议案9项，进一步发挥职代会作用，增强职工参政议政效果，构建和谐劳动关系，推进企业民主管理，保障职工民主权益。

【文体活动】 （一）为活跃我行员工的业余文化生活，先后开展了迎新春职工小型趣味运动会、"赢在春天"迎新春下基层送春联、正月十五猜灯谜、庆祝"三八"国际劳动妇女节花艺比赛、读书分享会、宁夏银行第一届"进取杯"职工业余足球联赛、羽毛球联赛、苏峪口登山摄影比赛、"庆端午 包粽子""庆中秋 做月饼"等各种职工喜闻乐见的文化体育活动，在弘扬中华传统文化的同时，丰富了广大职工的精神文化生活。（二）积极参加自治区总工会、宁夏金融工会、国资委、市总工会组织的各类活动，在2022年全区"劳动者之歌"文艺汇演中获得优秀表演奖，并被银川市总工会选中邀请参加银川市级"劳动者之歌"节目展演，荣获三等奖；参加自治区国资委"喜迎党代会 献礼二十大"职工书画摄影展，荣获优秀组织奖；参加自治区金融书法美术家协会"迎接党的二十大"宁夏金融职工书画作品展，共有13名职工荣获各类奖项；参加宁夏农林水财轻工系统职工篮球比赛获得冠军；参加自治区金融工会举办的"中国梦 劳动美 金融情 喜迎二十大 建功新时代"金融职工演讲比赛，演讲作品《奋进中的六盘红》在全区34家金融机构49个参赛作品中荣获第一名，并在由自治区党委宣传部、自治区总工会、自治区团委、自治区妇联、自治区文联、自治区残联、宁夏广播电视台共同举办的"声音里的经典——感恩奋进新征程"全区职工诵读演说大赛中荣获二等奖。

【帮扶慰问工作】 （一）开展节日送温暖活动。通过个人申报、医保筛查等方式，确定员工本人或其亲属罹患重病生活困难职工18名，并在春节前夕入户慰问，使职工群众切实感受到组织的关怀和温暖，国庆节期间又对罹患重病的8名困难职工进行慰问。（二）关心关爱退休职工。本年度为164名退休职工发放退休纪念品，感谢他们在工作期间为宁夏银行的付出与贡献，这一温馨举措也得到退休职工的一致好评。（三）继续组织参与银川市在职职工医疗互助保障项目，增加医疗报销渠道，减轻职工医疗负担，本年度共有29名职工享受医疗互助保障，报销金额71700元。（四）全力支持疫情防控。先后向西安分行、天津分行、吴忠分行拨付专项工会经费43万元，用于采购疫情防控专项物资和生活用品，慰问疫情期间仍坚守在一线的职工，充分体现企业人文关怀。

【评优树先】 为大力弘扬劳模精神、劳动精神、工匠精神，让优秀集体和员工成为模范榜样，激发广大职工的劳动热情和创造活力，组织召开宁夏银行"感党恩 听党话 立新功"劳模座谈会，畅谈感想，交流经验，抒发对党的感恩之情，进一步激励员工奋发向上、再立新功。本年度宁夏银行先后申报参评了"宁夏慈善奖"先进集体、"自治区工人先锋号"，自治区"三八"红旗手共3个集体和个人奖项，其中：宁夏银行获评"宁夏慈善奖"先进集体；宁东支行业务发展科荣获"自治区工人先锋号"；总行个人金融部张楠同志获评自治区

"三八"红旗手。此外，向中华慈善总会上报宁夏银行资料，参评全国"爱心企业"；向自治区总工会上报资料，参加第二届全区职工科技创新成果评选；向自治区总工会上报宁夏银行永康支行资料，参评全国"最美工会户外劳动者服务站点"。

【驻村帮扶】（一）按照自治区乡村振兴接续工作要求，选派驻村工作人员，完成彭阳县古城镇海口村驻村人员的选派工作。截至目前，宁夏银行共有7个驻村帮扶点，选派15名驻村队员开展乡村振兴驻村帮扶工作。（二）制定印发《宁夏银行关于进一步加强驻村管理工作的意见》《宁夏银行驻村工作队慰问及帮扶专项资金管理办法》等制度，进一步加强乡村振兴工作管理，及时拨付驻村工作队员工作经费、津补贴、保险费等保障资金，保障驻村帮扶工作顺利开展。（三）组织召开2022年驻村帮扶工作推进会，通报2021年度驻村工作人员年度考核情况，鼓励驻村队员提高政治站位、克服艰难困苦，勇于改革创新，确保圆满完成自治区党委政府和宁夏银行党委交给的帮扶任务。（四）为驻村工作点捐赠办公电脑、办公桌椅等办公设备，全年累计投入帮扶项目资金114.65万元改善帮扶村集体生活及办公环境。

（王伟光）

人民银行银川中心支行工会

【概述】 2022年，在自治区总工会的正确领导下，银川中心支行工会以习近平新时代中国特色社会主义思想为指导，紧紧围绕迎接和学习宣传贯彻党的二十大精神这一主线，坚持站位全局、自觉服务大局，在强化政治引领、推动创新发展、深化服务保障、加强队伍建设等方面开展了卓有成效的工作，有力发挥了工会职能作用。

【提高政治站位，强化党工共建】 坚持用习近平新时代中国特色社会主义思想凝心铸魂。充分利用"三会一课""学习强国"等平台载体，深入学习党的十九届六中全会和党的二十大精神，深刻领会习近平总书记关于工人阶级和工会工作的重要论述，不断推动工会干部理论学习走深走实，牢牢把握工会工作正确的政治方向；着力发挥《塞上央行工会之声》等宣传阵地优势，广泛宣传党的十八大以来党和国家取得的历史性成就、发生的历史性变革、党的二十大确立的重大理论观点和重大战略思想以及人民银行事业取得的新成绩。以全覆盖学习、分众化宣讲，引领广大职工深刻领会"两个确立"的决定性意义。通过"线下学习领会+线上检验效果"的融合方式，开展三期"学习宣传贯彻党的二十大精神"在线答题活动，真正让党的二十大精神入脑入心。坚持把弘扬正能量作为思想政治工作的主旋律。组织辖区各级工会开展"家庭文化教育月"系列活动，以举办"培育好家风——女职工在行动"线上宣讲等形式，持续推进社会主义核心价值观教育，相关宣传信息被《金融时报》刊发；积极参与总行文联2022年"唱响新时代 启航新征程"线上春晚、"喜迎二十大主题音乐舞蹈书法美术文学作品征集展示"等活动，唱响时代主旋律，4个作品被总行文联采用、11幅（首）作品分获二等奖及优秀奖。通过开展形式多样、喜闻乐见的文化活动，让广大职工在潜移默化中接受党的教育，坚定"永远跟党走，奋进新征程"的信念和决心，为推动辖区高质量发展凝聚了正能量。

【坚守为民初心，深化服务保障】 以深入开展"我为职工办实事"活动为抓手,进一步做深做细做实暖心工程。迅速安排部署"我为职工办实事"活动。印发《关于开展宁夏辖区"我为职工办实事"活动的通知》,广泛征集职工意见建议,制定银川中心支行"我为职工办实事"项目清单,内容涵盖关心职工身心健康、改善职工活动条件、提升职工履职能力等六大方面,督促全辖各级工会结合自身实际抓好贯彻落实,此项工作的开展得到了全辖干部职工的称赞。进一步完善以"日常慰问、节日慰问、专项慰问、困难帮扶"为主的职工服务保障体系,充分发挥职工互助保障作用,持续开展困难职工救助和慰问工作,切实帮助因病致困、意外致困等特殊职工群体解决实际困难。截至11月末,共为辖区3名重疾职工成功申请大病互助保障金30万元,累计为辖区14名重疾职工成功申请大病互助保障金140万元;对全辖22名困难职工进行"双节"慰问,金额达5.3万元;各级工会开展日常慰问167人,慰问金额18.9万元;在疫情防控的关键时刻及时向辖区工会下拨疫情防控专项资金10.8万元,组织、指导各级工会为一线和驻行值守职工送去急需的防疫物资和生活必需品,切实把工会组织的温暖送到职工群众的心坎上,加大对干部职工身心健康的关爱力度。

【服务发展大局,弘扬"三种精神"】 重点以"建功'十四五'奋进新征程"为主题,大力弘扬劳模精神、劳动精神、工匠精神,组织辖区各级工会广泛开展"红五月"系列活动,在全辖选取5个先进集体、11名先进个人,制作3期线上事迹展播;通过举办宁夏辖区中央银行会计核算系统业务竞赛、法治国库建设知识竞赛、纪检监察业务知识竞赛、"金蜜蜂杯"防诈反赌校园优秀作品征集评选活动以及"百年青春心向党 央行有我建新功"主题新媒体作品创作大赛等业务技能竞赛活动,充分展示辖区职工立足岗位、砥砺奋进的时代风采。着力抓好民主管理,加强对辖区各级工会民主管理工作的指导,切实发挥好工会桥梁和纽带作用;成功召开银川中心支行机关七届三次职工代表大会,通过召开一般干部职工座谈会、向职工代表征集提案等方式,广泛征求意见建议,并高质量地完成提案办理,维护职工合法权益,进一步激发了广大职工干事创业、奉献央行的积极性。

【紧扣健康主题,营造文化氛围】 充分发挥文联职能作用。召开文联宁夏分会三届二次理事会议,不断提高文联工作效率,保持组织活力。组织全辖各级工会在"学雷锋纪念日",进军营、进社区、进敬老院、进基层开展形式多样的"文艺进万家 健康你我他"文艺志愿者服务活动,让志愿服务活动迸发出新时代的新特色。在参加"网聚中国正能量 争做中国好网民"活动中,吴忠市"融信通"小微企业融资服务平台被中华全国总工会网络工作部、中央网信办网络社会工作局评为创新型平台。不断丰富拓展活动载体。辖区各级工会在落实疫情防控要求的前提下,创新性开展职工喜闻乐见的文体活动,联合驻行武警中队举办"军民同庆迎新春 携手奋进新征程"2022年军民联欢会,共建和谐军民关系;以"强身健体 共向未来""喜迎二十大 健康你我他""同心永向党 礼赞二十大"为主题,组织开展宁夏辖区第三届职工羽毛球比赛、线上健步行等大型体育活动,全面践行健康中国生活理念;辖区各级行工会分别开展了乒乓球、气排球、趣味运动会、跳绳等17项文体活动,持续打造积极健康、昂扬向上的职工文化。

【深化巾帼建功,做好关心关爱】 激发女职工岗位建功积极性。举办宁夏辖区"喜迎二十大 巾帼奋进新时代"女职工演讲比赛,开展"央行她力量"网上阵地集中展播等活动;充分发挥"女职工创新工作室"引领作用,以辖区"女职工文明示范岗""巾帼建功标兵"获得者、高技能人才等为核心成员,搭建女职工创新展示、岗位建功和素质提升各类平台,带动女职工为推动基层央行高质量发展贡献巾帼力量。积极为女职工争取更多荣誉。深入开展2021—2022年度女职工文明示范岗、巾帼建功标兵评选,金融工会、总行及自治区妇联推优荐优等工作,通过推荐选树先进模范,激发女职工干事创业劲头,为辖区高效履职提供了动力源泉。截至11月末,1个女职工集体荣获中国金融工会女工委创争金融"五一"巾帼标兵岗,2名女职工分别荣获全国金融"五一"劳动奖章、自治区"三八"红旗手。深化女职工合法权益保护。探索建立宁夏辖区"巾帼法律援助工作室",依法维护女职工合法权益和特殊利益,进一步拓展女职工维权渠道,切实为女职工办实事解难事;以学习小组、知识小讲堂等不同形式开展女职工权益保护法律法规学习教育;举办"关爱女性 依法维权"在线知识答题活动,女职工参与率达99%。

【坚持守正创新,加强自身建设】 坚持党建引领与提高政治素养相结合,重点围绕推进党支部规范化、制度化、标准化建设,督促指导辖区各级工会深化政治理论学习,认真落实党风廉政建设工作要求,加强对工会工作微信群、刊物等意识形态阵地的管理。聚焦履职新要求,深入学习宣传贯彻新修订的工会法,组织开展由全体会员参加的全区线上知识竞赛答题活动,为学习好、落实好新工会法营造了浓厚氛围;以参加全国工会财务知识竞赛活动为抓手,组织辖区各级工会全面学习新《工会会计制度》,指导落实相关规定,确保了新旧会计制度精准衔接;结合2022年辖区各级工会工作开展情况,全面梳理工会财务、经审和女工工作新要求及存在的问题,有针对性地举办了宁夏辖区工会干部业务培训,有效提高了基层工会干部业务能力。加大财务监督和经费审查审计力度,在做好常态化同级监督工作的同时,组织开展了对辖区吴忠市中支、固原市中支等5家单位工会财务实地监督检查辅导和审计,并督促落实问题整改;持续推进风险评估在实际工作中的运用。着力加强调查研究工作,围绕新形势下职工队伍的新特点,先后对心理健康服务、职工之家建设、民主管理等方面开展调研,及时掌握职工的所思、所想、所盼,为进一步提升工会履职质效提供了参考依据。

(杜 鑫)

黄河农村商业银行工会

【概述】 2022年,黄河农村商业银行工会在上级工会的指导帮助下,在黄河银行党委的坚强领导下,深入贯彻自治区第十三次党代会精神,按照自治区总工会十二届六次全委会部署安排,紧密围绕农村金融工作实际,持续推进自身建设、职工权益保障体系建设、职工企业文化建设、企业民主管理建设等工作,充分发挥桥梁纽带作用,认真履行"维护职工合法权益、竭诚服务职工群众"基本职责,团结动员系统全体职工为实现黄河银行系统高质量发展贡献力量。截至2022年末,黄河银行工会委员会有委员25名,其中主席1名,副主席2名,经费审查委员3名,女职工委员3名;全系统有基层工会20家,会员5442名,专兼职工会干部144人。

【加强员工思想政治引领】 通过党支部"三会一课"、团组织"三会两制一课"、集中学习、专题培训、宣讲报告等形式，组织开展政治理论学习，教育引导全体职工坚决捍卫"两个确立"，坚定不移听党话、跟党走。借助"学习强国"APP和黄河银行"登塔学苑"学习平台、"金融职工讲习所"、"金融夜校"，拓宽思想政治学习渠道，持续强化政治理论学习，为实现黄河银行系统高质量发展奠定坚实思想基础。以迎接党的二十大为主线，开展"感恩奋进新征程　建设美丽新宁夏"观影活动、"喜迎党代会　献礼二十大"主题演讲比赛和"有信仰的人讲信仰""三重温""讲好红色故事"等围绕党性党史学习教育活动，持续激发全体职工感怀党恩、奋发向上的良好精神风貌和真挚情怀，不断凝聚发展合力。

【加大员工权益保护力度】 一是依法签署集体合同，组织全系统20家基层工会与经营层签订了集体合同、《工资专项集体合同》，为保障职工合法权益提供了制度依据。二是全力保障女职工权益，在实地调研的基础上，针对女职工特殊需要新增女职工关爱室15处，在"三八"妇女节期间组织开展"女职工维权行动月"；开展"金融玫瑰大课堂"短视频征集活动，共征集19部视频作品，有力展现了金融企业女职工乐于奉献、勇于担当、立足本职，发挥"半边天"作用的良好风采；设置了女职工委员会组织女职工自愿投保健康保险，更好地为女职工权益保护提供保障。三是强化廉洁法治教育，组织开展"补短板、治顽疾"专项治理、"廉政警示教育周"等活动，推动全系统职工廉洁从业、合规经营；研究制订了《2022年普法工作计划》，为干部职工配备《习近平法治思想学习纲要》《"八五"普法干部法律知识必读》等学习书籍；在内网开设"普法宣传"专栏；举办法律培训和讲座、全员普法知识测试，在推动普法学习的基础上，教育引导全体职工依法表达诉求、维护权益，为促进团结稳定提供法治保障。

【持续规范组织建设】 加强党对工会工作的统一领导，在同级党委领导下，及时指导基层工会完成换届或委员补选工作，健全基层工会组织建设；认真落实在一线职工队伍中培养和发展党员工作要求，2022年全系统共发展预备党员54名，其中一线职工44人；提高工会专（兼）职人员的政治业务素质培养，选派参加上级工会培训并举办黄河银行系统工会干部培训班，参与培训37人，为进一步规范基层工会工作奠定了基础。

【加强工会阵地建设】 支持20家基层工会新建、修缮职工之家10个、职工书屋（图书角）6个；推广开展了"户外劳动者服务站（点）"建设工作，依托基层网点在全区打造"户外劳动者服务站（点）"41个，评选优秀站（点）20个，持续提升黄河银行系统金融服务能力，充分体现"有温度的农商行""老百姓身边的银行"等企业文化建设目标。

【持续提升职工队伍素质】 一是加强业务培训。把业务能力培训放在突出位置，全系统组建了71名内训师团队，开展各类业务培训班18期（场）；运用本行"登塔学苑"线上教育平台，开展网络学习培训和线上知识测试，累计参训员工3万余人（次）；开展了"头雁计划"能力提升培训行动，参训中层管理人员215人（次），为培养锻炼业务骨干提供了有效平台。二是加强人才队伍建设。研究制定了《黄河农村商业银行系统人才发展规划（2020—2022）》"1+3"制度体系，持续开展"黄河之星"百名英才工程，建立涵盖各业务条线678名员工的后备人才库，通过轮岗交流、学习锻炼、竞聘上岗等措施,加强年轻干部、后备人才的培养选拔,为促进改革发展提供有力保障。组织业务条线骨干赴乡村、社区等开展金融知识宣传,以及便民服务活动1235场(次),帮助群众强化金融知识,提升防诈意识和能力。

【积极推进民主管理建设】 根据工会任期和岗位调整,在同级党委领导下,及时指导3家基层工会完成换届,1家基层工会改选负责人;利用内部网站,通过设置行务公开栏、行长信箱等渠道,严格落实行务公开要求,定期如实报告全系统战略发展、经营方针、盈利分配等重要事项;以职代会为基本形式,保障职工参与企业管理权利,认真及时反映职工合理诉求,监督经营层执行职代会决议。2022年,各基层工会累计召开职代会43场(次),审议事项115件。

【积极推进争先创优活动】 推荐海原农商行、同心农商行参评自治区"五一"劳动奖状和"自治区工人先锋号",推荐海原农商行员工参评全国金融"五一"劳动奖章,推荐平罗农商行员工参评自治区"三八"红旗手,推荐平罗农商行营业部、吴忠农商行营

业部参评自治区总工会"最美户外劳动者之家"。在各类评选活动中,黄河银行荣获自治区民政厅颁发的"宁夏慈善奖"先进集体奖,海原农商行员工荣获全国金融"五一"劳动奖章。

【重视企业文化和人文关怀】 一是加强企业文化建设。2022年组织开展体育比赛、户外拓展、交流联谊、金融宣传活动,成立文体活动兴趣小组47个,参与职工4683人(次);组织开展职工书法绘画作品评选活动,在自治区国资国企系统评选活动中,系统职工荣获美术一等奖、书法三等奖;组织参加宁夏金融工会"中国梦、劳动美、金融情——喜迎二十大,建功新时代"演讲比赛,荣获优秀奖;承办"献礼二十大　奋进新征程"清凉宁夏专场文艺演出,参加"自治区劳动者之歌文艺汇演",展示了广大职工良好的精神风貌。二是落实常态化关怀机制。全年慰问因病住院员工175名、慰问家属去世员工76名,利用重要节日扎实开展走基层、送温暖活动,系统两级工会配合同级党委走访一线员工1099人(次),慰问困难员工139人(次)、退休员工650人(次);全年慰问因病住院员工175名、慰问家属去世员

工76名,开展生日和婚育祝福活动5504人(次),发放各类慰问金(品)986.53万元;指导基层工会建立困难员工档案,全年为14名特殊困难员工发放补助金42.5万元。三是关注员工身心健康。为全系统4523名职工安排体检,举办健康知识讲座13期,不断提升职工的幸福感和获得感。四是加强职工医疗互助工作。全系统有25名罹患重大疾病职工享受医疗补助金33.49万元,一定程度上缓解了职工因病导致的经济困难。五是规范劳模管理。健全全系统劳模信息档案,实行动态管理;组织开展了劳模专题调研并协调指导基层工会解决了退休劳模合理诉求,为持续发挥劳模作用奠定了基础。

【规范经费审查管理】 一是严格执行工会预算和经费收支管理规定。2022年收取会员会费159.38万元,系统工会共收到总工会划拨经费1098.23万元,2021年结转收入745.3万元,共计收入1843.53万元;职工文体活动支出46.57万元,按季度向20家机构基层工会拨付工会经费779.13万元,补助基层工会39.83万元,有力保障了基层工作的有序开展。二是严格审计,确保经

费收支管理合法合规。开通了"工会云财务"经费管理系统，持续规范工会账务管理、固定资产管理工作；协调本行审计部门对20家基层工会经费收支情况开展了全面审计，督促基层工会经费列支合规合法。

（李　娟）

宁夏回族自治区气象局工会

【概述】　2022年，宁夏气象局工会坚持以习近平新时代中国特色社会主义思想为指导，认真学习宣传贯彻党的二十大精神、自治区第十三次党代会精神和《气象高质量发展纲要（2022—2035年）》，认真落实自治区总工会、宁夏农林水财轻工工会和宁夏气象局党组工作部署，积极发挥工会组织在增强职工素质、凝聚职工共识、保障职工权益、丰富职工精神文化生活方面的作用，以高质量工会工作助力宁夏气象事业高质量发展和美丽新宁夏建设。

【自身建设】　一是加强集体决策、党工共建、职代会、会员代表大会、财务内控等制度建设，提高工会工作规范化水平。二是对拟到届工会换届工作落实提醒机制，及时指导3个基层工会按要求落实换届选举工作。完成了宁夏气象局工会及女职工委员会换届选举相关准备工作。推荐1人为宁夏农林水财轻工工会委员会委员。三是通过邀请专家讲座、配发书籍、召开座谈会、积极参加自治区总工会、宁夏农林水财轻工工会组织的各类培训等方式，加大工会专（兼）职干部培训力度。四是组织完成了局工会及基层工会2022年度工会统计年报上报工作。邀请专家开展专题辅导，开展法治宣传教育，引导职工学法尊法守法用法。

【思想政治】　一是扎实开展党的二十大精神学习宣传贯彻工作。及时召开工会委员会传达学习上级安排部署，细化贯彻落实举措。邀请两位自治区宣讲团成员宣讲辅导。组织干部职工参加全覆盖专题读书班，青年及高层次科技创新人才、基层一线职工等"面对面"交流座谈。利用"两微一端"、电子显示屏等，建立"第一主题"学习阵地。通过"学习强国"APP、《宁夏日报》《中国气象报》、机关党建微平台等综合宣传报道28次。为干部职工配备学习书籍600余册、组织应知应会测试和"青年大学习"答题活动6期、编发学习简报4期、开辟专栏专刊发布不同群体干部职工学习反响5期。二是全面落实"第一议题"制度。第一时间学习贯彻习近平总书记重要讲话指示批示和重要论述，2022年党组中心组集体学习研讨12次，党建工作领导小组学习12次，党组（扩大）学习36次，班子成员集中宣讲25次，局工会委员会学习9次。全区青年理论学习小组全年学习217次，各级基层党组织以"三会一课"、主题党日等强化党支部"第一内容"、党员"第一任务"学习。三是加强学习型组织建设。组织干部职工参加处级领导干部、县局长和基层党支部书记、工会主席全覆盖专题培训班3期、自治区第十三次党代会精神学习培训班1期、党务纪检干部培训班1期，打造"助推宁夏高质量发展　助力宁夏先行区建设"学习型组织品牌，年内举办高端气象大讲堂39期。

【岗位建功】　紧扣气象高质量发展、对标自治区"三区建设""四新任务""五大战略"等重大任务，紧盯"六新六特六优"产业等重点工作，引导干部职工全力做好先行区建设气象保障服务，再学习再对标再落实习近平总书记视察宁夏重要讲话和关于气象工作重要指示精神，制定推进57项年度任务和学习贯彻自治区第十三次党代会精神14项重点任务。自治区政府印发《宁夏贯彻落实气象高质量发展纲要（2022—2035年）实施方案》，全力推动新一轮省部合作。气象预报预警等能力不断提升，全年19次重大天气过程无一漏报，实现了气象灾害"零伤亡"，得到自治区梁言顺书记、张雨浦主席等领导多次批示肯定。区局局长应邀作为特邀嘉宾出席宁夏妇女第十二次代表大会开幕式，另有1名同志作为代表参会。1个集体、3名党员获全国气象部门"两优一先"表彰；2个集体和1名个人分获自治区"三八"红旗集体、自治区"三八"红旗手和"宁夏农林水财轻工工会职工小家"荣誉称号。

【素质提升】 一是以"喜迎二十大 奋进新时代"为主题，结合全区气象部门实际和特点，持续开展"奋进新征程 建功新时代"大练兵、大比武活动。在全区气象部门业务人员深入开展践行"人民至上、生命至上"理念，争做先行区建设的气象先行者主题实践活动，通过线上与线下相结合、复盘总结交流发言与现场点评相结合的方式，共组织开展了对重大灾害性天气复盘总结94次，制定了问题整改台账并逐项整改落实，有效

提升了气象预报服务能力。二是印发宁夏气象局新型业务改革纵向"直通车"模式实施方案和横向"直通车"实施方案，组织开展横向纵向技术直通车122次。降水预测全国排名第一，综合气候预测全国排名第二。暴雨预警信号准确率90%、强对流天气预警信号提前至71分钟，较过去三年平均值分别提升0.5%、提前11分钟。三是深化劳模（职工）创新工作室建设，积极推进2个技能人才创新工作室上档升级。充分发挥劳模和技能人才的主力军作用，1个项目荣获第二届全区职工技术创新成果优秀奖；今年省部级科研项目获批38项；7人入选气象"十百千"人才计划，12人入选自治区人才培养工程，1人获自治区政府特殊津贴。

【劳模选树】 一是大力弘扬劳模精神，认真做好自治区五一劳动奖章选树评选工作。开展劳模调研工作并上报调研报告，及时完成劳模信息填报更新工作。二是通过"道德讲堂"、在单位内网和《党建工作交流》刊物开辟专栏，开展劳模、先进工作者典型事迹风采宣传展示活动11期。积极选树党员先锋号（先锋岗）、巾帼文明岗、职工小家等先进典型，激励气

象干部职工比实干、比担当、比奉献。

【工会服务】 一是做好困难职工帮扶工作，安排专项经费救助、慰问帮扶职工。组织开展在职职工医疗互助保障活动，为职工购买医疗互助保险、办理女职工"爱妮保"保险、组织开展女职工"两癌"筛查。组织劳模、在职和退休职工进行健康体检。二是落实《宁夏气象部门干部职工思想动态分析报告办法》，及时做好职工思想政治工作，常态化落实谈心谈话制度。三是组织各基层工会开展机关消费帮扶、助力乡村振兴活动，从帮扶点隆德县温堡乡下坡村购置食用油、粉条、牛肉等各种农副产品8万余元。

【文化建设】 一是不断丰富职工业余文化生活，举办专题讲座，素质拓展趣味运动会，常态化保障运行足球篮球、羽毛球乒乓球、健身等3个文体协会，组队参加宁夏农林水财轻工工会职工篮球赛，举办庆祝"三八"妇女节拓展活动和建团100周年庆祝"五四"青年节"喜迎二十大、永远跟党走、奋进新征程"演讲比赛，举办2022年"最美气象台站"摄影比赛，不断提升干部职工获得感与

幸福感。二是深化大院及各基层单位文化设施建设，先后制作弘扬科学家精神、气象十二时辰、最美基层气象台站、职工摄影展、职工文化风采、气象高质量发展等展板近百幅，并下发指导基层落实，全面丰富提升系统文化建设内涵。三是认真落实习近平总书记关于注重家庭、注重家教、注重家风的重要指示精神，举办喜迎党的二十大主题演讲比赛、读书交流、先进事迹交流、"弘扬清廉家风"主题宣传教育等活动。四是围绕全国文明单位和自治区文明行业建设，广泛开展勤俭节约、文明餐桌、绿色出行等宣传教育活动，持续推进工间操常态化，持续推进无烟党政机关建设，培养绿色低碳健康的生活方式。

【基层调研】 一是结合区局党组年度调研计划，深入基层一线开展"学习贯彻党的二十大精神，在'先行区'建设中扛起工会使命担当""大学习、大讨论、大宣传、大实践"活动研讨、"关于职工生育后顾之忧情况分析研究"等专题调研5次并撰写上报调研报告，不断完善工会工作，疏通堵点、消除痛点、攻克难点，切实增强推动宁夏气象高质量发展动力。二

是全力服务保障中国气象局"根在基层"青年调研实践活动，深入6个基层气象部门开展特色农业气象服务调研的同时，还邀请调研团专家开展气象大讲堂专题报告会5期，活动成效获中国气象局直属机关党委肯定，并发来感谢信表示感谢。

【疫情防控】 一是坚决落实自治区党委关于"社区吹哨、党员报到"的工作要求，组织党员和干部下沉基层，当好志愿者。全区气象部门先后选派134名党员干部下沉24个社区，开展封控单元值守、核酸检测等工作，工作在防控一线、服务在防控一线，担当奉献、扎实工作。因组织开展下沉社区疫情防控工作成绩突出，区直机关工委和金凤区委组织部、单位所在社区送来感谢牌匾和锦旗表示感谢。二是制定落实《宁夏气象局疫情防控"三分"和"三备"应急预案》，全区气象部门结合实际情况，及时实行住单位留守值班模式，完成核心业务异地备份。全区各级气象部门强化天气会商，密切监视天气变化，开展递进式预报预警服务，特别是面向当地疫情防控指挥部开展气象专项服务保障，将强降温、霜冻、降水等天气预报预警信息及时发送至防控一线医护人员及下沉社

区志愿者，提前提醒户外核酸采集和应急值守工作人员做好防寒保暖，贴心服务得到了一致称赞。三是成立党员突击队、党员先锋岗，坚守业务一线，切实发挥党组织战斗堡垒和党员干部先锋模范作用。疫情防控期间体现工会关怀，组织所属基层工会对参与疫情防控工作人员进行慰问和人文关怀，同时给全体职工购置发放口罩、消毒液等防护物资。

（程　婧）

自治区农业农村厅工会

【概述】 2022年，宁夏回族自治区农业农村厅直属机关工会坚持以习近平新时代中国特色社会主义思想为指导，认真学习贯彻党的二十大精神、习近平总书记视察宁夏重要讲话指示批示精神和自治区第十三次党代会精神，以政治建设为统领，以"三农"工作为中心，以"大学习、大讨论、大宣传、大实践"活动为载体，积极加强工会组织建设，切实履行工会各项职能，充分发挥桥梁纽带作用，做好职工思想工作，活跃了职工文体生活，为推动农业农村工作高质量发展提供了坚强支撑。

【基层调研】 农业农村厅结合"我为群众办实事"实践活动、"一村一年一事"行动等，围绕基层群众的急难愁盼问题，为农民群众办理实事2209件。组织党员干部聚焦保障粮食安全、提升农业综合生产能力开展调研，实施特色农业提质计划，支持壮大多元经营主体，推进乡村风貌提升和人居环境整治提升等，推动乡村产业、人才、文化、生态、组织"五大振兴"。

【技能竞赛】 结合农业农村工作，自治区农业农村厅、人力资源和社会保障厅及总工会联合举办了2022年第五届全区农业行业职业技能大赛、第四届全区农产品质量安全检测技能竞赛，共有51名基层一线检测技术人员参加比赛，通过竞赛展示了农检技能人才的扎实功底、精湛技术。自治区农业农村厅、人力资源和社会保障厅、总工会联合主办，自治区畜牧兽医局、自治区动物卫生监督所、宁夏动物疾病预防控制中心联合举办了2022年全国行业职业技能竞赛暨第五届全国农业行业职业技能大赛（宁夏赛区），共有68名选手参加了比赛，经过初赛、决赛选拔出了农业行业高技能人才，提升了农业行业的专业技能素质。自治区农业农村厅举办2022年全区"石化杯"小麦机收减损技能大比武，通过现场实操选拔出了农业行业的机械能手，提升了职业技能队伍整体素质。

【关爱职工】 开展"两节送温暖""慰问困难职工"等活动，组织慰问2名中华人民共和国成立前入党老党员0.6万元，困难职工9人次0.8万元，困难党员16人、1.48万元；发放"光荣在党50年"纪念章，充分传递工会对志愿军老战士、老同志的关怀。开展干部职工和劳模每年一次健康体检，邀请专业心理咨询师为职工开展心理健康知识讲座、自治区红十字会志愿者开展应急救护知识技能培训，传递组织对女职工的关心关怀，促进了和谐机关建设。

【文体活动】 重大节日先后组织了"写春联 送祝福""三八节"主题实践、"贯彻党代会 喜迎二十大 奋进新征程"——"清凉宁夏"专场文艺演出。举办了学习宣传贯彻党的二十大精神"学原文、铭初心、践使命"知识竞赛和"尊法、学法、守法、用法、保平安、促发展"主题演讲比赛等一系列活动。组织参加了区直机关"喜迎党代会·献礼二十大"妇女干部职工演讲比赛、"中国梦·劳动美——喜迎二十大 建功新时代"第九届全国职工摄影展、农林水财轻工工会篮球比赛，并获得优秀组织奖。

【干部培训】 举办"大学习、大讨论、大宣传、大实践"暨自治区第十三次党代会精神专题学习班和贯彻党的二十大精神培训班。围绕"六特"产业，举办大力发展葡萄酒、枸杞、牛奶、肉牛、滩羊、冷凉蔬菜等产业技能培训班，邀请相关产业技术支撑体系首席专家及农业技术专家，为干部职工讲授专业理论知识，提高干部职工专业技能，为产业高质量发展、乡村振兴提供有力人才支撑。

【疫情防控】 疫情期间，按照区直机关统一调度和结对共建社区需求，全力支援社区值守防疫。从22个基层党组织抽调党员干部188名，成立党员支援队3支，下沉悦海新天地、北苑等社区，协助做好核酸检测信息扫码、物资配送、大数据排查等工作。组织成立"三秋"农机应急作业服务队到中宁县中高风险区开展抢收作业，作业面积近5100亩。协调组织20家涉农企业向兴庆区3000户城镇困难群众捐赠总价值90万元的生活物资。

【劳模选树】 围绕全区农业结构优化调整和蔬菜产业发展重点，我厅劳模深入基层一线为农户、企业、基层农技人员讲解农业技术，推动农业提质增效、农民增收，充分发挥了劳模的示范引领作用。"蒋学勤劳模创新工作室"通过课堂培训、基地实训、在线培训、考察参观、座谈交流等形式，采取"送出去、引进来"的方式，分批次、分类型、有针对性地开展人才培养，在攻克产业发展瓶颈和技术难题方面组织科研攻关，为我区农业现代化发展作出了积极贡献。2022年，蒋学勤劳模创新工作室被评为"全国农林水利气象系统示范性劳模和工匠人才创新工作室"。

（白艳丽）

宁夏电业工会

【概述】 2022年，宁夏电业工会以习近平新时代中国特色社会主义思想为指导，全面贯彻党的二十大精神，认真落实自治区总工会各项工作部署，坚持以职工为中心的工作导向，充分发挥桥梁纽带作用，努力提升工会工作价值，高质量完成年度各项工作任务，民主管理、产改、职工技术创新、劳动竞赛、阵地建设等工作都取得了优异成绩，在全区工会工作评价中位列优秀等次第一名。获得全国、自治区奖状（章）等省部级及以上先进集体10个、先进个人5名。15项成果在全国能源化学工委、自治区总工会、国家电网公司职工技术创新成果评比中获一、二、三等奖。在自治区女职工演讲比赛和工会财务知识竞赛中均获个人、团体一等奖。民主管理工作经验在全国厂务公开协调小组调研会议上以主题发言形式进行交流，受到肯定。1项产改经验入围全总经验库，7项产改典型经验先后在自治区、国家电网公司系统推广，工会品牌工作效应凸显。

【提升职工思想政治引领力，大力弘扬劳模精神、劳动精神、工匠精神】 宁夏电业工会紧紧围绕宣传贯彻党的二十大精神这条主线，突出加强职工思想政治引领，团结引导广大职工坚定不移听党话、矢志不渝跟党走。一是在政治站位中提高对"三种精神"的认识。创新宣传形式，形成上下联动、多点开花的宣传合力，深入开展大力弘扬劳模精神、工匠精神集中宣传活动，扎实开展"四进""四学"活动，创作弘扬劳模精神的文学、音乐、摄影及微视频等文艺作品，唱响主旋律、弘扬正能量。二是在工作实践中深化对"三种精神"的落实。建立健全劳模工匠选树培育机制，制定印发《劳模先进评选表彰管理办法》和《电力工匠塑造工程的实施方案》，加强和规范公司劳模工匠评选管理工作。加大劳模创新工作室建设，实施工作室成员"双向选择"、完善管理制度、加强柔性团队管理，充分发挥劳模工匠示范辐射作用，引导广大职工广泛参与。三是在示范带动中发挥"三种精神"的价值。发挥劳模工匠的传帮带作用，在老劳模身边迅速成长起一批新劳模，培养高技能人才13名、电力工匠11名、各类专家56名，把榜样的力量转化为职工的具体行动，转化为促进公司发展的生动实践，鼓励技术发明、技术革新，使其成为公司发展的助推器。

【全心全意服务职工美好生活需要，进一步激发职工干事创业的激情】 宁夏电业工会树立"职工有所呼、企业有所应，职工有所求、企业有所忧"理念，持续为职工做好事办实事解难事，职工满意度达99.76%。一是坚持公开承诺办实事项目。各基层工会按照公司部署,定目标、定任务、定措施,通过正式发文、厂务公开、职代会报告等形式,向广大职工作出公开承诺,接受职工全程监督,年度各单位制订办实事计划429件,公开率100%。二是建立闭环服务机制。年初通过务虚会、一句话建言献策、职工代表提案等形式,广泛征集职工意见建议,确定年度全心全意服务职工美好生活需要重点项目,下发文件实施。每季度坚持办实事定期通报机制,加强办实事工作过程管控和督导。年终形成为职工办实事工作情况报告向职工代表大会报告。三是打造职工服务品牌。坚持需求导向、问题导向,加强服务平台建设,拓宽服务领域、丰富服务内容、做强服务品牌。送心理辅导下基层、送空中心理课堂、送文化下基层等一批"工"字特色服务品牌活动蓬勃开展,用实实在在的效果赢得职工信任,进一步激发职工干事创业的激情。

【构建"128"班组建设管理体系,助力班组高质量发展】 宁夏电业工会通过构建"128"班组建设管理体系,持续提升班组建设管理水平,不断夯实企业发展的"基层基础基本功"。一是突出班组建设

"新跨越"劳动竞赛这一载体,通过广泛开展"班组建设新跨越、战略落地争先锋"主题活动,不断增强竞赛活动的吸引力和影响力,选树"标杆班组",建立和完善班组建设创先争优长效机制。二是以"双轮驱动"为保障,工会组织"牵头抓、抓通用",专业部门"对口抓、抓专业",增强专业化管理的协同力,常态化开展班组调研,摸清各专业班组岗位配置需求,协同对口专业部门形成推进合力,优化班组岗位配置,确保班组管理责任明晰、人员结构合理。三是以"八个建设"为核心,将班组建设具体要求贯彻到班组、落实到班员,以加强班组基础建设、安全建设、技能建设、创新建设、民主建设、思想建设、文化建设、班组长队伍建设为核心,围绕提升班组标准化建设水平,提高职工队伍素质,积极推动公司建设现代"双一流"发展目标落地见效。2022年,3个班组分获全国"安康杯"劳动竞赛"优胜班组"和国网公司"工人先锋号",20个班组获公司"工人先锋号"。

【完善职工技术创新生态,筑牢基层班组创新阵地】 宁夏电业工会始终坚持"抓创新就是抓发展,谋创新就是谋未来"的发展理念,大力开展职工创新活动,力促班组职工

在创新创效中提升素质、成长成才、建功立业。一是优化资源整合,营造职工创新氛围。编制班组托举人才、工匠人才专项培养计划,建立多班组多专业人才融合的柔性创新攻关小组,打造以劳模为中心、以劳模创新工作室为平台的创新团队,破除专业壁垒,强化专业合作,营造专业要创新、管理要创新、事事要创新氛围。二是完善激励机制,激发职工创新热情。出台一线职工技术创新奖励方案,提高创新成果、创新个人、创新班组的奖励标准。举办职工创新论坛,为职工创新提供交流平台。持续深入开展职工技术创新"双越之星"劳动竞赛,邀请内外部专家开展创新成果评审,选树创新十佳班组,充分激发班组员工创新热情。三是丰富创新形式,拓宽职工创新渠道。建立重大工程项目创新竞赛机制,发挥班组职工创新在重大工程项目中的重要作用。结合"宁电入湘"、新能源就地消纳等重大工程项目举办形式多样的创新竞赛,挖掘班组职工的聪明才智,满足公司"干好一个工程,形成一批创新成果"的发展要求。

【构建劳模工作室运作"155"工作体系】 宁夏电业工会为进一步加强劳模创新

工作室运作管理，切实把劳模创新工作室打造为"融入中心、创新发展，带动一批、影响一片"的职工建功立业平台。一是要求各级劳模创新工作室以年度为单位建立"1"张重点任务清单。明确工作室年度重点工作任务、工作目标、工作要求、工作绩效，保证工作室整体创新工作有序推进。形成管理部门指导、专业部门实施的"管理+专业"创新柔性团队。二是充分依托科技创新、管理创新、青年创新创意大赛、质量管理小组活动和职工技术创新"五"大平台，发挥职工聪明才智，打造创新成果。工会每年组织专业部门对各工作室创新成果进行评估表彰并在年度目标考核中给予加分，增强工作室团队创新活力。三是实施"五星级"评价制度。成立劳模工匠创新工作室星级评定小组，按年度开展评定工作。重点对工作室基本条件、宣传教育、人才培养、创新创效和运行管理等方面进行考核，考核结果为"五星级"的工作室领衔人及团队成员，优先纳入人才通道选拔和干部任用，工作室的考核结果纳入所在单位工会的年度绩效考核。通过实施"155"评价体系，公司2022年荣获16项省部级及以上职工技术创新成果奖，创

新工作取得新提升。

【"三个聚焦"助推产改工作取得新突破】 宁夏电业工会充分发挥牵头抓总作用，改革重点任务全面落实，改革氛围日趋浓厚，产改取得阶段性显著成效。一是聚焦顶层设计，协同发力推进改革。科学谋划、精心组织、系统实施，充分发挥产改领导小组职能作用，将产改工作纳入企业中心工作整体部署，形成具有鲜明特点的"五个一"引领、"六个力"支撑的落地举措和"1+15"工作体系，持续推动产改向纵深发展。二是聚焦瓶颈短板，项目化管理破难题。围绕薪酬分配、晋升通道、素质提升等影响改革的重点难点问题，开展揭榜攻关项目化管理，建立长效机制，通过发布任务、申请揭榜、集中攻关、成效评估、入库管理等，实施闭环管理。全年共揭榜上级重点任务2项，梳理入库项目24项，产改整体效能不断提升。三是聚焦成果转化，改革实绩验成效。坚持先行先试、大胆突破，将产改工作纳入同业对标和绩效考核，通过专项考核，进一步压实责任，最大限度地调动各方参与改革的积极性。全年总结提炼产改典型经验30余项，8项经验做法在省部级及以上主要媒体刊发，营造了全员参与、支持、推进

改革的浓厚氛围。

【全链条、全方位、全过程推动民主管理落地见效】 宁夏电业工会始终坚持全心全意依靠职工办企业方针，坚持全链条、全方位、全过程推动民主管理落地见效。一是实施"五个看得见"，民主过程可视化。通过加强融入融合、完善保障体系、广泛纳谏听声、强化过程管控、打造特色品牌，实现民主管理理念看得见、机制看得见、沟通看得见、监督看得见、管理成效看得见，该项典型经验在全国厂务公开协调小组调研会议上交流发言。二是丰富"十个载体"，推进民主渠道多样化。建立职代会、厂务公开、职工董事、平等协商签订集体合同、合理化建议、董事长联络员、班组自主管理、职工诉求服务、"一句话建言献策"、职工满意度测评等10个工作载体，搭建起职工与企业的零距离沟通平台，企业民主管理工作体系愈加完善。三是打造"三大品牌"，推动工作质效精品化。形成厂务公开"126"工作法、民主管理"六大闭环工程"、班组"阳光小家"等民主管理工作品牌，年度各层级共征集各类意见建议1000余条，职代会职工满意率100%，厂务公开满意度99.76%，助推企业高质量发展。

【四级职工诉求服务体系助推企业和谐发展】 宁夏电业工会坚持把职工诉求服务作为深化民主管理的重要抓手,建立完善四级职工诉求服务体系,助推企业和谐发展。一是加强诉求服务机制建设。出台职工诉求服务管理实施细则,明确诉求工作原则、运作机制、服务机构、诉求渠道、工作流程以及考核评价等内容,建立了职责明确、信息畅通、运转高效的运作机制。二是搭建四级职工诉求服务平台。以"服务职工、和谐发展"为目标,建成一级诉求中心1个、二级职工诉求中心19个、三级职工诉求分中心107个、班组诉求服务点378个,实现服务阵地全覆盖。三是拓宽诉求服务征集渠道。畅通诉求服务专用热线、信箱、邮箱,行政领导接待日、工会主席接待日,专用信封、诉求卡等各类渠道,为职工提供平等对话平台,做到7×24小时全天候服务。四是实现职工诉求闭环管理。建立职工诉求议事委员会机制,规范诉求征集与受理、办理与跟踪、反馈与建档的闭环管理流程,确保政策问题及时解答、生活困难及时解决、不合理诉求及时疏导,让职工"心声"有"回声"。

【推进健康企业建设,保障职工身心健康】 宁夏电业工会以"关注、关心、关爱职工健康"为导向,推进健康企业建设,保障职工身心健康,实现企业与职工可持续协调发展。一是完善制度体系,为健康保驾护航。制定《国网宁夏电力工会2022年健康企业创建活动方案》,确定建设目标,建立组织机构,制定工作措施。切实关注职工生活、工作、成长,提高职工幸福指数。二是关注员工身心健康,实施特色化健康管理。开展全员健康体检,体检率100%。打造数字化"健康小屋",配置健康管理一体机,实现12种健康指标的自助监测,引导职工提升健康管理意识。开展职工心理辅导,促进职工心理健康。三是营造健康文化氛围,丰富职工健康体育活动。坚持"小型化、多样化、常态化、普及化"的原则,将职工健身与企业文化、思想教育、素质提升相结合,统筹组织职工健身活动。倡导健康文明的生活方式,推行全员健身计划,利用"S365"职工运动健康平台,开展线上、线下相结合健步走活动。广泛组织开展各项体育竞技、棋牌、趣味运动会等喜闻乐见、健身益智的活动,不断提高职工参与率,增强职工身心素质。

【打造"三高四优五过硬"工会干部队伍,工会自身建设得到提升】 宁夏电业工会着力打造"三高四优五过硬"高素质专业化干部人才队伍,为工会工作高质量发展提供坚强组织保证和人才保证。一是把牢政治引领"方向盘"。坚持党对工会工作的全面领导,坚持用习近平新时代中国特色社会主义思想武装头脑,指导实践、推动工作,坚定理想信念,站稳人民立场,用心用情为职工办实事解难事。年度,工会干部开展政治学习1000余人次。二是练好履职尽责"基本功"。加强工会干部队伍建设,开展工会主席工作述职,推动工会工作责任落地落实。举办工会干部培训,聚焦新工会法、产业工人队伍建设改革、工会工作,不断提高基层工会干部依法建会、依法管会、依法履职、依法维权的能力。三是铺好调查研究"探路石"。坚持把开展工会调查研究作为重要任务,构建上下结合、内外协作的调查研究格局。开展在先行区建设中扛起工会使命担当、劳模工匠创新工作室运作模式、传承弘扬劳模精神和工匠精神实践与职工满意度测评等课题研究,进一步提升理论指导实践的能力。

(陈 赟 马佩瑶 周文达)

宁夏邮政工会

【概述】 2022年,在集团公司党组、集团工会、自治区总工会及区分公司的正确领导下,宁夏邮政工会以习近平新时代中国特色社会主义思想为指导,完整、准确、全面学习党的二十大精神,切实履行"参与、维护、建设、教育"职能,围绕中心、服务大局,忠诚履职、开拓进取,各项工作取得了较好成绩。

【思想政治引领】 一是组织工会干部把学懂弄通做实习近平新时代中国特色社会主义思想作为首要政治任务,落实"三个第一时间"学习机制,认真学习贯彻习近平总书记关于工人阶级和工会工作的重要论述,切实把思想和行动统一到党中央决策部署上来。二是组织全区邮政工会干部职工以多种形式收听收看党的二十大开幕盛况,以劳模、先进人物及工会干部代表为主掀起一波分享党的二十大报告金句、学习党的二十大报告中的新观点、新论断、新思想的热潮,以各基层工会为单位,踊跃发表观看感言。三是印发《宁夏邮政工会学习宣传贯彻党的二十大精神的实施意见》,并召开了工会条线的干部及相关人员学习宣传贯彻党的二十大精神专题部署会,组织全区邮政工会干部学习宣贯落实。四是结合习近平总书记关于工人阶级和工会工作的重要论述,寻找真经,切实回答好工会是什么、工会干什么、工会怎么干的一系列问题。结合党的二十大提出的新要求,认真科学系统地谋划好2023年的各项工作,推动工会工作守正创新、行稳致远。五是邀请获评全国邮政系统先进集体永宁分公司、先进个人赵淑香、朱磊、余佳,围绕本职岗位作出的贡献、成长成才经历、职业精神、劳动故事和学习党的二十大精神的心得体会,以视频的方式开展宣讲活动,用身边的先进人物感染人、激励人,进一步焕发全区邮政员工劳动热情、释放创造潜能,在全系统形成崇尚先进、学习先进、争当先进的"比学赶帮超"氛围,激励广大员工争做新时代的奋斗者。六是认真贯彻落实全面从严治党和意识形态工作的决策部署与指示精神,牢牢把握正确的政治方向,切实履行党建工作主体责任,狠抓政治领域安全,不断提高工会组织的凝聚力和战斗力,更好发挥党联系职工群众的桥梁和纽带作用。

【劳动技能竞赛】 配合经营单位主体,充分激发全区邮政干部员工主动参与竞赛活动的热情,注重总结提炼并及时推广先进经验,充分发挥了典型示范引领作用,确保竞赛效果。在集团公司组织的17项劳动竞赛中,宁夏邮政共有12项劳动竞赛获奖,获评先进集体48个、先进个人207名。

【弘扬劳模精神】 组织开展了2022年全国劳动模范和自治区劳动模范推荐工作。一是组织开展了2022年全国劳动模范和自治区劳动模范推荐工作,中国邮政集团有限公司宁夏回族自治区机要通信局投递班荣获全国"安康杯"先进集体称号,银川市分公司赵淑香荣获"自治区劳动模范"称号,兰亭苑揽投部荣获"自治区三八先进集体"称号,叶慧云、来金霞、刘海鑫荣获"三八红旗手"称号。二是扎实推进劳模和工匠人才创新工作室建设。荣获集团工会劳模创新工作室2个(赵淑香劳模创新工作室、赵玉春劳模创新工作室),宁夏邮政工会命名的有3个(石嘴山市大武口区分公司"余佳创新工作室"、吴忠市盐池县分公司"冯彦森创新工作室"、银川市西城分公司"朱磊创新工作室"),更好地发挥带头示范作用,吸引更多的职工投入创新创造活动。

【召开二届二次职工代表大会】 宁夏邮政分公司二届二次职代会于 2022 年 1 月 14—15 日召开，全区邮政职工代表 93 人参加了会议。修订完善了《宁夏邮政公司职工代表大会实施办法》《宁夏邮政公司第二届职工代表大会各委员会名单》《宁夏邮政分公司二届二次职代会表决办法》等企业民主管理制度，签订了《宁夏邮政分公司工资专项集体合同》。不断推进企业民主管理制度化、规范化建设。健全了职代会制度体系。

【职工权益保障】 一是在坚持和完善市、县级职代会制度的基础上，创新创建了各基层职工代表工作室，积极推进基层调解，及时化解劳动关系矛盾，坚决维护员工队伍稳定。按照"属地管理、分类负责、分层落实"的原则，及时做好调解答复工作。认真受理员工信访及福利待遇等诉求，及时化解矛盾，使员工实实在在感受到企业的温暖，保障了员工队伍的稳定和谐。截至目前，根据职工代表两次座谈会汇总 128 条意见，其中 125 条已经逐条落实并反馈给职工代表，另有 3 条，区邮政工会将继续协调相关责任单位跟进进展情况。二是特别关注职工在薪酬福利、劳动条件和安全、休假、女职工权益保障、心理健康等方面的诉求，加强劳动关系研判预警，密切关注重点群体职工稳定情况，引导职工依法理性有序表达利益诉求，坚持解决实际问题与解决思想问题相结合，防止局部矛盾扩大化。三是畅通员工诉求表达渠道。充分发挥员工代表提案主渠道作用。2022 年，宁夏邮政公司职代会共征集员工代表提案 17 份，从提案内容看，员工代表的提案既有对自身利益的关注，又有对加快企业转型发展、提升行业竞争能力的期盼，尤其是对新形势下加快金融、寄递等重点业务发展，加强人才队伍建设的需求更为迫切，充分体现出员工对于推动企业高质量发展的责任感和使命感日益增强。

【职工小家建设】 一是认真落实"职工小家"规范化建设。根据集团工会《中国邮政职工小家规范化建设与管理指导手册》，在"操作程序化、建设标准化、管理规范化"上下功夫。在"3322 工程"改造提升的基础上，着力提升小家建设品质。对基层工会职工反映强烈的"吃饭难、洗澡难"全区 12 处小家逐个走访调研，针对每一个小家不同情况，提出一家一策的解决方案，通过反复研讨，最终确定投入 81 万元对全区 12 处小家提升改造方案进行实施。二是从实际出发，解决职工急难愁盼问题，先后投入 47 万元对银川邮区中心职工活动中心的建设和永宁黄羊滩、玉泉营 2 处旱厕进行了改造，同时拟拨付 81 万元对全区 12 处职工小家按照一家一策进行改造提升。

【关心关爱职工】 一是扎实推进"我为群众办实事"实践活动，按照集团工会、自治区总工会要求积极组织开展"暖蜂行动"，推动解决揽投员群体急难愁盼问题，宁夏邮政工会采购羊肉、米、面、油等慰问品，区分公司领导深入一线揽投网点开展慰问，为一线揽投人员加油鼓劲，勉励他们在旺季生产中再创佳绩。在区邮政工会的带领下，各级基层工会纷纷积极行动开展慰问活动，清炖羊肉、炸油饼、火锅、包饺子，各种花式美食轮番登场，宛如一场厨艺大赛。各基层工会根据实际需要，因地制宜为揽投人员购买了棉手套、保温杯和饭盒等物品，让大家能够喝上热水、吃上热饭。种种举措体现了企业和工会组织对职工的关爱关心，真正让揽投人员身暖心更暖。二是聘请了有资质的心理疏导专家，举办了"春风送暖·健康同行"职工心理疏导讲座。为广大职工提供心理辅导、心理帮扶，提高职工生活质量，营造良好工作氛围。三是对全区在岗职工拨付生日慰问金70万元，让职工感受到企业的温暖。

【精准帮扶和普惠服务】
启动了第四期大病互助保障会工作，修订了大病互助保障会章程和管理办法，调整了大病互助保障组织机构人员，完成了会员等级、资金收缴上划等工作，共计注册会员2728人。对基层工会上报的17名职工的大病困难申请进行审议，在确定申请事由及提供的佐证材料真实有效后，通过了困难申请。在按照规定履行了公示等程序后，将困难帮扶资金15.44万元发放到职工手中。在减轻企业负担的同时，增强了职工抵御风险的能力和保障水平。认真落实帮困慰问工作，将符合条件的困难职工纳入全总困难职工帮扶系统，加强审核，做好新增和符合条件退出的工作。开展"夏送清凉"慰问活动，配发了胎菊、凉茶、绿豆、冰糖等，同时为全区一线外勤人员购置防紫外线袖套，为大车司机购置了保温壶等防暑用品近10万元，送清凉活动不仅送去了组织的清凉和关怀，更是极大地鼓舞了广大职工坚守岗位、

拼搏奉献的精神。创新"金秋助学"活动方式，助推和谐发展。区邮政工会赴各基层工会给全区考入本科的职工子女送去鲜花和助学金共计4.8万元。面对疫情防控和旺季生产的双重压力，按照区公司党委的部署，努力克服疫情带来的不利影响，积极推进金融跨年度竞赛营销、"双十一"旺季生产、"极速鲜"羊肉项目营销等工作，区邮政工会拨付50万元购置米、面、油、羊肉等用于旺季生产专项慰问。

【女职工工作】 一是组织全区邮政系统女职工开展"中国梦·劳动美"主题宣讲活动，共组织2场次宣讲活动。教育引导女职工牢固树立劳动光荣观念，大力弘扬"奉献、友爱、互助、进步"精神，引导女职工爱岗敬业，努力拼搏，向先进看齐，争当劳模，展现新时代女性风采。二是以"学孝、讲孝、畅孝、践孝"为内容开展了"五好家庭"评比活动1场次，引领广大女职工和家庭传承家庭美德、弘扬良好家风。三是开展女职工主题阅读活动。2022年开展阅读活动1次，丰富了女职工业余文化生活，提升了自身综合素质，有效增强了工作能力。四是加强《妇女权益保障法》《邮政女职工劳动保护规定实施细

则》《工会女职工工作条例》等法律、法规的学习和宣传。充分利用黑板报、宣传栏等宣传阵地，广泛宣传《妇女权益保障法》等法律法规知识，并结合行业特点，各类普法宣传活动，组织法律知识竞赛4次，提高了女职工的法律知识。五是认真组织好一年一次的女职工"两癌"筛查体检工作，保证女职工的身心健康。

【抗击新冠肺炎疫情】
一是坚决贯彻落实习近平总书记关于疫情防控工作的重要讲话和重要指示精神，按照集团工会、自治区总工会的统一安排部署，加强领导、服从指挥，动员号召广大干部职工团结一心、胸怀大局、众志成城，为打赢疫情防控阻击战贡献力量。二是切实提高思想认识，团结动员广大职工坚决抓好疫情防控工作。压实疫情防控工作责任，认真落实疫情防控举措，严格执行疫情防控制度，为抗击疫情提供支撑保障。三是认真履职尽责，积极做好疫情期间职工关心关爱和返岗复工工作。开展"风雨同舟战疫情·工会关爱送温暖"抗疫专项慰问活动，根据受疫情影响情况，区邮政工会筹集45万元购买了防疫物资进行专项慰问。同时23.6万元用于购买防疫健康

包，发放到全区3033名职工手中，为职工健康建立了一道安全屏障。

【职工文体活动】 一是深入贯彻落实"十四五"发展规划，强化广大职工心理宣传教育，以促进心理健康与家庭和谐为主，组织开展了"春风送暖 健康同行"的心理辅导、健康讲座活动，进一步激励广大职工拼搏奋进，满怀热情投身工作。二是组织全区职工参加"中国梦·劳动美——喜迎二十大 建功新时代"第九届全国职工摄影展，提交照片累计300余幅；组织全区广大职工积极响应区总工会"喜迎二十大·建功新时代"征文活动，践行"社会主义是干出来"的伟大号召，共提交征文23篇、照片42幅；组织全区邮政职工参加"建功新时代 喜迎二十大"全国邮政职工摄影作品展线上巡展活动，其中石嘴山付笑楠的《青山绿水》荣获第一组第二名的好成绩。三是组织开展了第五届全区邮政系统内"和谐杯"足球业余联赛，参赛9支代表队，150余名运动员冒着高温酷暑，争相展示宁夏邮政职工健康的体魄和积极向上的精神风貌，充分发扬了敢于拼搏、勇于进取的竞技精神。四是宁夏邮政工会选派了23名经验丰富的运动员参加了第二届自治区通信体协运动会，取得了"3金1银4铜"的好成绩，展现了宁夏邮政团结互助、敢于挑战、顽强拼搏的精神面貌。五是举办"清凉宁夏"邮政专场文艺汇演，全区各地市邮政工会累计近200人次积极响应，尽展员工风采。各基层工会开展了相应的形式多样的文娱活动累计近70场，极大地丰富了职工文化生活。

【加强工会自身建设】 一是利用中邮网院远程教育资源，认真组织各基层工会干部开展了不同内容、不同批次的远程教育培训。先后开展了《中共党史中的工人阶级与工会工作》、新工会法和《工会会计制度》解读及应用、《新时代职工之家建设的新要求与工作重点》《工会基础理论辅导讲座》、邮政企业相关法律法规等学习。引导职工群众增强法律意识的法治观念，推动用人单位严格落实工会法和有关劳动法律法规，增强法治意识、善用法治方式，依法履职、依法维权，全面提升工会工作法治化水平。二是为全区201处职工小家按照"小家"规模、职工人数投入19.9万元订阅报刊、图书，丰富职工业余文化生活，提升职工队伍建设。三是完成智慧工会系统基础信息维护工作。根据集团工会智慧工会系统上线推广安排，重点完成工会组织、工会会员、工会管理员、工会账户、职工小家、职工书屋、劳模创新工作室等工会地图和个人荣誉、集体荣誉等系统基础信息的归集整理，做好数据集中比对录入工作。定期召开每月推广例会，以会代培，特别是指导各级管理员加强培训学习，尽快掌握系统操作技能，确保在线应用工作的落实。四是开展了工会经费审计落实整改"回头看"检查工作。分别对五地市工会经费落实整改进行了深入检查，按照工会财务会计制度要求，明确经费的使用原则、开支范围等，通过制度的健全和不断完善，使工会运行有法可依、有章可循。

（贾　强）

宁夏交通工会

【概述】 2022年，在交通运输厅党委和自治区总工会的正确领导下，交通工会以习近平新时代中国特色社会主义思想为指导，全面贯彻党的二十大精神，学习贯彻习近平总书记来宁视察重要讲话指示批示精神及关于工人阶级和工会工作重要论述，团结引领广大职工为推进交通运输高质量发展贡献力量,较好完成了各项工作。

【评先选优】 一是评选获批全国工人先锋号、自治区五一劳动奖状、自治区工人先锋号各1名,自治区五一劳动奖章2名。二是获评自治区三八红旗手和自治区三八红旗集体各2名。三是获评2020—2021年度全国"安康杯"竞赛活动优胜单位、优胜班组和优秀个人各1名。四是获评第二届全区职工技术创新成果二等奖1名。五是交通工会获评"2018—2021年度全区群众体育先进单位"。

【劳动技能竞赛】 一是组织开展交通运输系统"喜迎二十大 建功新时代"群众性劳动技能竞赛活动,围绕交通重点工程建设、公路养护、安全生产等方面指导各单位制定详细方案并实施。二是组织开展"十四五"国家综合立体交通网公路工程建设全国引领性劳动和技能竞赛与2022—2023年全国"安康杯"竞赛活动,有2个单位和1个个人在2020—2021年度全国"安康杯"竞赛活动中获奖。三是组织参加第十三届全国交通运输行业职业技能大赛总决赛,完成第二届全国城市公交行业职业技能竞赛参赛准备工作。四是开展申报第

二届全区职工技术创新成果评选活动,有3项成果获奖。

【帮扶慰问职工】 一是继续坚持工会经费向基层和一线职工倾斜,积极克服经费不足的困难,采取"提标扩面"等措施(送温暖资金标准由每个基层站点补助3000元提高到4000元,覆盖范围从73个增加到102个,下一步将进一步扩大覆盖面),共筹措资金100万余元,开展"冬送温暖""夏送清凉""六一关爱""金秋助学"等慰问活动。二是投入资金17万余元慰问74名困难职工和52名全国及省部级劳动模范、自治区五一劳动奖章获得者。三是"9·20"疫情暴发后,急职工所急,第一时间主动协调,了解各单位存在困难,紧急拨付资金22万余元,对坚守服务区、收费站等一线及保通保畅专班工作人员、志愿者开展慰问活动。四是开展关爱货车司机活动。制作印发货车司机入会宣传资料2000份,在高速公路收费站、服务区及物流园区广泛开展宣传,并为货车司机捐赠3万元防疫物资。五是为宁夏交建、宁夏路桥等下属17家小微企业返还工会经费11.88万元,为企业纾困解难。六是投入资金1万元支持厅定点帮扶驻村工作队开展助学活动。七是制定了《职工疗(休)

养工作管理办法》,为下一步有序开展工作奠定了基础。

【职工文体活动】 一是积极探索疫情防控常态化形势下职工文体活动举办形式,成功举办自治区第十六届运动会乒乓球、羽毛球、中国象棋、围棋等项目选拔赛。因成绩突出,交通工会被自治区全民健身领导小组授予"2018—2021年度全区群众体育先进单位"荣誉称号。二是组织全区交通运输系统职工摄影和征文比赛。三是组织参加自治区总工会等部门举办的"喜迎二十大 建功新时代"全区"劳动者之歌"文艺汇演等活动。四是投入资金近15万元对厅职工文体中心设施进行更新改造,为广大职工更加积极投身体育锻炼和健身创造了良好条件。

【女职工工作】 一是开展女职工维权行动月活动,切实做好《劳动法》《民法典》《婚姻法》《家庭教育促进法》《女职工劳动保护特别规定》《宁夏妇女权益保障条例》等法律法规的学习活动,参与率90%以上。二是指导各企业工会结合自身实际和女职工维权诉求开展专项集体合同签订工作,为依法维护女职工合法权益和特殊利益做好制度保障。三是在妇女节期间开展

困难女职工慰问活动。共慰问困难女职工23人，发放慰问金2.3万元整。四是结合实际组织开展"书香三八"、"健康家庭"亲子运动会、"她·健康"线上3.8公里健身跑、"健康知识进机关"讲座，巧手制作"妈妈的家常菜"等内容丰富、形式多样的纪念活动。

【财务资产管理和经审工作】 一是围绕《自治区工会财务工作规范化建设标准》要求，全面推进财务工作规范化建设，提高财务工作水平。二是指导基层单位完善岗位责任制度和内部稽核制度，组织建立经费审查委员会，建立健全内部控制体系。三是强化预算和资产管理。开展部门预算公开，接受监督。严格决算制度，按时汇总、公示。固定资产管理做到一物一卡，专人进行管理，定期维护、盘查。四是完成劳模待遇与劳模专项资金审计工作。

【调查研究工作】 开展工会户外劳动者服务站建设情况调研，进一步改进和完善服务站的建设方向，切实解决发展难题、群众关注难事、基层面临难点。配合区总完成关于产业工人队伍建设改革试点的调研，参加区总基层工会"互观互学"活动。

（张津嫣）

宁夏地质工会

【概述】 2022年，宁夏地质工会坚持以习近平新时代中国特色社会主义思想为指导，深入学习宣传贯彻党的二十大精神，习近平总书记关于工人阶级和工会工作的重要论述，自治区第十三次党代会精神，紧紧围绕地质中心工作，认真履行工会维权服务基本职责，积极发挥桥梁纽带作用，为地质事业提质增效作出了积极的贡献。

【思想政治引领】 宁夏地质工会在自治区地质局党组和自治区总工会的正确领导下，始终坚持党的全面领导，坚持正确的政治方向，始终把学习宣传贯彻党的二十大精神、习近平总书记关于工人阶级和工会工作的重要论述、习近平总书记来宁视察重要讲话精神、习近平总书记致首届大国工匠创新交流大会的贺信精神、自治区第十三次党代会精神，作为重要政治任务来抓，不断强化政治属性，强化政治担当和政治自觉，全面落实自治区党委、政府安排部署及自治区总工会重点工作、重要会议决定事项等。按照要求，扎实做好地质工会信息报送工作，积极分享发布地质系统工会工作中取得的成效、经验，积极做好相关部门要求的问题建议、约稿、调研报告等报送工作。

【组织建设】 按照相关要求，地质工会承担了地质系统产业工人队伍改革调研工作，区总相关部门领导到地质局多个单位进行调研，听取了地质工会相关汇报，深入了解了地质系统职工队伍改革发展情况，得到上级领导的认可和肯定。制定印发地质工会年度工作要点，明确了全年的工作任务。以新修订的工会法为依据，完善地质工会内控制度，印发《宁夏地质工会财务管理办法》《宁夏地质工会采购管理办法》等重要管理制度。落实《宁夏基层工会模范职工之家建设管理办法》，向自治区总工会推荐2个"职工之家"示范项目。

指导基层工会做好换届选举工作，健全基层工会组织，加强基层工会会员管理，完善工会会员数据库和工会组织数据库，实现工会组织和会员动态管理。按照要求开展模范职工之家、厂务公开优秀单位复查工作，定期召开基层工会职工代表（会员代表）大会，积极参加区总组织的各类业务培训班，不断提升基层工会民主管理工作水平。

【劳模工作】 组织各基层工会积极开展劳模工作调研，全面摸清劳模情况，建立劳模台账，为加强劳模管理打下良好基础。指导各基层工会，扎实做好劳模管理工作，定期开展劳模走访慰问，认真做好劳模疗休养、困难帮扶申报、劳模工作调研、生病去世慰问等工作。根据自治区总工会《关于推荐评选自治区五一劳动奖和工人先锋号的通知》要求，推报的1个单位获自治区"五一"劳动奖状、1人获自治区"五一"劳动奖章、1个单位创新团队获得自治区工人先锋号荣誉称号。

【积极开展各项文体活动】 按照地质局党组、自治区总工会各项部署，深入学习宣传贯彻习近平总书记致首届大国工匠创新交流大会贺信精神，开展"中国梦·劳动美——喜迎二十大 建功新时代"主题宣传教育，引导广大职工践行"三种精神"；参加全国总工会第九届全国职工摄影展、区总工会全区职工"喜迎二十大 建功新时代"征稿活动，推荐了18篇主题突出、符合要求的作品；选送5个优秀文艺节目参加"劳动者之歌"比赛，1个语言类节目获得二等奖，地质工会获得优秀组织奖；承办地质局

"清凉宁夏"广场文艺演出，宣传党代会精神，展现宁夏地质人新时代精神风貌。举办全局职工运动会、趣味运动会，设置篮球、排球等6个大项的体育竞赛，充分调动职工体育运动热情。

【广泛开展劳动和技能竞赛】 投入专项经费，组织开展全局地质技术、PPT制作等4个类别的职工劳动技能竞赛活动，并投入43万元资金支持所属基层工会结合工作实际，开展多种形式的职工劳动竞赛、技能比武活动。为深入开展"安康杯"竞赛，举办了全局职工"安康杯"竞赛答题活动，开展消防安全知识培训班暨义务消防员技能竞赛；支持安全管理部门，开展"安全隐患随手拍"活动，收集生产安全合理化建议"金点子"，给予表现优异的职工精神和物质奖励，努力提高广大职工的安全意识和技能；推报的1个单位获2021年全国"安康杯"竞赛优胜班组、1人获"优秀个人"荣誉。开展全局"传承雷锋精神·助力先行区建设"志愿服务工作提升活动，推进志愿服务项目化，提高职工志愿服务工作水平。

【加强服务，认真履责】 认真落实困难职工常态化帮扶制度，做优做实"春送祝福、

夏送清凉、金秋助学、冬送温暖"工会品牌服务，组织各基层工会开展经常性职工节日、生日、生育、生病等慰问，全覆盖组织完成职工健康体检工作、参加医疗互助。在疫情防控关键时期，为全局职工送去医用口罩2万个。在重要节日期间，对30余个野外一线项目部，院部二、三线职工，防疫志愿者以及对口帮扶村驻村工作队进行专项慰问，为他们送去了工会组织的温暖。举办工会干部业务培训班，主动联系区总工人疗养院，开展职工疗休养活动（因疫情影响，两项活动延期举行）。

按照对小微企业工会经费的支持政策，做到了应返尽返，已返还2020—2021年小微企业工会经费48400元。为加强对基层工会工作的支持力度，在2021年基层工会工作考核基础上，按照考核等次，对11个基层工会给予43万元的经费补助。督促各基层单位完成委托第三方对不再继续担任原单位工会主席进行任期经济责任审计，完成劳模待遇和劳模资金等专项审计工作，聘请会计师事务所对宁夏地质工会及所属5个基层工会（覆盖面达到45%）2021年度工会经费收支情况进行审计，并对审计结果、存在的问题及时通报，督促整改。

【女职工工作】 积极参加区总举办的"喜迎党代会·献礼二十大"全区女职工演讲比赛,荣获一等奖;根据《关于开展2022年度自治区三八红旗手标兵、自治区三八红旗手(集体)评选活动的通知》,1个单位获"三八红旗手集体"、1人获得"自治区三八红旗手"荣誉称号。组织全局60余名女职工参加自治区工委"书香满庭芳·奋进新征程""三八"读书活动,推荐3名女职工作品参加全区"声音里的经典——感恩奋进新征程"诵读演说大赛。积极开展女职工维权行动月活动,举办女职工劳动安全卫生知识及女职工权益保护法讲座,认真做好普法宣教,组织开展女职工"两癌"筛查,维护了女职工合法权益。

（石　荣）

宁夏回族自治区建设工会

【概述】 自治区建设工会是自治区总工会批准成立的驻自治区住房和城乡建设厅的全区建筑业产业工会,在自治区总工会、中国海员建设工会与自治区住房和城乡建设厅党组领导下开展工作,以习近平新时代中国特色社会主义思想为指导,深入贯彻落实习近平总书记关于工人阶级和工会工作的重要论述以及习近平总书记视察宁夏重要讲话精神,聚焦主业主责、深化改革创新,加强组织建设、壮大工会队伍,努力开创宁夏建设工会新局面,为全区住房城乡建设事业高质量发展作出贡献。

【思想政治引领】 深入学习贯彻党的二十大精神和习近平总书记视察宁夏重要讲话精神和重要指示批示精神以及关于工人阶级和工会工作的重要论述,深入学习贯彻自治区第十三次党代会精神,与所在党组织扎实开展"同上一堂思政课"教育,利用上党课、信息专栏、板报橱窗、标语、微信群等多种方式,广泛开展伟大建党精神宣传和社会主义核心价值观教育,不断增强广大职工坚决捍卫"两个确立"、做到"两个维护"的自觉性。积极推进企业文化建设,开展了网上收看"中国梦·劳动美""五一"劳模表彰大会实况转播,组织参加全区女职工"喜迎党代会·献礼二十大"演讲比赛,获比赛三等奖、优秀组织奖。组织基层工会积极申报自治区"五一"劳动奖章、"五一"劳动奖状、"工人先锋号"先进集体、先进个人评选表彰活动。自治区建筑设计院荣获自治区"五一"劳动奖状。

【产业工人队伍建设改革】 认真贯彻落实中央《新时期产业工人队伍建设改革方案》(中发〔2017〕14号)和自治区《新时期宁夏产业工人队伍建设改革实施方案》(宁党发〔2019〕7号)精神,成立由住建厅人事与老干部处和建筑管理处、厅属单位参加的推进建筑产业工人队伍建设改革协调小组,切实履行工作职责,深入研究改革实施方案,进行全面安排部署,建立工作台账。积极协调住建等相关部门,围绕改革目标任务,创新思路、强化措施,工作任务有序推进。结合我区建筑产业工人特点和实际,出台《房屋建筑和市政基础设施工程施工现场技能工人配备标准(试行)》《宁夏回族自治区建筑工程施工现场关键岗位人员配备管理办法》,建立完善技能工人培训、认证体系,明确施工现场中高级及以上建筑产业工人配备标准,进一步加快培育新时代建筑产业工人队伍。出台《宁夏回族自治区建筑产业工人实名制管理实施细则》《关于加强全区房屋建筑和市政工程项目关键岗位人员考勤管理工作的通知》,将进入项目施工现场所有建筑产业工人纳入宁夏建筑市场监管服务系统建筑产业工人实名制管理平台,实行建筑产业工人面部识别考勤管理，全面规范建筑产业工人管理工作。全面规范"质量月""安全月""消防月"和"职业健康教育宣传周"等系列活动，组织全区开展学习交流培训、线上线下观摩、职业健康教育。通过加强组织领导和制度建设，推动全区城乡建设。

【落实企业民主管理制度】 认真贯彻落实企业职工民主管理制度，大力实施"产业工人队伍建设改革提升年"活动，加强职工企业民主政治建设，不断推进完善职工董事、职工监事制度，鼓励基层工会职工代表参与公司治理，结合自身实际情况畅通民主管理渠道，做到定期召开职代会或职工大会，认真落实厂务公开；企业重大决策、经营方针、职工收益能够及时公布，职工提议能够通过合理的途径上传，有效保障职工对企业发展及切身利益的知情权、参与权。在支持企业维护合法利益的同时，切实维护好职工利益，确保企业与职工劳动关系稳定和谐。多年来，建设工会系统均未发生劳务纠纷。组织基层工会特别是一线农民工积极参加全国"安康杯"职工安全应急技能知识普及竞赛答卷活动，一线职工参与人数达到90%以上。

【大力弘扬劳模精神】 深入学习贯彻习近平总书记视察宁夏、在全国劳动模范和先进工作者表彰大会上的重要讲话精神，开展劳模精神、劳动精神、工匠精神学习宣传，组织参加自治区总工会劳模云宣讲活动，收看宁夏电视台开办的"塞上工匠"栏目，激励职工干一行爱一行，干一行钻一行。及时把自治区总工会及宁夏建设工会的关心慰问送到劳模身边，2022年底对80岁以上劳模进行走访慰问，并对系统内10余名全国及省部级劳模进行慰问。

【举办建筑工人技能竞赛】 为切实提高全区建筑工人质量安全技能水平，推动全区建筑业持续健康发展提供有力人才支撑，联合自治区住房和城乡建设厅、自治区总工会、自治区团委，于7月底举办2022年全区建筑工人技能竞赛，以砌筑工、抹灰工、钢筋工、架子工和电子5个工种为竞赛项目，通过初赛、复赛、决赛，选拔出一支具有高超技艺和精湛技能的建筑工人队伍。

【召开第一次会员代表大会】 在自治区总工会的关心和指导下，住房和城乡建设厅党组安排部署建设工会换届工作，经过认真筹备，于8月23日召开了第一次会员代表大会，民主选举了第一届工会委员会、经费审查委员会、女职工委员会。建设系统两级工会组织已全部完成新建工会和换届选举工作。为加强工会领导工作，厅党组从厅机关抽调一名热爱工会工作、能力素质强的正处级领导干部专职担任工会主席，面向社会招聘了3名工作人员，工会工作焕然一新。全系统26家基层工会（其中：非公企业19个、事业单位7个），建立健全了工会组织。所辖基层单位职工总数1963人，会员1963人，职工入会率达100%。2022年新建工会2家，新增会员120人，职工和会员人数均稳步增长。在建设工会的指导下，所辖基层工会凡任期满五年的，已全部完成换届选举。

【突出工会维权职能】 建筑业农民工量大、面广、流动性强，合法权益难维护。为此，针对建筑业特点和工作实际，出台相关政策，要求施工企业以项目为单位为建筑产业工人购买工伤保险，作为办理施工许可的前置条件，为建筑产业工人提供人身安全保障，减少事后矛盾纠纷。要求施工总承包单位及时开设"农民工工资专用账户"并交纳农民工工资保证金，住建部门相关单位向施工单位提供工程款支付担保，人工费按月单独拨付到工资专用账户;对长期拖延工程款结算或拖欠工程款的建设单位不予批准新项目开工建设。在施工现场醒目位置设立维权信息告示牌,明示建设单位、施工总承包单位及所在项目部、分包单位、相关行业工程建设主管部门、劳资专管员等基本信息,当地最低工资标准、工资支付日期等基本信息,投诉举报电话、劳动争议调解仲裁申请渠道、法律援助申请渠道等信息;参加总工会信访培训活动,为建筑产业工人提供关于欠薪等问题的便民投诉通道,实行动态管理,确保建筑产业工人举报件全程留痕、去向清楚。依托实名制系统将建筑产业工人合同、每日进场施工等信息实时上传,将企业和建筑产业工人行为纳入全区建筑市场监管服务系统实施线上动态监管。指导26个基层工会建立健全了职工代表大会和职工大会制,100人以上4家企业单位建立了职工代表大会制,并建立了董事会;100人以下单位建立职工大会制,把与职工切身利益相关的经费支出、考核管理、劳动保障等作为职代会审议的重要内容,使企业重大经营方针、目标和涉及职工切身利益的规章制度经职工代表大会或职工大会讨论通过,依法保障职工民主管理和监督权利的落实。

【搭建学习交流平台】协调宁夏建工集团、中国第三建筑集团公司等企业选派年轻优秀管理人员与宁夏建设工程质量安全总站优秀监督干部交流挂职换岗锻炼;鼓励相关企业采取选派技术领军人物到区外参与国内外学术交流或邀请全国著名专家学者来宁讲学等办法,培养高精尖人才;针对建筑设计行业特点,定期开展优秀设计作品和优秀专业团队评选表彰奖励,激励职工创新创造;充分发挥专家团队优势,牵头成立了规划、勘察、设计等各专业行业学会,为全区同行搭建相互交流学习平台,将企业技术资源与全区同行共享,带动全区技术人员共同进步。通过系列提升行动,培养造就了一批具有工匠精神和高超技艺、精湛技能的高技能人才,为我区建筑业高质量发展提供了人才支撑和保障。充分利用宁夏公共招聘网、建筑市场服务群、建筑业企业交流群等服务平台,宣传推送就业创业政策,开展线上招聘服务,进一步拓宽就业渠道,促进产业工人合理流动。

【切实维护女职工利益】鼓励基层工会认真组织"三八"妇女节活动,结合行业女职工现状和特点,开展插花、烘焙、春游爬山等丰富多彩的活动。通过微信群、QQ群等网络渠道,大力宣传《民法典》《女职工劳动保护特别规定》《自治区女职工劳动保护办法》《宁夏妇女权益保障条例》等有关法律法规,开展女职工维权月线上法律问答活动,有效促进妇女"五期"保护等内容落到实处。协调和督促基层工会单位行政主管部门及时拨付专项经费,为女职工开展乳腺癌、宫颈癌"两癌"筛查预防工作,并在全体职工体检时,增加女职工"两癌"普查项目。积极推动"夫妻共同育儿假"政策落地落实,发挥女职工在推动家庭文明建设中的特殊重要作用。

【关心重视会员福利待遇】组织开展"春送温暖、夏送清凉、金秋助学、困难帮扶、关爱女工"等服务。年初制定工作要点对两级工会慰问做出具体安排,对所属基层单位因大病住院、意外伤害等困难群体进行摸底排查,采取两级慰问方式,建设工会负责大病救助职工家访帮扶慰问,基层工会负责对一般困难职工的慰问。夏季高温季节,购置防暑降温物品,组织对100人以上在建工地职工进行现场慰问。重大节日做好对全体会员福利慰问及会员生日、住院、结婚、退休和女职工生育等慰问。对2022年工会全系统发生重大疾病、重大意外伤害、生活深度困难职工进行全面摸底排查，对10名因发生重大疾病造成家庭生活困难的职工，视严重程度情况，分别给予2000—3000元不等的医疗救助，共支付医疗救助费15000元，让困难职工切实感受到工会送去的温暖和关怀。同时加大医疗互助宣传力度，将惠民政策及时传达，动员职工自愿参加职工医疗互助保险，帮助减轻职工住院自费医疗负担。2023年1月中旬，宁夏建设工会领导带领干部进行"送温暖"慰问，询问职工生产、生活等情况，并对相关安全生产工作进行指导，将工会组织的关怀传递到一线工人的心中，及时把组织温暖与关怀送到职工身边，让职工深切感受到"娘家人"的关怀。此后积极督促和协调基层企业工会为在职职工进行定期健康体检，确保宁夏住建系统工会会员身体健康，积极奉献助力住建事业发展。

【加强自身建设】 健全建设工会会议制度、工作人员管理办法等。建立基层工会直通职工群众的网络"直通车"，加强工会上情下达工作和信息报送等工作，提升了工作效率。协调住房和城乡建设厅为工会选调工作人员提供办公室、就餐等便利条件。加强工会财务资产监督管理。在两级工会推行预、决算审批制度，按时完成两级工会预（决）算编报及汇总上报。坚持每两年组织对下级工会经费的审计监督。为基层工会主席和财务会计订购配发了《工会财务文件选编》《新工会会计制度》。2022年，在两级工会全面推行财务新记账软件运用和预（决）算网络汇总，不断提高两级工会财务信息化管理水平，有效提升了工会资金使用效益。在建设工会系统开展"先进职工之家""优秀工会干部""优秀工会积极分子"评选表彰活动，将技术革新、竞赛优胜、抗疫优秀志愿者等先进典型纳入工会先进集体或个人的评选中来，扩大了工会组织凝聚力与影响力。

【严格经费收支预决算】 认真执行《宁夏回族自治区基层工会经费收支管理实施细则》，督促基层工会单位行政按全部职工工资总额的2%足额计提工会经费，按时向税务部门申报代缴工会经费，定期与自治区总工会财务部门核对经费返还情况。依据《工会法》规定，按会员月收入5‰的比例收缴会费（扣除各种奖金、补贴后的实际收入），所收会费全部留在基层用于会员活动，并在年末张榜公示会员缴费明细。严格遵守工会财务规章制度，严格工会经费支出范围，严格规范费用报销审核办理手续，大型活动支出经工会委员会研究决定，杜绝工会经费支出违规情形发生，严禁只注重福利发放而不重视组织职工集体活动开展的单纯福利。根据自治区总工会要求，结合本工会系统实际精心部署工会决算编报工作，26家企事业单位工会决算编报汇总实现全覆盖，确保了在规定期限内科学、精准、顺利完成有关上报工作。

（李有花）

宁夏建设投资集团有限公司工会

【概述】 2022年，在宁夏建投党委和宁夏能源化工冶金通信工会的正确领导下，宁夏建设投资集团有限公司工会（简称建投工会）以习近平新时代中国特色社会主义思想为指导，全面学习贯彻党的二十大精神和自治区第十三次党代会精神，以政治建设为引领，以服务职工为中心，聚焦主责主业，凝聚奋进力量，不断提升工会组织的服务力凝聚力影响力，在加强职工政治引领、深化企业民主管理、维护职工合法权益、推进工会自身建设、统筹抓好疫情防控等方面做了大量富有成效的工作,企业总体运营呈现出稳中提质、稳中向优的良好态势。

【加强职工思想政治引领,着力构筑职工共同奋斗的思想基础】 认真履行工会组织政治责任,牢牢把握正确的政治方向,加强职工思想政治引领,着力构筑职工共同奋斗的思想基础,引导广大职工深入学习贯彻习近平新时代中国特色社会主义思想,习近平总书记视察宁夏重要讲话精神,牢固树立"四个意识"、坚定"四个自信"、做到"两个维护",在政治立场、政治方向、政治原则、政治道路上同以习近平同志为核心的党中央保持高度一致。

【发挥工会职能,维护职工合法权益】 建投工会充分发挥工会职能作用,不断深化企业民主管理,保障职工的知情权、表达权、参与权和监督权。3月27日,召开了宁夏建投第一届第六次职工代表大会暨工会会员代表大会,大会听取并审议通过了《行政工作报告》《财务工作报告》《工会工作报告》,审议通过并签订了《集体合同》《工资集体协商协议书》《女职工权益保护专项集体合同》。

【加大培训力度,进一步提升职工素质】 一是加强职工教育培训,着力培养高素质专业化人才队伍。督促各单位用好职工教育培训经费,鼓励广大职工有针对性地开展技能水平和知识水平提升活动,实现企业和个人同步发展。例如安全员、质检员等七大员培训,造价师、建造师、中级技术工人、特种作业证的培训,鼓励职工持证上岗。选派业务能力强、工作经验丰富的业务骨干与新入职员工签订《师徒协议书》,通过师徒结对模式,营造"学技术、练本领、强素质"的良好氛围。二是紧紧围绕"安全培训提素质,班组管理强基础"竞赛主题,广泛组织开展"安康杯"竞赛活动和劳动、技能竞赛活动,进一步强化职工安全健康防范意识和技能素质提升,推动集团公司安全生产管理水平稳步提高。三是不断加强职工创新创效活动,助力集团人才强企战略的实施。继续加大劳模和技能人才创新工作室的创建力度,积极组织推荐职工创新工作室的成果和专利参加各类奖项评选、展示、交流,推进成果转化应用,集团公司核心竞争力得到明显提高。今年,宁夏建投工会共投入资金35.6万元,建立了5个"职工创新工作室"。创新平台及研发机构持有量30个,与上年同期相比增长30%。获得自治区科技研发一般项目1项(宁夏德坤);获得全国绿色建造竞赛活动一类成果1项(宁夏美术馆工程建设项目),填补了宁夏在该奖项一类成果的空白;获得全国第六届BIM大赛成果4项(2项二类、2项三类);通过27项自治区级工法(全区45项),创历史最好成绩;2022年度宁夏建投科技计划项目通过23项(全区46项),立项评审均为全区总量第一;通过1项发明专利、20项实用新型专利。

【选树培育先进典型】 职工华光荣获自治区"五一"劳动奖章,王海琳荣获"自治区三八红旗手"荣誉称号,武纯波同志荣获全区群众体育先进个人称号。

【建立关心关爱长效机制】 慰问生病、住院职工及去世职工家属,投入资金5.7万元,春节前夕慰问95名困难职工家庭,投入资金52.2万元,持续开展"冬送温暖 夏送清凉"活动,为奋战在一线的职工送去茶叶、冰糖、羊肉等物品,投入资金47.83万元,购买中卫徐套村140.47吨硒砂瓜慰问施工一线职工,投入资金30.9万元,动员职工为集团公司帮扶村考上大学的困难家庭学生开展"金秋助学"捐款活动,捐款金额 13.78 万元,积极组织 3288 名职工参加职工医疗互助活动,参保金额 16.44 万元。

【推进企业文化建设,增强工会组织活力】 按照常态化疫情防控要求,积极探索创新职工服务阵地和活动载体,探索开展小型多样化的文体活动,因地制宜开展内容丰富、形式多样的群众性文体活动,满足职工日益增长的美好生活需求。集团工会新建立职工文化活动中心 11 个,投入资金 39 万元,进一步丰富了职工文化生活。集团工会相继开展了"喜迎党代会 献礼二十大"主题演讲比赛、"迎新春、猜灯谜、送春联"活动、庆"三八"妇女节系列活动、职工线上运动会等活动,参加自治区国有企业"喜迎党代会 献礼二十大"职工书画摄影展、宁夏能源冶金通信工会"喜迎二十大 建功新时代"职工气(排)球比赛、第八届全国职工书法美术作品征集活动、聚福宝"爱情艺术节"青年交友活动等活动,展现职工风采,凝聚职工力量,以切实行动让理论入心、精神撼心、文化润心。所属各级工会也不同程度地组织开展了一批职工喜闻乐见、形式多样的文体娱乐活动,将企业文化和生产经营中心工作紧密结合,不断丰富职工群众的精神生活。

【助力疫情防控工作】 一是疫情防控期间,建投工会通过钉钉群、电子屏等形式广泛宣传新冠肺炎病毒防控知识,积极组织全体职工接种新冠肺炎疫苗,联系新冠病毒疫苗流动接种车为职工接种第三针加强针,职工疫苗接种率达到 90% 以上。二是自 9 月 20 日以来,献血人群减少,银川市献血点采集量急剧下降,各型血液库存严重紧缺,宁夏建投工会第一时间发出《无偿献血倡议书》,多家单位积极响应无偿献血号召,动员广大职工踊跃参与无偿献血活动。三是在"9·20"疫情防控关键时刻,集团公司主动担当,率先垂范,参与援建中宁方舱医院项目、援建中宁体育馆北侧隔离点项目,承担了全区 215 个家属区,800 余万平方米,10 余万户,近 30 万居民的疫情防控工作;承担了银川市 1000 余家医疗机构涉疫医疗废物处置;48 名党员下沉一线,配合银川各辖区开展防疫工作,为全面打赢疫情阻击战作出了积极贡献。四是工会先后筹措资金 38.4 多万元购置了防疫物资和方便食品,配送到了疫情防控一线,及时将工会组织的关心和温暖送到每一位坚守岗位职工的心坎上。

(张洁莹)

宁夏金融工会

【概述】 2022 年,宁夏金融工会在中国金融工会、自治区总工会和宁夏银保监局党委的领导与大力支持下,强化思想政治引领,不断增强政治性、先进性和群众性,充分发挥工会的桥梁纽带作用,团结引领金融系统广大干部职工奋力拼搏,为支持宁夏地方经济高质量发展,防范化解金融风险贡献宁夏金融力量。

【强化思想引领】 坚持以习近平新时代中国特色社会主义思想为指导,深入学习宣传党的二十大精神,贯彻落实习近平总书记关于工人阶级和工会工作的重要论述,团结引领广大金融职工切实增强"四个意识"、坚定"四个自信"、做到"两个维护"。开展"同上一堂思政课"职工思想政治教育活动,推进习近平新时代中国特色社会主义思想进基层。发挥"新时代金融职工讲习堂"宣传引领作用,打造金融系统职工"讲""习"阵地,固原农商行被中国金融工会选树为"优秀新时代金融职工讲习堂单位"。

【丰富文化生活】 积极开展"中国梦·劳动美·金融情——喜迎二十大 建功新时代"系列活动,举办宁夏金融系统"中国梦·劳动情·金融情——喜迎二十大 建功新时代"职工演讲比赛,展示宁夏金融职工昂扬向上的精神风貌。组织女职工参加"三八大课堂""玫瑰书香 悦读畅享""提升幸福力"主题实践活动,培育和践行社会主义核心价值观。组织金融职工参加"喜迎二十大 健步新时代"线上健步走活动,提高职工身体素质,激发工作热情。发挥文体协会作用,丰富职工文化生活,开展"送万福 进万家"书画公益活动,为职工送上新春的祝福;举办"喜迎党的二十大——金融系统书法美术摄影作品展",用艺术作品歌颂伟大的党,迎接党的二十大胜利召开。

【开展评先创优,弘扬劳模精神】 认真组织各级五一劳动奖及"三八"红旗手(集体)等推荐评选工作,1家银行机构荣获全国工人先锋号荣誉称号,1人荣获自治区"五一"劳动奖章,1家银行机构荣获全国金融五一劳动奖状,1家保险机构荣获全国金融先锋号,4名金融职工荣获全国金融五一劳动奖章。1人及1家机构分别荣获"自治区三八红旗手(集体)"荣誉称号,在金融系统职工中大力弘扬劳模精神。

【帮扶解困送温暖,维护职工权益】 认真开展宁夏金融系统困难职工帮扶和"送温暖"活动,努力做职工群众的贴心人。2022年,宁夏金融工会共慰问困难职工55人,发放困难补助资金13.9万元。扎实开展职工安全生产工作,组织职工参加"安康杯"——全国职工新《安全生产法》知识竞赛答题竞赛活动。积极办理自治区总工会交办的维权投诉,依法维护职工合法权益。

【齐抓共建,提升建家水平】 宁夏金融工会积极向中国金融工会申报辖区金融机构"共建职工之家"1家,"共建女职工关爱室"3家,将中国金融工会划拨的13万元共建资金拨付共建单位。积极开展宁夏金融工会本级共建活动,确定辖区5家金融机构为2022年宁夏金融工会"共建女职工关爱室"共建单位,拨付共建资金5万元。开展模范职工之家复查工作,强化模范职工之家动态监督管理,保持模范职工之家的先进性,发挥典型示范引领作用。

(翟 文)

中国工商银行
宁夏分行工会

【概述】 2022年,工行宁夏分行工会扎实履行各项职能责任,抓重点、办实事、聚焦点、出亮点,力促常规工作有发展,重点工作有突破,整体工作有提升,较好地完成了各项工作任务,工会组织的建设更坚强有力、工会服务的底色更饱满浓厚、工会活动的成色更润泽鲜亮。2022年,工行宁夏分行工会被自治区全民健身领导小组授予"全区群众体育先进单位"荣誉称号。

【全面推进依法建会】 为加强和规范各级工会组织,根据工会工作相关法规条例和总行党委《关于推进工会组织建设的通知》部署,分行工会在吃深吃透上级文件精神的基础上,准确把握政策导向,充分结合本行实情,研究制定了《工行宁夏分行推进工会组织建设工作方案》,成立了筹备领导小组和工作机构,印发了《工行宁夏分行工会会员代表大会实施细则》和《工行宁夏分行工会选举工作细则》,按照自下而上、逐级实施的方式,分两步走推进辖内各级工会建立会员代表大会制度,规范工会组织选举工作。第一阶段,推进支行及分行机关工会组织建设。工行宁夏分行采取扁平化管理架构,分行下设18家一级支行和分行机关本部,筹备领导小组针对各下级工会存在的情况,加强工作指导,分类转发了《中华人民共和国工会法》《中国工会章程》《基层工会会员代表大会条例》《工会基层组织选举工作条例》《关于工会组织建设推进工作各环节操作要求及注意事项》等指导性文件,逐个对下级工会会员代表大会的代表规模构成、会议议程、"三委会"(工会委员会、工会经费审查委员会、工会女职工委员会)名单、选举办法等进行审核把关,指导推动辖内18家一级支行和分行机关工会召开了会员代表大会,逐步建立了工会委员会。第二阶段,推进分行工会组织建设。在各支行及分行机关选举产生工会委员会的基础上,分行按照工会法规条例和规定程序,确定了分行工会会员代表大会的代表规模和名额分配方案,提出了宁夏分行"三委会"候选人建议名单,经分行党委研究同意后,报总行工会审查,其中工会主席候选人建议名单同时报总行党委组织部审查。总行批复同意后,逐步完成了宁夏分行工会会员代表大会的各项会前准备工作。

【一届一次会员代表大会】 2022年7月25日,工行宁夏分行召开了工会第一届会员代表大会第一次会议,分行党委书记、行长张志勇,党委副书记、副行长涂晓光参加会议,党委委员兼工会工作委员会主任、副行长李锋主持会议。会议选举产生了工行宁夏分行第一届工会委员会、第一届经费审查委员会和第一届女职工委员会,完成了由原"工会工作委员会"向"工会委员会"的变更选举程序,并同日召开了工行宁夏分行第一届工会委员会第一次会议,选举产生了工会主席李锋、工会副主席杜娟、工会经审委主任张建桥以及女工委主任王艳宁,工行宁夏分行工会依法建会、依法管会、依法履职、依法维权的步伐愈发稳健。

【四届一次职工代表大会】 2022年11月4日,工行宁夏分行召开了第四届职工代表大会第一次会议,审议通过了工行宁夏分行《三届五次职代会提案办理情况》《四届一次职代会提案征集及答复情况》《2022年三季度经营管理及经营发展情况》《2022年

三季度财务经营分析》4个报告和《工行宁夏分行分支机构工资总额分配办法(2022年第2版)》《工行宁夏分行绩效薪酬延期支付及追索扣回管理实施细则(2022年版)》2个管理制度,进一步推动了员工行使民主权利、参与经营管理的积极性和主动性。

【逐步完善工作制度】 根据相关法规条例和总行有关办法,2022年分行工会共修订和完善了10项工会制度。一是制定了《宁夏分行工会会员代表大会实施细则》和《宁夏分行工会选举工作细则》,为建立和完善宁夏分行工会会员代表大会制度奠定基础。二是修订了《宁夏分行职工代表大会实施细则》《宁夏分行职工代表大会会议组织规程》《宁夏分行职工代表大会职工代表选举工作规程》《宁夏分行职工代表大会职工代表提案工作规程》4项制度细则,为进一步完善和规范辖内职代会制度,夯实制度基础。三是修订了《宁夏分行工会经费收支管理实施细则》,工会经费的开支标准调高至与总行基本持平,财务支出集体审议流程作出了更为具体的补充说明。四是制定了《宁夏分行工会采购实施细则》,对纳入分行工会采购的项目范围进行了明确的界定。五

是制定了《宁夏分行工会送温暖资金使用实施细则》，对送温暖资金的政策衔接作出了有效补充。六是制定了《宁夏分行工会工作目标管理考核办法(2022年版)》，为有效提升全辖工会工作质效建立了抓手。

【推先创优】2022年，分行工会扎实开展全国、金融系统、中国工商银行等各层级"五一"劳动奖、先锋号、巾帼奖的推荐申报工作，宁夏分行营业部顾秀楠荣获了2022年度总行级"五一"劳动奖章及全国金融"五一"劳动奖章，宁夏分行营业部营业室被授予2022年度"全国金融先锋号"荣誉称号。为了组织动员广大女职工认真贯彻落实总分行党委战略部署，积极助力旺季营销活动深入开展，宁夏分行工会举办了"旺季营销巾帼能手"专项评选活动，宁夏分行营业部顾秀楠等7名同志荣获了宁夏分行"旺季营销巾帼能手"荣誉称号，永宁支行营业室张瑞婷荣获了2022年度总行级"旺季营销百名巾帼能手"荣誉称号，打造标杆旗帜、营造敬业风尚。

【开展全员健身活动】近年来，工行宁夏分行工会在分行党委的高度重视和大力支持下，制定了详细的全员健身工作方案，大力推动全行员工健身活动蓬勃开展。一是确保全员健身资金支持。在严格落实疫情防控政策的前提下，2022年，分行工会为全辖各基层工会拨付健身活动专项经费524200元，用于补贴各下级工会自行开展健身活动。二是建立文体活动协会俱乐部。成立了乒乓球、羽毛球、气排球、篮球、足球、八段锦、健步走等10多个文体活动协会及俱乐部，对组织活跃、活动经常、队伍稳定的俱乐部，分行工会给予提供活动场地、适当补贴经费的活动支持，并且以俱乐部为阵地，多渠道引进外部专业师资力量，开办了乒乓球、气排球、八段锦等各类兴趣培训班。三是加强健身设施建设。通过不断的升级改造，宁夏分行的18家一级支行中，14家县域支行均建有职工之家活动场所，4家银川地区支行虽受建筑空间限制，但均为员工配备了小型运动器材，惠及员工2600多人，最大限度地发挥了职工之家健身基地作用。四是广泛开展赛事活动。分行工会每两年举办一次全行职工运动会，涵盖篮球、气排球、乒乓球、羽毛球四大球类竞技项目和"同舟共济""众星捧月""超级汉诺塔""车轮滚滚""一脚定乾坤"等各种趣味项目场地赛，深受员工喜爱。

(刘季红)

表彰先进与通报

中华全国总工会关于表彰2022年全国五一劳动奖和全国工人先锋号的决定

总工发〔2022〕6号

2021年是党和国家历史上具有里程碑意义的一年，以习近平同志为核心的党中央团结带领全党全国各族人民，隆重庆祝中国共产党成立一百周年，如期打赢脱贫攻坚战，如期全面建成小康社会、实现第一个百年奋斗目标，开启全面建设社会主义现代化国家、向第二个百年奋斗目标进军新征程。在这一年里，全国广大职工紧密团结在以习近平同志为核心的党中央周围，充分发挥工人阶级主力军作用，积极投身疫情防控和经济社会发展各项工作，推动"十四五"实现良好开局，为我国发展取得新的重大成就作出了突出贡献，涌现出一大批先进集体和先进个人。为进一步增强新时代工人阶级的自豪感和使命感，营造劳动光荣的社会风尚和精益求精的敬业风气，中华全国总工会决定，授予北京奥林匹克公园管理委员会等200个单位全国"五一"劳动奖状，授予邹平等966名职工全国"五一"劳动奖章，授予北京市西城区疾病预防控制中心疫情防控应急队等956个集体全国工人先锋号。

希望受表彰的先进集体和先进个人珍惜荣誉、再接再厉，顽强拼搏、再创佳绩，用干劲、闯劲、钻劲鼓舞更多的人，激励广大劳动群众提高技术技能水平，焕发创新创造活力，奋进新征程，建功新时代，书写劳动创造幸福、技能成就梦想的新篇章。

2022年将召开中国共产党第二十次全国代表大会。中华全国总工会号召全国广大职工，更加紧密地团结在以习近平同志为核心的党中央周围，坚持以习近平新时代中国特色社会主义思想为指导，深入学习贯彻习近平总书记致首届大国工匠创新交流大会的贺信精神，深刻领悟"两个确立"的决定性意义，增强"四个意识"、坚定"四个自信"、做到"两个维护"，坚定不移听党话、矢志不渝跟党走，大力弘扬劳模精神、劳动精神、工匠精神，勤学苦练、深入钻研，勇于创新、敢为人先，为推动高质量发展、实施制造强国战略、全面建设社会主义现代化国家贡献智慧和力量，以实际行动迎接党的二十大胜利召开。

附件：2022年全国五一劳动奖和全国工人先锋号名单

附件

2022年全国五一劳动奖和
全国工人先锋号名单

（宁夏回族自治区）

全国五一劳动奖状

宁夏伊利乳业有限责任公司

宁夏国有资本运营集团有限责任公司

宁夏建材集团股份有限公司

全国五一劳动奖章

衣立东　国网宁夏电力有限公司党委
　　　　书记、董事长，教授级高级工程师

杜银学　共享智能装备有限公司研发
　　　　工程师，高级工程师

王再望　宁夏隆基宁光仪表股份有限公司
　　　　产品研发项目经理，工程师

王金华(回族)　贝利特化学股份有限公司
　　　　　　　生产部长，技师

戚　政　国家电投集团宁夏能源铝业有限
　　　　公司宁东铝业分公司电解三车间
　　　　电解二工区工区长，高级工

王　瑛(女)　国家税务总局永宁县税务局
　　　　　　办公室主任

贾绍斌　宁夏医科大学总医院副院长，
主任医师

文　琦　宁夏大学地理科学与规划学院
　　　　副院长，教授

马　杰(女,回族)　宁夏职业技术学院
　　　　　　　　商学院副院长,教授,技师

全国工人先锋号

宁夏宝丰能源集团股份有限公司烯烃一厂
聚丙烯工艺三班

宁夏维尔铸造有限责任公司铸钢造型工段

吴忠仪表有限责任公司高端阀事业部装配班

固原福苑实业有限公司后厨部

宁夏科豪陶瓷有限公司六号生产线班组

宁夏交投高速公路管理有限公司隧道工
作站

国家开发银行宁夏回族自治区分行客户
三处

宁夏广播电视台融媒体新闻中心

中色(宁夏)东方集团有限公司钒氮车间氮
化班组

中华全国总工会 应急管理部 国家卫生健康委员会 关于表彰2020—2021年度全国"安康杯" 竞赛活动先进集体和优秀个人的决定

总工发〔2022〕12号

2020年以来,全国各条战线的广大干部职工坚持以习近平新时代中国特色社会主义思想为指导,深入贯彻落实党的十九大和十九届历次全会精神,按照党中央、国务院关于加强安全生产和职业病防治工作的决策部署,紧紧围绕"强意识,查隐患,促发展,保竞赛"主题,积极开展以职工安全健康教育培训、立足岗位查隐患、企业安全文化建设等为主要内容的"安康杯"竞赛活动,为促进全国安全生产和职业病防治工作持续稳定好转作出了积极贡献。截至2021年底,参赛企业数达65.4万多家,参赛职工数达1.35亿人左右。在竞赛活动中,涌现出一大批先进集体和优秀个人。为表彰先进、树立典型,进一步激发广大干部职工干事创业的积极性,中华全国总工会、应急管理部、国家卫生健康委员会决定,授予中建二局华北公司北京分公司等600家企事业单位2020—2021年度全国"安康杯"竞赛活动优胜单位称号;授予蒙牛乳业(北京)有限责任公司运营处丙班飞跃班组等800个班组2020—2021年度全国"安康杯"竞赛活动优胜班组称号;授予中铁十六局集团第四工程有限公司等170个组织单位2020—2021年度全国"安康杯"竞赛活动优秀组织单位称号;

授予北京首钢股份有限公司工会牛科等200名个人2020—2021年度全国"安康杯"竞赛活动优秀个人称号。

希望受到表彰的先进集体和优秀个人珍惜荣誉,再接再厉,立足新起点,创造新业绩。希望全国各企事业单位深入学习贯彻落实习近平总书记关于安全生产重要论述,坚持"人民至上、生命至上",认真履行好维护职工群众安全健康合法权益的职责。各级工会组织要认真总结经验,加大宣传教育力度,勇于创新、真抓实干,团结动员广大职工群众积极行动起来,扎实做好各领域安全生产工作,以实际行动迎接党的二十大胜利召开。

附件:1.2020—2021年度全国"安康杯"竞赛活动先进集体名单

2.2020—2021年度全国"安康杯"竞赛活动优秀个人名单(略)

中华全国总工会
应急管理部
国家卫生健康委员会
2022年7月18日

附件1

2020—2021年度全国"安康杯"竞赛
活动先进集体名单

（宁夏回族自治区）

一、优胜单位

共享装备股份有限公司

银川市公共交通有限公司

宁夏然尔特实业集团有限公司

宁夏盈氟金和科技有限公司

宁夏瑞科新源化工有限公司

固原中燃城市燃气发展有限公司

国网宁夏电力有限公司信息通信公司

宁夏交通建设股份有限公司

中国大唐集团有限公司宁夏分公司

宁夏和宁化学有限公司

二、优胜班组

宁夏哈纳斯燃气集团有限公司宁夏回族自治区管网运行部金凤所

宁夏如意科技时尚产业有限公司二分厂细纱丙班

宁夏天地奔牛实业集团有限公司锻造分厂750kg空气锤零件组

宁夏神州轮胎有限公司成型车间甲班

宁夏天利丰能源利用有限公司生产运行班

宁夏鼎盛阳光环保科技有限公司电控班

宁夏金昱元广拓能源有限公司聚合班组

宁夏铭岛铝业有限公司安全环保部

宁夏润夏能源化工有限公司生产技术部电气组

国网宁夏电力有限公司超高压公司无人机班

宁夏邮政公司机要局投递班

宁夏公路桥梁建设有限公司省道303线汝箕沟口至白芨沟段公路第二合同段

自治区煤炭地质局石嘴山煤层气预探项目组

宁夏宁东铁路有限公司机辆段车辆运用车间古窑子综合检修所

宁夏西干渠管理处第三管理所

宁夏睿源石油化工有限公司生产技术部化验班

三、优秀组织单位

银川市总工会

吴忠市总工会

国网宁夏电力有限公司宁东供电公司

国家能源集团宁夏电力有限公司

中华全国总工会 中共中央宣传部 中央文明办 工业和信息化部 商务部 国务院国资委关于表彰第十七届全国职工职业道德建设标兵单位、标兵个人和先进单位、先进个人的决定

总工发〔2022〕16号

自2019年第十六届全国职工职业道德建设评选表彰活动以来，全国各企事业单位始终坚持以习近平新时代中国特色社会主义思想为指导，深入学习贯彻党的十九大和十九届历次全会精神，深刻领悟"两个确立"的决定性意义，不断增强"四个意识"、坚定"四个自信"、做到"两个维护"，以崇高道德感召鼓舞职工，以模范榜样示范引领职工，牢固树立中国特色社会主义共同理想，大力培育和践行社会主义核心价值观，持续深化职工职业道德建设，涌现出一大批爱岗敬业、事迹突出、群众认可、具有鲜明时代特征、典型性示范性强的先进典型。

为认真学习宣传贯彻党的二十大精神，加强以职业道德为重点的"四德"建设，发挥荣誉表彰的精神引领、典型示范作用，推动明大德、守公德、严私德，引导广大职工群众形成善良的道德意愿、道德情感，培育正确的道德判断和道德责任，自觉把先进典型的榜样力量转化为崇德向善、敬业奉献的生动实践，全国总工会、中央宣传部、中央文明办、工业和信息化部、商务部、国务院国资委组成的全国职工职业道德建设指导协调小组决定，授予天津市振华物流集团有限公司等20个单位"全国职工职业道德建

设标兵单位"称号，公雪杰等20名同志"全国职工职业道德建设标兵个人"称号；授予北京城建集团有限责任公司工程总承包部等50个单位"全国职工职业道德建设先进单位"称号，刘博强等50名同志"全国职工职业道德建设先进个人"称号，并予以表彰。

希望受到表彰的单位和个人珍惜荣誉、再接再厉，全面学习领会党的二十大精神，紧密结合实际，把思想和行动统一到党的二十大精神上来，坚定不移把党的二十大提出的目标任务落到实处，更好发挥榜样示范作用，始终做道德的践行者、精神的引领者、时代的奋斗者。各地要认真贯彻落实《新时代公民道德建设实施纲要》，深入推进职工职业道德建设，宣传职工职业道德先进事迹，大力弘扬劳模精神、劳动精神、工匠精神，推动形成崇德向善、见贤思齐、德行天下的浓厚氛围。各企事业单位和广大职工要以先进典型为榜样，学先进、赶先进、当先进，用实际行动践行道德规范，为全面建设社会主义现代化国家、全面推进中华民族伟大复兴而团结奋斗。

附件：1.第十七届全国职工职业道德建设标兵单位、标兵个人名单

2.第十七届全国职工职业道德建设先进单位、先进个人名单

中央文明办
工业和信息化部
商务部
国务院国资委
2022年11月1日

中华全国总工会
中共中央宣传部

附件1

第十七届全国职工职业道德建设
标兵单位、标兵个人名单

一、标兵单位(20个)

振华物流集团有限公司

中国雄安集团有限公司

山西北方铜业有限公司

吉林省中医药科学院

中车齐齐哈尔机车车辆有限公司

中国劳动组合书记部旧址陈列馆

国家税务总局肥城市税务局

中国葛洲坝集团第一工程有限公司

湖南省疾病预防控制中心

广西防城港核电有限公司

国网重庆市电力公司市南供电分公司

中建二局四川结构装配式建筑有限公司

云南省镇康县疾病预防控制中心

水电三局(西藏)工程建设有限公司

青海省西宁高等级公路路政执法支队

新疆铁道勘察设计院有限公司

新疆生产建设兵团第一师阿拉尔医院

首都机场集团有限公司北京大兴国际机场阳光融和医院

中央党校(国家行政学院)学习时报社总编室

二、标兵个人(20名)

公雪杰　北京科兴生物制品有限公司高级注册总监

孟庆忠　冀中能源张家口矿业集团有限公司尚义煤矿桂沟山林场护林员

张永刚　内蒙古第三建筑工程有限公司电工组组长

魏香颖　阜新市体育运动学校国家级教练

葛金环　吉林三三零五机械厂三车间书记

崔慧然　无锡透平叶片有限公司工艺研究所所长兼热部件车间主任

梁　骏　杭州国芯科技股份有限公司首席技术专家

周　锋　安徽智飞龙科马生物制药有限公司生产副总监

邱卫华　福建省海洋与渔业执法总队执法船长

黎　刚　国网江西省电力有限公司萍乡供电分公司变电运维班班长

张鹏程　河南省周口市太康县清集镇二郎庙小学校长

邱　军　湖北省襄阳市襄州区公安局肖湾派出所副所长

卢进延　广东省地球物理探矿大队副主任工程师

陈　晶　海口市人民医院放射科主任

哈弄夺机　中国邮政集团有限公司四川省

	若尔盖县邮政分公司网运投递组长兼乡邮投递员	马小利	中铁二十一局集团有限公司钢构班班长
李勋春	贵州新绰建筑物清洁服务有限责任公司环卫工人	杨鸿胜	宁夏公安厅银川市公安局交警分局宣传科民警
吴逢英	西安公交巴士股份有限公司217路高星级驾驶员	戴建军	中国铁路上海局集团有限公司合肥机务段动车组司机

附件2

第十七届全国职工职业道德建设
先进单位、先进个人名单

一、先进单位（50个）

北京城建集团有限责任公司工程总承包部
北京首汽（集团）股份有限公司
天津桂发祥十八街麻花食品股份有限公司
涿州市立马物流有限公司
华阳新材料科技集团有限公司
内蒙古自治区苏尼特右旗乌兰牧骑
内蒙古电力（集团）有限责任公司乌海超高压供电分公司
辽宁省沙地治理与利用研究所
中车大连机车车辆有限公司
长春欧亚卖场有限责任公司
大庆油田有限责任公司装备制造集团容器制造分公司
上海医药物流中心有限公司
江苏今世缘酒业股份有限公司
国网江苏省电力有限公司扬州供电分公司
贝达药业股份有限公司
浙江舟山北向大通道有限公司
安徽青松食品有限公司
合肥维天运通信息科技股份有限公司
武夷学院
福鼎市公安局交通警察大队
九江市医疗急救中心
赣州市安远县市政公用事业服务中心
济南市机械化清扫大队
国家税务总局新密市税务局
中国平煤神马能源化工集团有限责任公司铁路运输处
中国人民解放军第五七一三工厂
拓维信息系统股份有限公司
中国建筑第二工程局有限公司华南分公司
马可波罗控股股份有限公司
环江毛南族自治县高级中学
中国建筑第二工程局有限公司海南分公司
重庆嘉陵特种装备有限公司
蜀道投资集团有限责任公司
国家税务总局黔西南州税务局
毕节市消防救援支队
中国邮政集团有限公司云南省永胜县分公司
中国水利水电第三工程局有限公司
陕西白鹿原旅游文化发展有限公司
金川集团铜业有限公司
甘肃省中医院肺病科
青海物产工业投资有限公司
银川市公共交通有限公司

宁夏伊利乳业有限责任公司

新疆交投建设管理有限责任公司

国家税务总局石河子税务局

中国铁路郑州局集团有限公司郑州站

中铁大桥局集团第六工程有限公司

中国民航信息集团有限公司沈阳民航东北凯亚有限公司

中信建筑设计研究总院有限公司

国家医疗保障局医药价格和招标采购司招标采购处

二、先进个人(50名)

刘博强　北京首钢园运动中心运营管理有限公司制冰扫冰师

黄　旭　国网天津市电力公司城东供电分公司运维检修部计划技术室主任兼综合管理党支部书记

郑卫红　中铁十八局集团有限公司天津地铁4号线项目经理兼天津地铁8号线项目副书记

陈建权　石家庄市公共交通总公司一路车队驾驶员

马淑芳　大同市家怡养老院党委书记、院长

梁友平　晋中市第二人民医院心内科主任

胡振国　中国邮政速递物流股份有限公司呼和浩特市分公司快递揽投员

张腾蛟　沈阳鼓风机集团股份有限公司透平总装车间焊工

白　雪　松原吉林油田医院皮肤科副主任医师

郭　庆　中国邮政集团有限公司哈尔滨市平房区分公司寄递事业部平房投递支局揽收员

那永光　黑龙江省农垦科学院水稻研究所所长

周　菁　上海华力集成电路制造有限公司制造部部长

王佳俊　上海歌舞团有限公司艺术总监、助理、荣典首席演员

戴祝泉　龙信建设集团有限公司项目PC吊装技术员

竺士杰　宁波北仑第三集装箱码头有限公司桥吊班大班长

胡建东　安徽天鹅湖大酒店有限公司行政总厨

黄惠珠　南靖县第一中学艺术组组长

李幼莲　江西新余市渝水区第三中学高级教师

刘　民　山东特种工业集团有限公司首席焊接技师

孙日新　山东港口青岛港大港分公司设备主管

韩丽萍　郑州大学第一附属医院妇产科副主任

李鑫强　中铁大桥局集团武汉地产有限公司副总经理、高级工程师

何　玮　国家税务总局湘潭市税务局党委书记、局长

彭　云　中南大学湘雅医院护士长

黄娟敏　深圳市南山区人民法院知识产权审判庭庭长

韦　球　南宁市第一人民医院党委委员、副院长、主任医师

黄文宣　广西华锡矿业有限公司铜坑矿业分公司出矿工区副区长

谢金科　重庆市北碚区园林绿化管理处新城组组长

唐光文　重庆首键药用包装材料有限公司总经理、总工程师

郑宗溪　中铁二院工程集团有限责任公司副指挥长

李远伟　贵州豫能投资有限公司永贵能源矿山救护大队中队长

李松涛　云南燃一化工科技有限责任公司高级机械工程师

张　琳　云南省西双版纳傣族自治州人民
　　　　医院产科副主任、副主任医师

罗布央吉　中国石化销售股份有限公司
　　　　　西藏石油分公司安数部副经理

王　勇　陕西省商洛市柞水县中医医院
　　　　业务副院长

买全友　中国邮政集团有限公司平凉市
　　　　崆峒区分公司投递员

张锦梅　西宁市林业科学研究所所长

吕　波　国家税务总局青海省税务局
　　　　政策法规处处长

刘伯飞　宁夏回族自治区第四人民医院
　　　　重症医学科副主任、呼吸内科
　　　　副主任医师

李　兰　中华人民共和国阿拉山口海关
　　　　技术中心副主任

胡雅群　新疆交通建设管理局项目执行
　　　　三处第六项目指挥部指挥长

秦英煜　新疆生产建设兵团第六师
　　　　一〇二团学校教师

王明明　新疆大安特种钢有限责任公司
　　　　安全总监

严爱国　中铁第四勘察设计院集团有限
　　　　公司副总工程师

杨　磊　西部机场集团宁夏机场有限公司
　　　　地面服务分公司机务工程队维修
　　　　放行员

杨祎平　东方航空技术有限公司甘肃
　　　　分公司副总经理

李二国　中国人民财产保险股份有限公司
　　　　阜平支公司经理

倪　见　招商银行总行私人银行部投资顾问

贺龙涛　中央网信办国家计算机网络应急
　　　　技术处理协调中心处长

李海兵　中国地质科学院地质研究所大陆
　　　　动力学研究室主任

自治区总工会关于表彰自治区"五一"劳动奖和自治区工人先锋号的决定

宁工发〔2022〕27号

近年来,全区广大职工坚持以习近平新时代中国特色社会主义思想为指导,深入学习贯彻习近平总书记视察宁夏重要讲话精神,全面贯彻落实习近平总书记关于工人阶级和工会工作的重要论述,在主动融入新发展阶段、贯彻新发展理念、构建新发展格局、推动高质量发展中充分发挥主力军作用,为我区经济建设、政治建设、文化建设、社会建设和生态文明建设作出了突出贡献,涌现出一大批先进集体和先进个人。为进一步增强新时代工人阶级的自豪感和使命感,营造劳动光荣、知识崇高、人才宝贵、创造伟大的社会风尚,报经自治区党委同意,决定授予银川威力传动技术股份有限公司等15个单位自治区"五一"劳动奖状,王小牛等60名职工自治区"五一"劳动奖章,授予银川隆基硅材料有限公司切片车间分检二班等40个集体自治区工人先锋号。

希望受到表彰的先进集体和先进个人珍惜荣誉、保持本色,谦虚谨慎、戒骄戒躁,继续发挥示范带头作用,用干劲、闯劲、钻劲鼓舞更多的人,激励广大职工群众争做新时代的奋斗者,努力创造无愧于时代的新业绩。

2022年,将召开党的二十大,自治区将召开第十三次党代会。自治区总工会号召全区广大职工更加紧密地团结在以习近平同志为核心的党中央周围,坚定捍卫"两个确立",坚决做到"两个维护",大力弘扬劳模精神、劳动精神、工匠精神,焕发劳动热情,厚植工匠文化,恪守职业道德,将辛勤劳动、诚实劳动、创造性劳动作为自觉行为,爱岗敬业、勤奋工作,锐意进取、勇于创造,不断谱写新时代的劳动者之歌,为加快建设黄河流域生态保护和高质量发展先行区,继续建设经济繁荣、民族团结、环境优美、人民富裕的美丽新宁夏贡献智慧和力量,以优异成绩迎接党的二十大和自治区第十三次党代会胜利召开。

附件:自治区"五一"劳动奖和自治区工人先锋号名单

宁夏回族自治区总工会
2022年4月28日

附件

自治区"五一"劳动奖和自治区工人先锋号名单

自治区"五一"劳动奖状（15个）

银川威力传动技术股份有限公司

宁夏隆基宁光仪表股份有限公司

宁夏盈氟金和科技有限公司

湖南中烟工业有限责任公司吴忠卷烟厂

利安隆（中卫）新材料有限公司

国网宁夏电力有限公司石嘴山供电公司

自治区交通运输综合执法监督局

自治区地质博物馆

宁夏建筑设计研究院有限公司

自治区儿童福利院

国家能源集团宁夏电力有限公司

宁夏银星能源股份有限公司

国家税务总局固原市税务局

宁夏贺兰晴雪酒庄有限公司

宁夏百川新材料有限公司

自治区"五一"劳动奖章（60名）

王小牛	宁夏小牛自动化设备有限公司董事长、总经理
魏晓明	宁夏晓鸣农牧股份有限公司董事长、总经理
徐建华	银川市恒益达机械有限公司创新中心主任
曾建华	宁夏电通物联网科技股份有限公司工程研究中心主任
高 龙	卧龙电气银川变压器有限公司结构车间主任
李晓鹏	银川市公共交通有限公司运营二分公司驾驶员
杨丽丽	百瑞源枸杞股份有限公司研发员
韩 兵	银川三建集团有限公司电工班组长

朱美燕	银川阅海小学常务副校长
武振军	银川市疾病预防控制中心副主任
张 勤	银川市林业（园林）技术推广站林产业科科长
刘力兴	宁夏建龙特钢有限公司炼钢厂厂长
安相园	宁夏天地奔牛实业集团有限公司结构件分厂焊接四组电焊工
刘海建	宁夏恒力钢丝绳有限公司三分厂设备主管
徐建华	埃肯碳素（中国）有限公司国内销售助理
李石峰	石嘴山市第三中学年级部主任
萨仁其其格	平罗县滨河碳化硅制品有限公司销售部经理
赵江伟	宁夏金裕海化工有限公司董事长
马克云	吴忠市富农奶牛养殖专业合作社牧草种植技术员
吴秀勇	宁夏东方裕兴酒庄有限公司酿酒师
路 云	吴忠市朝阳小学校长
武小侠	宁夏鑫浩源生物科技股份有限公司制胶车间丙班班长
朱静涛	吴忠市韵达快递服务有限公司快递员
何成斌	固原市公安局交通警察分局秩序科技大队副大队长
韩明春	彭阳县茹河老年颐养院养老护理员
宋学功	固原市职业技术学校教师
郭小平	顺丰速运（宁夏）有限公司固原分公司快递员
梁 浩	宁夏隆德人造花工艺有限公司生产部经理

张连和　中卫市第一中学副校长

洪明子　宁夏中化锂电池材料有限公司
　　　　副总经理

张文平　港中旅(宁夏)沙坡头旅游景区
　　　　有限责任公司总经理助理

张兴兵　宁夏浩洲建筑工程有限公司
　　　　钢筋班组长

孙尚鹏　国网宁夏电力有限公司电力科学
　　　　研究院设备评价中心物资检测室
　　　　材料检测技术专责

赵淑香　中国邮政集团有限公司银川市
　　　　分公司东城分公司兰亭苑揽投部
　　　　经理

张志涛　宁夏交通建设股份有限公司
　　　　党委书记、董事长

张　峰　宁夏公路管理中心银川分中心
　　　　黄羊滩公路养护站养路工

白亚东　自治区地球物理地球化学调查院
　　　　院长

吴忠海　自治区党委编办事业单位登记
　　　　管理局二级调研员

晋　阳　中共宁夏区直机关工委组织部部长

张浩懋　自治区生态环境污染防治中心
　　　　综合科科长

王　琼　自治区党校党史党建教研部主任

王　骋　自治区教育信息化管理中心主任

梁小军　宁夏农林科学院动物科学研究所
　　　　所长

马江涛　自治区疾病预防控制中心毒理学
　　　　检验科科长

华光荣　宁夏建设投资集团有限公司党委
　　　　书记、董事长

陈　坚　中国石油天然气股份有限公司
　　　　宁夏石化分公司党委书记、
　　　　执行董事

马世清　中国石油天然气股份有限公司
　　　　长庆油田分公司第三采油厂厂长

陈鹏程　国家能源集团宁夏煤业煤制油
　　　　分公司气化一厂二车间主任

任　涛　中国电信集团系统集成有限责任
　　　　公司宁夏分公司副总经理

何　波　宁夏电投热力有限公司副总工程
　　　　师、生产运行部主任

宋纪红　中国石化长城能源化工(宁夏)
　　　　有限公司聚乙烯醇运行部值班长

白虎虎　中色(宁夏)东方集团有限公司
　　　　中色新材机电维修分厂技师

唐笛华　电国际宁夏能源发电有限公司
　　　　规划协调部专工

杨　奇　自治区兽药饲料监察所所长

郝　峰　宁夏农垦贺兰山奶业有限公司
　　　　总畜牧师

李晓娟　宁夏贺兰山国家级自然保护区
　　　　管理局林政资源保护科科长

陈建水　吴忠监狱十二监区监区长

马　钊　中国银行保险监督管理委员会
　　　　宁夏监管局二级主任科员

陈　廷　宁夏宝廷新能源有限公司董事长

唐　凯　宁夏泰和芳纶纤维有限责任公司
　　　　副总经理

自治区工人先锋号(40个)

银川隆基硅材料有限公司切片车间分检二班

银川新华百货商业集团股份有限公司购物中心店物业班组

银川市市场监督管理局兴庆区分局胜利街市场监管所

银川市看守所女子管教大队

宁夏哈纳斯燃气集团有限公司客户响应中心金凤服务大厅

宁夏宁苗生态园林(集团)股份有限公司生态研究院

宁夏力成电气集团有限公司工艺部

宁夏富海物流有限公司铁路专用线班组

宁夏西北骏马电机制造股份有限公司冲剪

车间

　　宁夏苏宁新能源设备有限公司消失模车间

　　石嘴山市安道公共交通有限公司公交1路班组

　　宁夏瑞牧盐池滩羊购销有限公司销售部

　　宁夏新大众机械有限公司电工班

　　宁夏泰富能源仓储有限公司生产部操作班

　　吴忠中创自控阀有限公司技术创新中心

　　吴忠市公安局指挥部

　　宁夏恒丰纺织科技股份有限公司细纱车间丙班

　　宁夏时迈科技集团有限公司综合事业部

　　宁夏天下金盾保安服务有限公司人力资源服务部

　　宁夏好水川食品有限公司熟食车间

　　宁夏金昱元炔烃节能有限公司电石一装置

　　中冶美利云产业投资股份有限公司热电站车间

　　宁夏钢铁(集团)有限责任公司机修发电厂甲班

　　宁夏深中天然气开发有限公司维抢大队

　　宁夏华宝枸杞产业有限公司智能制造生产车间原浆灌装班组

　　自治区交通运输综合执法监督局银川分局灵武执法大队

　　自治区核地质调查院铀矿勘查技术创新团队

　　自治区大柳树水利枢纽工程前期工作中心

　　自治区纪委监委第八审查调查室

　　《宁夏日报》报业集团全媒体技术中心

　　自治区科技特派员创业指导服务中心项目科

　　宁夏西创运通供应链有限公司市场开发部

　　国家能源集团宁夏煤业有限责任公司煤制油化工安装检修分公司动设备三车间钳工三班

　　中国航空油料有限责任公司宁夏分公司银川航空加油站

　　中国大唐集团有限公司宁夏分公司新能源事业部青铜峡场站检维二班

　　宁夏赛马水泥有限公司兰山分厂

　　中国铁路兰州局集团有限公司迎水桥机务段银川动车运用车间

　　银川海关技术中心

　　石嘴山市消防救援支队青山特勤站

　　宁夏银行股份有限公司宁东支行业务发展科

自治区农业农村厅 人力资源和社会保障厅 总工会关于表彰2022年全国行业职业技能竞赛 ——第五届全国农业行业职业技能大赛宁夏赛区获奖单位及个人的决定

宁农(人)发〔2022〕21号

各市、县(区)农业农村局、人力资源和社会保障局、总工会,宁夏农垦集团有限公司:

根据《农业农村部、人力资源社会保障部、中华全国总工会关于举办2022年全国行业职业技能竞赛——第五届全国农业行业职业技能大赛的通知》(农人发〔2022〕6号)要求,结合我区工作实际,自治区农业农村厅、人力资源和社会保障厅、总工会联合印发了《关于举办2022年全国行业职业技能竞赛——第五届全国农业行业职业技能大赛宁夏赛区比赛的通知》(宁农(人)发〔2022〕16号)。2022年8月至9月,自治区农业农村厅畜牧兽医局、农产品质量安全监管处两个赛项组委会组织全区27个市(县、区)农业农村局和宁夏农垦集团有限公司及部分农贸市场,开展了家畜繁殖员、动物检疫检验员、动物疫病防治员、农产品食品检验员等4个职业工种的比赛活动,通过初赛、决赛,涌现出了一批理论扎实、技能熟练、作风优良的单位和选手,为了表彰先进,大力弘扬工匠精神,积极营造重视农业技能、尊重农业农村人才的良好氛围,激发广大农业行业职业技术人员苦练本领和爱岗敬业的热情,宁夏赛区组委会决定对家畜繁殖员、动物检疫检验员、动物疫病防治员、农产品食品检验员(含种植业产品专项、畜禽产品专项、水产品专项)等4个职业工种参加比赛的单位和选手进行表彰(具体名单见附件)。

希望受表彰的单位和选手珍惜荣誉,戒骄戒躁,把取得的成绩当作新的起点,把获得的荣誉当作前进的动力,不忘初心、牢记使命、锐意进取、开拓创新,着力提升全区农业行业职业技术人员的能力水平,更好地在全社会大力弘扬劳模精神、劳动精神、工匠精神,为全面推进乡村振兴,加快农业农村现代化提供有力人才支撑。

附件:1.2022年宁夏赛区家畜繁殖员技能决赛获奖单位和选手及裁判员表彰名单

2.2022年宁夏赛区动物检疫检验员技能决赛获奖单位和选手及裁判员表彰名单

3.2022年宁夏赛区动物疫病防治员技能决赛获奖单位和选手及裁判员表彰名单

4.2022年宁夏赛区农产品食品检验员技能决赛获奖单位和选手及裁判员表彰名单

自治区农业农村厅
自治区人力资源和社会保障厅
自治区总工会
2022年10月24日

附件 1

2022年宁夏赛区家畜繁殖员技能决赛
获奖单位和选手及裁判员表彰名单

一、优秀团体奖名单

第一名 中卫市代表队

第二名 银川市代表队

第三名 吴忠市代表队

二、获奖选手名单

第一名 樊 涛 中卫市正通农牧科技有限公司

第二名 李鹏鹏 宁夏海通达实业有限公司

第三名 张其志 中宁县春源农场有限公司

第四名 李晋全 宁夏农垦灵农生猪产业有限公司

第五名 李小东 宁夏银川湖城万头养殖有限公司

第六名 王永梅 宁夏农垦灵农生猪产业有限公司

三、优秀裁判员名单

黄霞丽 自治区畜牧工作站

赵洪喜 宁夏大学

张秀陶 宁夏职业技术学院

四、颁发参赛证书的人员名单

樊 涛 李鹏鹏 张其志 李晋全

李小东 王永梅 彭建建 郭伟军

杨国强 荀 原 张岁丑 曹 权

附件 2

2022年宁夏赛区动物检疫检验员技能决赛
获奖单位和选手及裁判员表彰名单

一、突出贡献奖名单

宁夏湖城养殖有限公司

二、优秀团体奖名单

第一名 中卫市代表队

第二名 银川市代表队

第三名 吴忠市代表队

三、获奖选手名单

第一名 王波华 沙坡头区农业综合行政执法大队

第二名 马晶环 沙坡头区农业综合行政执法大队

第三名 任 浩 灵武市动物卫生监督所

第四名 黄 涛 中宁县动物卫生监督所

第五名 屠文凯 贺兰县动物卫生监督所

第六名 李文强 青铜峡市动物卫生监督所

四、优秀裁判员名单

李 鑫 中卫市动物疾病预防控制与卫生监督中心

杨晓梅	自治区动物卫生监督所	屠文凯	李文强	田　帅	陆　续
邵俊丽	自治区动物卫生监督所	杨小伟	刘　茜	张继昌	黄丽红

五、颁发参赛证书的人员名单

王波华　马晶环　任　浩　黄　涛

王明宏　李　静　李　亮

附件3

2022年宁夏赛区动物疫病防治员技能决赛
获奖单位和选手及裁判员表彰名单

一、优秀团体奖名单

第一名　吴忠市代表队

第二名　中卫市代表队

第三名　固原市代表队

二、获奖选手名单

第一名　胡　浩　青铜峡市动物疾病预防
　　　　　　　　控制中心

第二名　赵俊波　青铜峡市峡口镇畜牧
　　　　　　　　兽医工作站

第三名　彭丽娟　灵武市动物疾病预防
　　　　　　　　控制中心

第四名　王　楠　青铜峡市小坝镇畜牧
　　　　　　　　兽医工作站

第五名　伏娟丽　中宁县动物疾病预防
　　　　　　　　控制中心

第六名　陈建银　原州区动物疾病预防
　　　　　　　　控制中心

三、优秀裁判员名单

张　涛　宁夏职业技术学院

赵　娜　宁夏农业学校

周海宁　自治区动物疾病预防控制中心

四、颁发参赛证书的人员名单

胡　浩　赵俊波　彭丽娟　王　楠

伏娟丽　陈建银　王　龙　靳翠翠

刘庭伟　马金香　张　军　慕彦彤

蔺　蕙　高　蓉　刘　岩

附件4

2022年宁夏赛区农产品食品检验员技能决赛
获奖单位和选手及裁判员表彰名单

一、优秀团体奖名单

第一名　银川市代表队

第二名　石嘴山市代表队

第三名　四季鲜代表队

二、获奖选手名单

（一）种植产品专项获奖选手名单

第一名　王凤英　宁夏四季鲜农产品质量
　　　　　　　　检验检测有限公司

第二名　胡晓瑜　银川市农产品质量检测
　　　　　　　中心
第三名　李春艳　吴忠市利通区农业服务
　　　　　　　中心
第四名　刘　莎　中卫市农产品质量安全
　　　　　　　检验检测中心
第五名　白　雪　灵武市农产品质量安全
　　　　　　　检验检测站
第六名　王青凤　平罗县农业技术推广
　　　　　　　服务中心

（二）畜禽产品专项获奖选手名单
第一名　冯少红　吴忠市农产品质量安全
　　　　　　　检测中心
第二名　包　娟　银川市农产品质量检测
　　　　　　　中心
第三名　叶宁宁　宁夏四季鲜农产品质量
　　　　　　　检验检测有限公司
第四名　郭淑慧　泾源县农产品质量安全
　　　　　　　检验检测站
第五名　王　硕　宁夏智联检测科学技术
　　　　　　　研究所
第六名　李　洋　红寺堡区农业技术推广
　　　　　　　服务中心

（三）水产品专项获奖选手名单
第一名　杜晓楠　宁夏食品质量监督检验
　　　　　　　二站
第二名　石文伟　石嘴山市农产品质量
　　　　　　　安全中心

第三名　肖　津　宁夏四季鲜农产品质量
　　　　　　　检验检测有限公司
第四名　王　潇　沙坡头区农产品质量
　　　　　　　安全检验检测站
第五名　刘盼盼　宁夏四季鲜农产品质量
　　　　　　　检验检测有限公司
第六名　安　楠　石嘴山市农产品质量
　　　　　　　安全中心

三、优秀裁判员名单
常立群　自治区农业勘查设计院
陈　娟　自治区兽药饲料监察所
祁　萍　自治区水产技术推广站

四、颁发参赛证书的人员名单
王凤英　胡晓瑜　李春艳　刘　莎
白　雪（灵武市）　王青凤　杨兆荣
薛院院　余晓云　白　雪（银川市）
何红艳　张梦莹　王晓荣　李　慧
马晓艳　罗巧霞　马　睿　马　萍
马雪梅　马兰芳　李　斐　冯少红
包　娟　叶宁宁　郭淑慧　王　硕
李　洋　侯晓凤　唐　静　张淑兰
徐文莉　张丽蓉　樊蓉蓉　赵金龙
高　坤　郝慧慧　杨晓梅　杜晓楠
石文伟　肖　津　王　潇　刘盼盼
安　楠　石太斌　陈　静　杨　洋
王梅琴　杜　越　杨　璇　汪丽媛
孙亚琼

自治区文化和旅游厅 自治区总工会 共青团宁夏区委 自治区妇女联合会关于表彰2022年全区星级饭店从业人员服务技能竞赛获奖单位和个人的决定

五市文化和旅游局,各旅游饭店:

由自治区文化和旅游厅、自治区总工会、共青团宁夏区委、自治区妇女联合会共同主办的2022年全区星级饭店从业人员服务技能竞赛已经顺利完成。根据《关于举办2022年全区星级饭店从业人员服务技能竞赛活动的通知》(宁文旅发〔2022〕43号)精神,自治区文化和旅游厅、自治区总工会、共青团宁夏区委、自治区妇女联合会决定对大赛获奖单位和个人予以表彰。

一、前厅服务

一等奖(1名):

马　伊　宁夏红宝九和昌实业有限公司吴忠红宝宾馆分公司

二等奖(2名):

王对玲　盐池宾馆(有限公司)

李　睿　港中旅(宁夏)沙坡头旅游景区有限责任公司(沙漠星星酒店)

三等奖(3名):

李亚强　银川新华联喜来登酒店

王建花　盐池宾馆(有限公司)

解旭东　宁夏星海湖酒店管理有限公司

二、客房服务员

一等奖(1名):

刘彩云　盐池宾馆(有限公司)

二等奖(2名):

杨晓芳　盐池宾馆(有限公司)

徐玉玲　西港航空饭店(固原店)

三等奖(3名):

王丽丽　宁旅酒店集团固原市泾源县源峰酒店

王玲霞　银川立达深航国际酒店有限公司

任聪聪　宁夏工会大厦

三、中餐服务

一等奖(1名):

苗　娜　固原市福苑宾馆

二等奖(2名):

樊佳欣　宁夏星海湖酒店管理有限公司

李梦媛　港中旅(宁夏)沙坡头旅游景区有限责任公司(沙漠星星酒店)

三等奖(3名):

杨淑娟　宁旅酒店集团固原市泾源县源峰酒店

马利利　固原市福苑宾馆

侯雪苗　宁夏红宝九和昌实业有限公司吴忠红宝宾馆分公司

四、西餐服务

一等奖(1名):

张莉蓉　宁夏红宝九和昌实业有限公司吴忠红宝宾馆分公司

二等奖(2名):

郭菊萍　盐池宾馆(有限公司)

高向平　西港航空饭店(固原店)

三等奖(3名):

张海琴　盐池宾馆(有限公司)

孙　旭　东港中旅(宁夏)沙坡头旅游景区
　　　　有限责任公司(沙漠星星酒店)

杨　洋　宁夏悦海会议中心

五、团队奖

团队一等奖(1名)：

盐池宾馆(有限公司)

团队二等奖(1名)：

宁夏红宝九和昌实业有限公司吴忠红宝宾馆分公司

团队三等奖(1名)：

港中旅(宁夏)沙坡头旅游景区有限责任公司(沙漠星星酒店)

六、优秀组织奖

银川市文化旅游广电局、吴忠市文化旅游体育广电局、固原市文化旅游广电局。

希望受表彰的单位和个人以此次获得的荣誉为新起点,戒骄戒躁,再接再厉,再创佳绩;希望全区广大旅游饭店业从业者要向获奖选手学习,立足工作岗位,刻苦钻研技术,努力提升技能水平,掀起全区旅游饭店行业开展岗位练兵和技能培训的新高潮,为建设黄河流域生态保护和高质量发展先行区提供强有力的人才支撑和服务保障。

宁夏回族自治区文化和旅游厅
宁夏回族自治区总工会
共青团宁夏回族自治区委员会
宁夏回族自治区妇女联合会
2022年9月13日

自治区总工会关于地市、产业工会 2021年度工作考核等次的通报

宁工发〔2022〕2号

各市总工会、宁东能源基地工会,各产业工会,区直机关工会,区总各部门:

2021年以来,全区各级工会组织坚持以习近平新时代中国特色社会主义思想为指导,深入学习贯彻习近平总书记关于工人阶级和工会工作的重要论述,全面落实习近平总书记视察宁夏重要讲话和党的十九届六中全会精神,以黄河流域生态保护和高质量发展先行区建设为统领,以坚定的信仰追求悟思想,以真挚的为民情怀办实事,以昂扬的奋斗姿态开新局,以苦干的实绩促发展,全区工运事业展现新气象、取得新成效、迈上新台阶。

为肯定成绩,激励先进,鞭策后进,按照《自治区总工会关于印发2021年度全区工会工作考核实施方案的通知》要求,经区总党组会议研究,确定了2021年度地市、产业工会考核等次,并予以工作经费补助,具体情况通报如下。

一、地级市总工会

一等奖(3个)

银川市总工会

吴忠市总工会

石嘴山总工会

二等奖(3个)

中卫市总工会

固原市总工会

宁东能源基地工会

二、非驻会产业工会

一等奖(2个)

宁夏电业工会

区直机关工会

二等奖(4个)

宁夏邮政工会

宁夏交通工会

宁夏地质工会

宁夏回族自治区人民政府驻北京办事处工会

希望以上单位戒骄戒躁、再接再厉,充分发挥示范带动作用,提振精气神、焕发新活力,奋进新征程、再创新辉煌。考核排名靠后的单位要正视差距、认清形势,认真查找工作中存在的不足和短板,积极研究改进的措施和办法,奋起直追、迎头赶上。全区各级工会组织要对标先进、学习先进,以更加昂扬的斗志、更加饱满的热情、更加蓬勃的朝气,主动担当新使命、奋力展现新作为,团结引领全区广大职工更加紧密地团结在以习近平同志为核心的党中央周围,继续建设美丽新宁夏,以优异成绩迎接党的二十大和自治区第十三次党代会胜利召开!

宁夏回族自治区总工会

2022年1月11日

关于"喜迎党代会·献礼二十大"全区工会经审干部演讲比赛结果的通报

宁工审发〔2022〕8号

各市、县(区)、产业工会经费审查委员会,区直机关工会经费审查委员会,宁东基地工会经费审查委员会:

根据自治区总工会经费审查委员会(以下简称区总经审会)《关于举办"喜迎党代会·献礼二十大"全区工会经审干部演讲比赛的通知》(宁工审发〔2022〕5号)安排部署,区总经审会自今年3月至4月在全区开展工会经审干部演讲比赛初赛,于5月10日下午在银川市职工文化活动中心举行演讲比赛决赛。按照新冠肺炎疫情防控工作要求,本次决赛以视频方式进行。

经过评委在决赛现场观看参赛选手演讲视频评审,朱梦然等同志分别获演讲比赛个人奖一等奖、二等奖、三等奖;银川市总工会等单位获团体奖优秀组织奖,现对比赛结果予以通报表彰。

希望受表彰的同志以此为新的起点,再接再厉,努力在今后的工作中再创辉煌。希望全区工会经审干部向他们学习,按照新时代审计工作新要求,主动适应新形势,积极应对新挑战,为全区工会经审工作高质量发展贡献力量,以优异成绩迎接党的二十大和自治区第十三次党代会胜利召开。

附件:"喜迎党代会·献礼二十大"全区工会经审干部演讲比赛获奖名单

宁夏回族自治区总工会经费审查委员会
2022年5月10日

附件

"喜迎党代会·献礼二十大"
全区工会经审干部演讲比赛获奖名单

个人奖

一等奖（1名）

朱梦然

二等奖（4名）

夏 青 赵心怡 梁思媛 苏 杉

三等奖（5名）

赵 倩 孙 晖 马丽萍 康丹莹

戎明华

团体奖

优秀组织奖（10个）

银川市总工会

石嘴山市总工会

吴忠市总工会

固原市总工会

中卫市总工会

教科文卫体工会

农林水财轻工工会

能源化工冶金通信工会

宁东基地工会

区直机关工会

关于"喜迎党代会·献礼二十大"全区女职工演讲比赛决赛获奖情况的通报

宁工女发〔2022〕9号

各市、县(区)总工会,宁东基地工会,各产业工会、区直机关工会女职工委员会:

为迎接党的第二十次全国代表大会和自治区第十三次党代会胜利召开,根据自治区总工会"中国梦·劳动美——喜迎二十大、奋进新征程"职工主题宣传教育活动总体部署,自治区总工会女职工委员会于5月10日在银川举办"喜迎党代会·献礼二十大"全区女职工演讲比赛决赛。受近期新冠肺炎疫情影响,本次演讲比赛决赛以线上视频方式举行。现将比赛结果通报如下:

本次演讲比赛活动自3月开始启动,经过各级工会女职工组织初赛、复赛等环节,最终来自全区机关、企(事)业单位的21名优秀选手参加了决赛。通过现场激烈角逐,最终评选出一等奖3名,二等奖9名,三等奖9名,优秀组织奖16个。

希望获奖的单位和个人认真贯彻落实习近平总书记致首届大国工匠创新交流大会的贺信精神,珍惜荣誉、砥砺奋进,弘扬劳模精神、劳动精神、工匠精神,勤学苦练、深入钻研,勇于创新、敢为人先,当好新时代的追梦人,以昂扬的斗志、饱满的热情为加快建设黄河流域生态保护和高质量发展先行区,继续建设经济繁荣、民族团结、环境优美、人民富裕美丽新宁夏再立新功,以更加优异的成绩迎接党的二十大和自治区第十三次党代会胜利召开。

附件:"喜迎党代会·献礼二十大"全区女职工演讲比赛决赛获奖名单

自治区总工会女职工委员会
2022年5月10日

附件

"喜迎党代会·献礼二十大"
全区女职工演讲比赛决赛获奖名单

一等奖(3名)

王 玮　国网吴忠供电公司党委办公室专责

牟 瑢　宁夏地质博物馆地学科普部副主任

王 丽　中国建设银行固原分行综合
　　　　管理部副经理

二等奖(9名)

张乐宁　固原市原州区头营镇中心小学教师

马 锐　石嘴山市公安局交警分局农指
　　　　交警大队一级警员

刘 佳　麻语轩宁夏水投中卫水务有限公司

王 芳　石嘴山市邮政分公司前进南路
　　　　营业所

岳 乐　中卫市第三小学教师

张 倩　石嘴山市第一中学教师

秋婷婷　宁夏哈纳斯燃气集团有限公司职工

宫凤丽　自治区纪委监委机关第六审查
　　　　调查室二级主任科员

王 丽　宁国运集团所属宁夏水发集团
　　　　有限公司

三等奖(9名)

冯 帅　宁夏煤业有限责任公司煤制油
　　　　分公司仪表管理中心

袁娇龙　宁东党性教育基地服务中心讲解员

哈 丽　银川阅海小学教师

宋婷婷　吴忠市利通区第三小学教师

郝 晶　宁夏公路管理中心吴忠分中心
　　　　综合科副科长

杨 理　宁夏工商职业技术学院教师

王韶慧　吴忠市利通区第一小学教师

马 娟　宁夏新安康医院麻醉手术科护士

马翔叶　自治区建筑执业资格注册管理
　　　　中心干部

优秀组织奖(16个)

银川市总工会

石嘴山市总工会

吴忠市总工会

固原市总工会

中卫市总工会

宁东能源化工基地工会

宁夏教科文卫体工会

宁夏能源化工冶金通信工会

宁夏农林水财轻工工会

宁夏回族自治区电业工会

中国邮政集团工会宁夏回族自治区委员会

宁夏回族自治区交通工会

宁夏回族自治区地质工会

宁夏回族自治区直属机关工会

中国建设建材工会宁夏回族自治区工作委员会

中国金融工会宁夏工作委员会

全区职工"喜迎二十大　建功新时代"主题征稿评选结果通报

在党的二十大即将召开之际，自治区总工会于 2022 年 2 月至 5 月开展了以"喜迎二十大　建功新时代"为主题的征稿活动。

全区各级工会和广大工会干部、职工群众积极投稿，共收到征文 439 篇、图片 286 幅，这些稿件和图片从不同角度展示了党的十九大以来，各级工会以习近平新时代中国特色社会主义思想为指导，学习贯彻党的十九大和十九届历次全会精神，落实自治区党委和全国总工会工作安排，踔厉奋发、笃行不怠、守正创新的勇毅实践，讲述了全区职工积极投身黄河流域生态保护和高质量发展先行区建设的生动故事。经邀请中国作协会员、我区知名作家、区内优秀期刊编辑等专家认真审稿评选，共评出获奖征文作品 30 篇，其中一等奖 3 篇，二等奖 5 篇，三等奖 7 篇，优秀奖 15 篇；评出获奖图片作品 30 幅，其中一等奖 3 幅，二等奖 5 幅，三等奖 7 幅，优秀奖 15 幅。现对获奖作品予以通报。

希望获奖的同志珍惜荣誉、再接再厉、理论联系实际，在各自的岗位上做出骄人成绩。希望广大职工向获奖的同志学习，善于思考研究，善于总结提炼，善于实践锻炼，以实际行动建功新征程。

附件：全区职工"喜迎二十大　建功新时代"主题征稿获奖作品名单

宁夏回族自治区总工会办公室
2022 年 10 月 24 日

附件

全区职工"喜迎二十大　建功新时代"主题征稿获奖作品名单

一、获奖征文作品（30 篇）

一等奖（3 篇）

作品名称	作者	作者单位
广播之缘——记我与宁夏广播电视台彭阳转播台的故事	焦双亮	宁夏广播电视台
携新时代的"工匠精神"砥砺前行	贺艳丽	宁夏广播电视台中宁中波台
做人品如梅　做事竹精神	刘伟	驻市场监管厅纪检监察组

二等奖(5篇)

作品名称	作者	作者单位
匠心铸良法　丹心向未来	王　瑞	自治区人大常委会机关
百战黄沙洒热血　塞上江南春绿来	王嘉乐	国网中卫供电公司
靓妹妹爱上电哥哥	咸国平	国网固原供电公司
弦歌不辍　和折翼天使一起向未来	刘春花	宁夏特殊教育学校
喜迎二十大　建功新时代 ——争当新时代"四有"好教师,做好学生人生"引路人"	郭　慧	固原市西吉县第三小学

三等奖(7篇)

作品名称	作者	作者单位
气象精神伴我行　砥砺奋进新征程	李　瑶	宁夏气象局
茫茫林海写忠诚　倾心为民铸警魂	蒋正文	宁夏公安厅森林公安局
为新就业形态劳动者维权贡献"工会力量"	刘　戈	吴忠市总工会
关于精准做好新时期产业工人培训工作的思考	海利娟	自治区工会干部学校
宁夏道路交通安全管理"严管轻罚"工作机制的实践与思考	王　磊	自治区公安厅交管局
喜迎二十大　心系中国梦　做好引路人	谢文娟	宁夏医科大学
宁煤人	张晓威	国家能源集团宁夏煤业公司

优秀奖(15篇)

作品名称	作者	作者单位
六盘山作证	咸国平	国网固原供电公司
敬业绘就"最美"人生	王佩佩	自治区机关事务管理局
新时代的矿井建设者	蒋文秀	宁夏煤业公司羊场湾煤矿
清正廉洁——共产党人所坚守的政治品格	张铸康	黄河出版传媒集团
乘势而上　勇毅前行——争做新时代高校辅导员	李　佳	宁夏医科大学
忆苦思甜　感恩祖国	宣爱芸	固原市西吉县第六中学
心中有爱,做学生的引路人	赵国萍	固原市将台堡镇第一小学
实现价值的起点	保爱静	宁夏送变电工程有限公司
青春心向党　奋斗向未来	梁文渊	宁夏新华书店有限公司
父亲与煤矿的故事	王永航	宁夏煤业公司梅花井煤矿
春暖花开	王怀军	吴忠市郭家桥中心学校
绿电赋新能,云天中卫好"风光"	陈　雨	国网中卫供电公司
喜迎二十大　建功新时代 ——记宁夏特教园地女教师们的奋进故事	杨　薇	宁夏特殊教育学校
无名的人	蔡漪濛	国网宁夏超高压公司
"你"与"塔"	赵忠伟	宁夏送变电工程有限公司

二、获奖图片作品(30幅)

一等奖(3幅)

作品名称	作者	作者单位
风光总在险峻处	于　航	自治区工业和信息化厅中小企业服务中心
西气东输——守护大动脉	辛怡丽	黄河出版传媒集团宁夏画报社有限公司
党员突击队	梁雪峰	宁夏煤业公司双马一矿

二等奖(5幅)

作品名称	作者	作者单位
最美劳动者	张　峰	宁夏润夏公司
建设者	辛怡丽	黄河出版传媒集团宁夏画报社有限公司
城市美容师	买新国	自由职业
高铁从我家门前过	张宏勋	宁夏盐环定扬水管理处
油画师	张　峰	宁夏润夏公司

三等奖(7幅)

作品名称	作者	作者单位
致敬最美劳动者	王占生	宁夏盐环定扬水管理处
食品安全宣讲进社区	李　飞	自治区市场监管厅机关党委
传递微笑与温情	闫　冬	国网宁夏电力有限公司
一剪美	王占生	宁夏盐环定扬水管理处
锅炉卫士	张会明	自治区市场监管厅特种设备检验检测院
风雪巡线	刘　辉	国网固原供电公司
出发	额尔德尼	宁夏送变电工程公司

优秀奖(15幅)

作品名称	作者	作者单位
水利工匠	张宏勋	宁夏盐环定扬水管理处
"流动地质博物馆"科普活动	唐　媛	自治区地质博物馆
跨越	额尔德尼	宁夏送变电工程公司
微笑	赵进良	国网固原供电公司
工会工作者参加疫情防控工作	高　雅	银川市前进街工会
师带徒	赵　寅	宁夏煤业公司烯烃一分公司
泾源县大湾乡杨岭村	何怀兵	自治区农村能源工作站
升腾的热土	张　峰	宁夏润夏公司
敬业	马占仓	国网固原供电公司
环卫姐妹	王占生	宁夏盐环定扬水管理处
最美地质工作者	马玉学	自治区基础地质调查院
为用电设备"把脉"	咸国平	国网固原供电公司
快乐套圈	何靖宁	宁夏六盘山高级中学
腾空跨步	马占仓	国网固原供电公司
现代化的阅海湾	任　可	宁夏发改委

关于第八届全区高校青年教师教学竞赛结果的通报

宁工发〔2022〕36号

全区各高校：

为深入学习宣传贯彻习近平新时代中国特色社会主义思想和党的十九大精神，认真落实中共中央、国务院《关于全面深化新时代教师队伍建设改革的意见》，进一步提升广大高校青年教师的教学能力和业务水平，自治区总工会、自治区教育厅联合举办了第八届全区高校青年教师教学竞赛。

竞赛活动得到了各单位的积极响应，16所高等院校2000余名教师参加了竞赛活动，有14000多人次观看了决赛的网络直播。竞赛涉及文科、理科、工科、思政四个组别，竞赛内容包括教学设计、课堂教学和教学反思三个方面。各院校经初赛、复赛，最终选拔出59名选手参加全区高校青年教师教学竞赛决赛，经竞赛评委会认真评比，张启龙等17名选手分获文科组一、二、三等奖；吴军等15名选手分获理科组一、二、三等奖；王凡等15名选手分获工科组一、二、三等奖，冯鑫等12名选手分获思政组一、二、三等奖。

各参赛单位高度重视教师教学竞赛，自下而上层层选拔，动员组织广大青年教师积极参赛，掀起了练本领、学技能的高潮。

参赛选手展示了良好的职业道德和教学水平。经研究，决定授予宁夏大学等16个单位第八届全区高校青年教师教学竞赛优秀组织奖。

为进一步调动广大青年教师练技能、强素质的热情，自治区总工会、自治区教育厅决定：对本次竞赛决赛的获奖教师进行通报表彰，并颁发荣誉证书；竞赛决赛一、二、三等奖作为教师职称评聘的参考依据；同时，将组织各组别的一等奖获得者参加第六届全国高校青年教师竞赛，根据参加第六届全国高校青年教师竞赛成绩，从中择优推荐一名参赛选手，按程序申报自治区"五一"劳动奖章；对获得优秀组织奖的单位颁发奖牌，予以鼓励。

希望获奖教师在今后的工作中再接再厉，发挥模范带头作用，在教育教学领域不断取得新的成绩。希望全区广大教师以他们为榜样，立足本职，勇于创新，刻苦钻研，夯实基础，努力提高自身素质和教学水平，为宁夏教育事业高质量发展作出应有的贡献。

附件：第八届全区高校青年教师教学竞赛获奖名单

宁夏回族自治区总工会
宁夏回族自治区教育厅
2022年6月30日

附件

第八届全区高校青年教师
教学竞赛获奖名单

一、文科组

一等奖（1名）

张启龙　宁夏大学

二等奖（5名）

许　昊　宁夏大学

王文达　宁夏大学新华学院

仝　悦　银川科技学院

马一木　北方民族大学

魏　洁　宁夏职业技术学院宁夏开放大学

三等奖（11名）

王惠群　宁夏医科大学

刘晶晶　宁夏工商职业技术学院

张秋红　北方民族大学

刘　燕　宁夏警官职业学院

陈燕妮　宁夏财经职业技术学院

张阿赛　宁夏师范学院

王雪暖　宁夏葡萄酒与防沙治沙职业
　　　　技术学院

张歆梓　宁夏体育职业学院

周瑞瑞　宁夏理工学院

邓　婷　银川能源学院

金卓文　宁夏建设职业技术学院

二、理科组

一等奖（1名）

吴　军　宁夏大学新华学院

二等奖（4名）

马晓波　宁夏大学

田　蕾　宁夏大学

汪金燕　北方民族大学

周春玲　银川科技学院

三等奖（10名）

罗爱华　宁夏职业技术学院宁夏开放大学

金　灵　宁夏工商职业技术学院

李　娜　宁夏医科大学

宋　健　宁夏警官职业学院

白巧梅　宁夏财经职业技术学院

杨纪华　宁夏师范学院

唐永鲁　银川能源学院

孙晓莹　宁夏建设职业技术学院

卫丽娜　宁夏理工学院

马玉秀　宁夏葡萄酒与防沙治沙职业
　　　　技术学院

三、工科组

一等奖（1名）

王　凡　宁夏大学新华学院

二等奖（4名）

宋佳乾　宁夏大学

李　宁　北方民族大学

马肖彤　北方民族大学

吕怡秋　宁夏工商职业技术学院

三等奖（10名）

张富博　宁夏职业技术学院宁夏开放大学

朱錾珊　银川能源学院

杨　婷　宁夏葡萄酒与防沙治沙职业
　　　　技术学院

金晓慧　宁夏幼儿高等师范专科学校

李　艳　宁夏师范学院

孙艳华　银川科技学院

杨慧娟　宁夏建设职业技术学院

李通晶　宁夏理工学院

张　艳　宁夏财经职业技术学院

袁　芳　宁夏警官职业学院

四、思想政治课专项组

一等奖(1名)

冯　鑫　宁夏大学新华学院

二等奖(3名)

赵　蓉　宁夏大学

贾珊珊　北方民族大学

刘婷婷　宁夏医科大学

三等奖(8名)

郝瑾洁　宁夏职业技术学院宁夏开放大学

吴　曼　宁夏理工学院

蒙珍珍　银川能源学院

刘　媛　宁夏师范学院

周晓春　宁夏财经职业技术学院

仇美荣　宁夏警官职业学院

马学骄　宁夏建设职业技术学院

史　蕾　宁夏葡萄酒与防沙治沙职业
　　　　技术学院

五、优秀组织奖(16个)

宁夏大学

宁夏医科大学

北方民族大学

宁夏师范学院

宁夏大学新华学院

宁夏理工学院

银川能源学院

银川科技学院

宁夏职业技术学院宁夏开放大学

宁夏工商职业技术学院

宁夏财经职业技术学院

宁夏建设职业技术学院

宁夏警官职业学院

宁夏葡萄酒与防沙治沙职业技术学院

宁夏体育职业学院

宁夏幼儿高等师范专科学校

关于"喜迎二十大·建功新时代"全区
"劳动者之歌"文艺汇演活动通报

宁工发〔2022〕52号

各市、县(区)总工会、文化旅游广电局、文化馆，各产业工会、区直机关工会、区直有关单位：

"劳动者之歌"目前已举办11年，得到全国总工会的肯定，已成为自治区总工会"工"字系列职工文化活动品牌，职工群众参与度高，深受群众欢迎。今年，为喜迎党的二十大和自治区第十三次党代会胜利召开，丰富职工文化生活，表达职工群众对党的无限热爱和感恩之情，自治区党委宣传部将自治区总工会"劳动者之歌"职工文艺汇演列入全区群众性主题宣传教育活动之一并作出安排部署。自治区总工会、自治区文化和旅游厅、自治区广播电视局、宁夏广播电视台、宁夏广电传媒集团有限公司联合以"喜迎二十大·建功新时代"为主题，于2022年3月31日全面启动2022年全区"劳动者之歌"职工文化活动。

此次活动分舞蹈类、语言类、音乐类三个门类，设初赛、决赛和展演三个环节。初赛由五市总工会在当地举行，全区各机关、企事业及社会团体111个单位组织职工积极报名、精心排练，参加了各市举办的初赛活动，经过激烈角逐，90余个优秀节目进入各个艺术门类的决赛。决赛由自治区总工会等主办单位负责举办，分别于6月25日银川光明广场、7月2日银川玉皇阁广场、7月16日银川建发大阅城3个银川市群众性文化广场举行。每个节目都主题鲜明、内容积极向上，呈现出时代特色和职工崇尚劳动的丰富情感；每场活动都吸引了上千名职工群众

驻足观看、互动鼓掌，现场气氛非常热烈。同时，三场活动线上直播受到网友的普遍关注，观看人数近2万余人次，累计点赞数4万余条。经过专家评委的公开公正评比，最终评选出舞蹈、语言、音乐三个门类一、二、三等奖共20个节目，在展演环节进行表演。

但因疫情防控措施影响，展演活动最终确定于9月17日在宁夏广播电视台演播大厅录制，通过宁夏广播电视台等媒体于2022年9月底前在线上进行展演，经过区内权威主流媒体及多个新媒体渠道对活动展演专题片进行多频次展播，约6.97万人通过网络投票为参赛团队加油助威，55.53万人通过互联网渠道关注了精彩盛宴。

本届活动主题突出、特色鲜明，群众参与度高，得到了广大党员干部、职工群众的一致认可。活动的举办进一步丰富了职工群众精神文化生活，展示了全区广大职工团结向上、顽强拼搏的良好精神风貌，展现了全区职工群众在投身宁夏高质量发展中奋勇当先、真抓实干的劳动风采，凝聚了广大职工为全面建设社会主义现代化美丽新宁夏建功立业的奋进力量，团结引导广大职工群众坚定不移听党话、跟党走，为迎接党的二十大胜利召开营造了浓厚氛围。

希望各级工会、各单位认真总结大赛经验，始终坚持以人民为中心的创作导向，继续推出更多增强人民精神力量的优秀作品，不断满足职工群众日益增长的精神文化需要，努力在推

进文化自信自强,不断丰富职工文化生活方面作出新的更大贡献!

附件:"喜迎二十大·建功新时代"全区"劳动者之歌"文艺汇演活动获奖名单

宁夏回族自治区总工会
宁夏回族自治区文化和旅游厅
宁夏回族自治区广播电视局
宁夏广播电视台
宁夏广电传媒集团有限公司
2022年10月24日

附件

"喜迎二十大·建功新时代"
全区"劳动者之歌"文艺汇演活动获奖名单

一等奖:(3名)

舞蹈类

海原县职业技术学校《我的妈妈叫张桂梅》

语言类

国家税务总局宁夏回族自治区税务局《等待》

音乐类

宁夏老干部活动中心艺术团《宁夏川,我可爱的家乡》

二等奖:(7名)

舞蹈类

贝利特化学股份有限公司《蓝领追梦人》

石嘴山高新技术产业开发区消防救援大队《蓝焰之光》

语言类

宁夏回族自治区地质工会委员会《新时代地质人》

固原市原州区文化馆《村里那些事》

音乐类

海原县三河中学《满江红》

宁夏建设职业技术学院《花儿为什么这样红》

银川市兴庆区总工会《我爱你中国》

三等奖:(9名)

舞蹈类

宁夏工商职业技术学院《丰收乐》

银川市西夏区总工会《傣家小妹走过来》

银川老年大学舞蹈艺术团《红船熠熠　秀水泱泱》

语言类

宁夏国有资本运营集团有限责任公司《劳动筑梦·塞上赞歌》

石嘴山市大武口区总工会《那座山,那条河》

宁夏大学附属中学《致青春　致祖国》

音乐类

平罗县委宣传部《春风十万里》

银川市西夏区总工会《春到湘江》

永宁县文化馆《归来》

特别贡献奖:(1名)

音乐类

宁夏回族自治区残疾人联合会《撸起袖子加油干》

优秀奖:(30名)

舞蹈类

银川老年大学舞蹈艺术团《骏马奔腾》

宁夏银行股份有限公司《丝路飞天》

自治区水利厅《不忘党恩为人民·脱贫路上固海情》

银川市西夏区总工会《依然映山红》

中国石油宁夏石化公司《花儿与石油人》

国网宁夏电力有限公司《丽人行韵》

国网宁夏电力有限公司《我们都是追梦人》

宁夏交投高速公路管理有限公司《各族儿女心向党》

银川市产业基金管理有限公司《万疆》

吴忠仪表有限责任公司《灯火里的中国》

语言类

宁夏老干部活动中心艺术团《我心中的国歌》

国网宁夏电力有限公司《答卷》

盐池县总工会《工会是咱温暖的家》

宁夏哈纳斯燃气集团有限公司工会《将心比心》

中卫市朗诵艺术协会《党的二十大之歌——献给中国共产党第二十次全国代表大会》

宁夏老干部活动中心艺术团《银光闪耀的志愿者》

中国石油宁夏石化公司《匠心传承》

国网宁夏电力有限公司《信念永恒》

吴忠市教育系统工会联合会《这盛世如你所见》

宁夏农垦集团有限公司《擘画新农垦》

音乐类

固原市特殊教育学校(第八小学)《情系老百姓》

宁夏老干部活动中心艺术团《假如你要认识我》

红寺堡区总工会《向往》

宁夏建设职业技术学院《草原英雄小姐妹》

青铜峡市总工会《等待》

国网宁夏电力有限公司《我爱你,国网》

石嘴山市第十一小学教育集团《最美是你》

中卫市第四小学《丰收的喜悦》

湖南中烟工业有限责任公司吴忠卷烟厂《灯火里的中国》

组织奖:(6名)

银川市总工会

石嘴山市总工会

中卫市总工会

宁夏能源化工冶金通信工会委员会

宁夏农林水财轻工工会委员会

宁夏地质工会委员会

创作奖:(1名)

宁夏理工学院《习总书记来到咱宁夏》

关于"声音里的经典——感恩奋进新征程" 2022年全区职工诵读演说大赛的通报

宁工发〔2022〕53号

各市、县(区)总工会、团委、妇联、文联、残联、广播电视台,宁东基地工会,各产业工会,区直机关工会:

为认真贯彻落实习近平总书记视察宁夏重要讲话和重要指示批示精神,全面贯彻落实自治区第十三次党代会精神,喜迎和庆祝党的二十大胜利召开,2022年7月自治区总工会、自治区团委、自治区妇联、自治区文联、自治区残联、宁夏广播电视台联合举办"声音里的经典——感恩奋进新征程"2022年全区职工诵读演说大赛,组织一线职工、行业先进模范、新就业形态劳动者等全区劳动者以"喜迎二十大·建功新时代"为主题进行故事演说和经典作品诵读,真情感恩习近平总书记对宁夏的深情厚爱,充分激发全区职工群众当好主人翁,奋进新征程、建功新时代的劳动热情,不断汇聚全面建设社会主义现代化美丽新宁夏的磅礴力量。

"声音里的经典"系列活动是自治区总工会联合有关部门共同开展的"工"字系列职工文化品牌活动之一,从2014年开始,已经连续举办9年。它以"声音"为媒,通过诗文朗诵、故事演说等形式传播宁夏声音、讲述宁夏故事,展示我区广大职工主人翁风采,得到了自治区党委和全区各行各业职工群众的高度关注与认可,吸引了全区各行各业朗诵及演说爱好者的广泛参与,在全区职工群众中有着巨大

的品牌影响力。

今年的赛事启动以来,各地积极选拔优秀选手,吴忠、中卫、金融行业和其他产业工会等举办了落地海选赛。按照活动组织要求,截至2022年7月31日,大赛共收集进入初赛作品41件。8月20日至27日,初赛作品通过宁夏黄河云融媒体平台和"宁夏总工会"微信公众号同期开展为期一周的网络展播投票活动,受到社会各界点赞投票达68万人(次)。8月27日,33组选手在落地选拔赛激烈角逐,12组选手最终脱颖而出晋级总决赛。9月7日,大赛总决赛在银川光明广场开赛,选手们通过声音技巧、肢体语言与情感表达巧妙融合,充分展示了党的十八大以来党和国家事业包括宁夏发展取得的历史性成就、发生的历史性变革,演说了职工群众投身社会实践的感人故事,展示了职工群众建设美丽新宁夏、共圆伟大中国梦的熠熠风采。

综合各单位组织情况、专业评委打分和选手现场表现,最终评选出一等奖2个、二等奖3个、三等奖5个、单项奖4个以及优秀组织奖7个。希望获奖单位和个人珍惜荣誉,再接再厉,以更加丰富多彩、新颖活泼的职工文化活动和立意高远、鲜活生动的职工文化作品,讲好劳动故事、奋斗故事,进一步激发全区职工群众当好主人翁,奋进新征程、建功新时代,为全面建设经济繁荣、民族团结、环境优美、人民

富裕的社会主义现代化美丽新宁夏接续奋斗、再立新功。

附件：2022年"声音里的经典——感恩奋进新征程"全区职工诵读演说大赛获奖名单

宁夏回族自治区总工会
共青团宁夏回族自治区委员会
宁夏回族自治区妇女联合会
宁夏回族自治区文学艺术界联合会
宁夏回族自治区残疾人联合会
宁夏广播电视台
2022年10月28日

附件

2022年"声音里的经典——感恩奋进新征程"全区职工诵读演说大赛获奖名单

一等奖(2个)
董　筱　　宁夏职业技术学院教师
海旭清　　国家能源集团宁夏煤业公司金凤煤矿职工

二等奖(3个)
张银岳嬙　宁夏工商职业技术学院教师
朱梦然　　国家税务总局石嘴山市惠农区税务局职工
张岳岩　　宁夏银行固原分行营业部职工

三等奖(5个)
王文燕等3人　吴忠市朝阳小学教师
董舒婷　蔡家龙　宁夏新华书店有限公司职工
李芸芸　金磊　吴忠市红寺堡融媒体中心职工
王春燕等8人　银川市兴庆区第二小学职工

周　超　　中卫市新闻传媒集团职工

单项奖(4个)
最佳风采奖
田易乾　　灵武市动物卫生监督所职工
最佳表现奖
郭晓彤等人　宁夏中化锂电池材料公司职工
最佳人气奖
刘宣烨　　国网中卫供电公司职工
最佳潜力奖
胡晓楠　　中卫市沙坡头区教育局职工

优秀组织奖(7个)
银川市总工会
吴忠市总工会
中卫市总工会
宁夏能源化工冶金通信工会
宁夏教科文卫体工会
宁夏农林水财轻工工会
宁夏电业工会

理论与调研

关于我区企业知识型、技能型、创新型人才培养的调研报告

宁夏回族自治区总工会

一、研究背景及意义

为了深入学习贯彻习近平总书记关于新时代人才工作的新理念新战略新举措,自治区党委、政府高度重视人才工作,坚定实施创新驱动战略和大力推进人才强区战略,科学人才观逐步明晰,不断完善人才发展政策体系和制度体系,颁布了《宁夏回族自治区中长期人才发展规划纲要(2010—2020年)》《关于推进创新驱动战略的实施意见》《关于实施人才强区工程助推创新驱动发展战略的意见》《关于深化人才发展体制机制改革若干问题的意见》《关于创新体制机制促进人才与经济社会协调发展的若干意见》《宁夏回族自治区人才专项资金管理办法》《"技能宁夏行动"实施方案》等人才工作规范性文件,为我区各类人才培养工作提供了政策导向和方向指引。企业知识型、技能型、创新型人才(以下简称"三类人才")是我区人才队伍建设的重要力量,关乎我区产业结构优化升级、新型工业化道路转型和黄河流域生态保护与高质量发展先行区建设成效。自治区人才政策制度颁布以来,我区各类企业在落实人才强区战略、贯彻自治区人才培养政策等方面取得了显著成绩。企业人才培养制度体系逐渐完善,"三类人才"培养的综合管理能力逐步提高,工作机制体制不断创新,"三类人才"队伍不断壮大,企业尊重劳动、尊重知识、尊重人才的社会氛围日益浓厚。企业积极主动采取了各类举措促使人才政策落地,但我区企业"三类人才"培养的总体水平与经济发达省区相比存在着较大差距,距离我区经济社会发展现实需要还存在许多不适应和不足。关于企业"三类人才"培养综合情况的调查研究尚不充分,尚未形成我区企业"三类人才"培养现状、实施措施和存在问题等方面系统性的实证调研报告。为了我区企业更好地贯彻

落实自治区第十三次党代会关于人才强区战略精神,努力打造一支规模宏大、结构合理、技能精湛、勇于创新、素质优良的企业"三类人才"队伍,课题组围绕企业贯彻落实自治区人才培养政策的现实状况、经验做法、实施成效、存在问题、改进建议等内容,深入我区各市县多家企业进行了实地调研与线上发放问卷,形成我区企业"三类人才"培养调研报告,以期对我区企业"三类人才"培养工作提供针对性、有效性、可行性参考。

二、调查研究的基本情况

(一)研究对象及内容

本次调研紧紧围绕我区企业"三类人才"培养主题,针对不同的调研对象分别设计了访谈提纲和调查问卷。访谈提纲的调研对象是企业管理层,其主要内容涉及调研企业基本信息,调研企业对自治区自2017年以来关于"三类人才"培养政策和制度落实的情况,调研企业关于"三类人才"的管理状况,包括对各类人才的选拔、评价、考核、激励、培养投入、培养方式等内容,调研企业对"三类人才"培养取得的成效及工作亮点等四部分组成。调查问卷的发放对象是企业员工,主要内容涉及调研对象基本信息,调查对象认为本企业"三类人才"培养现状与存在问题,调查对象对本企业"三类人才"培养的感知与评价,调查对象提出本企业"三类人才"培养的建议等四部分组成。

(二)研究方法及数据分析

1.有效样本数量

本次调研采取线下访谈与线上发放调查问卷相结合的形式,调研对象范围涉及我区银川市、石嘴山市、吴忠市、中卫市、固原市5个地区,覆盖不同规模、不同行业、不同属性企业的职工群体,调查问卷共回收875份,有效问卷为875份。其中,国有企业或国有控股企业问卷数量占比最高,为84.23%,集体企业和私营企业的问卷数量占比为14.86%,外商企业及其他企业问卷数量占比为0.91%。以面对面访谈形式了解我区15家国有大中型企业、大型民营企业、中小企业等不同性质的企业在"三类人才"培养方面的基本情况。

2.数据统计方法

利用分类统计方法对题目中的各个单变量进行分类统计。

3.基础数据分析

本部分对调查问卷中第一部分"人才队伍概述"进行单变量描述分析。其中,各数据分布情况基本能够反映单变量以及变量之间的交叉关系。

图2-1呈现的是调查对象在"三类人才"数量的分布情况,其中技能型人才数量最多,占比为55.66%;知识型人才数量占比为30.97%;创新型人才数量占比最小,为13.26%,均不属于以上"三类人才"的数量占比为24.11%。

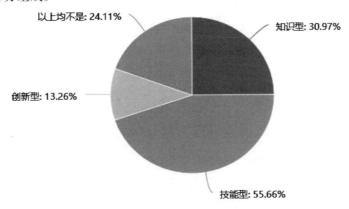

图2-1 调研对象在"三类人才"数量的分布情况

图2-2显示的是调研对象的学历分布情况，其中本科学历占比较高，为53.83%；其次是大专（高职)学历，占比为30.29%；研究生以上学历占比为1.71%；初中及以下占比较小，为3.2%。

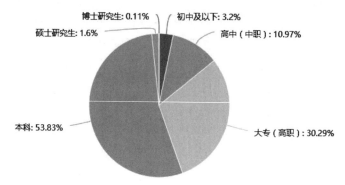

图2-2　调研对象学历分布情况

图2-3显示的是调研对象在本企业职业资格等级分布情况，其中初级以下占比较大，为32.46%，其次是中级技工占比为28.11%，高级技工占比较小，为8.46%；技师占比为3.2%，高级技师占比为4.69%。

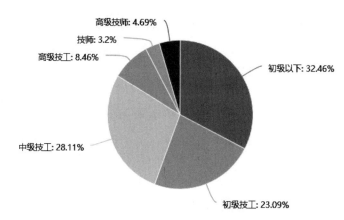

图2-3　调研对象在本企业职业资格等级分布情况

图2-4显示的是调研对象在本企业所从事的职业种类分布情况，其中专业技术类人员占比较大，为34.63%；管理类人员占比为20.91%；专业支持类人员占比较小，为1.14%；一线操作类比为13.6%。

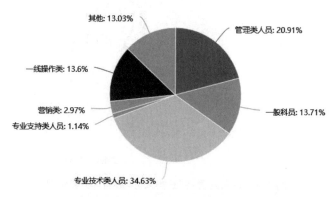

图2-4　调研对象在本企业从事的职业种类分布情况

三、企业贯彻落实自治区人才培养政策的主要做法及成效

依据自治区人才工作政策的方向指引与功能定位,各企业针对发展需要,在人才培养模式、技术创新、技能鉴定、权益保障和人才评价体系等方面制定了专项的制度或形成了具体的机制。

(一)企业落实引才稳才政策的做法及成效

1.构建人才培养体系,推进制度化人才培养方式

我区企业在人才培养和职务职级晋升方面不断优化和健全稳才制度,促使企业人才培养工作逐渐形成规范化模式,建立企业人才培养的长效机制。宁东能源化工基地管委会在2018年印发了《宁东能源化工基地人才政策十条(试行)》,具体内容涉及发挥"高精尖"人才引领作用,加大博士、硕士和"双一流大学"本科生引进培养,做强技能人才承载平台,提升管理人才综合素质等10个方面。该企业专门针对技能型人才的引进与培养,印发了《宁东基地技能人才和技术工人培养引进实施细则》,规定关于申报技师和高级技师的具体条件,技能大师工作室的认定标准和认定条件以及新型学徒制培养模式等内容。一些企业为了弥补国家对企业技能鉴定的空白档,根据企业自身发展状况,制定了企业内部管理制度——《企业员工技能鉴定办法》,鉴定结果作为职工工资待遇评定参考依据。为了不断促进技能型人才成长成才,部分

企业聚焦技能型人才自主培养的短板弱项,制定了《关于应知应会抽考制度的实施办法》,针对不同工种和职能部门开展岗位技能培训、考核和技能岗位的认定工作,抽考内容包括技能型人才对生产设备、操作流程、应急处理、个人综合素质等方面。部分企业建立了"首席技师""技能人才工作室""专家工作室"等技能型、创新型人才使用制度。此外,部分企业在人才队伍建设、培训教育、技术研发、科技创新等方面制定了《操作技能型人才培养实施细则》《企业教育经费管理办法》《企业技术研发奖励管理办法》等制度。

2.宣传人才培养制度,营造人才培养的良好环境

调查对象中占比63.77%的员工很了解或一般了解自治区关于企业"三类人才"培养的相关政策或制度,占比69.49%的员工很了解或一般了解本企业关于企业"三类人才"培养的相关制度(如图3-1)。了解自治区或本企业人才培养制度的途径以"通过本企业宣传"的占比最高,为68.75%。以上数据表明,企业把"三类人才"培养工作已经纳入企业重大发展规划和日常管理之中。通过对人才培养政策和制度的大力宣传,引导广大员工树立正确的成长成才观念,引导员工选择知识型、技能型或创新型人才发展路径,逐步营造企业重视人才培养的舆论氛围,从多方面为各类人才营造发展氛围和爱岗敬业的工作环境与人文环境。

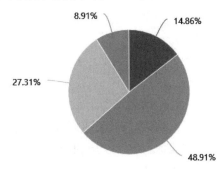

8.91%　　14.86%　　27.31%　　48.91%

● 很了解　● 一般了解　● 知道有此类政策或制度,但不了解　● 不知道有此类政策或制度

图3-1　调研对象对自治区"三类人才"政策了解程度的分布情况

企业通过新闻媒体、互联网、自媒体、企业公众号、企业报纸等多种形式的宣传活动,广泛宣传自治区关于企业各类人才培养的政策和制度,以及本企业加强人才队伍建设的相关制度。部分企业更加侧重于宣传一线技能型人才在企业发展过程中的重要作用和贡献,形成了经营人才的五大理念,将技能型人才定位为企业发展的"第一资源"和"第一基础",努力打造企业各类人才队伍建设的良好成长环境和工作氛围,逐步在改变"重学历轻技能"的传统观念和认识。

3.优化人才培养模式,多渠道搭建人才培养平台

根据企业发展规划、岗位需求以及人才发展导向,把"三类人才"的日常培养和使用工作纳入重点工作之中,开展计划周密、内容丰富、形式多样的人才培养模式,努力提高各类人才综合能力,多渠道搭建起企业人才培养的平台。企业在诸多培训项目中,员工参与培训种类最多的是专业技能的培训,占比为75.08%,其次是专业理论知识的培训,占比为69.49%(图3-2)。

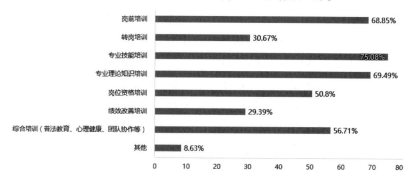

图3-2　调研对象参加企业人才培训项目的分布情况

根据调查对象开展的培训内容不同,大部分企业涉及岗前培训、产前培训、优化升级培训、校企合作培训和"干中学""传帮带"实操培训等培训模式。调查对象均在新员工正式进行生产活动之前对其进行岗前技能培训,使他们掌握企业生产的基本技能。产前培训则是企业在引进新的生产设备或升级生产技术之后,企业对相关岗位知识型、技能型和创新型人才进行优化升级培训,使之获得新的、适应生产经营的操作技能。部分企业开设了内部网络技能学院的在线学习,例如某企业,依托国家智能铸造产业创新中心及分中心,协同高校、企业等建立线下培训基地,创建了面向铸造行业绿色智能发展的"铸造课堂"在线课程培训平台。截至2021年10月底,注册用户达到10万人,企业用户5000余家,个人用户10万人。该公司全员注册"铸造课堂",定期通过

"铸造课堂"进行培训学习。企业人才培养最为普遍的途径是在工作实践中形成"干中学"和"师带徒"的培养方式,通过长期实践中的经验累积效应逐步提升一线技能型人才的操作水平。部分企业与高校合作,开展技术模块培训。例如某企业,与宁夏大学化学化工学院、宁夏工商职业技术学院等高等院校合作,签订"订单式"培训协议,定期开展电子电工、焊工、钳工等工种的专业支撑性技能提升培训。企业普遍注重鼓励员工学历提升,例如,某企业一名技能型人才考取了重庆大学博士研究生,企业通过支付工资和学费,并在毕业后给予高级工程师的职称晋升待遇等形式,加强对自我学历和技能提升的技能型人才进行支持和鼓励。部分企业采取"送出去,请进来"的常态化人才培训方式,建立"实操培训基地"自主培养技能型人才,一线技能型人员培训占比为

100%。还有部分企业聘请行业或专业顶尖专家和高技能人才进行专业理论授课和现场操作教学,开展新技术、新工艺、新材料等相关知识和技能培训,使得企业技能岗位员工都有机会接受高质量、高频次、针对性强的职业技能培训。

4.以权益保障为内容,实施多元化人才保障措施

企业高度重视"三类人才"权益保障工作,切实落实稳才留人政策,紧紧围绕企业战略发展和人才管理等方面的实际需求,加强对引进人才的管理服务和权益保障工作。大型国有企业逐步形成了以各类人才的养老、失业、医疗保险为主要内容的"五险一金"规范化社会保障机制,部分国有企业在保障人才住房公积金的基础上还实施了企业年金制度,形成了"两金"保障机制。部分企业为各类人才办理了补充医疗保险来提高其社会保险福利待遇和更加全面、便捷的社会保障服务。宁东能源化工基地管委会出台了《宁东基地引进人才和产业工人住房保障实施细则》,依据该实施细则及时为各类人才提供住房保障,积极创造良好的居住环境。不同企业还采取形式多样的关怀保障措施,关心人才个人发展和家庭生活,为引进人才提供保障服务,解决人才的后顾之忧。有的企业为技能型人才提供单身公寓,为其解决暂时性住房问题,还可以选择优惠租住;有的企业专门设立了"孝老关爱金",每年给员工父母发放500元到1000元不等的孝老关爱金;大部分企业设立了"金秋助学金",给予当年考取大学的员工子女3000元到5000元不等的助学金;定期组织各类人才的体检和带薪疗养,着力解决高技能人才在子女教育、住房保障等方面的困难;部分企业通过组织开展人才慰问、对接落实子女入学、向引进人才发放安家补助、创业补助和科研启动金等。

(二)企业落实人才激励政策的做法及成效

1.以公平、公开、客观为原则,健全企业内部职称评定机制

为了满足企业持续发展对"三类人才"综合能力的要求,也为提高"三类人才"职业能力和薪酬待遇,激发其工作的积极性、创造性和创新性,形成公平、公开、客观的职称晋升通道,企业在组织各类人才积极参加自治区人社厅职称评定工作的基础上,对企业员工进行内部职称评审认定工作,部分企业专门制定了《企业内部职称评审管理办法》。该职称评审办法坚持"公平、公开、客观"的原则,评定范围分为两类,即专业技术类和工程技术类。评审指标分为基础类评价指标和专业类评价指标,其中基础类评价指标包括学历水平、工作年限、年度考核成绩、参加专业技能培训次数等;专业类评价指标包含个人专业技术表现、团队合作能力、技术开发项目等内容。在评审等级方面,专业技术类分为初级技工(每一年评定)、中级技工(每两年评定)和高级技工(每三年评定)三个档次,工程技术类分为助理工程师、工程师、高级工程师和首席工程师四个档次,职称晋升年限随着档次提高逐渐增加。通过企业内部职称评定工作,充分激发专业技术类人员和工程技术类人员的工作积极性与个人潜力,为企业培养知识型、技能型和创新型人才提供了更加科学性、规范性、多样性的平台。

2.以提升人才创新能力为目标,创设科研技术创新中心

创新是企业保持活力和可持续发展的重要因素,创新型人才是企业创新活动的主体,尤其是科技型企业,根据自治区党委、政府《关于推进创新驱动战略的实施意见》和《关于实施人才强区工程助推创新驱动发展战略的意见》,加强对创新型人才的培养,在科技创新投入、创建科技中心平台以及创新型人才载体建设等方面采取了行之有效的措施。调研结果显示,近3年对创新型人才培养的侧重占比为66.97%，员工参与各类培训的目的或动机方面，占比为84.98%的员工认为，"增加专业知识储备，提升岗位创新能力"是参加各种培训的动机。创新能力不仅是企业竞争和发展的核心，也是影响各类人才个人发展和进步的重要因素。部分企业创设了"技术创新中心"，主要工作职责是梳理自治区各类创新型人才培养的政策和制度，对接政府相关部门协调创新型人才培育培养、创新项目申报、创新项目参评和各类人才职称评定事项。宁夏某企业的典型做法值得借鉴，以技术创新中心为平台，创设了企业"顾客成功项目"（Customer Successful Project），每年投入200万元的专项资金用于该创新型项目运行，依托创新项目培养创新型人才的积极性、参与性和创新性，实现以一个项目带动一个创新团队的发展，通过技术革新、技术改造、流程再造、岗位优化等技术创新方式，持续培养创新型人才的创新能力和意识。"顾客成功项目"的开展，既提升了生产效率，又实现了控制总成本的投入，从而确保创新型人才的薪酬收入逐年上升。个别科技创新突出的企业，每年定期召开科技创新大会，企业技术创新中心人员参与各类创新项目的参与率达到90%，每年的科技创新成果大约是100项；专门设立了企业"创新成果奖"，创新成果直接与薪酬和年度绩效评价挂钩，部分创新型人才的科研创新成果奖励占工资收入的2/3以上；利用科技创新大会平台树立企业技术革新、技术创新的理念，树立企业自主培养创新型人才的典型案例。

3.以能力和业绩为导向，发挥薪酬正向激励作用

发挥良好的企业激励作用，对促进企业各类人才队伍的整体实力具有非常重要的推动作用。通过落实高技能人才政府津贴进行激励，通过职业技能竞赛奖项、各类人才实际贡献、业绩考评、职业技能晋升、技术创新项目成果等进行奖励，通过考核评价末位淘汰制进行负面激励。企业根据自身发展需要不拘一格用好物质激励的杠杆撬动作用，诸如某企业技术创新团队在水轮机叶片的技术创新方面取得了一定的研究成果，并获得了该企业最高级别的技术创新奖，企业组织专家从技术创新成果的创新性、实用价值和经济价值等因素进行成果鉴定后，给予该创新团队60万元奖励。宁东能源化工基地管委会还出台了《基地高层次人才认定及优厚待遇实施细则》《基地全职和预引进全日制博士、硕士及"双一流"大学本科生经费补助实施细则》等激励制度，详细规定了全职高层次人才引进待遇，其内容涉及安家费、生活补助、医疗保健费等，以确保该企业人才引进激励制度更加全面、准确、高效地实施。部分企业实行职业资格认证奖励制度，对考取职业资格证书的各类人才进行奖励，对参加当年国家、自治区职业技能大赛获得国家职业资格证书的职工和符合晋级条件并参加考试获得国家职业资格证书的职工，给予助推奖励。将员工考取的各类职业资格证书纳入每年的个人目标绩效考核项目，以技能津贴的方式发放。部分企业制定了科技人员成果转化提成奖励或按年利润比例提成制度，对技能型岗位、专业技术岗位和行政管理岗位采用了岗位等级评估，制定"岗位工资级序表"，实行岗位工资制，充分调动企业各类人才参与科技创新的积极性和主动性。某企业对技能类、工程技术类和管理类人员实行绩效考核制，考核方式采取量化式考核评审，年底将本年度职业资格证书、竞赛奖项、创新成果、职称晋升等因素进行统计和评审，实行高层末位3%、中层末位5%、基层员工末位8%的淘汰制度，该企业落实淘汰制度的具体做法是轮岗、降职降薪和离职等。同时充分发挥正面激励的作用，对业绩突出的人才进行职位晋升激励和提高薪酬待遇，职位方面由基层员工逐渐向中层和高层晋升，薪酬待遇方面也随之提高。

（三）企业落实人才评价政策的做法及成效

调研显示，企业知识型、技能型和创新型人才对本企业培养绩效评估制度的评价为中等以上的占比为88.75%，企业逐步构建职业资格评价、职业技能等级认定和专项职业能力考核相互衔接的多元评价体系，拓宽技能型、创新型人才晋升通道，完善技能等级与薪酬待遇挂钩的综合评价机制。

1.打通人才晋升通道，构建"能上能下"的择优机制

企业在劳动人事制度改革方面不断深化，在对"三类人才"的培养、选拔和任用上，实施了一些创新性做法，并取得了一定程度的突破。企业把岗位适用需求和考核评价制度相结合，采取各类人才梯队建设措施，精心搭建各类人才晋升通道。某企业贯彻落实国资委"三项制度改革"工作，制定了企业内部《三项制度改革管理办法》，以"管理人员能上能下、薪酬能降能升、员工能进能出"为基本理念，根据企业实际情况在晋升管理办法中

设定了各类岗位的晋升等级，管理岗位有18级，技能操作岗为15级，专业技术岗为17级，每个岗位各个等级的晋升按照一定的标准逐次晋级薪酬和待遇。有的企业在人力资源管理中创新性地建立了以数量、质量、稳定、财务、成长、结构为内容的"六维"工作法，以"留、用、选、育"为内容的"快速成才法"，应用先进经营理念和先进制造技术、IT技术，改变生产或工作流程，通过专业化、模块化分工，降低工序对员工技能的要求，同时辅助专业、系统的培训，超前建立员工的发展和晋升通道。调研结果显示，企业在近3年来人才培养机制更加侧重于技能型人才的培养，占比为79.2%，其次是知识型人才和创新型人才培养的重视程度，占比分别为67.66%和66.97%（图3-3）。部分调研企业建立了以培训、竞赛、考试、练兵等结果为晋升依据，积极组织技能岗位员工参加"凤城工匠"、"五小"竞赛、"十佳五小"等活动，依托技术竞赛和展示平台，扩大技能型人才培养与晋升的广度。

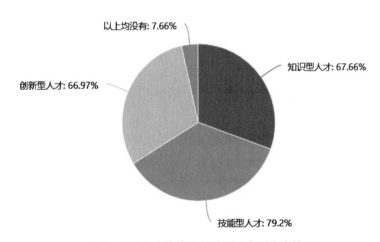

图3-3 企业人才培养机制的侧重类型分布情况

2.打造晋升"通行证"，企业内部职业技能鉴定日趋规范

调研企业贯彻落实自治区关于职业资格证书相关政策，进一步完善了企业内部岗位准入制度。企业基本上形成了职业技能鉴定的良好

氛围与平台，职业技能鉴定范围覆盖技能类人才、工程技术类人才和知识型人才等。有的企业将职业技能鉴定进行了全方位拓展，部分岗位以职业资格证书作为上岗就业和晋升的"通行证"，并开展了企业内部的技能鉴定。有的企

业在某些技能型岗位持证上岗率已达到90%以上,企业推行"学历文凭"与"职业资格"两种证书并重的理念与制度已逐步建立起来,并得到社会和员工的认可。

3.注重职业能力,建立企业人才评价新体系

企业在对知识型、技能型和创新型人才的评价上,摒弃以性别比例、年龄、资历和身份等界限划分和评价,逐步转向建立以职业技能为导向,以工作业绩为重点,以创新成果为依据,注重职业道德和职业知识水平的技能人才评价新体系。部分企业建立了动态化人才考核评价制度,评价内容依据职业资格证书、工作业绩、创新项目的主持或参与、技能比武或竞赛选拔等相结合的方式,对其进行量化和评价。部分企业建立了岗位轮换机制,该机制以企业综合考核评价为依托,选拔优秀人才进行岗位轮换或晋升。轮岗交流的岗位可以在专业技能类岗位、工程技术类岗位或管理类等岗位之间动态性调换,专业技能类岗位综合考核或评价优秀者,可以调至管理岗位或工程技术岗位。轮岗交流的工作机制不仅扩大了轮岗范围,而且提升了各类人才综合能力和工作的能动性。部分企业以年度考核和专项考核为依据,打破了不同类型岗位的使用局限,鼓励有能力、有潜质、有业绩的知识型、技能型和创新型青年人才到重要岗位和高层级岗位上锻炼,建立了以能力和业绩为考核因素的综合评价新体系。

四、企业高技能型人才培养存在的问题及原因分析

(一)中小型企业缺乏有效的引才留人措施

中小型企业缺乏有效的引才留人措施,其中30%的企业愿意用高工资、完善的福利待遇和社会保障体系来吸引普通的技能型人才和创新型人才,68%的企业表示愿意用培训机会来吸引并留住技能型人才,55%的企业表示会用一定的晋升机会和激励制度来招聘并留住技能型人才。对于职业技能及综合素质较高的技能型人才和创新型人才而言,多数中小企业普遍缺乏高效的引才和稳才措施。虽然,当前利用较高的薪资水平、优先的晋升机会等激励机制来吸引技能型人才和创新型人才的中小型企业数量有所增加,但综合性引才稳才机制、高福利待遇以及优良的工作环境等方面与发达地区同类企业相比还是资源有限,吸引高端人才的力度不足。中小型企业内部仍然缺乏有效的引才稳才措施,以及工作、生活环境和企业较为狭窄的晋升通道等综合保障措施,无法有效满足各类人才提高自身职业技能及个人发展需求。对高技能人才跟踪服务不到位,导致人才流动频繁。各类人才在引进后对企业实际提供的工作环境、薪酬机制、企业人际关系氛围、当地自然条件以及各项福利兑现手续的复杂程度等因素进行分析,选择更加具有吸引力的企业或单位。以某大型民营企业为例,近5年来引进的知识型人才离职情况较为普遍,由于全面筹备公司上市,该企业成立了法务部,一次性从高校招聘11名法律专业的本科毕业生,但在工作一段时间后由于各种因素所致,7名陆续离开,诸如此类情况的发生导致法务、对外贸易和会计等重要岗位经常出现必需人才暂时断档或长期不足,无法满足企业实际发展的需求。

(二)企业高技能型人才培养机制不全、能力不足

调研数据显示,认为企业对"三类人才"培养存在问题当中,占比最高的是"企业人才培养机制不健全,包括激励制度、晋升制度和绩效评估制度等"问题,占比为56.34%(图4-1)。

企业对高技能人才培养模式不够科学,对

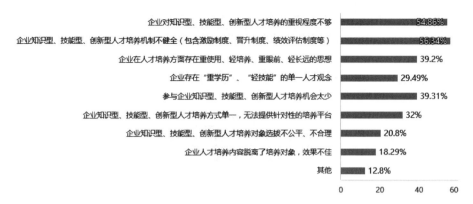

图4-1 企业人才对"三类人才"培养机制存在的问题分布情况

高技能人才培养模式还存在重管理人员培训、轻技能人才的培养,重理论学习、轻操作技能训练的培训,同时高技能人才培养周期长,参加高技能人才培训在一定程度上会影响企业的生产,所以大部分企业不支持高技能人才培训。一些企业培训也是选择培训时间短、培训层次较低的合格证培训,也是影响高技能人才队伍建设,造成高技能人才队伍不足的重要因素。

近年来,宁夏技能人才的培养能力得到了较大的提升,各类职业教育和培训机构每年能为企业输送一定数量的各级各类人才,职业教育办学条件得到了持续改善,但是由于基础较差、历史欠账多,职业学校办学条件依然较为薄弱,培养学生的层次依然不高,前沿专业人才培养缺失,不能适应高素质技能型人才培养和企业技术更新的需要,与职业教育发达地区的差距还有拉大的趋势。宁夏技能人才获证人数主要集中在初级工和中级工,高级技能人才的比例明显偏低。

(三)重学历、轻技能的观念仍然存在

虽然目前我区企业技能型人才从社会地位和经济待遇上都有所提高,79.2%调研对象认为,近3年企业更加侧重于技能型人才的培养。但由于一些企业对技能型、创新型人才的使用与激励措施不力,缺乏全面且有效的人才培养制度体系和督促监管体系。调研显示,39.2%的企业员工认为企业在人才培养方面存

在重使用轻培养、重眼前轻长远;29.49%的员工认为企业存在"重学历、轻技能"的单一人才观念(图4-1)。企业没能把技能型人才队伍培养的重要性提升到战略高度去认识,对技能型人才劳动价值的认可度不够。一些企业仍然存在重学历、轻技能的现象,把职业院校毕业生、本科院校毕业生分别按照技能类和管理类管理,同岗不同酬,区分对待。但在企业实际生产中,解决设备难题的主体还是职业技术院校毕业的技能型人才。技能型人才培养周期长,导致企业技能型人才短期培训并不能呈现出立竿见影地促进企业生产力提升的效果,技能型人才在企业中付出和回报不能精准匹配,诸多不和谐因素导致了技能型人才的流失。

(四)企业各类人才培养存在结构性失衡

我区各类人才在国际、国内、区内间业务交流严重不足,彼此间相互协作较少,未能形成团队效应。自治区第十三次党代会提出发展"六新六特六优"产业,新型材料、清洁能源、数字信息、葡萄酒、现代物流、现代金融、健康养老、会展博览等新兴信息技术和科技类产业对各类专业型人才、技能型人才的刚性依赖更加明显,但就业市场中各类人才的数量和质量与企业岗位需求存在一定的错位失衡和严重不足现象。一方面,企业技能型人才的技能特长与所在岗位不匹配;另一方面,知识型和创新型人才数量匮乏,尤其是专业性较强的知识型人才缺口较

大。调研结果显示,企业对知识型人才的需求量占比为35.47%,明显低于对技能型人才

84.01%的需求量(图4-2)。

同时,从技能型人才的增长速度来看,高级

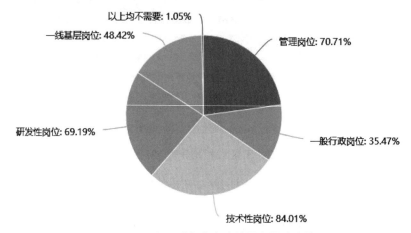

以上均不需要: 1.05%

一线基层岗位: 48.42%

管理岗位: 70.71%

研发性岗位: 69.19%

一般行政岗位: 35.47%

技术性岗位: 84.01%

图4-2　调研企业对各类人才的需求量分布情况

工及以上职称的增长速率从2013年的35.21%下降到2018年的7.34%。以银川市为例,2018年企业对高级技师的需求倍率达到1.99,技师的需求倍率达到2.32,高级工的需求倍率达到4.39,这些数据都表明了我区企业对技能型人才的短缺。此外,部分企业对知识型人才需求的数量和标准与人才市场提供的人才匹配度很低,存在短缺和"供不适求"的矛盾。例如,某企业人力资源专员岗位和专职采购员岗位以大学本科生为基本岗位应聘条件,但是大多数应聘者是高职类院校的毕业生,而符合一线技能类岗位应聘条件的高职院校学生却又不愿意选择一线技能类岗位。

(五)企业激励机制和综合评价体系不健全

部分企业对"三类人才"的激励体系不完善,导致企业各类人才对其自身发展缺乏动力,制约了各类人才的成长和企业的可持续发展。企业各类人才的成长受到企业严格等级制度的限制,企业内部管理层的一系列福利、奖励或薪酬待遇明显高于一般技能型人才。由于缺乏完善、有效、系统的人才激励机制,企业技能类和工程技术类人才并没有获得与其技能相匹配的待遇和奖励,从而导致了一些技

能型人才为了追求晋升和加薪,将把工作重心从学习技术转移到学习管理上,放松了对自身技能的提升,在技能类工作岗位上产生了懈怠心理。企业对知识型、技能型和创新型人才的评价标准不一,企业内部缺乏同行业科学合理完善的考核制度和激励机制。企业在"三类人才"的工作转化为实际的成果后,其企业内部激励措施和奖励制度仍然存在形式单一、内容笼统、覆盖面较窄、兑现周期长等不足,甚至有些企业对各类人才的使用仍停留在"利用"的层面,而非"应用"的层面。

五、加快我区企业知识型、技能型、创新型人才培养的建议

为了加快推进我区企业"三类人才"职业化、市场化建设,各相关部门和企业要按照"政治上保证、制度上落实、素质上提高、权益上维护"的总体思路,逐项突破人才培养瓶颈和难题,形成人才培养合力,为企业培养造就一批专业性强、稳定性高的"三类人才"队伍。

(一)创新引才留人策略,提高各类人才相关待遇

企业要想实现理想化的"三类人才"引才留人状态,科学合理的薪资结构、福利待遇、晋升

通道、职业资格鉴定等完善的激励制度和保障机制,是企业引才留人的必要条件。第一,提供安定的生活保障。企业在力所能及的范围内为各类人才多解决生活问题,只有在生活有保障且有家的感觉,才会乐意长期为其工作。第二,有完善的薪酬分配制度。逐步完善符合技术工人特点的企业工资分配制度,建立企业各类人才工资正常增长机制,科学掌控高薪留人的水准。在企业外部,各类人才的薪资要高于或大致持平同行业水平;在企业内部,要拉开薪资分配的差距。第三,建立人才服务体系。安排经验丰富的企业经营管理人员作为人才成长期内的导师,为高层次人才提供"保姆式"服务,企业清晰审视和定位企业自身战略目标的同时,搭建有效的晋升平台,积极帮助高层次人才实现阶段性职业发展目标。第四,探索人才长效激励机制。企业可制定各类人才技能要素和创新成果按贡献参与分配办法,推动优质项目享受促进科技成果转化的支持政策。具备条件的企业为包括技术工人在内的职工建立企业年金和企业补充医疗保险。企业在聘的特级技师、高级技师,经协商一致和参保地人力资源社会保障部门批准,可延迟退休。支持企业为各类优秀技能人才设定特聘岗位津贴、带徒津贴等,参照内部中高级管理人员标准为优秀高技能人才落实相关待遇。

（二）开拓人才培养模式,持续优化人才结构

企业培养高技能型人才有助于提高人力资本增量,增强企业核心竞争力,促进企业持续高质量发展。企业应当从思想上完全转变"重学历、轻技能"的单一传统观念,实现对技能型人才培养和使用同知识型、创新型人才培养的平行发展与共同进步的企业发展模式。应对新技术、新理念持续性兴起,开拓高技能人才培养模式。首先,需发挥企业内部培训自身能效,积极组织内部高技能职工,开发精品课程,依靠多元

化课堂平台传输相关知识,以此实现理论与实践充分融合,培养能力与岗位相吻合的高技能人才。其次,加强与高校或专业培训机构合作,结合高技能人才实际状况,建立良好合作,达成资源信息共享,完善培训方式,实现高技能人才集约化培养。最后,积极优化师带徒模式,结合企业所需和职工自身未来职业规划,明晰高技能人才"传帮带"自身责任,最大限度发挥高技能人才次生功效,争取职工立足本职岗位成才。

（三）挖掘地方教育资源,缓解高技能人才短缺

宁夏当地企业要根据地区经济状况和产业结构,制定合理的、有侧重的引才稳才配套制度。要加强产学研的互动,深化与当地科研院所、高校、地方政府之间的交流合作,积极搭建科技创新载体,鼓励以用人单位为主体,高校和科研院所参与,促进科技成果的孵化和转化。企业建立与政府共同推动各类人才培养体系的多元共建机制,统筹职业教育发展,整合利用各类资源,依托大中型骨干企业建设一批专业技能实训基地,企业依托重点职业院校(职教中心)建成的职业教育公共实验实训基地或实训基地,大力推行校企合作、工学结合、顶岗实习和订单式培养模式。全面推行学历文凭和职业资格"双证书"制度,建立科学合理的职业资格鉴定体系,运用科学评估方法建立和健全各类人才鉴定的标准,将高技能人才评价作为薪酬、晋升等核心参考依据,深层次挖掘人才技能,保证其在岗位上充分发挥"领头羊"作用。

（四）工会组织多维度搭建平台,厚植高技能人才成长沃土

一是厚植高技能人才培养沃土,夯实产业发展根基。从思想引领、平台搭建、制度健全、渠道畅通等多方面入手,精准对接企业需求,通过强强联合,资源共享,逐步形成自治区、市及产业的三级工匠人才培育体系。二是搭建展示平台,树立示范标杆。全方位建设以学习、研

究、培训、创新为主的"劳模(工匠)创新工作室",发挥劳模工匠示范和辐射效应。充分发挥"工会大学校"作用,精心设置极具专业性的竞赛项目,激发职工"学技术、钻业务、练技能"的热情,着力提高职工技术技能。联合职业技能培训学校或机构为选手提供多场次线上、线下相结合的赛前培训,充分调动职工学习技能的积极性,提升从业者的整体素质。三是增强高技能型人才的职业荣誉感,赋能全员创新。深入调研辖区企业发展状况,充分了解企业职工技能需求,并以职工技能需求作为创新技能大赛的指向。围绕企业和职工技能提升需求,以一线职工为重点对象,通过开展劳动竞赛,以赛促训、以赛促学、以赛促研,推动企业间的切磋学习,让企业和职工对于自身在行业中的位置有所了解,从而实现企业和职工的良性互动。

(五)聚焦区域产业发展,创新高技能人才培训机制

自治区第十三次党代会提出,宁夏将聚力打造"六新六特六优"产业,但随着智能化、信息化、数字化技术的发展,传统工艺要适应新发展必须改革,应认识到区域化产业高技能人才队伍建设的必要性和紧迫性,加大对他们的培养,畅通发展的渠道。坚持"党管人才"原则,围绕"六新六特六优"产业集群,建立以政府为主导的技能人才发展机制。结合区域发展需要,制订技能人才队伍建设规划,完善表彰激励制度,注重品牌建设、因人施教、以赛促用,高标准推进区域产业发展急需技能人才队伍建设。建立以企业为主体的技能人才培养使用机制,保障重点领域技能人才供给,实施"高精尖专特新"技能人才培养工程,围绕重点产业链加强高技能人才培养,加大技师、高级技师、特级技师研修培训,组织实施高技能领军人才和产业紧缺人才培训。对企业关键岗位的高技能人才,开

展新知识、新技术、新工艺等方面培训。适应平台经济、共享经济发展,广泛开展数字技能、媒体运营、电子商务等新业态新模式从业人员技能培训,加大人工智能、云计算、大数据、数字营销等新技术培训力度,引导企业加强数字工作场所的职工技能培训。加强技能人才培养体系建设,健全和完善以企业行业为主体、职业院校和培训机构为基础、院校教育与企业培养紧密联系、政府推动与社会支持相互结合的技能人才培养体系。在专业设置和人才培养上做到超前谋划、精准定位、快速迭代,培养出能够适应"六新六特六优"产业发展的高素质技术技能人才,为企业注入动力和"保鲜剂"。

(六)落实保障与激励政策,激发高技能人才成长动力

让"技能宁夏行动"的内容真正落地生根、开花结果,各级组织部、人力资源和社会保障局、工业和信息化局等职能部门形成合力,营造有利于产业工人成长成才的社会环境,以思想舆论引领为抓手,深入挖掘、培育身边的产业工人典型,出台提高产业工人政治待遇、经济待遇和社会待遇的政策措施,通过差异化的薪酬体系,引导企业建立健全符合技能人才特点的差异化工资分配制度及工资正常增长机制,进一步提高产业工人职业尊崇感和自豪感。打通企业技术工人技能素质提升通道,积极构建和完善以贡献程度为核心的技能人才队伍评价体系,制定职业(工种)技能培训机构设置标准。加快培育适应宁夏现代产业发展需求的工匠人才,紧密贴合宁夏现代产业体系布局,进一步优化高技能人才培训基地、技能大师工作室等人才载体平台的培育机制。鼓励企业为技能型人才提供带薪休假、带薪培训及外出进修等福利待遇,支持各类人才参与技术创新、设备创新和工艺创新的各种创新活动。

宁夏新业态劳动者权益保障研究

宁夏回族自治区总工会

摘　要:近几年,宁夏新业态发展迅速,新业态劳动者的队伍不断扩大。通过调研发现,宁夏新业态劳动者具有文化层次较低、以年轻人为主、流动性强的特点。新业态劳动者权益保障中主要面临劳动关系中身份不明确、工作时间较长、收入不稳定、社保不完善、权利救济难度大等突出问题。这些问题背后的原因是多重的,包括现有法律制度供给不足、司法救济存在局限、监管服务不完善等。解决这些问题,做好新业态劳动者权益保障,完善法律制度是根本,地方立法与制度可以先行,重点探索多层次广覆盖的社会保障制度,为国家立法提供地方经验;统一司法裁判标准是关键,涉及新业态纠纷的司法裁判要以最高法指导性案例为参考依据,坚持事实履行优先的原则,同时重视总结地方典型案例;强化监管服务是重点,进一步明确平台及相关企业责任,创新监管服务的手段,实施政府与社会多元主体协同治理;充分发挥工会作用是支撑,推动新业态的建会入会工作,广泛深入开展集体协商,创新模式进行数字化建设,拓宽维权服务内容。

关键词:新业态　劳动者权益　保障

一、问题的提出

新业态即新就业形态,这个词第一次出现是在党的十八届五中全会的公报中,"加强对灵活就业、新就业形态的支持"。与传统就业形态相比,新业态主要"新"在以互联网平台为基础,以数字技术、人工智能为条件,满足消费者灵活多元需求。新业态劳动者是为新业态行业提供劳动的人员,他们依托互联网平台、终端等实现就业,如网约车司机、外卖派送员、快递员、网络主播等。新业态劳动者工作形式相对灵活,呈现出去组织化、去雇主化的特征,与传统劳动者及劳动关系存在差异。而随着近几年平台经济的飞速发展,一方面新业态劳动者的人数和规模迅速增长,另一方面新业态劳动者的权益屡遭侵害,如何来保障新业态劳动者的合法权益,成为一个日渐突出的法律问题和实践问题。这一问题也得到了党和政府的高度关注,习近平总书记多次作出重要指示批示,强调要及时补齐制度短板,维护好快递员、网约工、货车司机等就业群体的合法权益,明确平台企业劳动保护责任。李克强总理也要求千方百计为群众灵活就业创造更好条件,认真研究保障灵活就业人员基本权益的政策措施。[1]

2021年7月16日,人社部等八部门发布了《关于维护新就业形态劳动者劳动保障权益的指导意见》(以下简称《意见》),"不完全符合确立劳动关系情形"的表述首次被规范性文件引入,全国总工会先后聚焦新业态劳动者权益保障和入工会问题印发两份意见,针对两大备受关注群体——外卖骑手和网约车司机的劳动权益保障意见分别出台。这些文件为新业态劳动者劳动权益的保护指明了政策方向。

近两年,新业态是宁夏经济发展中最活跃的因素之一,其发展快、变化快、普及快,成为宁夏灵活就业的重要领域。2022年6月,宁夏召开了中国共产党宁夏回族自治区第十三次代表大会，自治区第十三次党代会的报告在"打造人民生活福地"中提出，要"支持新就业形态规范有序发展"。充分保障新业态劳动者的合法权益，团结引领新业态劳动者感党恩、听党话、跟党走，为宁夏黄河流域生态保护和高质量发展先行区建设作出更大贡献，是践行习近平总书记视察宁夏重要讲话和重要指示批示，建设经济繁荣、民族团结、环境优美、人民富裕的美丽新宁夏的现实需要。

在具体的制度建设中，宁夏积极落实国家政策，结合地方实际情况，制定相关配套制度与落实措施，如出台《维护新就业形态劳动者劳动保障权益实施办法（试行）》（以下简称《实施办法》）、《关于加强交通运输新业态从业人员权益保障工作实施方案》等。此外，积极探索维权的自治区级联席会议制度、维权联动机制，推进新就业形态工会组建等，多措并举保障新就业形态劳动者权益[2]。

虽然国家层面和宁夏地方层面均出台了相关政策与文件，实践中也积极进行探索与创新。但相关政策和文件以指导性为主，效力层次较低，缺乏法律强制力，而实践的探索和创新也需要逐步推进。因此，如何将新业态劳动者权益转化为法定权利和现实权利，仍需要进行研究。本文对宁夏新业态劳动者的特点和劳动权益保障中存在的问题进行分析，深入挖掘背后的原因，最终提出解决和完善的对策。

二、宁夏新业态劳动者主要特点及权益保障中存在的问题

目前宁夏新业态就业人数约23万人，主要在网络运输、快递、外卖、移动出行、网约服务、网络教育、网上贸易、网上咨询、线上家庭服务、互联网商务、互联网医疗、在线娱乐等行业领域。[3]

2022年，宁夏总工会对宁夏全区的快递、网约送餐行业进行了专题调研，调研结果具有一定代表性，具体分析如下。

（一）宁夏新业态劳动者的主要特点

1.以年轻人为主。调研问卷结果显示，宁夏快递、网约送餐行业从业人员中，20—25岁占比19.5%，26—30岁占比29.15%，以"80后""90后"为主要力量。

2.流动性强。调研问卷结果显示，宁夏快递、网约送餐行业中持续从事工作2年以上的新业态劳动者仅占47.3%。职业稳定性差，发展通道受限。

3.文化层次不高。调研问卷结果显示，宁夏快递、网约送餐行业从业人员中小学文化的占3.67%，初中文化的占22.39%，高中（中职）文化占46.91%，大专（高职）文化占22.39%，大学及以上占4.63%。

（二）宁夏新业态劳动者权益保障存在的问题

1.身份关系不明确。调研结果显示，新业态劳动者劳动合同的签订率不高，部分新业态劳动者与平台签订的是性质模糊的合作协议；而自主注册后从事接单工作，未签订任何合同或者协议的情况也占据一定比例。致使用工关系不清晰，法律关系复杂。

2.工作时间较长。新业态劳动者工作时间过长的问题比较突出。调研结果显示，快递、网约送餐行业劳动者每天工作时间在8小时以内的仅为10.42%，37.97%的从业人员每天工作时间超过10小时。

3.收入不稳定。新业态劳动者收入不稳定，主要也体现在企业的用工计酬缺乏统一规范标准。第一，新业态劳动者收入计酬的标准主要由企业单方制定和调整，劳动者只能被动接受。第二，新业态通常是按件计酬，劳动者为了获取高报酬延长时间工作，又带来了工作时间太长的问题。第三，新业态行业主要通过算法规则来确定劳动者收入，进行奖惩，但算法运行不透明，缺乏监管。

4.社会保障不完善。一是在社会保险领域，新业态劳动者工伤、失业保险存在空白，企业一般只为一线劳动者购买商业意外险，一旦出事赔付难度大，职业权益难以保障。二是在劳动安全卫生保护领域，企业不愿承担主体责任，不提供劳动安全卫生保护措施与服务。三是社会福利、社会救助相对缺失，在职业福利、住房、医疗、子女教育等方面缺乏针对性的支持。

5.权利救济难度大。由于新业态劳动者与平台及相关主体法律关系复杂，适用何种法律保护不明确。此外，相关数据资料由平台或者平台合作商掌握，劳动者缺乏必要证据，在面对劳资纠纷时可能选择私了，即使进入准司法（仲裁）、司法程序，由于现有劳动争议处理的法律法规均以传统劳动关系为前提，不能完全适用于新业态劳动者，新业态劳动者的主张不一定能够获得支持。

三、宁夏新业态劳动者权益保障问题的成因分析

（一）现有法律制度供给不足

新业态劳动者权益保障存在问题的最根本原因是法律制度供给不足。现有法律制度在用工关系的认定上采用二分法，即认定为劳动关系就受《劳动法》的调整，不认定为劳动关系就由《民法》调整。而新业态具有特殊性：一方面劳动者在决定是否接单、在何时何地接单等方面具有较大的自主性；另一方面劳动者在接单后又要接受平台制定规则的约束，在这种情况下单纯受《劳动法》或者《民法》的调整都不合理。"我国《劳动法》二元化调整特点决定了其难以适应当前多元化的劳动力市场，劳动关系的调整模式应当从单一调整模式向综合调整模式转变，采取分类调整，区别对待的方式。"[4]

2021年八部门出台《意见》为新业态劳动者权益保障指明了方向，宁夏结合地方实际情况出台了《实施办法》，从就业、社保、劳动报酬、休息等八个方面明确了新就业形态劳动者权

益，解决了政策与保障从无到有问题，并配套落实了相关政策文件。但不管是八部门的《意见》，还是宁夏的相关配套政策制度，仍然存在不足：首先从层级来看，目前的相关制度文件属于规范性文件，法律效力低，规定的新业态劳动者劳动权益并非法定权利。而关于平台责任和义务的规定，也主要使用"督促""引导"等用语，平台责任难以有效落实。其次从可操作性来看，目前的相关制度文件的规定相对宽泛，可操作性有限。如宁夏《实施办法》第十六条新业态劳动者工作时间的条款中提到"合理安排劳动者的劳动和休息时间""合理管控劳动者工作时长"，什么是"合理"？存在较大的弹性空间，具体内容还需要进一步落实，在实践的基础上继续探索和细化。

（二）司法救济存在局限性

近几年新业态劳动者与平台及相关主体之间的用工纠纷数量也大幅度上升，新业态劳动者从早期的忍气吞声、私了等方式逐步走向寻求准司法（仲裁）、司法救济。如以"外卖骑手"为关键词在中国裁判文书网上搜索，截至2022年8月，全国共有1962篇，主要分为劳动争议纠纷、侵权责任纠纷、损害赔偿纠纷三大类。宁夏有8篇，劳动争议的案件有2个，交通事故责任纠纷5个，借款合同纠纷1个（与工作没有直接关系）。从搜索结果来看，目前宁夏司法中的新业态纠纷数量不多，但问题同样存在，也呈现扩大趋势。

司法救济中要解决这些争议和纠纷，界定相关企业与新业态劳动者之间法律关系的性质是案件的核心争议焦点和审理难点。平台及相关企业与新业态劳动者之间是否存在劳动关系，司法实践中主要的法律依据是原劳动和社会保障部颁布的《关于确立劳动关系有关事项的通知》，主要的标准是人格和经济的从属性。但该通知是在传统工业经济的基础上制定，不太适应新业态从属性弱、自主性强的新模式。

"对于劳动关系,将'从属性'作为其根本特征和判断标准不存在争议,但由于裁判依据对劳动关系的界定过于粗泛,司法实践和理论总结尚未形成成熟、系统的'从属性'判断要素规则"[5]对从属性的理解不同,法官可能有不同的自由裁量,容易产生裁判分歧,出现同案不同判的结果。此外八部门《意见》及相关文件中虽然对不完全劳动关系、新业态劳动者的权益做出了相关规定,但效力等级较低,不属于法院可以直接引用的依据。此外,在管辖地的确定、举证规则、证据的认定等方面,新业态都有不同于传统争议的特征,这些都给司法活动带来挑战,进而影响新业态劳动者权益的保护。

(三)监管与服务不完善

首先,缺乏必要的依据。新业态依托互联网与信息技术手段,数字化程度高,平台及相关企业与新业态劳动者法律关系复杂,给监管和服务带来了挑战。新业态平台及相关主体责任不明确,监管与服务可能面临"无法可依",相关主体"规避法律"的困境。

其次,相关主体协同不够。一方面政府相关部门合力不够,新业态涉及的行业较多,"跨行业""跨领域"监管时,不同部门的权责边界、分工配合不够清晰明确。另一方面社会大众在监管与服务中的参与度低,甚至还存在不认可、歧视新业态劳动者的情况。

最后,传统手段难以发挥作用。传统的手段以定期到固定场所巡视、检查、服务为主,主要审核检查相关书面材料。但新业态依托互联网平台与数字技术,经营管理依赖算法规则。"由于该类劳动争议大多发生在互联网平台领域,涉及内容也多与物联网、人工智能和算法技术密切相关,单凭劳动合同、工资明细表、考勤记录和员工卡等传统劳动者权益保护方式明显难以适应新就业形态实践需要。"[6]

(四)工会职能还需进一步发挥

工会职能的发挥对劳动者权益保障具有举足轻重的意义。从整体来看,目前宁夏新业态工会的组建和作用发挥处于探索创新阶段,取得了一定成果,但工会职能有待继续拓宽:

一是宁夏新业态工会建会率和入会率有待继续提高。截至3月底,宁夏已新建新就业形态企业工会组织125个,发展会员1.1万名。与宁夏新业态劳动者的总数相比,有待继续提高。[7]

二是集体协商和集体合同的签订有待继续推进。从整体来看,新业态的集体协商难度较大,主要原因在于一方面新业态劳动者流动性大,集体凝聚力难以维持。另一方面新业态劳动者与平台及相关企业地位不对等,协商谈判话语权难以把握。宁夏总工会和相关部门积极推进新业态的集体协商工作,如2022年宁夏银川市西夏区进行了物流行业工资集体协商,制定了《西夏区物流行业货车司机工资专项集体合同(草案)》。[8]但从宁夏新业态集体协商的整体开展来看,集体协商的深度、集体合同的数量等有待继续推进。

三是工会维权服务有限。尽管宁夏相关部门积极推进新业态劳动者的权利保障工作,但服务形式相对单一,主要是开展常规慰问和送温暖活动。针对性的法治宣传、教育培训、互助保障、纠纷申诉与救济等服务没能有效开展,新业态劳动者对工会的认可度有待提高。

四、宁夏新业态劳动者权益保障的完善对策

(一)完善法律法规制度

1.做好地方立法与制度创新

虽然国家层面出台了新业态劳动者权益保护的相关政策文件,打开了探索的空间,指明了方向。但从整体来看,新就业形态及其用工的认识和规范治理仍处于初级阶段,涉及具体制度设计的,应允许各省市根据自身情况出台政策与配套措施。宁夏地方政府及相关部门可以充分发挥主观能动性,制定切实有效、具有可操作性的实施方案,配套政策,建立工作协调机制,来保障新业态劳动者权益保护。

在国家政策文件的指导下,结合地方实际,宁夏出台了《实施办法》,相关配套政策和配套落实文件。特别是在《实施办法》中相对清晰地界定了不完全符合确立劳动关系情形,在工作时间的规范上要求"连续工作超过4个小时的,20分钟内不得再行派单"。这些规定与八部门《意见》相比,前进了一小步。

但从整体来看,目前的探索还需继续推进,总结创新实践的经验,逐步扩大共识,在时机成熟时可以进行地方立法,针对备受关注、已经积累一定监管规制经验的新业态行业——快递、外卖餐饮等行业劳动者权益的保障出台地方立法,为新业态劳动者劳动权益的保障提供宁夏经验。

2.建立多层次、广覆盖的社会保障制度

完善的社会保障制度对新业态劳动者权益保护有重要价值。首先应当创新社会保障的理念,新业态劳动者社会保障应当以职业风险防范为前提,逐步打破与劳动关系直接挂钩的模式。其次要创新具体制度,建立多层次、广覆盖的社会保障制度。

在社会保险领域:要拓宽养老保险、医疗保险的适用,逐步放开养老保险与医疗保险的户籍限制。补足失业保险、工伤保险空白,探索适应提供新业态劳动者的失业保险和工伤保险新模式。目前,很多地方积极探索完善新业态等灵活就业人员的职业伤害保障制度。主要有三种模式:一是直接纳入工伤保险模式。如广东采用"单险种工伤保险",其规定新业态平台企业可为未形成明确的劳动关系和未签订劳动合同的新业态从业人员提供单独参加工伤保险。二是新业态劳动者职业伤害社会保险模式。如江西九江建立了单独的新型新业态劳动者职业伤害社会保险,参照社保的运行机制来执行,包括强制参保、政府补贴等。三是社会保险外新业态劳动者职业伤害

保障模式。如在天津市、苏州吴江区主要通过政府指引下商业保险市场化运行来构建新业态劳动者职业伤害保障制度。

宁夏《实施办法》做出了规定:"工伤保险没有覆盖的其他劳动者,依据国家有关规定建立健全职业伤害保障制度,采取政府主导、信息化引领和社会力量参与相结合方式,建立健全职业伤害保障管理服务规范和运行机制。"但宁夏新业态劳动者职业伤害保障制度应当如何构建,缴费主体、缴费基数、具体运行、待遇享受等相关制度如何进行具体设计,可借鉴其他省份的探索经验,积极探索适合本省的模式

在劳动安全保护制度领域:要加强企业的主体责任,按照谁制造职业风险谁负责的原理,引导企业在新业态劳动者收入报酬、劳动保护、社会保险等方面承担必要责任。

在社会福利和社会救助领域:加快城市综合服务网点建设,渐进式推进新业态劳动者生育、子女入学、住房、低保、法律援助等社会福利与社会救助权利保障体系的建设。

3.国家立法层面修改完善劳动法规

新业态劳动者相对特殊,特别是不完全符合确立劳动关系情形的新业态劳动者,不能受到现行《劳动法》的保护。因此要在多元劳动关系的理念下,修改完善现有劳动法规,重构《劳动法》的规则,如在劳动法规中明确劳动者、劳动关系等概念,对新业态劳动者劳动权益的保护从现有"全保护"和"不保护"二元模式走向分类分层的保护模式。

目前,基本劳动标准立法已列入十三届全国人大常委会立法规划,基本劳动标准立法时应当将新业态劳动者纳入,"在平台用工合同基础上引入强制性保障机制,包括定价与报酬保障制度、连续在线时长控制制度、职业风险保障制度、纠纷申诉及救济制度等"。[9]

在推进基本劳动标准立法、构建新业态劳动者基准规则的同时,也应补齐我国集体合同

法的不足。重点完善工会、集体合同、民主管理相关法律制度,充分发挥集体协商、集体争议处理制度在协调劳资博弈力量的不平等、新业态劳动者权益保障中的积极作用。

重构《劳动法》的规则是新业态劳动者权益保护的根本对策,但法律的正式出台,需要理论界基本达成共识,地方实践积累丰富经验,最终将共性的内容上升为国家立法。

(二)统一司法裁判的标准

1.最高法出台指导性案例和司法解释

在法律制度缺乏明确规定的现状下,新业态劳动者权益保护的司法路径可以在现有法律规定的基础上,结合个案的具体情况,充分考虑新业态用工的特点做出灵活处理,但也带来了不确定和不统一的弊病,影响了司法的公信力。可以由最高法出台司法解释和指导案例,统一裁判标准方法,完善司法保护。

2022年7月最高人民法院发布第32批指导性案例,均为保护劳动者合法权益类案件,其中指导性案例179号《聂美兰诉北京林氏兄弟文化有限公司确认劳动关系案》,涉及的是劳动关系认定标准的问题。此外,《最高人民法院关于为加快建设全国统一大市场提供司法服务和保障的意见》,也明确提出要研究出台涉新业态民事纠纷司法解释,加强新业态从业人员劳动权益保障。

宁夏新业态纠纷司法裁判实践首先在类似案件的处理应当参照最高法的指导性案例,同时结合地方新业态用工纠纷,整理发布当地典型案件,保障新业态劳动者合法权益,为新业态的健康发展提供指引。其次要积极关注最高法相关司法解释的制定进程,做好前期储备,待司法解释出台后适用于新业态纠纷的司法救济活动。

2.具体裁判中坚持事实履行优先的原则

依据八部门《意见》及宁夏《实施办法》,新业态企业与劳动者之间的法律关系有三种:劳动关系、不完全劳动关系、自由从业。司法活动

中应该依据事实来认定企业和劳动者之间的关系,依法依规处理新业态劳动者权益保障的案件。"事实优先的裁判原则实际是国家公权力(司法权)主动介入私主体的意思自治空间,对私主体之间合意的合法性进行审查,以矫正形式平等下倚强凌弱导致的隐蔽雇佣问题,切实保障劳动者权益。"[10]

在劳动关系事实的认定时应当采用实质从属性的标准,相较于传统用工模式,新业态劳动者在工作时间及地点等表面上受到的控制和管理较少,从属性较弱,但互联网平台通过计价权、奖惩规则及评价评分机制等隐蔽地实现了对劳动过程之方法、方式、态度的实际控制。因此,不能局限于表面从属性的外在考察,也不应拘泥于个别的从属性外观形式审查。根据新业态的实际特点,结合案件的具体事实,以实质要件为判断标准,辨析劳动者与单位签订合同的性质、实际履行中的权利义务关系。"把握《关于确立劳动关系有关事项的通知》第1条规定的各款的差异性,'劳动管理'是其核心,'规章制度'和'用人单位安排有酬劳动'为辅助,以明晰裁判要点。"[11]

"不完全符合确立劳动关系的情形"目前没有明确适配的权利义务,而且相关规范性文件的层级较低,不属于人民法院裁判文书可直接用的规范性法律文件,司法实践中应当慎重认定,避免"不完全劳动关系"的泛化。

(三)强化监管与服务

1.明确平台及相关企业责任

首先平台与相关企业要依法依规用工。八部门《意见》第一条规定:"指导和督促企业依法合规用工,积极履行用工责任,稳定劳动者队伍。"宁夏《实施办法》中规定平台及相关企业与劳动者主要有四种用工模式:一是劳动合同用工;二是劳务派遣用工;三是不完全符合确立劳动关系用工;四是自由从业。第一种和第二种模式现行法律法规已有相关规定,平台及相关

企业应当按照《劳动法》《劳动合同法》《社会保险法》等相关规定依法依规用工。第四种自由从业模式属于民事法律关系，平台和从业人员依据《民法典》《电子商务法》的相关规定承担相应权利义务。第三种不完全符合确立劳动关系的情形相对复杂，目前平台及相关企业应当遵循八部门《意见》和宁夏《实施办法》等与新业态直接相关的规范性文件的规定，注重非劳动关系下的权利义务确定、劳动报酬、工作时间与假期以及工伤等问题的合法合规管理，由于规范性文件操作性不足，可通过行业规则、工会参与的方法对平台承担责任的情况进行监管。

其次平台及相关企业要落实安全管理责任，努力改善劳动条件，进行专业技术培训，提升劳动者素质，拓展新业态劳动者的职业发展空间。现行职业安全卫生基准设计的适用范围已突破了劳动关系的界限，对哪种形式的劳动者都不存在适用的法律障碍。

最后平台及相关企业要畅通投诉渠道，建立健全劳动者申诉机制，保障劳动者的申诉得到及时回应和客观公正处理，在企业内部形成多元主体参与、多种途径化解矛盾的平台。

2. 多元主体协同共治

首先要明晰不同政府部门的权责边界，在以人力资源社会保障部门为主管部门的前提下，其他部门积极参与协同共治。

其次要扩大社会公众、社会力量的参与，"随着国家治理现代化的不断推进，保障劳动者权益，建立和谐稳定的劳动关系，实现人民对美好生活的需求，不能单纯依靠政府强力所为，政府也不是单一的治理主体。"[12]在政府引导下工会、行业协会、社会公众、新业态劳动者自身均积极参与协同做好监管与服务，做好新业态劳动者权益的保障，构建多方参与、多元多层的监管服务模式。

3. 创新监管服务的手段

针对新业态的工作场所、工作时间相对灵活的特点，新业态的监管服务可以采用专项工作的方式，在特定时间段针对特定问题进行专项工作。还需要采用数字化手段，依托互联网做好数据的获取、共享、运用工作，服务于新业态劳动者权益保障。

（四）充分发挥工会支撑作用

首先推动新业态劳动者的入会工作，提高建会率和入会率。新业态发展之初，新业态劳动者能否加入工会，理论与制度方面存在争论，但随着八部门《意见》的出台、全国总工会《关于推进新就业形态劳动者入会工作的若干意见（试行）》以及《工会法》的修改，新业态劳动者加入工会不存在制度困境。如何结合地方实际，在现有实践的基础上，进一步提升新业态劳动者的入会率，宁夏工会需要继续探索推进。

其次将集体协商作为工作重点。"网约工集体协商的内容主要表现为收入待遇和工作条件，具体包括确定接单收入与奖惩方案、公开算法支持的派单规则、逐步提高职业安全保障三项。"[13]宁夏各级工会与行业协会、龙头企业应当重点围绕上述内容积极开展集体协商，并在集体协商的基础上签订集体合同。在现有法律存在空白的情况下，集体协商与集体合同不仅可以从行业层面规范新就业形态企业用工管理，确定行业劳动标准，也有利于解决新就业形态企业规避劳动义务、损害劳动者权益的问题。宁夏目前也在积极推进新业态的集体协商工作，如2022年5月在西夏区总工会的推动和引导下《西夏区物流行业货车司机工资专项集体合同（草案）》。[14]应当在现有实践的基础上继续推进，提高新业态集体合同的签订率与覆盖率。

再次要拓宽工会维权服务内容。一是宁夏各级工会要积极参与本地新业态劳动者权益保障的制度建设与制度落实工作，通过主导及协同配合等多种方式充分发挥工会在劳动者权益保障中的支撑性作用。二是要以新业态劳动者权益保障为重点,针对性地开展普法和法律服务活动。宁夏各级工会可以与司法行政机关围绕法治宣传教育、工会法律援助、工会法律服务律师等开展深度合作,深化公共法律服务。开展针对新业态劳动者的专项法律服务,线下可采用建立健全平台企业、快递物流企业、新业态劳动者服务中心等地的"律师驻点""律师入企"等方式,线上平台可采用律师普法宣传、咨询答疑等方式,重点针对职业伤害、工作时间、休息休假、劳动保护等与新业态劳动者密切相关的问题提供法律服务。三是要积极参与新业态劳动者权益保障的监测、新业态纠纷的调处、劳动争议调解仲裁、诉讼活动,建立"工会+"多元纠纷解决机制,维护新业态的安全稳定,全方位保护新业态劳动者权益。

最后要创新模式,进一步推动宁夏智慧工会建设。新业态劳动者具有高度流动、分散化、在线化的特点,如何为其提供优质服务,是工会面临的新问题。"工会作为国家管理的间接性延伸,也应当主动适应新业态用工关系的变化,积极转变发展职能,树立新的发展理念,在促进企业发展和保护劳动者权益两者上积极作为,构建起'互联网+工会'的新工作方法。"[15]2019年,宁夏总工会在宁夏政务云平台上建设了全区工会"一网一卡一平台"服务体系,通过网上服务平台为劳动者提供相关服务,2020年推广使用"宁工惠"APP。从整体看,宁夏的智慧工会建设取得了一定成绩,但存在一些问题,主要表现仍然以传统信息化设计和电子办公为建设重点,对如何通过网络有效服务劳动者的思考和设计不够充分。面对新业态劳动者权益保障的挑战,宁夏总工会在智慧工会建设中应当进一步扩容提智,逐步实现工会服务的在线化,适应数字化时代劳动市场的需求。具体建设时可通过政府专门购买的方式进行,充分参考其他省份的经验,将"新业态劳动者权益服务"作为重要内容之一进行专项建设,首先要求工会资源和工会业务上网,构建智慧工会的数字化基础。其次应当通过服务和积极宣传,引导新业态劳动者关注下载相关平台及APP,推广平台使用,进行数据库建设,重点探索网上入会、网上动态信息转接,实时动态掌握企业及劳动者数据信息。最后要提升数字治理水平,通过数据分析、数据运用为新业态劳动者提供针对性服务,探索线下、线上有机融合的工会组织服务新模式。

[1]中国网:国务院政策例行吹风会:维护新就业形态劳动者劳动保障权益指导意见有关情况,2021年8月18日,http://www.china.com.cn/zhibo/content_77697376.htm,2022年8月23日.

[2]新华网:宁夏多措并举维护新就业形态劳动者权益,2022年5月1日,http://www.nx.xinhuanet.com/2022-05/01/c_1128613697.htm,2022年8月23日.

[3]宁夏新闻网:宁夏多举措保障23万新业态劳动者权益,2022年7月15日,http://www.nxnews.net/yc/jrww/202207/t20220715_7633053.html,2022年8月23日.

[4]谢增毅.我国劳动关系法律调整模式的转变[J].中国社会科学,2017(02).

[5]肖竹.第三类劳动者的理论反思与替代路径[J].环球法律评论,2018(06).

[6]王群,陈诗鎏.新业态从业青年劳动权益保护的法理及路径探析[J].中国青年社会科学,2022(04).

[7]宁夏新闻网:宁夏多举措保障23万新业态劳动者权益,2022年7月15日,http://www.nxnews.net/yc/jrww/202207/t20220715_7633053.html,2022年8月23日.

[8]宁夏新闻网:西夏区开展物流行业工资集体协商会,2022年5月19日,http://www.nxnews.net/zt/2020/zmxx/xxgzlfz/202205/t20220519_7563870.html,2022年8月23日.

[9]王天玉.互联网平台用工的"类雇员"解释路径及其规范体系[J].环球法律评论,2020(03).

[10]范围.不完全劳动关系的三个未解之谜[J].人民司法,2022(07).

[11]王天玉.基于互联网平台提供劳务的劳动关系认定——以"e代驾"在京、沪、穗三地法院的判决为切

入点[J].法学,2016(11).

[12]互联网送餐中劳动监察的困境及路径选择[J].江汉论坛,2020年(12).

[13]娄宇.平台经济灵活就业人员劳动权益保障的法理探析与制度建构[J].福建师范学院学报,2021(2).

[14]宁夏新闻网:西夏区开展物流行业工资集体协商会,2022年5月19日,http://www.nxnews.net/zt/2020/zmxx/xxgzlfz/202205/t20220519_7563870.html,2022年8月23日.

[15]黄振鹏,张强,邵永强.劳动关系理论视角下我国新业态从业者劳动权益保障研究[J].北京政法职业学院学报,2021(04).

宁夏建设知识型、技能型、创新型劳动者大军情况的调研报告

宁夏回族自治区总工会

建设一支有理想守信念、懂技术会创新、敢担当讲奉献的知识型、技能型、创新型劳动者大军,是国家和自治区政府实施科教兴国战略、人才强国战略、创新驱动发展战略的重要支撑和基础保障,也是企业可持续、高质量发展的迫切需求。当前,宁夏知识型、技能型、创新型劳动者大军队伍建设整体向好,但与党的十九大提出的"建设知识型、技能型、创新型劳动者大军"和《关于新时期产业工人队伍建设改革实施意见》的具体要求相比,还有很大差距,亟待进一步深化改革,注重知识型、技能型、创新型劳动者大军的建设培育,全面提高我区技能型产业工人的能动力与创新力。为此,宁夏工会理论研究课题组围绕我区知识型、技能型、创新型劳动者大军的基本情况、工作特点、存在问题,进行了问卷和实地调查。

一、宁夏知识型、技能型、创新型劳动者大军的基本情况

截至目前,全区已建工会单位拥有职工122.9万人,工会会员120.5万人,有县以上地方工会29个,产业工会(工委)10个,基层工会组织达到11740个,基层工会涵盖单位达25387个。产业工人覆盖制造业、电力、热力、燃气、交通运输、仓储及邮政业等40余个行业。其中,技术型工人约占整体产业工人的17%,其中80%的工人在非公企业从事技术工作,89%分布在建筑、服务、纺织、采矿等产业。总体来看,全区的技能型产业工人数量明显不足。以银川市为例,全市仅有6000多名产业工人获得高级工以上职业资格证书,高级技师仅有604人。调查发现,全区职工学历为高中、中专、技校及以下占比为44.75%,技能型人才总量偏少,高技能人才占技能人才的比例约为15.01%,与我国发达地区高技能人才占比差距悬殊。

二、宁夏知识型、技能型、创新型劳动者大军队伍建设主要特点

我区知识型、技能型、创新型劳动者大军队伍建设过程中,在人才政策、制度保障等方面做了大量的工作,各级工会及企业也积极推进人才队伍建设。

(一)大力推进知识型、技能型、创新型劳动者大军队伍建设与改革

2019年,自治区党委、人民政府印发了《新时期产业工人队伍建设改革实施方案》(以下简

称《方案》)。《方案》印发后,自治区总工会积极行动,形成了《贯彻落实〈新时期产业工人队伍建设改革实施方案〉工作安排台账》,将加强全区知识型、技能型、创新型劳动者大军队伍建设作为重要任务,各级工会对照《方案》要求,推出相应人才队伍建设实施方案,在组织建设、思想引领、激励机制、互联网工作体系等方面给予了重要的政策、技术、资金支持。

银川市总工会根据市人民政府印发的《新时期银川市产业工人队伍建设改革实施方案》的精神,围绕提升产业工人技能素质,先后打造"凤城工匠""十佳五小""六比一创"等助推品牌。宁东管委会2018年出台《宁东基地人才政策十条》,提出了支持企业建立技能大师工作室、每年评选"宁东工匠"的工作计划;中卫市推动"创带提"工程,发挥劳动模范、技能人才、首席技师创新工作室的辐射引领和示范带动作用,出台《中卫市劳动模范 技能人才 首席技师创新工作室实施办法》,在制度保障和财力供给等方面给予平台保障支持。吴忠市通过"三个平台"建设,不断提升网络服务能力,为产业工人发展提供了信息共享平台。

(二)各级工会多维度助力技术工人成长

目前,自治区各级工会积极配合党委政府,通过经济补贴、平台建设等多项举措,合力推进技术工人技能素质提升。

一是突出激励机制改革,推动产业工人自主成长。为了更好提高产业工人职业素质,全区各级工会组织积极引导企业开辟职工技能提升激励通道。在吴忠市利通区,非公企业内部职称评聘体系已经在符合条件的13家非公企业全面推广实施,全区497名一线职工相关职称待遇得到落实。在宁东管委会,对新引进的技术工人给予90%的住房租赁费补贴。这些举措将企业发展与职工利益结合起来,充分调动了技术工人干事创业的积极性。

二是突出打造学习环境,助力技术工人成才。自治区总工会坚持广泛深入开展各类读书活动,引导和推动广大职工读书学习、增长才干;各企业工会积极与行政部门共同开展创新型企业试点,落实技能人才培养规划,推动完善有利于技术工人成长的制度机制。

三是突出平台建设,提供人才发展保障。宁东管委会以自治区人才强区工程为主线,以煤化工人才高地建设为抓手,以中高级技能人才培养为重点,开展技术工人引进和培养行动。在对企业技能人才培养情况的调研中,67.11%的企业开展了"名师带徒"活动、56.89%的企业开展了网上学习培训。同时,在农民工集中的行业,广泛组建工会,推动规范用工、合同签订、工资发放、安全卫生、素质提高等工作深入开展,破除农民工社保、户籍、子女入学等方面的机制障碍,也一定程度鼓励了农民工的就业信心和发展决心。

(三)企业人才队伍建设中凸显技术发展导向

为持续提升产业工人技能,各企业积极探索推出技能型人才队伍建设有力措施(图1)。

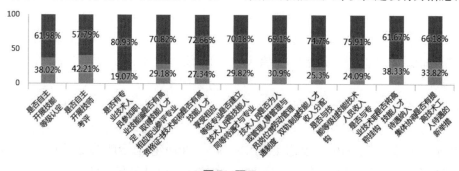

图1 企业推出技能型人才队伍建设措施调查结果分析

一是工资待遇保障有待加强。通过对职工的调研发现，对技能提升补贴政策的满意度仅占42%；对政府在技能人才培养方面政策扶持、资金补偿的满意度为43%；对政府人才引进、人才服务政策的满意度为45%，均不足50%。仅有58%的企业将技能技术人员收入与专业技术职称挂钩、46%的企业将高技能人才待遇纳入集体协商，对工人队伍的工资保障不足。

二是知识型、技能型、创新型劳动者大军的社会待遇需进一步改善。当前对高技能产业工人在购（租）房、安家补贴、子女接受义务教育等方面的政策支持不够，他们的配偶、子女有就业愿望但未就业的，有关部门提供职业指导和就业前培训，推荐就业岗位工作不到位，不能解决他们的后顾之忧。高技能产业技术工人休息休假权利得不到保障，《职工带薪年休假条例》和《企业职工带薪年休假实施办法》不能完全落实。

三是知识型、技能型、创新型劳动者学习的激励保障不足。目前的薪酬制度还不能完全体现其劳动的价值、贡献、效益，使技能人才缺乏自主投入的内在动力，不能有效调动激发上进热情。在对产业技术工人的激励措施方面，选择出国进修、疗（休）养、带薪上学深造、持有股份等多元化激励方式，真正落实工人的生活、工作、健康需求的企业均小于10%（图4）。

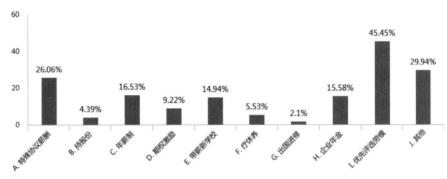

图4 企业对产业技术人才激励措施调查结果分析

四、宁夏知识型、技能型、创新型劳动者大军队伍建设的对策及建议

推进知识型、技能型、创新型劳动者大军队伍建设改革，需要各级党委政府、企业和全社会的携手努力，建立"党委主导、行政主抓、工匠引领、职工参与、岗位创新"的技能人才培养体系。引导各层级、各条战线形成联动，围绕一个目标，构建一条心抓落实、一盘棋抓推进的工作格局。

（一）注重思想引领，政治上保证围绕"一个目标"

紧紧围绕引导广大职工"感党恩、听党话、跟党走"这一目标，实现产业工人队伍"有理想守信念"。一是强化企业党建引领。建立市、县（区）级领导联系重点企业党建制度，党员领导干部直接联系重点企业；建立国有帮带民营、公立帮带民办、党建结对帮带制度，与企业结成党建共建对子；按照"一人一企""一人多企"方式，选派党建指导员，全面加强非公企业党建工作。二是加强思想政治建设。发挥各类红色文化资源功能、党群活动服务中心作用，利用"学习强国"、职工讲堂、电子职工书屋等载体，加强思想政治、理想信念、职业道德、法纪意识教育。三是发挥先进示范作用。把技术能手、青年专家、优秀工人吸收到党组织中来，在产业工人中选树劳动模范、技术能手、道德模范、抗疫先锋等，大力弘扬劳模精神、劳动精神、工匠精神和企业家精神。

（二）加强政策制度支持，形成队伍建设"一张网"

一是不断拓宽人才引进渠道。参考宁夏一系列高层次人才引进政策，协调建立高技能人才等同于高层次人才的保障机制，让高技能人才能够同高层次人才一样享受住房、子女就学、就医等一系列待遇。同时建议企业建立金字塔式的人才储备库，政府对企业自主人才储备库进行动态监测，检测结果列为企业重点体系认证考察的项目。二是提升技能人才转化率。针对重大项目和重点岗位，特别是支柱产业、新兴产业和现代服务业，开展多层次、多元化的绩效竞赛，建立和完善党、政、工、企业与职工多方参与的劳动竞争格局。建立"培训、竞争、推广、创新"四位一体员工技能竞赛的工作机制，让更多拥有一技之长的高技能职工在行业水平、业务质量和创新创造能力上实现质的飞跃。三是形成多部门联动工作制度，助推技能型工人成长。需要进一步联系各部门（单位），共同建设符合自治区技能型产业工人技能素质提升的工作机制。党政部门需要不断加强对该项工作的宏观指导、政策协调和组织推动，各部门（单位）要建立定期沟通、定期督查调研、联席会议等制度，确保人才引进和晋升的渠道畅通。积极为产业工人畅通"协商民主、成才成长"渠道，确保产业工人有更多获得感、幸福感、安全感。

（三）优化技能培育体系，打好"组合拳"

需要进一步开拓思路，搭建更实的平台满足企业和职工需求，推动知识型、技能型、创新型劳动者大军队伍建设。一是多方合作培养，共享共促。对首席技师制度、技师研修制度、自办技工实施基地、首席技师工作室、技能大师工作室、职工（劳模）创新工作室等创新性的高技能工人培育和带动机制加大建设力度。进一步强化和落实企业培养产业工人的主体责任，引导建立以"招工即招生、入企即入校"为主要内容的企业新型学徒制培养模式，把企业建成职工的"第二大学"；进一步丰富"校企结对"的内容，形成特色品牌；加快宁夏职业技术院校发展，推进技师学院高质量建设，努力增加技能型人才来源的本地供给。二是发挥自身优势，打通内部培训载体。引导企业建立内部讲师队伍，健全内部讲师选拔认证制度，采用支付讲课费、提供进修机会、表彰奖励等方式激励内部讲师，促进内部讲师将自己积累的知识和技能毫无保留地传授给企业职工。借鉴宁东的培训经验，企业可以加强培训教材和信息化建设，通过编制覆盖各专业各工种的教材、技术问答题本、技能鉴定题库等手段，着力加强企业自身的培训教材建设。三是拓展技术工人发展平台，打造职业技能提升完整闭环。搭建劳动竞赛、职工技术创新、班组长培训和技师家园等四大平台，形成"技能培养、技能鉴定、岗位使用、竞赛选拔、表彰奖励、技能进阶"的高技能人才培养闭环体系；构建长效的技能形成与提升机制；建立以企业岗位练兵和技术比武为基础、以国家和行业职业技能竞赛为主体、国内竞赛与国际竞赛相衔接的劳动和技能竞赛体系。

（四）加强知识型、技能型、创新型劳动者培养激励，下活"一盘棋"

应坚持"使用和培养相结合，考核和选拔相结合，业绩和待遇相结合"的原则，创造性落实技能人才培养中的待遇、晋升、职业化发展等举措，进一步优化技能人才发展环境，让技能人才队伍建设步入快速发展新阶段。一是建立合理的利益分配机制。首先，深化利益分配制度改革。可以借鉴江苏省的做法，制定实施《关于开展集体协商健全产业工人薪酬激励机制的指导意见》，通过协商企业增强利润的二次分配，切实保障产业工人的经济利益。其次，做好工人生活保障。完善工人的医疗、子女入学等社会保障体系，使产业工人特别是农民工队伍，能够真正感受到社会的认同和拥有一技之长的自豪。最后，深化技能竞赛的平台作用。鼓励职工通过竞赛活动增加收入,对在竞赛中符合条件且需要核发职业资格证书的项目,人社部门应发给相应的职业资格证书。二是设计多通道激励方式,推动一线技术工人成长。探索推进职业资格证书与学历证书、技能等级证书与学历证书相互融通改革,打通企业职业生涯系统中技术、管理、技能人才在任用、晋升、薪酬绩效等方面的联动管理,建立技能人才与管理、专业技术人员之间的转换通道,推动和鼓励企业吸纳高技能领军人才参与技术研发和经营管理。

三是提升各种地位,关注利益诉求。着力提升产业工人政治、经济、文化和社会地位,助力培养产业工人"敢担当讲奉献"的主人翁意识。强化协调劳动关系,提升政治地位;落实协调机制、职代会、厂务公开民主管理等工作,保障产业工人依法、有序、广泛参与管理决策,彰显主人翁地位;强化维护经济权益,提升经济地位;强化开展文化活动,提升文化地位;强化服务关爱职工,提升社会地位,努力营造尊重劳动、崇尚技能、鼓励创造的社会氛围。

全区民营企业工会主席作用发挥和待遇落实情况调研

自治区总工会研究室

为深入贯彻落实习近平总书记关于工人阶级和工会工作的重要论述特别是关于加强基层工会建设"三个着力"的重要指示精神,全面了解全区民营企业工会主席作用发挥、待遇落实情况及存在的问题,进一步推进民营企业工会工作规范化建设,激发民营企业工会吸引力凝聚力,不断促进民营企业工会建起来、转起来、活起来。调研组先后深入银川、吴忠、中卫等地18家民营企业,通过现场查看、企业负责人及工会主席座谈、与职工互动交流等方式,对民营企业工会主席作用发挥及待遇落实情况进行了深入调研,先后座谈交流16场次,参与工会主席、职工198人,收回有效调查问卷703份,并参考五市工会调研成果,在此基础上形成本调研报告。

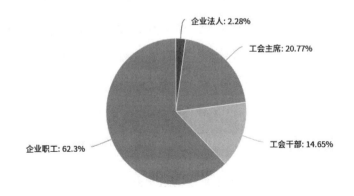

图1 参与问卷调查人员构成情况

一、基本情况

按照调研统计：五市及宁东能源化工基地共有组建工会的民营企业6049家，有工会主席6049名，其中专职工会主席17人，兼职工会主席6032人。其中200人以上企业261家，有专职工会主席9人，兼职工会主席252人；100—200人企业379家，有工会主席377人，有专职工会主席5人，兼职工会主席372人；100人以下企业5409家，有工会主席5408人，有专职工会主席3人，兼职工会主席5405人。

二、民营企业工会作用发挥及待遇情况

（一）民营企业工会组织基本健全

从走访了解的情况来看，各民营企业工会组织基本健全，大多会员对工会组织有一定的了解，大部分基层工会都能按期换届，受经济大环境影响，个别企业处于半停产或停产状态，对工会工作的开展有一定的影响。

（二）大部分民营企业工会主席作用发挥较好

工会组织作为党联系职工群众的桥梁和纽带，在团结引导广大职工发挥主力军作用、助力企业疫情防控、复工复产、保持职工队伍稳定、推动企业构建和谐劳动关系中发挥了特殊作用，调研显示，88.11%职工对工会工作的了解，92.1%职工认为工会主席作用发挥得好。大部分基层工会主席能以维护职工合法权益为基本职责，以为职工办实事为己任，努力为职工排忧解难，认真履行工会主席的基本职能，做好困难职工帮扶慰问、传统节日福利发放和组织职工开展丰富多彩的职工文体活动；结合企业的实际情况，利用晨会、班组（车间）例会和集中培训等方式抓好企业职工思想政治教育工作；平时工作中能积极与企业管理层进行有效沟通，认真履行厂务公开制度，倾听职工意见建议，关注职工思想动态，向企业管理层表达职工诉求和意愿；部分企业还把技术练兵、技术创新活动作为提升职工素质、增强企业竞争力的平台，动员职工争当岗位技术能手，为职工提升技能提供平台。工会工作也得到职工的认可、企业的肯定，为推动企业和谐发展作出了应有的努力和贡献。

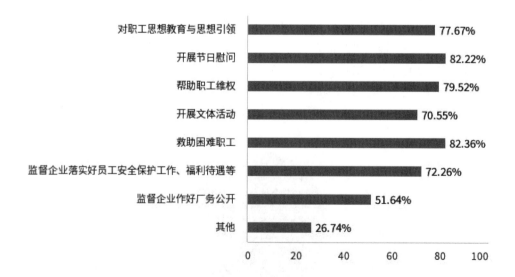

图2 职工所了解的工会主要开展的工作情况

（三）大多数民营企业工会主席待遇落实不到位

职务待遇方面：大多数的企业没有按照《企业工会工作条例》相关规定，给予企业工会主席享受企业行政副职待遇。73.2%的工会主席在职级上没有体现出待遇落实。

补贴落实方面：因为工会主席大多为兼职，工资待遇主要按行政岗位确定。仅少数企业能够按照《自治区总工会基层工会经费收支管理实施细则》（宁工发〔2018〕49号）文件规定，给予工会主席、工会专干相应的工会工作补贴，调研结果显示64.3%的工会主席没有享受到工会工作补贴。

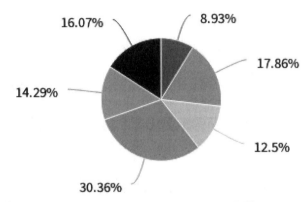

图3　工会主席享受的待遇形式调查结果

三、存在问题

（一）企业支持力度不够

调研过程中基层工会普遍反映，企业法人对工会工作的支持程度，是影响民营企业工会主席作用发挥的关键因素。部分的企业法人对工会认识不到位，对工会工作重视不够，认为工会组织可有可无，随意进行工会组织机构兼并、人员压缩，成为制约民营企业工会发展和工会主席作用发挥的主要因素。个别企业存在把工会挂起来、闲起来，把工会边缘化，工会有名无实，工会主席想干事但又干不了，久而久之，工会在职工中失去了威信，淡化了作用。

（二）部分工会主席业务不精、认识不够

当前大多民营企业受疫情防控影响和经济下行双重压力，要求工会主席必须掌握相关的经济、法律、企业管理、劳动关系协调等知识，但大部分企业工会主席为兼职，关注行政工作较多，钻研工会工作较少，普遍存在工会业务、劳动法规、社会保障、工资协商、劳动保护、争议调解等方面的专业知识相对缺乏情况，在解决问题时缺乏应有的素质和能力，工会工作的思路、方法和措施难以适应新形势做好工会工作的要求，开展时力不从心，存在本领恐慌、知识恐慌、办法恐慌；个别民营企业工会主席，对工会的性质、地位、作用认识不到位，虽然身为工会主席，但没有完全进入角色，把工会工作看得轻看得淡，只关心担任的行政工作，工会工作仅限于应付上级工会的报表资料,围绕企业中心工作创新谋划工会工作的主动性不够;部分企业工会主席更换频繁,工会工作衔接不到位,工作不能连续开展,也影响了工会主席的履职尽责和作用发挥;大多企业工会干部是半路出家,接受工会理论学习培训机会少,也是导致工作业务不熟、能力不强、经验不足的重要因素,民营企业工会干部队伍素质亟待提高。

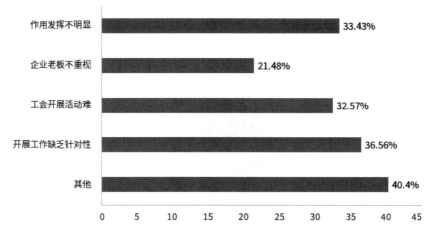

图4 职工认为单位工会工作还存在的问题

（三）工会主席多为兼职,投入工会工作的时间与精力不够

调研中发现,大多工会主席为兼职,且多以行政事务为主,难以在工会上投入较多精力,用于工会工作的时间仅占整个工作时间的30%左右,工会工作仅限于按部就班地开展常规性工作,创新性、持续性、系统性的工作开展较少,谋划开展工会工作、倾听职工意见建议的时间投入较少;同时一人兼多职造成角色和职能的交叉,特别是部分工会主席既担任行政职务又兼任工会主席,在工资集体协商、签订集体合同等工作中,作为工会主席代表职工,作为行政领导又代表企业利益,很难做到维护职工权益最大化。

（四）工会主席待遇落实不到位

调研中发现,55.5%的工会主席没有按照《企业工会工作条例》相关规定享受企业同级党政副职待遇。工会主席进入不到企业决策层,在涉及职工利益等重大决策时缺乏话语权,也大大影响了工会主席作用的发挥。调研中发现

大多数工会主席只是执行企业的安排,比较被动地落实上级工会部署的工作任务。真正主动组织职工开展工会活动,依法维护职工合法权益,甚至在职工合法权益受到侵害时理直气壮地站出来说话的占少数。《自治区基层工会经费收支管理实施细则》中规定:"基层工会兼职工会干部补贴标准",但是企业实施起来非常困难。部分企业经营者认为工会主席是企业职工,企业已经为其发放了工资,不该再额外支付补贴。中华全国总工会制定的《企业工会工作条例》虽然明确规定了民营企业工会主席的待遇标准,但是落实这项规定的主动权在企业。绝大多数民营企业,特别是小微企业并没有执行这一规定,工会主席自身也无力改变。其次,上级工会组织对民营企业工会主席的调薪和晋升干预力度为零,民营企业工会主席人由企业管理,待遇由企业负担,在待遇方面缺少外在制度制约。特别是在兼职条件下,很大程度上影响了工会主席的工作主动性和积极性;担任民营企业工会主席前提自己首先是企业的员工,

自身也是依托企业生存,工会主席履行职责尤其是替职工说话维权时有后顾之忧。

(五)部分工会经费紧张影响工作开展

目前,民营企业尤其是小微企业,工会经费紧张,影响了工会工作的开展;一些新就业形态企业工会会员多但缴费少甚至不缴费,如出租车司机、外卖员等新就业形态劳动者群体,多数都挂靠公司,只交一些管理费用,企业在申报工会经费时,工资总额仅限于管理人员的工资收入,分成经费较少,开展工作困难。

四、意见建议

(一)强化党建带工建工作,进一步提升民营企业工会工作水平

认真贯彻落实自治区党委办公厅印发的《关于加强新时代党建带工建工作的意见》的通知要求,进一步强化党建带工建工作,积极探索开展党的建设和工会工作的新途径、新方法,找准工作重点和突破口,完善党工联席机制、交流沟通机制和责任考核机制,形成党组织牵头、工会分工协作的工作格局,做到党建与工建工作同步研究部署、同步调研督导、同步检查考评、同步表彰奖励。争取将加强民营企业工会工作纳入完善基层治理体系,提高基层治理能力工作评价体系,各有关单位建立常态化沟通协作、信息反馈机制,针对不同领域、不同行业民营企业的特点,分类指导。充分依靠党建工作网络扩大工会工作影响,在加强基层党建工作中带动工会组织建设,扎实推进党建带工建、工建服务党建工作创新发展。注重典型培育,不断总结党建带工建、工建服务党建工作经验,善于发现和培育典型,发挥典型的示范带动作用。积极推广党建带工建、工建服务党建的好经验、好做法,推动全区民营企业党建带工建、工建服务党建工作迈上新台阶。

(二)加强民营企业工会主席培训,提高工会主席的履职尽责水平

加强民营企业工会主席的培训力度,通过举办各类培训班提高工会主席的业务能力和综合素养,不断提高工会主席工作能力和服务职工能力,打造一支稳定的高素质民营企业工会干部队伍,培养一批思想上树立信心、政治上牢记宗旨、工作上务实创新、业务上精通专业的一流企业工会干部,用较强的业务能力和较高的工作水平获得企业负责人和企业职工的认可;积极搭建民营企业工会工作交流学习平台,通过观摩、实地学习、召开交流座谈会等方式帮助工会工作相对落后的民营企业工会不断提升服务能力和工作水平;积极引导民营企业工会主席主动适应新形势下工会规范化建设和履行工会工作职能的现实需要,把加强学习、提高素质作为自觉行动,更加系统地、持之以恒地学习工会知识,提升工作方法,主动地把工会理论放到具体工作中去实践、去思考、去检验,使自身的工作能力更好地服务于工会事业,为构建和谐劳动关系、服务企业发展作出积极贡献。

(三)加强民营企业法人培训,提高企业法人对工会作用的认识

工会作用发挥受制于企业经营者的支持程度和认识到位与否,企业经营者对工会作用认识到位、对工会工作大力支持,工会工作就好开展,否则就影响工会工作开展。各级工会要积极和市场监管部门、工商联等相关部门协作,争取将工会基本知识、《中华人民共和国工会法》《中国工会章程》《企业工会工作条例》等纳入民营企业法人培训内容,让工会知识成为民营企业法人的必修课,引导民营企业法人正确认识新形势下工会的地位和作用,切实解决民营企业法人在思想上对工会认识不到位的问题。

(四)加强对民营企业工会工作指导,推进工会工作规范化

各级工会要深刻认识加强民营企业工会工作,是维护职工合法权益的迫切需要,是深入推进工会改革创新的应有之义,是推动民营企业发展、促进经济高质量发展的重要保证。要加

强对民营企业工会工作的了解和研究,针对民营企业工会工作中的弱点、短板、问题有针对性地进行指导,突出重点、聚焦难点,通过以弱带强、以点带面、示范引领等措施,推进工会规范化建设,有力推动工会工作开展。

(五)推动民营企业工会主席待遇落实,提高工会主席履职尽责的积极性

按照《企业工会工作条例》《自治区基层工会经费收支管理实施细则》(宁工发〔2018〕49号)等相关规定,进一步推动民营企业工会主席、工会干部职级待遇、工资待遇的落实,进一步提高民营企业工会主席的地位,激发工会主席干事的积极性和主动性。

(六)加强宣传,营造民营企业工会主席履职尽责的良好社会氛围

大力宣传民营企业工会组织在促进企业高质量发展、稳定职工队伍、构建和谐劳动关系的重要作用,通过宣传引导,不断扩大民营企业工会工作影响力,营造良好和谐的民营企业工会工作氛围;加大对工作业绩突出、职工群众认可的工会主席的宣传,让他们深切感受社会的认可和从事这份职业的荣誉感;大力选树表扬支持工会工作的企业法人,在工会各类评优评先中优先考虑,进一步激发企业支持工会工作的热情。

自治区总工会重要文件

自治区总工会2022年工作要点

宁工发〔2022〕22号

2022年是党的二十大胜利召开之年,是实施"十四五"规划的关键之年,自治区将召开第十三次党代会,保持平稳健康的经济环境、风清气正的政治环境和国泰民安的社会环境意义重大、影响深远。工会工作的总体要求是:坚持以习近平新时代中国特色社会主义思想为指导,全面贯彻党的十九大和十九届历次全会精神,深入贯彻习近平总书记关于工人阶级和工会工作的重要论述,弘扬伟大建党精神,认真落实自治区党委十二届十四次全会和全总十七届五次执委会议精神,进一步增强"四个意识"、坚定"四个自信"、捍卫"两个确立"、做到"两个维护",以新修改的《工会法》实施为契机,以"基层组织建设提质增效年"为重要抓手,实施思想引领铸魂、建功立业聚力、权益维护促稳、服务提升凝心、强基固本增效、改革创新赋能"六大工程",以实际行动迎接党的二十大和自治区第十三次党代会胜利召开。

一、实施思想引领铸魂工程,深入学习宣传贯彻党的创新理论,团结引领广大职工群众坚定不移听党话跟党走

1.持续强化理论武装。深入学习宣传贯彻党的十九届六中全会精神,持续巩固党史学习教育成效,切实增强工会干部坚决捍卫"两个确立"的思想自觉、政治自觉和行动自觉。党的二十大胜利召开后,迅速在各级工会和广大职工中掀起学习宣传贯彻热潮,开展工会干部和职工群众"同上一堂思政课"活动,引导广大职工坚定不移听党话、矢志不渝跟党走。

2.持续强化思想引领。深化"四史"和铸牢中华民族共同体意识常态化宣传教育,以"喜迎二十大 建功新时代"为主题,举办"劳动者之歌"文艺汇演、开展百场"文艺走基层、文化惠职工"等系列活动,深化"培育好家风——女职工在行动"主题实践活动,积极培育职工文化。大力弘扬劳模精神、劳动精神、工匠精神,评选表彰自治区"五一劳动奖",深入开展劳模"三进"活动,让诚实劳动、勤勉工作蔚然成风。

3.持续强化舆论引导。充分发挥工会网站、微信公众号、《宁夏工运》杂志等媒体作用,加强与社会媒体协同,推动形成线上线下、内外媒体相贯通的工会宣传工作格局。重点围绕非公企业职工文化、基层组织建设及阵地作用发挥等工作宣传报道,总结工会典型经验、挖掘优秀职工事迹,着力提升工会影响力。持续深入开展"网聚职工正能量、争做中国好网民"主题活动,继续完善落实网络舆情监测报告、应急响应和处置机制,牢牢把握网上思想引领的主动权。

二、实施建功立业聚力工程,主动投身先行区和美丽新宁夏建设,组织动员广大职工奋进新征程

4.深化产业工人队伍建设改革。制定年度工作要点和工作台账,压实责任、凝聚合力。组织产改成员单位负责同志、联络员专题培训,举办工作推进会,深化试点工作,总结典型做法,促进各地产改工作交流互鉴、协调推进。建立改革工作项目补助资金,将产改工作纳入年度效能目标考核,进一步激发改革动力。开展产改工作理论研究征文活动,总结推广经验做法,研究思路举措,推进产改工作走深走实。编印《宁夏产业工人队伍建设改革工作文件汇编》,加强工作指导,增强改革实效。

5.深化劳动和技能竞赛活动。以"百万职工建功新时代、喜迎二十大"为主题,围绕九个重点产业、已开工的重点工程项目,分级分类组织开展劳动和技能竞赛。在城乡供水一体化等重点工程开展4项示范性劳动竞赛,在葡萄酒、电子信息等产业开展15个工种职业技能竞赛,示范引领各级工会广泛开展劳动和技能竞赛,多行业、多工种开展技术比武,凝聚起各行各业"建功'十四五'、奋进新征程"的磅礴力量。

6.深化职工创新创效活动。大力推进职工创新成果转化应用,举办第二届全区职工技术创新成果展,促进创新链和产业链精准对接。持续加大劳模和技能人才创新工作室创建力度,推动同产业、同行业创新工作室联合共建,在枸杞、绿色食品等每个重点产业至少创建1个创新工作室,新建10个自治区级创新工作室。

三、实施权益维护促稳工程,主动融入完善基层治理体系提高基层治理能力,坚决维护劳动领域政治安全

7.关爱新就业形态劳动者促和谐。认真落实新就业形态劳动权益保护、职业伤害保障等方面的政策措施。深入落实《宁夏企业工资集体协商办法》,推动灵活用工集中的行业制定劳动报酬定额指导标准,推动平台企业、关联企业与劳动者就劳动报酬、支付周期、休息休假和职业安全保障等开展工资集体协商。

8.坚持协调劳动关系促和谐。坚决维护劳动领域政治安全,常态化开展风险排查,确保劳动领域矛盾纠纷早发现、早处置、早化解。加快建立劳动争议纠纷在线诉调对接工作机制,落实与法院线上联席会议制度,强化信息共享和风险预警,引导劳动者依法理性维权。结合"八五"普法,通过百场普法宣讲、万人网上竞赛和微视频、云直播,深入广泛宣传《工会法》。

9.加强企业民主管理促和谐。完善自治区厂务公开民主管理工作机构,制定《关于进一步加强企业民主管理工作实施意见》,推动各级党委把企事业单位民主管理制度落实情况纳入"平安宁夏"建设考核内容。开展星级职代会创建、企业民主管理互观互学等主题活动,提升企业民主管理工作实效。

四、实施服务提升凝心工程,积极助力"四大提升行动",着力增强职工的获得感、幸福感、安全感

10.提升帮扶解困工作质量。完善困难职工信息相关部门间共享机制,实现精准识别、应帮尽帮。实行困难职工网格化服务管理,持续巩固解困脱困成果。提升职工医疗互助工作质量,推动职工医疗互助与医保对接,信息共享,实现全区统一管理、资金统筹使用,提高制度化和规范化水平。

11.提升服务供给品质。培育30个自治区级职工之家示范单位,选树50家自治区级"最美户外劳动者服务站",带动工会服务水平全面提升。提高全区各级工人文化宫服务能力和水平,建成自治区工人疗养院新院区,夯实服务职工阵地。落实小微企业工会经费返还政策,支持小微企业发展。

12.提升职工健康水平。积极融入健康宁夏建设和全民健康提升行动,牵头推进健康企业建设,建立职工健康管理体系,提高职业病防治水平。深化"安康杯"竞赛活动,全面落实《关于加强职工疗休养工作的意见(试行)》,建立"惠泽职工·关爱健康"体检服务长效机制,建好线上线下职工心理服务驿站,守护职工身心健康。对5000名货车司机、外卖配送员等劳动者免费健康体检。

13.加强工会女职工工作。推动修订《自治区女职工劳动保护办法》,适时召开全区女职工维权保障互观互检互促现场推进会,推广女职工维权"一函两书"品牌工作。探索培育"网红经济",拓宽女职工增收渠道。加强女职工服务阵地建设,积极适应实施三孩生育政策,支持有条件的用人单位为职工提供托育服务,精准做好女职工特殊权益维护工作。打造自治区级示范性工会爱心托管班和工会"爱心妈咪小屋"各10个,开展10场次巾帼健康讲座,为1万名女职工"两癌"筛查。

五、实施强基固本增效工程,持续推动工会组织作用发挥,不断激发基层组织活力

14.持续扩大工会组织有效覆盖。开展新就业形态劳动者建会入会专项行动,以乡镇(街道)、工业园区和社区为重点,力争25人以上企业建会动态全覆盖。建立新就业形态工会组织工作经费保障机制,为他们提供优质服务,增强对工会组织的认同感归属感。

15.持续加强基层工会能力建设。开展模范县级工会创建活动,选树培育30%工作开展较好的示范县,提升30%工作基础相对薄弱的县(区),真正把县级工会建设成为党政重视、职工满意、社会认可、充满活力的工会组织。加强乡镇(街道)工会规范化建设,制定《关于加强和规范区域性、行业性工会建设的意见》,落实"小三级"工会人、财、物,真正让基层工会建起来、转起来、活起来。

16.加强产业工会工作。召开产业工会工作会议,完善产业工会议事制度,加强产业与对口管理部门、行业协会联系协调,积极参与制定相关法规政策,维护好产业职工合法权益。建立产业工会推进产改示范引领机制,发挥产业工会在产改中的独特优势和作用。

17.持续提升工会干部能力水平。修订加强社会化工会工作者队伍建设实施意见,完善工资集体协商指导员管理制度,科学配置社会化工会工作者。开展新任市、县(区)工会主席轮训,分批次培训乡镇(街道)、工业园区工会干部和社会化工会工作者。强化工会干部实践锻炼,建立下基层"蹲点"长效机制,推动"我为职工办实事""工会进万家"实践活动务实高效。

六、实施改革创新赋能工程,紧紧围绕"强三性、去四化"目标,不断提高改革的综合效能

18.强化党建引领基础。牢牢把握政治机关属性,持续实施"三强九严"工程,突出抓好"五型"模范机关创建,积极推进党建和业务工作深度融合,全面提升机关党建工作质量。坚决贯彻落实全面从严治党各项要求,严格执行中央八项规定及其实施细则精神、自治区"八条禁令",持续纠"四风"树新风,切实为基层减负。

19.推进智慧工会建设。建设智慧工会数据中心,逐步建立物理分散、逻辑集中、资源共享、统筹联动的工会智慧数据中心,进一步管好用好工会组织和工会会员信息基础数据库。开发建设"一中心、四平台"项目,即工会数据中心、工会电子会员证管理平台、网上职工服务平台2.0、全媒体管理平台、工会户外劳动者站点管理平台,打造线上线下融合、各级工会联通的服务职工工作体系。

20.打牢提升效能基础。强化工会调查研究工作,开展我区工运史研究工作,建立调研成果质量控制机制,提高调查研究工作水平。开展工会资产统计调查,建立县级以上工会年度资产统计报告制度。认真落实《工会会计制度》,大力推进全面预算绩效管理。建成财务资产审计系统,加强经审工作,提升工会经费使用效率。

21.健全工作落实机制。细化年度工作任务分工和重点项目实施方案,明确目标任务,压实工作责任。加强督查指导,通过召开重点工作推进会、现场会等形式,推动各项工作高效落实。

宁夏回族自治区总工会

2022年4月7日

关于在全区开展2022—2023年度"安康杯"竞赛活动的通知

宁工发〔2022〕23号

各市总工会、应急管理局、卫生健康委员会,各产业工会,宁东基地工会,区直机关工会:

为落实中共中央、国务院关于安全生产的各项决策部署,主动适应新时代对安全生产工作提出的新要求,进一步发挥广大职工群众在安全生产和职业病防治工作中的监督作用,有效防范遏制生产安全事故,推动安全生产和职业病防治形势持续稳定好转,根据中华全国总工会应急管理部国家卫生健康委员会《关于开展2022—2023年度全国"安康杯"竞赛活动的通知》(总工字〔2022〕16号)精神,自治区总工会、应急管理厅和卫生健康委员会决定,2022—2023年度继续在全区范围内开展"安康杯"竞赛活动。现将有关事项通知如下。

一、指导思想

以习近平新时代中国特色社会主义思想为指导,深入贯彻落实习近平总书记关于安全生产的重要论述,坚决贯彻落实党中央、国务院的决策部署,全面贯彻新发展理念,统筹发展和安全,坚持人民至上、生命至上,推动"安康杯"竞赛活动广泛深入持久开展,督促生产经营单位落实安全生产主体责任和全员安全生产责任制,持续改善作业场所安全卫生状况,不断提高职工安全健康意识和安全技能,有效防范遏制生产安全事故,推动安全生产和职业病防治形势持续稳定好转,以实际行动迎接党的二十大和自治区第十三次党代会胜利召开。

二、主要目标

继续扩大"安康杯"竞赛参赛范围,吸引更多企业特别是中小微、非公企业、农民工比较集中的劳动密集型企业参赛,力争企业参赛数和职工参与数逐年增长。生产经营单位安全生产主体责任和全员安全生产责任制进一步落实,隐患整治排查能力不断提高,作业场所安全卫生环境持续改善,职工应对突发生产安全事故能力和职业病防治意识不断增强,推动实现参赛单位生产安全事故、伤亡人数和职业病"零"发生。

三、竞赛主题

排查整治安全隐患、共促安全健康发展。

四、竞赛要求

在疫情防控常态化时期开展竞赛活动,要严格落实疫情防控各项规定和措施,坚决防止聚集性疫情发生。

(一)推动落实企业全员安全生产责任制。推动企业根据安全生产法律法规和相关标准要求,明确所有层级、各类岗位从业人员的安全生产责任,通过加强教育培训、强化管理考核和严格奖惩等方式,建立安全生产工作"层层负责、人人有责、各负其责"的工作体系;推动建立健全教育培训档案和安全生产责任制管理考核制度,将全员安全生产责任制教育培训工作纳入安全生产年度培训计划,对全员安全生产责任制落实情况进行考核管理,健全激励约束机制,激发全员参与安全生产工作的积极性和主动性;加强对企业建立和落实全员安全生产责任制工作的指导督促和监督检查,促进企业安全生产责任制落地见效。

(二)大力开展群众性安全生产活动。组织开展班组安全技能培训、安全生产合理化建议"金点子"征集等活动,推进班组安全管理标准化、规范化和科学化。广泛开展"安全隐患随手拍"安全生产职工监督活动,动员广大职工立足岗位排查身边隐患、立足企业消除隐患,把隐患当事故整改。建立企业重大隐患治理情况向负有安全生产监督管理职责的部门和企业职代会"双报告"制度。把开展"安康杯"竞赛活动与开展"安全生产月"、新修改的《工会法》《安全生产法》《职业病防治法》宣传周活动结合起来,广泛开展形式多样的安全生产宣传教育活动,积极营造安全生产和职业病防治的良好氛围,提升竞赛质量和效果。

(三)积极推进企业安全文化建设。牢固树立安全发展理念,坚持人民至上、生命至上,以创建安全文化体系、完善安全生产责任制和规范员工操作行为为手段,引导企业营造人人讲安全、事事重安全、处处保安全的安全生产环境;把安全文化建设融入企业整体文化建设中,有针对性开展宣传培训、操作演练、温情教育、警示教育等安全文化活动,把先进的安全生产理念、科学的安全管理方法、实用的安全操作技能、优秀的安全生产文化送到企业;通过张贴、悬挂安全生产挂图,不断营造浓厚安全生产氛围;组织职工参加新修改的《工会法》《安全生产法》知识竞赛答题及安全健康文化宣传活动,不断提升职工安全健康意识和应急处置能力;推动企业通过学习和借鉴国际国内先进安全管理思想和安全文化理论,加以总结提炼,持续改进,逐步形成上下齐心、知行合一的安全文化,推动企业安全健康和谐发展。

(四)推动重点行业领域开展劳动竞赛活动。要围绕竞赛主题,面向基层、紧贴企业、依靠职工,充分整合社会资源,开展形式多样、内容丰富的竞赛活动,做到既与时俱进又适应企业发展需要、既围绕大局又贴近实际、既体现行业特色又突出区域特点。要把城镇燃气、煤矿、建筑、交通运输、石油化工、电力等高危行业和非公中小企业以及设备、技术、工艺落后的企业作为重点领域,把一线职工、农民工特别是新就业形态劳动者作为重点对象,坚持因地制宜原则,吸引更多的企业特别是非公企业、农民工比较集中的劳动密集型企业,参加到竞赛活动中来,逐步实现竞赛全覆盖。

(五)统筹推进健康企业创建工作。全力组织落实《自治区总工会关于开展2022年健康企业创建活动的通知》,持续深化开展健康企业创建活动。将职工健康知识普及纳入职工宣传教育体系,不断加大职工健康知识普及力度,借助户外职工驿站,强化职业病防治知识宣传,提高职工自我防护意识和自我保护能力。注重职工健康服务保障,依法维护女职工合法权益和特殊利益,保障快递员、货车司机等新就业形态劳动者健康权益维护。加强健康教育阵地建设,不断满足职工精神、文化、体育、健康教育需求。

(六)充分运用"互联网+"推动竞赛活动开展。利用"互联网+"工会服务形式,积极组织企业开展安全生产和职业病防治活动,建立健全电子教育培训档案,组织职工观看平台定期推送的有针对性培训课程、警示教育片、短视频等,通过优秀班组展播和合理化建议区,实现员工和企业、工会互动,及时掌握企业和员工诉求,通过大数据识别把先进的安全生产理念、科学的安全管理方法、实用的安全操作技能、优秀的安全生产文化推送到企业和职工手中。

五、实施步骤

(一)部署动员。各级工会组织要加强对"安康杯"竞赛活动的组织领导,指定专人负责,制定竞赛实施方案,做好部署工作,加大宣传力度,积极争取党政机关、企事业单位的支持和配合,在人、财、物等方面强化支持保障,动员更多企业和职工参加到竞赛活动中来。

(二)参赛报名。参赛范围为各类生产经营单位,各参赛单位按照属地、产业(行业)系统、企业联合会、协会组委会等隶属关系报名参赛,但不能重复报名。请各市、产业工会于2022年6月底前负责本地区、本系统、本单位参赛企(事)业单位的组织报名工作,并于2022年10月底前将参赛单位名单、职工人数及班组数报自治区总工会劳动和经济工作部。未报名参赛的单位不得参加"安康杯"竞赛评比表彰,也不得参与自治区五一奖评选。

(三)检查指导。各级工会组织要经常深入基层了解竞赛活动开展情况,加强竞赛活动的检查指导,认真总结好的经验和做法,及时提出指导性意见和建议,帮助解决遇到的问题和困难。各市、产业工会间可根据自身情况开展交流互查。

(四)宣传报道。自治区总工会将运用各种形式、及时总结、宣传和推广优胜单位的先进经验。各市、产业工会要充分运用广播、电视、报刊、网站、"两微一端"等媒介,加强"安康杯"竞赛活动的宣传报道,不断扩大竞赛活动的社会影响。

(五)考核表彰。自治区总工会将通过总结评比,对2022—2023年度"安康杯"竞赛活动中表现突出的先进集体和先进个人推荐全国表彰,并在全区通报表扬。各市、产业、宁东基地、区直机关工会要加强与自治区总工会的沟通交流,及时报送简报信息,将本地、本行业系统开展"安康杯"竞赛活动情况、主要经验、存在问题和意见建议反馈自治区总工会,信息报送情况将纳入先进评比推荐考核之中。

附件:

1.全国"安康杯"竞赛先进集体考核表(略)

2.自治区"安康杯"竞赛报名表(略)

宁夏回族自治区总工会
宁夏回族自治区应急管理厅
宁夏回族自治区卫生健康委员会
2022年5月11日

自治区总工会关于加强新时代工会女职工工作的实施意见

宁工发〔2022〕31号

女职工工作是工会工作的重要组成部分，是妇女工作的重要组成部分。随着我国工人阶级队伍的发展壮大，女职工队伍同步发展，成为服务党和国家工作大局、工会工作全局主力军中的重要组成部分。为了全面贯彻落实全国工会系统女职工工作会议精神，团结引领全区广大女职工以"强国复兴有我"的责任担当，在加快美丽新宁夏建设、继续建设经济繁荣民族团结环境优美人民富裕的征程中彰显巾帼之力，现根据自治区党委办公厅人民政府办公厅《关于加强和改进新时代产业工人队伍思想政治工作的实施意见》《宁夏妇女发展规划（2021—2030年）》《宁夏儿童发展规划（2021—2030年）》《宁夏工运事业和工会工作"十四五"发展规划》，就加强我区新时代工会女职工工作，提出如下实施意见。

一、总体要求

坚持以习近平新时代中国特色社会主义思想为指导，坚持自觉接受党的领导，深入贯彻习近平总书记关于工人阶级和工会工作、关于妇女工作的重要论述，坚持以人民为中心的发展思想，以保持和增强政治性先进性群众性为主线，牢牢把握为实现中华民族伟大复兴中国梦而奋斗的工运时代主题，增进对习近平新时代中国特色社会主义思想的政治认同、思想认同、理论认同和情感认同，深刻领会"两个确立"的坚定性意义，增强"四个意识"，坚定"四个自信"，做到"两个维护"，对标对表维权服务基本

职责，深化改革创新，夯实基层基础，把工会女职工组织建设得更加充满活力、更加坚强有力，为建设黄河流域生态保护和高质量发展先行区发挥"半边天"作用。

二、基本原则

——坚持党的领导、把牢政治方向。保持和增强政治性、先进性、群众性，坚定不移走中国特色社会主义工会发展道路，贯彻落实党中央关于工人阶级和工会工作、关于妇女工作的重要论述，持续深化对党的创新理论的理解感悟，持续深化对职工队伍发展变化特点与规律性认识，使广大女职工对党和国家的感情更加真挚。

——坚持围绕中心、服务大局。立足新发展阶段，贯彻落实党中央、自治区党委决策部署，服务重大战略，主动融入自治区经济社会发展大局，常态化团结动员广大女职工成为全面深化改革的支持者、参与者、推动者，在改革发展稳定第一线建功立业。

——坚持全面发展、协同推进。以问题和需求为导向，广泛汇聚资源，强化服务意识，依法表达和维护女职工的合法权益和特殊利益，努力构建领导重视、凝聚共识，统筹谋划、上下联动、各方支持、合力推进的工作大格局，积极回应女职工对美好生活的期盼。

——坚持守正创新、因地制宜。顺应时代发展，围绕维权服务基本职责，开拓思路，用心用情解决广大女职工的急难愁盼问题，让经济

社会发展成果更多地惠及女职工,使她们的获得感成色更足、幸福感更可持续、安全感更有保障。

——坚持突出重点、打造亮点。在倾心服务女职工的过程中,立足各地实际,细化工作措施,鼓励探索创新,有针对性地打造一批立得住、叫得响、可推广复制的特色品牌工作,组织动员广大女职工走在时代前列。

——坚持大抓基层、激发活力。加强基层工会女职工组织建设,发挥独特作用,找准职责定位,团结引导广大女职工听党话、跟党走,在新的赶考路上不断夯实党执政的阶级基础和群众基础,书写工会女职工工作创新发展的新答卷。

三、重点任务

以贯彻落实自治区总工会"十四五"发展规划为主线,聚焦思想引领、提素建功、权益保障、关心关爱、家庭建设、组织建设、自身建设等女职工工作重点内容,以女职工对美好生活的新期待为初心使命,发挥优势、创新方式、积极作为,做到在政治上保证、制度上落实、素质上提高、权益上维护,最广泛地把全区广大女职工紧紧团结凝聚在党的周围,让广大女职工在身边就能找到组织、得到及时帮助。

(一)强化思想引领。把思想政治引领工作贯穿到女职工工作全过程各方面,始终保持工会女职工工作正确政治方向。强化理想信念教育,坚持用习近平新时代中国特色社会主义思想武装女职工,以宣传贯彻党的二十大为主线,深化"永远跟党走、奋进新征程"主题教育,采取女职工喜闻乐见的方式讲好党的创新理论,引导女职工增强听党话、跟党走的思想自觉和行动自觉。大力弘扬劳模精神、劳动精神、工匠精神,组织开展巾帼劳模工匠论坛、宣讲等活动,进一步发挥先进典型示范引领作用。加强新时代家庭家教家风建设,倡导开展"培育好家风——女职工在行动"主题实践活动,依托"玫瑰

书香"阅读品牌,创新开展"同上一堂思政课"等思政教育,弘扬社会主义核心价值观在家庭落地生根,推动形成爱国爱家、向上向善、共建共享的社会主义家庭文明新风尚。

(二)深化提素建功。贯彻落实产业工人队伍建设改革工作部署,以培育女职工创新工作室,助力女职工成长成才为主线,组织女职工在自治区九个产业、十大工程的主战场,以"建功'十四五'、奋进新征程"为主题,广泛深入持久开展具有女职工特色的区域性、行业性劳动和技能竞赛,推动竞赛向新产业新业态新组织拓展,建设知识型、技能型、创新型劳动者大军,展现新时代女性奋斗者的新风采。开展全国女职工先进集体(个人)评选表彰、巾帼劳模工匠宣讲等活动,激发广大女职工创新创造的潜能和活力,引领广大女职工立足岗位创先争优,为高质量发展提供人力支撑,以主人翁姿态建功新时代、奋进新征程,赢得出彩人生。鼓励探索"网红经济"新模式,延伸"巾帼带货直播间"产业链,拓宽女职工增收渠道,调动创业就业积极性,助力脱贫攻坚同乡村振兴有效衔接。

(三)突出权益保障。聚焦社会主要矛盾新变化,立足女职工现实关切与诉求,源头参与国家、自治区有关女职工权益保护法律法规政策的研究和拟定,推动修订《宁夏回族自治区女职工劳动保护办法》,帮助女职工解决权益保障中的难点堵点问题。充分发挥女职工权益保护专项集体合同作用,围绕生育保护、卫生保健费、女职工"两癌"筛查、帮助职工平衡工作和家庭责任、民主管理等工作重点,提升协商和履约实效。密切关注国家生育政策调整对女职工就业、职业发展和家庭生活等方面的影响,重点关注新就业形态女性劳动者等群体,创新维权服务手段,提高维权服务实效。深化"情系女职工,法在你身边"普法宣传到基层活动,有效利用"女职工维权行动月"、国家宪法日等时间节点,推动维权典型案例评

选、广泛开展女职工普法宣传"直播季"活动，联合专项执法检查、劳动法律监督常态化、及时推动侵犯女职工权益案件处理，促进劳动关系和谐稳定，维护劳动领域政治安全。以构建和谐劳动关系为主线，利用"一函两书"维权手段，依法维护女性劳动者劳动报酬、休息休假、劳动保护、社会保险等合法权益和特殊利益，在维权服务中聚人心、暖人心。

（四）做实关爱服务。主动对标对表女职工对美好生活的新期待，把党的意志和主张贯穿于工会女职工工作的全过程和各方面，结合"我为职工办实事"，深入推进工会爱心托管服务工作，加强女职工休息哺乳室建设，用心用情做好职工子女关爱服务工作，创建家庭友好型工作场所。贯彻落实国家优化生育政策及其配套支持措施，在有条件的用人单位因地制宜开展托育服务试点工作，推动将托育服务纳入集体合同、"职工之家"建设和企业提升职工生活品质试点工作，高度关注女职工劳动保护和身心健康，依据《宁夏回族自治区女职工劳动保护办法》推动用人单位开展女职工职业病检查，扩大宫颈癌、乳腺癌筛查受益人群和覆盖范围，加强人文关怀和心理疏导。深化"会聚良缘"工会婚恋交友服务，教育引导职工树立正确婚恋观，开展更加符合职工需求及特点的婚恋交友活动。开展六一儿童节关爱帮扶、走访慰问、亲子教育等多种形式的关爱服务活动，特别是加强新就业形态劳动者子女、农村留守儿童和困境儿童的关爱服务。强化品牌意识，各地要结合实际，及时发现培育、总结提炼基层典型经验，努力创建更多体现时代特征、地域特点的工作品牌，增强工会女职工工作的社会影响力。

（五）加强组织建设

1.扩大组织覆盖面。坚持以工会组织建设带动工会女职工组织建设，做到哪里建工会、哪里有女职工、哪里就要建立工会女职工组织。

加强统筹谋划，把女职工组织建设纳入工会组建整体工作一体部署、一体推进，基层组织建设部门在部署工会组建工作目标时，明确同步组建工会女职工组织目标任务，将工会女职工组织建设工作纳入"模范职工之家""劳动关系和谐企业"创建等内容，实现女职工组织建设与工会组建工作同步部署、同步实施、同步考核。以非公有制企业特别是中小企业、新建企业和互联网平台企业为重点，加强乡镇（街道）、村（社区）、工业园区工会女职工组织建设，加快区域性、行业性工会联合会女职工组织建设，最大限度把包括新就业形态女性劳动者在内的广大女职工吸引到工会组织中来。在推进新建工会单位同步建立女职工组织的同时，狠抓已建工会未建女职工组织单位的女职工组织建设，进一步加强产业工会女职工委员会建设，不断健全工会女职工组织体系。

2.加强规范化建设。以"依靠基层、大抓基层、夯实基层"为导向，选优配强女职工工作干部，做到层层有责任、事事有人抓。按照《工会法》《中国工会章程》《工会女职工委员会工作条例》相关规定，实行垂直领导的产业、大型企业、事业单位、机关和其他社会组织工会女职工委员会，应设立办公室（女职工部），负责女职工委员会的日常工作。县、乡（街道）、村（社区）工会和中、小企事业单位、机关等工会女职工委员会可根据工作需要设立专职或兼职工作人员，也可以设立办公室（女职工部）。

3.激发工会女职工组织活力。加强对内统筹，做好对外协调，整合社会资源，积极争取人社、卫健等有关部门支持，延长工会女职工工作手臂。加大干部教育培训力度，县级以上工会女职工组织每年举办若干期各层级工会女职工工作干部培训班，逐步实现教育培训对专兼挂工会女职工工作者的全覆盖，着力提升工会女职工工作干部的政策理论水平和解决实际问题能力。强化支持保障，赋予女职工工作更多的资源手段,规范女职工组织运行机制,落实女职工委员会向同级工会委员会和上级工会女职工委员会报告工作制度,完善工会女职工委员会委员发挥作用制度。注重培育不同层面工会女职工组织先进典型,发挥示范引领作用,抓点带面推进女职工工作。

(六)开展调查研究。深化对党领导下的工运事业和妇女事业历史成就及经验启示的学习研究,把握工会女职工工作规律性认识,体现时代特征,推进理论创新和实践创新。聚焦党中央决策部署和工会重点工作,立足新时代女职工队伍和劳动关系发展变化,定期开展女职工队伍状况调查,根据新情况新问题开展专题调研。加强调研设计,提高调研质量,及时通报、交流调研成果,加大优秀调研成果宣传力度,推动形成工作性意见、转化为政策制度。

四、工作要求

1.加强组织领导。各级工会要牢固树立各级工会共抓女职工工作的鲜明导向,切实加强对女职工工作的领导,将女职工工作列入重要议事日程,纳入工会工作整体部署一体推进,每年至少召开1次党组(党委)会议专题听取女职工工作情况汇报,及时研究解决女职工工作发展中的重大问题,形成横向联动、上下贯通、齐抓共管的良好态势。

2.加大支持保障。各级工会要积极争取党政支持,加大对工会女职工工作的经费支持,为创造性开展职工子女托管托育、职工子女关爱服务等工作与活动提供必要的经费支持,所需经费应列入同级工会经费预算。建立健全评价激励制度,将女职工工作情况作为评优评先的重要参考。在干部培训、职工疗休养等工作中,注重考虑女职工比例。

3.狠抓责任落实。各级工会要强化责任担当,明确落实意见的思路举措和具体分工,做到层层有责任、事事有人抓,落细落实目标任务,在全委会工作报告中体现女职工工作的成效。加强指导协调和跟踪问效,坚持一级抓一级、层层抓落实,及时跟进工作、解决问题,确保工会女职工工作各项部署要求落地见效,推动工会女职工工作可持续发展。

宁夏回族自治区总工会

2022年6月2日

关于开展2022年"网聚职工正能量争做中国好网民"主题活动的通知

宁工发〔2022〕33号

各市总工会、网信办，宁东基地工会，各产业工会，区直机关工会：

2022年是进入全面建设社会主义现代化国家、向第二个百年奋斗目标进军新征程的重要一年。为深入贯彻落实党的十九大、十九届历次全会和自治区第十三次党代会精神，充分展现广大职工"建功'十四五'、奋进新征程"的时代风采，充分发挥工人阶级主力军作用，以实际行动迎接党的二十大胜利召开，根据《中华全国总工会中央网信办关于开展2022年"网聚职工正能量争做中国好网民"主题活动的通知》(总工字〔2022〕22号)，自治区总工会和自治区网信办决定，2022年继续联合开展"网聚职工正能量争做中国好网民"主题活动。现将有关事项通知如下：

一、总体要求

深入学习宣传贯彻习近平新时代中国特色社会主义思想，全面贯彻党的十九大、十九届历次全会和自治区第十三次党代会精神，贯彻落实习近平总书记关于工人阶级和工会工作的重要论述、关于网络强国的重要思想，以迎接宣传贯彻党的二十大为主线，深刻认识"两个确立"的决定性意义，弘扬伟大建党精神，围绕网络文明建设目标任务，聚焦加强职工思想政治引领、产业工人队伍建设改革、推进互联网+工会普惠服务高质量发展和提升职工网民网络素养与数字技能，展示好新时代伟大成就，凝聚起新征程奋进伟力。

二、活动内容

(一)持续推进"12351+"计划。

即组织动员100个基层工会组织；发展200名职工好网民宣传员；直接覆盖30万职工网民；走进50家企业或开展50场线下活动；面对面接触1万名职工；通过线下线上宣传，并通过二次传播，影响全区职工网民。

(二)深入开展示范性系列征集活动。

主题活动具体划分为"喜迎二十大"网络正能量歌曲征集、网络正能量微视频征集、网络正能量摄影作品征集、网络正能量诵读作品征集、正能量职工网络达人征集、互联网+工会普惠服务优秀平台征集、网络正能量新媒体账号征集、互联网+工会维权服务案例征集、小程序应用优秀案例征集、网络正能量创新活动征集等10个子项目，分别委托中国金融工会、广西壮族自治区总工会、江西省总工会、全国工会职工书屋、陕西省总工会、厦门市总工会、四川省总工会、江苏省总工会、广东省总工会、河北省总工会和"学习强会"承办。职工网民或单位登录各子项目参与平台，了解该项目活动规则，根据规则参与活动或提交作品。

三、进度安排

2022年6月至12月，主要分四个阶段开展。

(一)活动推进。

6月至9月，全区各级工会结合本地区和产业情况，围绕主题开展活动，按任务分配数量开展线下网络主题活动(任务分配表见附件1)，并按活动项目收集、整理本地职工正能量素材。

（二）选送作品。

在初步总结工作的基础上，各级工会根据系列征集活动要求（见附件2），结合自身实际，遴选出优秀作品并向全总指定平台推荐报送。9月30日前，请各单位将已推荐参加系列征集活动的作品报送至自治区总工会网络工作部。邮箱75883328@qq.com，邮件标题格式统一为"单位+各子活动项目参赛作品名称"。

（三）开展评选。

7月至11月，自治区总工会将组织开展全区"好网民"优秀作品评选活动。请各单位积极参与，发动全区广大职工创作优秀作品。自治区总工会将邀请专家评委对各单位上报的优秀作品进行评审，并在全区职工中开展优秀作品投票活动。活动评选出的优秀作品，其著作权、使用权等归主办方所有。优秀作品将在宁夏工会新媒体平台展示宣传。

（四）活动总结。

11月中旬，请各单位将开展"好网民"主题活动的情况、活动成果形成报告报送自治区总工会网络工作部。

四、工作要求

（一）突出主线，充分展现工人阶级服务大局的伟大风采。以迎接宣传贯彻党的二十大为主线，把主题活动与全面建设社会主义现代化国家、扎实推进"十四五"规划、统筹推进新冠肺炎疫情防控和经济社会发展结合起来，着力夯实亿万职工网民拥护"两个确立"、做到"两个维护"的思想根基，形成忠诚核心、拥戴核心、维护核心、捍卫核心的浓厚氛围和强大向心力；广泛凝聚亿万职工网民奋进新征程、建功新时代的磅礴力量，在新时代新征程上充分展现工人阶级的时代风采。

（二）深化改革，推进媒体融合。加快工会融媒体建设，推动传统媒体和新兴媒体在体制机制、政策措施、流程管理、人才技术等方面深度融合。创新传播方式，形成全方位、多层次的传播矩阵。加强整体谋划，统筹网上网下、对内对外、大屏小屏，着力打造一批精品力作，充分发挥统一思想、增进共识、凝聚力量作用，为党的二十大胜利召开营造团结奋进的舆论氛围。

（三）抓住契机，加快构建网上普惠服务体系。各级工会要以主题活动为重要抓手，以《互联网+工会普惠服务优秀平台评价指标体系》为引领，强化服务职工、服务基层工会功能，以网上普惠服务体系建设，推动工会网上工作高质量发展。

（四）广泛覆盖，提升职工网民网络素养和数字技能。加强网络素养教育，引导广大职工群众文明用网、文明上网，大力培育具备爱国主义精神、网络法治观念、文明用网习惯、网络安全技能、责任担当意识的新时代中国好网民。进一步准确把握互联网传播规律，加大对活动宣传推广力度，打造更多鲜活生动的网络文化品牌项目，吸引广大职工群众积极参与网络文明建设。强化示范引领，加强典型人物的宣传推介，培育工会网络人士智库，努力建设一支政治可靠、能力突出、结构合理的新媒体评论队伍。

（五）加强领导，健全机制。各地工会、网信办要高度重视，将主题活动纳入工作总体部署，制定总体规划、完善工作机制，为活动开展提供人员、经费保障。积极争取党政支持，进一步促进主题活动协同联动、互联互通，形成更大合力，推动主题活动高质量发展。

附件：

1.2022年"网聚职工正能量　争做中国好网民"主题活动"12351+"计划任务分配表（略）

2.各子项目承办单位及主要内容（略）

宁夏回族自治区总工会

自治区党委网信办

2022年6月17日

自治区总工会关于开展
工会慰问等活动促进消费的通知

宁工发〔2022〕34号

各市、县(区)总工会,宁东基地工会,各产业工会,区直机关工会:

为坚决贯彻落实好自治区党委关于促消费、稳增长有关安排部署,根据《自治区党委办公厅 人民政府办公厅印发〈关于进一步释放消费潜力促进消费持续恢复的实施方案〉的通知》(宁党厅字〔2022〕23号),关于主动适应常态化疫情防控新形势,提振消费信心,形成促消费合力及促进资金流循环,推动消费扩容提质的要求,自治区总工会就开展工会慰问等活动促进消费有关事项通知如下。

一、提前开展工会慰问活动

按照《宁夏回族自治区基层工会经费收支管理实施细则》(宁工发〔2018〕49号)规定,基层工会逢年过节可以向全体会员发放节日慰问品,节日慰问品每人每年不超过1800元。要动员引导基层工会提前开展慰问职工活动,于6月30日前完成上半年人均900元的慰问品发放工作任务。如当年工会经费收入不足,可使用往年结余工会经费支付。

二、积极组织各类工会活动

各行政事业单位工会、各类企业工会要积极组织开展职工文化健身、疗休养、集体培训、体育比赛、观看电影等文体活动,以活动促进消费。工会经费可用于为职工购买运动(演出)服装、比赛奖品、电影票、生日蛋糕等,工会经费不足的可申请同级行政补助。

三、提前开展"夏送清凉"活动

各行政事业单位工会、各类企业工会要于即日起开展"夏送清凉"活动,使用工会经费和行政经费购买防暑降温用品发放职工。

四、持续加大困难职工帮扶慰问力度

各行政事业单位工会、各类企业工会要高度关注困难职工、新就业形态劳动者、因疫情致困职工等重点群体,积极筹集资金开展慰问。

五、工作要求

一要提高政治站位。各行政事业单位工会、各类企业工会要站在讲政治的高度,把快速有效释放政策红利作为当前的一项重要工作,压实责任,主动担当履职,做好组织发动,在促消费、稳增长工作中发挥工会作用,作出工会贡献。

二要强化政策引导。各行政事业单位工会、各类企业工会要加强对单位负责人、工会组织负责人和财务人员的宣传培训,尽快熟悉掌握工会支持政策。要主动向单位行政汇报工会经费使用政策,讲清楚工会经费使用范围、支出标准和程序,维护职工群众的合法权益。要在做好工会促消费的同时,积极宣传动员企业开展各类文化体育活动,形成促进消费的整体合力。各级工会经审组织在审计工作中,对工会经费结余过多等问题要及时指出,并向同级行政通报,促进工会经费合理使用。

三要及时报送统计信息。各行政事业单位

工会、各类企业工会要盯紧上半年时间节点,加快推进速度,确保促进消费各项举措任务按时高质高效推进。对实施情况要跟踪监测,对落实过程中出现的问题要及时反馈报告。请各市总工会、宁东基地工会、各产业工会、区直机关工会于6月28日12时前将所属工会落实情况报自治区总工会财务资产部。

附件:全区工会促进消费工作统计表(略)

宁夏回族自治区总工会

2022年6月20日

自治区总工会关于印发《加大工会经费投入助力疫情防控与经济社会发展的若干措施》的通知

宁工发〔2022〕40号

各市、县(区)总工会,宁东基地工会,各产业工会,区直机关工会,区总各部门、各直属单位:

为认真落实自治区第十三次党代会关于高效统筹疫情防控和经济社会发展的有关安排,按照《中华全国总工会办公厅关于印发〈加大工会经费投入助力疫情防控与经济社会发展的若干措施〉的通知》(总工办发〔2022〕13号)要求,结合工会工作实际,自治区总工会制定了《关于加大工会经费投入助力疫情防控与经济社会发展的若干措施》(以下简称《若干措施》),现予以印发,请贯彻执行。

各级工会按照规定程序,可以动用往年结余资金落实《若干措施》。各市、县(区)总工会要严格落实预算安排,统筹使用各项资金,建立工作台账,及时了解各项措施落实进展情况。各市、县(区)总工会财务、经审部门要加强财务与经审监督,确保若干措施落到实处,工会经费有效发挥作用。

请各市总工会于2022年12月25日前,汇总本辖区落实《若干措施》情况并报区总财务资产部。

宁夏回族自治区总工会

2022年7月29日

自治区总工会关于加大工会经费投入助力疫情防控与经济社会发展的若干措施

为认真落实自治区第十三次党代会关于高效统筹疫情防控和经济社会发展的有关安排,按照《中华全国总工会办公厅关于印发〈加大工会经费投入助力疫情防控与经济社会发展的若干措施〉的通知》(总工办发〔2022〕13号)要求,结合实际,制定如下具体措施。

一、自治区总工会本级落实措施

1.全力推进重点工作落实。根据年初预算安排,按照完成时间进度安排,加快推进困难职工帮扶、产业工人队伍建设改革、新就业形态劳动者服务、提升职工生活品质、常态化送温暖、劳模服务、"金秋助学"等重点工作,确保全年目标任务按计划完成。(责任部门:区总各部室)

2.专项用好全总对下补助经费。2022年全总对自治区总工会的回拨补助,专项用于区总本级统筹安排疫情防控和经济社会发展等相关

工作。(责任部门:区总财务部)

3.制定规范全民健身等相关工会经费使用管理措施。全面落实《中华全国总工会办公厅关于进一步规范全民健身等相关工会经费使用管理的通知》,制定具体措施,引导工会经费用于全民健身、消费帮扶、职工(劳模)疗休养和委托旅行社开展春秋游等工会活动。(责任部门:区总宣教部、财务部、劳动部、机关党委)

4.设立疫情防控专项资金。安排追加预算300万元,专项用于发生疫情的市县(区)总工会、产业工会开展疫情防控、医护人员和一线工作人员慰问。(责任部门:区总办公室、财务部、驻会产业工会)

5.设立新就业形态劳动者关爱资金。安排追加预算300万元,专项用于货车司机、网约车司机、快递员、外卖配送员等新就业形态劳动者的建会入会、送温暖、劳动保护、健康体检等权益保障服务;打造自治区级最美户外劳动者服务站50家。(责任部门:区总组织部、权益部、劳动部、工人疗养院)

6.加大工会送温暖帮扶力度。安排预算200万元,用于特困行业、困难企业的职工临时生活困难送温暖慰问活动,对因疫情影响造成的临时性、突发性生活困难职工及时开展慰问,帮助其渡过难关。(责任部门:区总权益部)

7.简化小微企业工会经费返还程序。在全额返还2020年、2021年小微企业工会经费的基础上,对2022年月销售额15万元以下的小微企业工会经费,简化程序,由区总通过工会经费税务代收系统直接返还,不再经市县(区)工会返还,做到主动返、及时返、应返尽返。(责任部门:区总财务部)

8.加大消费帮扶工作力度。区总机关食堂、工人疗养院、工会大厦在同等条件下优先采购脱贫地区产品,至少安排10%的食堂食材采购份额,用于采购脱贫地区农副产品。(责任部门:办公室、工人疗养院、工会大厦)

9.积极引导工会经费促进消费。落实《自治区总工会关于开展工会慰问等活动促进消费的通知》(宁工发〔2022〕34号),积极组织开展职工文化健身、体育比赛、观看电影等文体活动,以活动促进消费。(责任部门:区总机关党委、财务部)

10.支持受疫情影响严重的行业和小微企业。推进区内区外劳模疗休养,委托有条件的旅行社承接劳模疗休养工作;加大宁夏新职工旅行社等区内旅行社宣传推广,争取承接全国各省(市)来宁开展劳模疗(休)养,促进宁夏消费。(责任部门:区总劳动部、工人疗养院)

11.建立职工疗休养激励机制。鼓励各级工会积极开展职工疗休养活动,年内五市总工会、各产业工会、宁东基地工会在完成300人疗休养的基础上,每多组织1人奖励100元。(责任部门:区总权益部)

12.减免小微企业、个体工商户租用工会房租。按照自治区发改委等15个部门联合印发的《关于促进服务业领域困难行业恢复发展的通知》(宁发改经财〔2022〕199号)精神,对工会大厦托管的区总原办公楼减免2022年房屋租金3个月。(责任部门:宁夏工会大厦、区总财务部)

13.强化工会服务阵地的公益性服务性。持续打造公益性文化服务品牌,为职工提供优质文化体育服务,扩大服务范围。(责任部门:宁夏工人文化宫)

14.实施职工创业金融支持政策。会同有关部门推动职工创业小额贷款贴息等金融支持政策的落实,支持困难职工、转岗待岗再就业职工创业就业。(责任部门:区总权益部)

15.做大做优职工互助保障品牌。增加预算100万元,推动医疗互助保障全区覆盖,探索推进职工医疗互助保障自治区级集中管理服务模式,按照统一政策、统一标准、统一流程、统一经办、统一服务的原则,努力实现职工医疗互助

"一站式"结算。(责任部门:区总权益部)

二、市县(区)总工会落实措施

16.设立疫情防控专项资金。调增一定额度预算,专项用于对医务人员和疫情防控一线职工的慰问活动。

17.设立新就业形态劳动者关爱资金。增加一定额度预算,专项用于新就业形态劳动者建会入会与保障服务相关支出。

18.加大工会送温暖帮扶力度。调增一定额度预算,对受疫情影响较大的特困行业职工和发生临时性、突发性生活困难职工及时开展慰问,帮助其渡过难关。

19.加大消费帮扶工作力度。各市县(区)总工会设有机关食堂的在同等条件下除优先采购脱贫地区产品外,预留一定比例的食堂食材采购份额,专项用于采购脱贫地区农副产品。

20.用好工会经费促进消费。根据《自治区总工会关于开展工会慰问等活动促进消费的通知》(宁工发〔2022〕34号)要求和各市县(区)党委政府部署,采取在原定节日慰问额度不变的情况下提前发放消费券,购买文旅、餐饮消费产品,促进消费复苏。

21.支持受疫情影响严重的行业和小微企业。各市县(区)工会在开展职工(劳模)疗休养、会展等工会活动时,可按照全总和自治区有关规定精神,通过必要的程序,将方案制定、组织协调等事务性工作委托旅行社等受疫情影响严重的困难行业、企业承接。鼓励各级工会采购符合条件的民宿、旅行社等文旅单位开展职工疗休养、会员春秋游等工会活动。

22.减免小微企业、个体工商户租用工会房租。参照自治区政府有关规定,对承租工会所属房产的困难小微企业、个体工商户减免一定期限的租金。

23.强化工会服务阵地的公益性服务性。鼓励市县(区)总工会因地制宜利用好工人文化宫(职工活动中心)等职工服务阵地,为小微企业、困难职工、转岗再就业职工创业提供阶段性优惠办公场所。

24.实施职工创业金融支持政策。鼓励具备条件的市县(区)总工会开展职工创业小额贷款贴息等金融支持政策,可安排专项经费用于困难职工、转岗待岗再就业职工创业贷款贴息等项目,支持职工就业创业。

25.加大职工互助保障项目经费投入。增加一定额度预算,专项用于做优职工互助保障品牌,可以给予受疫情影响的困难职工一定额度的医疗互助金补助,加大职工医疗互助宣传力度,不断扩大互助保障计划覆盖面。

26.继续落实小微企业工会经费支持政策。严格按照全总和自治区总工会关于小微企业工会经费支持政策的通知要求,简化手续,返还小微企业的工会经费,做到应返尽返。

三、基层工会落实措施

27.依法足额拨缴工会经费。企事业单位工会要以贯彻落实本《若干措施》为契机,加强与单位行政部门的沟通协调,落实基层工会法人主体责任,协调单位行政依法足额拨缴工会经费,多方筹集专项资金,保障各项措施的落实。

28.严格执行自治区总工会制定的《宁夏回族自治区基层工会经费收支管理实施细则》,明确开支范围,细化开支标准,规范操作流程,将上级工会出台的各项措施落实到位。

自治区总工会 民政厅关于进一步加强工会组织与民政部门困难职工家庭数据比对和信息共享、政策衔接、机制协同工作的通知

宁工发〔2022〕48号

各市、县(区)总工会、民政局,宁东基地工会,各产业工会,区直机关工会:

按照《中华全国总工会民政部关于进一步加强工会组织与民政部门困难职工家庭数据比对和信息共享、政策衔接、机制协同工作的通知》(总工发〔2022〕13号)要求,为及时、精准、长效做好困难职工家庭生活保障工作,现就有关事项通知如下。

一、总体目标

坚持以习近平新时代中国特色社会主义思想为指导,推动改革完善社会救助制度、落实社会救助联席会议制度,实现工会帮扶与社会救助有效衔接,完善相对困难职工返贫致困动态监测机制,建立健全常态化梯度帮扶格局,通过实现工会组织与民政部门困难职工家庭的数据比对、信息共享、政策衔接和机制协同,进一步巩固拓展城市困难职工解困脱困成果,共同兜住兜牢困难职工基本生活保障底线。

二、完善协同机制

一是各级工会组织全面落实常态化帮扶责任,推动健全党政领导、部门协同、社会参与的困难职工常态化帮扶机制;

二是各级工会组织和民政部门在社会救助联席会议制度基础上,完善拓展城市困难职工解困脱困工作协同机制,共同研究制定涉及困难职工的帮扶救助政策,并推进落实;

三是健全帮扶合作机制,畅通部门间数据比对和信息共享渠道,实现帮扶救助数据互联互通;

四是精准聚焦目标人群,明确功能边界,搭建资源衔接平台,推进实现工会组织和民政部门帮扶信息聚合、帮扶资源统筹、帮扶效率提升,通过数据筛查实现对困难职工家庭结对帮扶全覆盖。

三、建立核对机制

(一)开展信息核对。各级工会组织依托民政部门社会救助家庭经济状况核对系统,开展工会困难职工家庭基本情况与户籍、车辆、住房、工商、金融等信息核对,提升困难职工认定精准度。

(二)完善核查制度。根据法律法规相关规定和核对授权要求,工会与民政部门协商后共同制订发起委托、信息核对、资格确认和帮扶救助等有关操作程序及工作规范。

(三)强化技术手段。在确保数据和信息安全的情况下,工会和民政通过开发数据接口和应用程序、民政授权开设账号等方式实现工会帮扶与社会救助家庭经济状况核对系统直接对接,发起实时查询和反馈。

四、政策衔接机制

(一)加强动态监测。各级民政部门要健全完善低收入人口动态监测和常态化救助帮扶机

制,将符合条件的困难职工及时纳入低保、特困救助供养范围,将低保边缘家庭中的重病重残和三、四级智力残疾人及精神残疾人参照"单人户"纳入低保。对刚性支出较大家庭的困难职工,符合条件的给予临时救助或协同有关部门给予相应的专项救助;对暂不符合救助条件的,纳入低收入人口动态监测范围。

(二)拓展帮扶范围。各级工会组织要全面摸排,推动符合条件的困难职工应享尽享各项社会救助政策。对社会救助暂时没有覆盖到以及社会救助后仍存在各类特殊困难的职工家庭,开展前置性、补充性帮扶。对有劳动能力但未实现充分就业的低保职工家庭,加大就业帮扶力度。对因病致困职工家庭,实施医疗救助,推动困难职工参加基本医疗保险和医疗互助。

五、发挥社会力量

(一)积极引导社会公益资源参与工会帮扶服务职工项目。各级民政部门、工会组织要探索搭建困难职工需求与救助资源信息对接平台,实现需求信息、政府救助资源、社会组织公益项目、社会各界爱心捐赠及志愿服务精准对接。通过购买服务等方式引导社会资源培育帮扶服务职工品牌。工会要运用公益性捐赠税前扣除资格,吸引社会力量参与困难职工帮扶救助。动员、引导具有影响力的公益慈善组织、大中型企业等设立专项公益基金,协调社会资源扶助资源枯竭型城市、老工业基地、独立工矿区和革命老区。

(二)重点做好困难职工帮扶的社会工作服务。创新帮扶服务方式,民政部门要协同工会组织开展困难职工家庭综合评估、建档访视、需求分析等工作,为困难职工提供心理疏导、资源链接、能力提升、社会融入等专业服务,帮助困难职工提升自我脱困能力。工会组织要通过政策引导、购买服务等方式委托社会机构从事帮扶服务职工项目,并应要求承接项目机构具备拥有一定比例社会工作专业人才和参加社会工作专业培训的工作人员。民政部门要通过乡镇(街道)社工站等服务平台,协同工会组织加大困难职工社会工作服务供给。

(三)培养壮大职工帮扶社会工作专业力量。工会组织要加大对帮扶(服务)工作人员培训力度,民政部门、社会工作行业协会要将工会帮扶工作人员纳入社会工作者培训范畴,支持考取全国社会工作者职业水平证书,提升其从事社会工作的规范化、专业化水平。鼓励各级工会组织和民政部门开展帮扶服务职工领域试点建设,探索建立科学化、规范化、专业化的社会工作标准体系。

六、工作要求

(一)各级工会和民政部门要提高认识,各负其责,加强工作联动,定期会商交流,加快推进落实。要强化责任担当,落实主体责任,落实好本地区困难职工家庭数据比对、信息共享、制度衔接、机制协同工作,及时协调和解决存在的问题。

(二)各级工会要主动与同级民政部门加强工作联系,就细化落实方案进行沟通。积极参与社会救助制度改革完善,协同民政部门强化社会帮扶资源优化整合,推动当地民政社会救助信息化建设。各级民政部门要加强配合,及时向同级工会反馈困难职工家庭信息查询结果,围绕职工遇到的就业、医疗、就学、住房等急难愁盼问题,协同人社、医保、教育、住建和工会等部门做好困难职工帮扶工作。

(三)加强安全保密管理,明确专人负责数据比对工作,工会要与同级民政部门签订保密协议,工会具体负责人员要与工会业务主管部门签订保密协议或保密承诺书。

宁夏回族自治区总工会

宁夏回族自治区民政厅

2022年9月22日

宁夏回族自治区总工会关于报请
中华全国总工会支持宁夏建设黄河流域生态
保护和高质量发展先行区有关工作事项的请示

宁工发〔2022〕49号

中华全国总工会:

　　党的十八大以来,以习近平同志为核心的党中央高度重视黄河流域生态保护和高质量发展,习近平总书记亲自谋划、亲自部署、亲自推动黄河流域生态保护和高质量发展这一重大国家战略,先后主持召开郑州、济南两个座谈会和中央财经委员会第6次会议,专题研究治河之计、护河之策。2020年6月,习近平总书记亲临宁夏视察,赋予宁夏建设黄河流域生态保护和高质量发展先行区的使命任务。2022年4月,国务院批复了《关于支持宁夏建设黄河流域生态保护和高质量发展先行区实施方案》,国家发改委、财政部、水利部等10多个部委倾力相助,从政策、项目、资金上给予了大力倾斜和支持,相继出台了7个专门支持性政策文件。

　　工会工作是党治国理政的一项经常性、基础性工作,承担着组织动员广大职工群众为完成党的中心任务而共同奋斗的重大责任,在宁夏建设黄河流域生态保护和高质量发展先行区中应当大有作为。根据全总关于各级工会要更好地在党和国家工作大局中发挥作用的要求,宁夏总工会主动融入自治区党委、政府中心大局,经过深入研究,借鉴兄弟省市工会经验,并报经自治区党委同意,提出了呈请中华全国总工会支持宁夏建设黄河流域生态保护和高质量发展先行区工作事项,恳请全总给予支持,在建设黄河流域生态保护和高质量发展先行区中更好地发挥工会组织作用。

　　妥否,请批示。

　　附件:报请中华全国总工会支持宁夏建设黄河流域生态保护和高质量发展先行区工作事项

宁夏回族自治区总工会

2022年9月16日

附件

报请中华全国总工会支持宁夏建设黄河流域生态保护和高质量发展先行区工作事项

一、安排专家帮助策划、指导建设"宁夏新时代产业工人思想政治引领实践地"，并命名为"全国职工爱国主义教育基地"。

二、将"为宁夏建设黄河流域生态保护和高质量发展先行区培养知识型、技能型、创新型人才研究"，纳入全国总工会年度理论重点研究课题，适时在宁召开"全国工会系统服务黄河流域生态保护和高质量发展、培养知识型技能型创新型人才研讨会"，推动解决沿黄省区工匠型人才稀缺、高技能人才紧缺、产业工人队伍中技术人才短缺等问题。

三、将宁夏总工会围绕"六新六特六优"产业和20个重大项目建设开展的示范性劳动和技能竞赛，纳入"十四五"全国引领性劳动和技能竞赛项目库，在更高平台上激发广大职工劳动热情、创造激情，团结动员广大职工积极投身经济社会建设主战场。

四、利用全总的媒体平台，向各省（区、市）总工会推荐宁夏枸杞、滩羊、六盘山冷凉蔬菜等特色农产品，组织引导全总机关及所属事业单位、职工之家、疗休养中心优先采购宁夏特色农产品，助力巩固宁夏脱贫攻坚成果，助推乡村振兴。

五、支持建立沿黄九省区工会工作定期交流机制，围绕"发挥工会在产业振兴中的作用"，充分发挥工会组织在助力经济社会高质量发展中的优势，适时在宁夏组织开展专题研讨。

六、支持宁夏承办全国职工职业技能竞赛活动，激发广大职工走技能成才、技能报国之路，积极为建设黄河流域生态保护和高质量发展先行区作贡献。

七、支持宁夏联合沿黄九省区组建劳模和技能人才创新工作室联盟，促进劳模和技能人才创新工作室区域联动，汇聚智慧力量解决宁夏产业发展中瓶颈问题，攻关重点产业重大科研项目。

八、支持依托宁夏工会大厦设立中国职工国际旅行社总社宁夏分社，提升宁夏工会大厦服务职工群众的能力水平。

九、进一步加大对宁夏工人文化宫建设的资金和智力支持力度，帮助宁夏建设一批示范引领性的工人文化宫，为职工提供更加优质的服务阵地。

十、帮助指导宁夏工会干校建设，优选一批资深专家、全国劳模、大国工匠、最美职工等作为宁夏工会干校的特聘师资，提升宁夏工会干校教学水平。

十一、组织开展全国劳模（大国工匠）宁夏行活动，分批分次组织全国劳模（大国工匠）来宁夏疗休养、观摩交流、座谈研讨、传授技艺、教学育人、对接资源。

十二、每两年为宁夏举办一期宁夏工会领导干部培训班，支持宁夏工会选派优秀年轻干部到全总挂职锻炼，定期安排全总领导及部门负责人来宁蹲点，指导宁夏县级工会建设。

十三、将宁夏纳入全总相关工作试点单位，给予宁夏更多的指导和支持，推动工作出亮点、出经验，带动整体工作水平提高。

注："六新六特六优"产业是宁夏第十三次党代会确定着力打造的重点产业。"六新"产业：新型材料、清洁能源、装备制造、数字信息、现代化工、轻工纺织；"六特"产业：葡萄酒、枸杞、牛奶、肉牛、滩羊、冷凉蔬菜；"六优"产业：文化旅游、现代物流、现代金融、健康养老、电子商务、会展博览。

关于全区工会进一步做好防疫情稳经济保增长促发展有关工作的紧急通知

宁工发〔2022〕50号

各市、县(区)总工会,宁东基地工会,各产业工会,区直机关工会:

为深入贯彻落实自治区第十三次党代会精神,根据《自治区党委办公厅 人民政府办公厅〈关于进一步支持稳经济保增长促发展的若干政策措施〉的通知》(宁党厅字〔2022〕38号)安排,全面落实"疫情要防住、经济要稳住、发展要安全"要求,充分发挥工会在防疫情稳经济保增长促发展中的积极作用,现就有关事项通知如下。

一、积极开展各类工会活动,激发活力保增长

1.开展抗疫人员专项慰问。"9·20"突发疫情以来,在自治区党委及时果断、科学精准安排部署下,各级各类抗疫人员尽锐出战、坚守一线,为阻断疫情持续传播构筑了坚固防线。各级工会要充分发挥好党和政府的桥梁纽带作用,积极筹措资金,广泛开展抗疫人员、一线医护人员专项慰问活动,通过发放防疫物资、生活必需品等关爱慰问礼包,把党和政府的关怀和温暖送到抗疫人员身边。

2.加大困难帮扶慰问力度。要高度关注因疫情导致生活困难的职工群众,广泛开展"送温暖""金秋助学""困难慰问"等帮扶活动,对因疫情造成的临时性、突发性生活困难的职工群体,精准开展临时性关爱帮扶工作。要使用好新就业形态劳动者关爱资金,大力开展货车网约车司机、快递员、外卖配送员等新就业形态劳动者慰问活动,倾情倾力帮助职工群众渡过难关。

3.丰富职工文体活动。在按要求做好疫情防控工作的前提下,广泛开展学习培训、技能比武、送文艺下基层、体育竞赛等各类活动,以活动凝聚人心、增强信心,传递正能量,凝聚广大职工群众战胜疫情、投入经济社会建设的强大力量。

4.开展职工、劳模疗休养活动。各级工会要认真落实《关于做好职工疗(休)养工作的意见(试行)》(宁工发〔2021〕27号),企事业单位工会要积极协调单位行政,组织本单位职工(劳模)可以适时就近就地开展疗(休)养活动,疗(休)养时间不得冲抵职工年休假。

5.开展秋游活动。企事业单位工会要结合工作实际,根据属地疫情防控的调整,适时组织职工到区内爱国主义教育基地、革命传统教育基地、贫困地区、美丽乡村等开展秋游活动,通过观光休闲、到农家乐用餐、购买扶贫农副产品等方式促进消费,挖掘消费潜力。

二、加大资金投入力度,促进消费保增长

6.提前发放节日慰问品。各级工会要按照《自治区总工会关于开展工会慰问等活动促进消费的通知》(宁工发〔2022〕34号)要求,在完成上半年促进消费任务的基础上,在10月1日前将每人每年不超过1800元节日慰问品发放到位,当年工会经费收入不足发放的,可使用往年结余工会经费支付,使用结余工会经费仍不足发放的,根据实际情况确定。

7.积极开展"消费惠民"活动。要注重发挥工会福利的带动作用，促进福利增值，可联合银联、商务、文旅、农业、邮政等部门，在当地商场、超市、农产品体验馆、电商平台等消费场所举办各类消费惠民活动，推出工会会员享受餐饮低价消费、商品超低折扣等举措，探索发放消费券，多层次、多元化鼓励消费，促进经济发展。

三、落实惠企政策，助推企业促发展

8.继续落实小微企业工会经费支持政策。优化小微企业工会经费全额返还方式，对2022年符合返还政策的小微企业工会经费，由自治区总工会从税务代收工会经费系统直接返还。小微企业工会要将返还经费的80%以上用于开展职工文化体育、节日慰问、帮扶救助等工会活动，让广大职工真正享受到优惠政策带来的好处。

9.清退各类保证金。各级工会要按照《自治区财政厅关于清理政府采购项目质量保证金等有关事项的通知》（宁财（采）函〔2022〕109号）要求，在采购项目中不得违规设置除投标保证金和履约保证金以外的其他任何形式的保证金，已收取的其他保证金要在9月30日前进行清理。各相关企业工会要督促企业在收到清退的保证金后将其中的80%以上用于开展职工文化体育、技能竞赛、帮扶救助、节日慰问和各类采购活动。

10.抓好若干措施落地生效。各级工会要按照《自治区总工会关于印发〈加大工会经费投入助力疫情防控与经济社会发展的若干措施〉的通知》（宁工发〔2022〕40号）要求，持续抓好落实，未追加预算资金的市、县（区）总工会要尽快研究追加经费，已追加经费预算的，要尽快组织开展各类节日慰问、促消费、职工文化体育等活动，增强市场活力。

四、工作要求

一要提高站位。党的二十大即将胜利召开，营造平稳健康的经济环境、国泰民安的社会环境、风清气正的政治环境意义十分重大。要清醒认识当前疫情防控的严峻形势，坚决落实"疫情要防住、经济要稳住、发展要安全"的要求，做到党政有所需、职工有所盼、工会必有所为，从讲政治的高度，尽工会最大力量，做好防疫情稳经济保增长促发展各项工作。

二要强化落实。各级工会都要认识到，全年工作做得好不好，三季度是关键。要加大工会促消费项目支出的进度和力度，强化责任落实，狠抓过程监管，及时跟踪问效，定期督查工会开展活动促消费情况，确保各项举措落实到位。通过上级专项补助、申请行政补助、动用往年结余等方式，多渠道筹集落实工会活动促消费资金，充分发挥工会在促消费稳市场保增长中的撬动作用。区总将对未落实工会活动促消费的工会2023年不再予以经费补助。

三要加强宣传。各级工会要加大政策解读宣传力度，通过工会网站、微信平台和工会干部下基层蹲点等途径，大力宣传工会关于防疫情稳经济保增长促发展的各项措施，指导督促基层工会落实把各项措施要求落实落细落到位。同时，要引导广大职工众志成城、万众一心，为防疫情稳经济保增长促发展贡献智慧和力量。

请各市总工会、宁东基地工会、各产业工会、区直机关工会即日起加大经费支出进度和力度，并于9月30日前将《防疫情促消费稳市场保增长工作统计报表》填写好后报区总财务部。从10月起，建立每半月报送一次工作简报制度，并于12月20日前上报全年工作总结。

附件：防疫情促消费稳市场保增长工作统计报表（略）

宁夏回族自治区总工会
2022年9月25日

关于开展2023年"塞上工匠年度人物"选树宣传活动的通知

宁工发〔2022〕54号

各市、县(市、区)总工会,宁东基地工会,各产业工会,区直机关工会:

为深入学习宣传贯彻党的二十大精神,认真贯彻落实习近平总书记视察宁夏重要讲话和重要指示批示精神、关于工人阶级和工会工作的重要论述、致首届大国工匠创新交流大会贺信精神,贯彻落实自治区第十三次党代会精神及全总首届大国工匠论坛精神,大力弘扬劳模精神、劳动精神、工匠精神,讲好劳模故事、劳动故事、工匠故事,根据自治区党委政府《关于新时期宁夏产业工人队伍建设改革实施方案》(宁党发〔2019〕9号)文件要求,宁夏回族自治区总工会和宁夏广播电视台将联合开展2023年"塞上工匠年度人物"选树宣传活动,现将有关事项通知如下。

一、活动目的

坚持以习近平新时代中国特色社会主义思想为指导,深入推进产业工人队伍建设改革,广泛开展手找工匠、选树工匠、宣传工匠、学习工匠活动,讲好工匠故事、厚植工匠文化,充分发挥先进模范人物"亮一点"到"亮一片"的示范引领作用,激励更多劳动者特别是青年人走技能成才、技能报国之路,培养更多高素质技术技能人才、能工巧匠、塞上工匠、大国工匠,为推动高质量发展、打造科技创新高地、全面建设社会主义现代化美丽新宁夏贡献智慧和力量。

二、组织单位

宁夏回族自治区总工会和宁夏广播电视台。

三、活动时间

2022年11月—2023年12月,2023年4月举行宣传发布盛典。

四、选树范围

"塞上工匠年度人物"面向全区各行各业在职职工,紧紧围绕自治区"六新六特六优"产业,聚焦先进制造业、现代服务业和战略性新兴产业,特别是装备制造、能源化工、食品、新材料、生物医药、新一代信息技术、种植业及农机装备等产业,重点关注基层一线操作岗位职工以及新业态职工群体。参加选树"塞上工匠年度人物"的职工不受学历、年龄、性别、职称、技术等级、工作年限等限制。

五、选树条件

选树的"塞上工匠年度人物"必须热爱祖国,坚决拥护中国共产党的领导和社会主义制度,高举中国特色社会主义伟大旗帜,带头学习贯彻习近平新时代中国特色社会主义思想,认真执行党的路线方针政策,模范遵守党纪国法,深刻领悟"两个确立"的决定性意义,增强"四个意识"、坚定"四个自信"、做到"两个维护",在职工群众中享有较高声誉,一般应具有市级、系统(行业)或厅(局)级以上荣誉基础,并具备下列条件之一:

(一)突出工匠人才,推荐人选应长期在生产一线工作,具有在全国、全区或行业、领域内顶尖技能水平,有一定社会影响力和知名度。

(二)拥有一技之长或绝技高招,具备丰富

理论知识或实践经验,在实施工艺、技术等方面具有不可替代、至关重要的地位。

(三)立足国家和自治区重大战略、重大工程、重大项目、重点产业,在解决关键技术难题、核心技术瓶颈和"卡脖子"关键共性技术问题方面作出了突出贡献。

(四)独具匠心、追求卓越,有重大发明创造或带领团队在解决重大关键性生产技术难题等方面有重要建树和突破,或在开发、应用先进科技成果方面作出了突出贡献,在国际、国内为宁夏争得了荣誉。

(五)对中华传统文化的传承和延续发挥关键作用或技术成果与百姓生活息息相关并明显改善民生。

有违反法律法规、违背职业道德行为、社会诚信或有刑事犯罪记录的,不得申报。

六、组织领导

为加强组织领导,宁夏回族自治区总工会、宁夏广播电视台共同成立2023年"塞上工匠年度人物"选树宣传活动组委会,统筹指导选树宣传活动。

组　长:	沈左权	自治区人大常委会副主任、总工会主席
副组长:	马宇桢	自治区党委宣传部副部长,宁夏广播电视台党委书记、台长
	马军生	自治区总工会党组书记、常务副主席
成　员:	吴会军	自治区总工会党组成员、副主席
	马丽君	自治区总工会党组成员、副主席
	王丽波	宁夏广播电视台党委委员
	陈志远	宁夏广播电视台总编室主任
	石向果	宁夏广播电视台融媒体项目创作中心主任

丁文锦　自治区总工会办公室主任

吴彦龙　自治区总工会宣教文体部部长

杨进余　自治区总工会劳动和经济工作部部长

组委会下设综合组、评审组、宣传组,具体职责为:综合组设在自治区总工会宣教部,吴会军兼任组长,丁文锦、吴彦龙任副组长,负责起草活动方案、下发通知、综合协调、活动保障、宣传方案审核、邀请自治区领导出席活动等;评审组设在自治区总工会劳动部,马丽君兼任组长,杨进余任副组长,负责邀请相关领域业界知名专家、著名劳模代表、资深媒体人士等组成专家评审组,制定评审方案,组织进行专家评审,提出初步建议人选,提交组委会研究审定等;宣传组设在宁夏广播电视台,王丽波兼任组长,陈志远、石向果、吴彦龙任副组长,负责制定宣传方案,筹备、举办宣传发布盛典,负责"塞上工匠年度人物"全方位宣传推广等。

七、推荐方式

(一)组织推荐。按照工会隶属关系,由基层工会逐级向五市总工会、宁东基地工会、各产业工会推荐。五市总工会、宁东基地工会、各产业工会坚持以德才兼备、优中选优、公开公平为原则,经过审核把关、专家评审、严格筛选后,择优向组委会评审组推荐。

(二)群众推荐。开通网上推荐渠道,面向社会,广泛发动群众参与,社会各界和广大职工群众可通过网上推荐渠道,向所属市、产业工会直接进行推荐。

(三)个人自荐。符合条件的职工个人可通过网上推荐渠道向所属市、产业工会进行自荐。

八、活动安排

(一)寻找工匠(宣传申报阶段,2023年2月底前)

1.下发选树宣传活动通知,明确推荐条件和推荐办法,细化工作职责、划定任务节点。召开动员会,组织各市、县(区)总工会,宁东基地工会,各产业工会寻找宣传符合条件的工匠人员事迹,并择优向上级工会推荐候选人的信息和相关材料。(2022年11月底前,责任部门:区总宣教部、劳动部)

2.通过《宁夏日报》、宁夏广播电视台、宁夏新闻广播、黄河云视、"宁夏总工会"门户网站和微信公众号等媒体平台向全区劳动者发出"招募令",深入宣传发动,扩大活动影响力,最大限度调动广大职工群众参与热情,营造浓厚的社会氛围。对接《宁夏日报》等媒体以开设"塞上工匠"(暂定)专栏、专题的形式,实时报道"塞上工匠年度人物"选树活动进展情况和各市总工会、宁东基地工会、产业工会推荐的候选人物事迹。(2022年11月—2023年2月底前,责任部门:区总宣教部)

3.各级工会在推荐申报时,注重收集候选人物的文字图片资料和视频资料,加强与当地报纸、电视、广播、新媒体等宣传媒体的合作,边申报、边宣传,在全社会掀起寻找工匠、赞美工匠崇尚劳动的浓厚氛围。各基层工会在积极寻找、推选宣传本地、本单位、本产业工匠人才的同时,逐级向所属市、产业工会推荐"塞上工匠"候选人选。经各市总工会、宁东基地工会、产业工会审核筛选,并在所属范围内进行公示宣传后,向组委会评审组择优推荐不少于10名人选。[2022年12月—2023年2月底前,责任单位:各市、县(区)总工会,宁东基地工会,产业工会]

(二)选树工匠(评审宣传阶段,2023年3月初至5月下旬)

1.邀请相关领域业界知名专家、著名劳模代表、资深媒体人士等组成专家评审组,提出初步建议人选,通过"宁夏总工会"微信公众号对初步建议人选进行网络投票,评审组结合投票情况向组委会提出建议候选人选名单。提交组委会审议研究,确定"塞上工匠年度人物"

最终候选人员名单。确定的候选人员名单在《宁夏日报》等主要新闻媒体进行不少于5个工作日的公示,公示无异议后报组委会审批。(2023年3月初至4月上旬,责任部门:区总劳动部、宣教部)

2.联合宁夏广播电视台在演播大厅举行宣传发布盛典,现场揭晓若干名"塞上工匠年度人物",宣读致敬词,颁发证书和纪念奖杯,会议实况通过黄河云视、"宁夏总工会"视频号等新媒体平台进行全程直播。(2023年4月中下旬,责任部门:区总宣教部、办公室)

(三)宣传工匠(广泛宣传阶段,2023年4月至6月底)

1.传统媒体宣传。(1)全程录插宣传发布盛典,经过剪辑制作后择期在宁夏广播电视台相关频道黄金时间进行播出。(2)在宁夏广播电视台综合频道《新闻联播》集中播放人物事迹短片。(3)在宁夏广播电视台综合频道开设《塞上工匠》(定)专题节目,集中播放若干名"塞上工匠"人物事迹,每集10分钟左右。(4)在《宁夏日报》上开设专栏进行不少于600字的人物事迹宣传。

2.新媒体宣传。借助微信公众号、抖音号、视频号、新浪微博等其他新媒体平台,对选树活动和人物进行全方位、多角度宣传报道。

3.户外宣传。选择在重要道路、市区重点路口、商业区等人员流动量较大、传播效果好的地段电子显示屏、路牌广告、楼面巨幅广告、"擎天柱"等投放选树活动公益广告、先进人物事迹(专访),扩大活动影响力。(2023年4月至6月底,责任部门:区总宣教部)

(四)学习工匠("三进"宣讲阶段,2023年5月至年底)

1.开展全区示范性"塞上工匠"进学校、思政教师进企业"双进"活动。邀请全国、自治区劳动模范(先进工作者)、"五一"劳动奖获得者、"塞上工匠"组成劳模工匠宣讲团,走进全区各地企业、车间、工地、校园,针对不同场合、不同受众开展对象化、分众化、互动化示范性宣讲,带动全区各级工会组织开展形式多样、内容丰富的劳模工匠宣讲活动,使"三种精神"成为新时代人人向往的精神高地,不断激发社会大众的劳动热情和创新创造活力,汇聚起全面建设社会主义现代化美丽新宁夏的磅礴力量。(2023年5月至6月,责任部门:区总宣教部)

2.各级工会以职工需求为出发点,将劳模工匠宣讲活动计入年度重点工作内容,进一步革新工作理念,健全完善宣讲活动机制,创新活动形式,开展形式多样、内容丰富的劳模工匠"三进"活动,劳模工匠结合自身的亲身经历和切身感受,通过感怀党的恩情、阐释家国情怀,分享他们敬业履职、奋斗圆梦的感人事迹;宣讲劳模精神、劳动精神、工匠精神,宣讲职业精神、职业素养进一步引导广大职工群众、未成年人崇尚先进、学习先进、争当先进,在全社会营造劳动最光荣、劳动最崇高、劳动最伟大、劳动最美丽的浓厚氛围。[2023年5月至6月,责任单位:各市、县(区)总工会,宁东基地工会,产业工会]

九、候选人材料报送

2023年2月15日前,各市总工会、宁东基地工会、各产业工会将填报完整并加盖工会公章的推荐表及汇总表报自治区总工会劳动和经济工作部。每位人选除推荐表里的500字个人事迹简介以外还需报送3000字以内的详细事迹材料。

附件:

1.2023年"塞上工匠年度人物"汇总表(略)

2.2023年"塞上工匠年度人物"推荐表(略)

宁夏回族自治区总工会

宁夏广播电视台

2022年11月4日

关于调整自治区总工会机关
部分内设机构及职责的通知

宁工发〔2022〕55号

各市、县（区）总工会，宁东基地工会，各产业工会，区直机关工会，区总各部门、各直属单位：

按照自治区党委编办《关于调整自治区总工会机关部分内设机构及职责的通知》（宁编办发〔2022〕127号）要求，现将自治区总工会机关部分内设机构及职责调整如下。

一、办公室（挂国际联络部牌子）

调整后职责：负责机关重要事项的督查督办工作；负责文电、会务、机要、档案、公文办理等机关日常运转工作；承担政务信息编报、机关行政管理、制度建设、后勤保障等工作；负责全区工会工作的考核评比；指导市、县（区）工会和产业工会与同级政府及有关部门建立联席（联系）会议制度；负责全区工会系统的国际交流与合作，承办出访和国外、港澳台及外省市区工会的来访接待。

二、组织部更名为基层工作部

调整后职责：指导基层工会组织建设和会员会籍管理工作，制定基层工会组织建设规划和制度；指导基层工会规范化建设，推动开展"职工之家"活动，统筹协调基层职工服务阵地建设；推动企事业单位开展民主管理工作；负责自治区工会代表大会和全委会、常委会有关人事事项的组织工作；指导全区社会化工会工作者管理工作；负责各市、各产业工会领导干部的协管工作；负责与自治区人大代表中职工、工会工作者和自治区政协工会界别常委、委员的联

络工作；负责全区工会干部教育培训工作的统筹规划和指导。

三、宣教文体部

调整后职责：负责全区工会宣传教育工作，参与有关职工思想教育、文体工作政策的制定；指导全区各级工会做好职工思想政治工作；调查研究和反映职工的思想状况；负责与新闻单位的联络和新闻发布工作；统筹协调指导基层职工文化阵地建设，指导基层工会开展职工文化体育活动。

四、研究室

调整后职责：负责宁夏工人运动和工会工作重要理论与实践问题的调查研究；负责与职工利益密切相关的重要经济和社会政策问题的调查研究；承担重要文件起草工作；承办党组确定的重大调研课题的组织协调；承担工会调查统计；负责涉及职工和工会工作重要资料以及工会刊物的调查编发工作。

五、机关党委加挂人事与老干部处牌子

调整后职责：负责自治区总工会机关党的建设工作，指导直属单位的党群工作；负责自治区总工会机关、直属单位机构编制、干部管理等工作；负责机关和指导直属单位离退休干部工作。

调整后，其他内设机构职责事项维持不变。

宁夏回族自治区总工会
2022年11月16日

关于印发《宁夏工会大厦公司制改革工作实施方案》的通知

宁工发〔2022〕62号

区总各部门、各直属单位,银川市总工会:

《宁夏工会大厦公司制改革工作实施方案》已于2022年12月6日经自治区总工会2022年第6次主席办公会议和自治区总工会党组2022年第36次会议研究通过,现予以印发,请认真落实。

宁夏回族自治区总工会
2022年12月14日

宁夏工会大厦公司制改革工作实施方案

按照自治区国有资产管理改革专项领导小组办公室关于印发《自治区国有企业公司制改革工作实施方案》的通知(宁国资改办发〔2020〕3号)要求:"正常经营的全民所有制企业,全部改革为按照《中华人民共和国公司法》(以下简称《公司法》)登记的有限责任公司或股份有限公司,加快形成有效制衡的公司法人治理结构和灵活高效的市场化经营机制。"宁夏工会大厦作为全民所有制企业被列为改革的对象。2022年9月,自治区党委人民政府印发《关于贯彻落实自治区第十三次党代会精神继续推进全面深化改革的意见》的通知(宁党发〔2022〕26号)要求:"深化国资国企改革,做优做强国有资本和国有企业。"按照自治区党委政府的要求,为做好宁夏工会大厦公司制改革,根据《公司法》《工会企业资产管理办法》等有关规定,制定本实施方案。

一、企业基本情况

宁夏工会大厦由自治区总工会与银川市总工会共同投资设立,位于银川市兴庆区解放东街1号,于1997年11月开始试营业,1998年7月正式成立,工商注册性质为全民所有制企业,注册资金4800万元,主要从事住宿、餐饮、商贸等经营业务。占地5462.3平方米,建筑面积12940平方米,由主楼15层、配楼5层构成。现拥有各类客房131间,223个床位,拥有大、中、小会议室及电教室,可承接30—220人的各类会议;配楼3层以下为餐饮区域,有雅间20个,可同时满足500多人用餐。2011年被评定为四星级旅游饭店。

宁夏工会大厦实行党支部领导下的总经理负责制,经营管理机构设置为九部一室,分别为营销部、前厅部、商品部、客房部、餐饮部、工程部、安保部、财务部、质培部和办公室。目前,共有员工111人,其中中层以上管理人员16人。领导班子由5人组成,设党支部书记、总经理1名,副总经理2名,营销总监1名,财务总监1名。

二、目标任务

按照《中华人民共和国公司法》（以下简称《公司法》）和《中华人民共和国企业国有资产法》（以下简称《企业国有资产法》）有关规定，将宁夏工会大厦由全民所有制企业改制为有限责任公司，建立产权清晰、权责明确、会企分开、管理科学、有效制衡的公司法人治理结构。改制后，原企业资产、债权债务及企业职工均由改制后公司承继；公司经营范围不变，以餐饮、宾馆为主；公司股东及资产所有权性质不变，确保工会资产不流失。

三、组织领导

为加强组织领导，成立宁夏工会大厦公司制改革工作领导小组，统筹协调并组织实施宁夏工会大厦改制工作。

组　长：马军生　自治区总工会党组书记、
　　　　　　　　常务副主席

副组长：毛洪峰　自治区总工会党组成员、
　　　　　　　　副主席

　　　　魏　富　银川市总工会党组
　　　　　　　　副书记、常务副主席

成　员：郝　雪　自治区总工会基层
　　　　　　　　工作部部长

　　　　刘文平　自治区总工会权益
　　　　　　　　保障部部长

　　　　王　君　自治区总工会机关党委
　　　　　　　　专职副书记

　　　　张瑞琳　自治区总工会财务和
　　　　　　　　资产监督管理部部长

　　　　刘红梅　自治区总工会经费审查
　　　　　　　　委员会办公室主任

　　　　黄建华　银川市总工会党组
　　　　　　　　成员、副主席

　　　　李晓燕　银川市总工会党组
　　　　　　　　成员、经审会主任

　　　　陶宇军　银川市总工会经费审查
　　　　　　　　委员会办公室主任

　　　　赵溪润　宁夏工会大厦党支部
　　　　　　　　书记、总经理（挂职）

　　　　樊宗志　宁夏工会大厦财务总监
　　　　　　　　（挂职）

领导小组下设办公室，设在自治区总工会财务和资产监督管理部，具体负责改革工作协调和组织实施。

四、改制程序

（一）前期准备阶段（2022年7—9月）

1. 前期准备工作。在领导小组的领导下，由自治区总工会财务和资产监督管理部与银川市总工会财务部对宁夏工会大厦资产构成、财务收支状况等情况进行调查摸底，研究制定公司制改革方案、资产清查方案。由自治区总工会机关党委与银川市总工会组织部对宁夏工会大厦人员情况、社会保障等情况进行摸底，制定职工安置方案，对劳动合同的续签、工龄合并计算、社会保险关系的接续等内容进行明确，并提交职工大会审议通过后予以公布实施。聘请律师事务所全程参与公司改革，并对改制方案出具法律意见书。聘请第三方中介机构对宁夏工会大厦公司制改革进行风险评估，为2022年财务收支及经营管理情况做好审计准备。

2. 上报审批。拟定的宁夏工会大厦公司制改革方案，上报自治区总工会主席办公会议和党组会议审议。

（二）组织实施阶段（2022年10—12月）

1. 确定股权比例。以北京国都嘉瑞会计师事务所出具的《宁夏工会大厦资产清查报告》（国都嘉瑞专审字〔2019〕2—60号）及其补充说明，确定宁夏工会大厦股权比例，即自治区总工会占80%，银川市总工会占20%。

2. 开展风险评估、资产审计。由自治区总工会财务和资产监督管理部聘请第三方中介机构，依据《关于建立国有企业改革重大事项社会稳定风险评估机制的指导意见》（国资发〔2010〕157号），对宁夏工会大厦公司制改革进行风险评估;由自治区总工会经费审查委员会办公室或经费审查委员会办公室委托的第三方中介机构对宁夏工会大厦2022年财务收支及经营管理情况进行财务审计,对负责人进行经济责任审计。

3.起草公司章程。由自治区总工会财务和资产监督管理部与银川市总工会财务部指导宁夏工会大厦起草《宁夏工会大厦有限责任公司章程》,公司性质为有限责任公司,改制后的公司名称暂定为:宁夏工会大厦有限责任公司。以上一年度审计报告核定的净资产作为改制后公司的注册资本,以北京国都嘉瑞会计师事务所资产清查报告确定公司股权比例。

4.设立公司组织架构。根据《公司法》规定,并参照《企业国有资产法》有关规定,召开股东会,研究设立公司治理结构。初步拟定公司组织架构为:

(1)股东会。公司股东会由自治区总工会与银川市总工会2个法人股东组成。股东会是公司的权力机构,按照《公司法》《宁夏工会大厦有限责任公司章程》行使职权。

(2)公司党组织。依据《中国共产党章程》《中国共产党国有企业基层组织工作条例(试行)》设立公司党组织,隶属于自治区总工会机关党委。坚持和完善"双向进入、交叉任职"领导体制,符合条件的党组织成员可以通过法定程序进入董事会、经理层;董事会、经理层成员中符合条件的党员可以依照有关规定和程序进入党组织领导班子;经理层成员与党组织成员适度交叉任职。坚持党的建设同步谋划、党的组织及工作机构同步设置、党组织负责人及党务工作人员同步配备、党的工作同步开展的原则。公司决定重大事项,应当事先听取公司党组织的意见,把公司党组织研究讨论公司重大经营管理事项作为前置程序。

(3)董事会。公司董事会由3人组成,自治区总工会和银川市总工会各指派1人。职工董事1人,由职工大会选举产生。

董事每届任期3年,任期届满经考核合格,连选可以连任。董事长由董事会选举产生,董事长为公司法定代表人兼党组织书记。

董事会对股东会负责,按照《公司法》《宁夏工会大厦有限责任公司章程》的有关规定履行职责、行使职权。

(4)经营管理层。公司设总经理1名,副总经理2名,财务总监1名。公司总经理、副总经理、财务总监实行任期制和契约化管理,每届任期3年,聘期届满,经考核合格后可以续聘。总经理按照《公司法》《宁夏工会大厦有限责任公司章程》的有关规定履行职责、行使职权;副总经理协助总经理工作并对总经理负责,副总经理和其他管理人员的职权由公司管理制度确定。

(5)变更公司性质。《宁夏工会大厦有限责任公司章程》经股东会审议通过后,双方股东代表在公司章程上签名、加盖单位公章,作为公司设立和运营的依据。按照最终确定的资本总额和股权比例,由宁夏工会大厦负责办理公司工商登记变更手续,将企业性质由全民所有制企业变更为有限责任公司。

(三)后期完善阶段(2023年1—3月)

1.确定改制后公司组织机构人选。股东各自派出董事,召开股东会选举公司董事,组成董事会。按照《公司法》《宁夏工会大厦有限责任公司章程》的有关规定履行职责、行使职权,做好与职工续签劳动合同等改制后相关工作。

2.优化公司内部管理结构。宁夏工会大厦召开第一届董事会确定聘任总经理、财务总监等事项。根据市场发展需求,优化现代企业内部管理结构,适当压缩管理层级实施扁平化管理,重新设置调整业务部门,合理划分职责,可采取竞争上岗的方式选聘中层管理人员。完善公司运营相关制度,增强持续经营能力,提高经营管理水平和盈利水平,确保工会资产保值增值。

3.改制档案资料整理归档。由自治区总工会财务和资产监督管理部收集整理宁夏工会大厦公司制改革过程中形成的改制方案、公司章程、会议纪要、评估报告、法律意见书、审计报告等工作资料,移交自治区总工会档案室和宁夏工会大厦归档。

五、工作要求

(一)加强组织领导。公司改制工作涉及面广、政策性强、任务艰巨。各有关部门和单位要在改制领导小组的领导下,统一思想认识,加强组织领导,精心部署实施,严格落实责任,扎实推进改革工作,确保完成各项任务。及时了解掌握工作进展情况,及早发现和妥善处理改制过程中出现的问题,确保改制的顺利推进。积极协调自治区国有资产监督管理委员会进行改制工作指导,于2022年底前完成改制任务;在改制工作完成后,及时向其报告。

(二)加强党的建设。在改制过程中,要加强党的领导,始终坚持正确政治方向,发挥党组织的政治核心作用。明确党建工作责任,配齐配强党组织负责人和党务工作人员,充分发挥党支部战斗堡垒作用和党员先锋模范作用。认真贯彻落实全面从严治党的要求,严明党的纪律。要切实加强党的思想政治工作,紧紧依靠广大职工推进改革,切实保障职工合法权益,维护职工队伍稳定。

(三)严明改制纪律。工会资产处置等事项要按照规定程序报批,严格财务管理,严禁突击花钱,严禁转移、侵吞工会资产,确保工会资产不流失。要把改制工作同理顺资产监督管理体制结合起来,进一步加强自治区总工会本级企事业资产监督管理工作,管住管严管好工会资产,确保工会资产保值增值。

关于印发《自治区总工会社交媒体工作群管理办法》的通知

宁工办发〔2022〕1号

区总各部门、各直属单位：

　　为规范自治区总工会社交媒体工作群管理,网络部制定了《自治区总工会社交媒体工作群管理办法》(以下简称《办法》),已经自治区总工会党组会议审议通过,现印发给你们,请抓好落实。

　　请区总各部门、各直属单位认真对照本《办法》,全面审核本部门(单位)已建所有对公工作群,补齐建群、撤销审批备案手续,填写《自治区总工会社交媒体工作群备案(撤销)登记表》,于5月19日前交网络工作部。

宁夏回族自治区总工会办公室

2022年5月12日

自治区总工会社交媒体工作群管理办法

　　第一条　为进一步落实自治区总工会意识形态工作责任制,加强网络安全意识形态工作,规范自治区总工会社交媒体工作群(含微信、QQ等主流社交媒体工作群,以下简称工作群)管理,提高区总机关及直属单位工作人员安全意识及保密意识,有效阻止有害信息传播,坚决防止失泄密事件发生。根据有关规定,结合工作实际,制定本办法。

　　第二条　本办法适用于区总机关各部门及直属单位、所属工会党员干部,为发布工作信息、加强交流沟通、高效开展工作而建立的各类工作群。

　　第三条　为控制数量,提高效率,自治区总工会工作群建立实行审批制。未经审批,一律不得建群。

　　长期工作群。区总各部门、直属单位按需建立的长期工作群,应经各部门(单位)负责人同意,并与网络工作部沟通,由本部门(单位)提出申请,经分管领导审批,报网络工作部备案后建立。

　　临时工作群。区总各部门、直属单位因组织培训学习、外部工作对接等临时工作需要而建立的临时工作群,由各部门(单位)负责人审批,报网络工作部备案后建立。

　　第四条　区总机关各部门、直属单位发起的群成员延伸至下级工会的工作群,群管理员必须是各部门(单位)负责人;临时群管理员由各部门各单位党员干部担任。

　　第五条　按照"谁发起谁负责"的原则,区总机关各部门、直属单位负责同志对本部门(单位)发起建立的各类工作群负主体责任。群管理员对工作群负直接责任。区总网络工作部作为监管部门,分别对各类工作群负监督责任。

区总机关各部门、直属单位负责同志要增强政治意识、大局意识、责任意识,坚持守土有责、守土尽责,主动担负起所建工作群的主管责任,定期对工作群进行安全保密审查,切实加强工作群规范运行和管理水平。网络工作部每半年对自治区总工会工作群管理运行情况进行一次排查,并进行通报。

第六条 群管理员承担工作群的具体管理责任,履行管理权限,在分管领导领导下、本部门(单位)负责人的授权下履行权限。具体职责:

(一)负责审核申请加入工作群的成员资格,及时更新成员名单。

(二)督促群成员及时更改实名制昵称,协助新成员尽快熟悉工作群管理制度。

(三)群管理员应对所建立的工作群定期开展检查,及时劝退或清退扰乱群秩序或未按规定实名制的群成员,清退时须公开说明事因或事先告知原因。群成员变化较大时,应当解散重组。

(四)当群内发生苗头性、倾向性不当言论时,群管理员应主动带头发声,旗帜鲜明地阐述观点和事实予以制止,维护正常的交流沟通秩序。

(五)对违反法律法规、发表不当言论以及有意扰乱社会稳定的群成员,应及时作退群处理,有造成舆论及不良影响趋势的,群管理员应保存后台日志及相关证据,及时向网络工作部报告。

第七条 群管理员因故离开工作群的,应当及时指定符合条件新的群管理员或者负责解散该工作群。对重复建群、需求不大或临时工作已完成的工作群,群管理员应当及时解散工作群。所有解散的工作群,群管理员应及时书面向网络工作部报备撤销。

第八条 工作群成员要严格遵守相关法律法规,积极弘扬主旋律正能量,不准在群内发布以下内容:

(一)不准散布违背党的理论和路线方针政策的言论;

(二)不准发表违背党中央决定的言论;

(三)不准泄露党和国家秘密;

(四)不准制造、传播政治谣言及丑化党和国家形象的言论;

(五)不准传播宗教思想、宣扬邪教和封建迷信,以及涉"三化"、煽动民族仇恨、民族歧视、破坏民族团结的信息;

(六)不准就重大敏感事件发表、转载不当评论或言论;

(七)不准发布未经批准公开或不宜公开的文件信息,散布所谓"内部"消息和小道消息;

(八)不准散布淫秽、色情、赌博、暴力、凶杀、恐怖、教唆犯罪等其他有违社会公德的低俗信息;

(九)不准发布侮辱或者诽谤他人,侵害他人合法权益的信息;

(十)不准随意发表消极和不利于团结等与工作身份不相符的其他言论。

第九条 对于群管理员反映的问题,由网络工作部负责调查、评估舆论和影响,视情况向自治区党委网信办等网络意识形态主管部门报备,并协助处理。

第十条 对于违反本办法规定,造成不良影响和后果的行为,将依据《自治区总工会落实意识形态工作责任制实施办法》《自治区总工会意识形态工作责任制考核细则(试行)》等有关规定,严肃追究责任。

第十一条 本办法由自治区总工会网络工作部负责解释。

第十二条 本办法自印发之日起施行。

附件:自治区总工会社交媒体工作群备案(撤销)登记表(略)

关于印发《自治区总工会关于加强联合工会和工会联合会经费收支管理的意见》的通知

宁工办发〔2022〕2号

各市、县(区)总工会、宁东基地工会、产业工会：

《自治区总工会关于加强联合工会和工会联合会经费收支管理的意见》已经自治区总工会党组2022年第16次会议审议通过，现予以印发，请遵照执行。请各单位在执行过程中将出现的新情况、新问题及时报告自治区总工会财务资产部。

宁夏回族自治区总工会办公室

2022年6月2日

自治区总工会关于加强联合工会和工会联合会经费收支管理的意见

为进一步加强联合工会和工会联合会经费收支管理,统一规范联合工会和工会联合会财务行为,严格落实《宁夏回族自治区基层工会经费收支管理实施细则》(宁工发〔2018〕49号),不断增强工会组织的政治性、先进性、群众性,更好地服务企事业单位、服务职工,使工会经费真正惠及广大工会会员和职工群众,充分发挥好党联系职工群众的桥梁纽带作用,现提出以下意见。

一、高度重视,加强组织领导

联合工会和工会联合会是基层工会的重要组成部分,其特点是覆盖企事业单位多,涉及行业区域多,服务职工群众多。各级工会要站在讲政治的高度重视联合工会和工会联合会经费收支管理工作,从工会的政治属性出发来思考分析研究部署工作。市、县(区)总工会要将联合工会和工会联合会经费收支管理列为年度工作重点,纳入年度考核内容,每年要安排一定的经费用于联合工会和工会联合会建设,要根据联合工会和工会联合会会员单位数量给予一定额度的工作经费补助。要切实加强乡镇、街道(社区)、工业园区联合工会和工会联合会建设,定期调研分析情况,研究解决存在的问题,全面落实基层工会各项职能。

二、严格内控,规范收支管理

1.联合工会和工会联合会要积极组织经费收入,督促会员单位根据《中华人民共和国工会法》规定,按全部职工工资总额的2%依法拨缴工会经费。

2.联合工会和工会联合会分成经费下拨到市、县(区)总工会的,在收到分成经费后30天内要下拨至各单位。各市、县（区）总工会不得截留、挪用联合工会和工会联合会的经费，存在截留、挪用现象的要全面进行清理。

3.联合工会和工会联合会要结合本级工会经费收入情况，加强预算管理，遵循合理、适度的原则，量入为出确定各项活动开支标准。各项收支实行工会委员会集体领导下的主席负责制，重大支出事项须集体研究决定。

4.要严格落实《宁夏回族自治区基层工会经费收支管理实施细则》(宁工发〔2018〕49号)规定，工会经费支出不得超出规定的范围和标准，主要用于组织会员单位及所属会员开展职工教育培训、节日慰问、帮扶救助和文化体育等工会活动。

5.要坚持谁的工会经费谁使用的总体原则，设立工会经费账户独立核算。实行"上代下"集中管理的工会联合会要建立会员单位工会经费收支台账，对会员单位分成部分的工会经费实行集中管理，分户核算。联合工会和工会联合会要将会员单位分成部分工会经费的90%直接用于该会员单位开支，10%作为联合工会和工会联合会的工作经费用于开展集体活动。

6.联合工会会员单位单独成立工会设立工会经费账户的和已加入工会联合会的会员单位单独设立工会账户的，以后工会经费直接下拨至该会员单位工会经费账户，联合工会和工会联合会可根据其工会经费使用情况给予一定额度的活动经费补助。对未单独设立工会经费账户的会员单位，特殊情况下由会员单位提出申请，经联合工会和工会联合会审批同意后，可以将部分工会经费拨至该会员单位账户，由会员单位自主开展工会活动。

7.直接用于会员单位的经费开支可以集中组织开展各类工会活动，也可以由会员单位在工会经费开支标准范围内自行组织开展工会活动，将相关支出凭证交联合工会和工会联合会报账，确保会员单位应享有的权益的实现。

8.联合工会和工会联合会工会经费期末累计结余数额（含会员单位分成部分）不得超过近三年平均收入数额，结余超过限额的单位，要在三年内逐年化解。

9.联合工会和工会联合会要在每年1月31日前，将上一年工会经费收支管理情况，以一定的形式在所属会员单位范围内进行公示，接受会员单位及所有工会会员的监督。

三、精心组织，丰富工会活动

各级工会在组织开展金秋助学、帮扶救助、技能竞赛等各类工会活动中要适当考虑联合工会和工会联合会的参与度和覆盖面，要不断创新优化服务方式方法，加大工会普惠活动力度，拓宽受惠会员覆盖面，持续提升工会组织的影响力感召力。每年对联合工会和工会联合会会员单位参与活动、享受服务频次进行统计和分析，将参与频次低和未参与的单位作为下一年度重点指导对象。联合工会和工会联合会要积极组织开展职工技能培训、节日慰问、春秋游和职工群众喜闻乐见的文化体育等活动，采取集体组织与上门服务相结合的方式，每年要对所有会员单位达到全覆盖，丰富会员单位职工文化生活，帮助职工解决涉及自身利益的实际困难，让会员单位及其职工真正感受到工会"娘家人"的温暖，切实增强联合工会和工会联合会的凝聚力。

四、讲求实效，强化监督检查

各级工会财务部门要按照"统一领导、分级管理"的工会财务管理体制，加强对下级工会的财务监督检查，尤其要加强对联合工会和工会联合会经费收支管理的帮助和指导。各级工会经审部门要加强对联合工会和工会联合会经费的审计监督，督促其规范使用工会经费，对违反工会经费收支管理相关规定的行为，应及时予以纠正；情节严重的，按有关规定严肃查处。各级工会要通过扎实有效的工作，推进工会经费发挥最大效益，推动联合工会和工会联合会真正转起来、活起来，充分发挥工会组织服务广大职工的作用。

关于印发《自治区总工会干部双向挂职交流实施办法(试行)》的通知

宁工办发〔2022〕5号

各市、县(区)总工会,宁东基地工会,各产业工会,区直机关工会,区总各部门、各直属单位:

《自治区总工会干部双向挂职交流实施办法(试行)》已经自治区总工会党组2022年第18

次会议审议通过,现印发给你们,请遵照执行。

宁夏回族自治区总工会办公室

2022年7月5日

自治区总工会干部双向挂职交流实施办法(试行)

第一章 总 则

第一条 为贯彻落实自治区党的群团工作会议精神,加强干部队伍建设,培养锻炼年轻干部,丰富年轻干部基层工作经历,推动干部在实践锻炼中开阔视野、转变作风、积累经验、增长才干,扎实做好工会干部双向挂职交流工作,制定本办法。

第二条 本办法所称双向挂职交流,是指区总每年选派一定数量的机关干部到市、县(区)、企事业单位工会挂职(含驻村工作队和全脱产蹲点工作组);市、县(区)、企事业单位工会每年推荐一定数量的干部到区总机关挂职或跟班学习。

第三条 双向挂职交流工作坚持按需选派与重点培养相结合;坚持服务基层与丰富履历相结合;坚持关心爱护与严格管理相结合。

第四条 双向挂职交流工作在区总党组的领导下,由区总组织部具体组织实施。双向挂职交流工作经历作为干部选拔任用的重要参考。

第二章 条件及职责

第五条 双向挂职交流干部应具备下列条件:

(一)理想信念坚定,拥护党的路线方针政策,思想上政治上行动上始终同党中央保持高度一致;

(二)热爱工会工作,熟悉工会工作相关政策,有较好的综合协调能力和创新意识;

(三)作风务实,敢于担当,清正廉洁,甘于奉献,严于律己;

(四)年龄原则上不超过45周岁;

(五)具有正常履职的身体条件。

第六条 根据双向挂职交流条件,区总党组综合考虑干部队伍建设需要和干部自身实际,重点选派缺乏基层工作经历特别是缺乏基层领导工作经历的、有一定培养前途和发展潜力的优秀年轻干部。

市、县(区)、企事业单位工会注重推荐综合素质好、有培养前途、缺乏机关工作经历的干部,报区总组织部审核,提请区总党组研究确定。

第七条 挂职交流干部的主要职责由接收单位结合具体情况确定。

第八条 挂职交流时间一般为1—2年,因工作原因需延长挂职时间的,由区总党组研究决定。

第三章 日常管理

第九条 挂职交流干部的日常管理由接收单位和选派单位共同负责,以接收单位管理为主,驻村第一书记和工作队员按照自治区有关规定管理。

第十条 接收单位应为挂职交流干部提供必要工作保障,安排办公场所,配置办公用品。对挂职交流干部要一视同仁,根据工作需要和干部自身专业特长安排工作岗位,明确工作任务,帮助解决工作和学习中遇到的实际问题。

第十一条 选派单位要加强对挂职交流干部的跟踪管理,及时了解掌握干部的思想和工作表现,指导帮助其开展工作。

第十二条 挂职交流期间,挂职交流干部的身份、人事工资关系不变,不得领取接收单位发放的任何薪酬待遇、补助和奖金等;党组织关系需转移到接收单位,并在接收单位参加党组织生活。

第四章 监督与考核

第十三条 选派单位与接收单位要建立"双向联系机制",每季度联系不少于一次,接收单位要随时向选派单位反馈挂职交流干部工作动态。

第十四条 挂职交流干部的考核分为平时考核、年度考核和期满考核。

平时考核由接收单位结合实际进行,重点考核政治表现、工作实绩、出勤率和在岗率,每季度填写《挂职交流干部工作季报表》,反馈选派单位。

年度考核在选派单位进行,挂职期间表现作为确定年度考核等次的重要依据。

期满考核由选派单位组织实施。挂职期满,接收单位提供《挂职锻炼总结鉴定表》,挂职交流干部提交挂职工作总结,统一报选派单位。选派单位在接收单位开展群众满意度测评,根据接收单位鉴定结果和群众满意度测评情况确定期满考核结果。《挂职锻炼总结鉴定表》《期满考核表》一并存入干部人事档案。

第十五条 经考核不能胜任挂职的,或因其他原因不适宜继续挂职的,经接收单位申请报区总党组同意后,可退回选派单位。

被退回的挂职交流干部(因个人身体等原因被退回的除外),取消其本年度评先选优资格,年度考核等次评定为不称职等次,并在全区工会系统内通报批评,情节严重者予以诫勉处理。

第十六条 对勇于担当作为、狠抓工作落实、工作实绩突出的挂职交流干部,在评先选优中优先考虑,在同等条件下优先提拔使用。

第五章 附 则

第十七条 本办法由自治区总工会负责解释。区总各直属单位、各市总工会可参照此办法执行。

第十八条 本办法自印发之日起施行,原《自治区总工会机关干部双向挂职交流实施细则(试行)》《自治区总工会机关干部减上补下和减上补新实施办法(试行)》同时废止。

关于印发《全区工会机关干部赴基层蹲点工作实施方案》的通知

宁工办发〔2022〕7号

各市、县(区)总工会,宁东基地工会,各产业工会,区直机关工会,区总各部门、各直属单位:

《全区工会机关干部赴基层蹲点工作实施方案》已经自治区总工会2022年第2次主席办公会审议通过,现印发给你们,请结合实际认真抓好落实。

宁夏回族自治区总工会办公室
2022年8月2日

全区工会机关干部赴基层蹲点工作实施方案

为深入贯彻落实自治区第十三次党代会精神,进一步发挥好工会组织的桥梁纽带作用,推动解决基层工会和职工群众面临的实际困难和问题,增进职工感情,根据全国总工会办公厅印发的《关于建立健全工会领导机关干部赴基层蹲点工作长效机制的意见》(总工办发〔2021〕21号,以下简称《意见》)和《中华全国总工会办公厅关于启动2022年各省(区、市)工会领导机关干部赴基层蹲点工作的通知》精神,结合《宁夏总工会改革方案》要求和全区工作实际,特制定全区工会领导机关干部赴基层蹲点工作实施方案。

一、总体要求

坚持以习近平新时代中国特色社会主义思想为指导,深入学习贯彻习近平总书记关于工人阶级和工会工作的重要论述,全面贯彻落实中央、自治区党委决策和全总工作部署,紧紧围绕保持和增强工会组织和工会工作的政治性、先进性、群众性,通过开展赴基层蹲点工作,重点深入职工人数较多、未建工会、工会工作比较薄弱、劳动关系情况比较复杂的非公企业和基层工会,着力解决工会组织覆盖不全、职工服务质量不优、新就业形态劳动者维权渠道不畅等问题,切实为基层工会、职工群众,特别是新就业形态劳动者解决一批问题、办成一批实事、形成一批成果,推动改进干部工作作风,进一步夯实工会根基、密切工会与职工联系,更好地服务自治区工作大局,服务职工群众,为全面建设社会主义现代化美丽新宁夏贡献工会力量。

二、活动形式

自2022年起,区总和地级市总工会每年采取"不脱产蹲点、脱产蹲点、专项蹲点"的方式和"六联"活动相结合的形式,深入基层开展联络指导和帮扶工作。

(一)不脱产蹲点。以工会机关全体干部为落实主体。区总和各地级市总工会分别将本级机关干部组成若干工作小组,到全区工会组织和职工人数较多、劳动关系比较复杂的县(市、区)工会、乡镇(街道)工会、工业园区工会开展每季度不少于1次的下基层"六联"活动[每个工作组联系1个县(区)工会、1个乡镇(街道)工会、1个企业工会,联系5名劳模、5名困难职工、5名新就业形态劳动者]。

(二)脱产蹲点(双向挂职交流)。以选派的"双向挂职交流"干部为落实主体[挂职干部的选派和管理按照《自治区总工会干部双向挂职交流实施办法(试行)》执行],区总机关每年选派2—3名干部赴县(区)工会或工业园区工会开展脱产蹲点工作,与不脱产蹲点工作相结合,并担任联络员,重点落实脱产蹲点工作任务。各地级市总工会结合实际合理安排人员落实脱产蹲点工作任务。

(三)专项蹲点。通过"蹲基层工会、蹲车间班组、蹲新业态企业"的形式,选派年轻干部集中利用2周时间,深入货车司机、快递员、外卖配送员、网约车司机等指定的新就业形态劳动者群体,以及职工会员较多、工会工作相对比较薄弱的非公企业,开展"我是工人——体验式实践活动",与企业员工"同生活、同学习、同实践"。

三、主要任务

(一)不脱产和脱产蹲点工作任务。

1.持续加强思想政治引领。以学习宣传贯彻习近平新时代中国特色社会主义思想为根本任务,在党的二十大胜利闭幕后,结合"党课下基层"等活动,采用集体学习、专题研讨、辅导讲解等形式,迅速在各蹲点单位开展有特色、接地气、入人心的宣传宣讲活动,掀起学习宣传贯彻会议精神的热潮。充分利用"同上一堂思政课"等活动载体,指导蹲点单位开展"劳动创造幸福""中国梦·劳动美"等主题宣传教育活动,引导广大职工群众坚定不移听党话、矢志不渝跟党走。

2.继续扩大工会组织覆盖。围绕自治区"六新六特六优"产业发展方向,以25人以上企业建会和新就业形态劳动者入会为重点,积极指导协助所联系的县区总工会和蹲点的乡镇(街道)、工业园区等基层工会针对头部企业、重点企业开展建会攻坚,特别是要采取多种方式,指导推动货车司机、网约车司机、快递员、外卖配送员等新就业形态劳动者有序加入工会组织。对已建会的单位指导完善职工服务阵地建设、集体协商、民主管理、劳动争议调解、帮扶救助等制度机制,推动蹲点单位工会建起来、转起来、活起来。

3.着力解决职工实际问题。创新"我为职工办实事"等活动方式,深入蹲点单位的企业和新就业形态劳动者中了解职工期待关切,聚焦职工反映强烈的转岗就业、工资社保、职业健康、劳动争议调解等问题,形成社情民意或工作建议提案,争取企业、当地党委政府及工会内外的资源和手段,多方解决职工群众急难愁盼问题。在蹲点单位指导打造示范性"职工之家""户外劳动者服务站"等职工服务阵地,率先建立困难职工实名数据库,推行信息动态管理,实现困难职工精准识别、应帮尽帮。实施"送温暖"工程,全年春节、中秋等重要节日帮扶慰问困难职工,让困难职工切实体会到来自工会组织的关怀和温暖。

4.用心用情化解矛盾纠纷。深入企业了解劳动关系焦点问题和深层次原因,每年每组围绕劳动者权益维护等焦点问题提交1篇有价值、接地气的调研报告;有针对性地做好职工心理疏导,引导职工依法理性有序表达利益诉求;指导蹲点单位大力宣传普及《工会法》和劳动法律法规,提高职工法治意识,全力做好职工法律援助等工作;推动蹲点单位职工代表大会、厂务公开、职工董事监事、集体协商等制度机制落实。

5.切实培养锻炼干部队伍。从工会事业发

展、干部队伍建设需求出发,把蹲点活动作为树立群众意识、锻炼工作能力、改进工作作风的重要途径,通过落实蹲点工作任务,让机关干部在基层一线见世面,在急难险重任务中经风雨,在服务职工最前沿长本领,不断在与职工群众面对面沟通、心贴心服务中,增强群众工作能力,提高担当作为的水平,让蹲点一线真正成为锻炼和培养机关干部的重要阵地。

(二)专项蹲点工作任务。

每年集中对新就业形态劳动者和非公企业开展为期2周的"我是工人——体验式实践活动",深入了解职工的工作环境、薪资待遇、劳动保障、职业健康、权益维护等方面的情况,准确掌握其"所思所想"和急难愁盼问题,并深入思考提出非公企业建会入会、服务职工、权益保障等方面的意见建议;了解企业工会在落实工会工作中的疑点、难点和堵点,分析产生问题的原因,并提出改进工作的针对性的建议;同时,要积极开展职工思想引领、政策宣传、入会指导、矛盾化解等工作,指导企业落实建会入会、民主管理等方面的工作任务,提高工会规范化水平。

四、保障措施

(一)加强组织领导。区总成立由区总党组书记任组长,区总分管领导任副组长,各部室及直属单位负责人为成员的工会机关干部赴基层蹲点工作联络指导小组,联络指导小组办公室设在区总组织部,由区总组织部具体牵头联络指导蹲点工作。各地级市总工会成立相应工作机制。蹲点工作的开展由各级工会机关主要负责同志亲自部署、靠前指挥,各有关部门(单位)从资源配置、政策指导、工作保障等方面积极配合,共同形成上下联动、协同高效的蹲点工作格局。

(二)建立工作机制。逐步完善工会机关干部赴基层蹲点机制,充分调动机关干部参与蹲点活动的积极性;探索建立实时汇报、问题研判、服务保障、纪律监督等工作机制,对蹲点活

动跟踪指导。实行领导班子成员带队包干制度,处级(科级)领导要身先士卒、勇于担当,带领工作小组围绕重点任务扎实推进工作。注重发挥产业、行业工会优势,汇聚攻坚力量,形成工作合力。

(三)强化服务保障。领导班子成员按照工作分工确定包联的蹲点工作组,定期走访调研、了解情况、听取汇报,及时研究解决蹲点工作中的各种问题,关心爱护蹲点干部,解决干部实际困难。区总和各地级市总工会将蹲点工作经费列入年度预算,保障蹲点工作顺利实施,对攻坚克难的专项工作予以专门经费扶持,对工作薄弱的企业工会进行必要扶持,对困难职工进行必要帮助。赴基层蹲点期间,按照公务出差规定报销交通和食宿费用。

(四)加大舆论宣传。各级工会要充分发挥工会宣传舆论阵地作用,主动利用微信公众号、短视频等新媒体平台新媒体资源,及时报道蹲点工作中推动政策落地、帮助企业建会、化解劳动关系矛盾、帮扶困难职工、组织职工活动等方面的进展和成效,提高影响力,扩大传播面,营造广大职工充分了解工会、社会各界大力支持工会的良好氛围。开展蹲点工作交流活动,对蹲点工作中涌现出来的好事迹好经验好做法进行宣传推广。

(五)强化督促检查。区总蹲点工作组和各地市总工会于每季度最后一月25日前将阶段性工作总结及蹲点工作进展情况统计表(附件1、附件2),经组长或单位主要负责人签字后报送区总组织部。每次专项蹲点结束后要及时组织开展分享交流活动,谈体会、谈收获、谈建议并形成书面调研报告,于每年9月25日前经组长签字后报送区总组织部。区总党组将召开专题会议,听取专项蹲点汇报,研究改进工会工作的思路对策。区总办公室要不定期对各组蹲点工作开展情况进行督查。

(六)严明工作纪律。各蹲点工作组要严格

执行中央八项规定精神,不搞层层陪同、迎来送往,杜绝宴请观光、奢靡之风。要严格遵守蹲点单位工作纪律和当地政府新冠肺炎疫情防控要求,与驻地工会明确职责任务,充分尊重基层工会干部和职工群众的意见建议,避免代替或干扰地方和基层工会正常工作。要实时与地方党委政府或有关部门联系协调解决问题,确保蹲点活动循序渐进、稳妥有序、取得实效。赴基层蹲点的干部严格按照公务出差规定处理交通和食宿费用。

各市总工会参照本方案开展本级蹲点工作,于8月10日前将本级蹲点工作方案、联系人报区总组织部,并按要求及时报送工作总结、进展统计表、调研报告等相关材料。对蹲点工作中的特色亮点要及时撰写工作信息报送区总组织部。各县(市、区)可根据自身情况参与蹲点工作。

附件:1.全区工会基层蹲点工作开展情况统计表(略)

2.区总本级基层蹲点工作开展情况统计表(略)

关于印发《自治区总工会关于开展"县级工会加强年"专项工作的实施方案》的通知

宁工办发〔2022〕12号

各市、县(区)总工会,区总各部门、各直属单位:

《自治区总工会关于开展"县级工会加强年"专项工作的实施方案》已经自治区总工会2022年第4次主席办公会审议通过,现印发给你们,请结合实际认真贯彻执行。

请各市、县(区)总工会根据本方案开展"县级工会加强年"专项工作,各市总工会于2022年10月10日前将本级及所属县(区)总工会专项工作领导小组、工作专班、具体实施方案、对口联系县级工会分配表(附件5)和市属县级工会专家指导团队信息表一并报送区总组织部。

宁夏回族自治区总工会办公室

2022年9月27日

自治区总工会关于开展"县级工会加强年"专项工作的实施方案

根据全总《"县级工会加强年"专项工作方案》要求,自2022年9月至2023年9月在全国工会系统集中开展"县级工会加强年"专项工作。为了深入贯彻落实全总部署和要求,进一步发挥县级工会在深化改革创新中的关键性和基础性作用,充分激发县级工会动力活力,推进我区工会工作创新发展,制定如下实施方案。

一、指导思想

坚持以习近平新时代中国特色社会主义思想为指导,紧紧围绕迎接党的二十大、学习宣传贯彻党的二十大精神这条主线,深入贯彻习近平总书记关于工人阶级和工会工作的重要论述,以及习近平总书记视察宁夏重要讲话和重要指示批示精神,全面落实自治区第十三次党代会部署要求,坚持上级工会对口联系指导与县级工会发挥主体作用相结合、顶层设计与基层创新相结合,促进全区工会系统人力、财力、物力等资源向基层倾斜,把县级工会建设得更加充满活力、更加坚强有力,在工会整体工作中发挥重要作用,为保持平稳健康的经济环境、国泰民安的社会环境、风清气正的政治环境作出积极贡献。

二、目标任务

坚持以"落实工作靠基层、落实工作在基层"为导向,以加强党的建设、健全组织体系为关键,以升级职工服务阵地和发挥职能作用为重点,以完善制度机制为抓手,建设政治引领强、组织功能强、服务阵地强、制度机制强、作用发挥强的"五强"县级工会。

（一）政治引领强。县级工会要自觉接受党的领导，以习近平新时代中国特色社会主义思想武装职工，以理想信念教育职工，以社会主义核心价值观引领职工，以先进文化感染职工，切实承担起团结引导职工听党话、跟党走的政治责任，党长期执政的阶级基础和群众基础更加牢固，县级工会党的建设质量全面提升。

1.强化理论武装。 深入开展习近平总书记视察宁夏重要讲话和重要指示批示精神"大学习、大讨论、大宣传、大实践"活动，组织工会干部和职工深入学习习近平新时代中国特色社会主义思想，持续用党的创新理论武装头脑、指导实践、推动工作。

2.强化思想引领。 组织工会干部和职工到宁东新时代产业工人思想政治教育实践地学习中国工运史，培育打造职工思想教育阵地，学习全国和自治区人民楷模、劳动模范和工匠人才埋头苦干、真抓实干的奋进事迹，弘扬"社会主义是干出来的"实干精神，凝聚感恩奋进新征程的磅礴力量；深入开展"工"字系列职工文化活动，积极动员广大职工群众参与"劳动者之歌"、送文化下基层等活动，教育引领广大职工感党恩、听党话、跟党走。

3.强化党建统领。 坚持围绕中心抓党建，抓好党建促发展，不断强化"三强九严"工程，大力夯实基层基础，深入开展"以实干展现新作为、靠实干交出新答卷"活动，着力打造工会党建品牌，努力建设政治型、服务型、实干型、文明型、廉洁型模范机关。坚持全面从严治党，推动工会各级领导干部认真落实党建主体责任和"一岗双责"。

（二）组织功能强。县级工会要贯彻落实习近平总书记"三个着力"重要指示精神，充分发挥连接地方工会和基层工作的重要枢纽和关键节点作用，严格履行民主程序，依法规范选举，选优配强领导班子，持续优化工会干部队伍结

构，不断充实壮大基层工会工作力量。

4.加强县级工会干部队伍建设。 积极争取县（市、区）党委支持，选优配强县级工会领导班子。充分发挥兼职挂职副主席作用，落实好兼挂职副主席管理办法，完善县级工会委员履职评价机制。加强县级工会干部培训，区总将举办1—2期县级工会干部业务培训班，地级市总工会也要把县级工会干部培训工作纳入年度培训计划，整体提升工会干部履职能力。

5.健全完善县级工会组织体系。 推进县域内区域性、行业性工会联合会建设，进一步完善乡镇（街道）—村（社区）—企业"小三级"工会组织体系，同步建立健全女职工委员会，全力夯实工会组织基础、全面激发基层工会活力。

6.坚持先服务后入会。 整合工会服务资源，推动将健康体检、"金秋"助学、普惠服务、职工医疗互助等工会服务品牌向新就业形态劳动者扩面，建立"惠泽职工·关爱健康"体检服务长效机制，区总为5000名新就业形态劳动者"送健康体检"，为1万名女职工开展"两癌"筛查服务，持续增强工会组织吸引力。

7.着力扩大工会组织覆盖面。 持续深化非公有制企业和社会组织建会工作，推动县域内一定规模的企业依法普遍建立工会组织，实现25人以上企业应建尽建。持续开展新就业形态劳动者集中入会行动，推行"重点建、行业建、兜底建"模式，采取"扫码入会"等方式，最大限度吸引县域内新就业形态劳动者加入工会，实现对小微企业、流动分散的灵活就业人员、农民工等群体的有效覆盖。加强工会组织和会员实名制管理工作，及时将新建工会组织和工会会员纳入数据库动态管理，确保会员会籍信息完善、准确，合格率达到100%。

（三）服务阵地强。加快推进信息化、智能化、数字化县级工会服务阵地建设，着力打造特色突出、功能丰富、作用明显的"一县一特色"服务阵地品牌，推动形成资源共用、活动共创、工

作共推、服务共赢、成果共享的阵地建设模式。

8. 加强工人文化宫建设。区总鼓励支持县级工会结合实际，因地制宜改造提升县域内工人文化宫（职工活动中心）等职工服务阵地，进一步强化工会阵地的公益性和服务性。县级工会积极争取县委、县政府支持，依法依规做好工人文化宫等工会阵地功能性修复和改造工作，推动把工人文化宫纳入公共文化服务体系，将建设、管理、运营费用纳入地方财政预算。

9. 推进职工服务阵地建设。深入开展"引领型、服务型、维权型"职工之家创建活动，逐步将县域内传统、单一的服务阵地打造成新时代共享、区域性职工综合服务中心。区总培育打造30个自治区职工之家示范点、10个自治区职工综合服务中心，选树50家自治区最美户外劳动者服务站，推动县域内职工服务阵地向高品质和多样化升级。

10. 加快推进"智慧工会"建设。持续优化完善县域内"一网一卡一平台"服务体系，依托全区工会"12351"职工网络服务系统，持续推动工会工作线上、线下深度融合。依托"宁工惠"APP和职工服务网，县级工会至少提供2项与就业、文化、旅游、健康和娱乐等相关的普惠服务。面向职工建设县域新媒体矩阵，大力弘扬劳模精神、劳动精神、工匠精神，培育积极健康、向上向善的网络文化。

（四）制度机制强。以建立健全制度化建设为依托，以落实制度为根本，以县级工会规范化建设为重点，不断推动县级工会高质量发展。

11. 落实定期汇报制度。建立完善县级工会向同级党委汇报工会工作制度，全面推行县级工会与政府联席会议制度，每年至少向党委汇报1次工会工作开展情况，召开1次县级工会与政府联席会议，推动同级党委建立健全研究决定工会重大事项制度。自治区总工会每年对制度落实情况向全区各市、县（区）党委通报。

12. 深化党建带工建工作机制。全面贯彻落实自治区党委办公厅《关于加强新时代党建带工建工作的意见》，建立"组织联建、工作联动、制度联创"的党工共建长效机制，推动把县级工会重点工作纳入基层党组织工作目标责任考核体系，推行工会工作与党建工作同安排、同部署、同推进的机制。

13. 提升县级工会工作水平。坚持"抓两头、促中间"的工作思路，整顿提升30%组织软、队伍弱的县级工会，选树培育30%组织、队伍、制度建设强的示范县级工会，区总投入近3000万元对县级工会分类予以专项经费补助。

14. 建立县级工会专家指导团队。选派工作经验丰富、熟悉工会工作的干部职工或专家组建指导团队，每季度深入县级工会及所属工业园区、乡镇（街道）、企业工会至少开展1次"一对一""点对点"的专业指导和培训服务，围绕工会工作难点热点堵点，把脉问诊，推动县级工会工作水平持续提升。

15. 健全完善县级厂务公开协调领导机构。县级工会要尽快恢复成立、调整充实厂务公开工作组织领导机构，积极争取同级党委政府支持，充实组织力量，加强政策指导，推动构建"县委统一领导、党政共同负责、有关方面齐抓共管、职工群众广泛参与"的领导体制和工作格局。继续深入开展企业民主管理互观互学和"公开解难题、民主促发展"等主题系列活动，充分调动职工参与企业民主管理的积极性主动性创造性。

16. 推动完善构建和谐劳动关系制度机制。县人社、工会、工商联、企联每季度轮流组织召开1次劳动关系三方协调会，共同分析、研判、化解劳动关系领域突出问题和风险隐患。运用县域工会信访工作信息平台，完善工会信访矛盾化解机制。推行县域内行业性、区域性集体协商，保持集体协商建制率在90%以上。

每季度开展1次县级工资集体协商指导员、劳动关系协调员、劳动争议调解员、工会法律监督员"四员"培训。

17.建立健全产业工人队伍建设改革工作机制。及时总结县域内产业工人队伍建设改革经验,建立健全县级产业工人队伍建设改革协调落实机制、监督检查机制、效能评估机制、制度保障机制、企业主体作用发挥机制和支撑保障机制。要制定县域内产业工人队伍建设改革要点和工作台账,压实部门责任,强化分类指导,增强改革的系统性、整体性、协同性。

18.建立专项资金补助机制。设立疫情防控专项资金,开展医务人员和疫情防控一线职工慰问活动;设立新就业形态劳动者关爱资金,用于新就业形态劳动者建会入会与保障服务相关支出。加大工会送温暖帮扶力度,对受疫情影响较大的特困行业职工和发生临时性、突发性生活困难职工及时开展慰问。

(五)作用发挥强。充分发挥县级工会抓基层打基础的"一线工作部"作用,坚持"哪里有职工,就把工会服务跟进到哪里"的理念,建立健全高标准职工服务体系,增强职工群众获得感幸福感安全感。

19.培育壮大产业工人队伍。推动健全县域内产业工人参政议政制度,落实提高技术工人待遇的实施意见,推进"互联网+"普惠性服务。提高县委、人大、政协、群团组织代表大会代表和委员会委员中产业工人比例,适当提高劳动模范等表彰奖励中产业工人比例,注重发展培养产业工人党员。

20.开展示范性劳动和技能竞赛。围绕县域内重大项目、重点建设工程开展不少于3项示范性劳动竞赛,围绕"六新六特六优"产业开展不少于5个工种的职工职业技能竞赛。组织开展技术革新、技术协作、发明创造、合理化建议、"五小"等群众性创新活动,激发县域内职工的劳动热情和创新潜能。

21.深化劳模和技能人才创新工作室创建。持续加大县域内非公企业劳模和技能人才创新工作室创建力度,每年新创建自治区级、市

级、县级创新工作室不少于5家,在现代化工、枸杞、现代物流等重点产业至少创建1家创新工作室,推动县域创新工作室蓬勃发展。

22.维护新就业形态劳动者合法权益。及时研判县域内新就业形态劳动者权益保障形势,针对职业伤害、工作时间、休息休假、劳动保护等与平台用工密切相关的问题提供"一对一"的法律服务。每半年开展1次县域内"新就业形态劳动者温暖行动",推进在新就业形态劳动者集中居住区、商业区建设工会户外劳动者服务站点,建立适合新就业形态劳动者的"短平快"就业技能培训模式。

23.搭建稳岗送岗促就业平台。主动协助县政府和辖区企业做好稳就业工作,以县域内转岗待岗职工、农民工、脱贫家庭、零就业家庭等为重点,通过工会官方网站、微信公众号、手机APP等平台开展线上招聘,组织召开"春风行动就业援助月""民营企业招聘月活动"等线下就业创业活动。每半年联合县人社局开展1次困难职工和农民工技能培训促就业活动。

24.加大工会经费支持力度。推动县域内行政事业单位工会经费纳入地方财政预算,对承租工会所属房产的困难小微企业、个体工商户减免一定期限的租金,简化县域内小微企业工会经费返还手续,做到应返尽返。鼓励县级工会购买文旅、餐饮消费等产品,以及采购符合条件的民宿、旅行社等受疫情影响严重的困难行业、企业承接工会活动,促进消费复苏。鼓励开展职工创业小额贷款贴息等金融支持政策,支持职工就业创业。

三、方法措施

(一)加强对口联系。自治区、市总工会领导机关加强对县级工会的对口联系、指导和服务,通过"不脱产蹲点、脱产蹲点、专项蹲点"和"六联"活动相结合的形式,实现自治区、市两级对全区22个县级工会对口联系全覆盖。区总班子成员每人联系1个县级工会,区总各部室

分别联系1个县级工会(附件2);五市总工会班子成员及各部室点对点联系县级工会。

(二)深入调查研究。坚持问题导向,围绕推进产业工人队伍建设改革、做好新就业形态劳动者建会入会、健全完善工会组织体系、提高职工生活品质、维护劳动领域政治安全等重点工作,开展形式多样的调查研究。上级工会领导机关一年内到对口联系的县级工会实地调研、指导推动工作不少于4次,推动解决县级工会实际困难。既要到工作局面好的地方去总结经验,又要到困难较多、情况复杂的地方去调查研究,每组至少完成1篇高质量调研报告。以扎实的调研作风,确保调查研究工作质量。

(三)切实解决问题。坚持把解决问题作为开展专项工作的重中之重,分门别类、一问一策,逐个解决。对于基层工会和职工群众反映强烈的问题,逐项列出清单,提出具体举措,内外协调、上下联动,共同推动问题解决。对于需要与党委、政府沟通协调解决的问题,上级工会领导机关要及时向地方党委通报,推动地方党委纳入重要议事日程,共同研究解决。对于可以利用工会系统自身资源解决的问题,上级工会领导机关要推动人力、财力、物力下沉,采取多种手段合力解决。对于主要依靠县级工会自身努力解决的问题,上级工会领导机关要指导督促县级工会发挥主观能动性,着力推动问题解决。

(四)巩固深化成效。扎实做好"县级工会加强年"专项工作后半篇文章。全面梳理、深入挖掘一批加强县级工会工作可复制、可推广的好经验、好做法,编制下发专项工作典型案例汇编。

对县级工会中具有综合性、普遍性的难点问题,认真分析研判,形成对策建议,强化顶层设计,推动从政策和制度层面加以解决。

把开展"县级工会加强年"专项工作中形成的成熟经验,深化提升为制度机制,支撑县级工会规范化、标准化建设。每年召开创新创优工作推进会,评选"十大创新创优工作",推树优秀县级工会主席,以创新创优带动县级工会整体工作上台阶。

四、工作要求

(一)强化组织领导。各级工会要充分认识加强县级工会工作的重要性和紧迫性,把开展"县级工会加强年"专项工作作为"一把手"工程,落实主体责任。自治区总工会成立工作专班、制定工作规则和实施方案,五市总工会要成立相应的领导小组和工作专班,制定具体实施方案,统筹推进落实。县级工会要安排专门力量,做好与上级工会工作对接,及时请示汇报,推动各项工作任务落到实处。

(二)强化督导检查。各级工会要建立专项工作检查和通报制度,定期评估专项工作进展情况。区总及五市总工会工作专班要围绕重点难点问题,组织专项工作汇报和交流研讨,于每季度最后一个月25日前将专项工作阶段小结报区总组织部。区总办公室要研究制定专项工作督查落实方案,至少组织开展两次集中督查通报,跟踪问效,督促落实,确保专项工作取得实效。

(三)强化氛围营造。各级工会要加强统筹安排,整合各级工会和工会机关内部力量,加大与地方党委、政府以及相关部门的沟通协调力度,积极争取理解支持,营造开展专项工作的良好环境。充分利用工会报刊网站、"三微一端"等宣传阵地,为专项工作开展营造浓厚氛围。协调主流媒体,及时宣传报道专项工作取得的进展和成效,发挥先进典型的示范引导作用。

(四)强化作风建设。坚决落实区总"转作风、抓落实"专项行动要求,积极践行党的群众路线,力戒形式主义、官僚主义。

根据疫情防控形势,灵活采取实地走访、视频会议、电话联系多种方式开展调查研究和对下指导。正确处理开展专项工作与做好日常业务工作的关系,做到两手抓、两促进。

附件:1.自治区总工会"县级工会加强年"专项工作专班组成人员

2.自治区总工会"县级工会加强年"专项工作专班任务分工及工作规则

3.全总各部门对口联系县级工会分配表

(略)

4.自治区总工会对口联系县级工会分配表

(略)

5.五市总工会对口联系县级工会分配表

(略)

附件1

自治区总工会"县级工会加强年"专项工作专班组成人员

按照全总"县级工会加强年"专项工作要求,为进一步组织开展好专项工作,成立自治区总工会"县级工会加强年"专项工作专班。

组　长:马军生　自治区总工会党组书记、副主席

副组长:毛洪峰　自治区总工会党组成员、副主席

吴会军　自治区总工会党组成员、副主席

马丽君　自治区总工会党组成员、副主席

成　员:区总办公室、组织部、宣教部、研究室、权益保障部、劳动部、网络部、女工部、财务资产部、经审办、机关党委负责同志。

联络员:区总各部室赴基层蹲点工作联络员和相关同志(附件4)

附件2

自治区总工会"县级工会加强年"专项工作专班任务分工及工作规则

为确保"县级工会加强年"专项工作各项任务的有效落实,区总专项工作专班设综合组、保障组、宣传组、监督组4个工作小组。

一、任务分工

1.综合组

(1)负责区总专项工作实施方案的制定、组织实施,负责审定五市、各县(区)专项工作实施方案。(牵头部室:组织部)

(2)负责区总班子成员对口联系县级工会相关工作的综合协调,负责对内统筹、对外协调,经验筛选和简报编发等。(牵头部室:办公室)

(3)负责对加强县级工会建设理论和实践问题的研究,负责专班会商、双月调度、季度小结、半年总结等专项工作会议的组织筹备。(牵头部室:办公室)

2.保障组

区总有关业务部门围绕组织建设、权益保障、经费资产等专题,针对重点难点问题,组织开展交流研讨,为加强县级工会工作提

供政策支持、经费保障和业务指导。（牵头部室：研究室）

3.宣传组

负责对专项工作进行宣传报道。协调主流媒体，指导工会报刊网站、"三微一端"等工会媒体对专项工作的成效和经验进行宣传推广。（牵头部室：宣教部）

4.监督组

负责专项工作的纪律和作风监督。统筹协调区总各部室，把"县级工会加强年"专项工作与赴基层蹲点工作以及"转作风、抓落实"专项行动有机衔接、一体推进。（牵头部室：机关党委）

二、工作制度

（一）研究会商制度。专项工作专班不定期召开会商会议，各工作小组及时汇报工作进展，研究突出问题，明确工作任务。

（二）研讨交流制度。专项工作专班定期组织召开双月调度、季度小结或半年总结等会议，评估各地各单位工作进展情况。相关业务部室根据工作实际分别组织专题汇报和研讨交流。

（三）通报报告制度。五市、各县（区）及时报送开展专项工作的部署安排、主要做法和工作成效，专项工作专班定期编发简报进行交流。专项工作中期和结束时向区总党组作全面工作情况汇报，重要情况及时请示报告。

关于印发《宁夏回族自治区劳模专项资金发放管理办法(试行)》的通知

宁工办发〔2022〕15号

各市、县(区)总工会,宁东基地工会,各产业工会,区直机关工会:

《宁夏回族自治区劳模专项资金发放管理办法(试行)》已经自治区总工会党组会议审议通过,现印发给你们,请认真贯彻执行。

宁夏回族自治区总工会办公室

2022年10月11日

宁夏回族自治区劳模专项资金发放管理办法(试行)

第一章 总 则

第一条 为认真做好关心关爱劳模工作,进一步规范、细化自治区劳模专项资金(以下简称专项资金)的发放管理,提高资金使用效益,根据《功勋荣誉表彰奖励获得者待遇规定(试行)》《生活困难表彰奖励获得者帮扶办法(试行)》《自治区人民政府关于进一步做好劳动模范先进工作者困难帮扶和社会保障工作的通知》精神,参照《宁夏回族自治区全国劳模专项资金发放管理办法(试行)》,结合我区实际,制定本办法。

第二条 本办法所称专项资金,是指由自治区总工会依法纳入预算并经自治区财政批复的财政资金以及自治区总工会自筹资金,统筹用于解决自治区劳模生活困难和落实自治区劳模待遇规定的资金,专项资金由自治区总工会负责统一管理及使用。

第三条 资金使用对象包括:自治区劳动模范、先进工作者以及享受省部级劳动模范待遇人员(以下简称自治区劳模)。

第四条 资金使用范围包括:自治区劳模生活困难补助、特殊困难帮扶、春节慰问、疗休养、去世抚恤慰问,以及经自治区财政厅批准的其他支出。

第五条 资金按照专项管理、专款专用的原则,实行逐级申报、分级负责、"一卡化"发放。

第二章 发放对象及资金用途

第六条 生活困难补助金的发放对象是符合下列情形之一的自治区劳模:

(一)月平均收入低于自治区总工会核定的在职劳模月补助标准线的;

(二)月养老金低于自治区总工会核定的退

休劳模月补助标准线的;

(三)男年满60周岁、女年满55周岁的农民劳模;

(四)有下列情形之一者不列为发放对象:在就业年龄内,有劳动能力但不主动就业或者经就业服务机构介绍无正当理由拒绝就业的;安排子女自费出国(境)留学的;子女进入高收费私立学校的;劳模及其配偶名下自有住房超过2套(不包含2套)的;其他不能列为发放对象的情形。

第七条 特殊困难帮扶金的发放对象是符合下列情形之一的自治区劳模:

(一)因本人患重大疾病,经基本医疗保险、大病保险等报销和城乡医疗救助后个人医疗费用负担仍然较重,或因劳动功能障碍、生活自理障碍等造成家庭生活困难的;

(二)因配偶、父母、未成年子女患重病、失业,劳模配偶、未成年子女劳动功能障碍或生活自理障碍,成年子女无民事行为能力或限制民事行为能力须由劳模监护抚养等原因造成家庭生活困难的;

(三)因遭受意外灾害造成家庭生活困难的。

(四)有下列情形之一者不列为发放对象:家庭人均年收入(即家庭年总收入除以家庭总人数)超过全区全口径城镇单位就业人员年平均工资2倍的;在就业年龄内,有劳动能力但不主动就业或者经就业服务机构介绍无正当理由拒绝就业的;安排子女自费出国(境)留学的;子女进入高收费私立学校的;劳模及其配偶名下自有住房超过2套(不包含2套)的;其他不宜帮扶的。已故自治区劳模配偶无固定收入、生活特别困难的可以酌情列为发放对象;自治区劳模去世当年或次年可根据困难情况发放一次性特殊困难帮扶金。

第八条 春节慰问金的发放对象是我区健在并在册管理的自治区劳模。

第九条 疗休养补助金用于自治区总工会组织的自治区劳模疗休养活动经费补贴。

第十条 撤销称号的、移居国(境)外的、去向不明且两年内失去联系的自治区劳模不列为资金使用对象。

第三章 补助标准

第十一条 生活困难补助金的补助标准每年核定一次。

月补助标准线:在职自治区劳模,月补助标准线为全区全口径城镇单位就业人员月平均工资(全区全口径城镇单位就业人员年平均工资除以月数)。

机关事业单位退休的自治区劳模,月补助标准线为我区机关事业单位退休人员月人均养老金的1倍;企业退休的自治区劳模,月补助标准线为我区企业退休人员月人均养老金的1.2倍。

月补助额:劳模月平均收入低于月补助标准线的差额部分。

在职自治区劳模生活困难补助原则上不超过2年(24个月),超过2年仍然存在生活困难的,经自治区总工会劳动和经济工作部核实并提交主席办公会研究后可继续为其申报生活困难补助金,原则上继续申请最多补助不超过3年。

男年满60周岁、女年满55周岁的农民劳模,补助标准一般为每月不低于300元。

企业劳模原则上由所在企业补助。

第十二条 月平均收入是指在一定时期内(一般以上一年度为计算单位)自治区劳模的全部收入总和除以月数。

全部收入包括:

(一)工资(指应发工资)、奖金、津贴、补贴及其他劳动收入;

(二)离退休费或者养老金及领取的其他社会保险金;

(三)从政府或者企事业单位获得的基本生

活费或者一次性收入；

（四）出租或者出售家庭资产获得的收入；

（五）法定赡养人或者扶养人应当给付的赡养费或者扶养费；

（六）接受的馈赠或者继承收入；

（七）其他应当计入的收入。

劳模补助、荣誉津贴、劳保津贴、慰问金等不计入收入。

第十三条 特殊困难帮扶金的补助标准由自治区总工会综合考虑资金总量及需要帮扶的自治区劳模人数，并根据致困原因、困难程度、家庭人口等因素制定分档救助标准。

（一）劳模本人患病的帮扶标准

劳模本人患病，年度累计负担的医疗费用（在零售药店购买药品等产生的费用除外）达到自治区劳模大病起付线的（4700元，根据我区城乡居民大病保险起付标准可进行相应调整），按照本人负担的医疗费用扣除大病起付线后的部分给予帮扶；罹患有关部门认定的重大疾病的，依据自付医疗费用的总额度（在零售药店购买药品等产生的费用除外）加大帮扶力度。

（二）劳模本人劳动功能障碍和生活自理障碍的帮扶标准

1.劳模本人因存在有关部门认定的劳动功能障碍、生活自理障碍需要护理帮扶的，按照不超过12个月一类区最低工资标准给予帮扶。

认定的劳动功能障碍和生活自理障碍主要包括：

（1）劳动能力鉴定委员会认定的一至四级伤残等；

（2）残联认定的一、二、三级智力、精神残疾，一、二级肢体残疾，一级视力残疾等；

（3）医保部门认定的长期护理保险重度失能等；

（4）民政部门认定的生活自理能力丧失；

（5）退役军人事务部门认定的伤残；

（6）司法鉴定部门出具的护理依赖鉴定。

2.不便于提供劳动功能障碍、生活自理障碍鉴定材料的70周岁（含）以上的劳模，经所在工会入户调查，书面证明确实存在困难的，按照不超过6个月一类区最低工资标准给予帮扶。

3.因病住院累计达到1个月（28天），且存在生活自理障碍的，按照不超过春节慰问金的标准给予慰问金。

（三）劳模家庭遭受意外灾害的帮扶标准

遭受意外灾害的自治区劳模家庭，经有关部门出具财产损失证明，且受灾当年家庭人均年收入不超过全区全口径城镇单位就业人员年平均工资的，按照损失额度的100%予以帮扶；1—1.5倍（含）的，按照损失额度的70%予以帮扶；1.5—2倍（含）的，按照损失额度的50%予以帮扶；超过2倍的，原则上按照不超过春节慰问金的标准给予慰问金，不按照损失额度进行帮扶。

（四）劳模家属的帮扶标准

1.劳模配偶、父母、未成年子女患病，个人年度累计负担的医疗费用（在零售药店购买药品等产生的费用除外）达到自治区劳模大病起付线的，按照个人负担的医疗费用扣除大病起付线后的90%给予帮扶；罹患有关部门认定的重大疾病的，依据自付医疗费用的总额度（在零售药店购买药品等产生的费用除外）加大帮扶力度。

2.劳模配偶、由劳模独立赡养的父母因失业无固定收入、月均收入低于我区城市居民、农村居民最低生活保障标准的；劳模成年子女无民事行为能力或限制民事行为能力须由劳模监护抚养的；劳模配偶、未成年子女存在劳动功能障碍、生活自理障碍或基层工会入户证明确实存在困难的，按照不超过6个月一类区最低工资标准给予帮扶。

（五）劳模去世的帮扶标准

自治区劳模去世，家庭人均年收入低于全区全口径城镇单位就业人员年平均工资2倍的,在当年或次年给予不超过0.7万元的特殊困难帮扶。

已故劳模配偶,无固定收入或月平均收入低于我区城市居民、农村居民最低生活保障标准的,可根据困难情况参照自治区劳模的标准进行特殊困难帮扶。

劳模发生上述困难,但存在"家庭人均年收入(即家庭年总收入除以家庭总人数)超过全区全口径城镇单位就业人员年平均工资2倍的;在就业年龄内,有劳动能力但不主动就业或者经就业服务机构介绍无正当理由拒绝就业的;安排子女自费出国(境)留学的;子女进入高收费私立学校的;劳模及其配偶名下自有住房超过2套(不包含2套)的;其他不宜帮扶的"情形的,按照不超过春节慰问金的标准给予慰问金。

特殊困难帮扶的自治区劳模人数原则上不超过我区自治区劳模总数的40%。特殊困难帮扶金的个人年度最高补助额原则上累计不超过3万元,补助超过3万元的提请自治区总工会主席办公会研究决定。

第十四条 春节慰问金、疗(休)养费用标准每年由自治区总工会依据相关政策统一核定。

第十五条 劳模去世抚恤慰问金标准根据自治区总工会每年预算安排核定。

第四章 申报与发放

第十六条 发放资金严格履行申报审核程序。

生活困难补助金和特殊困难帮扶金,采取"三审两公示"(劳模本人提出申请,基层工会一级审核公示,市、产业工会二级审核公示,自治区总工会三级审核发放)的程序进行。

(一)劳模向基层工会或所在乡镇、街道工会提出书面申请,实事求是反映本人和家庭经济情况、家庭困难状况及原因,并提供相关证明材料。

(二)基层工会或乡镇、街道工会进行入户调查,向相关机构核实情况,对符合申报条件、拟申报补助的劳模在一定范围内进行一级公示,对公示无异议的人员出具意见并附相关证明材料逐级上报。

(三)市、产业工会进行审核,对符合申报条件、拟申报补助的人员在一定范围内进行二级公示,对公示无异议的人员出具意见并附相关证明材料向自治区总工会上报。

(四)自治区总工会职工服务中心初审,自治区总工会劳动和经济工作部审核,就符合申报条件,拟进行补助的人员制定资金分配方案,提交自治区总工会主席办公会审议。

申请生活困难补助金和特殊困难帮扶金的自治区劳模,需提供相关证明材料,主要包括:本人和家庭收入证明、住房情况证明、病情诊断证明、医保票据、死亡医学证明、突发事件(如事故或者灾情)报告等。证明材料逐级审核上报,由自治区总工会及市、产业工会长期留存。经核实存在隐瞒本人或家庭实际收入行为的,或者经公示存在异议且不能按要求提供证明材料的申报对象,不得发放生活困难补助资金或特殊困难帮扶资金。

第十七条 春节慰问金由自治区总工会劳动和经济工作部按照自治区总工会核定的资金标准统一发放。

第十八条 疗(休)养由自治区总工会劳动和经济工作部根据资金总额、拟安排疗养人员总数等情况,按批次组织自治区劳模参加。

第十九条 自治区总工会劳动和经济工作部将劳模困难补助情况反馈各市、产业工会,市、产业工会通过电话、信函、网络等方式及时告知劳模本人及有关管理单位。

第五章 监督管理

第二十条 自治区总工会劳动和经济工作部、财务资产部、经审办及各市、产业工会应密切配合、各负其责。自治区总工会劳动和经济工作部负责资金的核定、分配、发放、申报档案留存等日常管理工作;财务资产部负责资金的财务管理、财务监督和会计核算;经审办负责资金管理使用情况的审查审计监督;各市、产业工会负责对劳模申报资料的审核把关,组织基层对申请困难补助的劳模进行入户调查并留存调查记录,按照谁"谁申报、谁审核、谁负责"的原则进行审核申报,按照一人一档要求,建立劳模困难资金申报档案,长期留存。

第二十一条 必须严格执行有关规定,严禁滞留、截留、挪用、错发、漏发、冒领资金,杜绝随意扩大发放范围、擅自提高补助标准、不按程序发放等问题。对在资金发放管理工作中存在严重失职、渎职、弄虚作假、以权谋私违法违规行为的,按照有关规定严肃处理。

第六章 附 则

第二十二条 自治区党委、政府有关待遇规定和帮扶办法有另行规定和标准的,按照自治区党委、政府待遇规定落实。

第二十三条 本办法由自治区总工会负责解释。

第二十四条 本办法自印发之日起施行。

关于印发《自治区总工会月工作例会制度》的通知

宁工办发〔2022〕16号

区总各部室、各直属单位：

《自治区总工会月工作例会制度》已经自治区总工会党组会议审议通过，现印发给你们，请认真贯彻执行。

宁夏回族自治区总工会办公室
2022年10月20日

自治区总工会月工作例会制度

第一条 为提高区总工作效率，促进工作落实，制定本制度。

第二条 月工作例会一般于每月第一周（遇节假日顺延）星期三上午召开，如遇特殊情况需临时调整会议时间，由办公室另行通知。

第三条 例会主要内容：

（一）通报工作。区总办公室集中通报区总主要领导上次月例会强调重点事项办理情况和各部室、各驻会产业工会、各直属单位上月度重点工作完成情况。

（二）汇报工作。区总各部室、驻会产业工会、直属单位党政负责人汇报本月重点工作、重要活动和主要领导安排的工作，在推进过程中需要区总党组统筹协调解决的重点事项和困难问题，提出针对性的工作建议，时间原则上不超过3分钟。

（三）分析点评。区总分管领导对所分管部室、驻会产业工会、直属单位上述工作落实情况进行点评，指出存在的问题，提出意见建议和改进措施，汇报抓好下月度分管领域重点工作措施。

（四）部署任务。区总党组商议解决各部室、各驻会产业工会、各直属单位提出的重点事项和困难问题，主要领导安排部署本月重点工作任务，提出工作要求。

第四条 月工作例会由区总主要领导或受主要领导委托的其他领导主持召开，区总领导班子成员、各部室、各驻会产业工会及直属单位党政负责人参加。

第五条 月工作例会由办公室负责组织筹备，主要做好会议通知、会议组织、会议记录等工作。

第六条 各部室、各驻会产业工会、各直属单位接到月例会通知后，严格按时限要求整理上报上次例会安排部署的工作任务完成情况，内容要突出重点，数据要真实准确，每项工作注明落实状态（已完成、正在推进）。

第七条 参会人员务必准时参加工作例

会,不得无故缺席,各部室、各驻会产业工会、各直属单位党政负责人无法参加例会的应向办公室及时请假报备,说明具体原因,并指定一名负责人参加。

第八条 月工作例会结束后,区总办公室于3个工作日内整理印发专题会议纪要,各部室、各驻会产业工会、各直属单位要对照纪要内容和要求,认真抓好贯彻落实。

第九条 区总办公室统一建立跟踪落实台账,实行跟踪督办、挂账销号,对因主观原因落实不力、进度迟滞,多次督办无明显效果的严肃通报,并由区总主要领导对部室、驻会产业工会、直属单位党政负责人进行约谈。

此制度自印发之日起执行。

关于印发《自治区总工会驻会产业工会换届筹备工作实施方案》的通知

宁工办发〔2022〕17号

各市总工会,各驻会产业工会:

《自治区总工会驻会产业工会换届筹备工作实施方案》已经自治区总工会2022年第32次党组会议审议通过,现印发给你们,请结合实际认真贯彻落实。

宁夏回族自治区总工会办公室

2022年11月14日

自治区总工会驻会产业工会换届筹备工作实施方案

区总各驻会产业工会第一届委员会已经届满,按照《中国工会章程》等有关规定,应进行换届选举。为做好对驻会产业工会换届工作的组织领导,确保换届平稳有序进行,特制定实施方案如下。

一、总体要求

坚持以习近平新时代中国特色社会主义思想为指导,全面贯彻落实党的二十大精神,深入学习贯彻习近平总书记关于工人阶级和工会工作的重要论述,增强"四个意识"、坚定"四个自信"、做到"两个维护",着眼保持和增强工会工作和工会组织政治性先进性群众性,坚持党的领导、坚持民主集中制、坚持依法依规、坚持从实际出发,按照结构性优化、差异化指导、动态中调整、纪律上严格的思路,严把人选政治关、廉洁关、身份关,在规模数量、组成结构、名额分配、推荐提名等方面充分体现代表性、广泛性。

二、主要任务

着眼驻会产业工会工作需要、领导班子建设实际和作用发挥,严格换届人员推荐工作,配齐配好、配优配强驻会产业工会领导机构。换届工作从2022年11月开始,12月底前完成。

（一）推荐产生工会委员会

1. 工会委员会组成:地级市相关产业工会主要负责人;本产(行)业有影响的企业、事业单位工会负责人;本产(行)业其他基层单位工会负责人;劳模和一线职工代表;驻会产业工会有关负责人。

2. 委员名额:根据全总《关于地方工会召开代表大会及组成工会委员会、经费审查委员会的若干规定》和区总《关于提高工会领导机构中劳模等一线职工比例的实施办法(试行)》要求,参照不设区的市工会委员会委员设置名额,驻会产业工会第二届委员会委员数量一般为27—51人,具体由各驻会产业工会结合所属工会组织数和会员数量提出。工会委员会委员中劳模和一线职工占比不低于20%。

3. 工会委员会委员的产生:地级市相关产

业工会推荐的建议人选(含劳模和一线职工代表),由市产业工会提名推荐,人选所在单位党委(党组)、纪检组织同意后,经市总工会同意后按程序上报驻会产业工会。

驻会产业工会管理的基层工会推荐的建议人选,由单位工会提名推荐,经单位党委(党组)、纪检组织同意后,上报驻会产业工会。

驻会产业工会委员会委员建议人选名单由驻会产业工会提名,报区总党组研究审批。在驻会产业工会第二届委员会预备会议上确认。各驻会产业工会第二届委员会第一次全体会议时,委员人数应少于区总批准的设置人数,届中可根据工作需要进行调整。

4.工会委员会委员须符合以下条件:

①坚持把政治标准放在首位,对党忠诚,坚决维护习近平同志党中央的核心、全党的核心地位,坚决维护党中央权威和集中统一领导,在思想上政治上行动上坚决同以习近平同志为核心的党中央保持高度一致;

②维护中国工会团结统一,立场坚定,明辨是非,坚持原则,坚持党的领导,坚持工会工作正确政治方向,敢于担当、爱岗敬业,求真务实、积极作为,锐意进取、开拓创新,在生产和工作中作出突出贡献;

③有良好的道德品质、作风和形象,公道正派,坚持说实话、谋实事、出实招、求实效;遵守党规党纪和国家法律法规,认真落实中央八项规定及其实施细则精神,坚决反对"四风",清正廉洁,知敬畏、存戒惧、守底线,能够自觉接受监督和管理;

④关心和热爱工会工作,在本产(行)业具有代表性和影响力,具有较强的议事能力和群众工作本领,能够正确行使民主权利,忠实履行职责,积极正确反映本产(行)业职工群众的意见和要求;

⑤密切联系职工群众,热忱服务职工群众,受到职工群众拥护,有较强的履职能力。

(二)选举产生常务委员会

1.常务委员会组成:驻会产业工会领导班子成员;部分市相关产业工会主要负责人;本产业有影响的企业、事业单位工会负责人;劳模和一线职工代表。

2.常务委员会委员名额:根据全总《关于地方工会召开代表大会及组成工会委员会、经费审查委员会的若干规定》要求,驻会产业工会第二届委员会常务委员会委员人数按照不超过工会委员会委员人数的1/3进行设置。常务委员会委员中劳模和一线职工占比不低于10%。

3.常务委员会委员的产生:常务委员会委员候选人建议人选名单由驻会产业工会提名,征求推荐单位党委(党组)、纪检组织意见,报区总党组研究审批后,在驻会产业工会第二届委员会第一次全体会议时履行民主选举程序。

驻会产业工会第二届委员会第一次全体会议时,常务委员会人数应少于区总批准的设置人数,届中可根据工作需要进行调整。

(三)选举主席、副主席

参照全总《关于省级工会换届和届中领导班子成员调整有关程序的规定》,提名的主席、副主席(含兼挂职)候选人在年龄应能任满一届。

1.挂职、兼职副主席名额:根据《自治区总工会挂职、兼职副主席产生和管理办法(试行)》,驻会产业工会领导班子中,设1—2名挂职副主席,2—3名兼职副主席。兼职副主席中,应有1名以上获得省部级以上劳动模范或全国五一劳动奖章荣誉称号的一线职工。

2.主席、副主席的产生:主席、副主席(含挂职)候选人建议人选由区总党组提出,兼职副主席候选人建议人选由驻会产业工会提出,经区总组织部征求自治区纪委监委驻总工会纪检监察组意见后,提请区总党组会审议确定候选人。在驻会产业工会第二届委员会第一次全体会议时履行民主选举程序。

主席、副主席、常务委员会委员由驻会产业

工会委员会全体会议等额选举产生,选举结果报自治区总工会审批。

(四)协商产生驻会产业工会女职工委员会

根据《工会女职工委员会工作条例》相关规定,驻会产业工会女职工委员会由本级工会提名,在充分协商的基础上产生,并报上级工会备案。

三、工作要求

(一)严格人选条件。要严格人选推荐条件,切实把热爱工会工作、关心工会工作、职工认可、职工拥护,有较强的履职能力的人选推荐出来,充分体现驻会产业工会领导机构中的代表性、广泛性。

(二)加强审核把关。人选的提出,坚持在党组织的领导下进行,严格考察工作,广泛深入听取组织(人事)部门、纪检组织、职工群众等方面意见,严把人选政治关、廉洁关、身份关。结合工会组织性质,坚持实事求是,以参加推荐提名时所从事的职业为准认定人选身份,具有多重身份的,按工作性质主次和代表性认定。

(三)严明换届纪律。严格执行中央关于换届工作"十个严禁、十个一律"要求,严肃政治纪律和政治规矩,以"零容忍"的态度正风肃纪。认真贯彻落实党风廉政建设责任制,深入开展换届纪律教育,坚持教育在先、警示在先、预防在先,引导党员干部增强纪律观念,筑牢纪律防线。

四、组织领导

(一)坚持党的领导。坚持在区总党组的领导下,开展驻会产业工会换届工作。各驻会产业工会要充分发挥作用,成立换届筹备工作机构,精心做好各项筹备工作,及时向区总党组请示报告有关情况,把党的领导体现落实到换届工作全过程、各方面。

(二)强化沟通协调。驻会产业工会要加强同相关产业工会、行业协会和产业组织联席会议等有关部门、单位的沟通联系和协调合作,明确任务、各负其责,齐抓共管、形成合力。特别是在人选推荐提名过程中,要充分听取有关部门、单位意见,调动各方面的积极性,把真正符合条件的人选推荐出来、吸纳进来。要做好不再继续提名人员的思想工作,把思想政治工作贯穿换届始终,广泛开展谈心谈话,教育引导干部讲政治、顾大局、守规矩,自觉接受和服从组织安排。

(三)按时上报会议请示和方案。各驻会产业工会于2022年11月20日前报送关于召开驻会产业工会第二届委员会第一次全体会议的请示,并附召开会议的实施方案。实施方案应包括以下内容:会议主要任务;第二届委员会和常务委员会的组成与产生办法;会议筹备的工作机构;会议时间、地点和筹备工作日程等。

关于印发《自治区总工会采购管理办法》的通知

宁工办发〔2022〕18号

区总各部门、各直属事业单位：

《自治区总工会采购管理办法》已经自治区总工会党组2022年第29次会议审议通过，现予印发，请遵照执行。

宁夏回族自治区总工会办公室

2022年11月16日

自治区总工会采购管理办法

第一章 总 则

第一条 为进一步加强自治区总工会(以下简称区总)采购工作的管理和监督，规范采购行为，提高采购效率，有效防控采购业务活动廉政风险，提高工会经费使用的科学性和规范性，依据《中华人民共和国政府采购法》《中华人民共和国招标投标法》《中华人民共和国政府采购法实施条例》《宁夏回族自治区招标投标管理办法》《宁夏回族自治区政府采购目录及标准》等法律法规和相关规定，结合区总实际，制定本办法。

第二条 本办法适用于区总机关所有货物、服务和工程的采购活动，包括购买、租赁、委托、合作等。

第三条 采购工作原则

(一)坚持公开透明原则。对于集中采购项目应当按照相关规定将采购意向、采购公告、采购文件、采购结果、采购合同等在宁夏政府采购网公开。对于自行采购项目应将采购需求、采购结果在区总门户网站和OA办公平台公开。

(二)坚持公正和诚实信用原则。参与采购的工作人员必须廉洁自律、不谋私利，客观公正地参与采购活动。对不遵守诚信违规参与投标，以次充好、不履行合同(虚假响应、骗取中标、不诚信履约)的供应商按相关规定处理，维护公平公正。

(三)坚持回避原则。凡参与采购工作的人员与投标供应商有利害关系的，应当主动申请回避，不得参加该项采购工作。

(四)坚持谁采购、谁负责原则。参与采购工作的人员必须遵守国家法律法规和有关制度规定，依法实施采购。严格落实采购人主体责任，按照各自职责对采购需求和采购结果负责。

(五)坚持无预算不采购原则。项目提出部门根据工作需要，在申报年度经费预算时，将采购计划列入年度经费预算之中，属于财政资金项目的必须先申报政府采购预算。采购必须严格按照批准的项目和预算执行，无预算不得进行采购。

第二章 职责任务

第四条 为做好采购管理工作，成立区总采购工作领导小组，组长由区总分管财务工作的领导担任,成员由财务资产部、办公室、权益保障部、经审办、机关纪委、项目提出部门负责人组成,负责研究制定具体采购工作流程,决定特殊情况采购事项等工作。

第五条 财务资产部职责:

(一)负责区总采购工作的组织、协调、管理等综合性工作,对接自治区财政厅,做好采购计划上报、统计和零星采购项目的备案管理等工作;

(二)根据国家法律、法规和政策规定,结合区总实际编制具体采购工作流程,提请采购工作领导小组审定;

(三)审核预算金额3万元以下的采购项目需求及相关文件资料;

(四)确定采购方式和采购代理机构;

(五)负责宁夏政府采购网及网上商城采购工作,对经审批的采购项目组织实施采购工作;

(六)根据区总采购业务需要,按照规定的程序,每两年更新一次符合条件的招标代理机构、协议供货(服务)商或采购点;

(七)负责区总自行采购事项的采购信息、采购结果内部公开,组织询价与评审;

(八)负责受理供应商质疑、投诉事项,妥善解决争议;

(九)完成采购工作领导小组授权的其他工作。

第六条 办公室职责:

(一)参与采购工作领导小组工作;

(二)汇总项目提出部门固定资产采购预算,控制固定资产采购限额标准;

(三)参与采购项目验收;

(四)负责从区总协议供货商采购保障机关日常办公、生活的消耗用品及类似物品,并做好登记统计;

(五)办理固定资产相关登记手续。

第七条 权益保障部(法律顾问)职责:

(一)参与采购工作领导小组工作;

(二)对预算金额3万元以上项目的采购方案、招标文件、采购合同等文件进行合法性、合规性审查,并提请相关会议审批;

(三)负责采购合同的签订;

(四)参与采购争议处理等工作;

(五)负责采购业务相关文件资料的组织归档。

第八条 经审办职责:

(一)参与采购工作领导小组工作;

(二)参与采购项目验收;

(三)对采购工作进行监督和检查。

第九条 机关纪委职责:

(一)参与采购工作领导小组工作;

(二)对采购项目询价、比价等工作过程进行监督;

(三)对招标采购评审专家抽取、开标和评标、评审等工作过程进行监督;

(四)履行纪检职责,对区总采购活动中相关部门和人员的廉洁自律情况进行全过程监督,对监督对象违规违纪问题进行调查处理。

第十条 项目提出部门职责:

(一)申报部门采购预算;

(二)编制项目采购方案,内容包括:采购项目数量、功能需求或主要技术指标、配置和采购预算价等,工程建设项目还应包括施工图、工程量清单和招标控制价等;

(三)组织采购项目(预算金额100万元以上或技术复杂的重大项目)专家论证;

(四)负责采购招标文件的编制,内容包括:招标项目的品名数量、技术质量参数、投标人的资格条件及审查标准、投标报价要求、评标方法和评标标准等所有实质性要求和条件,以及拟签订的合同文本等;做好相关文件资料的收集整理;

(五)配合做好3万元以下采购项目的询价、比价等工作;

(六)配合做好供应商质疑、投诉事项,妥善

解决争议;

(七)负责采购合同履行,组织对采购项目进行验收并出具验收报告。

第三章 采购分类与采购方式

第十一条 采购业务按组织形式分为集中采购和分散采购。

(一)集中采购

1.集中采购是指纳入政府集中采购目录的采购项目(详见《宁夏回族自治区政府采购目录及标准》),必须按规定委托自治区采购中心代理采购。

2.集中采购目录以内且单项或批量采购金额未达到限额标准的项目(详见《宁夏回族自治区政府采购目录及标准》),应当通过宁夏政府采购网上商城直购、网上竞价方式采购。

(二)分散采购

1.宁夏政府采购网上商城能提供的商品和服务,须在网上商城采购。

2.集中采购目录以外且单项或批量采购金额未达到限额标准(货物、服务60万元,工程100万元以上)的项目(详见《宁夏回族自治区政府采购目录及标准》),由区总按照相关规定依法自行组织采购。

3.集中采购目录以外,单项或批量金额达到限额标准的项目,但未达到公开招标数额标准200万元以下的采购项目,按照《中华人民共和国政府采购法》及其实施条例等有关规定,应当通过宁夏政府采购网委托代理机构实施。

4.达到公开招标数额标准200万元以上的采购项目,采用公开招标方式通过宁夏政府采购网委托代理机构实施,因特殊情况需要采用公开招标以外的采购方式的,须在采购活动开始前获得财政部门的批准。

第十二条 采购方式分为公开招标、邀请招标、竞争性谈判、竞争性磋商、单一来源、询价、框架协议、网上直购、网上竞价。

不同采购方式的适用情形详见附件。

第四章 审批权限及采购程序

第十三条 项目采购预算经区总党组会议通过后,按以下限额标准办理采购内部审批程序:

(一)单项或批量采购预算金额超过60万元以上的货物、服务、工程采购项目,项目提出部门提出采购方案,经部门分管领导同意,权益保障部(法律顾问)审核并提请区总党组会议研究审定。

(二)单项或批量采购预算金额在60万元以下、20万元以上的货物、服务、工程采购项目,项目提出部门提出采购方案,经部门分管领导同意,权益保障部(法律顾问)审核并提请采购领导小组会议研究审定。

(三)单项或批量采购预算金额在20万元以下、3万元以上的货物、服务、工程采购项目,项目提出部门提出采购方案,权益保障部(法律顾问)审核,部门分管领导组织召开专题会议研究审定。

(四)单项或批量采购预算金额在3万元以下的货物、服务、工程采购项目,项目提出部门提出采购方案,财务资产部审定。

第十四条 采购限额标准

(一)纳入政府集中采购目录的采购项目,经过审批程序由财务资产部通过宁夏政府采购网上报采购计划,经财政厅审批后,依法按规定委托自治区采购中心代理采购、网上商城直购或网上竞价采购。

(二)自行采购项目

1.委托社会代理机构采购。集中采购目录以外,采购预算金额20万元以上、60万元以下的货物服务,100万元以下的工程采购项目,委托社会代理机构组织采购;60万元以上的货物服务、100万元以上的工程采购项目,由财务资产部委托社会代理机构并通过宁夏政府采购网申报采购计划,报财政厅审批后组织实施。

2.财务资产部采购。集中采购目录以外,采购预算金额20万元以下、3万元以上的采购项目,由财务资产部组织采购小组实施,可以聘请第三方中介机构或者相关专家参与采购评审。选择三家以上的供应商,对供应商的响应文件进行质量、规格、价格、性能等主要参数进行审查,经采购小组集体讨论确定。

3.小额零星采购。集中采购目录以外,采购预算金额3万元以下的采购项目,由项目提出部门提出需求,财务资产部组织,选择三家以上的供应商进行询价、比价,择优确定供应商。对市场明码标价、采购需求比较单一的项目可与项目提出部门共同询价、比价确定,或者委托项目提出部门采购。

第十五条 委托代理机构采购程序

(一)项目提出部门提出采购方案,编制招标文件以及采购合同的拟定;

(二)财务资产部确定采购方式和采购代理机构;

(三)权益保障部(法律顾问)对采购方案、招标文件、采购合同进行合法性、合规性审核,提请相关会议审批;

(四)财务资产部组织人员参加开标评标,组织实施采购;

(五)权益部签订采购合同;

(六)项目提出部门履行采购合同,会同办公室、经审办对采购项目进行验收并出具验收报告;

(七)涉及固定资产的,由办公室办理相关固定资产登记手续;

(八)权益保障部收集与采购业务相关的文件资料并定期交办公室归档保存。

第十六条 财务资产部采购程序

(一)项目提出部门提出采购方案,编制招标文件、采购合同;

(二)财务资产部确定采购方式;

(三)权益保障部(法律顾问)对采购方案、招标文件、采购合同进行合法性、合规性审查,提请相关会议审批;

(四)财务资产部组织采购,并在区总门户网站和OA办公平台将采购信息和采购结果进行公开;

(五)权益部签订采购合同;

(六)项目提出部门履行采购合同,会同办公室、经审办对采购项目进行验收并出具验收报告;

(七)涉及固定资产的,由办公室办理相关固定资产登记手续;

(八)权益保障部收集与采购业务相关的文件资料并定期交办公室归档保存。

第五章 采购管理

第十七条 区总确定协议供货(服务)商或采购点的,须向协议供货(服务)商或采购点采购。

第十八条 已在集中采购机构或委托代理机构公开招标失败的项目,如果确需改变采购方式,须经区总分管财务领导审批后再实施采购。

第十九条 项目提出部门不得以化整为零的方式拆分、肢解采购项目,逃避采购监管或者规避公开招标采购。

同一年度内,将一个采购项目下的同一品目或者类别的货物、服务、工程使用公开招标以外的方式多次采购,累计金额超过公开招标数额标准的,属于以化整为零方式规避公开招标。项目预算调整或者经批准采用公开招标以外方式采购的除外。

第二十条 项目提出部门编制采购方案时,应当对采购的货物、服务、工程等项目内容进行市场调查,科学合理确定采购需求,进行价格测算。

第二十一条 项目提出部门编制招标文件时,不得以某一品牌特有的技术指标和型号、设备编码以及特殊编码作为招标要求变相指定供应商。

第二十二条 除网上超市、网上竞价、小额零星采购外,集中采购目录以内或者采购限额标准以上的货物、服务、工程均应当公开采购意向。公开内容应当包括采购项目名称、采购需求概述、预算金额、预计采购时间等。采购意向公开时间,原则上不得晚于采购活动开始前30日。

第二十三条 为有效提高采购效率,降低采购成本,对集中采购目录内部分项目实行零星采购。可实行零星采购的项目以《宁夏回族自治区政府采购目录及标准》的采购规则要求为准。零星采购项目按要求在宁夏政府采购管理系统做好零星采购备案。

第二十四条 财务资产部应当在收到供应商的质疑、投诉后7个工作日内做出答复,并在"在线质疑投诉系统"通知质疑供应商和其他有关供应商,但答复的内容不得涉及商业秘密。

第二十五条 严格执行《中华人民共和国政府采购法》关于供应商条件规定,同时不得选择有下列情形之一的供应商:

(一)被列入经营异常目录或严重违法企业名单的市场主体;

(二)未通过"信用中国"网站和"中国政府采购网"查询信用记录的;

(三)被列入失信被执行人、重大税收违法案件当事人名单、政府采购严重违法失信行为记录名单等。

第二十六条 所有采购项目,项目提出部门在采购项目验收合格之日起30日内,将采购资料电子版上传区总网上办公系统,纸质件交由权益保障部归集。

第六章 采购合同和采购验收

第二十七条 凡采购金额3万元以上的采购项目,要按照《宁夏回族自治区总工会合同管理制度》签订合同,并在中标(成交)通知书发出之日起30日内完成签订。所签订的合同条款不得与采购文件和成交供应商的报价文件内容有实质性偏离,不得对招标文件确定的事项和中标人投标文件作实质性修改。

第二十八条 集中采购目录以内或限额标准以上的采购项目,应当在与中标(成交)单位签订合同后2个工作日内进行合同公告。

第二十九条 采购验收工作程序

(一)采购项目结束后,由项目提出部门组织,会同办公室、经审办组成3人验收小组进行。

(二)技术复杂的采购项目,由项目提出部门组织,会同办公室、经审办,邀请专家或者专业机构5人以上进行验收。工程类采购项目应当由经审办按照《工会建设项目审计办法》规定,对项目决算进行审计。

(三)组织验收时,要严格按照《宁夏回族自治区政府采购履约验收管理暂行办法》和项目采购合同,对采购合同约定的每一项技术、服务、安全标准的履约情况进行确认。

(四)验收结束后,应当出具验收报告,列明各项标准的验收情况及项目总体评价,全体验收人员签署验收意见。对3万元以上的采购项目,采购双方应当共同在验收报告上盖章确认。验收报告作为申请支付资金的必要资料。

(五)履约验收信息按采购项目公开,分标段采购的按标段公开,除小额零星采购外,政府集中采购目录内或限额标准以上的货物、服务、工程采购均应当公开履约验收信息。

第七章 监督检查与责任追究

第三十条 参与采购的相关人员,应当主

动接受有关部门的监督检查,如实反映情况,提供有关材料。

第三十一条 凡是违反国家法律法规和党风廉政建设规定,构成犯罪的,移送司法机关处理,依法追究刑事责任;尚未构成犯罪的,依照有关法律和党风廉政建设规定移送有关部门处理。

第三十二条 采购过程中有如下情形之一的,对相关责任人进行问责:

(一)属于公开招标或废标的项目,未经上级部门批准擅自改变采购方式的;

(二)不按规定招标或分拆项目规避招标、擅自变更采购项目及方式的;

(三)故意以某一品牌特有的技术指标和型号、设备编码以及特殊编码作为招标要求的;

(四)不按规定程序开展采购活动,指定或变相指定供应商,非法干预、影响评审活动,以及擅自改变评审结果的;

(五)私自与投标人进行协商谈判的;

(六)与供应商、投标人或者采购代理机构合伙串通围标的;

(七)开标前泄露标底、透露投标人的情况和可能影响公开竞争的其他情况;

(八)在采购过程中接受礼物或者获取其他不正当利益的;

(九)无正当理由不在规定期限内确认中标(成交)结果以及不与中标、成交供应商签订采购合同的;

(十)其他严重违反采购管理规定的。

第八章 附 则

第三十三条 本办法中"以上"含本数,"以下"不含本数。

第三十四条 本办法未尽事宜,严格执行国家法律法规和自治区政府采购相关政策规定。

第三十五条 本办法由区总财务资产部负责解释。

第三十六条 本办法自印发之日起实施,原《自治区总工会采购管理办法(试行)》(宁工办通〔2021〕34号)同时废止。

第三十七条 区总直属事业单位可参照执行。

附件

采购方式的适用情形

序号采购方式适用情形

1.公开招标

(1)货物与服务类预算金额在200万元(含)以上;

(2)工程以及工程建设有关的货物、服务公开招标数额标准按照国家有关规定执行。

2.邀请招标

(1)具有特殊性,只能从有限范围的供应商处采购的;

(2)采用公开招标方式的费用占采购项目总价值的比例过大的。

3.竞争性谈判

(1)招标后没有供应商投标或者没有合格标的或者重新招标未能成立的;

(2)技术复杂或者性质特殊,不能确定详细规格或者具体要求的;

(3)采用招标所需时间不能满足用户紧急需要的,主要是项目提出部门不可预见的或者非因项目提出部门拖延导致的紧急情形;

(4)不能事先计算出价格总额的。

4.竞争性磋商

(1)购买服务项目;

(2)技术复杂或者性质特殊,不能确定详细规格或者具体要求的;

(3)因艺术品采购、专利、专有技术或者服务的时间、数量事先不能确定等原因不能事先计算出价格总额的;

(4)市场竞争不充分的科研项目,以及需要扶持的科技成果转化项目;

(5)按照《招标投标法》及其实施条例必须进行招标的工程建设项目以外的工程建设项目。

5.单一来源

(1)只能从唯一供应商处采购的:因货物或者服务使用不可替代的专利、专有技术,或者公共服务项目具有特殊要求;

(2)发生了不可预见的紧急情况不能从其他供应商处采购的;

(3)必须保证原有采购项目一致性或者服务配套的要求,需要继续从原供应商处添购,且添购资金总额不超过原合同采购金额10%的。

6.询价货物规格、标准统一、现货货源充足且价格变化幅度小。

7.框架协议

(1)集中采购目录以内品目,以及与之配套的必要耗材、配件等,属于小额零星采购的;

(2)集中采购目录以外,采购限额标准以上,本部门、本系统行政管理所需的法律、评估、会计、审计等签证咨询服务,属于小额、零星采购的;

(3)集中采购目录以外,采购限额标准以上,为本部门、本系统以外的服务对象提供服务的政府购买服务项目,需要确定两家以上供应商由服务对象自主选择的;

(4)国务院财政部门规定的其他情形。

8.网上直购购买宁夏政府采购网网上超市的商品。

9.网上竞价通过宁夏政采网发布采购信息、商家网上报价、网上竞标。

关于印发《自治区总工会创建自治区直属机关文明单位工作实施方案》的通知

宁工办发〔2022〕20号

区总各部室、工会干校:

现将《自治区总工会创建自治区直属机关文明单位工作实施方案》印发给你们,请认真抓好落实。

宁夏回族自治区总工会办公室

2022年12月9日

自治区总工会创建自治区直属机关文明单位工作实施方案

为进一步深化文明单位创建活动,推进区总机关创建区直机关文明单位各项工作落到实处,按照区直机关文明委《关于印发〈自治区直属机关文明单位创建管理办法〉和〈自治区直属机关文明单位测评体系〉的通知》(宁直文明委〔2022〕3号)要求,结合区总实际,制定本实施方案。

一、指导思想

以习近平新时代中国特色社会主义思想为指导,认真贯彻落实党的二十大精神和习近平总书记关于社会主义精神文明建设的重要论述,以培育和践行社会主义核心价值观为根本,以形式内涵丰富的创建活动为载体,以提升干部职工队伍文明素质和机关文明程度为切入点,紧紧围绕自治区文明委和区直机关文明委的工作部署,扎实推进精神文明建设和文明单位创建工作,为全区工运事业高质量发展提供强有力的精神动力和思想保证,为宁夏建设黄河流域生态保护和高质量发展先行区作出应有贡献。

二、工作目标

通过开展文明创建系列活动,促进各级领导班子坚强有力、团结奋进、锐意改革;干部职工思想道德风尚好,创新意识强,工作效率高,遵纪守法服务好;工作环境优美整洁,安全状况良好;创建工作扎实推进,管理制度科学规范,精神文明建设成果显著,以优异成绩创建通过区直机关文明单位验收。

三、时间安排

根据自治区文明委《关于自治区文明村镇、文明单位、文明校园、文明家庭动态管理情况的通报》(宁文明委〔2021〕3号)和区直机关文明委《关于印发〈2022年区直机关精神文明建设重点任务〉的通知》(宁直文明委〔2022〕4号)文件精神,按照文明单位动态管理的要求,为确保高质量通过文明单位验收,创建工作分三个阶段进行。

（一）动员部署阶段（2022年12月）。及时召开会议对区总（含干校）文明单位创建活动进行全面动员部署，制定具体实施方案，明确创建活动的主要目标、活动内容、具体任务和工作要求，区总各部室（含干校）要本着"高标准要求、高质量参与、高水平运作"的原则，科学制订工作计划，明确任务分工，列出工作清单，确保全体干部职工人人参与，高质高效开展创建活动。

（二）实施创建阶段（2022年12月—2023年11月）。以区总各部室（含干校）为单位，以文明单位创建标准为重点，进一步细化《区直机关文明单位测评体系》，明确职责分工，对测评体系逐项落实。

（三）总结验收阶段（2023年12月）。在自查验收的基础上，区总文明单位创建领导小组以测评体系中的评价指标为依据对创建情况进行初验，对准备不充分、说服力不强的指标内容进行限期整改充实，待印证资料准备充分后形成总结报告，迎接区直机关文明委的检查验收。

四、主要内容

按照区直机关文明委创建区直机关文明单位有关安排和《自治区直属机关文明单位测评体系（2022年）》要求，创建自治区区直机关文明单位申报内容包括：理想信念教育、培育和践行社会主义核心价值观、党组织建设和党风廉政建设、思想道德建设、单位文化建设、优质经营服务、诚信守法、履行社会责任、单位内部管理、优美环境建设、特色创建活动、创建工作机制等12个方面。结合区总工作实际，具体如下。

（一）加强理想信念教育。深入学习贯彻习近平新时代中国特色社会主义思想和习近平总书记视察宁夏重要讲话精神，引导干部职工深刻领悟"两个确立"的决定性意义，增强"四个意识"、坚定"四个自信"、做到"两个维护"；严格落实意识形态工作责任制，开展专题研究、分析研判、思想引导等活动，加强对宣传橱窗、内部刊物、微信群等阵地的建设管理，增强斗争精神，旗帜鲜明抵制和反对各种错误观点；健全完善党组理论学习中心组学习制度，严格落实"三会一课"制度，定期开展党员集中学习教育；巩固深化党史学习教育成果，进一步加强党史、新中国史、改革开放史、社会主义发展史教育；认真贯彻落实《新时代爱国主义教育实施纲要》，扎实开展爱国主义、集体主义、社会主义教育，加强中华优秀传统文化教育，深化国情、区情和形势政策教育、祖国统一和民族团结进步教育，大力弘扬民族精神和时代精神；深入学习贯彻习近平总书记关于民族宗教政策的系列重要讲话精神，广泛开展马克思主义国家观、民族观、宗教观、历史观、文化观教育；深入学习宣传贯彻落实党的二十大和自治区第十三次党代会精神，开展系列活动，领会精神实质，提升理论素养，指导工作实践。

牵头部室：机关党委（人事处）、办公室、宣教部

落实部门：机关各部室、工会干校

（二）大力培育和践行社会主义核心价值观。坚持贯穿结合融入、落细落小落实，把社会主义核心价值观融入机关工作制度、融入干部职工日常生活，使之成为干部职工自觉的道德规范和行为准则；持续开展社会主义核心价值观宣传教育，广泛宣传展示社会主义核心价值观12个主题词和公益广告，引导干部职工把社会主义核心价值观作为明德修身、立德树人的根本遵循；积极利用重大纪念活动和重要传统节庆，结合机关文化建设要求，开展道德模范、时代楷模、劳动模范、最美奋斗者、大国工匠、身边好人、文明家庭和最美家庭等先进典型学习宣传活动。

牵头部门：机关党委（人事处）、宣教部、劳动部

落实部门：机关各部室、工会干校

（三）加强党建和党风廉政建设。坚持党建引领、党建先行，充分发挥党组织在文明单位创建中的战斗堡垒作用，发挥党员在创建工作中的先锋模范作用，建立健全"党建+文明创建"机制，形成以党建带创建、创建促党建的良好格局，形成党建统领、业务配合、党员齐心的良好局面；加强党风廉政建设，开展经常性党风廉政宣传教育活动，积极开展警示教育，持之以恒纠"四风"、树新风；落实全面从严治党要求，严格执行中央八项规定精神，推进党风廉政和反腐败斗争经常化、制度化。

牵头部门：机关党委（人事处）、机关纪委

落实部门：机关各部室、工会干校

（四）加强思想道德建设。认真贯彻落实《新时代公民道德建设实施纲要》，开展社会公德、职业道德、家庭美德、个人品德教育，引导干部职工向往和追求讲道德、遵道德、守道德的生活，增强为民服务意识；广泛开展职业道德教育，组织开展多种形式的实践活动，教育培养干部职工树立崇高的职业理想，弘扬高尚的职业精神，掌握精湛的职业技能，严格遵守职业纪律，养成规范的职业行为，践行以爱岗敬业、诚实守信、热情服务、礼貌待人、办事公道、奉献社会为主要内容的职业道德；开展弘扬时代新风行动，移风易俗，破除陋习，传承中华传统美德，加强文明礼仪宣传教育，以文明交通、文明旅游、文明观演为重点，引导培育健康文明生活方式。

牵头部门：机关党委（人事处）、宣教部

落实部门：机关各部室、工会干校

（五）加强单位文化建设。巩固拓展文化建设成果，进一步发挥优秀传统文化和社会主义先进文化的影响力；持续开展好"机关干部业务分享""读书分享""挂职干部经验交流""青年党员风采展示"等活动，加强政治文化、廉政文化、历史文化、传统文化和文化科学建设，大力弘扬科学精神、普及科学知识，提高干部职工科学文化素质，营造良好干事创业、风清气正的政治生态；结合传统节日、重要纪念日、重大节庆活动，开展形式多样、健康有益的文体活动；加强宣传思想文化阵地建设，广泛参与"全民阅读""全民健身""光盘行动""道德讲堂"等形式多样、丰富多彩、健康有益的主题教育活动。

牵头部门：机关党委（人事处）、办公室、宣教部

落实部门：机关各部室、工会干校

（六）提供文明优质服务。严格落实机关工作守则、纪律要求和行为规范，突出文明、优质、高效服务，积极争创模范机关；努力改变机关作风，选树宣传优质服务典型，发挥示范带动作用，着力提升机关服务基层的水平和能力；主动深入基层调研，提高服务质量，干部职工用语文明、待人热忱、服务规范，杜绝"冷、硬、拖、卡"现象；适时开展公文展示、技能竞赛活动，提升干部职工素质。

牵头部门：机关党委（人事处）

落实部门：机关各部室、工会干校

（七）抓好诚信建设。加强宪法的学习教育，增强干部职工的宪法观念，增强恪守宪法原则、弘扬宪法精神、履行宪法使命的自觉性和坚定性；积极开展普法教育，领导干部带头尊法学法守法用法，依法行政、依法办事，不断增强干部职工尊法学法守法用法意识，形成知法用法的良好环境；加强诚信宣传教育，弘扬中华民族重信守诺传统美德，教育引导干部职工树立与市场经济和现代治理相适应的诚信理念、规则意识、契约精神，支持社会信用体系建设，积极培育诚信文化。

牵头部门：宣教部

落实部门：机关各部室、工会干校

（八）切实履行社会责任。大力弘扬奉献、友爱、互助、进步的志愿精神，建立健全志愿服务队伍，经常性开展理论宣讲、文化教育、科技科普、健身体育、医疗卫生、法律宣传、维护交

通、社区报道等志愿服务活动;结合推进文明城市创建、生态环境保护等工作常态化开展学雷锋志愿服务活动,主动履行社会责任,积极参加公益活动,热心支持公益事业,让"我为人人、人人为我"成为干部职工的生活态度和生活方式;积极发挥区总工作优势,选派驻村帮扶工作队,主动服务乡村振兴工作,积极参与社会公益活动;大力支持、积极服务新时代文明实践建设,广泛组织参与多种形式的文明实践活动,使干部职工自觉成为新时代文明实践中心建设的重要力量。

牵头部门:机关党委(人事处)、办公室、宣教部、权益部

落实部门:机关各部室、工会干校

(九)强化单位内部管理。健全完善单位管理制度,压紧压实管理责任,严格贯彻落实各项制度,加强制度执行监督检查,促进单位管理制度化、规范化、科学化;建立健全民主管理制度,落实党务公开、政务公开,健全工会组织,保障干部职工的知情权、参与权、表达权、监督权,维护合法权益;结合实际有针对性地开展职工思想政治工作,保持干部职工队伍思想稳定;搭建沟通平台,畅通反馈渠道,在工作、学习、生活等方面对干部职工给予人文关怀,关注干部职工身体健康和心理健康,帮助解决实际问题;发挥机关工会、妇工委等联系干部职工的桥梁纽带作用,经常性开展谈心谈话,多做统一思想、凝聚人心、化解矛盾、激发动力的工作,创造团结紧张、严肃活泼、融洽和谐的工作环境。

牵头部门:机关党委(人事处)、办公室

落实部门:机关各部室、工会干校

(十)建设整洁优美环境。加强生态文明教育,引导干部职工牢固树立和践行绿水青山就是金山银山的理念,切实增强干部职工生态文明意识;积极开展节约型机关创建活动,倡导和培养简约、绿色、低碳的生活方式;组织开展机关办公环境净化、绿化、美化、亮化行动;

落实疫情防控各项措施,大力开展爱国卫生运动,开展无烟办公楼创建活动,设置禁止吸烟标识,打造环保、生态、健康的工作场所;广泛开展办公场所、公共场所、周边环境清洁整治活动,做到办公场所设计合理、卫生整洁,无卫生死角、无乱摆乱放,努力建设整洁优美、温馨舒适的工作环境。

牵头部门:机关党委(人事处)、办公室、宣教部

落实部门:机关各部室、工会干校

(十一)特色创建活动。围绕提升职工素质、促进业务发展,探索开展具有工会工作特色、职业特点、工作特性的文明单位创建活动,重点开展杜绝餐饮浪费、新《安全生产法》宣贯、推动OA低碳办公等;推行"党建+文明创建"工作模式,形成具有一定推广意义的典型做法。

牵头部门:机关党委(人事处)

落实部门:机关各部室、工会干校

(十二)创建工作机制。重视精神文明创建工作,纳入单位发展整体规划和重要议事日程,与业务工作同部署同落实,定期研究、督促指导;制订年度创建工作计划,做到有规划、有制度、有队伍、有保障;按照要求及时报送有关数据信息,反映创建工作动态;区总机关全体干部职工(含干校)要积极参与文明单位创建工作,创建工作参与率≥90%,对本单位创建工作的满意度≥90%;利用多种形式宣传展示文明单位创建工作,营造浓厚创建氛围。

牵头部门:机关党委(人事处)、办公室、宣教部

落实部门:机关各部室、工会干校

五、工作要求

(一)统一思想,提高认识。文明单位是一个单位的荣誉荣耀,对一个单位的发展稳定具有重要意义。创建区直机关文明单位,全体干部职工必须统一思想,提高认识,凝聚共识,以此为工作标准和阶段目标,充分发挥每一名干

部职工的智慧和力量,做好做细做实机关的每一件小事,抓好工作中的每一个环节,以最高的工作标准要求自己,以最强的党性要求锤炼思想,做到上下齐心、内外同声、协调一致、相互配合、全面提升。

(二)强化领导,形成合力。成立区总文明单位创建工作领导小组,区总党组书记担任组长,区总分管党建工作领导担任副组长,办公室、宣教部、权益部、劳动部、机关党委(人事处)负责人为成员,领导小组办公室设在机关党委(人事处)。领导小组定期研究,督促指导,统筹推进,把深入开展文明单位创建活动作为全面加强机关作风建设、队伍建设、业务建设和素质建设的一项重要内容和载体,做到创建文明单位与党的建设同研究、同部署,充分调动全体干部职工的创建积极性,形成强大的工作合力和创建活力。

(三)转变作风,营造氛围。创建区直机关文明单位是一项全局性、系统性工程,必须认真对待、全力争胜,必须真正转变工作作风,摒弃陈旧的思想观念和不良的工作作风。必须明确创建任务分工、责任到人,最大限度地调动各方面参与创建的积极性,形成合力创建的工作机制,做到活动丰富、内容翔实和资料完整。区总各部室(含干校)要相互支持、密切配合,充分调动每一名干部职工的积极性和创造性,集思广益,建言献策,让文明创建的过程成为全员参与的过程,形成人人参与创建活动、人人共享创建成果的良好氛围。

(四)健全机制,丰富载体。把文明创建工作与加强机关党的建设、作风建设结合起来,与推进工会改革发展工作结合起来,与加强干部职工队伍建设结合起来,把创建活动与建设模范机关、"五型"机关结合起来,把创建活动与整治内外环境和推进机关文化建设结合起来,搭建平台、科学设计、丰富载体,在履职尽责中做好整合和结合文章;利用多种形式宣传展示创建工作内容,通过创建活动的深入全面开展,推动文明创建与本职工作相互促进,相互提高,从整体上推进创建活动深入开展。

(五)建档立卷,规范管理。要按照测评指标做好各项资料的收集归档,每项测评指标要单独建档立卷。要确保资料完整性,认真对照测评指标体系收集整理资料,做到不缺项、不遗漏;要确保资料真实性,所收集整理的材料要如实反映创建工作情况,不得虚构和编造;资料要有系统性,注意资料的内容和时间的关联性和连贯性,做到在时间上连贯,内容上相互映衬,符合逻辑,不相互矛盾。

附件:自治区总工会创建自治区直属机关文明单位工作任务清单(略)

关于印发《全区工会深入开展党的二十大和习近平总书记视察宁夏重要讲话指示批示精神"大学习、大讨论、大宣传、大实践"活动实施方案》的通知

宁工办发〔2022〕21号

各市总工会,宁东基地工会,各产业工会,区直机关工会,区总各部门、各直属单位:

《全区工会深入开展党的二十大和习近平总书记视察宁夏重要讲话指示批示精神"大学习、大讨论、大宣传、大实践"活动实施方案》已经自治区总工会2022年第38次党组会议审议通过,现印发给你们,请认真抓好贯彻落实。

宁夏回族自治区总工会办公室
2022年12月13日

全区工会深入开展党的二十大和习近平总书记视察宁夏重要讲话指示批示精神"大学习、大讨论、大宣传、大实践"活动实施方案

为深入学习宣传贯彻落实党的二十大精神,根据自治区党委《关于深入开展党的二十大和习近平总书记视察宁夏重要讲话指示批示精神"大学习、大讨论、大宣传、大实践"活动的实施方案》要求,现就全区工会深入开展党的二十大和习近平总书记视察宁夏重要讲话和重要指示批示精神"大学习、大讨论、大宣传、大实践"活动,制定如下方案。

一、总体要求

坚持以习近平新时代中国特色社会主义思想为指导,深入学习贯彻党的二十大和二十届一中全会精神,全面落实自治区第十三次党代会、自治区党委十三届二次全会以及区总十二届八次全委会的部署要求,把学习宣传贯彻党的二十大和习近平总书记视察宁夏重要讲话指示批示精神作为首要政治任务,着力抓实大学习把牢职工思想之舵,着力抓好大讨论厚植发展信心之基,着力抓深大宣传凝聚主力军团结之力,着力抓紧大实践彰显工会组织实干之效,引导职工群众深刻领悟"两个确立"的决定性意义,增强"四个意识",坚定"四个自信",做到"两个维护",不断提高政治判断力、政治领悟力、政治执行力,不断开创党的工运事业和工会工作新局面,团结引领广大职工为全面建设社会主义现代化美丽新宁夏、实现党的二十大确定的目标任务而团结奋斗。

二、主要任务

学习宣传贯彻党的二十大精神是当前和今后一个时期的首要政治任务。全区各级工会和工会干部要在前一阶段深入开展习近平总书记视察宁夏重要讲话和重要指示批示精神"大学习、大讨论、大宣传、大实践"活动的基础上,切实在全面学习、全面把握、全面落实党的二十大精神上下功夫,坚持总书记怎么说,我们就怎么做,真正把思想和行动统一到党的二十大精神上来,把智慧和力量凝聚到自治区党委的决策部署和工作要求上来,推动党的二十大精神落地生根、见行见效。

(一)着力抓实"大学习",把牢职工思想之舵

学习党的二十大精神,既要整体把握、全面系统,又要突出重点、抓住关键。要把着力点聚焦到习近平总书记是党中央的核心、全党的核心,习近平新时代中国特色社会主义思想是党必须长期坚持的指导思想上;聚焦到党的十九大以来的重大成就和新时代10年的伟大变革上;聚焦到把握好马克思主义中国化时代化最新成果的世界观和方法论,坚持好、运用好贯穿其中的立场观点方法上;聚焦到中国式现代化在理论和实践的创新突破上;聚焦到贯彻落实党的二十大作出的重大决策部署上;聚焦到以习近平同志为核心的新一届中央领导集体是深受全党全国各族人民拥护和信赖的领导集体上;聚焦到习近平总书记是全党拥护、人民爱戴、当之无愧的党的领袖上。要充分认识新时代伟大成就的取得,根本在于习近平总书记掌舵领航、在于以习近平同志为核心的党中央坚强领导、在于习近平新时代中国特色社会主义思想科学指引;要充分认识把党的二十大绘就的宏伟蓝图变为现实、谱写新时代中国特色社会主义更加绚丽的华章,必须紧紧依靠工人阶级、充分发挥工人阶级主力军作用。通过原原本本学、全面深入学、持续反复学,充分认识党

的二十大的重大现实意义和深远历史意义,不断增强政治自觉、思想自觉、行动自觉,切实统一思想和行动,在新时代新征程上不断开创党的工运事业和工会工作新局面。

1.领导带头学、干部跟进学。各级工会要严格落实党组理论学习中心组学习会、党组会"第一议题"制度,把学习宣传贯彻党的二十大精神作为头等大事,制订系统学习计划,列出重点学习专题,落实领学促学责任。要在规范执行"三会一课"、主题党日等制度的同时,不断创新方式方法,组织开展一线党课、主题征文、演讲比赛、诵读经典等活动,引导工会干部知其言更知其义,知其然更知其所以然。工会领导干部要坚持先学一步、学深一层,通过讲党课、理论大讲堂、干部大讨论等方式,带头学精、细学,示范带动工会干部职工迅速投入到学习中来。(牵头单位:区总宣教部;责任单位:各市总工会、宁东基地工会、产业工会、区直机关工会,区总各部室、直属单位)

2.前后贯通学、全面系统学。要把大会报告、新修订的党章、十九届中央纪律检查委员会工作报告和习近平总书记参加党的二十大广西代表团讨论、在中央政治局第一次集体学习、带领中央政治局常委瞻仰延安革命纪念地时发表的重要讲话结合起来,一体学习、一体领悟。要将学习大会精神同学习党的十八大报告、十九大报告精神结合起来,同习近平总书记视察宁夏重要讲话和重要指示批示精神结合起来,同落实自治区第十三次党代会决策部署结合起来,引导工会干部紧密联系党的十八大以来党和国家事业取得的历史性成就、发生的历史性变革,联系这些年来走过的极不寻常、极不平凡的历程,联系深化改革开放、推动高质量发展、有效应对重大风险挑战具体实践,联系国际环境深刻变化,深刻领悟党的二十大关于党和国家事业发展大政方针和战略部署的历史逻辑、理论逻辑、实践逻辑。(牵头单位:区总宣教部;

责任单位:各市总工会、宁东基地工会、产业工会、区直机关工会,区总各部室、直属单位)

3.带着思考学、联系实际学。党的二十大对工人阶级和工会工作作出的新部署新要求,为做好新时代工会工作指明了方向、提供了遵循。各级工会要将党的二十大精神与习近平总书记关于工人阶级和工会工作重要论述一体学习,准确把握党对工人阶级的领导阶级地位的新要求,真正认识到工人阶级是我国的领导阶级,是我国先进生产力和生产关系代表,是我们党最坚实最可靠的阶级基础,是坚持和发展中国特色社会主义的主力军;准确把握党对全心全意依靠工人阶级的新要求,真正认识到必须牢牢把握团结奋斗的时代要求,切实加强职工思想政治引领,调动好、保护好、发挥好工人阶级的积极性、主动性、创造性,充分发挥工人阶级主力军作用,汇聚起同心奋进新征程的强大智慧和力量;准确把握党对大力弘扬劳模精神、劳动精神、工匠精神的新要求,真正认识到劳模精神、劳动精神、工匠精神是以爱国主义为核心的民族精神和以改革创新为核心的时代精神的生动体现,是鼓舞全党全国各族人民风雨无阻、勇敢前进的强大精神动力;准确把握党对维护职工合法权益的新要求,真正认识到必须坚持以职工为中心的工作导向,切实履行维权服务基本职责,帮助职工群众解决急难愁盼问题,让职工群众切身感受到党和政府的温暖,更加信赖工会、依靠工会,更加坚定不移地听党话、跟党走;准确把握党对工会改革和建设的新要求,真正认识到工会要坚持增强政治性、先进性、群众性的改革方向,不断提升联系职工、服务职工的能力和水平,切实有效发挥好工会作为党联系职工群众的桥梁纽带作用。(牵头单位:区总宣教部;责任单位:各市总工会、宁东基地工会、产业工会、区直机关工会,区总各部室、直属单位)

4.形式多样学、注重实效学。从现在起到明年6月,要制定工会干部学习党的二十大精神培训工作方案,集中一段时间对工会干部进行集中轮训。区总工会将举办区总工会干部学习贯彻党的二十大精神专题培训班和全区工会主席专题培训班暨工会干部培训班,邀请自治区党校或中国劳动关系学院相关专家教授,对各市、宁东基地工会、各产业工会主席、副主席进行一次示范培训,带动各级工会对全区工会干部进行全覆盖轮训,深入学习领会党的二十大提出的一系列新思路、新战略、新举措,切实增强工会领导干部学习贯彻落实党的二十大精神的能力水平,激励广大工会干部职工忠诚履职,切实当好党的二十大精神的宣传员、践行者。要运用好学习《党的二十大报告辅导读本》《党的二十大报告学习辅导百问》和《习近平新时代中国特色社会主义思想学习纲要》《习近平谈治国理政》等权威教材,运用好"学习强国""学习强会""宁夏干部教育网络培训学院"等各级各类主流网络媒体平台全面系统学、及时跟进学,真正对党的二十大精神是什么、干什么、怎么干了然于胸,为贯彻落实打下坚实基础。要在学习过程中进一步提高站位、解放思想、革新理念,在学习过程中找准工会服务大局的切入点、着力点,在学习过程中分析问题、解决问题、推动工作,真正把学习成果转化为推动工会工作高质量发展的强大动力。[牵头单位:区总机关党委(人事处);责任单位:各市总工会、宁东基地工会、产业工会、区直机关工会,区总各部室、直属单位]

(二)着力抓好"大讨论",厚植发展信心之基

党的二十大既有政治上的高瞻远瞩和理论上的深邃思考,也有目标上的科学设定和工作战略部署,着眼十分深远、内涵十分丰富。全区各级工会干部学习领悟必须生动鲜活,聚焦工会干部队伍建设情况、本单位工作情况、职工群众关注的热点难点、影响职工队伍稳定的风险隐患,在深入研讨、广泛交流中,互相启发、群智

群策,切实把党的二十大精神装进头脑、注入灵魂、化为行动。

1.深化专题大研讨。区总和各市总工会、产业工会要结合自身实际,积极举办专题研讨活动,聚焦学习宣传贯彻党的二十大精神,聚焦推进自治区第十三次党代会部署目标任务,聚焦稳经济、防风险、促发展、保安全、保稳定等各项工作,强化问题导向、实践导向、需求导向,通过"会上+会下""自学+研讨""体会+感悟"等形式,持续深化"六对照六查看"专题大研讨,对照党的二十大的新部署、习近平总书记的新要求,查看工会的方向正不正;对照加快构建新发展格局、着力推动高质量发展的新内涵,查看工会的工作举措实不实、作用发挥得够不够,对照增进民生福祉、提高人民生活品质的新期盼,查看工会的服务水平优不优;对照深化改革开放的新举措,查看工会改革路径好不好;对照推动绿色发展,促进人与自然和谐共生,查看工会理念新不新;对照全面从严治党永远在路上、党的自我革命永远在路上的新任务,查看工会干部作风实不实。区总带头研讨、各级工会跟进研讨,引导工会干部思考研讨、互学互促,以学促干,真正做到学懂弄通做实。[牵头单位:区总研究室、机关党委(人事处);责任单位:各市总工会、宁东基地工会、产业工会、区直机关工会、区总各部室、直属单位]

2.开展工作大调研。各级工会要围绕党的二十大提出的重要思想观点、重大战略举措,结合主责主业,围绕"五个紧紧扣住"深入开展调研。组织广大工会干部紧紧扣住统筹发展和安全、统筹疫情防控和经济发展,紧紧扣住实施"五大战略"和加快黄河流域生态保护和高质量发展先行区、乡村全面振兴样板区、铸牢中华民族共同体意识示范区"三区建设",紧紧扣住实施科教兴宁战略、强化现代化建设人才支撑,紧紧扣住推进文化自信自强、铸就社会主义文化新辉煌,紧紧扣住全面依法治区、推进法治宁夏

建设等重大课题开展调研,切实把宁夏面临的5个方面的比较优势、5个方面的阶段特征、6个方面的瓶颈制约、5个方面的战略机遇研究透,自觉坚持"两点论"和"重点论"辩证统一,研究提出工会扎实助力宁夏经济社会发展,跑出宁夏加速度、好状态的具体措施。调研的过程中,要突出深入践行"一线工作法",突出问题导向,继续用实用好赴基层蹲点"三蹲六联"机制,注重加深对党的创新理论领悟,注重密切联系群众,注重查找解决职工群众的急难愁盼问题,形成高质量调研报告、高品质措施方案,切实把学习宣传贯彻党的二十大精神成效体现到推动工会工作高质量发展上。区总开展的"我为工会高质量发展献计策"活动将实现常态化,各级工会和工会干部结合学习研讨和调研,随时把工作中的思考、创新举措以及好的建议意见向全区工会计策库汇集,作为区总改进工作、转变作风的重要参考。同时,区总将着重对前期"我为工会高质量发展献计策"活动收集而来的众多计策,组织进行筛选,筛选出全区工会"十大好计策",作为区总2023年为职工群众办实事的主要内容,拿出细化举措,把"好计策"变为惠及职工群众的美好现实。[牵头单位:区总机关党委(人事处)、宣教部、研究室;责任单位:各市总工会、宁东基地工会、产业工会、区直机关工会、区总各部室、直属单位]

3.推动思想大解放。要围绕习近平总书记"四个全面把握"的重要指示,深刻领会党的二十大提出的一系列新思想新论断、新部署新要求,理解把握蕴含其中的深刻道理、深厚学理、深邃哲理。要引导广大工会干部深刻理解中国式现代化的中国特色、本质要求和必须牢牢把握的重大原则,充分认识到建设社会主义现代化美丽新宁夏是全面建设社会主义现代化强国的重要有机组成部分,把现代化美丽新宁夏的"小齿轮"嵌入中国式现代化的"大齿轮"。要开动脑筋、解放思想,从建设社会主义现代化美丽

新宁夏大局出发,着力破除思维定式和路径依赖束缚,着力破除阻碍高质量发展的思想和体制束缚,着力破除影响改革开放的陈旧观念和狭隘认识束缚,着力破除固有利益格局和藩篱束缚,形成一批改革成果、制度成果、创新成果,按照大抓发展、抓大发展、抓高质量发展的要求,推动工会工作高质量发展迈出实质性步伐。(牵头单位:区总研究室;责任单位:各市总工会、宁东基地工会、产业工会、区直机关工会、区总各部室、直属单位)

(三)着力抓深"大宣传",凝聚主力军团结之力

坚持把好基调、把好导向,借助工会线上媒体平台、线下活动阵地,组织开展形式多样的大宣传、大宣讲、大阐释活动,推动党的二十大精神进企业、进班组、进车间、进基层工会,迅速持续掀起学习宣传贯彻热潮,做到"声"入人心、家喻户晓。

1.走进职工宣传宣讲。区总制定全区工会党的二十大精神宣传宣讲方案,结合学习贯彻习近平总书记关于工人阶级和工会工作的重要论述、习近平总书记致首届大国工匠创新交流大会贺信精神以及自治区第十三次党代会精神,组织各级工会通过讲微党课、互动交流、分享体会等职工群众通俗易懂、易于接受的话语和方式,面向一线职工群众广泛宣讲党的二十大精神。自治区总工会领导干部和各部室结合落实"三蹲六联"机制和"县级工会加强年"专项工作,带头深入所联系的工会、企业、劳模和职工,采取对象化、分众化、互动化方式开展宣传宣讲,与职工群众互动交流,解答回应职工关切。

2.组织劳模示范宣讲。区总将邀请宁夏出席党的二十大代表中的劳动模范和自治区宣讲团成员面向工会干部、劳动模范和职工代表开展宣讲活动,在网上同步推出劳模宣讲云课堂和党的二十大知识网络答题活动。各级

工会要邀请自治区宣讲团成员等专家面向劳模模范和职工代表进行宣讲,并组织有宣讲能力的劳动模范、工匠人才等获奖代表在本地区、本系统或所在单位、企业(车间、班组)、职工文化活动阵地等,面向身边的一线职工开展宣讲,与广大职工群众面对面交流学习党的二十大精神心得体会。

3.基层工会广泛宣讲。各基层工会要认真履行《工会法》第三十二条明确的"工会会同用人单位加强对职工思想政治引领"法定职责,主动报请并配合本企业(单位)党组织,积极组织职工开展党的二十大精神学习宣传宣讲工作;要结合生产、生活实际,将宣传宣讲活动与班前会、生产调度会、每周小结会、小组学习会等结合起来,将宣传宣讲党的二十大精神融入日常学习生产、生活,融入职工文体活动,增强宣讲工作的灵活性和广泛性。[牵头单位:区总机关党委(人事处)、宣教部;责任单位:各市总工会、宁东基地工会、产业工会、区直机关工会,区总各部室、直属单位]

4.主题活动融入宣传。各级工会要以学习宣传贯彻党的二十大精神为主题,扎实开展"中国梦·劳动美""劳动创造幸福"等"工"字号系列主题宣传教育活动,在全区广大职工中举办"劳动者之歌"文艺汇演大赛、百场文艺送基层、"声音里的经典"演讲比赛等职工文化活动,以文化人,以文育人,切实把广大职工的思想凝聚起来、精气神调动起来,紧密团结在以习近平同志为核心的党中央周围,同心同德、埋头苦干,为实现党的二十大确定的目标任务而团结奋斗。

5.多种形式深度宣传。一是用好媒体推进宣传。坚持网上网下、内宣外宣一起抓,借助报刊、电视、广播等传统媒体和网络新媒体,刊播系列评论言论,转播主题访谈,推出网上在线讲堂,利用宣传橱窗、电子屏等媒介载体广泛悬挂刊播规范的宣传标语;积极对接区内外主流媒体,推动推送工会组织学习宣传贯彻党的二十

大精神好举措、好经验、好成效,讲好劳模故事、劳动故事、工匠故事,发出工会"好声音",切实营造浓厚的社会宣传氛围。二是精心策划促进宣传。充分发挥工会网络宣讲阵地作用,在门户网站、微信公众号、视频号等平台开设专栏,及时转载主流媒体平台推送党的二十大动态消息、理论文章、辅导课程等图文视频;及时推送各级工会干部、劳动模范、职工群众学习宣传贯彻党的二十大精神的学习体会、学习成果等;鼓励工会干部撰写学习党的二十大精神、推进工会工作高质量发展的优质调研成果和理论文章,在工会媒体平台和《宁夏工运》刊物上进行展示交流;以群众需求为着力点,制作优质宣传作品,以深受职工群众喜爱的方式,真正把透彻的理论讲透、把鲜活的思想讲活,帮助职工群众加深理解,让党的二十大精神飞入寻常百姓家。三是守好底线保障宣传。坚持团结鼓劲、正面宣传为主,管好用好意识形态阵地,对宣传阐释中出现的错误观点和歪曲解读,要旗帜鲜明敢于斗争,积极引导、解疑释惑、明辨是非,确保正确的舆论导向。(牵头单位:区总宣教部、研究室;责任单位:各市总工会、宁东基地工会、产业工会、区直机关工会、区总各部室、直属单位)

(四)着力抓紧大实践,彰显工会干部实干之效

全区各级工会要牢记"三个务必",牢记空谈误国、实干兴邦,积极践行习近平总书记视察宁夏时发出的"社会主义是干出来的"伟大号召,做到实干实干再实干、落实落实再落实,切实把中央的"必答题"做得更出色,把宁夏的"特色题"做得更出彩,把工会的"加试题"做得更出众。

1.紧盯大局抓落实。全区各级工会要自觉对标党的二十大对党和国家事业发展作出的战略部署,自觉对表自治区第十三次党代会的部署要求,瞄准目标、找准定位,把贯彻落实党的二十大精神,与深入贯彻落实习近平总书记视

察宁夏重要讲话和重要指示批示精神结合起来,与贯彻落实习近平总书记关于工人阶级和工会工作的重要论述结合起来,强化问题导向、实践导向、需求导向,找准工会工作与党的二十大精神的结合点、切入点、着力点和实践点,结合自治区第十三次党代会主要任务分工方案,对各项目标措施进行再研究再细化,明确时间表、施工图、责任人,切实把党的二十大精神落实到推进全区工会工作高质量发展的实际行动。(牵头单位:区总办公室;责任单位:各市总工会、宁东基地工会、产业工会、区直机关工会、区总各部室、直属单位)

2.聚焦重点抓落实。紧紧围绕习近平总书记为宁夏明确的方向目标,全面落实自治区党委十三届二次全会精神以及区总十二届八次全委会精神,努力在"八个见行见效"上下功夫,坚持不懈用习近平新时代中国特色社会主义思想凝心铸魂,在深刻领悟"两个确立"的决定性意义、坚决做到"两个维护"上见行见效;全面贯彻习近平新时代中国特色社会主义思想,在始终保持工会工作正确政治方向上见行见效;加强思想政治引领,在汇聚起广大职工为实现党的二十大确定的目标任务团结奋斗上见行见效;充分发挥工人阶级主力军作用,在组织动员广大职工全面建设社会主义现代化美丽新宁夏上见行见效;扎实做好工会维权服务工作,在提升职工生活品质上见行见效;深入贯彻总体国家安全观,在切实维护劳动领域政治安全上见行见效;持之以恒深化改革,在深入推进产业工人队伍建设改革和工会改革上见行见效;以自我革命精神推进工会系统党的建设,在为党的工运事业和工会工作提供坚强保障上见行见效,切实把党的二十大精神落实到推动我区工会工作高质量发展,团结引领广大职工为全面建设社会主义现代化美丽新宁夏建功立业的全过程各方面。(牵头单位:区总办公室;责任单位:各市总工会、宁东基地工会、产业工会、区直机关

工会,区总各部室、直属单位)

3.服务中心抓落实。各级工会要聚集自治区"六新六特六优"产业、二十个重大项目、"六大提升行动",在广大职工中深入持久开展多种形式的劳动和技能竞赛、"五小"群众性创新活动,办好第二届全区职工技术创新成果展,全面启动"塞上工匠"选树宣传活动,增强创新意识、提高创新能力,为更多"千里马"争相涌现搭建平台。进一步完善劳模服务管理制度,提质升档劳模创新工作室,努力在全社会唱响劳模最光荣、劳动最崇高、劳动最伟大、劳动最美丽的主旋律。认真履行工会的基本职责,扎实做好维权服务工作,切实为职工群众做好事、办实事、解难事,不断增强职工群众的获得感、幸福感、安全感。持续推动企业广泛开展工资集体协商,健全职工工资正常增长机制、支付保障机制,完善工会促进就业机制,稳步提升全体职工的生活品质。推动完善以职工代表大会为基本形式的企事业单位民主管理制度,依法保障职工知情权、参与权、表达权、监督权;健全困难职工家庭常态化帮扶机制,做实做优"春送岗位""夏送清凉""金秋助学""冬送温暖"等工会品牌服务,加快构建以普惠性服务和精准帮扶为重点的工会服务职工体系。推动职工医疗互助工作全区统筹,实现职工医疗互助一站式结算。积极构建"三位一体"(固定服务阵地、流动服务阵地、网络服务阵地)服务职工体系,加大户外劳动者服务站点建设力度,着力打造"工会服务在身边"工作品牌、提升工会服务阵地建设质量,发挥好"12351"职工服务热线作用,增强维权服务功能,让广大职工感受到工会服务无处不在、"娘家人"的温暖无处不在。梳理总结已形成的改革经验的基础上,系统谋划深入推进产业工人改革的思路和举措,加强改革成果的转化和应用,深入推动产业工人队伍建设改革。

围绕保持和增强政治性、先进性、群众性,强化团结教育、维护权益、服务职工功能,扎实

开展县级工会加强年专项工作,积极构建联系广泛、服务职工的工会工作体系,让基层工会真正建起来、转起来、活起来,全力打通联系服务职工的"最后一公里"。

认真贯彻新时代党的建设总要求,落实自治区总工会党组《关于贯彻新时代党的组织路线加强干部队伍建设的意见》,加强工会干部队伍和党风廉政建设,持续深化纠治"四风",努力培养和选拔忠诚干净担当的高素质专业化工会干部,工会干部的"辛苦指数"换取党的二十大精神的"落实指数"、工会事业发展的"上升指数"、职工群众的"幸福指数"。

三、组织领导

全区各级工会要把深入开展党的二十大和习近平总书记视察宁夏重要讲话指示批示精神"大学习、大讨论、大宣传、大实践"活动摆上重要议事日程,以高度的政治责任感和强烈的历史使命感,精心组织,把握关键、狠抓落实,确保活动取得实实在在的效果。

(一)认真组织安排。全区工会深入开展党的二十大和习近平总书记视察宁夏重要讲话指示批示精神"大学习、大讨论、大宣传、大实践"活动由自治区总工会办公室、宣教部统筹协调,区总活动由机关党委牵头、相关部室配合。各级工会要把深入开展党的二十大和习近平总书记视察宁夏重要讲话指示批示精神"大学习、大讨论、大宣传、大实践"活动摆上重要议事日程,高度重视、精心组织、周密安排,要结合工作实际谋划具有工会特色、职工喜闻乐见的学习教育活动,制定可操作方案,细化任务举措,列出落实清单。主要负责同志要担负起第一责任人职责,亲自谋划、亲自部署,班子成员要主动抓、配合抓,以钉钉子精神抓好各项任务落实。

(二)注重见行见效。坚持把深入开展党的二十大和习近平总书记视察宁夏重要讲话指示批示精神"大学习、大讨论、大宣传、大实践"活动,同常态化长效化开展党史学习教育相结合,

同开展的各类主题教育相结合,引导全区工会干部深刻领悟"两个确立"的决定性意义,增强"四个意识",坚定"四个自信",做到"两个维护",坚决忠诚核心、拥护核心、追随核心、捍卫核心。要注重活动实效,坚决防止形式主义,切实把学习宣传工作同推进工会改革发展稳定各项任务结合起来,同抓好本区域本行业工会工作具体实践相结合,引导工会干部通过开展活动,坚持不懈用党的创新理论武装头脑、指导实践、推动工作,以思想的力量激扬奋进的力量。

(三)加强督导落实。各级工会要切实做好跟踪落实的后半篇文章,建立自上而下的督导落实机制,切实加强学习宣传贯彻全过程的督促指导,确保组织部署到位、工作措施到位、推进落实到位。区总对各市总工会、宁东基地工会和产业工会活动开展情况适时进行督导,各市总工会、产业工会也要对县(市、区)总工会和基层工会活动开展情况进行督导,确保活动开展不流于形式、不走过场,取得实实在在的效果。

(四)强化活动宣传。各级工会要积极总结宣传和上报活动开展过程中涌现出来的亮点经验、有效做法,依托主流媒体和工会新媒体平台,开展多层次的宣传报道,大力宣传工会组织、工会干部和广大职工群众学习宣传贯彻的典型事迹和良好风貌,营造全区工会广泛开展习近平总书记视察宁夏重要讲话和重要指示批示精神"大学习、大讨论、大宣传、大实践"活动的良好社会舆论氛围。

关于印发《全区工会开展党的二十大精神宣讲工作实施方案》的通知

宁工办发〔2022〕22号

各市总工会,宁东基地工会,产业工会,区直机关工会,区总机关各部室、直属单位:

《全区工会开展党的二十大精神宣讲工作实施方案》已经自治区总工会党组2022年第38次会议研究通过,现印发给你们,请认真抓好贯彻落实。

宁夏回族自治区总工会办公室

2022年12月14日

全区工会开展党的二十大精神宣讲工作实施方案

为全面深入学习领会党的二十大精神,扎实推进学习宣传贯彻工作,深入开展党的二十大和习近平总书记视察宁夏重要讲话指示批示精神"大学习、大讨论、大宣传、大实践"活动,引导广大工会干部和职工群众切实把思想和行动统一到党的二十大精神上来,把智慧和力量凝聚到党的二十大确定的目标任务上来,迅速掀起学习宣传贯彻热潮,根据自治区党委印发的《全区党的二十大精神宣讲工作方案》的部署和要求,现就全区工会开展党的二十大精神宣讲工作制定如下实施方案。

一、宣讲重点

深刻领会习近平总书记关于学习贯彻党的二十大精神"五个牢牢把握"的明确要求,把宣讲着力点聚焦到习近平总书记是党中央的核心、全党的核心,习近平新时代中国特色社会主义思想是党必须长期坚持的指导思想上;聚焦到党的十九大以来的重大成就和新时代十年的伟大变革上;聚焦到把握好马克思主义中国化时代化最新成果的世界观、方法论,坚持好、运用好贯穿其中的立场观点方法上;聚焦到中国式现代化在理论和实践的创新突破上;聚焦到贯彻落实党的二十大作出的重大决策部署上;聚焦到以习近平同志为核心的新一届中央领导集体是深受全党全国各族人民拥护和信赖的领导集体;聚焦到习近平总书记是全党拥护、人民爱戴、当之无愧的党的领袖上。重点讲好以下内容:

(一)深入宣讲党的二十大的重要意义。讲清楚党的二十大是在全党全国各族人民迈上全面建设社会主义现代化国家新征程、向第二个百年奋斗目标进军的关键时刻召开的一次十分重要的大会;大会取得的重大政治成果、理论成果、实践成果为新时代新征程党和国家事业发展、实现第二个百年奋斗目标指明了前进方向、确立了行动指南,引导全区工会干部职工进一步坚定道路自信、理论自信、制度自信、文化自信,在新时代新征程上踔厉奋发、勇毅前行。

(二)深入宣讲党的二十大主题。讲清楚报告提出的主题是大会的灵魂,是党和国家事业发展的总纲,鲜明宣示了中国共产党和中国人民在全面建设社会主义现代化国家新征程上举什么旗、走什么路、以什么样的精神状态、朝着什么样的目标继续前进,准确把握新时代新征程党和国家事业发展的历史方位、指导思想、必由之路,引导全区工会广大干部和职工群众深刻理解这一主题所体现的政治立场和指导思想、党的初心使命和目标任务、党的政治本色和精神风貌,坚定奋进新征程、夺取新胜利的信心和决心。

(三)深入宣讲过去五年重大成就和新时代十年的伟大变革。讲清楚党的十九大以来的五年,我们党团结带领人民,推动党和国家事业取得举世瞩目的重大成就;讲清楚党的十八大以来我们经历的有重大现实意义和深远历史意义的三件大事,采取的一系列战略性举措、推进的一系列变革性实践、实现的一系列突破性进展、取得的一系列标志性成果,以及新时代十年伟大变革的历史性贡献、里程碑意义;讲清楚“两个确立”是我们党应对一切不确定性的最大确定性、最大底气、最大保证,引导全区工会干部和职工群众深刻领悟“两个确立”的决定性意义,增强“四个意识”、坚定“四个自信”、做到“两个维护”,自觉在思想上政治上行动上同以习近平同志为核心的党中央保持高度一致。

(四)深入宣讲习近平新时代中国特色社会主义思想的科学内涵和历史定位。讲清楚习近平新时代中国特色社会主义思想“十个明确”“十四个坚持”“十三个方面成就”的科学概括;讲清楚“两个结合”的理论根据和实践要求;讲清楚习近平新时代中国特色社会主义思想的世界观和方法论,引导全区工会干部和职工群众深入学习贯彻习近平新时代中国特色社会主义

思想,坚持好、运用好贯穿其中的“六个必须坚持”的立场观点方法,把这一思想贯彻落实到工作之中。

(五)深入宣讲新时代新征程中国共产党的使命任务。讲清楚中国式现代化的中国特色和本质要求、新时代新征程党的历史使命和中心任务;讲清楚全面建成社会主义现代化强国的战略安排、2035年的总体目标、未来5年的主要目标任务及前进道路上必须牢牢把握的“五个坚持”的重大原则,引导全区工会干部和职工群众深刻理解中国式现代化理论和全面建设社会主义现代化国家战略布局的关系,不断增强以中国式现代化全面推进中华民族伟大复兴的自觉性和坚定性。

(六)深入宣讲全面建设社会主义现代化国家开局起步的关键时期的战略部署。讲清楚今后一个时期党和国家在经济建设、教育科技人才工作、民主政治建设、全面依法治国、文化建设、保障和改善民生、生态文明建设、维护国家安全和社会稳定、国防和军队建设以及推进“一国两制”和祖国统一、构建人类命运共同体等11个方面的重大战略任务,引导全区工会干部和职工群众准确把握新时代新征程我国发展的目标任务、方针政策、战略举措,扎扎实实推进各领域各方面工作。

(七)深入宣讲以伟大自我革命引领伟大社会革命的重要要求。讲清楚我们党在百年奋斗中历经革命性锻造始终走在时代前列、成为全国人民的主心骨和中国特色社会主义坚强领导核心的里程碑意义;讲清楚坚定不移全面从严治党、深入推进新时代党的建设新的伟大工程7个方面的主要任务,引导全区工会广大干部职工永远保持赶考的清醒和谨慎,推动全面从严治党各项任务和举措落到实处,使百年大党在自我革命中不断焕发蓬勃生机。

(八)深入宣讲团结奋斗的时代要求。讲清楚团结奋斗是中国人民创造历史伟业的必由之

路。全面建设社会主义现代化国家，必须充分发扬斗争精神、增强斗争本领、坚持团结奋斗，发挥亿万人民的创造伟力，坚持全心全意为人民服务的根本宗旨，形成同心共圆中国梦的强大合力，引导全区工会干部和职工群众始终保持昂扬奋进的精神状态，发扬"不到长城非好汉"的革命精神，激发"走好新时代长征路"的奋斗精神，弘扬"社会主义是干出来的"实干精神，继续撸起袖子加油干，风雨无阻向前行。

（九）深入宣讲以先行区建设牵引美丽新宁夏建设的新举措新要求和实际行动。讲清楚自治区党委坚定不移沿着习近平总书记指引的方向前进的政治立场，讲清楚自治区党委十三届二次全会对学习宣传贯彻党的二十大精神作出的全局性谋划、战略性布局、整体性部署，讲清楚全面建设社会主义现代化美丽新宁夏的举措成效，引导全区工会广大干部职工增强总书记有号令、宁夏就见行动，总书记怎么说、我们就怎么做，不仅要做到、而且要做好的政治自觉、思想自觉、行动自觉，奋力谱写全面建设社会主义现代化美丽新宁夏壮丽篇章。

（十）深入宣讲党对工人阶级和工会工作作出的新部署新要求。党的二十大进一步明确了工人阶级的领导阶级地位、坚持全心全意依靠工人阶级的方针，明确提出大力弘扬劳模精神劳动精神工匠精神、维护职工合法权益、加强工会改革和建设等方面的新要求，为做好新时代工会工作指明了方向、提供了遵循。自治区总工会十二届委员会八次全体会议就学习宣传贯彻党的二十大精神作出全面系统的部署，要向全区工会干部和职工群众讲清楚讲明白关于中国式现代化的领导力量、中国特色、本质要求、价值取向、战略安排等一系列重要问题，使广大职工深刻认识到工人阶级是我国的领导阶级，是实现中国式现代化的中坚力量，团结动员广大职工群众牢牢把握我国工人运动的时代主题，在推进中华民族伟大复兴征程中充分发挥工人阶级主力军作用。

二、宣讲安排

（一）邀请宣讲团集中宣讲。区总积极邀请自治区宣讲团成员到区总与工会干部、职工代表开展"面对面"、互动式的宣讲。各市总工会要用好各方资源，邀请各级宣讲团成员，为职工群众特别是新就业形态劳动者、农民工、青年职工等群体，宣讲党的二十大精神，扩大宣讲受众面和影响力。（责任单位：区总宣教部、机关党委，各市总工会）

（二）工会干部带头宣讲。工会领导干部要以上率下、先学一步、学深一层、主动宣讲，示范带动和推动工会干部和职工群众迅速投入到学习中来。自治区总工会领导同志和厅级干部结合下基层调研、开展送温暖活动，带头深入所联系的乡镇（街道）、园区工会等，围绕10个方面内容开展宣讲工作。区总工会各部室结合"三蹲六联"机制和"县级工会加强年"专项工作，深入所联系的工会、企业、劳模和职工，采取对象化、分众化、互动化方式开展宣讲。直属单位主要负责同志要结合实际，面向本单位干部职工和服务对象做好宣讲。各市总工会要参照区总的做法，组织工会干部深入企业、车间、班组，面向职工群众广泛开展宣讲。自治区总工会领导同志、厅级干部和各部室、直属单位宣讲于12月底前完成。（责任单位：区总基层工作部，区总各部室、驻会产业工会、直属事业单位，各市总工会）

（三）组织劳动模范宣讲。区总工会将邀请宁夏出席党的二十大代表中的劳动模范以及自治区宣讲团成员面向工会干部、劳动模范和职工代表开展宣讲活动。各市总工会、产业工会要邀请自治区宣讲团成员等专家面向劳动模范和职工代表进行宣讲，并组织有宣讲能力的劳动模范、工匠人才、技术能手、获奖代表等在本地区、本系统或者所在单位、企业（车间、班组）、职工文化活动阵地等，面向身边的一线职工开展宣讲,通过耳熟能详的语言、喜闻乐见的形式、普遍认可的道理、生动鲜活的事例,深入浅出宣讲党的二十大精神。(责任单位:区总宣教部,各市总工会,各产业工会)

(四)基层工会广泛宣讲。各基层工会要认真履行《工会法》第三十二条明确的"工会会同用人单位加强对职工的思想政治引领"法定职责,主动报请并配合本企业(单位)党组织,积极组织职工开展党的二十大精神学习宣传宣讲工作;要注重工学结合、工学互促,采取车间班前会、每周小结会、小组学习会等形式,组织企业(单位)负责人、工会主席(委员)、技能标兵带头人等,面向职工宣传宣讲党的二十大精神,激发企业(单位)职工主人翁意识,凝聚起职工团结奋斗的力量。各级工会要将学习宣传党的二十大精神融入到职工文体活动当中,组织开展职工大讲堂、主题演讲比赛、党史知识竞赛、读书分享和文艺汇演、体育比赛等活动,让职工在参与活动、互动交流过程中潜移默化受教育,自觉传递正能量。各市总工会要持续深化"同上一堂思政课"的各项举措,切实加强基层工会的思想政治引领工作指导、监督和检查,确保各级工会在学习宣传贯彻党的二十大精神中充分发挥好桥梁和纽带作用。(责任单位:区总宣教部,各市总工会,宁东基地工会,各产业工会,区直机关工会)

(五)组织开展网络宣讲。各级工会要充分利用工会媒体平台,积极开展线上宣传宣讲工作。要及时转载中央和自治区主流媒体推出的党代表访谈、专家解读、专题网课和宣讲短视频等宣讲产品;要依托工会门户网站、宁工惠APP、《宁夏工运》、微信公众号、视频号、抖音号等多个媒体平台,开设"党的二十大精神"学习专栏,创新推出"学习体会""每日一学""诵读二十大报告""二十大精神一起学"等学习宣传内容,增强宣传宣讲的深度、力度和温度。自治区总工会将开展劳动模范"云宣讲"活动和党的二十大知识网络答题活动,各市总工会也要积极发挥媒体宣传的优势,制作短视频,开展网络直播、网络视频、网上交流等形式多样的宣传宣讲工作,进一步扩大宣传宣讲覆盖面。(责任单位:区总宣教部、网络部,各市总工会)

三、工作要求

学习宣传贯彻党的二十大精神,是当前和今后一个时期的首要政治任务。全区各级工会组织要把学习宣传贯彻党的二十大精神摆上重要议事日程,持续在学深悟透、融会贯通上下功夫,确保党的二十大精神家喻户晓、深入人心。

(一)高度重视,迅速行动。全区各级工会要切实增强政治意识和责任意识,认真组织好党的二十大精神宣讲活动,全面动员、迅速行动,周密制订计划、认真组织实施,持续掀起学习宣传贯彻热潮;要通过集中宣传宣讲党的二十大精神,引导工会干部和职工群众全面准确把握"两个确立"的历史逻辑、理论逻辑、实践逻辑,持续学懂弄通做实习近平新时代中国特色社会主义思想,始终牢记"国之大者",增强"四个意识"、坚定"四个自信"、做到"两个维护",进一步坚定工会干部和职工群众感党恩、听党话、跟党走的信心决心,凝聚起团结奋斗的强大精神力量。

(二)把握导向,严肃纪律。宣讲要以党的二十大报告、《中国共产党章程(修正案)》和习近平总书记在党的二十届一中全会上的重要讲话为重中之重,以党中央批准的《党的二十大精神宣讲提纲》为基本依据,全面准确阐释好、解读好党的二十大精神。各级工会要精心组织宣讲工作,做好人员的培训,注重宣讲的方式方法,切实把党的二十大精神讲全、讲透、讲准;要坚持团结稳定鼓劲、正面宣传为主,始终把牢政治方向,严肃宣讲纪律,确保正确的舆论导向;要深入解读党的二十大精神的内涵、精准把握外延,防止片面性、简单化,对错误观点和歪曲解读,及时进行辨析澄清、解疑释惑,回应职工群众关切。

（三）压紧扣实，融会贯通。要坚持面向企业、面向职工，采取通俗易懂的形式开展宣讲，紧密结合新时代伟大成就和伟大变革，结合习近平总书记对宁夏发展和宁夏人民的关心关怀，结合人民群众身边实实在在的变化，深入基层工会、一线职工中开展"面对面"、互动式的座谈宣讲，运用事实数据、故事案例等讲清道理、阐明观点，真正把透彻的理论讲透彻、把鲜活的思想讲鲜活，推动党的二十大精神进企业、进车间、进班组、进工会。

（四）联系实际，全面落实。要深入开展学习贯彻党的二十大和习近平总书记视察宁夏重要讲话指示批示精神"大学习、大讨论、大宣传、大实践"活动，把宣讲党的二十大精神同学习贯彻习近平视察宁夏重要讲话指示批示精神、关于工人阶级和工会工作的重要论述结合起来，同贯彻落实自治区第十三次党代会精神结合起来，切实把党的二十大精神转化为推动高质量发展的具体行动、转化为惠及民生的实事好事、转化为维护安全的责任担当、转化为团结奋斗的精神力量。

各级工会及时上报本单位宣讲的好经验、好做法，并于1月31日前上报宣讲工作总结。

附件：1.自治区总工会领导同志宣讲点安排
2.自治区总工会各部室宣讲联系点

附件1

自治区总工会领导同志宣讲点安排

兴庆区新华街街道工会联合会	马军生	大武口区朝阳街道工会	白建华
利通区金积工业园区总工会	毛洪峰	原州区北塬街道工会	张晓伟
沙坡头区文昌镇工会	吴会军	西夏区西花园路街道工会	白虹青
银川经济技术开发区工会	马丽君	铜峡市青铜峡镇总工会	徐丽萍
中宁县工业(物流)园区工会联合会	闫 灵	贺兰县富兴街街道工会联合会	王冬焰

附件2

自治区总工会各部室宣讲联系点

办公室	永宁县总工会	网络部	泾源县总工会
宣教部	惠农区总工会	女工部	盐池县总工会
研究室	灵武市总工会	财务资产部	西吉县总工会
基层工作部	平罗县总工会	经审办	海原县总工会
权益保障部	同心县总工会	机关党委	红寺堡区总工会
劳动部	彭阳县总工会		

关于印发《自治区总工会"基层组织建设提质增效年"活动实施方案》的通知

宁工办通〔2022〕13号

各市总工会,宁东能源化工基地工会,各产业工会,区总各部室:

《自治区总工会"基层组织建设提质增效年"活动实施方案》已经自治区总工会2022年第9次党组会议审议通过,现印发给你们,请结合实际认真贯彻落实。

宁夏回族自治区总工会办公室

2022年3月17日

自治区总工会"基层组织建设提质增效年"活动实施方案

为更好地适应新时代工会工作要求,进一步夯实基层工会组织基础,全面提升全区基层工会组织建设水平,自治区总工会决定2022年在全区工会系统开展"基层组织建设提质增效年"活动,现制定如下实施方案。

一、指导思想

以习近平新时代中国特色社会主义思想为指导,学习贯彻党的十九大、十九届历次全会精神和习近平总书记来宁视察重要讲话精神,贯彻落实习近平总书记关于工人阶级和工会工作的重要论述,全面落实自治区党委和全总各项工作部署,坚定不移走中国特色社会主义工会发展道路,全面提高工会干部的基层治理能力,更加主动地融入自治区黄河流域生态保护和高质量发展先行区建设,扎实推动全区基层工会组织建设工作高质量发展,努力开创新时代全区工会基层工作新局面。

二、目标要求

以贯彻落实自治区总工会"十四五"发展规划为主线,以"夯实组织基础、完善工作机制、提升服务水平"为目标,以"依靠基层、大抓基层、夯实基层"为导向,以扩大工会组织覆盖面、丰富服务阵地品质内涵、维护劳动关系和谐稳定、提升工会工作整体水平为主要内容,着力破解基层工会面临的突出问题,以及职工群众最关心最直接最现实的利益问题,不断满足广大职工群众对美好生活的向往,真正把工会工作做到职工心坎里,让工会组织更接地气、更有生机、更具活力。

三、工作任务

(一)以新就业形态劳动者入会为重点,持续扩大工会组织覆盖面。

1.建立健全工作机制。贯彻落实自治区党委办公厅《关于加强新时代党建带工建工作的意见》，推动将党的组织建设和工会组织建设纳入党建工作同步考虑、统筹安排。各级地方工会成立由工会主要领导任组长，各相关部门和产业工会共同参与的本级新就业形态劳动者建会入会工作领导机构，制定工作方案，明确工作职责，统筹协调推进。加强与民政、人社、市场监督管理、交通运输、邮政等部门的沟通协调，建立健全合作机制，联合开展建会入会和服务工作。

（组织部牵头负责，各市、县区总工会和产业工会具体落实。）

2.创新建会入会方式。创新工会组织体系、组织形式和组建方式，全力推进非公企业建会"持久战"和新就业形态劳动者入会"攻坚战"。推行"行业覆盖、区域兜底"入会模式，规范区域（行业）工会联合会和联合基层工会建设。改进企业建会方法，优化宁夏工会工作服务平台和"宁工惠"APP，大力推进网上建会入会。在全区探索推广"工会+社保"入会模式，以缴纳社保企业和职工为基数，推进企业建会、职工入会实现新突破，力争实现25人以上企业建会动态全覆盖。充分发挥平台企业作用，开展新就业形态劳动者集中入会行动，引导新就业形态劳动者积极缴纳工会会费，按照高于个人缴纳会费额度为新就业形态劳动者提供更优质的服务，不断增强对工会组织的认同感、归属感，调动加入工会的积极性主动性。全年力争实现新就业形态劳动者入会率动态达到50%以上。

（组织部、财务资产部牵头负责，各市、县区总工会和产业工会具体落实。）

3.优化工会会员管理工作。推进基层工会组织和会员实名制管理工作，清理数据库中的"僵尸"企业，实现建会入会动态管理。充分利用宁夏工会工作服务平台，加强会员会籍管理工作，确保会员会籍信息完善、准确。按照"劳动（工作）关系在哪里、会员会籍就在哪里"的原则，实行一次入会、动态接转，实现线上申请、线上办理，规范会员关系接转，确保会员会籍管理不缺项不断档。

（组织部、网络部牵头负责，各市、县区总工会和产业工会具体落实。）

（二）以加强基层工会组织建设为重点，不断丰富服务阵地品质内涵。

4.提升县级工会工作水平。实施治弱固本示范提升行动，充分发挥县级工会承上启下、服务基层的重要作用，以促进区域经济高质量发展、加强和创新基层社会治理为中心任务，以维护职工合法权益、竭诚服务职工群众为基本职责，完善县级工会组织体系，优化县级工会运行机制，全面提升县级工会工作能力和水平。立足县区工会工作发展不平衡的实际，坚持"抓两头、促中间"的工作思路，整顿提升30%工作基础较薄弱的后进县，选树培育30%工作开展较好的示范县，真正把县级工会建设成为党政重视、职工满意、社会认可、充满活力的工会组织。

（组织部牵头负责，各市、县区总工会具体落实。）

5.加强乡镇（街道）工会规范化建设。以"六有"为基础，扎实开展星级乡镇（街道）工会创建活动，紧紧围绕工会工作的维护、建设、参与和教育职能，建设"六好"乡镇（街道）工会。制定《关于加强和规范区域性、行业性工会建设的意见》，进一步规范区域性、行业性工会组织体系和工会经费管理使用等制度，不断提升区域性、行业性工会整体建设水平。在深入调研的基础上，探索逐步建立乡镇（街道）、工业园区、社区、非公企业工会主席工作津贴制度，充分调动基层工会主席的主观能动性和工作积极性，带动基层工会"动起来""活起来"。

（组织部、财务资产部牵头负责，各市、县区总工会和产业工会具体落实。）

6.构建职工之家建设新格局。坚持把服务职工作为深化职工之家建设的核心要素，深入开展"三型"职工之家创建活动;加强对"模范职工之家"的复查,实行动态评估管理机制,力争破除"一评终身制"。围绕自治区九个重点产业,培育打造30个自治区级职工之家建设示范单位。整合社会资源,建设10个自治区级职工综合服务中心,为职工群众提供全方位、多层次、高水平的服务。开展"全区最美工会户外劳动者服务站点"推树活动,规范做好工会户外劳动者服务站点工作,创新工作方式方法,拓展整合站点服务功能和手段,提高站点服务职工精准化水平,选树50家自治区级最美户外劳动者服务站。

(组织部、权益保障部牵头负责,各市、县区总工会和产业工会具体落实。)

7.推进"智慧工会"建设。持续优化完善"一网一卡一平台"服务体系,依托全区工会"12351"职工网络服务系统,持续推动工会工作线上线下深度融合。依托自治区政务云平台,打造产业工人教育培训网络学院,满足广大职工个性化学习需求。依托"宁工惠"APP和职工服务网,积极拓展就业、文化、旅游、健康和娱乐等方面的普惠服务,满足广大职工工作、生活需求。建设面向职工的新媒体矩阵,大力弘扬劳模精神、劳动精神、工匠精神,培育积极健康、向上向善的网络文化,不断提升工会工作传播力、引导力、影响力。

(宣教部、网络部牵头负责,各市、县区总工会和产业工会具体落实。)

(三)以强化职工权益保障为重点,切实维护劳动关系和谐稳定。

8.开展困难职工帮扶救助活动。完善困难职工信息共享联动协调机制,协调相关部门联合开展"大数据比对""联合筛查",核准信息,实行困难职工信息动态管理,实现精准识别、应帮尽帮。探索建立全区困难职工网格化服务管理机制,使每名困难职工有固定的工会干部对接、管理、服务。争取将职工医疗互助纳入全区医

疗保障体系,逐步实现全区统一管理、资金统筹使用。探索成立全区职工医疗互助会,提高全区医疗互助事业制度化和规范化水平,推动医疗互助工作可持续发展。

(权益保障部、财务资产部牵头负责,各市、县区总工会和产业工会具体落实。)

9.促进劳动关系和谐稳定。切实承担起维护劳动领域政治安全责任,加强维稳信息员、集体协商指导员、劳动争议调解员、法律监督员"四员"队伍建设,开展常态化风险排查,确保劳动领域矛盾纠纷早发现、早处置、早化解。建立联席会议制度,加强信息共享,建立风险提示预警机制,引导职工依法理性维权。增强矛盾纠纷调处的权威性。把新修订的《工会法》作为工会"八五"普法的重要内容,开展劳动关系法律法规宣传活动,引导广大职工依法表达利益诉求。继续发挥协调劳动关系三方机制作用,深化"尊法守法·携手筑梦"法律服务行动,定期开展风险研判,精准把握劳动关系发展形势。推动修订《自治区女职工劳动保护办法》,大力推行"一函两书"品牌工作,维护好女职工合法权益。

(权益保障部、女工部牵头负责,各市、县区总工会和产业工会具体落实。)

10.维护新就业形态劳动者合法权益。落实新就业形态劳动者劳动权益保护、参加社会保险、职业伤害保障等方面的政策措施。推动灵活用工集中的行业制定劳动定额指导标准,推动平台企业、关联企业与劳动者就劳动报酬、支付周期、休息休假和职业安全保障等事项开展协商。推动快递、外卖、家政、保洁等灵活就业人员较多的行业建立完善劳动者权益保障机制,加强对平台网约劳动者的法律援助。建立"惠泽职工·关爱健康"体检服务长效机制,为5000名新就业形态劳动者、1万名女职工开展好"送健康体检"和"两癌筛查"服务。

(组织部、劳动部、权益保障部、女工部牵头

负责,各市、县区总工会和产业工会具体落实。)

11.切实提高企业民主管理工作实效。贯彻落实自治区完善基层治理体系提高基层治理能力"1+6"文件任务清单,完善自治区厂务公开民主管理工作机构,制定《关于进一步加强企业民主管理工作实施意见》,推动各级党委把健全以职工代表大会为基本形式的企事业单位民主管理制度纳入"平安宁夏"建设考核内容。开展星级职代会创建、第二轮企业民主管理互观互学和"公开解难题、民主促发展"等主题系列活动,推动企业依法建立"两建四有三公开"制度,力争2022年已建会的国有企业职代会、厂务公开制度建制率动态达到100%,已建会的百人以上非公企业职代会、厂务公开制度建制率动态达到85%以上。

(组织部、权益保障部牵头负责,各市、县区总工会和产业工会具体落实。)

(四)以建设高素质工会干部队伍为重点,全面提升工会工作整体水平。

12.加强基层工会干部队伍建设。深入学习贯彻新修订的《工会法》,规范基层工会选举程序,指导基层工会组织依法换届,提高基层工会代表、委员和领导机构中一线职工比例。探索建立乡镇(街道)、开发区(工业园区)社会化工会工作者网格化管理机制,在具备条件的乡镇(街道)、开发区(工业园区)工会,配备1名社会化工会工作者,推荐提名为工会主席人选,全面负责辖区内工会工作。修订《关于加强社会化工会工作者队伍建设的实施意见》,完善《工资集体协商指导员制度》,科学配置社会化工会工作者,为基层工会更好开展工作提供人力资源保障。

(组织部、权益部牵头负责,各市、县区总工会和产业工会具体落实。)

13.加强工会干部教育培训。加强工会干部的法律法规和专业技能培训,不断提高基层工会干部依法建会、依法管会、依法履职、依法

维权的能力。把实体培训和网络培训有机结合起来,拓展教育培训的深度和广度,举办一期新任地市、县区工会主席培训班,分批次轮训乡镇街道、工业园区工会专兼职工会干部和社会化工会工作者,使广大工会干部掌握新理念、新知识和新方法,真正成为工会工作的行家里手。

(组织部牵头负责,各市、县区总工会和产业工会具体落实。)

14.强化工会干部实践锻炼。建立健全工会领导机关干部赴基层蹲点工作长效机制,将蹲点工作、"减上补下"以及"六个一"下基层活动有机结合起来,组织各级工会干部到企业去、到工厂车间去,帮助民营企业和民企职工解决实际困难。区总和各市总工会每年选派不少于5%的机关干部赴基层开展蹲点工作,通过下基层蹲点活动推动"我为职工群众办实事""工会进万家"调研慰问活动深入开展,切实为基层和职工办实事、解难题。深化闽宁工会干部交流交往,坚持互派干部挂职交流,组织工会干部到福建开展学习实践、挂职交流等活动,提升干部综合能力素质。

(组织部牵头负责,各市、县区总工会和产业工会具体落实。)

四、实施步骤

(一)制定方案阶段(2022年1月至2022年3月)。自治区总工会围绕区总"十四五"发展规划以及十二届六次全委会议的安排部署,坚持从实际出发,做好顶层设计,制定《宁夏总工会基层组织建设提质增效年活动实施方案》(以下简称《实施方案》)并在一定范围内征求意见。各市总工会根据《实施方案》目标任务制定各自工作计划,细化工作措施,明确责任分工和时间节点,积极争取同级党委、政府的重视和支持,确保目标任务,统筹推进落实。

(二)全面实施阶段(2022年3月至2022年10月)。各级工会按照《实施方案》要求,集中时间、精力、人力、财力,坚持问题导向,广泛调

集力量,统筹调配资源,从实际、实践、实效出发,创新方式、开拓思维、大胆探索,有步骤、有计划、有质量抓好14条具体工作任务落实。自治区总工会及各市总工会、产业工会要紧盯目标任务,深入一线加强调研指导,着力解决基层工作中的难点问题,确保各项举措落地落实落细、活动取得明显成效。

(三)总结经验阶段(2022年11月至2022年12月)。各市在开展基层组织建设提质增效年活动中,做到边推动、边总结、边交流、边推广、边提高,创造一批可复制可推广的新经验、打造一批有特色有亮点的新典型,形成一批管根本管长远的新机制。自治区总工会将尊重基层创造,通过现代传媒宣传、召开经验交流会、现场观摩等多种形式,培育选树具有示范意义的先进典型,面向全区各级工会进行宣传推广。

五、工作要求

(一)加强组织领导。各级工会要进一步深化思想认识,提高政治站位,充分认识加强基层组织建设的重要性和紧迫性,把基层组织建设作为"一把手"工程,落实主体责任,列入重要议事日程,组成由班子成员参与的工作专班,形成有人抓、有人管、见成效的工作格局,合力推进基层组织建设提质增效。

(二)落实责任分工。自治区总工会主要抓好"基层组织建设提质增效年"活动的总体规划、资源统筹和宏观指导,并将其纳入年度工作目标考核。各市(县、区)总工会要加强系统性调研和跨单位对接,用心用力抓好《实施方案》任务落实,探索形成推进工作的新模式。产业(行业)工会要立足自身特点,发挥产业工会的独特作用,组织开展富有特色的工会活动,确保各项目标任务有效落实,切实提高工会组织建设水平。

(三)加大经费投入。各级工会要拓宽工会经费来源渠道,依法足额收缴工会经费,通过工会经费留成、上级工会转移支付、积极争取行政补助等渠道,收好、管好、用好工会经费,不断提升工会经费保障能力。要坚持工会经费正确使用方向,着力解决基层工会经费缺乏的问题,将工会经费支出重点向基层倾斜,努力实现经费使用效益最大化。

(四)强化工作宣传。各级工会充分发挥工会网站、微信公众号等宣传阵地作用,加强工会建会入会、维权服务、民主管理等政策规定宣传,引导企业积极建会、职工主动入会,为基层工会组织开展工作营造浓厚舆论氛围和良好社会环境。大力宣传基层工会组织建设和厂务公开民主管理先进单位典型做法,不断提升基层工会组织建设制度化规范化水平。

名词解释

1."三型"职工之家:指的是引领型、服务型、维权型职工之家。

2."两建四有三公开"制度:建立职工代表大会制度和工资集体协商制度。有召开职代会向上级工会报告制度;有职工代表提案处理制度;有每年至少召开一次会议制度;有集体合同或工资协议草案等专项集体合同提交职代会、审议通过制度。公开劳动合同、集体合同及工资集体协议的签订、修订、续订及履行情况;公开企业制定的涉及职工利益的各类规章制度;公开企业辞退和处分职工的情况和依据。

自治区总工会关于全面落实2020—2022年小微企业工会经费支持政策的通知

宁工办通〔2022〕15号

各市、县(区)总工会、宁东基地工会、各产业工会:

为全面贯彻落实《中华全国总工会办公厅关于实施小微企业工会经费支持政策的通知》(厅字〔2019〕32号)和《中华全国总工会办公厅关于继续实施小微企业工会经费支持政策的通知》(厅字〔2021〕38号),切实减轻小微企业负担,促进小微企业健康发展,加快工会经费返还效率,现就有关事项通知如下。

一、改进方式,确保符合条件的小微企业工会经费应返尽返

小微企业工会经费返还坚持"收支两条线"原则。2020年度小微企业工会经费已全额返还的不再重复返还,2021年度小微企业工会经费返还不再提交申报资料。对符合工会经费返还条件的小微企业,各级工会应主动对接2020—2021年度应返未返小微企业,按照各自分成比例进行返还,做到应返尽返。

2022年度小微企业工会经费实行先缴后返,足额返还一年。

对符合返还条件的小微企业缴纳的工会经费各级工会不再进行分成,直接由自治区总工会账户按月返还至小微企业工会账户。

未单独设立工会账户的小微企业,由自治区总工会返还至乡镇街道工会联合会(联合工会)账户,再由乡镇街道工会联合会(联合工会)返还到小微企业账户。

二、准确把握,确保小微企业工会经费支持政策执行到位

(一)认真遵守小微企业划型标准

2020—2021年度享受工会经费全额返还政策的小微企业界定标准执行工业和信息化部、国家统计局、国家发展改革委、财政部2011年6月18日印发的《中小企业划型标准规定》(工信部联企业〔2011〕300号)确定的小微企业划型标准。2022年度享受工会经费全额返还政策的小微企业界定标准执行符合财政部、税务总局2021年第11号公告条件的小微企业,即2021年度销售额180万元以下(含本数)的增值税小规模纳税人。

(二)规范执行小微企业支持政策时限

根据《中华全国总工会办公厅关于实施小微企业工会经费支持政策的通知》(厅字〔2019〕32号)及《中华全国总工会办公厅关于继续实施小微企业工会经费支持政策的通知》(厅字〔2021〕38号)的要求,对小微企业工会经费实行全额返还的支持政策实施时限,自2020年1月1日起至2022年12月31日止(以工会经费缴纳税款所属期间为准)。

三、严格实施,确保支持政策全面落实

(一)提高站位,服务大局。落实小微企业工会经费支持政策对激发小微企业活力、缓解新冠疫情影响、促进全区经济发展具有重要作用。各级工会要将落实小微企业工会经费支持政策作为重要的政治责任扛牢抓实,以高度的责任感和使命感,全面贯彻落实全总和区总的决策部署,推进政策红利落实到位、不留死角。

(二)全面把握,尽快落实。各级工会必须在3月底全面启动小微企业工会经费返还政策工作。要加大政策宣传力度,大力宣传小微企业工会经费返还政策,小微企业工会经费返还后,主动以电话、微信、短信等方式进行温馨提示,将工会的关怀及时告知小微企业。要定期召开政策落实工作例会,研究政策落实工作中的重点、难点问题并及时予以解决,全力推进小微企业工会经费支持政策落地生效。对政策执行中的问题请各市总工会及时反馈自治区总工会。

(三)压实责任、强化督查。各级工会要扛起主体责任,加强组织领导,精心安排部署,细化任务分工,强化工作措施,狠抓责任落实,尤其加强对乡镇街道工会联合会和联合工会落实未单独设立工会经费账户的小微企业工会经费全额返还工作的督查指导,对监督检查发现的问题要立行立改,举一反三,以小微企业工会经费支持政策落实取信于小微企业,为促进全区经济社会发展贡献工会的力量。各市总工会要建立周报制度,每周一上午将上周全市(含县区)小微企业工会经费全额返还情况报自治区总工会财务资产部。

宁夏回族自治区总工会办公室
2022年3月21日

关于开展"中国梦·劳动美——喜迎二十大 建功新时代""工"字系列职工文化活动的通知

宁工办通〔2022〕21号

各市、县(市、区)总工会,宁东基地工会,各产业工会,区直机关工会,区总各部门、各直属单位:

为深入学习贯彻党的十九届六中全会精神,迎接党的二十大和自治区第十三次党代会胜利召开,进一步丰富职工文化生活,展示全区广大职工团结向上、顽强拼搏的良好精神风貌,根据自治区党委和全国总工会的相关部署和安排,自治区总工会决定组织全区各级工会和广大职工群众广泛开展"中国梦·劳动美——喜迎二十大 建功新时代""工"字系列职工文化活动。现将有关事宜通知如下。

一、总体要求

高举中国特色社会主义伟大旗帜,坚持以习近平新时代中国特色社会主义思想为指导,全面贯彻党的十九大和十九届历次全会精神,认真贯彻落实习近平总书记关于工人阶级和工会工作的重要论述和视察宁夏重要讲话精神,弘扬伟大建党精神,以文化强国为目标,围绕举旗帜、聚民心、育新人、兴文化、展形象的使命任务,动员职工群众策划(创作)实施贴近实际、贴近生活、贴近群众的生动、丰富、感人的凸显"工"字系列文化特色的精彩活动(作品),充分展现新时代广大职工群众主人翁风采,为迎接党的二十大和自治区第十三次党代会胜利召开营造氛围贡献工人阶级文化力量。

二、活动主题

中国梦·劳动美——喜迎二十大 建功新时代

三、活动时间

2022年4—12月底

四、活动内容

(一)开展"喜迎二十大——全区劳动者之歌"文艺演出活动。以音乐、舞蹈、语言三种不同文艺类别演出的方式,集中展现全区广大职工群众在九个重点产业、十大工程项目中奋勇当先、真抓实干的劳动风采。五市总工会、各产业工会、区直机关工会负责初赛的组织实施,区总宣教文体部负责决赛、颁奖会的组织实施,颁奖会同时穿插"十年劳动者之歌"经典回顾访谈节目,邀请活动主办单位和参与活动的职工代表共话十年精彩成就及历程。(区总牵头部门:宣教文体部 责任单位:五市总工会各产业工会 区直机关工会 完成时限:8月底前)

(二)开展"建功新时代——声音里的经典"全区职工经典诵读大赛。各级工会要发挥"职工书屋""职工之家"等工会阵地作用,围绕伟大建党精神,组织职工群众结合工作、生活、学习实际,精选角度和题材,确定演绎题目,以诗文朗诵、故事讲述等形式,对劳模精神劳动精神工匠精神进行热情讴歌,牢记"社会主义是干出来的,幸福是奋斗出来的"伟大号召,引领动员广大职工把庆祝建党百年激发的爱党爱国爱社会主义热情传递下去,坚定理想信念。大赛通过初赛、决赛、大赛展演暨颁奖典礼等环节进行,由区总宣教文体部组织对各市总工会、各产业工会、区直机关工会推荐的优秀作品进行筛选评比,部分优秀作品将通过自治区总工会公众号、视频号、抖音等媒体平台进行展播。(区总牵头部门:宣教文体部 责任单位:五市总工会,各产业工会区,直机关工会 完成时限:9月底前)

(三)开展"喜迎二十大"职工摄影和微视频征集活动。组织职工参加第九届全国职工摄影展。面向全区职工开展"喜迎二十大"职工微视频征集活动,广泛征集反映一线职工工作场景、创造美好生活的瞬间及其真实感人故事等,选取优秀作品在媒体平台上展播;农林水财轻工工会组织开展全区税务系统摄影书法美术大赛。(区总牵头部门:宣教文体部,网络工作部 责任单位:各市、县(市、区)总工会,宁东基地工会,各产业工会,区直机关工会 完成时限:12月底前)

(四)开展"百场线下阅读、百名读书达人"推荐活动。各级工会依托已建的职工书屋广泛开展职工阅读活动,自治区总工会组织开展8场示范性读书交流活动,带动全区各级工会围绕世界读书日和"五一""七一""十一"等重要时间节点,开展图书分享、主题演讲、读书征文等形式多样、内容丰富、职工参与度高的线下读书交流活动不少于100场(次),同时依托线上读书平台推荐100名读书达人。(区总牵头部门:宣教文体部 责任单位:各市、县(市、区)总工会,宁东基地工会,各产业工会,区直机关工会 完成时限:11月底前)

(五)开展"喜迎二十大"百场"文艺走基层文化惠职工"活动。全区各级工会重点围绕九个重点产业、十大工程项目集聚的工业园区、示范基地、龙头企业等,开展100场"文艺走基层文化惠职工"专场文艺演出,以更加丰富的职工群众文艺活动形式,满足产业工人精神文化需求,展现新时代工人阶级昂扬向上的精神面貌。宁夏工人文化宫负责完成30场、五市总工会各完成10场、县(市、区)总工会各完成1场文艺演出(由各市总工会安排组织)。(区总牵头部门:宣教文体部 责任单位:各市、县(市、区)总工会,宁夏工人文化宫 完成时限:11月底前)

(六)开展"喜迎二十大 建功新时代"职工体育活动。组织职工群众踊跃参加全国职工线上运动会宁夏赛区赛事活动;银川、固原两市组织职工群众示范性开展职工运动会;产业工会组织产业工人开展篮球、羽毛球等项目运动会;农林水财轻工工会组织全区税务系统运动会;各级工会可分行业、分区域,形式多样开展以"喜迎二十大"为主题的职工体育活动,持续激发广大职工群众团结奋进、勇于拼搏的时代风采。(责任单位:各市、县(市、区)总工会,宁东基地工会,各产业工会,区直机关工会 完成时限:12月底前)

(七)开展"喜迎二十大"女职工文化活动。以"喜迎党代会·献礼二十大"为主题,开展全区女职工演讲比赛、玫瑰书香读书分享活动,组织全区女职工生动讲述学习习近平新时代中国特色社会主义思想的体会,讲述立足岗位劳动创造幸福、奋斗成就梦想的故事,彰显女职工在开创美丽新宁夏的生动实践中的巾帼之美、巾帼之智、巾帼之力。(区总牵头部门:女职工部 责任单位:各市、县(市、区)总工会,宁东基地工会,各产业工会,区直机关工会 完成时限:5月底前)

(八)开展职工培训公益活动。持续打造"宁工学堂"、工会干校公益培训品牌,宁夏工人文化宫开设乒乓球、羽毛球、瑜伽以及朗诵、民族舞、剪纸、艺术团等公益课程,培训2期50个班,惠及职工不少于1500人;宁夏工会干校开设美术、书法、摄影、影像编辑制作等公益培训2期10个班,惠及职工不少于400人。各市、县(市、区)总工会要充分依托职工文化活动阵地(包括户外劳动者站点),组织开展职工普遍欢迎的公益培训和职工服务活动,让工会服务更多惠及职工群众,充分体现工会"娘家人"的关爱。(责任单位:各市、县(市、区)总工会,宁东基地工会,各产业工会,区直机关工会,宁夏工会干校,宁夏工人文化宫 完成时限:12月底前)

五、有关要求

(一)高度重视,精心组织。各级工会要充分认识开展"喜迎二十大 建功新时代""工"字系列职工文化活动的重要意义,把开展系列文化活动作为今年用党的创新理论武装职工、用先进文化培育职工、用优秀作品鼓舞职工的重要任务,高度重视,精心组织,认真实施,在人力物力财力等方面予以保障。要坚持寓教于乐、以文化人,把思想政治工作融入群众性文化体育活动中,让活动开展过程成为思想政治引领的过程,切实履行好工会引导职工群众听党话、跟党走的政治责任。

(二)强化措施,注重实效。各级工会要坚持面向基层、面向职工,把自治区总工会举办的活动和各地开展的活动有机结合起来,创新工作方式和活动内容,强化时代元素,用职工群众的话语体系和乐于接受的方式开展活动、加强宣传,最大限度调动职工群众参与文化活动的积极性。要注重深化"工"字系列职工文化特色品牌培育,丰富思想内容,创新形式手段,不断提升职工文化服务的凝聚力、吸引力、感染力。

(三)加强宣传,严守规定。各级工会要积极探索"互联网+"服务模式,推动职工文化与新技术、新模式、新媒体有机融合,充分利用互联网拓展职工文化传播渠道和宣传平台,推动职工文化活动多渠道传输、多平台展示、多终端推送,线上线下齐头并进,扩大宣传效果。要严格执行中央八项规定及其实施细则精神,开展活动务实节俭,力戒铺张浪费。要牢固树立安全意识,统筹做好疫情防控工作,确保活动安全有序开展。要及时总结报送活动的做法和成效,各市总工会、产业工会每季度报送活动开展情况,区总宣教文体部每季度负责对全区工会职工文化活动开展情况及新闻宣传情况进行通报。

宁夏回族自治区总工会办公室
2022年4月7日

关于做好2022年度组建工会和发展会员有关工作的通知

宁工办通〔2022〕22号

各市总工会、宁东基地工会,各产业工会:

为深入贯彻落实自治区总工会十二届六次全委会议精神,进一步夯实工会组织基础,深入推进非公企业和社会组织建会工作,根据《自治区总工会"基层组织建设提质增效年"活动实施方案》,扎实开展新就业形态劳动者和农民工集中入会行动,持续扩大工会组织覆盖面,现就有关事项通知如下。

一、目标任务

坚持依法建会、依法管会、依法履职、依法维权,以组织建设为基础,集中力量实施非公企业建会"持久战"和农民工及新就业形态劳动者入会"攻坚战",提高工会组织和工会工作对25人以上非公企业和农民工及新就业形态劳动者的有效覆盖,规范基层工会组织建设,为维护职工合法权益、促进劳动关系和谐稳定奠定坚实基础。力争到2022年底,全区25人以上企业应建尽建,25人以下企业稳步推进,规范建会;农民工和新就业形态劳动者入会数量持续增长。

二、主要措施

(一)突出党建引领。贯彻落实自治区党委办公厅《关于加强新时代党建带工建工作的意见》,完善党委领导、政府支持、工会主导、社会力量参与的建会入会工作格局,深化工作联席会议机制,主动与属地党委组织部门联系,争取企业党组织支持,在企业党组织和上级工会的领导下推动企业建立工会组织。对未建立党组织和工会组织的企业,指导企业先行建立工会组织,引导广大职工向党组织靠拢,为企业党组织的建立创造条件。

(二)摸清建会底数。各级工会要加强与相关部门的协调配合,依托区总反馈的摸底排查清单、社保部门的缴费信息和工会经费税务代收系统中缴费企业等数据支撑,对25人以上企业开展全覆盖、无遗漏的摸底排查,全面掌握未建会企业情况,精准锁定集中攻坚重点对象;要结合实际,与属地交通、邮政等相关业务部门沟通协调,将新就业形态劳动者纳入摸底排查重点范围,通过数据比对、电话沟通、网上查询、实地走访等方式做好调查摸底工作。

(三)加强沟通协调。建立"双沟通"工作机制,加强与企业负责人和职工的沟通交流。为广大职工推介工会提供的调解维权、工资协商、困难帮扶等服务项目;为企业讲明组建工会的重要意义以及工会提供的职工技能培训、技能竞赛等活动,组织职工为企业发展建言献策,激发职工活力和积极性,实现企业和职工"双赢"局面。引导企业依法建立工会组织。

(四)坚持服务先导。聚焦企业和职工实际需求,整合工会维权服务资源,推动困难帮扶、法律援助、健康体检、金秋助学、普惠服务、文体活动、职工医疗互助等工会服务品牌向人数较少、经营不景气的企业职工和新就业形态劳动者倾斜,以服务实效激发企业建会和职工入会意愿。积极引导新就业形态劳动者主动缴纳工会会费,按照高于个人缴纳会费额度为新就业形态劳动者和农民工提供"四送"、免费体检等服务,不断增强对工会组织的认同感、归属感,调动加入工会的积极性主动性。

(五)规范建会程序。积极引导25人以下小微企业单独建立工会组织,对确不适宜单独建会的,支持建立联合工会。建立联合工会必须坚持在同级党组织和上一级工会的领导下进行,上级工会及时有效跟踪指导服务,严把组建前置环节,严格规范组建程序,积极稳妥推进组建工作。在广泛征求覆盖单位意见,进行充分酝酿协商的基础上,经同级党组织同意并报上一级工会批准后成立工会筹备组。筹备组依法依规做好筹备工作,做到"有请示、有选举、有批复"。针对10人以下的小微企业,动员职工按照就近原则加入社区工会,待条件成熟后再成立联合工会或单独建会。充分发挥宁夏工会工作服务平台和宁工惠APP作用,完善未建会企业线上申请建会、上级工会主动登门指导的工作制度,努力实现资料数据"线上跑"、企业建会"零跑路"、服务职工"零距离"。

(六)优化数据管理。推进基层工会组织和会员实名制动态管理工作,清理数据库中的"僵尸"企业,对新组建的工会组织和新入会的工会会员,要及时采集其实名制信息,录入平台工会组织数据库,实现工会组织和会员动态管理,确保会员会籍信息完善、准确,合格率达到90%以上。加强会员会籍管理工作,确保会员会籍信息完善、准确,对数据更新不及时的,定期进行通报。按照"劳动(工作)关系在哪里、会员会籍就在哪里"的原则,实行一次入会、动态接转,实现线上申请、线上办理,规范会员关系接转,确保会员会籍管理不缺项不断档。

(七)落实报送制度。各市总工会严格落实"月调度、季通报、半年召开推进会、年度综合考核"制度,每季度统计所属县、区总工会工作进展情况,并于6月10日、9月10日、11月10日之前将《××市总工会2022年工会组建和会员发展工作季度统计表》(附件1)报送至区总组织部。

三、工作步骤

(一)摸底排查阶段(2022年4月底前)。4月底前,各市、县(区)总工会和产业工会在现有的工作基础上,积极与属地民政、人社、市场监督管理、交通运输、邮政等部门联系,摸清新就业形态劳动者人员底数,并依据区总反馈的缴纳社保企业名单和人员数量(附件2、3)和全区农村劳动力转移就业人员(农民工)数量(附件4)进行比对,确定建会入会对象,建立建会入会台账,按照"三清"(企业总数清、未建会企业底数清、未建会原因清)的要求,全面掌握了解未建会企业名称、地址、经营状况、职工人数等信息,摸清未建会原因,完成信息的核实完善。

(二)集中攻坚阶段(2022年5月至10月)。5月份开始,各级工会要依据《工会法》《中国工会章程》,加强与相关行业主管部门和劳动部门沟通联系,与有关产业工会协同配合,建立健全协作机制,形成工作合力,结合调查摸底情况,做到"三到位",即:对未建会企业上门走访到位、建会政策解释到位、建会措施制定到位。利用6个月的时间,实行"清单制+台账制"管理,集中时间、集中力量、集中资源开展25人以上非公企业建会和新就业形态劳动者入会行动,力争各级工会属地25人以上非公企业建会动态清零。

(三)总结推广阶段(2022年11月至12月)。各级工会总结推进"工会组织覆盖面提升行动"的经验做法,查找存在问题和不足,持续深化25人以上企业建会工作,稳步提升全区25人以上企业建会率和新就业形态劳动者入会率,并于2022年11月30日前,形成专项经验总结报告,区总将对建会入会工作中好的经验做法在全区进行复制、推广。

四、工作要求

(一)加强组织领导。各级工会要高度重视

建会入会工作,成立由工会主要领导任组长,各相关部门和产业工会共同参与的本级建会入会工作领导机构,认真谋划部署,结合实际制定本地区、本单位工作方案,明确目标任务,细化责任分工,强化工作措施,加大经费投入,确保建会入会目标任务如期完成。

(二)营造浓厚氛围。各级工会要充分利用工会主流媒体等网上宣传阵地,大力宣传工会组织建设的法律法规和政策规定,扎实做好宣传发动职工入会工作,消除企业对建会工作的错误认识和思想顾虑,增强广大职工加入工会的自觉性主动性。

(三)完善激励机制。区总将投入专项资金,对完成建会入会目标任务的单位采取以奖代补的形式给予经费补助;对于未完成建会入会任务、未按时落实"季报告"制度的单位,取消当年工会组建工作所有经费补助。同时,区总将各单位"25人以上非公企业"建会情况和新就业形态劳动者入会情况,纳入工会工作目标考核和效能考核内容。

附件:

1.××市总工会2022年工会组建和会员发展工作季度统计表(略)

2.各市、县(市、区)正常缴纳社保的企业数量和基础信息(略)

3.各市、县(市、区)正常缴纳社保人员数量及基础信息(略)

4.全区农村劳动力转移就业人员(农民工)数量统计表(略)

宁夏回族自治区总工会办公室
2022年4月8日

关于开展全区女职工
"两癌"免费筛查工作的通知

宁工办通〔2022〕23号

各市总工会,驻会产业工会:

为认真学习贯彻习近平新时代中国特色社会主义思想,贯彻落实中央"全面推进健康中国建设"决策部署和自治区关于"全民健康水平提升行动"工作要求,按照《宁夏工运事业和工会工作"十四五"发展规划》及年度重点工作安排,自治区总工会将对全区工会会员中30周岁(含)以上的适龄女职工开展宫颈癌、乳腺癌(以下简称"两癌")免费筛查工作,不断提高女职工健康意识和生活品质,实现女性"两癌"早发现、早诊断、早治疗,切实增强女职工的获得感、幸福感、安全感。现将有关事项通知如下:

一、检查时间

2022年4月10日

二、检查对象

1.新就业形态女性劳动者;

2.全区工会建档立卡困难女职工;

3.单亲困难女职工;

4.在抗疫一线开展志愿服务的社区工作者、女性医务人员;

5.受疫情影响较大的中小微企业和困难企业女职工;

6.困难残疾女职工。

三、检查方式及项目

(一)检查方式。"两癌"免费筛查项目由宁夏工人疗养院组成医疗专家组深入各市、县(区)组织实施。

(二)检查项目。人乳头瘤病毒检测(23型HPV)、子宫双附件彩超检查、乳腺彩超检查、妇科常规、荧光检查。

四、职责分工

女职工"两癌"免费筛查是传递党和政府对职工关心关爱的一项主要工作,具有很强的政治性,区总组织部对项目的资金使用及工作成效进行监督管理,女职工部负责项目的统筹协调和组织动员。

(一)宁夏工人疗养院

1.组建业务精、能力强的医务人员组成"两癌"免费筛查医疗专家工作组,优化工作流程,明确职责分工,细化工作措施,确保项目实施进度和质量。

2.建立女职工"两癌"筛查电子健康档案,注重信息保密,负责对接受检查的适龄女职工签署"自愿免费检查知情同意书",并做好实名登记录入工作。

3.为女职工提供高效、优质、便捷、精准服务,采集到标本的7个工作日内向职工本人出具电子检查报告,14个工作日内向所在单位提供职工本人的书面检查报告,并督促疑似病例进行进一步诊疗。

4.对等待筛查的女职工普及健康知识,"两癌"防治核心信息,提供相应咨询服务,帮助女职工树立健康文明理念,培养良好的生活方式。

5.适时开展健康讲座5场次,提高女职工自我保健意识和健康水平。

(二)基层工会组织

1.对筛查目标人群严格审核把关,登记造册,人员信息必须与实名会员库会员信息保持一致,坚决杜绝冒名顶替、弄虚作假等现象发生,切实做到应筛尽筛,保证免费筛查项目实施成效。

2.指定一名联络员与宁夏工人疗养院具体对接工作,沟通筛查时间及地点,确保筛查工作顺利实施。

3.对疑似或筛查异常的女职工登记在册,常态化做好跟踪随访。

五、工作要求

(一)提高思想认识。"两癌"免费筛查是自治区总工会"我为职工办实事"的民生项目,是推动健康宁夏行动、保障女职工合法权益和特殊利益、提高女职工健康水平的重要举措,各级工会要高度重视,认真组织,及时研究解决筛查工作中存在的问题。对筛查对象严格审核把关,以高度的责任感和使命感把惠及女职工的好事办好实事办实。

(二)加大宣传力度。"两癌"免费筛查涉及女职工的切身利益,为确保高质量完成筛查工作,各级工会要以此为契机,做好宣传动员工作,营造良好的社会氛围。要多渠道、多形式广泛宣传《自治区女职工劳动保护办法》等法律法规,推动用人单位执行相关规定,对女职工定期进行"两癌"免费筛查。

(三)按时报送材料。请各市总工会、各驻会产业工会于10月14日前将"两癌"筛查工作图片、总结报送至女职工部。宁夏工人疗养院于10月19日前上报工作总结、绩效自评报告、女职工"两癌"筛查花名册(各市、各驻会产业工会加盖公章)报送至组织部。

附件:

1.2022年全区女职工"两癌"免费筛查名额分配表(略)

2.2022年全区女职工"两癌"免费筛查名册(略)

3.女职工"两癌"自愿免费检查知情同意书(略)

宁夏回族自治区总工会办公室
2022年4月11日

关于贯彻落实《中华全国总工会关于广泛开展"中国梦·劳动美——喜迎二十大　建功新时代"主题宣传教育进一步加强产业工人队伍思想政治引领的意见》的通知

宁工办通〔2022〕29号

各市、县（市、区）总工会，宁东基地工会、产业工会，区总机关各部室、直属单位：

2022年是进入全面建设社会主义现代化国家、向第二个百年奋斗目标进军新征程的重要一年，我们党将召开二十大，自治区将召开第十三次党代会。为深入学习贯彻党的十九届六中全会精神、喜迎党的二十大，全国总工会决定在党的二十大召开前集中开展"中国梦·劳动美——喜迎二十大　建功新时代"主题宣传教育，进一步加强产业工人队伍思想政治引领。为切实贯彻落实好全国总工会部署要求，为党的二十大胜利召开营造良好的政治和社会氛围。现结合贯彻落实《中华人民共和国工会法》、自治区《关于加强和改进新时代产业工人队伍思想政治工作的实施意见》《关于加强企业职工文化建设工作的意见》和全国工会宣传教育工作会议精神，就有关贯彻落实事宜通知如下。

一、总体目标

坚持以习近平新时代中国特色社会主义思想为指引，全面贯彻落实党的十九大和十九届历次全会精神，深刻认识"两个确立"的决定性意义，聚焦迎接宣传贯彻党的二十大这条工作主线，在全区工会系统深入开展"中国梦·劳动美——喜迎二十大　建功新时代"主题宣传教育，着眼强化思想政治建设、满足精神文化需求、解决急难愁盼问题，不断用党的创新理论武装职工，用先进文化培育职工，用正确舆论引导职工，用高尚精神塑造职工，用优秀作品鼓舞职工，用真诚服务赢得职工，引领广大产业工人更加紧密地团结在以习近平同志为核心的党中央周围，在努力建设黄河流域生态保护和高质量发展先行区，继续建设经济繁荣、民族团结、环境优美、人民富裕的美丽新宁夏，全面建设社会主义现代化国家新征程上充分发挥工人阶级主力军作用。

二、主要任务

（一）持续用党的创新理论武装头脑。坚持围绕学习贯彻习近平新时代中国特色社会主义思想这一首要政治任务持续发力，深刻理解核心要义、精神实质、丰富内涵、实践要求，以理论上的清醒、政治上的坚定，始终保持工会工作正确政治方向。认真贯彻落实习近平总书记关于宣传思想工作的重要论述、关于工人阶级和工会工作的重要论述、习近平总书记视察宁夏重要讲话和对宁夏工作的重要指示批示精神，做到贯彻党中央决策部署不偏向、不变通、不走样。深入学习贯彻党的十九届六中全会精神，开展"同上一堂思政课"活动，组织专家、学者、先进人物、工会干部等深入基层一线、工厂车间等开展多层次宣传宣讲活动。党的二十大召开后,广泛开展宣传宣讲,采取专家辅导、劳模宣讲、演讲比赛、知识竞赛、阅读诵读、主题征文、网络互动等多种方式,迅速掀起学习贯彻热潮,着重讲好新时代的原创性思想、变革性实践、突破性进展、标志性成果,讲足伟大成就、讲清形势任务、讲明发展前景,讲清楚"五个必由之路"和"五个战略性有利条件",教育引导广大职工强化使命担当、凝聚奋进力量、积极建功立业。

(二)常态化开展党史学习教育。认真贯彻落实习近平总书记关于党的历史的重要论述和中央及自治区党委《关于推动党史学习教育常态化长效化的意见》,大力弘扬伟大建党精神,持续巩固深化拓展党史学习教育成果,利用"五一""七一""十一"等重要时间节点,积极开展"讲意义、讲形势、讲任务、讲责任、讲要求"形势任务宣传教育活动,向广大产业工人大力宣传我们党百年奋斗取得的伟大成就和宝贵经验,大力宣传党的领导和我国社会主义制度的巨大优越性,大力宣传工人阶级在党的百年奋斗历程中作出的突出贡献,引导广大产业工人从"中国之治"与"西方之乱"的鲜明对比中,深刻认识到中国共产党为什么"能"、马克思主义为什么"行"、中国特色社会主义为什么"好",不断增强道路自信、理论自信、制度自信、文化自信,增强历史主动精神。加强基本国策和形势政策教育,对产业工人关心的热点、难点和重点问题,及时释疑解惑,引导广大产业工人正确看待形势,着力稳预期、强信心,更好振奋精神、凝聚力量。用好区内红色教育资源,组织产业工人接受革命传统教育,赓续红色血脉,传承红色基因。

(三)大力弘扬劳模精神、劳动精神、工匠精神。坚持把弘扬劳模精神劳动精神工匠精神作为新时代产业工人思想政治工作的鲜明导向和突出特色,大力选树培养一批职工身边的先进

典型。围绕"中国梦·劳动美——喜迎二十大 建功新时代"主题,组织开展"五一"国际劳动节特别宣传工作,邀请区内外主流媒体通过集中采访、现场报告、网上展示等多种方式,积极宣传报道劳模先进事迹。深入开展劳模精神线上线下宣讲、劳模读书分享会等活动,在全社会大力弘扬"劳动创造幸福"的价值理念,引导全社会涵养劳动信仰、劳动情怀、劳动品格。以"职工建功新时代、喜迎二十大"为主题,围绕九个重点产业、十大重点工程项目,分级分类开展劳动和技能竞赛,让劳动光荣、创造伟大成为铿锵的时代强音。深化劳模和工匠人才创新工作室、工匠学院建设,组织开展技术工人疗(休)养活动,引导广大产业工人在劳动创造幸福、奋斗成就梦想的实践中升华人生价值,体现"强国复兴有我"的责任担当,展现工人阶级主人翁风采。

(四)营造良好新闻舆论宣传声势。坚持正确政治方向、舆论导向、价值取向,坚持团结稳定鼓劲、正面宣传为主,着力加强对产业工人队伍建设改革和新就业形态劳动者的宣传引导。注重借助新闻媒体力量,把产业工人思想政治引领融入主题宣传、形势宣传、政策宣传、成就宣传、典型宣传,大力宣传以习近平同志为核心的党中央对广大产业工人的关心关爱,深入宣传广大产业工人凝心聚力、建功立业的火热实践,着力宣传产业工人在推动高质量发展、参与自主创新方面发挥的突出作用,广泛宣传工会服务职工、改革创新的积极作为,多层次宣传产业工人队伍建设改革成果,切实讲好宁夏产业工人故事,唱响劳动最光荣、劳动最崇高、劳动最伟大、劳动最美丽的时代主旋律。加强法治宣传教育,结合"八五"普法,开展普法宣讲活动,深入广泛宣传贯彻新修改的《中华人民共和国工会法》。推动修订《自治区女职工劳动保护办法》,大力推广女职工维权"一函两书"品牌工作。健全完善工会重大题材宣传报道协调联动、网络舆情监测报告、应急响应和处置机制,

形成工会上下、系统内外、网上网下、内宣外宣同频共振、共同发力的宣传格局。

（五）推动网上思想政治引领走深走实。主动适应网络媒体发展新趋势和新时代产业工人精神文化需求的新变化，加快推进工会刊物、杂志、门户网站、微信公众号、视频号、抖音号、移动客户端等媒体融合发展，采用产业工人喜欢的时尚元素、"网言网语"，创新推出微电影、微视频、网络直播、H5页面等宣传内容。加强与《人民日报》《光明日报》《中国日报》、央视网、新华网、《工人日报》《宁夏日报》、宁夏新闻网、《新消息报》等主流媒体对接，用好工会媒体平台，通过开设专版、专栏，推出系列报道等方式，加强对产业工人队伍的宣传报道，推出一批品德高尚、事迹突出的"网络红人"。深入开展"网聚职工正能量　争做中国好网民"活动，把产业工人作为一个重要群体，突出做好网上主题宣传。

（六）积极开展职工文化体育活动。坚持寓教于乐、以文化人，把思想政治工作融入群众性文化体育活动之中，让活动开展过程成为思想政治引领的过程。广泛开展"中国梦·劳动美——喜迎二十大　建功新时代""工"字系列职工文化活动，精心组织举办"喜迎二十大——全区劳动者之歌"文艺汇演、"建功新时代——声音里的经典"全区职工经典诵读大赛、"喜迎二十大"职工摄影和微视频征集活动、"百场阅读交流、百名读书达人"推荐活动、百场"文艺走基层文化惠职工"文艺汇演、职工体育活动、女职工文化活动、职工培训公益活动等系列活动，进一步丰富职工文化生活，展示全区广大职工团结向上、顽强拼搏的良好精神风貌，营造积极向上、和谐奋进的社会风气。开展标准化工人文化宫建设，建好用好管好职工书屋。挖掘和推广一批职工文化项目，推出一批思想艺术性强、社会影响力大、群众口碑好的精品力作。

（七）切实维护劳动领域意识形态安全。严格落实党委（党组）意识形态工作责任制实施办法和实施细则，强化政治责任、主体责任，按照"谁主管谁主办谁负责"的原则，管好用好工会干部学校、工人文化宫、职工书屋、刊物、门户网站、线上服务平台、"三微一端"等意识形态阵地，做到守土有责、守土负责、守土尽责。对涉劳涉工的模糊认识和错误言论，积极主动开展辨析批驳，牢牢掌握意识形态工作主动权和话语权。加强"四员"队伍建设，常态化开展劳动领域风险排查，确保劳动领域矛盾纠纷早发现、早处置、早化解。加快推进劳动争议纠纷在线诉调对接工作机制，落实与法院线上联席会议制度，强化信息共享和风险预警，引导劳动者依法理性维权。进一步畅通和规范产业工人诉求表达渠道，健全完善公共政策社会公示制度，充分发挥"12351"职工服务热线作用，及时回应解决产业工人诉求，实现网上信息公开、政策解答。

（八）推进"我为职工办实事"实践活动常态化。积极适应产业工人日益增长的美好生活需要，围绕就业创业、劳动报酬、休息休假、社会保险、医疗救助、职业安全等产业工人关心关注的实际问题，找准服务项目，努力为广大产业工人提供普惠性、常态性、精准性服务。健全完善困难职工信息部门间共享机制，对家庭困难的产业工人实现精准识别、应帮尽帮。提升职工医疗互助工作质量，推动将职工医疗互助纳入全区医疗保障体系，让更多职工享受医疗保障福利。在全区选树一批自治区级"最美户外劳动者服务站"，带动企业工会服务水平全面提升。增强阵地建设质效，提升各市、县（市、区）工人文化宫（工人俱乐部、职工文化活动中心）建设水平，全面建成自治区工人疗养院新院区，优化升级网上服务阵地，打造线上线下深度融合的服务职工工作体系。落实小微企业工会经费返还政策，支持小微企业发展。积极融入健康宁夏建设和全民健康水平提升行动,推进健康企业建设,建立职工健康管理体系,提高职业病防治水平。深化"安康杯"竞赛活动,全面落实《关于加强职工疗休养工作的意见(试行)》,建立"惠泽职工·关爱健康"体检服务长效机制,为更多职工群众提供健康医疗服务。

三、工作要求

(一)抓好责任落实。各级工会要把开展"中国梦·劳动美——喜迎二十大　建功新时代"主题宣传教育作为履行工会政治责任、加强职工思想政治引领的重要任务,高度重视、精心组织实施。工会主要负责同志要履行第一责任人职责,经常听取汇报,定期研究重要事项,在人力物力财力等方面提供保障。要强化"大宣传"理念,主动争取同级党委的重视与支持,加强与宣传、网信、文化等部门以及有关群团组织和主流媒体的联系合作,借势、借力、借智,着力构建齐抓共管的工作格局,切实推动主题宣传教育各项任务落地见效。

(二)创新方式方法。各级工会要充分运用新媒体资源,创新宣传方式、丰富宣传内容,采取对象化、分众化、互动化方式,扩大宣传覆盖面和影响力,着重把引领产业工人听党话、跟党走的氛围营造起来,把产业工人队伍实干拼搏、建功立业的精气神宣传好。要强化基层导向,创新工作理念和抓手载体,精心策划、组织编排更多贴近产业工人学习、工作和生活的优秀宣传栏目、文创作品,选树报道一批政治过硬、思想过硬、技能过硬的先进典型,使主题宣传教育更有时代感、更有吸引力、更有号召力。

(三)强化跟踪督导。各级工会要在严格落实常态化疫情防控措施的基础上,切实做好开展主题宣传教育后半篇文章,定期深入基层工会特别是企业工会督导主题宣传教育开展情况,既要总结推广各地好经验好做法,也要及时发现工作推进过程中存在的问题和不足,加强分析研判,及时研究解决,以主题宣传教育的实际成效迎接党的二十大和自治区第十三次党代会胜利召开。

宁夏回族自治区总工会办公室

2022年4月18日

关于开展"同上一堂思政课"活动的通知

宁工办通〔2022〕31号

各市、县(市、区)总工会,宁东基地工会,各产业工会,区总各部门、各直属单位:

为深入贯彻落实《中华人民共和国工会法》《关于新时代加强和改进思想政治工作的意见》《关于加强和改进新时代产业工人队伍思想政治工作的实施意见》等要求,进一步履行好工会引导职工群众听党话、跟党走的政治责任,团结引领广大职工群众在建设黄河流域生态保护和高质量发展先行区,继续建设经济繁荣、民族团结、环境优美、人民富裕的美丽新宁夏建功立业,自治区总工会决定组织各级工会开展"同上一堂思政课"活动。现就有关事宜通知如下。

一、总体任务

坚持以习近平新时代中国特色社会主义思想为指引,重点围绕学习贯彻党的十九大和十九届历次全会精神、习近平总书记关于宣传思想工作的重要论述、关于工人阶级和工会工作的重要论述,深刻认识"两个确立"的决定性意义,切实增强"四个意识"、坚定"四个自信"、做到"两个维护",突出学习宣传贯彻习近平新时代中国特色社会主义思想首要政治任务,突出迎接宣传贯彻党的二十大工作主线,突出营造宣传贯彻自治区第十三次党代会良好氛围,认真落实自治区党委十二届十四次全会、全总十七届五次执委会、区总十二届六次全委会精神等,组织各级工会干部与劳动模范、工匠人才、一线职工群众"同上一堂思政课",共学创新理论、共悟思想体会、共话美好愿景、共思党的恩情,努力构建起有工会干部就有思政教育、有工会活动就有思政教育、有工会组织就应开展思政教育的工会大宣传工作格局,为实现第二个百年奋斗目标、实现中华民族伟大复兴的中国梦提供坚强思想保障。

二、活动内容

(一)组织工会党员干部和其他干部"同上一堂思政课"

1.党员干部带头学。各级工会要结合推进党史学习教育常态化,紧紧围绕学习贯彻党的创新理论,采取理论学习中心组学习、主题党日、"三会一课"以及党员讲党课、集中学习研讨、收看专题片、开展实践教学等方式,组织工会党员干部和其他工会干部同上一堂思政课。要充分发挥党员先锋模范作用,主动领读、导读,主动谈心得、谈体会,交流自己对学习贯彻党的创新理论的深刻理解和体会,带动全体工会干部学起来、讲起来、悟起来、做起来、热起来。各级工会领导干部要先学一步、深学一层,带头学习思考、交流研讨、宣讲辅导,带动和帮助广大工会干部加强学习、深入学习,准确理解习近平新时代中国特色社会主义思想的核心要义、精神实质、丰富内涵、实践要求,不断用习近平新时代中国特色社会主义思想武装头脑、指导实践、推动工作。

2.邀请专家导读学。为加强对党的创新理论深刻阐释和深入解读,各级工会要结合落实年度理论学习计划,邀请教授、专家学者面向工会干部开展专题培训和辅导讲座,引导广大工会干部学深悟透马克思主义基本原理及其中国化创新理论,清醒认识我们党百年奋斗取得的伟大成就和宝贵经验、新时代中国共产党的历史使命和光明前景、党的领导和我国社会主义制度的巨大优越性、工人阶级在党的百年奋斗历程中作出的突出贡献,从而更加深刻地认识到中国共产党为什么"能"、马克思主义为什么"行"、中国特色社会主义为什么"好",不断提升工会干部政治判断力、政治领悟力、政治执行力。

3.干部培训专题学。各级工会要把加强工会干部思想政治教育作为工会干部培训的重要内容,围绕工会干部关心关注的理论政策解读、时政热点分析等科学制订培训计划、设置培训课程,原则上每期培训班都应设置思想政治教育方面的课程内容。区总组织部要加强全区工会干部培训思想政治教育课程设置的指导,切实把好工会干部培训的政治关。工会干部学校作为工会干部政治理论学习、业务素质提升的主阵地,要理直气壮办好思政课,将思政课程列为培训第一课,探索创新教学培训方式和内容,进一步优化"线上+线下"相结合的培训模式,依托新媒体平台通过开设专栏、制作推出思政教育微视频等,不断提升工会干部政治素养。各级工会组织的职工培训公益活动也应将思政课列为培训开班课,持续强化思想政治教育。

(二)组织工会干部和一线职工"同上一堂思政课"

1.蹲点调研交流学。各级工会干部要结合赴基层蹲点、下基层调研活动、产业工会联系等工作,深入企业和定点联系的产业工会、劳模、困难职工开展宣传宣讲、谈心谈话、走访调研,注重用接地气的语言宣传宣讲党的创新理论及路线方针政策,宣传宣讲铸牢中华民族共同体意识,宣传宣讲劳模精神劳动精神工匠精神,宣传宣讲保障职工权益的法律法规和工会维护职工权益的重要举措,了解掌握职工思想动态和意见诉求,在交心交流中,讲好党的故事,讲好工会故事,传递职工声音,拉近工会干部与职工群众距离,不断增强职工群众对党的领导和社会主义制度的政治认同、思想认同、情感认同。

2.落实职责指导学。各市、县(市、区)总工会、宁东基地工会、产业工会等要认真落实《工会法》有关"工会会同用人单位加强职工的思想政治引领"的法定职责,指导各级工会及用人单位每年采取举办专题讲座、演讲比赛、知识竞赛、业务培训和开展主题道德实践活动、典型选树活动、收看专题教育片、赴外实践教学等多种方式,组织对职工定期开展思想政治教育、理想信念教育和社会主义核心价值观教育,真正让用人单位职工思想政治引领工作抓而有形、常抓常新、取得实效,不断壮大主流思想文化的"根据地",扩大争取人心的"同心圆"。

3.学思践悟启发学。各级工会要充分利用和发挥好职工书屋、职工之家、户外劳动者服务站点等阵地作用,结合"四史"宣传教育、党的二十大精神学习研讨,以及年内组织开展的红色家书诵读、"阅读经典好书 争当时代工匠"职工阅读等活动,组织工会干部与职工群众同上一堂阅读交流思政课,通过面对面分享读书心得、诵读经典作品、推荐书刊杂志,启迪思想、升华认识、凝聚共识,不断激发工会干部和广大职工的劳动热情、创造活力,形成团结奋斗、共创未来的正能量。年内,区总将组织召开学习宣传贯彻党的二十大精神学习研讨会暨职工思想政治教育推进会,进一步推动全区职工思想政治教育工作取得实效。

(三)组织劳模和职工群众"同上一堂思政课"

1.重要会议聆听学。各级工会要在党和国家重大政治活动、重要会议召开等关键节点,组织广大职工观看盛况,聆听党和国家领导人的重要讲话,直观感受中国人民在中国共产党领导下创造的辉煌历史业绩,以及中国共产党领导中国人民实现中华民族伟大复兴的信心和决心。重要会议(活动)之后,要采取举办座谈交流会、先进事迹报告会、故事分享会等方式,组织劳模代表和不同行业领域优秀职工代表齐聚一堂,围绕促进工运事业和工会工作,共话发展、交流交心、建言献策,更加深刻理解"社会主义是干出来的,幸福是奋斗出来的"内在意义,切身感受党的关怀和温暖,坚定不移感党恩听党话跟党走,唱响新时代的奋斗者之歌。

2.劳模宣讲引导学。各级工会要认真梳理总结劳模典型事迹,遴选一批愿意讲、讲得好的劳模和工匠人才等组建巡回宣讲团,成立小分队,以"强国复兴有我"为主题,深入企业、校园、车间、班组、公益课堂和职工文化活动阵地等,采取集中宣讲、座谈交流、班组学习等形式,讲述感人经历,诉说成才故事,表达爱党爱国之情,通过"小故事"讲述"大道理",大力弘扬劳模精神劳动精神工匠精神,在全社会营造崇尚劳动、尊重劳模、热爱劳模、学习劳模的良好氛围。

3.线上线下辅导学。各级工会要邀请专家和学者面向劳模和优秀职工代表开展线上线下专题辅导讲座,并积极引导参与辅导讲座的劳模和优秀职工代表主动发挥示范引领作用,结合自身成长经历和感悟体会向所在用人单位职工讲述党的创新理论,分享所学所思所想,激励更多职工群众勤于创造、勇于奋斗,自觉把人生理想、家庭幸福融入到实现第二个百年奋斗目标新征程中来,不断增强团结奋进、建功立业的向心力和凝聚力。区总网络工作部要切实加强全区产业工人教育培训网络学院的建设,运用互联网技术持续优化符合产业工人需求的网上培训公共学习课程,为职工强化思想政治教育、提升学历水平和技术等级、满足个性化学习需求提供更多优质服务。

三、工作要求

(一)加强组织实施。各级工会要高度重视职工思想政治教育工作,结合开展"全区工会基层组织建设提质增效年"活动,认真研究谋划,细化落实措施,明确每项任务时间表和路线图;要充分考虑地方实际、行业特点和不同职工群体工作生活差异,加强分类指导,对象化、分众化、互动化地开展职工思想政治教育工作,不断提高覆盖面。党的二十大胜利召开后,各级工会要研究制定专门工作方案,采取多种方式迅速掀起学习宣传贯彻党的二十大精神热潮。区总负责统筹全区"同上一堂思政课"的组织实施,加强对各级工会开展"同上一堂思政课"活动的督导指导。五市总工会、宁东基地工会、各产业工会要加强本地区本系统的组织实施和督导指导,确保"同上一堂思政课"活动扎实有序推进。各级工会职工思想政治教育情况将作为区总及各市、县(市、区)工会、产业工会评先选优的重要参考和调研督查重要内容。

(二)强化宣传报道。各级工会要注重发扬基层首创精神,鼓励基层探索创新更多接地气、有特色、有针对性的方法和载体,推动思想政治教育融入职工日常工作和生活,吸引更多职工自愿接受和主动参与思想政治教育活动。要充分利用工会自有媒体,积极对接区内外主流媒体平台,通过策划开设专版、专栏,编排推送宣传视频、图文信息、专题采访、线上直播等方式,广泛开展线上线下宣传报道,营造良好宣传声势。

(三)及时总结报送。各级工会要及时整理汇总资料,总结形成一批可复制、可推广的好做法、好经验,积极报送相关信息。五市总工会、宁东基地工会、各产业工会要形成职工思想政治教育工作专项汇报,内容要有典型事例、亮点做法,字数不超过2000字,于2022年11月30日前将纸质件与电子版报送区总宣教文体部。

宁夏回族自治区总工会办公室
2022年4月18日

关于印发《自治区总工会落实小微企业工会经费支持政策以奖代补方案》的通知

宁工办通〔2022〕36号

各市、县(区)总工会、宁东基地工会,各产业工会:

《自治区总工会落实小微企业工会经费支持政策以奖代补方案》经自治区总工会2022年第13次党组会审议通过,现予以印发,请遵照执行。

宁夏回族自治区总工会办公室

2022年4月29日

自治区总工会落实小微企业工会经费支持政策以奖代补方案

为全面落实《中华全国总工会办公厅关于实施小微企业工会经费支持政策的通知》(厅字〔2019〕32号)和《中华全国总工会办公厅关于继续实施小微企业工会经费支持政策的通知》(厅字〔2021〕38号)精神,自治区总工会决定改进小微企业工会经费全额返还方式,企业不再提交申请返还资料,由各级工会依据税务部门和统计部门提供的企业数据信息核定小微企业名单,对2020年未全额返还的和2021年小微企业工会经费由各级工会按照各自分成金额分别返还;对2022年符合返还条件的小微企业工会经费,由自治区总工会从税务代收工会经费系统直接返还,各级工会不再分成。为缓解各级工会全额返还小微企业工会经费后的财务压力,制定本方案,以促进小微企业工会经费全额返还工作落实到位。

一、按小微企业经费返还额度予以补助

自治区总工会按照各市、县(区)总工会、宁东基地工会、产业工会今年实际返还的2020年和2021年小微企业工会经费额度给予一定比例的补助。

1. 地市级总工会、宁东基地工会、产业工会按照本级实际返还工会经费总额的10%予以补助;

2. 县(区)级总工会按照本级实际返还工会经费总额的20%予以补助。工业园区工会、乡镇(街道)工会以及联合工会、工会联合会由市、县(区)总工会根据实际返还情况给予一定补助。

二、按小微企业经费返还进度予以补助

自治区总工会根据各市、县(区)总工会、宁东基地工会、产业工会返还工作进度情况,给予一定比例的补助。

1. 各级工会在4月30日前,完成全额返还工作任务的,给予已返金额30%的补助。

2. 各级工会在5月31日前,完成全额返还工作任务的,给予已返金额20%的补助。

3.各级工会在6月30日前,完成全额返还工作任务的,给予已返金额10%的补助。7月以后完成返还工作的不再给予补助并进行通报。

三、申请补助程序

1.申请程序。各级工会按照时间节点就本级完成返还工作进展情况提出申请,经上级工会审核后报自治区总工会财务资产部核定,按比例予以补助。

2.提交资料。申请补助的市、县(区)总工会、宁东基地工会、产业工会应提交小微企业工会经费返还补助申请表、小微企业工会经费返还明细表和银行对账单复印件,并将小微企业工会经费返还明细表所列返还单位及金额与银行对账单复印件所列返还单位及金额一一对应排序编号,便于上级工会审核。

3.时间节点。完成返还时间节点认定以申请返还单位银行对账单记录的最后一笔返还金额拨款时间为准。

四、工作要求

1.小微企业工会经费返还工作纳入2022年度考核内容,作为今年工会的重点工作。各级工会应当在9月30日前完成全额返还工作。返还工作确有困难的,应制订返还工作计划,力争早日完成返还工作。

2.申请补助工作以市、县(区)总工会、宁东基地工会、产业工会为单位,按照先申请、先补助,早完成多补助的原则进行。

3.严肃财经纪律,严格审核返还资料,如实申请补助,对弄虚作假的一经发现严肃处理。

4.申请返还时请将小微企业工会经费返还明细表电子版发至邮箱。

关于进一步规范党组(主席办公)会议组织工作的通知

宁工办通〔2022〕38号

区总各部门、各直属单位:

为进一步提升党组、主席办公会议决策科学化、民主化、法治化、制度化水平,提高会议质量,增强决策效率,维护和增强会议的严肃性和权威性,现就进一步规范党组(主席办公)会议组织工作有关事项明确如下:

一、规范议题申报。认真学习《自治区总工会党组会议工作规则》和《自治区总工会主席办公会议工作规则》,严格按照党组、主席办公会议事范围提交会议内容。各部门、各直属单位拟提请党组会、主席办公会研究的议题,须通过党组(主席办公)会议议题申请流程,报分管领导审核同意后,将议题审批单、会议材料及起草依据提交办公室,由办公室统一汇总后,报主要领导审批,确定会议的召开时间、地点及议题等。会议议题涉及其他部门(单位)的,应在上会前征求分管领导和有关部门(单位)会签意见并取得共识。议题确定后,将会议正式材料和起草依据于会前2个工作日(重要材料提前3个工作日)报送办公室审核汇总。

二、提高议题质量。会议议题坚持成熟一个审议一个,对会前准备不充分、条件不成熟、问题未协调好、存在分歧意见、临时增加或仓促报送的议题,原则上不得安排会议审议。各部门(单位)主要负责人对提交会议审议的材料负总责,提交的材料要简明扼要、数据准确、条理清晰,明确相关依据、基本事由、沟通情况、研究问题以及具体建议等,并且严格按规定格式起草,汇报时间一般控制在10分钟以内。报请会议审议的事项,承办部门(单位)要认真研究,充分准备,形成成熟意见,部门(单位)主要负责人、分管领导要层层把关、确保质量。办公室要对各部门(单位)提交的会议材料认真审核,对要素不全的议题应协调督促提交部门(单位)尽快履行相关程序,完善相关内容。

三、狠抓决策落实。党组会、主席办公会由办公室指定专人做好记录,会后3个工作日内形成会议纪要,报区总主要领导签发后,通过OA办公平台公开发布,并印发区总领导和各部门(单位)。凡是党组会、主席办公会决定的事项,有关部门(单位)要认真执行,马上落实,执行中遇到的重要问题以及执行结果,要及时向区总领导报告。办公室要将党组会、主席办公会决定事项落实情况纳入督办工作台账,建立任务、责任、问题"三个清单",做到安排部署、责任分解、措施保障、督导检查、落实考核"五个到位",确保党组、主席会各项决策部署落地见效。对有关部门(单位)会议决定事项落实不力、进展缓慢的,严格按照《自治区总工会督查工作制度》追究责任。

附件:格式范例(略)

宁夏回族自治区总工会办公室
2022年5月5日

关于印发《2022年自治区总工会普法工作要点》的通知

宁工办通〔2022〕39号

各市、县(区)总工会,宁东基地工会,各产业工会,区直机关工会,区总各部门:

根据《全国总工会普法办关于印发〈2022年全国工会普法工作要点〉的通知》(工法字〔2022〕3号)和《自治区党委全面依法治区委员会守法普法协调小组关于印发〈2022年全区普法依法治理工作要点〉的通知》(宁法普组〔2022〕1号)精神,现将《2022年自治区总工会普法工作要点》印发给你们,请结合宣传贯彻新修改的《工会法》,及时总结经验,报送普法信息,完善档案资料。6月30日前报送普法工作安排情况,11月15日前报送年度普法工作情况总结。

宁夏回族自治区总工会办公室
2022年5月6日

2022年自治区总工会普法工作要点

2022年自治区总工会普法工作总体要求是:坚持以习近平新时代中国特色社会主义思想为指导,全面贯彻落实党的十九大和十九届历次全会精神,深入贯彻落实习近平法治思想,围绕中心、服务大局,紧紧围绕迎接宣传贯彻党的二十大这条主线,以提升工会工作者和职工法治素养为重点,全面推进我区工会系统"八五"普法工作贯彻落实,推动工会普法工作提质增效,以实际行动迎接党的二十大胜利召开。

一、推进习近平法治思想学习宣传贯彻走深走实

1.把深入学习宣传贯彻习近平法治思想作为工会普法工作的头等大事和首要任务。结合深入贯彻落实党的十九大和十九届历次全会精神,深入学习领会"两个确立"的决定性意义,把习近平法治思想落实到工会普法工作全过程、各方面。深入学习宣传习近平法治思想的重大意义、丰富内涵、精神实质和实践要求,引导各级工会干部和广大职工坚定不移走中国特色社会主义法治道路。

2.深化习近平法治思想宣传解读。各级工会领导干部带头学习宣传习近平法治思想,进一步提高工会干部的法治思维和法治意识,积极营造办事依法、遇事找法、解决问题用法、化解矛盾靠法的法治环境。通过多种形式,运用各类媒体和平台,发挥好各类基层普法阵地、宣讲队伍作用,推动习近平法治思想入脑入心。

二、着力为党的二十大胜利召开营造良好法治环境

3.深入宣传宪法。深入开展尊崇宪法、学

习宪法、遵守宪法、维护宪法、运用宪法宣传教育,推动不断发展全过程人民民主。配合做好纪念现行宪法公布施行四十周年系列活动。组织开展2022年"12·4"国家宪法日和"宪法宣传周"活动。继续组织开展好"宪法进企业"活动,弘扬宪法精神,维护宪法权威。

4.广泛宣传《工会法》。把学习宣传贯彻《工会法》作为当前和今后一段时期工会普法工作重点内容。组织开展《工会法》全国职工线上知识竞答活动,充分运用报纸、杂志和"三微一端等新媒体"阵地,开展《工会法》媒体系列宣传。

5.大力宣传《民法典》。根据全总和自治区司法厅"美好生活民法典相伴"主题宣传活动统一部署,积极组织职工参加《民法典》宣传月和《民法典》知识竞赛等系列宣传活动,推动《民法典》走到职工身边、走进职工心里。

6.持续宣传劳动保障法律法规。重点做好《宁夏回族自治区实施〈中华人民共和国工会法〉办法》《劳动法》《宁夏工资集体协商办法》《宁夏企业民主管理条例》《保障农民工工资支付条例》等法律法规的学习宣传。在职业病防治法宣传周和安全生产月活动期间,大力宣传《职业病防治法》《安全生产法》等劳动安全卫生法律法规。

7.积极宣传国家安全法律法规。组织开展"4·15"全民国家安全教育日法治宣传教育,大力宣传总体国家安全观和《国家安全法》《反分裂国家法》《数据安全法》《网络安全法》等,推动职工群众增强国家安全意识和风险防控能力,坚决维护劳动领域政治安全。

8.全面学习宣传党内法规。以党章、准则、条例等为重点,深入学习习近平总书记关于坚持和完善党和国家监督体系的重要论述,注重将党内法规宣传同国家法律宣传衔接协调,促进党内法规学习宣传常态化、制度化,推动把全面从严治党身向纵深推进。

三、推进工会工作者和职工群众法治素养提升

9.加强基层工会工作者法治宣传教育。将法治培训纳入基层工会工作者初任培训、任职培训的必训课程,法治教育内容作为工会各类培训的重要内容,全面提升基层工会工作者依法维权服务能力。以深入开展《工会法》学习宣传工作为契机,推动工会工作者把学习《工会法》与学习劳动法律法规结合起来,与学习本岗位需要的其他法律法规结合起来,熟练掌握涉及职工利益和工会工作的法律知识,提升工会工作者依法建会、依法管会、依法履职、依法维权的能力。

10.落实工会干部学法用法制度。抓住"关键少数",建立领导干部应知应会法律法规清单制度,明确领导干部履职应当学习掌握的法律法规和党内法规,完善配套制度,促使知行合一。引导工会干部牢固树立宪法法律至上、法律面前人人平等、权由法定、权依法使等基本法治观念。

11.重点加强农民工、新就业形态劳动者等群体法治宣传教育。加大农民工、新就业形态劳动者法治宣传力度,把法治教育与维权服务相结合,组织开展《宁夏回族自治区维护新就业形态劳动者劳动保障权益实施办法(试行)》等法规政策学习宣传教育活动,引导职工群众办事依法、遇事找法,由"被动学法"向"主动学法"转变。

12.开展"情系女职工法在你身边"普法宣传系列活动。在"三八"国际妇女节前后,以女职工权益保护法律法规为主要内容,以女职工关心关注的热点难点问题为普法重点,组织职工参加线上知识竞赛,开展法治宣传讲座、普法宣传栏等活动。

13.开展"尊法守法·携手筑梦"服务职工法治宣传行动。以"五一"国际劳动节为时间节点,继续联合司法厅、人社厅、普法办开展服务

职工法治宣传行动。开展以"尊法守法·携手筑梦"为主题的法治动漫微视频作品征集展播等活动,打造工会法治宣传行动品牌。

四、提高工会普法工作实效性

14.深入推进网上普法。积极组织开展工会系统网上普法工作。完善"互联网+工会+法律"服务平台,综合运用工会"报、网、端、微、屏"等资源和平台,发挥好中国工会法律服务网、"劳法聚焦"微信公众号、宁夏工会APP等普法阵地优势,不断提升工会普法作品的传播和引导力。

15.充分运用社会力量普法。整合社会资源,建好用好工会普法志愿者队伍,充分发挥法律专家的作用,吸引和组织更多的社会律师参与工会普法工作,畅通和规范社会工作者和志愿者参与普法的途径,充实壮大工会普法志愿者队伍。

16.严格落实意识形态工作责任制和普法责任制。加强普法网络、新媒体等意识形态阵地管理。加强对落实普法责任制的评估评议,推动责任部门在建会、管会、履职、维权等环节中实时全程普法,推动形成新阶段工会普法工作新格局。

附件:2022年自治区总工会重点普法工作计划表。(略)

关于做好常态化疫情防控形势下
维护职工权益工作的通知

宁工办通〔2022〕74号

各市、县（区）总工会，各产业工会，区直机关工会：

为认真贯彻落实自治区第十三次党代会精神，按照《中华全国总工会关于做好常态化疫情防控形势下促进企业发展维护职工权益工作的通知》和《自治区稳经济保增长促发展50条政策措施》要求，通过积极摸排受疫情影响大、困难程度深的地区、行业和企业情况，切实保障困难职工、低收入群体、新就业形态劳动者权益。现将相关工作要求通知如下。

一、帮助困难职工纾困解难

（一）开展常态化困难帮扶慰问。一是主动融入自治区共同富裕战略，下半年投入2000余万元帮扶资金对在档困难职工帮扶全覆盖，投入468万元资助1800名"工会班"学生；二是开展"工会进万家·新就业形态劳动者温暖行动"，加大对货车司机、网约车司机等新就业形态劳动者的慰问力度；三是严格落实全国总工会困难职工"四个不脱"要求，完善信息共享联动协调机制、困难职工网格化监管服务机制、困难职工主动脱困机制，建立职工返困致贫预警机制。

（二）深化职工医疗互助保障工作。一是积极争取自治区党委组织部、卫健委、民政厅、人社厅、医保局、工商联、企联等相关部门支持，指导全区各行各业职工积极参加；二逐步实现政策、资金、人员统一管理，推动职工医疗互助保障管理系统在全区上线运行；三是重点宣传开展职工医疗互助工作的意义和作用，强化互

助互济理念，发挥互助金减轻患病职工家庭经济负担的重要作用。

二、维护职工合法权益

（三）进一步推进集体协商提质增效。一是开展集体协商"四季要约"行动，发挥全区区域（行业）集体协商示范点带动作用，保持集体协商动态建制率在90%以上；二是发挥集体协商的企业工资决定机制作用，推动形成符合企业实际的工资制度和合理增长机制；三是推动配齐区、市、县三级集体协商指导员，建立劳动关系信息员、劳动争议调解员、工会法律监督员、集体协商指导员"四员合一"队伍，将维权与维稳工作有效结合。

（四）落实保障职工疗休养权利。推动各级工会落实《关于加强职工疗休养工作的意见（试行）》，引领企业广泛开展职工疗休养，拓展文体康养、参观学习、红色教育、乡村体验等项目，有效提升职工生活品质，各市、县（区）总工会和各产业工会年内组织开展2000名职工疗休养活动。

（五）扎实推动工会劳动保护工作。一是结合"安全生产月""安全生产宁夏行""6·16安全宣传咨询日"等主题活动，增强抓好安全生产的自觉性和主动性；二是广泛开展健康企业创建活动，落实用人单位主体责任和政府监管责任，不断强化职工群众健康宣传教育工作，持续增强职工群众健康意识，源头遏制职业病发生；三是以"安康杯"竞赛为载体，广泛

组织职工开展应急演练、隐患排查治理、安全生产合理化建议、安全管理优秀成果展示、班组安全建设等活动。

三、促进企业发展

（六）加大基层工会组建力度。坚持工会规范化组建工会和发展会员同时抓，针对新就业形态劳动者流动性大、会籍管理难等新情况新问题，大力推进宁夏工会工作服务平台和"宁工惠"APP等网上建会入会，探索推广"工会+社保"入会模式，年内实现25人以上企业应建尽建，25人以下企业建会数量稳步推进，农民工和新就业形态劳动者入会数量持续增长。

（七）落实小微企业工会经费支持政策。优化小微企业工会经费全额返还方式，企业不再提交申请返还资料，由各级工会依据区总与税务部门和统计部门比对后提供的企业数据信息核定小微企业名单，对2020年未全额返还的和2021年小微企业工会经费由各级工会按照各自分成金额分别返还，对2022年符合返还政策的小微企业工会经费，由自治区总工会从税务代收工会经费系统直接返还，全年预计将分批返还工会经费约1.1亿元。

（八）搭建稳岗送岗促就业平台。以城镇下岗转岗待岗职工、农民工、困难职工为重点群体，采取官方网站、微信、手机APP等网络信息平台和组织"三个一"技能培训、"春风行动就业援助月"、"全区民营企业招聘月"等活动线上线下相结合的方式，提供培训创业就业便利条件，为用工企业和务工人员搭建平台，解决企业用工短缺等问题。

（九）引领广大职工建功立业。一是聚焦"六新六特六优"产业，创建劳模和技能人才创新工作室，并形成分级分类管理工作体系；二是以"百万职工建功新时代、喜迎二十大"为主题，围绕重点产业、已开工的重点工程项目组织开展劳动和技能竞赛；三是在城乡供水一体化等重点工程开展7项示范性劳动竞赛，在葡萄酒、电子信息等产业开展15个工种职业技能竞赛，示范引领各级工会广泛开展劳动和技能竞赛，以技术提升促增收。

宁夏回族自治区总工会办公室
2022年7月8日

关于认真落实学习宣传贯彻党的二十大精神有关任务的通知

〔2022〕79号

区总机关各部室、直属单位：

10月25日下午，区总召开学习贯彻党的二十大精神会议，就学习宣传贯彻好党的二十大精神提出了要求，明确了任务，为确保这些任务落到实处，现就有关事项通知如下。

一、主要任务及分工

（一）认真组织，扎实传达学习好党的二十大精神。重点要筹备开好"两个会议"，组织办好"两个培训班"。

1.11月初，筹备召开十二届八次全委会议。传达学习党的二十大精神，落实自治区党委和全总的工作要求，并就工会系统学习宣传贯彻党的二十大精神作出安排部署。（办公室牵头，组织部、宣教部、研究室配合）

2.召开1次党组理论学习中心组学习会。党组班子成员带头谈体会、谈想法，各党支部负责人要做好交流发言准备，会上随机点名发言。（办公室牵头落实）

3.举办区总机关干部学习贯彻党的二十大精神专题培训班。按照自治区党委和区直机关工委要求，组织区总干部安排一定时间就学习贯彻党的二十大精神进行系统深入解读，深刻领会党的二十大精神实质。区总领导干部和各部室、直属单位负责人要先学一步、学深一层，尽早学深悟透党的二十大精神，为各级工会干部深入学习党的二十大精神作出示范、当好表率。（机关党委牵头落实）

4.举办全区工会主席专题培训班和工会干部培训班。邀请自治区党校或中国劳动关系学院相关专家教授，对各市（县、区）总工会、宁东基地工会、各产业工会主席、副主席进行一次示范培训，带动各级工会集中一段时间对全区工会干部进行全覆盖轮训，深入学习领会党的二十大提出的一系列新思路、新战略、新举措，切实增强工会领导干部学习贯彻落实党的二十大精神的能力水平，激励广大工会干部职工忠诚履职，切实当好党的二十大精神的宣传员、践行者。（组织部、工会干校牵头落实）

（二）精心安排，迅速掀起学习宣传党的二十大精神热潮。

1.搭建学习宣传交流平台。重点在宁夏总工会门户网站、微信公众号、宁工惠APP、《宁夏工运》杂志开设学习专栏，编载各级工会学习宣传贯彻党的二十大精神动态信息和各级工会干部、劳动模范、职工群众学习体会，同时在门户网站开设"时政栏目"，及时更新党的创新理论最新成果，搭建起工会干部和职工群众学习交流新平台。（宣教部牵头，网络部、机关党委配合）

2.组建劳模宣讲团。邀请宁夏出席党的二十大代表中的劳动模范作为骨干成员，成立自治区劳模宣讲团，分批次、分时段深入机关、企业、车间、班组，与广大职工群众深入学习交流党的二十大精神，并同步推出网上劳模宣讲"云课堂"，以劳模示范引领，引导广大职工群众更加坚定不移听党话、跟党走。（宣教部、劳动部牵

头落实）

3.举办一次宣讲会。主动邀请自治区宣讲团成员，面向工会干部、劳动模范和产业工人代表开展集中宣讲。（机关党委、宣教部、办公室牵头落实）

（三）苦干实干，推进党的二十大精神落地落实。

1.举办宁夏工会工作10年成果新闻通气会。全面总结宁夏工会工作10年来发展成果，召开新闻通气会，面向社会各界广泛宣传党的十八大以来宁夏工会工作取得的丰硕成果。（宣教部、研究室牵头落实）

2.积极推动打造新时代宁夏产业工人思想教育实践地。尽快同国家能源宁夏煤业有限公司签订合作备忘录；在习近平总书记"社会主义是干出来的"发声地建设新时代宁夏产业工人思想教育实践地，分批组织产业工人到思想教育实践地学习。（宣教部、劳动部、工会干校牵头落实）

3.开展"三项活动"，激励产业工人建功立业。尽快开展"塞上工匠年度人物"选树活动，大力弘扬劳模精神、劳动精神、工匠精神（宣教部落实）；举办第二届全区职工技术创新成果评选展览活动，为职工创新创造、成才成长搭建交流平台（劳动部落实）；扎实做好2023年困难职工"送温暖"活动的基础工作，在元旦、春节等重要节点，把党和政府的关怀和温暖送到职工身边。（权益部落实）

4.推动出台"七个文件"。在深入系统调研的基础上，制定出台《推进宁夏工会工作高质量发展实施意见》（研究室落实）。制定《自治区总工会劳动模范服务管理意见》，进一步细化教育

引领、服务保障劳模的具体措施；围绕加强产业工人思想引领、推进产业工人建功立业、素质提升、地位提高、队伍壮大五大重点任务分别制定实施意见。（劳动部牵头落实）

5.开展"工会服务在身边"试点工作。联合银川市总工会，指导金凤区开展"工会服务在身边"试点工作，重点打造固定服务阵地、流动服务阵地、网络服务阵地"三位一体"服务职工体系，适时举办启动仪式和推进会，推动全区各级工会认真落实，让职工群众时时处处感受到工会"娘家人"的服务。（权益部牵头落实）

二、工作要求

（一）明确责任分工。各牵头单位、配合单位要切实担负起责任，加强沟通联系，明确任务分工，紧密协调配合，确保工作任务有人抓、有人管、落得实。多个部门（单位）牵头落实的事项，由排在第一位的单位负责统筹协调落实。

（二）细化落实举措。各牵头单位、配合单位要对各自承担任务进行认真研究，拿出切实可行的落实方案、行动举措，短期内可以完成的，要快速安排推进落地见效；需要一段时间完成的，要分阶段、分节点明确时间表和路线图，倒排工期有序推进落实，确保周周有变化、月月有成效。

（三）强化跟踪问效。各牵头单位要及时将落实情况报送区总办公室。区总办公室要加强跟踪督办落实，落实情况作为月工作例会通报的重点内容。

宁夏回族自治区总工会办公室

2022年10月31日

关于开展2022年民族团结进步月活动的通知

宁工办通〔2022〕102号

各市、县（区）总工会，宁东基地工会，各产业工会，区直机关工会，区总各部门、各直属单位：

今年9月份是全区第39个民族团结进步月，为全面贯彻落实中央民族工作会议和自治区第十三次党代会精神，对照《自治区党委办公厅人民政府办公厅关于组织开展2022年民族团结进步月活动的通知》要求，组织全区工会开展民族团结进步月活动，现就有关事项通知如下。

一、指导思想

坚持以习近平新时代中国特色社会主义思想为指导，深入学习贯彻习近平总书记关于加强和改进民族工作的重要思想、视察宁夏重要讲话和重要指示批示精神，认真落实自治区第十三次党代会精神，坚持以铸牢中华民族共同体意识为主线，通过开展民族团结进步月活动，充分展示我区民族进步事业发展新成就，讲好各族职工群众休戚与共、荣辱与共、生死与共、命运与共的生动故事，激励和动员全区各族职工群众团结奋斗、真抓实干，加快建设铸牢中华民族共同体意识示范区，汇聚全面建设经济繁荣、民族团结、环境优美、人民富裕的社会主义现代化美丽新宁夏的强大合力，以实际行动迎接党的二十大胜利召开。

二、活动主题

喜迎二十大　奋进新宁夏　同心跟党走

三、主要内容

（一）加强铸牢中华民族共同体意识专题学习。结合开展习近平总书记视察宁夏重要讲话和重要指示批示精神"大学习、大讨论、大宣传、大实践"活动，围绕学习习近平总书记关于加强和改进民族工作的重要思想，9月份，区总机关党委提请党组开展1次理论学习中心组学习会，邀请专家面向区总干部开展1次专题辅导讲座，组织参观铸牢中华民族共同体意识主题展；将习近平总书记关于加强和改进民族工作的重要思想、《中央民族工作会议精神学习辅导读本》等民族团结教育内容纳入党支部月度学习计划，引导干部职工深刻领会"四个共同"重要论述，深入理解"四个必然要求"，正确把握"四对重大关系"，努力成为铸牢中华民族共同体意识的引领者、实践者和推动者。各级工会要结合开展"同上一堂思政课"活动，通过集中学习、专题辅导、交流研讨、下基层宣讲等多种方式，把习近平总书记关于加强和改进民族工作的重要思想、视察宁夏重要讲话和重要指示批示精神传递到企业车间、传递到职工身边，认真组织学习《中央民族工作会议精神学习辅导读本》，不断增强铸牢中华民族共同体意识的思想自觉和行动自觉。

（二）开展"新时代新征程——铸牢中华民族共同体意识"专题宣传。与民族团结杂志社联合创办我区首个增刊，邀请主流媒体记者走进企业采风报道，着重宣传自治区总工会自成立以来工作情况，着力把增刊办成集中展示各级工会增进各族职工群众团结奋进成果和经验的品牌。在宁夏总工会门户网站制作宣传飘窗，滚动播放民族团结宣传标语，在微信公众号开设"石榴花开籽籽同心"宣传专栏,积极推送各级工会活动图文信息。组织各级工会开展"民族团结在我身边""喜迎二十大"职工摄影短视频、微电影征集活动,利用视频号、抖音号、电子显示屏、触摸屏推送"建设铸牢中华民族共同体意识示范区·有我有你"公益宣传片和工会自制短视频、微电影等,全方位、多视角讲好中华民族一家亲的鲜活故事。

(三)开展"工"字系列职工文化活动。将铸牢中华民族共同体意识教育融入"喜迎二十大——全区劳动者之歌"职工文艺汇演、"声音里的经典——感恩奋进新征程"全区职工诵读大赛、"百场线下阅读、百名读书达人"职工阅读、百场"文艺走基层文化惠职工"等活动,精心编演一批铸牢中华民族共同体意识主题特色鲜明、表现形式多样、时代气息浓厚的节目,通过艺术化的表现形式集中展现各族职工群众交往交流交融的生动实践。借助"宁工学堂"、工会干校公益培训品牌,把开展爱国主义教育和民族团结教育作为培训开班课,讲好工会"娘家人"服务各族职工群众的生动故事,引领各族职工群众进一步铸牢中华民族共同体意识。

(四)积极开展"抓创建、树典型、作示范"活动。认真落实《国家民委 全国总工会 共青团中央 全国妇联关于进一步做好新形势下民族团结进步创建工作的指导意见》精神,组织宁夏工人文化宫积极争创全区民族团结进步示范区示范单位,鼓励各级工会对照创建标准积极开展创建工作,推动全区工会民族团结工作再上新台阶。

(五)组织参与民族政策法规网上知识竞答。组织各级工会在微信公众号上推送自治区党委统战部开展的民族政策法规网上知识竞答活动,引导广大职工群众积极参与,不断深化《中国共产党统一战线工作条例》和我区《实施办法》《自治区促进民族团结进步工作条例》等办法、条例的学习贯彻,不断提高广大职工群众民族团结知识知晓度和普及率。

四、有关要求

(一)强化组织领导。各级工会要把开展好民族团结月活动作为认真贯彻落实习近平总书记关于加强和改进民族工作的重要思想、自治区第十三次党代会、建设铸牢中华民族共同体意识示范区的重要举措,在统筹做好常态化疫情防控的基础上,结合各自实际,认真研究谋划、细化工作措施、创新活动载体,确保民族团结进步月活动扎实开展、取得实效。

(二)营造宣传氛围。各级工会要及时总结民族团结进步月活动中的好做法、好经验,向区内外主流媒体和上级工会推送,建立上下一体、内外联动的宣传格局;要注重把宣传党的民族宗教政策融入到民族团结进步月活动开展的全过程、各方面,结合开展工会干部下基层宣讲、蹲点调研、帮扶慰问、普法宣传等工作,面向一线职工讲好民族团结好故事、传播民族团结正能量,为迎接党的二十大胜利召开营造浓厚氛围。

(三)及时报送成果。各市总工会、宁东基地工会、产业工会要及时整理汇总民族团结月活动开展情况,于9月26日前报送至自治区总工会宣教文体部。

宁夏回族自治区总工会办公室

2022年9月1日

关于进一步加强工会劳动保护监督检查督促企业落实安全生产主体责任的通知

宁工办通〔2022〕112号

各市总工会，宁东基地工会，各产业工会，区直机关工会：

近期，贵州、河北、湖南等地发生生产安全事故，造成重大人员伤亡和财产损失。为认真学习贯彻习近平总书记关于安全生产的重要指示精神，贯彻落实李克强总理批示要求和全国安全生产电视电话会议精神，进一步发挥工会组织在国家安全生产工作中的作用，切实维护好职工劳动安全健康权益，为党的二十大胜利召开营造安全稳定的社会环境，现就进一步加强工会劳动保护监督检查，督促企业落实安全生产主体责任有关事项通知如下。

一、进一步提高对做好当前安全生产工作重要性的认识

安全生产关系国计民生，涉及千家万户，与职工群众利益息息相关。特别是今年10月将召开党的二十大，这是在全党全国各族人民迈上全面建设社会主义现代化国家新征程、向第二个百年奋斗目标进军的关键时刻召开的一次十分重要的大会，是党和国家政治生活中的一件大事。各级工会要进一步提高政治站位，深入学习贯彻习近平总书记关于安全生产重要指示批示精神，认真落实党中央、国务院以及自治区关于安全生产工作重大决策部署，全面落实自治区党委、政府关于安全生产的工作要求，切实强化"时时放心不下"的责任感和紧迫感，坚决克服麻痹思想、侥幸心理、松劲念头，进一步做好工会安全生产工作，加强工会劳动保护监

督检查工作，督促企业落实安全生产主体责任，切实维护职工安全健康合法权益，以实际行动迎接党的二十大胜利召开。

二、积极组织开展群众性安全生产监督检查活动

当前是安全生产的重要时期，各类生产经营建设活动进入旺季，各种导致事故发生的因素明显增多，易出现违法违规问题，从而引发生产安全事故。各级工会要清醒认识当前安全生产面临的严峻形势，充分发挥"群众监督参与"在安全生产工作中不可替代的作用，切实表达好、履行好法律赋予工会维护职工生命安全和身体健康权益的重要职责，加强组织领导，强化责任落实，广泛动员职工群众，全面加强安全防范工作。要组织动员广大职工立足本职，从自身做起，深入开展"查身边隐患、保职工安康、促企业发展""安全隐患随手拍"等群众性监督检查和隐患排查活动，全面排查消除隐患，努力防范和遏制各类事故，促进安全生产形势根本好转。要结合当前安全生产特点，进一步加大矿山、交通运输、危险化学品、建筑施工、城镇燃气、"三合一"及人员密集场所等重点行业领域的工会劳动保护监督检查力度，形成纵向到底、横向到边的隐患排查网络，做到全覆盖、不留死角，对安全隐患、违法违规行为要及时报告政府有关部门。各级工会设立的举报电话、信箱、电子邮箱等，要及时向社会公布，建立完善隐患举报奖励制度，提高职工参与隐患排查治理工

的积极性、主动性、创造性。

三、督促企业落实安全生产主体责任

各级工会要依法维护和督促落实企业职工对安全生产的知情权、参与权、表达权、监督权，组织职工参加本企业安全生产工作的民主管理和民主监督。要充分发挥企业职代会作用，推动建立企业重大隐患治理情况向负有安全生产监督管理职责部门和企业职代会"双报告"制度，形成自查、自改、自报闭环管理体系，实现安全生产隐患排查治理工作的常态化、制度化、规范化。要逐步在高危行业推行签订劳动安全卫生专项集体合同，确保解决涉及职工安全卫生合法权益的问题落到实处。要充分发挥以工会劳动保护监督检查三个《条例》为基础的企业工会劳动保护监督检查组织网络作用，以班组安全建设为核心，以"安康杯"竞赛为载体，夯实企业安全生产基础，提高企业安全生产管理水平。各级工会要积极参与、协助政府及有关部门开展安全生产检查等工作，认真履行监督检查职责，督促企业履行安全生产主体责任、执行安全生产规章制度、加大安全生产投入、加强现场安全管理和重大危险源监控、强化关键设施装置安全运行维护和落实安全防范措施，对违章指挥、强令职工冒险作业、严重危害职工生命安全与职业健康的行为，要依法采取果断措施予以制止，并向政府相关部门反映，提出工会的处理意见。

请各市总工会、宁东基地工会、各产业工会在认真开展当前工作的基础上，总结梳理本地区近两年贯彻落实《中华全国总工会办公厅关于加强工会劳动保护工作的意见》的工作情况，于2022年11月10日前报区总劳动和经济工作部。

宁夏回族自治区总工会办公室
2022年9月30日

关于建立工会"四员队伍"的通知

宁工办通〔2022〕114号

各市、县(区)总工会,宁东基地工会:

为深入学习贯彻习近平总书记关于总体国家安全观的重要论述,进一步全面落实全总"五个坚决"要求,确保"五个不发生",切实维护劳动领域政治安全,根据全国总工会相关要求,自治区总工会决定在全区各级工会中建立一支以劳动关系信息员、劳动争议调解员、工会法律监督员、集体协商指导员为主体的"四员队伍"。现将有关事项通知如下。

一、主要目标

充分整合各方资源,明确工作目标任务,建立工作机制,细化工作措施,打造一支懂业务、有抓手、能力强的专业型"四员队伍",为维护劳动领域政治安全、构建和谐劳动关系提供坚实保证。

二、人员选取

"四员队伍"由各级工会从现有劳动关系信息员、劳动争议调解员、工会法律监督员、集体协商指导员、街道(工业园区、经济开发区)工会主席、社会化工会工作者中选取,广泛吸纳法学专家、退休法官检察官、劳动争议仲裁员、劳动关系协调员(师)、人民调解员及其他领域专业人才,争取将劳动监察、公安、司法、网信等部门的专业人才纳入其中。

三、工作职责

(一)劳动关系信息员

劳动关系信息员:是指负责工会维护劳动领域政治安全方面的信息搜集、报告、网络舆情管控等工作的人员。

工作职责:掌握企业职工基本权益实现情况,熟知与工会有关的劳动关系协调机制和调解机制建设等情况,分析企业经营状况和职工满意度对劳动关系产生的影响,对发现的劳动关系风险及时采取防范措施,把矛盾化解在萌芽状态;向上级工会报告涉及劳动领域政治安全方面的重要信息。

(二)集体协商指导员

集体协商指导员:是指由工会组织领导、聘用和管理,负责指导、帮助和代表职工与企业代表组织进行集体协商、签订集体合同的人员。

工作职责:一是宣传指导。为企业和职工提供劳动法律法规政策咨询,指导和帮助企业、区域、行业工会准备协商相关资料、收集职工意见、提出协商要约、拟定协商方案、研究协商策略、确定协商内容、起草集体合同草案等。二是参与培训。对负责集体协商工作的工会干部、企业方协商代表及相关人员进行业务培训。三是参加协商。可以受上级工会委托,或接受企业、区域、行业工会聘请,作为职工方协商代表直接参加集体协商。四是调查研究。调查了解与集体协商相关的各种数据和信息,为基层工会开展集体协商提供数据支持,总结本地先进经验和做法。五是监督检查。按照县级以上总工会的统一部署,组织人员对工会集体协商工作开展情况进行监督指导。

(三)工会法律监督员

工会法律监督员:是指对用人单位执行劳动法律、法规的情况进行监督的人员。

工作职责:向用人单位和职工宣传劳动法律、法规,使劳动关系双方特别是用人单位能够知法、懂法、守法,预防和减少违反劳动法律、法规的情况发生;依据"一函两书"制度,参与调查和处理违反劳动法律、法规的行为,监督企业进行整改,协调执法部门介入,并对发生的问题进行统计、分析,建立相应的档案备查。

(四)劳动争议调解员

劳动争议调解员:是指从事管理劳动合同、参与集体协商、促进劳资沟通、预防与处理劳动争议等的人员。

工作职责:依法依规调解本企业内部存在的劳动争议,组织争议双方签订调解协议书,督促争议双方当事人履行调解协议,对职工进行劳动法律法规的宣传教育,做好劳动争议的预防工作。

四、具体要求

(一)加强组织领导。各级工会要切实加强组织领导,研究制订发展规划,落实工作保障机制,确保"四员队伍"健康发展、发挥作用。要把加强队伍建设作为一项长期性基础性工作来抓,努力培养造就一支善于维护职工队伍稳定、协调劳动关系的人才队伍。

(二)严格选取条件。选取人员应当遵守国家法律法规,熟悉《工会法》《劳动法》《劳动争议仲裁法》等相关法律法规;有较高的思想政治素质,认真学习贯彻党的路线方针政策;热爱工会工作,热心为职工群众服务;具备坚定的政治立场和高度的责任感、敏锐的信息发掘和鉴别能力,诚实正直、工作热情。

(三)提高管理要求。各级工会要进一步明确职责任务,分级抓好落实。建立"四员"队伍数据库,加强工作考核,确保各级工会配齐配强人员。各市总工会负责本辖区内人员的日常管理,建立工作档案,定期督促检查,开展年度考核,畅通沟通渠道,搭建交流平台,充分发挥"四员队伍"作用。

(四)营造良好氛围。各级工会要进一步加大宣传力度,推动形成有利于"四员队伍"充分发挥作用的良好社会氛围;积极争取党委、人大、政府、政协和各相关部门以及社会各界对这项工作的关心支持,形成齐抓共管的良好局面。

宁夏回族自治区总工会办公室
2022年10月10日

自治区总工会关于印发《2022年度全区工会工作评价实施方案》的通知

宁工办通〔2022〕127号

各市总工会,宁东基地工会,各产业工会,区直机关工会,区总各相关部门:

《2022年度全区工会工作评价实施方案》已经自治区总工会党组会议审议通过,现印发给你们,请认真贯彻执行。

宁夏回族自治区总工会办公室
2022年11月10日

2022年度全区工会工作评价实施方案

2022年是党的二十大胜利召开之年,是实施"十四五"规划的关键之年,也是贯彻落实自治区第十三次党代会精神的开局之年,做好工会工作意义重大。为全面检验全区工会各项目标任务完成情况,根据《2022年度自治区效能目标管理考核方案》《自治区总工会2022年工作要点》和自治区总工会关于做好2022年工会工作评价的相关要求,提出如下评价方案。

一、评价对象及分组

1.地市级工会组:5个地级市总工会、宁东能源化工基地工会。

2.不驻会产业工会组:宁夏电业工会、宁夏邮政工会、宁夏交通工会、宁夏建设工会、宁夏地质工会、区直机关工会、自治区总工会驻北京办事处工作委员会、中国金融工会宁夏工作委员会。

3.县(市、区)总工会组:22个县(市、区)总工会。

二、评价内容

(一)评价项目

1.加强党委对工会工作的组织领导,推进工会组织规范化建设。贯彻落实自治区党委办公厅《关于加强新时代党建带工建工作的意见》,将党的组织建设和工会组织建设纳入党建工作同步考虑、统筹安排;健全各级工会组织领导机构,深入开展新就业形态劳动者入会和25人以上非公企业建会工作,实现新就业形态劳动者会员数量稳步增长,25人以上非公企业应建尽建。

2.加强职工思想政治引领。开展"同上一堂思政课"活动,各市总工会组织劳模"三进"宣讲不少于10场次,开展文艺下基层活动不少于10场次;各县(市、区)总工会开展劳模宣讲、文艺下基层活动分别不少于1场。

3.持续推进产业工人队伍建设改革。贯彻落实自治区党委、人民政府《关于印发〈新时期宁夏产业工人队伍建设改革实施方案〉的通知》精神,按照2022年产业工人队伍建设改革年度工作要点和工作台账确定的目标任务,突出思想引领、建功立业、素质提升、地位提高、队伍壮大及试点工作等重点,制定实施方案、健全组织体系、明确工作责任、完善工作机制、开展督查考核,推动产业工人队伍建设改革工作走深走实。

4. 推进企业民主管理制度和工资集体协商制度有效落实。健全各级厂务公开民主管理工作机构,推动企事业单位建立企业民主管理长效机制;推动已建工会的国有企业和百人以上非公企业普遍建立职代会、厂务公开制度,百人以下非公有制企业民主管理制度建制率稳步增长;各市、县(区)劳动关系三方协调机制开展工资集体协商"稳就业、促发展、构和谐"活动;深化工资集体协商"四季要约"行动,建会企业签订率达到90%以上。

以上4个方面内容为《2022年度自治区效能目标管理考核细则》中自治区总工会对市、县考核细则。全区工会工作评价紧紧围绕这4个方面,针对市、县级工会,进一步细化为10个方面45项具体评价项目;针对不驻会产业工会,参照以上内容细化为10个方面42项具体评价项目(见附件1、附件2)。

(二)加分项目

1. 创新加分。在全国工会(行业)系统处于领先水平,被全国总工会、自治区党委政府通报表扬或作经验推广的,受到全国总工会、自治区领导肯定性批示的,被评选为全区工会年度十大创新创优工作的,每项加2分;在全国性工作会议上作交流发言的,被全国总工会各部门各产业工会、市委市政府、自治区总工会及自治区其他各部门通报表扬或作经验推广的,每项加1分;工作经验和做法在自治区级及以上主流媒体或党刊上刊载的,每项加0.5分。

2. 获奖加分。被全国总工会、自治区党委政府表彰奖励的每项加1分,属等级奖励的,按照一、二、三等奖分别加1分、0.8分、0.6分;被全国总工会各部门、全国产业工会、市委市政府、自治区总工会及自治区其他各部门表彰奖励的每项加0.5分,属等级奖励的,按照一、二、三等奖分别加0.5分、0.3分、0.1分。

(三)扣分项目

受到全国总工会、自治区党委政府通报批评的,因工作失误造成严重不良影响或引发重大舆论事件的,每次扣1分;受到全国总工会各部门各产业工会、市委市政府、自治区总工会及自治区其他各部门通报批评的,每次扣0.5分。

三、评价方式

(一)地市级工会、不驻会产业工会

1. 自评(占比40%)。被评价单位根据评价细则对工作完成情况进行自我评价,于11月18日前将自评打分表(附件4)和自评报告报自治区总工会办公室。

2. 自治区总工会职能部门评价(占比50%)。各职能部门综合运用平时调研、检查、日常工作中掌握的情况等进行评价打分,于11月18日前将评价打分表(附件5)报自治区总工会办公室。

3. 自治区总工会领导评价(占比10%)。自治区总工会领导根据被评价单位工作完成情况进行评价(由自治区总工会办公室负责组织实施)。

4. 加分项目(10分封顶)。被评价单位于11月18日前将加分项目申报表(附件3)及相关证明材料报自治区总工会办公室,自治区总工会办公室、宣教文体部按照职责分别进行复核。

5. 扣分项目。由自治区总工会办公室根据平时掌握情况评价。

(二)县(市、区)总工会

1. 所在市级总工会评价(占比60%)。由各市总工会根据评价内容(评价项目、加分项目、扣分项目)对所辖县(市、区)总工会进行评价打分,于11月25日前将评价得分(附件6)报自治区总工会办公室。

2.自治区总工会职能部门评价(占比30%)。各职能部门综合运用平时调研、检查、日常工作中掌握的情况等,对各县(市、区)总工会进行评价打分,于11月25日前将评价打分表(附件6)报自治区总工会办公室。

3.自治区总工会领导评价(占比10%)。自治区总工会领导根据县(市、区)总工会工作完成情况进行评价(由自治区总工会办公室负责组织实施)。

四、评价等次确定和结果运用

(一)评价等次确定

地市级工会评价结果分为优秀和良好2个等次,优秀、良好等次各占50%。不驻会产业工会评价结果分为优秀、良好和一般3个等次,优秀等次不超过本组的30%。

(二)评价结果运用

1.自治区总工会对地市级工会、不驻会产业工会评价结果进行通报,并根据评价结果给予不同等次经费补助。

2.各市、县(市、区)总工会总体评价结果作为2022年度自治区效能目标管理考核中自治区总工会考核市、县结果。

五、工作要求

(一)严格评价方式。各评价责任单位和部门要进一步加大平时评价力度,加强日常监督和定期反馈,年终评价打分要综合运用平时调研、督查、检查和日常工作中掌握的情况。除必要事项外,严禁随意要求被评价单位填表格、报材料,着力减轻各级工会组织负担。

(二)提高工作水平。各被评价单位要把工作评价作为提升工作水平、促进改革创新的重要抓手,加强组织领导,精心组织实施,确保评价工作有序开展,推动工作上水平、上台阶。

(三)注重工作纪律。各单位(部门)要坚持实事求是、公平公正的原则,严肃评价纪律,规范评价程序,确保评价结果真实可靠。

附件:

1.市县级工会工作评价细则(略)

2.不驻会产业工会工作评价细则(略)

3.加分项目申报表(略)

4.地市级工会、不驻会产业工会自评打分表(略)

5.地市级工会、不驻会产业工会评价打分表(略)

6.县(市、区)总工会评价打分表(略)

关于进一步发挥工会作用
助力自治区"稳经济保民生百日行动"的通知

宁工办通〔2022〕131号

各市、县(区)总工会,宁东基地工会,各产业工会,区直机关工会,区总各部门、各直属单位:

为认真贯彻落实自治区党委办公厅、人民政府办公厅《关于印发〈全区稳经济保民生政策措施〉的通知》,助力疫情防控与经济社会发展,在全区打好四季度收官战、奋力实现明年开门红中积极发挥工会作用,现就具体事项通知如下。

一、开展困难职工帮扶慰问工作。组织各级工会全面摸排困难职工、边缘易致困户、受疫情影响的职工、新就业形态劳动者、困难企业情况,制定帮扶慰问方案,于2023年元旦、春节前后,由自治区总工会筹集帮扶慰问资金1400万元,对困难职工、困难劳动模范、困难企业、重点工程和重点项目职工、新就业形态劳动者、有突出贡献的职工和长期在苦脏累差环境工作的职工开展困难帮扶、慰问活动,把党和政府的关怀、工会组织的温暖送到职工心坎上。及时受理困难职工群众的救助诉求,简化手续、提高时效,做好困难职工的临时性救助工作。[责任部门:区总权益部、劳动部,各市、县(区)总工会,各产业工会]

二、扎实开展工会服务活动。建好用好"司机之家""劳动者港湾""爱心驿站""爱心妈咪小屋"等工会户外劳动者服务站点,将工会服务进一步向基层职工、户外劳动者和新就业形态劳动者延伸,以实实在在的服务增

强职工群众的主人翁意识,激发职工群众的劳动热情,引导职工弘扬劳动精神、奋斗精神、奉献精神、创造精神和勤俭节约精神,培育时代新风貌。自治区总工会计划投入100万元资金对50家自治区级"最美户外劳动者服务站"予以支持。[责任部门:区总权益部、组织部、宣教部、劳动部、女工部,各市、县(区)总工会,各产业工会]

三、广泛开展劳动和技能竞赛。聚焦自治区"六新六特六优"产业和重大项目,组织动员广大职工积极参加各种形式的劳动和技能竞赛,以实际行动为推动高质量发展作贡献;大力开展"五小"等群众性创新活动,办好全区职工技术创新成果展,引导广大职工增强创新意识、提高创新能力,为更多"千里马"争相涌现搭建平台。[责任部门:区总劳动部,各市、县(区)总工会,各产业工会]

四、深入推进集体协商工作。深化百人以上企业集体协商工作,丰富协商内容,将职工能绩情况、技能等级和创新、创造、荣誉类补贴等纳入协商范围,在助力实现共同富裕中推动形成尊重劳动、重视技能人才的氛围,助推黄河流域生态保护和高质量发展先行区建设;大力开展网约配送、快递、货运等新就业形态劳动者集中的行业集体协商,推动解决发放节日福利、缴纳意外伤害保险、提高送件补助标准等问题,在维护新就业形态劳动者权益中促进经济社会健

康发展。[责任部门:区总权益部,各市、县(区)总工会,各产业工会]

五、服务就业创业工作。 支持和鼓励乡镇(街道)和村级工会开展农民工线上、线下技能培训工作,提升农民工就业技能;组织各级工会在各类平台中不定期推送就业信息,推动解决企业招工难、职工就业难问题。[责任部门:区总权益部、网络部,各市、县(区)总工会,各产业工会]

六、高度重视劳动领域矛盾纠纷排查化解工作。 针对新冠疫情等不利因素的影响,加强对劳动领域风险隐患的监测,聚焦受疫情影响严重、劳动关系矛盾风险突出的行业,重点关注和化解因用人单位单方面变更劳动合同、降薪裁员、欠薪欠保和职工生活困难等引发的突出风险,积极推进"法院+工会+人社+司法"四方联动机制建设,做好职工群众信访接待办理工作,努力把问题解决在基层,把隐患消除在萌芽,促进企业劳动关系和谐,助力经济社会健康发展。[责任部门:区总权益部,各市、县(区)总工会,各产业工会]

七、扎实做好职工健康服务工作。 针对货车司机、网约车司机等长时间久坐和快递员、外卖员饮食不规律、工作压力大等现状,开展新就业形态劳动者健康体检服务,每人补贴400元。推动职工医疗互助保障在全区统一政策、统一标准、统一流程,逐步实现统一服务。激励各级工会组织职工疗休养,落实"年内五市总工会、各产业工会、宁东基地工会在完成300人疗休养的基础上,每多组织1人奖励100元"措施。[责任部门:区总组织部、权益部、财务部,宁夏工人疗养院,各市、县(区)总工会,各产业工会]

八、继续推进工会助学服务。 自治区总工会计划投入447.98万元资金,帮助1723名困难职工子女("工会班"学生)完成高中学业。[责任部门:区总权益部,相关市、县(区)总工会]

九、坚持小微企业工会经费返还措施。 简化小微企业工会经费返还程序,对2022年月销售额15万元以下的小微企业工会经费,简化程序,做到主动返、及时返、应返尽返。(责任部门:区总财务部)

**十、进一步落实《自治区总工会关于印发〈加大工会经费投入助力疫情防控与经济社会发展的若干措施〉的通知》(宁工发〔2022〕40号)和《关于全区工会进一步做好防疫情稳经济保增长促发展有关工作的紧急通知》(宁工发〔2022〕50号)精神,鼓励机关企事业单位通过各种方式促进消费。(责任部门:区总财务部)

宁夏回族自治区总工会办公室

2022年11月22日

自治区总工会关于开展2022年"新就业形态劳动者温暖服务季"活动的通知

宁工办通〔2022〕133号

各市、县(区)总工会,宁东基地工会,各产业工会,区直机关工会,区总各部门、各直属单位:

为深入学习宣传党的二十大精神,切实落实党中央关于做好关心关爱新就业形态劳动者群体工会工作有关部署要求,全国总工会于2022年11月启动"新就业形态劳动者温暖服务季"活动。活动时间为2022年11月至2023年1月。根据《中华全国总工会办公厅关于开展"新就业形态劳动者温暖服务季"活动的通知》精神,为将此次活动各项工作落到实处、取得实效,不断增强新就业形态劳动者的获得感、幸福感、安全感,在全社会营造尊重关爱新就业形态劳动者的良好氛围,服务季活动期间,各级工会重点开展以下七项服务。

一、走访慰问服务。将新就业形态劳动者作为工会常态化送温暖的重要慰问对象,把握元旦春节时间节点,结合"两节"送温暖活动开展调研走访,深入一线劳动者群体、站点,因地制宜开展形式多样的走访慰问活动。2023年"两节"期间,自治区总工会计划筹集送温暖慰问资金200万元,专门对新就业形态劳动者开展慰问活动,把党和政府的关怀、工会组织的温暖送到职工心坎上。[责任部门:区总权益部、财务部,各市、县(区)总工会,各产业工会]

二、依法维权服务。通过线上线下平台为新就业形态劳动者提供工会服务宣传、普法教育、讲授劳动保护和维权知识等服务,有效利用"工会+法院"线上诉调对接平台,积极推行"1+4"(工会+律师+仲裁+法院+互联网)一体化维权新模式,加大化解矛盾纠纷、提供法律援助力度。大力开展网约配送、快递、货运等新就业形态劳动者集中的行业集体协商,推动解决发放节日福利、缴纳意外伤害保险、提高送件补助标准等问题,在维护新就业形态劳动者权益中促进经济社会健康发展。[责任部门:区总权益部,各市、县(区)总工会,各产业工会]

三、心理咨询服务。"12351"心理咨询热线保持24小时畅通,由专业心理咨询师提供专业服务,对来电的新就业形态劳动者心理困扰进行干预和疏导;通过微信公众号、视频号、抖音号等平台发布专业心理咨询师录制心理咨询科普视频、自我操作的心理减压放松指导技术视频;通过微信公众号、腾讯会议等方式线上开展文艺、体育公益直播课、录播课,引导新就业形态劳动者广泛参与,丰富精神文化生活,积极应对、有效纾解因疫情引起的不良情绪,营造积极健康向上的良好氛围。[责任部门:区总权益部,各市、县(区)总工会,各产业工会]

四、困难帮扶服务。将新就业形态劳动者作为工会困难职工摸排的重点对象,对符合建档条件的应帮尽帮、应纳尽纳,做好新就业形态劳动者的常态化帮扶工作;加强与民政、人社、乡村振兴、残联等部门的对接,推动将符合条件的新就业形态劳动者纳入社会救助体系,实现社会兜底保障。[责任部门:区总权益部,各市、县(区)总工会,各产业工会]

五、户外站点服务。聚焦新就业形态劳动者需求，开展关爱新就业形态劳动者服务，利用户外劳动者服务站为新就业形态劳动者提供骑行换电、车辆维修、护具配备等生产性保障，以及饮水用餐、如厕、取暖等生活性服务，以"小切口"彰显工会服务的"大天地"。自治区总工会计划投入100万元资金对50家自治区级"最美户外劳动者服务站"予以支持。[责任部门：区总权益部、基层部、财务部，各市、县(区)总工会，各产业工会]

六、就业培训服务。摸清企业用工需求，建立重点企业联系制度，为新就业形态劳动者开展专项技能培训促就业活动；充分发挥工会自有、行业协会、劳务派遣公司以及各级公共就业服务平台作用，在各类线上线下媒体不间断发布就业招聘信息，为企业和劳动者搭建用工、就业平台。[责任部门：区总权益部，工会干校，各市、县(区)总工会，各产业工会]

七、健康保障服务。依托宁夏工人疗养院、各地医疗健康体检机构，为新就业形态劳动者提供健康体检服务，自治区总工会每人补贴400元。推动将新就业形态劳动者纳入医疗互助活动，积极联系爱心企业、公益组织为新就业形态劳动者赠送互助保障和意外保险等，为减轻患病住院治疗费用压力提供有力保障。[责任部门：区总基层部、权益部、财务部，宁夏工人疗养院，各市、县(区)总工会，各产业工会]

各级工会要提高政治站位，将服务季活动作为学习宣传贯彻党的二十大精神的具体举措，结合实际，统筹安排，积极探索拓展服务项目，确保服务季活动取得实效。一是加强阵地宣传和媒体宣传，充分运用工会服务职工阵地、主流媒体和新媒体宣传报道，强化舆论宣传引导，挖掘活动中的感人事迹、典型经验和主要成效。二是坚持"三蹲六联"工作机制，深入基层一线、深入新就业形态劳动者群体，认真倾听他们的意见呼声，提供形式多样、职工需求的对路服务。三是在走访慰问、困难帮扶等工作中要严格执行中央八项规定精神及相关要求，不增加基层负担，错开新就业形态劳动者集中工作时间，严格按照有关规定和程序管理使用送温暖资金。

请各市、县(区)总工会，宁东基地工会，各产业工会，区直机关工会，区总各部门、各直属单位在2023年1月活动结束后及时总结工作情况，并于2023年1月16日前将活动开展情况报告(电子版及盖章扫描件)发区总权益保障部。

宁夏回族自治区总工会办公室
2022年11月28日

自治区总工会关于充分发挥工会组织在生产安全事故调查处理中重要作用的通知

宁工办通〔2022〕134号

各市、县（区）总工会，宁东基地工会，各产业工会，区直机关工会：

工会参加生产安全事故调查处理工作是法律赋予工会的一项重要职责，是工会劳动保护工作的重要内容，是工会维护职工安全健康权益的重要手段。根据《中华人民共和国工会法》《中华人民共和国安全生产法》、国务院《生产安全事故报告和调查处理条例》等法律法规，按照全总《关于工会在生产安全事故调查处理中充分发挥作用的指导意见》的要求，为进一步明确全区工会在事故调查处理中的职责定位，充分发挥工会在事故调查处理中的重要作用，结合我区实际，现就有关事项通知如下。

一、提高政治站位，准确把握指导思想和基本原则

发挥工会组织在生产安全事故调查处理中的重要作用，必须坚持的指导思想是：以习近平新时代中国特色社会主义思想为指导，认真学习贯彻党的二十大精神，深入学习贯彻习近平总书记关于工人阶级和工会工作、关于安全生产工作重要论述，全面贯彻党中央、国务院决策部署和自治区党委、政府安排部署，坚持"两个至上"，把握"两个大局"，统筹"两件大事"，切实履行法律法规赋予工会参加生产安全事故调查处理的职责，为党政分忧、为职工群众解难，推动通过事故调查促进安全生产整体工作，促进宁夏经济社会高质量发展。

必须坚持的基本原则：

（一）坚持党的领导。在党的领导下认真负责地开展工作，要把习近平总书记重要指示精神、党中央、国务院决策部署和自治区党委、政府安排部署不折不扣地坚决贯彻到工会参加生产安全事故调查处理的全过程、各方面，重要情况要第一时间向所在单位党组（党委）请示报告，牢牢把握工会参加生产安全事故调查处理的正确政治方向。

（二）依法履行职责。按照依法依规、注重实效、实事求是、客观公正的原则以及事故原因未查清不放过、责任人员未处理不放过、整改措施未落实不放过、有关人员未受到教育不放过的"四不放过"原则，认真履行职责，全面完成事故调查处理的相关任务。

（三）秉持职工立场。坚持以职工为本，在事故调查处理中对侵害职工合法权益的行为坚决提出工会的意见，积极反映职工合理诉求，帮助解决职工困难，做好职工思想引领工作，提升职工的安全素质。

（四）突出工作实效。坚持问题导向、目标导向、结果导向，与事故调查组其他成员单位密切配合，认真细致工作，确保事故调查结论经得起历史检验。通过事故调查处理，推动企业和政府有关部门汲取事故教训，举一反三，促进安全生产形势持续稳定向好。

二、突出工作重点，充分发挥工会组织作用

（一）及时上报事故信息。生产安全事故发生后，事故属地工会要按照事故处置权限和权威部门公布的结果,及时掌握事故伤亡人数及财产损失情况,做好事故信息上报工作。重大事故和特别重大事故在逐级上报的同时,可直接上报至自治区总工会和全国总工会。事故调查处理过程中,参加事故调查处理的工会应当定期将工会作用发挥情况报上一级工会。事故调查处理结束后,参加事故调查处理的工会应当及时将工会作用发挥整体情况报上一级工会。

(二)主动参与事故应急。事故企业工会和属地工会要在同级党委的统一领导下,积极主动参与救险、救急工作,配合地方党政做好工伤职工及遇难职工家属的安抚慰问、心理疏导等工作,引导职工依法理性有序表达合理诉求,不传谣、不信谣,防止发生次生事故和群体性事件,维护劳动领域政治安全和经济社会发展大局稳定。

(三)依法参加事故调查。根据事故等级,工会依法参加同级政府或者事故相关单位组织的调查组。未被依法纳入调查组的工会,应及时报告上一级工会,上级工会应根据实际情况,采取有效方式向有关部门提出工会依法参加事故调查处理的意见。在事故调查过程中,工会参加事故调查的人员要在事故调查组的统一领导下,与调查组其他成员密切配合,全程参与事故调查取证、认证工作,在事故原因分析、责任单位和责任人员认定、汲取事故教训以及问题整改等方面积极提出工会意见,维护职工和企业的合法权益,维护国家法律法规的权威。

(四)竭诚关心关爱职工。事故企业工会、属地工会要积极配合党政做细做实工伤鉴定和抚恤赔偿等工作,监督有关单位落实工伤职工及遇难职工家属依法获得相应的工伤保险待遇和民事赔偿。对符合条件的工伤职工及遇难职工家属及时予以建档帮扶、纳入送温暖慰问范围。及时回应工伤职工及遇难职工家属的关切,必要时为其提供法律援助。积极参与事故

发生单位和受事故影响单位的复工、复产、复建工作。加强对广大职工的安全教育培训,提升职工的安全意识和自我保护技能。

(五)持续督促问题整改。各级工会要根据事故暴露出的问题,加大源头参与力度,在完善相关法律法规和行业标准、督促企业落实安全生产主体责任等方面提出工会意见。积极参与党政部署开展的汲取事故教训,预防同类事故再次发生的安全生产大检查、集中攻坚等专项工作。事故企业工会、属地工会要依法督促事故发生单位认真汲取事故教训,落实防范和整改措施。参加事故调查的工会要加强与调查组组长单位的沟通,积极参加对事故整改和防范措施落实情况的评估工作。

(六)大力推进群防群治。各级工会要大力开展"安康杯"竞赛、工会劳动保护监督检查、班组安全建设、安全隐患随手拍和安全生产"金点子"建议等群众性安全生产活动,促进职工操作达标、班组管理规范、企业本质安全。推动创建企业安全文化,促进职工由"要我安全"向"我要安全"转变。充分发挥企业民主管理和民主监督在安全生产工作中的作用,保障广大职工的知情权、参与权、表达权、监督权,调动职工参与安全生产工作的积极性。用好安全生产"吹哨人"制度,鼓励人人争做安全主人翁。

三、强化保障措施,确保履行职责有力有效

(一)加强组织领导。各级工会要高度重视参加生产安全事故调查处理工作,加强对该项工作的领导,统筹各相关部门、产业工会的力量和资源,构建主要领导亲自抓、分管领导具体抓、各部门和产业工会合力抓的工作格局,选派部门和产业工会精干力量参加事故调查处理工作,保证有人做事、有钱办事。加强正向激励,将参加生产安全事故调查处理工作情况作为评优评先、干部提拔的重要参考。

(二)建设人才队伍。各级工会要通过举办培训班、研讨会等形式,加强对工会人员参加生

产安全事故调查处理业务知识和能力的培训，鼓励参加事故调查处理工作的人员在干中学、在学中干，建设一支政治强、业务精、素质高的事故调查处理人才队伍。

（三）重视沟通协调。各级工会要加强对下级工会的工作指导，及时帮助下级工会解决参加事故调查处理过程中遇到的问题。加强与纪检监察、应急管理等部门的沟通协调，积极争取党政部门对工会工作的支持，不断健全完善工会参加生产安全事故调查处理工作的内容和流程。

（四）营造良好氛围。各级工会要及时总结参加生产安全事故调查处理的好经验好做法，加强对工会在生产安全事故调查处理工作中作用发挥情况的宣传，为工会在生产安全事故调查处理中充分发挥作用营造良好氛围。

宁夏回族自治区总工会办公室
2022年12月5日

统　计

宁夏回族自治区2022年国民经济和社会发展统计公报[1]

宁夏回族自治区统计局　国家统计局宁夏调查总队

2023年4月26日

2022年,在自治区党委和政府的正确领导下,全区上下深入学习贯彻习近平总书记视察宁夏重要讲话和重要指示批示精神,完整、准确、全面贯彻新发展理念,坚决落实党中央、国务院各项决策部署,高效统筹疫情防控和经济社会发展,全区经济运行总体平稳,转型升级步伐加快,发展动能持续增强,质量效益不断提升,民生保障有力有效,先行区建设迈上新台阶,社会主义现代化美丽新宁夏建设迈出坚实步伐。

一、综合

初步核算,全年全区实现生产总值[2]5069.57亿元,按不变价格计算,比上年增长4.0%。其中,第一产业增加值407.48亿元,增长4.7%;第二产业增加值2449.10亿元,增长6.1%;第三产业增加值2212.99亿元,增长2.1%。第一产业增加值占地区生产总值的比重为8.0%,第二产业增加值比重为48.3%,第三产业增加值比重为43.7%。按常住人口计算,人均地区生产总值69781元,增长3.5%。

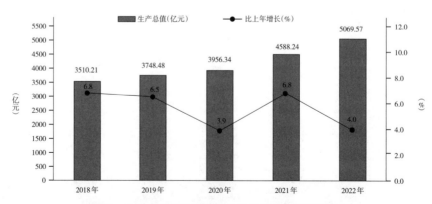

图1　2018—2022年全区生产总值及其增长速度

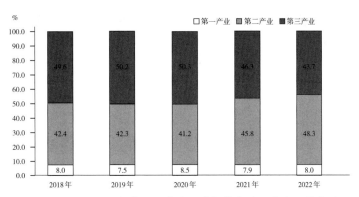

图2 2018—2022年全区三次产业增加值占地区生产总值比重

年末,全区常住人口728万人,比上年末增加3万人。其中城镇常住人口483万人,占常住人口比重(常住人口城镇化率)为66.34%,比上年末提高0.3个百分点。全年全区出生人口7.7万人,出生率为10.60‰;死亡人口4.5万人,死亡率为6.19‰;自然增长率为4.41‰。

表1 2022年年末全区人口数及其结构

指 标	年末数(万人)	比重(%)
年末常住人口	728	100.00
其中:城镇	483	66.34
乡村	245	33.66
其中:男性	371	50.96
女性	357	49.04
其中:0—15周岁(含不满16周岁)	153	21.01
16—59周岁(含不满60周岁)	471	64.70
60周岁及以上	104	14.29
65周岁及以上	76	10.44

全年全区城镇新增就业7.95万人,农村劳动力转移就业82.30万人,年末全区城镇调查失业率为5.3%。全年全区农民工[3]总量为103.8万人,比上年增加4.3万人,增长4.3%。其中,外出农民工79.4万人,增加3.1万人,增长4.1%;本地农民工24.5万人,增加1.3万人,增长5.6%。

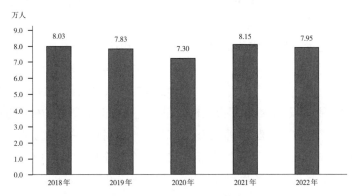

图3 2018—2022年全区城镇新增就业人数

全年全区居民消费价格比上年上涨2.3%，工业生产者出厂价格上涨11.1%，工业生产者购进价格上涨17.6%,农产品生产者价格[4]下跌1.7%。

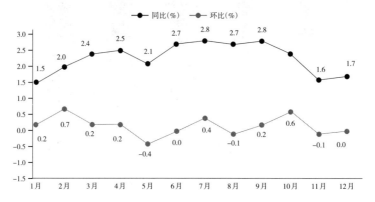

图4　2022年全区居民消费价格月度同比涨跌幅度

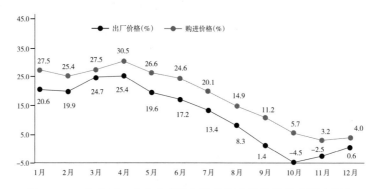

图5　2022年全区工业生产者出厂价格和购进价格月度涨跌幅度

新兴动能苗壮成长。高技术和装备制造业快速增长。全年全区规模以上高技术制造业[5]增加值比上年增长31.7%,装备制造业[6]增加值比上年增长24.6%,分别比全部规模以上工业增加值增速高24.7个和17.6个百分点。水电、风电、太阳能等可再生能源发电量513.9亿千瓦时,增长5.9%。互联网经济快速发展。全年全区网上零售额[7]167.3亿元,其中,实物商品网上零售额108.2亿元,增长19.3%。

二、农业

全年全区粮食播种面积1038.44万亩,比上年增加4.51万亩。其中,小麦播种面积122.03万亩,增加21.47万亩;水稻播种面积44.06万亩,减少32.19万亩;玉米播种面积548.39万亩,减少2.74万亩;马铃薯播种面积121.01万亩,减少28.96万亩。油料播种面积39.98万亩,减少0.90万亩。蔬菜播种面积194.10万亩,减少3.59万亩。瓜果播种面积78.26万亩,减少6.10万亩。园林水果面积156.24万亩,增加0.18万亩。

全年全区粮食总产量375.83万吨,比上年增产7.39万吨,增长2.0%,实现十九连丰。其中,夏粮产量27.86万吨,增长41.2%;秋粮产量347.97万吨,下降0.2%。全年全区小麦产量27.27万吨,增长43.9%;水稻产量23.66万吨,下降42.3%;玉米产量276.63万吨,增长5.0%;马铃薯产量(折粮)32.59万吨,下降9.9%。

全年全区蔬菜产量527.92万吨,比上年下降1.0%;红枣产量9.67万吨,增长25.6%;枸杞产量8.63万吨,增长0.4%;油料产量4.54万吨,下降5.8%。全年全区肉类总产量36.77万吨，比上年增长4.1%。其中，猪肉产量9.03万吨，下降0.9%；牛肉产量12.47万吨，增长5.4%；羊肉产量12.48万吨，增长8.8%；禽肉产量2.55万吨，下降0.8%。禽蛋产量13.21万吨，增长2.7%。牛奶产量342.50万吨，增长22.1%。水产品产量17.04万吨，增长2.7%。年末全区生猪存栏74.26万头，下降13.1%；肉牛存栏148.39万头，增长7.8%；奶牛存栏83.69万头，增长19.2%；羊存栏710.55万只，增长4.9%；活家禽存栏1512.66万只，增长22.9%。全年生猪出栏110.79万头，下降1.5%；肉牛出栏76.14万头，增长5.3%；羊出栏702.28万只，增长8.8%；活家禽出栏1216.32万只，下降0.7%。

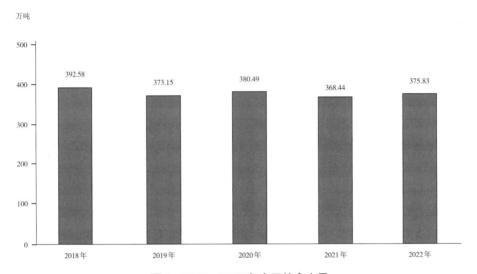

图6 2018—2022年全区粮食产量

表2 2022年全区主要农林牧渔业产品产量及其增长速度

指 标	产 量（万吨）	比上年增长（%）
粮食	375.83	2.0
小麦	27.27	43.9
水稻	23.66	-42.3
玉米	276.63	5.0
油料	4.54	5.8
蔬菜	527.92	-1.0
瓜果	201.04	8.6
枸杞	8.63	0.4
肉类总产量	36.77	4.1
其中：猪、牛、羊肉产量	33.98	4.8
禽蛋	13.21	2.7
牛奶	342.50	22.1
水产品	17.04	2.7

三、工业和建筑业

全年全区工业增加值2093.96亿元,比上年增长6.4%。规模以上工业增加值增长7.0%。在规模以上工业中,分轻重工业看,轻工业增加值增长13.8%,重工业增长6.4%。分经济类型看,国有控股企业增加值增长3.0%;股份制企业增长6.2%,外商及港澳台商投资企业增长12.4%;非公有工业增长10.4%,其中,私营企业增长10.8%。分门类看,采矿业增加值增长6.0%,制造业增长9.0%,电力、热力、燃气及水生产和供应业增长0.7%。

年末全区发电装机容量6474.5万千瓦,比上年末增长4.2%。其中,火电装机容量3303.8万千瓦,下降0.9%;水电装机容量42.6万千瓦,与上年持平;风电装机容量1456.7万千瓦,增长0.1%;太阳能发电装机容量1583.7万千瓦,增长14.4%。

全年全区规模以上工业企业利润412.72亿元,比上年下降10.9%。分经济类型看,国有控股企业利润172.69亿元,增长71.3%;股份制企业307.27亿元,下降9.0%;外商及港澳台商投资企业57.46亿元,下降41.0%。分门类看,采矿业利润112.94亿元,同比增长68.1%;制造业268.33亿元,下降31.3%;电力、热力、燃气及水生产和供应业31.45亿元,增长4.6倍。

表3　2022年全区主要工业产品产量及其增长速度

指 标	单 位	产量	比上年增长(%)
原 煤	万吨	9479.3	9.3
发电量	亿千瓦时	2235.1	7.3
焦 炭	万吨	1225.4	18.0
原铝(电解铝)	万吨	125.2	3.6
农用化肥(折纯)	万吨	71.0	13.8
精甲醇	万吨	997.2	14.1
电石(碳化钙)	万吨	470.4	5.6
水 泥	万吨	1667.4	−13.2
铁合金	万吨	383.8	3.4
乳制品	万吨	235.4	29.5
金属切削机床	台	2639.0	−0.7

全区具有资质等级的总承包和专业承包建筑业企业816家,全年完成建筑业总产值725.85亿元,比上年增长6.5%。按建筑业总产值计算的劳动生产率44.55万元/人,比上年增长14.7%。

四、服务业

全年全区批发和零售业增加值218.83亿元,比上年增长0.5%;交通运输、仓储和邮政业增加值213.50亿元,增长0.2%;住宿和餐饮业增加值54.10亿元,增长0.2%;金融业增加值352.17亿元,增长4.2%;房地产业增加值185.07亿元,下降4.5%;信息传输、软件和信息技术服务业增加值174.58亿元,增长10.7%;租赁和商务服务业增加值66.82亿元,下降5.5%。

全年全区货物运输总量4.9亿吨,比上年增长3.6%;货物运输周转量874.0亿吨公里,增长7.6%。全年全区旅客运输总量0.3亿人,下降25.7%;旅客运输周转量63.1亿人公里,下降40.1%。

表4 2022年全区各种运输方式完成运输量及其增长速度

运输方式	货 物				旅 客			
	运输总量		运输周转量		运输总量		运输周转量	
	绝对值（万吨）	比上年增长（%）	绝对值（亿吨公里）	比上年增长（%）	绝对值（万人）	比上年增长（%）	绝对值（亿人公里）	比上年增长（%）
总 计	48624.2	3.6	874.0	7.6	2805.3	−25.7	63.1	−40.1
铁 路	10159.8	7.8	276.0	17.7	433.9	−39.8	17.5	−39.6
公 路	38462.9	2.6	597.8	3.5	2195.1	−19.1	19.0	−29.2
航 空	1.4	−36.6	0.2	−29.1	176.3	−48.3	26.6	−46.3

全年全区邮政行业寄递业务累计完成19267.1万件，比上年增长2.0%。邮政业完成邮政函件业务201.1万件；包裹业务4.5万件；快递业务量9905.9万件，快递业务收入15.6亿元。全年全区完成电信业务总量[8]106.9亿元，增长22.6%。年末全区电话用户总数938.4万户，其中移动电话用户891.0万户。(固定)互联网宽带接入用户349.4万户，比上年增加32.3万户。移动互联网用户787.9万户，比上年增加37.1万户；移动互联网接入流量18.0亿GB，增长20.9%。

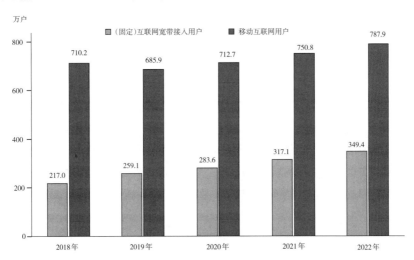

图7 2018—2022年年末全区(固定)互联网宽带接入用户数和移动互联网用户数

五、固定资产投资

全年全区全社会固定资产投资比上年增长8.2%。其中，固定资产投资(不含农户)增长10.2%。

在固定资产投资(不含农户)中，第一产业投资比上年下降10.0%，第二产业投资增长23.3%，第三产业投资增长1.1%。工业投资增长23.2%，占固定资产投资(不含农户)的比重为49.0%。基础设施投资[9]增长19.1%，占固定资产投资(不含农户)的比重为17.9%。民间固定资产投资[10]增长10.7%，占固定资产投资(不含农户)的比重为57.7%。

全年全区房地产开发投资419.95亿元，比上年下降10.1%。其中，住宅投资316.17亿元，下降8.2%；办公楼投资2.84亿元，增长45.0%；商业营业用房投资42.63亿元，下降22.6%。

表5　2022年全区房地产开发和销售主要指标及其增长速度

指　标	单位	绝对值	比上年增长(%)
房地产开发投资	亿元	419.95	-10.1
房屋施工面积	万平方米	4918.44	-12.3
其中:住宅	万平方米	3402.57	-9.5
其中:本年新开工面积	万平方米	766.18	-45.1
房屋竣工面积	万平方米	627.13	-45.2
其中:住宅	万平方米	483.13	-36.7
商品房销售面积	万平方米	715.60	-29.5
其中:住宅	万平方米	650.74	-23.1
商品房待售面积	万平方米	817.55	-20.4
其中:住宅	万平方米	258.49	-16.6
商品房销售额	亿元	502.07	-25.6
其中:住宅	亿元	450.95	-22.9
本年实际到位资金	亿元	627.90	-14.5
其中:国内贷款	亿元	44.84	15.2
自筹资金	亿元	126.44	-2.2
其他资金来源	亿元	456.61	-19.3

六、国内贸易

全年全区实现社会消费品零售总额1338.44亿元,比上年增长0.2%。按经营地统计,城镇消费品零售额1162.82亿元,增长0.6%;乡村消费品零售额175.62亿元,下降1.8%。按消费类型统计,商品零售额1172.69亿元,增长0.4%;餐饮收入额165.76亿元,下降0.6%。

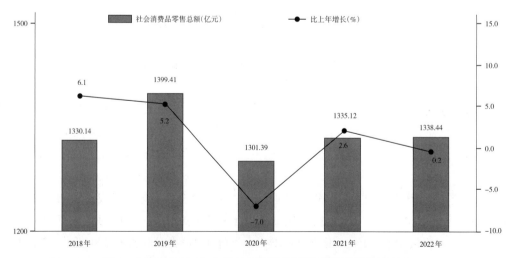

图8　2018—2022年全区社会消费品零售总额及其增长速度

在限额以上单位商品零售额中,粮油、食品类零售额比上年增长7.4%,饮料类增长27.7%,烟酒类增长18.9%,服装、鞋帽、针纺织品类下降9.3%,化妆品类下降10.8%,金银珠宝类下降14.3%,日用品类增长22.1%,体育娱乐用品类下降17.2%,书报杂志类增长19.9%,家用电器和音像器材类增长0.3%,中西药品类增长6.7%,文化办公用品类下降11.7%,通信器材类增长7.5%,石油及制品类增长4.6%,汽车类增长1.8%。

七、对外经济[11]

全年全区货物进出口总额257.38亿元,比上年增长23.7%。其中,出口196.78亿元,增长16.6%;进口60.60亿元,增长54.5%。货物进出口差额(出口减进口)136.18亿元。对"一带一路"共建国家进出口总额80.20亿元,增长23.7%。其中,出口76.36亿元,增长25.7%;进口3.84亿元,下降6.1%。

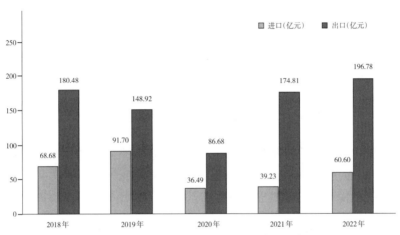

图9　2018—2022年全区货物进出口总额

表6　2022年全区主要商品出口金额及其增长速度

商品名称	出口值(亿元)	比上年增长(%)
枸杞	2.05	−6.6
泰乐菌素	7.55	2.1
维生素C及其衍生物	2.45	−23.4
双氰胺	12.39	12.1
金属锰	10.28	−4.5
钽铌铍制品	4.26	−1.4
机床及铸件	7.23	83.3
赖氨酸酯及盐	5.19	4.7
蛋氨酸	2.73	16.6
碳化硅	2.63	99.5

全年全区新设外商直接投资企业22个,实际使用外资3.43亿美元,比上年增长55.3%。其中,信息传输、软件和信息技术服务业实际使用外资0.9亿美元,与上年持平。

八、财政金融

全年全区一般公共预算总收入[12]765.97

亿元,比上年下降 3.7%。其中,地方一般公共预算收入 460.14 亿元,同口径(扣除留抵退税因素后)增长 13.7%。在地方一般公共

预算收入中,税收收入 306.82 亿元,同口径增长 22.3%,占地方一般公共预算收入的 66.7%。

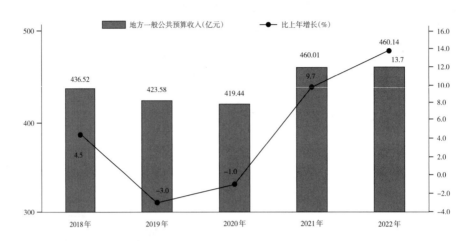

图10 2018—2022年全区地方一般公共预算收入及其增长速度

年末全区金融机构本外币各项存款余额 8484.87 亿元,其中,人民币各项存款余额 8465.31 亿元。金融机构本外币各项贷款余额

8969.70 亿元,其中,人民币各项贷款余额 8885.35 亿元。

表7 2022年年末全区金融机构存贷款余额及其增长速度

指 标	年末数(亿元)	比上年末增长(%)
本外币各项存款余额	8484.87	13.4
人民币存款余额	8465.31	13.4
其中:住户存款	4899.59	14.8
非金融企业存款	1533.73	4.8
机关团体及财政性存款	1757.22	16.8
本外币各项贷款余额	8969.70	6.0
人民币贷款余额	8885.35	7.3
其中:短期贷款	1965.07	−6.0
中长期贷款	6014.62	13.1
票据融资	892.94	3.5

年末全区共有上市公司 15 家,总股本 209.22 亿股,总市值 1619.19 亿元,比上年末下降 23.8%。其中,流通市值 964 亿元,下降 14.7%。全年证券交易额 12083.28 亿元,下降 14.0%。年末全区在全国中小企业股份转让系

统[13]挂牌公司 40 家,比上年末下降 2.4%。

年末全区共有省级营业性保险分公司 25 家,全年实现保费收入 215.83 亿元,比上年增长 2.2%。其中,财产险收入 70.84 亿元,增长 8.4%;寿险收入 102.32 亿元,增长 1.5%;

健康险收入 36.14 亿元，下降 5.0%；意外伤害险收入 6.54 亿元，下降 5.9%。支付各类赔款和给付 72.16 亿元，下降 1.2%。其中，财产险赔付 43.18 亿元，下降 5.8%；寿险业务赔付 15.98 亿元，增长 15.9%；健康险赔付 10.85 亿元，下降 3.1%；意外伤害险赔付 2.15 亿元，下降 3.8%。

九、居民收入消费和社会保障

全年全区全体居民人均可支配收入 29599 元，比上年增长 6.1%。按常住地分，城镇居民人均可支配收入 40194 元，增长 5.0%；农村居民人均可支配收入 16430 元，增长 7.1%。

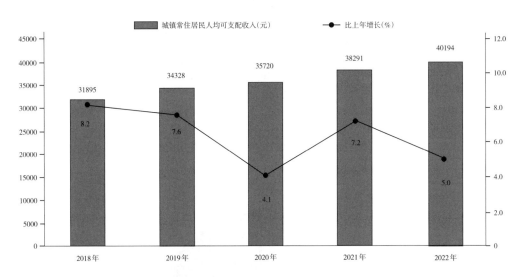

图 11　2018—2022 年全区城镇居民人均可支配收入及其增长速度

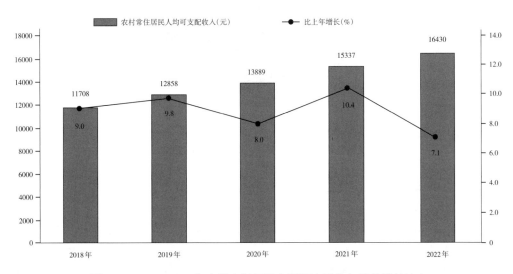

图 12　2018—2022 年全区农村居民人均可支配收入及其增长速度

全年全区全体居民人均消费支出 19136 元，比上年下降 4.4%。按常住地分，城镇居民人均消费支出 24213 元，下降 4.6%；农村居民人均消费支出 12825 元，下降 5.2%。全区全体居民恩格尔系数为 29.5%，其中城镇为 28.7%，农村为 31.4%。

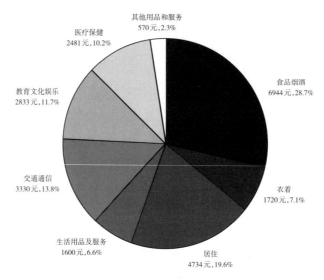

其他用品和服务
570元,2.3%

医疗保健
2481元,10.2%

教育文化娱乐
2833元,11.7%

交通通信
3330元,13.8%

生活用品及服务
1600元,6.6%

食品烟酒
6944元,28.7%

衣着
1720元,7.1%

居住
4734元,19.6%

图13　2022年全区城镇居民人均生活消费支出及其构成

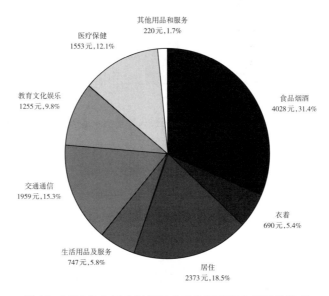

其他用品和服务
220元,1.7%

医疗保健
1553元,12.1%

教育文化娱乐
1255元,9.8%

交通通信
1959元,15.3%

生活用品及服务
747元,5.8%

食品烟酒
4028元,31.4%

衣着
690元,5.4%

居住
2373元,18.5%

图14　2022年全区农村居民人均生活消费支出及其构成

年末全区参加城镇职工基本养老保险人数283.79万人,比上年末增加31.68万人。参加城乡居民基本养老保险人数235.89万人,减少5.15万人。参加基本医疗保险人数662.81万人,减少0.6万人。其中,参加城镇职工基本医疗保险162.37万人,增加2.78万人;参加城乡居民基本医疗保险500.44万人,减少3.38万人。参加失业保险人数117.43万人,增加8.36万人。参加工伤保险人数147.33万人,增加3.54万人。参加生育保险人数114.08万人,增加2.58万人。

十、教育、科学技术和文化体育

2022年末,全区共有各级各类学校3307所(含小学教学点345所),教职工12.64万人。全年全区学前教育毛入园率91.3%,小学学龄人口入学率100%,初中阶段毛入学率104.5%,高中阶段毛入学率94.7%,高等教育毛入学率59.9%,九年义务教育巩固率为99.3%。

表8　2022年全区各级教育招生、在校、毕业生人数

类　别	校数(所)	招生数(人)	在校学生数(人)	毕业学生数(人)
普通高等学校	20	57225	185194	43995
#研究生	0	4837	12737	3509
成人高等学校	1	18468	51952	16308
中等职业教育学校	32	28930	77874	23672
普通中学	320	155737	456555	153012
#高中(含完全中学)	70	58653	172385	53161
初中(含完全中学)	250	97084	284170	99851
普通小学(含教学点)	1446	101742	609840	97329
幼儿园	1473	97492	255799	107869
特殊教育学校	15	1169	7127	1500

2022年,全区登记自治区级科技成果802项,比上年增长27.7%。其中,基础理论成果118项,应用技术成果628项,软科学成果56项。专利授权量12451件,下降3.4%。其中,发明专利授权量1204件,增长9.1%。全年共签订技术合同3594项,技术合同成交金额34.37亿元。

年末全区拥有国家级工程技术研究中心3个,自治区级工程技术研究中心83个;国家级重点实验室3个,自治区级重点实验室39个;自治区级产业技术协同创新中心5个,自治区临床医学研究中心29个,自治区技术创新中心565个;国家级企业(集团)技术中心(含分中心)11个,自治区级企业(集团)技术中心95个;国家地方联合工程研究中心26个,自治区工程研究中心54个。

全年我区运动员参加国际国内比赛共取得金牌6枚,银牌6枚,铜牌3枚。全年有1人获得国际级运动健将等级称号,3人获得国家级运动健将等级称号,232人获得国家一级运动员等级称号,547人获得国家二级运动员等级称号,1人获得国际级裁判员等级称号,5人获得国家级裁判员等级称号,42人获得国家一级裁判员等级称号。

十一、旅游和社会服务

全年全区接待国内游客3882.48万人次,比上年增长7.2%。国内旅游收入304.28亿元,增长6.3%。

年末[14]全区共有各类提供住宿的社会服务机构157个,其中养老服务机构134个,儿童收养救助服务机构11个。社会服务床位29394张(不包括社区床位数),其中养老机构床位27484张(不包括社区日间照料床位5530张、社区全托服务床位739张),儿童福利和救助机构床位1070张。年末全区共有社区服务机构和设施3020个(不包括社区养老服务机构和设施),社区服务中心44个,社区服务站2852个。

十二、资源、环境和应急管理

全年全区水资源总量8.92亿立方米。平均降水量254毫米,比上年下降7.3%。总用水量66.33亿立方米,下降2.6%。其中,生活用水3.70亿立方米,增长0.7%;工业用水4.46亿立方米,增长5.1%;农业用水53.64亿立方米,下降5.7%;人工生态环境用水4.53亿立方米,增长36.5%。万元地区生产总值用水量[15]130.84(当年价)立方米,比2020年下降15.2%;万元工业增加值用水量21.3(当年价)立方米,比2020年下降12.2%。

全年全区完成营造林面积10.05万公顷，其中人工造林面积4.56万公顷。森林抚育面积1.60万公顷。年末全区自然保护区13个，其中国家级自然保护区9个，自治区级自然保护区4个。

全年[16]黄河干流宁夏段入境至出境断面水质均为Ⅱ类优水质，地表水国控考核断面达到或好于Ⅲ类水质比例为90%。5个地级城市环境空气质量平均优良天数为307天，比例为84.2%，细微颗粒(PM$_{2.5}$)平均浓度为30微克/立方米，比上年上升11.1%；可吸入颗粒物(PM$_{10}$)平均浓度为64微克/立方米，上升3.2%。

2022年，全区城市区域昼间平均等效声级为51.7分贝，同比减少0.3分贝，昼间区域声环境质量等级为二级，总体水平评价为较好。

全年全区累计发生各类生产经营性事故156起，比上年下降8.8%，死亡150人，下降9.6%。亿元生产总值生产安全事故死亡人数0.0296人，下降20.0%。道路交通万车死亡人数1.907人，下降5.4%。煤矿生产安全死亡事故4起，死亡4人，煤矿百万吨死亡人数0.042人。

注释

[1]本公报中数据均为初步统计数，正式数据以《宁夏统计年鉴2023》为准。部分数据因四舍五入的原因，存在总计与分项合计不等的情况。

[2]地区生产总值、各产业增加值绝对值按现价计算，增长速度按不变价格计算。

[3]年度农民工数量包括年内在本乡镇以外从业6个月及以上的外出农民工和在本乡镇内从事非农产业6个月及以上的本地农民工。

[4]农产品生产者价格是指农产品生产者直接出售其产品时的价格。

[5]高技术制造业包括医药制造业，航空、航天器及设备制造业，电子及通信设备制造业，计算机及办公设备制造业，医疗仪器设备及仪器仪表制造业，信息化学品制造业。

[6]装备制造业包括金属制品业，通用设备制造业，专用设备制造业，汽车制造业，铁路、船舶、航空航天和其他运输设备制造业，电气机械和器材制造业，计算机、通信和其他电子设备制造业，仪器仪表制造业。

[7]网上零售额是指通过公共网络交易平台(包括自建网站和第三方平台)实现的商品和服务零售额之和。商品和服务包括实物商品和非实物商品(如虚拟商品、服务类商品等)。

[8]电信业务总量按2021年价格计算。

[9]基础设施投资包括交通运输、邮政业，电信、广播电视和卫星传输服务业，互联网和相关服务业，水利、环境和公共设施管理业投资。

[10]民间固定资产投资是指具有集体、私营、个人性质的内资调查单位以及由其控股(包括绝对控股和相对控股)的调查单位建造或购置固定资产的投资。

[11]货物进出口采用人民币计价。实际使用外商直接投资由于技术原因仍主要沿用美元计价。

[12]2022年数据为初步数，正式数据以自治区财政厅决算数据为准。

[13]全国中小企业股份转让系统又称"新三板"，是2012年经国务院批准设立的全国性证券交易场所。

[14]此部分数据为民政厅预计数，正式数据以民政厅公布数据为准。

[15]万元地区生产总值用水量、万元工业增加值用水量比2020年增减幅度按2020年价格计算。

[16]数据来源于《2022年宁夏生态环境质量状况》。地表水达到或好于Ⅲ类水体比例为15个国控断面监测统计结果；环境空气质量优良天数及比例为未剔除沙尘天气数据，PM$_{10}$、PM$_{2.5}$平均浓度均为剔除沙尘天气后数据。

资料来源

本公报中城镇新增就业、社会保障数据来自自治区人力资源和社会保障厅；财政数据来自自治区财政厅；水资源数据来自自治区水利厅；林业数据来自自治区林业和草原局；发电装机容量数据来自国网宁夏电力公司；铁路运输数据来自中国铁路兰州局集团有限公司；公路运输数据来自自治区交通运输厅；民航数据来自西部机场集团宁夏机场有限公司；电信业务总量、电话用户、宽带用户、移动互联网接入流量、互联网普及率等数据来自宁夏通信管理局;货物进出口数据来自银川海关;外商直接投资等数据来自自治区商务厅;邮政业务数据来自宁夏邮政管理局;货币金融数据来自人民银行银川中心支行;上市公司数据来自宁夏证监局;保险业数据来自宁夏银保监局;社会服务数据来自自治区民政厅;教育数据来自自治区教育厅;国家工程研究中心、国家工程实验室、企业技术中心等数据来自自治区科技厅;专利数据来自自治区市场监管厅(自治区知识产权局);体育数据来自自治区体育局;环境监测数据来自自治区生态环境厅;安全生产数据来自自治区应急管理厅;道路交通事故数据来自自治区公安厅;其他数据均来自自治区统计局和国家统计局宁夏调查总队。

2022年全区基层工会统计报表

（一）按单位类别分类

表1-1 工会基层组织建设状况

指标序号	基层工会 个	单独基层工会 个 c904=1	联合基层工会 个 c904=2	基层工会涵盖单位 个 z001	职工 人 z002	女性 人 z003	农民工 人 z004	女性农民工 人 z005	工会会员 人 z006	女性 人 z007	农民工 人 z008	女性农民工 人 z009	本年度新发展会员 人 z010
总计	12158	11507	651	25109	1249411	513605	271070	98159	1225192	503860	263852	95459	74207
110-国有企业（仅指非公司制企业,不包括国有独资公司,国有控股公司）	325	323	2	350	139684	36401	2925	914	138786	36165	2660	824	3533
120-集体企业	35	34	1	36	1364	594	277	136	1325	583	277	136	53
130-股份合作企业	38	38	0	38	12370	4725	6274	2305	12088	4543	6080	2201	322
140-联营企业	3	3	0	3	84	13	44	0	84	13	44	0	28
151-国有独资公司	201	195	6	209	32316	11411	467	187	31848	11290	457	185	1154
159-其他有限责任公司	918	893	25	1085	71708	29517	16985	6765	68845	28303	15782	6382	6505
161-股份有限公司中的国有控股公司	75	75	0	75	36830	12897	2392	987	35977	12399	2391	987	1586
169-其他股份有限公司	275	265	10	320	55577	19198	6998	3025	54983	18779	6731	2920	4038
170-私营企业	4639	4504	135	7841	297292	109025	90480	30899	286269	105455	86311	29534	26030

续表

指标序号	基层工会 个	单独基层工会 c904=1 个	联合基层工会 c904=2 个	基层工会涵盖单位 z001 个	职工 z002 人	女性 z003 人	农民工 z004 人	女性农民工 z005 人	工会会员 z006 人	女性 z007 人	农民工 z008 人	女性农民工 z009 人	本年度新发展会员 z010 人
190-其他内资企业	0	0	0	0	0	0	0	0	0	0	0	0	0
200-港澳台商投资企业	16	16	0	16	1486	613	191	87	1484	613	191	87	48
300-外商投资企业	22	22	0	22	4663	967	645	310	4627	960	643	309	106
401-财政拨款的事业单位	1857	1841	16	1981	170418	101668	13035	6431	167140	99815	12630	6137	6445
402-其他事业单位	198	196	2	200	31425	20383	468	205	31114	20200	468	205	965
500-机关	1431	1407	24	1539	120215	46669	15344	5903	119390	46274	15296	5872	4928
600-个体经济组织	126	115	11	515	3833	1777	1464	704	3804	1775	1464	704	225
701-社会团体	174	99	75	1433	19285	8158	4081	1033	18964	8086	4067	1026	2166
702-民办非企业单位	190	186	4	209	10322	7201	1514	995	9975	6975	1420	921	593
703-基金会	0	0	0	0	0	0	0	0	0	0	0	0	0
704-其他组织	1635	1295	340	9237	240539	102388	107486	37273	238489	101632	106940	37029	15482

表1-2 工会基层组织建设状况

指标序号	专职工会工作人员 人 z011	专职工会工作人员 女性 人 z012	兼职工会工作人员 人 z013	兼职工会工作人员 女性 人 z014	有女职工的工会数	女职工组织的覆盖率	本级工会建立女职工组织 建立女职工委员会 z015	本级工会建立女职工组织 仅设立女工委员 z015	本级工会建立女职工组织 未建立 z015	本级工会女职工工作人员 专职 人 z016	本级工会女职工工作人员 兼职 人 z017
总计	1332	713	46557	23611	12050	96.0%	6946	4627	585	354	19566
110-国有企业(仅指非公司制企业,不包括国有独资公司、国有控股公司)	368	174	4720	1864	325	93.5%	235	69	21	100	916
120-集体企业	2	2	82	47	35	85.7%	13	17	5	1	39
130-股份合作企业	7	3	130	58	38	94.7%	25	11	2	4	54
140-联营企业	0	0	9	3	3	100.0%	1	2	0	0	3
151-国有独资公司	87	52	1333	647	199	95.0%	113	76	12	17	399
159-其他有限责任公司	71	40	2863	1475	911	93.9%	511	344	63	23	1320
161-股份有限公司中的国有控股公司	40	21	831	417	75	94.7%	55	16	4	13	247
169-其他股份有限公司	31	12	1187	609	274	97.8%	154	114	7	10	467
170-私营企业	144	95	14461	7280	4585	97.3%	2530	1929	180	47	6653
190-其他内资企业	0	0	0	0	0	0.0%	0	0	0	0	0
200-港澳台商投资企业	0	0	59	31	16	100.0%	14	2	0	0	32
300-外商投资企业	0	0	105	51	22	100.0%	18	4	0	0	54
401-财政拨款的事业单位	153	74	7828	4287	1853	96.9%	1203	593	61	40	3549

续表

指标序号	专职工会工作人员 人	女性 人	兼职工会工作人员 人	女性 人	有女职工的工会数	女职工组织的覆盖率	本级工会建立女职工组织 建立女职工委员会	仅设立女工委员	未建立	本级工会女职工工作人员 专职 人	兼职 人
	z011	z012	z013	z014			z015	z015	z015	z016	z017
402-其他事业单位	54	30	963	532	198	95.5%	140	49	9	16	437
500-机关	216	141	5617	2886	1428	98.0%	858	541	32	44	2497
600-个体经济组织	0	0	293	169	122	98.4%	57	63	6	0	148
701-社会团体	61	36	740	460	171	96.5%	109	56	9	20	249
702-民办非企业单位	15	9	630	412	190	98.9%	138	50	2	5	329
703-基金会	0	0	0	0	0	0.0%	0	0	0	0	0
704-其他组织	83	24	4706	2383	1605	91.2%	772	691	172	14	2173

表2-1　工会权益保障工作(第b001项仅限企业工会填报;第b002、b003项限企事业单位填报;第b004—b009项限单独基层企业工会填报)

指标序号	是否开展创建劳动关系和谐企业活动		工会所在单位签订劳动合同			
	是	否	基层工会	涵盖单位	签订劳动合同的职工人数	签订劳动合同的农民工
	个	个	个	个	人	人
	b001	b001			b002	b003
总计	5191	6967	5219	6904	528177	75137
110-国有企业(仅指非公司制企业,不包括国有独资公司、国有控股公司)	266	59	213	223	101086	2048
120-集体企业	18	17	25	26	827	107
130-股份合作企业	28	10	28	28	10974	5601
140-联营企业	3	0	3	3	84	44
151-国有独资公司	133	68	157	161	28632	363
159-其他有限责任公司	720	198	552	671	49910	10113
161-股份有限公司中的国有控股公司	52	23	53	53	29705	2284
169-其他股份有限公司	186	89	191	212	48495	5094
170-私营企业	3677	962	3209	4360	197127	46974
190-其他内资企业	0	0	0	0	0	0
200-港澳台商投资企业	15	1	9	9	1077	89
300-外商投资企业	20	2	18	18	2033	281
401-财政拨款的事业单位	0	1857	605	619	37516	1531
402-其他事业单位	0	198	103	104	18991	60
500-机关	0	1431	0	0	0	0
600-个体经济组织	73	53	53	417	1720	548
701-社会团体	0	174	0	0	0	0
702-民办非企业单位	0	190	0	0	0	0
703-基金会	0	0	0	0	0	0
704-其他组织	0	1635	0	0	0	0

表2-2 工会权益保障工作(第b001项仅限企业工会填报;第b002、b003项限企事业单位填报;第b004—b009项限单独基层企业工会填报)

	单独签订了综合集体合同		其中是否有劳动安全卫生专章或附件		其中有女职工权益保护专章或附件		单独签订了工资专项集体合同	
	合同数(覆盖企业数)	覆盖职工数	合同数(覆盖企业数)	覆盖职工数	合同数(覆盖企业数)	覆盖女职工数	合同数(覆盖企业数)	覆盖职工数
	个	人	个	人	个	人	个	人
指标序号	b004		b005		b006		b007	
总计	5304	510193	442	126301	290	22986	5391	471859
110-国有企业(仅指非公司制企业,不包括国有独资公司、国有控股公司)	218	99913	84	61656	71	9241	173	54523
120-集体企业	18	688	2	62	2	5	20	785
130-股份合作企业	31	11572	4	7287	1	11	31	11617
140-联营企业	3	84	0	0	0	0	3	84
151-国有独资公司	139	25736	32	7247	8	368	138	27669
159-其他有限责任公司	634	53432	75	15150	71	5384	633	51432
161-股份有限公司中的国有控股公司	50	25796	12	8223	7	1753	46	27139
169-其他股份有限公司	198	30362	24	7434	11	1417	195	30951
170-私营企业	3904	254657	200	18905	113	4717	4039	259577
190-其他内资企业	0	0	0	0	0	0	0	0
200-港澳台商投资企业	14	1304	0	0	0	0	15	1354
300-外商投资企业	17	4506	1	89	1	14	17	4506
401-财政拨款的事业单位	0	0	0	0	0	0	0	0
402-其他事业单位	0	0	0	0	0	0	0	0
500-机关	0	0	0	0	0	0	0	0
600-个体经济组织	78	2143	8	248	5	76	81	2222
701-社会团体	0	0	0	0	0	0	0	0
702-民办非企业单位	0	0	0	0	0	0	0	0
703-基金会	0	0	0	0	0	0	0	0
704-其他组织	0	0	0	0	0	0	0	0

表2-3 工会权益保障工作(第b001项仅限企业工会填报;第b002、b003项限企事业单位填报;第b004—b009项限单独基层企业工会填报)

指标序号	单独签订了劳动安全卫生专项集体合同		单独签订了女职工权益保护专项集体合同		是否建立职工子女托管班		本年度托管子女人数
	合同数(覆盖企业数)	覆盖职工数	合同数(覆盖企业数)	覆盖女职工数	是	否	
	个	人	个	人	个	个	人
	b008		b009		b010	b010	b011
总计	3821	284631	4980	160276	126	12032	2916
110-国有企业(仅指非公司制企业,不包括国有独资公司、国有控股公司)	72	18243	148	18956	2	323	25
120-集体企业	11	458	15	315	0	35	0
130-股份合作企业	21	3698	27	4314	0	38	0
140-联营企业	3	84	3	13	0	3	0
151-国有独资公司	57	15222	129	9360	1	200	35
159-其他有限责任公司	459	29359	548	16894	1	917	17
161-股份有限公司中的国有控股公司	28	15585	43	7512	2	73	88
169-其他股份有限公司	119	20321	185	13593	0	275	0
170-私营企业	2978	176389	3779	87010	2	4637	83
190-其他内资企业	0	0	0	0	0	0	0
200-港澳台商投资企业	14	1340	15	589	0	16	0
300-外商投资企业	14	2703	16	892	0	22	0
401-财政拨款的事业单位	0	0	0	0	4	1853	179
402-其他事业单位	0	0	0	0	0	198	0
500-机关	0	0	0	0	14	1417	480
600-个体经济组织	45	1229	72	828	0	126	0
701-社会团体	0	0	0	0	10	164	438
702-民办非企业单位	0	0	0	0	2	188	12
703-基金会	0	0	0	0	0	0	0
704-其他组织	0	0	0	0	88	1547	1559

表3-1 工会民主管理工作（h001—h005限企事业单位填报，h006—h017限除了国有企业、个体经济组织以外的企业填报）

	建立职代会制度情况								
	建立了职代会制度			建立了职工大会制度			总计		
	基层工会	涵盖单位	涵盖职工	基层工会	涵盖单位	涵盖职工	基层工会	涵盖单位	涵盖职工
	个	个	人	个	个	人	个	个	人
指标序号							h001		
总计	1395	2897	572210	6611	7312	252303	8006	10209	824513
110-国有企业（仅指非公司制企业，不包括国有独资公司、国有控股公司）	171	181	126842	127	142	9607	298	323	136449
120-集体企业	2	2	145	27	28	839	29	30	984
130-股份合作企业	11	11	11239	20	20	737	31	31	11976
140-联营企业	0	0	0	3	3	84	3	3	84
151-国有独资公司	64	64	25219	127	134	5738	191	198	30957
159-其他有限责任公司	133	202	42986	676	754	25002	809	956	67988
161-股份有限公司中的国有控股公司	47	47	35623	26	26	1163	73	73	36786
169-其他股份有限公司	75	95	47616	185	209	7594	260	304	55210
170-私营企业	475	1489	156662	3917	4421	129476	4392	5910	286138
190-其他内资企业	0	0	0	0	0	0	0	0	0
200-港澳台商投资企业	5	5	871	11	11	615	16	16	1486
300-外商投资企业	5	5	2873	17	17	1790	22	22	4663
401-财政拨款的事业单位	356	435	96872	1268	1313	62610	1624	1748	159482
402-其他事业单位	44	45	23941	124	124	5123	168	169	29064
500-机关	0	0	0	0	0	0	0	0	0
600-个体经济组织	7	316	1321	83	110	1925	90	426	3246
701-社会团体	0	0	0	0	0	0	0	0	0
702-民办非企业单位	0	0	0	0	0	0	0	0	0
703-基金会	0	0	0	0	0	0	0	0	0
704-其他组织	0	0	0	0	0	0	0	0	0

表3-2 工会民主管理工作(h001—h005限企事业单位填报,h006—h017限除了国有企业、个体经济组织以外的企业填报)

	本年度召开过职代会(包括职工大会)		职代会职工代表(建立职工大会制单位不填)	女性	工会所在单位实行厂务公开情况				工会所在单位建立了董事会	董事	女性	建立职工董事制度的工会所在企业数	职工董事	女性
	基层工会	涵盖单位			实行厂务公开	没有实行厂务公开	涵盖单位	涵盖职工	涵盖单位					
	个	个	人	人	个	个	个	人	个	人	人	个	人	人
指标序号	h002		h003	h004	h005	h005			h006	h007	h008		h009	h010
总计	6212	7965	69381	23985	7793	4365	9818	805652	733	1998	309	384	295	77
110-国有企业(仅指非公司制企业,不包括国有独资公司、国有控股公司)	232	242	10868	2451	300	25	325	136068	0	0	0	0	0	0
120-集体企业	20	20	56	27	27	8	28	856	1	3	0	0	0	0
130-股份合作企业	24	24	891	251	32	6	32	11955	17	70	8	7	20	5
140-联营企业	3	3	0	0	3	0	3	84	0	0	0	0	0	0
151-国有独资公司	159	163	3032	962	190	11	197	31277	65	286	33	44	47	11
159-其他有限责任公司	533	640	6559	2119	808	110	959	67590	161	479	79	66	76	27
161-股份有限公司中的国有控股公司	60	60	3394	1176	68	7	68	36699	29	155	13	13	17	5
169-其他股份有限公司	213	253	4469	1637	262	13	307	55046	94	441	65	28	55	7
170-私营企业	3602	4797	19072	5336	4291	348	5669	280666	365	561	111	226	80	22
190-其他内资企业	0	0	0	0	0	0	0	0	0	0	0	0	0	0
200-港澳台商投资企业	13	13	154	15	15	1	15	1436	0	0	0	0	0	0
300-外商投资企业	19	19	159	21	18	4	18	2848	1	3	0	0	0	0
401-财政拨款的事业单位	1153	1238	17341	8334	1530	327	1611	148934	0	0	0	0	0	0
402-其他事业单位	121	122	3051	1585	162	36	163	28988	0	0	0	0	0	0
500-机关	0	0	0	0	0	1431	0	0	0	0	0	0	0	0
600-个体经济组织	60	371	335	71	87	39	423	3205	0	0	0	0	0	0
701-社会团体	0	0	0	0	0	174	0	0	0	0	0	0	0	0
702-民办非企业单位	0	0	0	0	0	190	0	0	0	0	0	0	0	0
703-基金会	0	0	0	0	0	0	0	0	0	0	0	0	0	0
704-其他组织	0	0	0	0	0	1635	0	0	0	0	0	0	0	0

表3-3 工会民主管理工作(h001—h005限企事业单位填报,h006—h017限除了国有企业、个体经济组织以外的企业填报)

指标序号	工会主席或副主席进入了董事会 是	工会主席或副主席进入了董事会 否	工会所在单位建立了监事会 涵盖单位	监事	女性	建立职工监事制度的工会所在企业数	职工监事	女性	工会主席或副主席进入了监事会 是	工会主席或副主席进入了监事会 否
	h011	h011	h012	h013	h014		h015	h016	h017	h017
	个	个	个	人	人	个	人	人	个	个
总计	154	12004	485	959	268	237	289	114	159	11999
110-国有企业(仅指非公司制企业,不包括国有独资公司、国有控股公司)	0	325	0	0	0	0	0	0	0	325
120-集体企业	0	35	1	2	1	1	1	1	1	34
130-股份合作企业	9	29	15	40	11	11	23	5	6	32
140-联营企业	0	3	0	0	0	0	0	0	0	3
151-国有独资公司	25	176	47	128	43	29	37	16	11	190
159-其他有限责任公司	38	880	128	180	45	46	51	18	40	878
161-股份有限公司中的国有控股公司	10	65	31	82	11	16	21	5	7	68
169-其他股份有限公司	17	258	90	239	69	70	86	32	41	234
170-私营企业	55	4584	173	288	88	64	70	37	53	4586
190-其他内资企业	0	0	0	0	0	0	0	0	0	0
200-港澳台商投资企业	0	16	0	0	0	0	0	0	0	16
300-外商投资企业	0	22	0	0	0	0	0	0	0	22
401-财政拨款的事业单位	0	1857	0	0	0	0	0	0	0	1857
402-其他事业单位	0	198	0	0	0	0	0	0	0	198
500-机关	0	1431	0	0	0	0	0	0	0	1431
600-个体经济组织	0	126	0	0	0	0	0	0	0	126
701-社会团体	0	174	0	0	0	0	0	0	0	174
702-民办非企业单位	0	190	0	0	0	0	0	0	0	190
703-基金会	0	0	0	0	0	0	0	0	0	0
704-其他组织	0	1635	0	0	0	0	0	0	0	1635

表4-1 工会劳动保护工作(限企事业单位填报)

	工会建立了劳动保护监督检查委员会		工会小组劳动保护检查员	本年度本级工会劳动保护监督组织受理举报案件	提请劳动安全卫生监督部门处理案件	本年度工会参加安全生产检查	本年度工会组织职工查找事故隐患和职业危害数量	事故隐患和职业危害整改数	本年度工会参加处理工伤事故
	是	否							
	个	个	人	件	件	次	件	件	件
指标序号	1001	1001	1002	1003	1004	1005	1006	1007	1008
总计	5812	6346	12402	110	17	43080	42435	41133	571
110-国有企业(仅指非公司制企业,不包括国有独资公司、国有控股公司)	206	119	4508	4	2	3262	26205	25541	80
120-集体企业	15	20	27	0	0	97	13	13	1
130-股份合作企业	28	10	41	3	0	136	16	9	5
140-联营企业	3	0	3	0	0	15	0	0	0
151-国有独资公司	98	103	266	3	1	624	5017	4726	27
159-其他有限责任公司	614	304	636	13	3	5028	998	927	66
161-股份有限公司中的国有控股公司	43	32	153	0	0	435	6200	6163	52
169-其他股份有限公司	178	97	280	1	1	2093	206	157	33
170-私营企业	3507	1132	5200	73	5	25656	3058	2956	180
190-其他内资企业	0	0	0	0	0	0	0	0	0
200-港澳台商投资企业	14	2	30	0	0	154	6	6	0
300-外商投资企业	19	3	33	3	0	195	13	0	1
401-财政拨款的事业单位	919	938	1056	10	5	4397	313	246	33
402-其他事业单位	85	113	89	0	0	559	375	375	93
500-机关	0	1431	0	0	0	0	0	0	0
600-个体经济组织	83	43	80	0	0	429	15	14	0
701-社会团体	0	174	0	0	0	0	0	0	0
702-民办非企业单位	0	190	0	0	0	0	0	0	0
703-基金会	0	0	0	0	0	0	0	0	0
704-其他组织	0	1635	0	0	0	0	0	0	0

表4-2 工会劳动保护工作（限企事业单位填报）

	女职工劳动保护												
	是否执行女职工禁忌从事劳动的有关规定			是否执行女职工在经期、孕期、产期、哺乳期享有特殊待遇的有关规定			是否建立女职工休息哺乳室			本年度工会所在单位开展乳腺癌筛查的女职工人数		本年度工会所在单位开展宫颈癌筛查的女职工人数	
	基层工会	涵盖单位	女职工数	基层工会	涵盖单位	女职工数	基层工会	涵盖单位	女职工数				
	个	个	人	个	个	人	个	个	人	覆盖单位数	人	覆盖单位数	人
指标序号	1009			1010			1011			个	1012	个	1013
总计	8043	11885	328758	8146	12038	333242	522	538	70924	1093	63329	1094	60929
110-国有企业（仅指非公司制企业，不包括国有独资公司、国有控股公司）	297	322	34379	306	331	35692	67	77	12872	142	19836	141	18775
120-集体企业	28	29	392	27	28	388	0	0	0	9	100	9	100
130-股份合作企业	33	33	4512	33	33	4512	6	6	447	5	760	5	780
140-联营企业	3	3	13	3	3	13	0	0	0	0	0	0	0
151-国有独资公司	188	195	11039	194	201	11244	19	19	3250	63	3164	63	3013
159-其他有限责任公司	816	948	27567	842	981	28086	60	60	5867	108	2109	105	1973
161-股份有限公司中的国有控股公司	67	67	12728	70	70	12795	14	14	3616	26	4866	26	4708
169-其他股份有限公司	248	289	18686	248	289	18697	20	20	5121	49	2876	51	2876
170-私营企业	4358	7524	104050	4382	7557	104626	149	155	11285	323	6638	319	6604
190-其他内资企业	0	0	0	0	0	0	0	0	0	0	0	0	0
200-港澳台商投资企业	16	16	613	16	16	613	1	1	100	2	41	2	41
300-外商投资企业	22	22	967	22	22	967	3	3	517	2	15	2	15
401-财政拨款的事业单位	1697	1779	92811	1722	1837	94559	153	153	19359	321	15011	329	14981
402-其他事业单位	162	163	19340	173	175	19433	29	29	8472	41	7900	41	7058
500-机关	0	0	0	0	0	0	0	0	0	0	0	0	0
600-个体经济组织	108	495	1661	108	495	1617	1	1	18	2	13	1	5
701-社会团体	0	0	0	0	0	0	0	0	0	0	0	0	0
702-民办非企业单位	0	0	0	0	0	0	0	0	0	0	0	0	0
703-基金会	0	0	0	0	0	0	0	0	0	0	0	0	0
704-其他组织	0	0	0	0	0	0	0	0	0	0	0	0	0

表5 工会法律工作(限企事业单位填报)

	建立了工会劳动法律监督组织		工会劳动法律监督员	劳动保障法律监督员	本年度工会劳动法律监督组织受理违法、违规案件	工会所在单位建立了劳动争议调解委员会		劳动争议调解委员会中工会成员(职工代表)	本年度劳动争议调解委员会受理劳动争议	本年度劳动争议调解委员会调解成功劳动争议
	是	否				是	否			
	个	个	人	人	件	个	个	人	件	件
指标序号	f001	f001	f002	f003	f004	f005	f005	f006	f007	f008
总计	4563	7595	7993	2782	58	5174	6984	9440	255	210
110-国有企业(仅指非公司制企业,不包括国有独资公司、国有控股公司)	139	186	667	487	6	189	136	789	16	15
120-集体企业	10	25	16	5	0	17	18	33	2	2
130-股份合作企业	22	16	40	18	1	30	8	59	4	4
140-联营企业	3	0	3	0	0	3	0	3	0	0
151-国有独资公司	69	132	143	170	0	97	104	267	7	5
159-其他有限责任公司	504	414	739	312	7	536	382	1005	54	51
161-股份有限公司中的国有控股公司	33	42	88	67	3	38	37	207	6	6
169-其他股份有限公司	149	126	240	188	5	127	148	268	5	4
170-私营企业	2892	1747	4714	845	30	3272	1367	5213	139	111
190-其他内资企业	0	0	0	0	0	0	0	0	0	0
200-港澳台商投资企业	12	4	23	4	1	13	3	24	0	0
300-外商投资企业	16	6	34	7	0	16	6	35	2	0
401-财政拨款的事业单位	594	1263	1094	607	4	707	1150	1306	19	11
402-其他事业单位	55	143	99	41	0	74	124	149	1	1
500-机关	0	1431	0	0	0	0	1431	0	0	0
600-个体经济组织	65	61	93	31	1	55	71	82	0	0
701-社会团体	0	174	0	0	0	0	174	0	0	0
702-民办非企业单位	0	190	0	0	0	0	190	0	0	0
703-基金会	0	0	0	0	0	0	0	0	0	0
704-其他组织	0	1635	0	0	0	0	1635	0	0	0

表6-1　工会经济技术工作(限企事业单位填报)

	技术工人	女性	农民工	本年度工会是否开展了劳动和技能竞赛		本年度参加劳动和技能竞赛职工	农民工	本年度职工提出合理化建议	本年度已实施合理化建议	本年度技术革新项目	本年度职工发明创造项目
				是	否						
	人	人	人	个	个	人次	人次	件	件	项	项
指标序号	j001	j002	j003	j004	j004	j005	j006	j007	j008	j009	j010
总计	119733	25319	9124	3405	8753	328209	35059	29656	17967	3130	1104
110-国有企业(仅指非公司制企业,不包括国有独资公司、国有控股公司)	58197	11362	810	204	121	84020	7499	10747	5910	1573	403
120-集体企业	149	45	0	8	27	119	17	9	5	0	0
130-股份合作企业	2348	385	206	18	20	10547	5186	395	308	12	16
140-联营企业	0	0	0	0	3	0	0	0	0	0	0
151-国有独资公司	6864	1614	31	87	114	11651	108	2439	1960	131	60
159-其他有限责任公司	5085	1255	1345	314	604	22769	2624	6610	3401	127	93
161-股份有限公司中的国有控股公司	8736	2431	15	40	35	18424	115	1296	693	128	14
169-其他股份有限公司	6189	1161	1052	141	134	19724	2569	466	410	486	7
170-私营企业	24845	4703	5470	1901	2738	101760	15803	5906	3987	272	427
190-其他内资企业	0	0	0	0	0	0	0	0	0	0	0
200-港澳台商投资企业	179	28	18	12	4	794	38	12	6	0	0
300-外商投资企业	503	29	0	15	7	3122	162	59	47	29	3
401-财政拨款的事业单位	5472	2039	164	567	1290	48674	701	1421	1010	192	43
402-其他事业单位	1129	256	0	56	142	5721	0	289	224	178	38
500-机关	0	0	0	0	1431	0	0	0	0	0	0
600-个体经济组织	37	11	13	42	84	884	237	7	6	2	0
701-社会团体	0	0	0	0	174	0	0	0	0	0	0
702-民办非企业单位	0	0	0	0	190	0	0	0	0	0	0
703-基金会	0	0	0	0	0	0	0	0	0	0	0
704-其他组织	0	0	0	0	1635	0	0	0	0	0	0

表6-2　工会经济技术工作(限企事业单位填报)

指标序号	本年度取得国家专利项目	本年度推广先进操作法项目	本年度是否开展岗位练兵活动		本年度开展选树技能带头人活动		选树技能带头人("金牌工人""首席技师""首席员工")	技能人才(劳模)师徒结对
			是	否	是	否		
	项	项	个	个	个	个	人	对
	j011	j012	j013	j013	j014	j014	j015	j016
总计	1120	577	2348	9810	322	11836	1837	2761
110-国有企业(仅指非公司制企业,不包括国有独资公司、国有控股公司)	433	292	162	163	70	255	592	980
120-集体企业	0	0	7	28	0	35	0	0
130-股份合作企业	7	6	16	22	3	35	3	28
140-联营企业	0	0	0	3	0	3	0	0
151-国有独资公司	43	17	55	146	11	190	76	232
159-其他有限责任公司	64	43	162	756	15	903	75	113
161-股份有限公司中的国有控股公司	41	10	32	43	10	65	61	139
169-其他股份有限公司	49	3	55	220	9	266	100	66
170-私营企业	277	95	1385	3254	74	4565	258	321
190-其他内资企业	0	0	0	0	0	0	0	0
200-港澳台商投资企业	0	0	10	6	0	16	0	0
300-外商投资企业	5	1	12	10	1	21	1	1
401-财政拨款的事业单位	120	53	389	1468	119	1738	649	841
402-其他事业单位	81	55	43	155	8	190	20	40
500-机关	0	0	0	1431	0	1431	0	0
600-个体经济组织	0	2	20	106	2	124	2	0
701-社会团体	0	0	0	174	0	174	0	0
702-民办非企业单位	0	0	0	190	0	190	0	0
703-基金会	0	0	0	0	0	0	0	0
704-其他组织	0	0	0	1635	0	1635	0	0

表7 职工文化体育工作

指标序号	是否建立了职工书屋(只选择最高层级)						
	是,全国总工会授牌	是,省(区、市)总工会授牌	是,地市级工会授牌	是,区县级工会授牌	是,单位自建未获得区县级及以上工会授牌	否,尚未建设职工书屋	总计
	个	个	个	个	个	个	个
	w001	w001	w001	w001	w001	w001	w001
总计	134	266	223	230	1877	9428	2730
110-国有企业(仅指非公司制企业,不包括国有独资公司、国有控股公司)	34	24	11	6	97	153	172
120-集体企业	0	2	1	0	2	30	5
130-股份合作企业	3	1	0	4	5	25	13
140-联营企业	0	0	0	0	0	3	0
151-国有独资公司	6	8	4	5	70	108	93
159-其他有限责任公司	10	16	11	14	131	736	182
161-股份有限公司中的国有控股公司	7	4	2	2	27	33	42
169-其他股份有限公司	7	7	7	1	74	179	96
170-私营企业	29	58	60	74	249	4169	470
190-其他内资企业	0	0	0	0	0	0	0
200-港澳台商投资企业	0	1	0	0	0	15	1
300-外商投资企业	1	2	0	1	0	18	4
401-财政拨款的事业单位	16	50	40	25	456	1270	587
402-其他事业单位	3	10	7	3	44	131	67
500-机关	12	42	41	29	345	962	469
600-个体经济组织	0	0	1	0	8	117	9
701-社会团体	5	8	2	10	36	113	61
702-民办非企业单位	1	2	1	1	28	157	33
703-基金会	0	0	0	0	0	0	0
704-其他组织	0	31	35	55	305	1209	426

表8 工会财务和经费审查工作

指标序号	工会经费情况			工会经费的预算编制情况			工会的决算报告情况			是否建立了工会经费审查组织			
										建立了经费审查委员会		建立了经费审查委员会办公室	
										是	否	是	否
	按工资总额2%拨缴工会经费	有拨缴,但不足额	没有拨缴工会经费	有规范预算,手续齐全	有预算但手续不齐	无预算	编制决算报告并上报	编制决算报告,但未上报	未编制决算报告	个	个	个	个
	s001	s001	s001	s002	s002	s002	s003	s003	s003	s004	s004	s005	s005
总计	8113	999	3046	5901	1347	4910	4275	1331	6552	9258	2900	801	11357
110-国有企业(仅指非公司制企业,不包括国有独资公司、国有控股公司)	283	13	29	241	18	66	168	24	133	288	37	102	223
120-集体企业	26	1	8	18	1	16	14	1	20	19	16	1	34
130-股份合作企业	29	1	8	20	4	14	14	4	20	33	5	3	35
140-联营企业	3	0	0	3	0	0	3	0	0	3	0	0	3
151-国有独资公司	171	12	18	135	14	52	83	20	98	137	64	22	179
159-其他有限责任公司	617	93	208	394	122	402	270	139	509	758	160	45	873
161-股份有限公司中的国有控股公司	71	1	3	63	2	10	46	5	24	67	8	13	62
169-其他股份有限公司	230	20	25	144	43	88	105	55	115	217	58	47	228
170-私营企业	3649	174	816	2339	717	1583	1762	682	2195	3604	1035	135	4504
190-其他内资企业	0	0	0	0	0	0	0	0	0	0	0	0	0
200-港澳台商投资企业	12	0	4	8	3	5	7	3	6	14	2	1	15
300-外商投资企业	21	0	1	15	2	5	15	1	6	21	1	2	20
401-财政拨款的事业单位	1330	344	183	1111	183	563	768	177	912	1453	404	153	1704
402-其他事业单位	170	10	18	140	15	43	119	11	68	167	31	27	171
500-机关	1116	201	114	1039	97	295	746	95	590	1094	337	158	1273
600-个体经济组织	33	14	79	13	10	103	9	10	107	101	25	5	121
701-社会团体	93	8	73	62	15	97	56	9	109	149	25	24	150
702-民办非企业单位	69	24	97	42	34	114	23	27	140	154	36	8	182
703-基金会	0	0	0	0	0	0	0	0	0	0	0	0	0
704-其他组织	190	83	1362	114	67	1454	67	68	1500	979	656	55	1580

2022年全区基层工会统计报表

（二）按行业分类

表1-1　工会基层组织建设状况

指标序号	基层工会	单独基层工会	联合基层工会	基层工会涵盖单位	职工	女性	农民工	女性农民工	工会会员	女性	农民工	女性农民工	本年度新发展会员
	个	个	个	个	人	人	人	人	人	人	人	人	人
		c904=1	c904=2	z001	z002	z003	z004	z005	z006	z007	z008	z009	z010
总计	12158	11507	651	25109	1249411	513605	271070	98159	1225192	503860	263852	95459	74207
1-农、林、牧、渔业	1059	1026	33	1291	59853	20808	22090	8437	58389	20149	21745	8194	3947
2-采矿业	79	79	0	79	55457	9771	1065	112	55444	9762	1057	112	1985
3-制造业	1504	1488	16	1755	227792	62727	66889	21187	223322	61201	64174	20354	18329
4-电力、热气、燃气及水生产和供应业	277	272	5	295	37769	10557	1932	581	37410	10381	1795	493	1341
5-建筑业	666	652	14	737	32747	10296	5631	1611	31262	9970	5347	1541	2469
6-批发和零售业	857	809	48	3384	51844	29782	8549	4654	50421	28784	8323	4465	2572
7-交通运输、仓储及邮政业	465	438	27	625	73412	20000	8958	2090	68506	18736	7222	1744	5021
8-住宿和餐饮业	278	265	13	588	15458	9187	4903	3078	15170	9044	4799	3023	619
9-信息传输、软件和信息技术服务业	299	295	4	352	15057	6566	637	316	14313	6186	625	304	1073
10-金融业	216	212	4	235	29915	15239	267	118	29788	15164	267	118	874
11-房地产业	362	353	9	473	15877	7745	2511	1131	15246	7370	2285	980	638
12-租赁和商务服务业	360	337	23	675	24046	9998	7342	2642	23192	9794	7284	2624	1590
13-科学研究和技术服务业	172	171	1	174	6908	2526	205	56	6803	2460	203	56	467
14-水利、环境和公共设施管理业	173	172	1	193	19491	9032	4037	2289	19166	8900	3927	2234	767
15-居民服务、修理和其他服务业	733	594	139	3472	79462	37216	26742	10765	78390	36746	26288	10587	4852
16-教育	1171	1158	13	1245	109218	70955	4661	3304	106592	69778	4405	3083	5007
17-卫生和社会工作	529	523	6	650	61080	43612	1814	1165	60258	42919	1709	1093	2810
18-文化、体育和娱乐业	240	234	6	268	15289	7705	1085	619	15031	7549	1085	619	437
19-公共管理、社会保障和社会组织	2718	2429	289	8618	318736	129883	101752	34004	316489	128967	101312	33835	19409
20-国际组织	0	0	0	0	0	0	0	0	0	0	0	0	0

表1-2 工会基层组织建设状况

指标序号	专职工会工作人员 人	女性 人	兼职工会工作人员 人	女性 人	有女职工的工会数 人	女职工组织的覆盖率	本级工会建立女职工组织 建立女职工委员会 人	仅设立女职工委员 人	未建立 人	本级工会女职工工作人员 专职 人	兼职 人
	z011	z012	z013	z014			z015	z015	z015	z016	z017
总计	1332	713	46557	23611	12050	96.0%	6946	4627	585	354	19566
1-农、林、牧、渔业	71	35	3201	1391	1038	95.2%	437	551	71	22	1391
2-采矿业	188	91	900	399	78	96.2%	54	21	4	55	183
3-制造业	119	60	5907	2616	1482	97.9%	860	591	53	39	2444
4-电力、热气、燃气及水生产和供应业	85	47	1905	798	275	93.8%	156	102	19	26	548
5-建筑业	62	42	2116	1106	662	95.9%	324	311	31	19	927
6-批发和零售业	29	20	2688	1486	848	96.7%	469	351	37	10	1245
7-交通运输、仓储及邮政业	112	51	3187	1175	460	94.3%	234	200	31	18	781
8-住宿和餐饮业	11	7	820	477	276	94.2%	177	83	18	2	393
9-信息传输、软件和信息技术服务业	18	7	1110	566	295	96.6%	139	146	14	4	447
10-金融业	44	19	1217	718	215	96.7%	105	103	8	10	416
11-房地产业	13	9	1168	670	361	97.0%	215	135	12	7	583
12-租赁和商务服务业	30	17	1071	593	357	96.1%	182	161	17	12	521
13-科学研究和技术服务业	9	5	632	316	170	94.7%	85	76	11	2	301
14-水利、环境和公共设施管理业	39	22	816	378	172	96.5%	107	59	7	10	280
15-居民服务、修理和其他服务业	59	25	2176	1264	729	98.4%	500	217	16	12	1086
16-教育	72	39	5161	2956	1170	97.3%	930	208	33	20	2457
17-卫生和社会工作	49	27	2145	1283	528	98.7%	374	147	8	10	1005
18-文化、体育和娱乐业	29	11	844	485	236	94.9%	131	93	16	10	356
19-公共管理、社会保障和社会组织	293	179	9493	4934	2698	94.1%	1467	1072	179	66	4202
20-国际组织	0	0	0	0	0	0.0%	0	0	0	0	0

2022年全区基层工会统计报表

（三）按产业分类

表1-1 工会基层组织建设状况

	基层工会	单独基层工会	联合基层工会	基层工会涵盖单位	职工	女性	农民工	女性农民工	工会会员	女性	农民工	女性农民工	本年度新发展会员
	个	个	个	个	人	人	人	人	人	人	人	人	人
指标序号		c904=1	c904=2	z001	z002	z003	z004	z005	z006	z007	z008	z009	z010
总计	12158	11507	651	25109	1249411	513605	271070	98159	1225192	503860	263852	95459	74207
A01.国家铁路运输企业	16	16	0	16	16728	2979	0	0	16728	2979	0	0	348
A02.铁路设备企业	1	1	0	1	2	0	0	0	2	0	0	0	0
A03.铁路建筑企业	6	6	0	6	373	146	78	7	367	145	78	7	106
A04.铁路物资企业	0	0	0	0	0	0	0	0	0	0	0	0	0
A05.铁路通讯企业	0	0	0	0	0	0	0	0	0	0	0	0	0
A06.地方铁路企业	3	3	0	3	1156	203	0	0	1156	203	0	0	3
B01.民航产业	2	2	0	2	2627	835	571	194	2627	835	571	194	23
C01.中央银行	2	2	0	2	534	292	0	0	534	292	0	0	17
C02.银行业	92	92	0	92	22331	11405	13	9	22276	11372	13	9	605
C03.证券业	4	4	0	4	305	159	6	4	283	149	6	4	4
C04.保险业	18	18	0	18	4137	2161	59	3	4107	2132	59	3	184
C05.其他金融活动	115	112	3	132	3350	1675	307	164	3223	1627	247	138	131
D01.教育产业	1150	1136	14	1235	106908	70365	4313	3239	105297	69203	4072	3033	4875
D02.文化产业	229	223	6	255	12770	6312	747	361	12658	6201	747	361	400
D03.体育产业	26	25	1	27	1285	632	167	125	1126	566	167	125	81
D04.卫生产业	496	490	6	617	60855	43656	1891	1229	59997	42923	1756	1130	2529
D05.科研产业	56	55	1	57	2167	969	287	178	2148	949	271	163	355
E01.交通运输、仓储业	373	352	21	500	46088	13932	6898	1475	41287	12706	5189	1147	4311
E02.建筑业	608	592	16	681	29513	9211	5250	1519	28187	8927	4979	1455	2599
E03.房地产业	369	361	8	484	16089	7968	2739	1237	15432	7557	2435	1022	669
E04.燃气、热力及水的生产和供应业	121	119	2	127	9686	3706	1061	421	9403	3590	937	333	451
E05.城市和公共设施管理业	178	175	3	221	19203	10008	5253	2806	18829	9868	5076	2709	1256

续表

	基层工会	单独基层工会	联合基层工会	基层工会涵盖单位	职工	女性	农民工	女性农民工	工会会员	女性	农民工	女性农民工	本年度新发展会员
	个	个	个	个	人	人	人	人	人	人	人	人	人
F01.煤炭	153	149	4	210	59170	10315	4657	875	58969	10227	4596	820	2912
F02.电力	142	141	1	152	23509	5864	363	92	23466	5855	350	92	882
F03.石油石化	85	84	1	88	25276	7571	2829	731	24415	7226	2800	701	850
F04.化工医药行业	214	210	4	244	37950	12511	9936	3244	36627	11998	9249	2982	4163
F05.国土资源系统	29	28	1	44	4455	1271	76	9	4439	1271	68	9	178
G01.机械装备制造产业	224	222	2	274	31313	6223	3645	873	31011	6148	3574	854	1397
G02.冶金产业	120	120	0	120	52884	11209	23086	4809	52018	11083	22576	4731	3526
G03.建筑材料产业	286	284	2	288	17236	4246	4279	1078	16842	4159	4174	1061	1227
H01.邮政	36	35	1	41	4999	1540	449	184	4880	1500	449	184	44
H02.电信	30	30	0	30	6674	3237	24	21	6136	2936	24	21	46
H03.电子信息	190	187	3	219	6642	2492	386	105	6584	2476	385	104	885
J01.财贸产业	754	704	50	3308	51505	26656	12244	5590	50917	26338	12131	5543	2242
J02.轻工业	274	272	2	304	23986	10185	9110	3741	23729	10084	8888	3637	1085
J03.纺织产业	96	94	2	114	15634	10541	6752	4889	15095	10199	6191	4693	1020
J04.烟草行业	9	9	0	9	1638	536	0	0	1638	536	0	0	25
K01.农牧渔产业	883	863	20	1016	42585	15823	17826	7015	41396	15343	17544	6857	3368
K02.气象系统	19	18	1	21	605	270	2	0	605	270	2	0	15
K03.监狱系统	9	9	0	9	2228	461	6	2	2228	461	6	2	25
K04.林业系统	120	120	0	120	7613	2545	1237	400	7578	2426	1197	330	244
K05.水利产业	56	55	1	71	8777	2536	127	32	8711	2536	127	32	144
Z00.无明确产业类别	4564	4089	475	13947	468625	190959	144396	51498	462241	188564	142918	50973	30982

表1-2 工会基层组织建设状况

指标序号	专职工会工作人员 人 z011	女性 人 z012	兼职工会工作人员 人 z013	女性 人 z014	有女职工的工会数 z011	女职工组织的覆盖率	本级工会建立女职工组织 建立女职工委员会 z015	仅设立女职工委员 z015	未建立 z015	本级工会女职工工作人员 专职 人 z016	兼职 人 z017
总计	1332	713	46557	23611	12050	96.0%	6946	4627	585	354	19566
A01.国家铁路运输企业	33	8	1381	303	16	100.0%	14	2	0	0	71
A02.铁路设备企业	0	0	1	0	0	0.0%	0	0	1	0	0
A03.铁路建筑企业	1	0	36	19	6	100.0%	3	3	0	0	12
A04.铁路物资企业	0	0	0	0	0	0.0%	0	0	0	0	0
A05.铁路通讯企业	0	0	0	0	0	0.0%	0	0	0	0	0
A06.地方铁路企业	2	1	25	5	3	66.7%	1	1	1	0	3
B01.民航产业	1	1	50	13	2	100.0%	2	0	0	0	8
C01.中央银行	6	0	16	10	2	100.0%	2	0	0	0	6
C02.银行业	23	14	652	390	92	97.8%	38	52	2	4	200
C03.证券业	0	0	13	10	4	100.0%	2	2	0	0	10
C04.保险业	12	3	235	126	18	88.9%	13	3	2	4	53
C05.其他金融活动	3	2	356	210	114	98.2%	60	52	3	2	165
D01.教育产业	65	37	5097	2906	1149	97.3%	919	199	32	20	2408
D02.文化产业	27	11	784	459	226	95.6%	116	100	13	11	345
D03.体育产业	2	1	100	50	26	88.5%	13	10	3	0	39
D04.卫生产业	46	28	2019	1215	495	98.4%	347	140	9	8	946
D05.科研产业	1	0	192	109	54	94.4%	34	17	5	0	109
E01.交通运输、仓储业	74	40	1422	708	368	95.4%	182	169	22	16	565
E02.建筑业	62	41	1941	1023	606	95.9%	288	293	27	19	849
E03.房地产业	15	11	1216	687	368	97.6%	223	136	10	8	603
E04.燃气、热力及水的生产和供应业	12	6	519	237	119	93.3%	68	43	10	2	206
E05.城市和公共设施管理业	14	9	636	330	178	96.1%	110	61	7	4	298
F01.煤炭	193	93	1013	390	153	98.0%	108	42	3	58	263
F02.电力	68	39	1314	535	142	93.7%	78	55	9	22	305
F03.石油石化	38	16	712	346	85	100.0%	51	34	0	5	224
F04.化工医药行业	15	7	912	428	210	98.1%	157	49	8	15	375
F05.国土资源系统	6	4	242	112	29	100.0%	19	10	0	2	97

续表

	专职工会工作人员	女性	兼职工会工作人员	女性	有女职工的工会数	女职工组织的覆盖率	本级工会建立女职工组织			本级工会女职工工作人员	
							建立女职工委员会	仅设立女职工委员	未建立	专职	兼职
	人	人	人	人			人	人		人	人
G01.机械装备制造产业	22	16	959	418	220	98.2%	122	94	8	6	392
G02.冶金产业	19	10	648	249	120	97.5%	88	29	3	4	246
G03.建筑材料产业	2	0	873	389	275	97.1%	116	151	19	0	380
H01.邮政	8	4	140	69	36	86.1%	22	9	5	3	66
H02.电信	13	6	398	213	30	96.7%	19	10	1	4	116
H03.电子信息	2	0	568	278	187	97.9%	89	94	7	0	272
J01.财贸产业	52	24	2442	1312	747	97.6%	374	355	25	15	1111
J02.轻工业	9	5	1109	518	272	99.6%	131	140	3	3	459
J03.纺织产业	6	2	367	191	96	99.0%	73	22	1	3	159
J04.烟草行业	7	4	113	55	9	100.0%	8	1	0	1	26
K01.农牧渔产业	30	11	2520	1054	866	95.5%	350	477	56	7	1125
K02.气象系统	2	1	75	39	19	94.7%	2	16	1	0	32
K03.监狱系统	8	7	62	28	9	100.0%	7	2	0	5	22
K04.林业系统	24	12	452	223	115	91.3%	55	50	15	8	190
K05.水利产业	27	16	482	216	56	94.6%	35	18	3	8	89
Z00.无明确产业类别	382	223	14465	7738	4528	94.8%	2607	1686	271	87	6721

2022年全区基层工会统计报表

（四）按组织类型分类

表1-1　工会基层组织建设状况

	基层工会	单独基层工会	联合基层工会	基层工会涵盖单位	职工	女性	农民工	女性农民工	工会会员	女性	农民工	女性农民工	本年度新发展会员
	个	个	个	个	人	人	人	人	人	人	人	人	人
指标序号		$c904=1$	$c904=2$	$z001$	$z002$	$z003$	$z004$	$z005$	$z006$	$z007$	$z008$	$z009$	$z010$
总计	12158	11507	651	25109	1249411	513605	271070	98159	1225192	503860	263852	95459	74207
1-单独基层工会	11507	11507	0	11507	1075677	441249	224151	79327	1052320	431806	217093	76694	59233
2-联合基层工会	651	0	651	13602	173734	72356	46919	18832	172872	72054	46759	18765	14974

表1–2　工会基层组织建设状况

	专职工会工作人员	女性	兼职工会工作人员	女性	有女职工的工会数	女职工组织的覆盖率	本级工会建立女职工组织			本级工会女职工工作人员	
							建立女职工委员会	仅设立女职工委员	未建立	专职	兼职
	人	人	人	人						人	人
指标序号	z011	z012	z013	z014			z015	z015	z015	z016	z017
总计	1332	713	46557	23611	12050	96.0%	6946	4627	585	354	19566
1–单独基层工会	1218	656	43679	21818	11400	95.8%	6404	4522	581	331	18386
2–联合基层工会	114	57	2878	1793	650	99.5%	542	105	4	23	1180

2022年全区基层工会统计报表

（五）按工会层次分类

表1-1　工会组织建设及民主参与状况

	基层以上工会	本级工会专职工会干部		本级工会兼职工会干部		本级工会是否建立了女职工委员会	
			女性		女性	是	否
	个	人	人	人	人	个	个
指标序号		z001	z002	z003	z004	z005	z005
总计	463	1114	663	2290	1016	412	51
1–省级地方工会	1	71	27	2	1	1	0
2–地市级地方工会	6	203	126	9	1	6	0
3–县级地方工会	22	468	294	19	5	22	0
4–省级产业工会或履行产业工会职能的厅、局、公司工会	12	49	16	86	42	11	1
5–地市级产业工会或履行产业工会职能的局、公司工会	77	55	30	594	239	66	11
6–县级产业工会或履行产业工会职能的局、公司工会	94	14	4	410	195	84	10
7–企业集团工会	30	75	30	244	103	29	1
81–乡镇、街道总工会	50	45	35	150	84	38	12
82–其他乡镇、街道级工会	144	68	56	637	274	130	14
9–村工会(联合会)	0	0	0	0	0	0	0
10–社区工会(联合会)	7	3	3	14	6	6	1
11–工业园区工会	20	63	42	125	66	19	1

表1-2 工会组织建设及民主参与状况

指标序号	本级工会 女职工工作十部		本级工会本年度是否 与同级政府开过联席 会议		本级工会建立区域 (行业)职代会		
	专职	兼职	是	否	职代会	覆盖企业	覆盖职工
	人	人	个	个	个	个	人
	z006	z007	z008	z008	z009	z010	z011
总计	109	926	32	431	280	8596	156093
1-省级地方工会	3	0	0	1	0	0	0
2-地市级地方工会	7	46	2	4	0	0	0
3-县级地方工会	20	69	17	5	38	487	7156
4-省级产业工会或履行产业工会职能的厅、局、公司工会	3	24	1	11	0	0	0
5-地市级产业工会或履行产业工会职能的局、公司工会	16	178	8	69	0	0	0
6-县级产业工会或履行产业工会职能的局、公司工会	3	187	4	90	17	178	11652
7-企业集团工会	12	82	0	30	0	0	0
81-乡镇、街道总工会	13	71	0	50	101	1964	25455
82-其他乡镇、街道级工会	19	215	0	144	105	4733	78551
9-村工会(联合会)	0	0	0	0	0	0	0
10-社区工会(联合会)	2	5	0	7	3	20	282
11-工业园区工会	11	49	0	20	16	1214	32997

表2-1 工会干部协管及教育培训工作

	本级工会领导班子成员	女性	正副主席	党委常委 是	党委常委 否	人大常委会副主任 是	人大常委会副主任 否	政协副主席 是	政协副主席 否	其他党政副职级干部 是	其他党政副职级干部 否	党委委员	人大代表	人大常委	政协委员	政协常委
指标序号	x001	x002	x003	x004	x004	x005	x005	x006	x006	x007	x007	x008	x009	x010	x011	x012
总计	1257	467	696	0	463	21	442	2	461	1	462	6	23	14	17	3
1-省级地方工会	9	3	7	0	1	1	0	0	1	0	1	1	1	1	1	0
2-地市级地方工会	38	12	30	0	6	4	2	0	6	0	6	2	3	3	4	0
3-县级地方工会	113	37	91	0	22	16	6	2	20	1	21	3	19	10	12	3
4-省级产业工会或履行产业工会职能的厅、局、公司工会	44	7	23	0	12	0	12	0	12	0	12	0	0	0	0	0
5-地市级产业工会或履行产业工会职能的局、公司工会	262	92	160	0	77	0	77	0	77	0	77	0	0	0	0	0
6-县级产业工会或履行产业工会职能的局、公司工会	205	78	88	0	94	0	94	0	94	0	94	0	0	0	0	0
7-企业集团工会	119	34	38	0	30	0	30	0	30	0	30	0	0	0	0	0
81-乡镇、街道总工会	97	55	66	0	50	0	50	0	50	0	50	0	0	0	0	0
82-其他乡镇、街道级工会	300	128	148	0	144	0	144	0	144	0	144	0	0	0	0	0
9-村工会(联合会)	0	0	0	0	0	0	0	0	0	0	0	0	0	0	0	0
10-社区工会(联合会)	7	2	7	0	7	0	7	0	7	0	7	0	0	0	0	0
11-工业园区工会	63	19	38	0	20	0	20	0	20	0	20	0	0	0	0	0

表2-2 工会干部协管及教育培训工作

	本年度本级工会开展的各类培训					本年度本级工会在工会干部院校举办的培训
	企业工会干部培训	非公有制企业工会干部培训	机关、事业单位和其他社会组织工会干部培训	工会专业人才培训	工会师资培训	
	人次	人次	人次	人次	人次	人次
指标序号	x013	x014	x015	x016	x017	x018
总计	10762	6518	5451	1854	10	399
1-省级地方工会	50	0	936	486	10	0
2-地市级地方工会	675	437	1459	572	0	0
3-县级地方工会	2348	1303	1591	421	0	0
4-省级产业工会或履行产业工会职能的厅、局、公司工会	675	0	217	96	0	370
5-地市级产业工会或履行产业工会职能的局、公司工会	1361	920	629	116	0	8
6-县级产业工会或履行产业工会职能的局、公司工会	87	83	38	2	0	0
7-企业集团工会	615	14	82	59	0	21
81-乡镇、街道总工会	1317	1225	40	0	0	0
82-其他乡镇、街道级工会	1757	1045	436	96	0	0
9-村工会(联合会)	0	0	0	0	0	0
10-社区工会(联合会)	0	0	0	0	0	0
11-工业园区工会	1877	1491	23	6	0	0

表3–1　工会权益保障工作

	本级工会开办的职业介绍机构	本年度本级工会职业介绍机构成功介绍人次	农民工	下岗和失业人员	本级工会开办的职业培训机构	本年度本级工会职业培训机构培训人次	农民工	下岗和失业人员	经培训实现再就业	本年度工会投入的再就业资金	本年度获得本级工会小额借（贷）款的下岗和失业人员		本年度获得本级工会小额借（贷）款的农民工	
											获得人次	获得金额	获得人次	获得金额
	个	人次	人次	人次	个	人次	人次	人次	人次	元	人次	元	人次	元
指标序号	b001	b002	b003	b004	b005	b006	b007	b008	b009	b010	b011	b012	b013	b014
总计	3	230	137	41	2	200	65	74	55	457000	0	0	1	100000
1–省级地方工会	0	0	0	0	0	0	0	0	0	0	0	0	0	0
2–地市级地方工会	1	50	35	15	0	0	0	0	0	177000	0	0	0	0
3–县级地方工会	2	180	102	26	2	200	65	74	55	280000	0	0	1	100000
4–省级产业工会或履行产业工会职能的厅、局、公司工会	0	0	0	0	0	0	0	0	0	0	0	0	0	0
5–地市级产业工会或履行产业工会职能的局、公司工会	0	0	0	0	0	0	0	0	0	0	0	0	0	0
6–县级产业工会或履行产业工会职能的局、公司工会	0	0	0	0	0	0	0	0	0	0	0	0	0	0
7–企业集团工会	0	0	0	0	0	0	0	0	0	0	0	0	0	0
81–乡镇、街道总工会	0	0	0	0	0	0	0	0	0	0	0	0	0	0
82–其他乡镇、街道级工会	0	0	0	0	0	0	0	0	0	0	0	0	0	0
9–村工会（联合会）	0	0	0	0	0	0	0	0	0	0	0	0	0	0
10–社区工会（联合会）	0	0	0	0	0	0	0	0	0	0	0	0	0	0
11–工业园区工会	0	0	0	0	0	0	0	0	0	0	0	0	0	0

表3-2　工会权益保障工作

指标序号	本年度本级工会举办创业培训班		获得本级工会小额借(贷)款或接受创业培训的自我创业成功人员		创业成功人员带动就业	本年度本级工会经多种形式、渠道帮助和扶持实现再就业人员	本级工会是否参与了劳动关系三方协商协调机制		本级工会聘用的集体协商指导员	
	接受培训的下岗和失业人员	接受培训的农民工	下岗和失业人员	农民工			是	否	专职	兼职
	人次	人次	人次	人次	人	人	个	个	人	人
	b015	b016	b017	b018	b019	b020	b021	b021	b022	b023
总计	296	262	0	1	19	1316	94	369	200	172
1-省级地方工会	0	0	0	0	0	0	1	0	100	0
2-地市级地方工会	150	60	0	0	0	177	6	0	17	4
3-县级地方工会	146	202	0	1	19	1139	22	0	79	133
4-省级产业工会或履行产业工会职能的厅、局、公司工会	0	0	0	0	0	0	4	8	0	0
5-地市级产业工会或履行产业工会职能的局、公司工会	0	0	0	0	0	0	15	62	0	0
6-县级产业工会或履行产业工会职能的局、公司工会	0	0	0	0	0	0	6	88	0	0
7-企业集团工会	0	0	0	0	0	0	9	21	0	0
81-乡镇、街道总工会	0	0	0	0	0	0	7	43	0	2
82-其他乡镇、街道级工会	0	0	0	0	0	0	19	125	4	33
9-村工会(联合会)	0	0	0	0	0	0	0	0	0	0
10-社区工会(联合会)	0	0	0	0	0	0	0	7	0	0
11-工业园区工会	0	0	0	0	0	0	5	15	0	0

表3-3　工会权益保障工作

	本级工会签订区域性集体合同			本级工会签订行业性集体合同			本级工会开展创建劳动关系和谐企业与工业园区活动情况		
							是否开展了创建活动		本级工会表彰的企业、工业园区数
	合同	覆盖企业	覆盖职工	合同	覆盖企业	覆盖职工	是	否	
	个	个	人	个	个	人	个	个	个
指标序号	b024	b025	b026	b027	b028	b029	b030	b030	b031
总计	113	2931	74900	144	3229	189475	59	404	26
1-省级地方工会	0	0	0	0	0	0	0	1	0
2-地市级地方工会	7	167	9839	13	1199	18805	3	3	0
3-县级地方工会	106	2764	65061	82	1499	47771	16	6	15
4-省级产业工会或履行产业工会职能的厅、局、公司工会	0	0	0	4	24	12340	0	12	0
5-地市级产业工会或履行产业工会职能的局、公司工会	0	0	0	17	282	13813	0	77	0
6-县级产业工会或履行产业工会职能的局、公司工会	0	0	0	10	74	3318	0	94	0
7-企业集团工会	0	0	0	18	151	93428	0	30	0
81-乡镇、街道总工会	0	0	0	0	0	0	15	35	0
82-其他乡镇、街道级工会	0	0	0	0	0	0	19	125	6
9-村工会(联合会)	0	0	0	0	0	0	0	0	0
10-社区工会(联合会)	0	0	0	0	0	0	0	7	0
11-工业园区工会	0	0	0	0	0	0	6	14	5

表4-1 工会法律工作

指标序号	本年度工会参与制定的地方性法规、地方政府规章	本年度工会参与制定的地方规范性文件（除法规、规章外）	本级工会所在区域或行业是否设立了区域性行业性劳动争议调解组织		本年度区域性行业性劳动争议调解组织受理的争议	调解成功数	本级工会受聘担任劳动争议兼职仲裁员的工会干部	本级工会是否已建立劳动关系预警机制		本级工会是否建立了工会劳动法律监督组织		本级工会劳动法律监督员
			是	否				是	否	是	否	
	个	个	个	个	件	件	人	个	个	个	个	人
	f001	f002	f003	f003	f004	f005	f006	f007	f007	f008	f008	f009
总计	0	0	150	313	43	36	63	149	314	168	295	422
1-省级地方工会	0	0	0	1	0	0	2	1	0	0	1	0
2-地市级地方工会	0	0	0	6	0	0	4	4	2	3	3	14
3-县级地方工会	0	0	0	22	0	0	6	16	6	18	4	78
4-省级产业工会或履行产业工会职能的厅、局、公司工会	0	0	3	9	4	2	2	1	11	1	11	2
5-地市级产业工会或履行产业工会职能的局、公司工会	0	0	14	63	4	4	13	12	65	13	64	34
6-县级产业工会或履行产业工会职能的局、公司工会	0	0	20	74	0	0	10	23	71	30	64	65
7-企业集团工会	0	0	14	16	0	0	11	7	23	9	21	20
81-乡镇、街道总工会	0	0	26	24	1	0	1	22	28	25	25	60
82-其他乡镇、街道级工会	0	0	73	71	34	30	9	54	90	61	83	115
9-村工会(联合会)	0	0	0	0	0	0	0	0	0	0	0	0
10-社区工会(联合会)	0	0	0	7	0	0	0	0	7	0	7	0
11-工业园区工会	0	0	0	20	0	0	5	9	11	8	12	34

表4-2 工会法律工作

指标序号	工会劳动法律监督组织本年度受理案件	本级工会劳动保障法律监督员	本级工会取得法学本科及以上学历或法学学士及以上学位的人数	本级工会具有律师或法律职业资格的人数	本级工会是否建有工会法律援助服务机构			工会法律援助志愿者	本年度工会法律援助服务机构办理劳动争议案件	本年度法律援助服务机构办理劳动争议案件受援职工人数
					已取得公职律师证书的人数	是	否			
	件	人	人	人	人	个	个	人	件	人
	f010	f011	f012	f013	f014	f015	f015	f016	f017	f018
总计	46	195	85	32	6	106	357	180	232	438
1-省级地方工会	0	0	21	8	0	1	0	10	10	11
2-地市级地方工会	6	13	7	2	0	5	1	19	48	117
3-县级地方工会	21	23	28	2	0	18	4	57	137	185
4-省级产业工会或履行产业工会职能的厅、局、公司工会	0	4	1	0	0	1	11	0	0	0
5-地市级产业工会或履行产业工会职能的局、公司工会	0	26	10	8	5	7	70	9	0	0
6-县级产业工会或履行产业工会职能的局、公司工会	1	40	3	2	1	10	84	8	0	0
7-企业集团工会	0	16	7	9	0	2	28	1	0	0
81-乡镇、街道总工会	0	4	0	0	0	17	33	9	3	5
82-其他乡镇、街道级工会	12	41	4	1	0	35	109	36	4	4
9-村工会(联合会)	0	0	0	0	0	0	0	0	0	0
10-社区工会(联合会)	0	0	0	0	0	0	7	0	0	0
11-工业园区工会	6	28	4	0	0	10	10	31	30	116

表5　工会劳动保护工作

	本级工会建立了劳动保护监督检查组织	本级工会劳动保护监督检查员	本年度工会劳动保护监督组织受理举报案件	本级工会本年度参加劳动安全卫生工作			
				安全生产检查	提出事故隐患和职业危害整改意见	事故隐患和职业危害整改数	处理工伤事故
	个	人	件	次	件	件	件
指标序号		l001	l002	l003	l004	l005	l006
总计	21	131	9	1890	936	768	71
1-省级地方工会	1	60	0	17	12	12	7
2-地市级地方工会	4	20	0	40	5	4	19
3-县级地方工会	16	51	9	274	76	58	27
4-省级产业工会或履行产业工会职能的厅、局、公司工会	0	0	0	9	7	7	1
5-地市级产业工会或履行产业工会职能的局、公司工会	0	0	0	176	140	123	0
6-县级产业工会或履行产业工会职能的局、公司工会	0	0	0	373	113	39	2
7-企业集团工会	0	0	0	171	377	370	2
81-乡镇、街道总工会	0	0	0	181	72	69	3
82-其他乡镇、街道级工会	0	0	0	396	67	25	0
9-村工会(联合会)	0	0	0	0	0	0	0
10-社区工会(联合会)	0	0	0	4	0	0	0
11-工业园区工会	0	0	0	249	67	61	10

表6-1　工会经济技术工作

指标序号	现有省部级劳动模范		本年度本级工会授予			本年度职工技术创新所获得的奖项			本级工会已命名的劳模创新工作室	本年度本级工会组织省级及以上劳动模范和全国五一劳动奖章获得者疗休养
	省级	部级	"五一"奖状	"五一"奖章	工人先锋号	国家级	省级	部级		
	人	人	个	个	个	个	个	个	个	人次
	j001	j002	j003	j004	j005	j006	j007	j008	j009	j010
总计	1399	981	15	60	40	0	0	0	448	156
1-省级地方工会	1399	981	15	60	40	0	0	0	103	84
2-地市级地方工会	0	0	0	0	0	0	0	0	251	19
3-县级地方工会	0	0	0	0	0	0	0	0	94	47
4-省级产业工会或履行产业工会职能的厅、局、公司工会	0	0	0	0	0	0	0	0	0	0
5-地市级产业工会或履行产业工会职能的局、公司工会	0	0	0	0	0	0	0	0	0	4
6-县级产业工会或履行产业工会职能的局、公司工会	0	0	0	0	0	0	0	0	0	0
7-企业集团工会	0	0	0	0	0	0	0	0	0	2
81-乡镇、街道总工会	0	0	0	0	0	0	0	0	0	0
82-其他乡镇、街道级工会	0	0	0	0	0	0	0	0	0	0
9-村工会(联合会)	0	0	0	0	0	0	0	0	0	0
10-社区工会(联合会)	0	0	0	0	0	0	0	0	0	0
11-工业园区工会	0	0	0	0	0	0	0	0	0	0

表6-2 工会经济技术工作

	本年度参加本级工会组织的技能比赛的职工	农民工	通过技能比赛晋升技术等级	农民工	本年度本级工会组织的技术培训				
					培训班	参加职工	农民工	通过培训提升技术等级	农民工
	人次	人次	人次	人次	班次	人次	人次	人次	人次
指标序号	j011	j012	j013	j014	j015	j016	j017	j018	j019
总计	140869	23617	4874	919	794	74933	11742	2790	835
1-省级地方工会	11200	2000	2760	410	1	40	6	0	0
2-地市级地方工会	62373	10334	358	95	154	22230	5775	533	168
3-县级地方工会	22298	7761	786	341	71	9294	3130	1530	499
4-省级产业工会或履行产业工会职能的厅、局、公司工会	40	40	0	0	328	28800	0	0	0
5-地市级产业工会或履行产业工会职能的局、公司工会	4319	303	247	33	25	1422	100	67	0
6-县级产业工会或履行产业工会职能的局、公司工会	1519	395	0	0	11	363	0	0	0
7-企业集团工会	23199	35	462	0	50	6190	0	191	0
81-乡镇、街道总工会	485	255	0	0	13	436	5	0	0
82-其他乡镇、街道级工会	1284	421	56	28	22	631	350	187	107
9-村工会(联合会)	0	0	0	0	0	0	0	0	0
10-社区工会(联合会)	0	0	0	0	0	0	0	0	0
11-工业园区工会	14152	2073	205	12	119	5527	2376	282	61

表7-1 工会财务和经费审查工作

指标序号	本级工会经费收缴是否委托税务代收		本级工会是否实行建会筹备金制度		本级行政事业单位工会经费是否由财政统一划拨		本级工会设有经费审查委员会		经审会委员人数达到同级工会委员会委员人数的20%		三分之二的经审会委员具有审计、财会从业资格		本级工会是否设有经审会办公室	
	是	否	是	否	是	否	是	否	是	否	是	否	是	否
	个	个	个	个	个	个	个	个	个	个	个	个	个	个
	s001	s001	s002	s002	s003	s003	s004	s004	s005	s005	s006	s006	s007	s007
总计	29	434	27	436	24	439	29	434	26	437	24	439	27	436
1-省级地方工会	1	0	1	0	1	0	1	0	1	0	1	0	1	0
2-地市级地方工会	6	0	6	0	5	1	6	0	6	0	4	2	5	1
3-县级地方工会	22	0	20	2	18	4	22	0	19	3	19	3	21	1
4-省级产业工会或履行产业工会职能的厅、局、公司工会	0	12	0	12	0	12	0	12	0	12	0	12	0	12
5-地市级产业工会或履行产业工会职能的局、公司工会	0	77	0	77	0	77	0	77	0	77	0	77	0	77
6-县级产业工会或履行产业工会职能的局、公司工会	0	94	0	94	0	94	0	94	0	94	0	94	0	94
7-企业集团工会	0	30	0	30	0	30	0	30	0	30	0	30	0	30
81-乡镇、街道总工会	0	50	0	50	0	50	0	50	0	50	0	50	0	50
82-其他乡镇、街道级工会	0	144	0	144	0	144	0	144	0	144	0	144	0	144
9-村工会(联合会)	0	0	0	0	0	0	0	0	0	0	0	0	0	0
10-社区工会(联合会)	0	7	0	7	0	7	0	7	0	7	0	7	0	7
11-工业园区工会	0	20	0	20	0	20	0	20	0	20	0	20	0	20

表7-2 工会财务和经费审查工作

	本级工会经审会办公室干部				本年度本级工会举办的经审干部培训班	
	专职	具有中级以上会计、审计专业技术资格	兼职	具有中级以上会计、审计专业技术资格	培训班	培训人次
	人	人	人	人	次	人次
指标序号	s008	s009	s010	s011	s012	s013
总计	38	5	28	4	23	1347
1-省级地方工会	5	3	0	0	1	47
2-地市级地方工会	10	1	1	0	5	260
3-县级地方工会	23	1	27	4	17	1040
4-省级产业工会或履行产业工会职能的厅、局、公司工会	0	0	0	0	0	0
5-地市级产业工会或履行产业工会职能的局、公司工会	0	0	0	0	0	0
6-县级产业工会或履行产业工会职能的局、公司工会	0	0	0	0	0	0
7-企业集团工会	0	0	0	0	0	0
81-乡镇、街道总工会	0	0	0	0	0	0
82-其他乡镇、街道级工会	0	0	0	0	0	0
9-村工会(联合会)	0	0	0	0	0	0
10-社区工会(联合会)	0	0	0	0	0	0
11-工业园区工会	0	0	0	0	0	0

表7-3　工会财务和经费审查工作

指标序号	本级工会经审会开展预、决算审查审计工作情况						本级工会经审会对下列单位开展年度审计工作情况（以下四类互斥）				本年度受本级工会组织部门委托进行的经济责任审计项目
	是否开展了预、决算审查		是否开展了预算执行情况审计		是否开展了上半年预算执行情况审查		工会的企事业单位	下一级地方工会	独立管理经费的产业工会	直管基层工会	
	是	否	是	否	是	否					
	个	个	个	个	个	个	项	项	项	项	项
	s014	s014	s015	s015	s016	s016	s017	s018	s019	s020	s021
总计	28	435	27	436	24	439	16	49	4	599	1
1-省级地方工会	1	0	1	0	1	0	3	5	2	40	1
2-地市级地方工会	5	1	5	1	4	2	8	19	2	86	0
3-县级地方工会	22	0	21	1	19	3	5	25	0	473	0
4-省级产业工会或履行产业工会职能的厅、局、公司工会	0	12	0	12	0	12	0	0	0	0	0
5-地市级产业工会或履行产业工会职能的局、公司工会	0	77	0	77	0	77	0	0	0	0	0
6-县级产业工会或履行产业工会职能的局、公司工会	0	94	0	94	0	94	0	0	0	0	0
7-企业集团工会	0	30	0	30	0	30	0	0	0	0	0
81-乡镇、街道总工会	0	50	0	50	0	50	0	0	0	0	0
82-其他乡镇、街道级工会	0	144	0	144	0	144	0	0	0	0	0
9-村工会(联合会)	0	0	0	0	0	0	0	0	0	0	0
10-社区工会(联合会)	0	7	0	7	0	7	0	0	0	0	0
11-工业园区工会	0	20	0	20	0	20	0	0	0	0	0

表7-4 工会财务和经费审查工作

指标序号	本年度工会专项资金审计	本年度工会建设项目审计	工会经费计拨审计查处少、漏、欠缴工会经费金额	补缴入库金额	本年度出具审计报告和审计调查报告	本年度工会审计发现主要问题和建议			整改落实的审计意见数
						问题数	涉及金额	提出审计建议数	
	项	项	万元	万元	篇	件	万元	件	件
	s022	s023	s024	s025	s026	s027	s028	s029	s030
总计	73	2	760	478	1087	2096	4278	1899	1934
1-省级地方工会	2	0	525	377	50	308	3465	90	277
2-地市级地方工会	20	1	210	101	190	554	677	590	514
3-县级地方工会	51	1	25	0	847	1234	136	1219	1143
4-省级产业工会或履行产业工会职能的厅、局、公司工会	0	0	0	0	0	0	0	0	0
5-地市级产业工会或履行产业工会职能的局、公司工会	0	0	0	0	0	0	0	0	0
6-县级产业工会或履行产业工会职能的局、公司工会	0	0	0	0	0	0	0	0	0
7-企业集团工会	0	0	0	0	0	0	0	0	0
81-乡镇、街道总工会	0	0	0	0	0	0	0	0	0
82-其他乡镇、街道级工会	0	0	0	0	0	0	0	0	0
9-村工会(联合会)	0	0	0	0	0	0	0	0	0
10-社区工会(联合会)	0	0	0	0	0	0	0	0	0
11-工业园区工会	0	0	0	0	0	0	0	0	0

表8 工会宣传教育和职工文化体育工作

	本级工会直属文体设施			本级工会兴办职工高等院校	本级工会兴办职工中等学校
	文化宫俱乐部	体育场(馆)	图书馆(藏书1万册以上)		
	个	个	个	所	所
指标序号	w001	w002	w003	w004	w005
总计	17	41	46	0	0
1-省级地方工会	1	1	1	0	0
2-地市级地方工会	2	3	2	0	0
3-县级地方工会	3	2	3	0	0
4-省级产业工会或履行产业工会职能的厅、局、公司工会	0	3	1	0	0
5-地市级产业工会或履行产业工会职能的局、公司工会	9	16	16	0	0
6-县级产业工会或履行产业工会职能的局、公司工会	1	0	5	0	0
7-企业集团工会	1	14	7	0	0
81-乡镇、街道总工会	0	1	1	0	0
82-其他乡镇、街道级工会	0	0	5	0	0
9-村工会(联合会)	0	0	0	0	0
10-社区工会(联合会)	0	0	0	0	0
11-工业园区工会	0	1	5	0	0

表9　工会社会联络工作

	本级工会联系引导劳动领域社会组织	本年度本级工会购买社会组织服务		
		实施项目	实际支出资金	服务职工群众
	个	个	万元	人次
指标序号	e001	e002	e003	e004
总计	25	16	23	128240
1-省级地方工会	0	0	0	0
2-地市级地方工会	18	10	14	127040
3-县级地方工会	7	6	9	1200
4-省级产业工会或履行产业工会职能的厅、局、公司工会	0	0	0	0
5-地市级产业工会或履行产业工会职能的局、公司工会	0	0	0	0
6-县级产业工会或履行产业工会职能的局、公司工会	0	0	0	0
7-企业集团工会	0	0	0	0
81-乡镇、街道总工会	0	0	0	0
82-其他乡镇、街道级工会	0	0	0	0
9-村工会(联合会)	0	0	0	0
10-社区工会(联合会)	0	0	0	0
11-工业园区工会	0	0	0	0

表10 工会网络工作

	本级工会从事网络工作的工会干部		本级工会开通官方微信公众号
	专职	兼职	
	人	人	个
指标序号	n001	n002	n003
总计	4	0	27
1-省级地方工会	4	0	1
2-地市级地方工会	0	0	5
3-县级地方工会	0	0	21
4-省级产业工会或履行产业工会职能的厅、局、公司工会	0	0	0
5-地市级产业工会或履行产业工会职能的局、公司工会	0	0	0
6-县级产业工会或履行产业工会职能的局、公司工会	0	0	0
7-企业集团工会	0	0	0
81-乡镇、街道总工会	0	0	0
82-其他乡镇、街道级工会	0	0	0
9-村工会(联合会)	0	0	0
10-社区工会(联合会)	0	0	0
11-工业园区工会	0	0	0

表11 工会国际交流工作

	本年度本级工会邀请来访代表团		本年度本级工会出访代表团	
	团数	人数	团数	人数
	个	人	个	人
指标序号	g001	g002	g003	g004
总计	0	0	0	0
1–省级地方工会	0	0	0	0
2–地市级地方工会	0	0	0	0
3–县级地方工会	0	0	0	0
4–省级产业工会或履行产业工会职能的厅、局、公司工会	0	0	0	0
5–地市级产业工会或履行产业工会职能的局、公司工会	0	0	0	0
6–县级产业工会或履行产业工会职能的局、公司工会	0	0	0	0
7–企业集团工会	0	0	0	0
81–乡镇、街道总工会	0	0	0	0
82–其他乡镇、街道级工会	0	0	0	0
9–村工会(联合会)	0	0	0	0
10–社区工会(联合会)	0	0	0	0
11–工业园区工会	0	0	0	0

附表1-1　工会干部队伍情况

	内设机构数	直属单位数	产业工会数		本级机关人员编制		领导班子职数	中层正职		中层副职		现有机关干部	
			驻会	不驻会	行政编制	事业编制		职数	实际配备	职数	实际配备	人数	女
	个	个	个	个	个	个	个	个	人	个	人	人	人
指标序号	d001	d002	d003	d004	d005	d006	d007	d008	d009	d010	d011	d012	d013
总计	120	25	9	16	191	133	137	52	48	32	27	320	126
1-省级地方工会	14	4	3	8	34	38	9	14	14	15	13	71	27
2-地市级地方工会	29	16	6	1	54	48	27	29	26	11	9	101	41
3-县级地方工会	77	5	0	7	103	47	101	9	8	6	5	148	58
4-省级产业工会或履行产业工会职能的厅、局、公司工会	0	0	0	0	0	0	0	0	0	0	0	0	0
5-地市级产业工会或履行产业工会职能的局、公司工会	0	0	0	0	0	0	0	0	0	0	0	0	0
6-县级产业工会或履行产业工会职能的局、公司工会	0	0	0	0	0	0	0	0	0	0	0	0	0
7-企业集团工会	0	0	0	0	0	0	0	0	0	0	0	0	0
81-乡镇、街道总工会	0	0	0	0	0	0	0	0	0	0	0	0	0
82-其他乡镇、街道级工会	0	0	0	0	0	0	0	0	0	0	0	0	0
9-村工会(联合会)	0	0	0	0	0	0	0	0	0	0	0	0	0
10-社区工会(联合会)	0	0	0	0	0	0	0	0	0	0	0	0	0
11-工业园区工会	0	0	0	0	0	0	0	0	0	0	0	0	0

附表1-2　工会干部队伍情况

	本年度进入单位人数			平均年龄	从事工会工作年限			本年度离开单位人数	平级交流	提拔交流
	录用	军转	调入		4年及以下	5—14年	15年以上			
	人	人	人	岁	人	人	人	人	人	人
指标序号	d014	d015	d016	d017	d018	d019	d020	d021	d022	d023
总计	7	0	34	46	134	128	58	21	9	2
1-省级地方工会	0	0	9	36	13	34	24	1	1	0
2-地市级地方工会	2	0	5	44	52	36	13	7	1	0
3-县级地方工会	5	0	20	46	69	58	21	13	7	2
4-省级产业工会或履行产业工会职能的厅、局、公司工会	0	0	0	0	0	0	0	0	0	0
5-地市级产业工会或履行产业工会职能的局、公司工会	0	0	0	0	0	0	0	0	0	0
6-县级产业工会或履行产业工会职能的局、公司工会	0	0	0	0	0	0	0	0	0	0
7-企业集团工会	0	0	0	0	0	0	0	0	0	0
81-乡镇、街道总工会	0	0	0	0	0	0	0	0	0	0
82-其他乡镇、街道级工会	0	0	0	0	0	0	0	0	0	0
9-村工会(联合会)	0	0	0	0	0	0	0	0	0	0
10-社区工会(联合会)	0	0	0	0	0	0	0	0	0	0
11-工业园区工会	0	0	0	0	0	0	0	0	0	0

附表1-3　工会干部队伍情况

	副主席(专职)		副主席(挂职)	副主席(兼职)	经审会主任是否专职		其他党组成员		平均年龄
	职数	实际配备	实际配备	实际配备	是	否	职数	实际配备	
	个	人	人	人	个	个	个	人	岁
指标序号	d024	d025	d026	d027	d028	d028	d029	d030	d031
总计	67	65	20	28	21	442	11	12	48
1-省级地方工会	4	4	1	2	1	0	1	1	0
2-地市级地方工会	17	16	3	8	5	1	1	1	50
3-县级地方工会	46	45	13	15	15	7	9	10	47
4-省级产业工会或履行产业工会职能的厅、局、公司工会	0	0	3	3	0	12	0	0	0
5-地市级产业工会或履行产业工会职能的局、公司工会	0	0	0	0	0	77	0	0	0
6-县级产业工会或履行产业工会职能的局、公司工会	0	0	0	0	0	94	0	0	0
7-企业集团工会	0	0	0	0	0	30	0	0	0
81-乡镇、街道总工会	0	0	0	0	0	50	0	0	0
82-其他乡镇、街道级工会	0	0	0	0	0	144	0	0	0
9-村工会(联合会)	0	0	0	0	0	0	0	0	0
10-社区工会(联合会)	0	0	0	0	0	7	0	0	0
11-工业园区工会	0	0	0	0	0	20	0	0	0

附表1-4　工会干部队伍情况

	领导班子成员学历构成				担任工会领导班子成员的工作年限			本年度领导班子成员调整情况		
	研究生	大学	大专	中专以下	4年及以下	5-9年	10年及以上	调出	调入	内部提拔
	人	人	人	人	人	人	人	人	人	人
指标序号	d032	d033	d034	d035	d036	d037	d038	d039	d040	d041
总计	15	122	21	2	109	45	6	10	25	2
1-省级地方工会	4	4	1	0	4	4	1	1	1	0
2-地市级地方工会	5	31	2	0	27	11	0	0	5	2
3-县级地方工会	6	87	18	2	78	30	5	9	19	0
4-省级产业工会或履行产业工会职能的厅、局、公司工会	0	0	0	0	0	0	0	0	0	0
5-地市级产业工会或履行产业工会职能的局、公司工会	0	0	0	0	0	0	0	0	0	0
6-县级产业工会或履行产业工会职能的局、公司工会	0	0	0	0	0	0	0	0	0	0
7-企业集团工会	0	0	0	0	0	0	0	0	0	0
81-乡镇、街道总工会	0	0	0	0	0	0	0	0	0	0
82-其他乡镇、街道级工会	0	0	0	0	0	0	0	0	0	0
9-村工会(联合会)	0	0	0	0	0	0	0	0	0	0
10-社区工会(联合会)	0	0	0	0	0	0	0	0	0	0
11-工业园区工会	0	0	0	0	0	0	0	0	0	0

附　录

宁夏回族自治区总工会文件目录

关于举办第八届全区高校青年教师教学竞赛的通知(宁工发〔2022〕19号) 2022.3.25

自治区总工会关于印发区总十二届六次全委(扩大)会议文件的通知(宁工发〔2022〕20号) 2022.3.25

宁夏总工会关于推荐评选2022年全国五一劳动奖和全国工人先锋号的工作报告(宁工发〔2022〕21号) 2022.3.28

自治区总工会2022年工作要点(宁工发〔2022〕22号) 2022.4.7

关于在全区开展2022-2023年度"安康杯"竞赛活动的通知(宁工发〔2022〕23号) 2022.4.22

自治区总工会关于召开庆祝"五一"国际劳动节暨五一劳动奖表彰大会的请示(宁工发〔2022〕24号) 2022.4.25

自治区总工会关于邀请自治区政府领导同志出席庆祝"五一"国际劳动节暨五一劳动奖表彰大会的请示(宁工发〔2022〕25号) 2022.4.26

自治区总工会关于邀请自治区政协领导同志出席庆祝"五一"国际劳动节暨五一劳动奖表彰大会的请示(宁工发〔2022〕26号) 2022.4.26

自治区总工会关于表彰自治区五一劳动奖和自治区工人先锋号的决定(宁工发〔2022〕27号) 2022.4.27

宁夏回族自治区总工会关于区总第十二届委员会第七次全体会议选举结果的报告(宁工发〔2022〕28号) 2022.5.25

自治区总工会关于认真组织学习宣传贯彻习近平总书记致首届大国工匠创新交流大会贺信精神的通知(宁工发〔2022〕29号) 2022.5.26

自治区总工会关于全国总工会学习习近平总书记重要指示精神、深入推进产业工人队伍建设改革会议精神和贯彻落实工作措施的报告(宁工发〔2022〕30号) 2022.5.27

自治区总工会关于加强新时代工会女职工工作的实施意见(宁工发〔2022〕31号) 2022.6.2

自治区总工会关于帮助小微企业纾困解难工作情况的专报(宁工发〔2022〕32号) 2022.6.7

关于开展2022年"网聚职工正能量 争做职工好网民"主题活动的通知(宁工发〔2022〕33号) 2022.6.17

自治区总工会关于开展工会慰问等活动促进消费的通知(宁工发〔2022〕34号) 2022.6.20

宁夏回族自治区总工会关于落实小微企业工会经费支持政策的报告(宁工发〔2022〕35号) 2022.6.30

自治区总工会、教育厅关于第八届全区高校青年教师教学竞赛结果的通报(宁工发〔2022〕36号) 2022.6.30

自治区总工会关于中华全国总工会十七届六次执委会议精神的报告(宁工发〔2022〕37号) 2022.7.1

自治区总工会关于开展工会慰问等活动促进消费的报告(宁工发〔2022〕38号) 2022.7.1

关于举办"声音里的经典——感恩奋进新征程"2022年全区职工诵读演说大赛的通知(宁工发〔2022〕39号) 2022.7.7

自治区总工会关于印发《加大工会经费投入助力疫情防控与经济社会发展的若干措施》的通知(宁工发〔2022〕40号) 2022.7.29

自治区总工会关于邀请自治区领导同志出席"喜迎二十大·建功新时代"全区"劳动者之歌"文艺汇演展演暨颁奖典礼的请示(宁工发〔2022〕41号) 2022.8.11

自治区总工会关于邀请自治区党委领导同志为产业工人送清凉的请示(宁工发〔2022〕42号) 2022.8.11

自治区总工会关于报送2022年度重点职能任务清单和对市、县考核细则的报告(宁工发〔2022〕43号) 2022.8.17

宁夏总工会关于申请2022年其他项目补

助的请示（宁工发〔2022〕44号）　2022.8.24

自治区总工会关于邀请自治区政府领导同志出席全区产业工人队伍建设改革工作会议的请示（发政府）（宁工发〔2022〕45号）　2022.8.24

自治区总工会党组关于办理李恬同志转任手续的请示（宁工发〔2022〕46号）　2022.8.31

自治区总工会关于全国工会维护劳动领域政治安全风险防控专题调度会精神及自治区总工会开展风险防控工作情况的报告（宁工发〔2022〕47号）　2022.9.1

自治区总工会民政厅关于进一步加强工会组织与民政部门困难职工家庭数据比对和信息共享、政策衔接、机制协同工作的通知（宁工发〔2022〕48号）　2022.9.7

宁夏回族自治区总工会关于报请中华全国总工会支持宁夏建设黄河流域生态保护和高质量发展先行区有关工作事项的请示（宁工发〔2022〕49号）　2022.9.16

关于全区工会进一步做好防疫情稳经济保增长促发展有关工作的紧急通知（宁工发〔2022〕50号）　2022.9.25

宁夏回族自治区总工会关于申请疫情防控资金的请示（宁工发〔2022〕51号）　2022.9.30

关于"喜迎二十大·建功新时代"全区"劳动者之歌"文艺汇演活动通报（宁工发〔2022〕52号）　2022.10.20

关于"声音里的经典——感恩奋进新征程"

2022年全区职工诵读演说大赛的通报（宁工发〔2022〕53号）　2022.10.28

关于开展2023年"塞上工匠年人物"选树宣传活动的通知（宁工发〔2022〕54号）　2022.11.4

关于调整自治区总工会机关部分内设机构及职责的通知（宁工发〔2022〕55号）　2022.11.16

宁夏回族自治区总工会关于学习宣传贯彻党的二十大精神的实施意见（宁工发〔2022〕56号）　2022.11.18

关于进一步做好工会系统疫情防控工作的通知（宁工发〔2022〕58号）　2022.11.25

自治区总工会关于《国务院安委会2021年度省级政府安全生产和消防工作考核巡查反馈意见整改方案》整改情况的报告（宁工发〔2022〕59号）　2022.12.6

自治区总工会关于呈报2023年工作思路的报告（宁工发〔2022〕60号）　2022.12.13

宁夏总工会关于2022年度工会疗休养事业经费使用情况报告及2023年度工会疗休养事业经费的请示（宁工发〔2022〕61号）　2022.12.13

关于印发《宁夏工会大厦公司制改革工作实施方案》的通知（宁工发〔2022〕62号）　2022.12.14

宁夏回族自治区总工会办公室文件目录

关于印发《自治区总工会社交媒体工作群管理办法》的通知（宁工办发〔2022〕1号）2022.5.12

关于印发《自治区总工会关于加强联合工会和工会联合会经费收支管理的意见》的通知（宁工办发〔2022〕2号）2022.6.2

自治区总工会关于深入学习宣传贯彻习近平总书记在庆祝中国共产主义青年团成立100周年大会上的重要讲话精神的通知（宁工办发〔2022〕3号）2022.6.2

自治区总工会关于认真学习宣传贯彻自治区第十三次党代会精神的通知（宁工办发〔2022〕4号）2022.6.30

关于印发《自治区总工会干部双向挂职交流实施办法（试行）》的通知（宁工办发〔2022〕5号）2022.7.5

关于印发《全区工会广泛开展习近平总书记视察宁夏重要讲话和重要指示批示精神"大学习大讨论大宣传大实践"活动实施方案》的通知（宁工办发〔2022〕6号）2022.8.1

关于印发《全区工会机关干部赴基层蹲点工作实施方案》的通知（宁工办发〔2022〕7号）2022.8.2

关于成立自治区总工会开展习近平总书记视察宁夏重要讲话和重要指示批示精神"大学习大讨论大宣传大实践"活动办公室的通知（宁工办发〔2022〕8号）2022.8.17

关于印发《自治区总工会关于加强新时代廉洁文化建设实施方案》的通知（宁工办发〔2022〕10号）2022.8.31

关于印发《自治区总工会关于开展"县级工会加强年"专项工作的实施方案》的通知（宁工

办发〔2022〕12号）2022.9.27

关于印发《宁夏回族自治区劳模专项资金发放管理办法（试行）》的通知（宁工办发〔2022〕15号）2022.10.10

关于印发《自治区总工会月工作例会制度》的通知（宁工办发〔2022〕16号）2022.10.20

关于印发《自治区总工会驻会产业工会换届筹备工作实施方案》的通知（宁工办发〔2022〕17号）2022.11.14

关于印发《自治区总工会采购管理办法》的通知（宁工办发〔2022〕18号）2022.11.16

关于转发《陈刚同志在全国工会户外劳动者服务站点建设工作座谈会上的讲话》的通知（宁工办发〔2022〕19号）2022.12.8

关于印发《自治区总工会创建自治区直属机关文明单位工作实施方案》的通知（宁工办发〔2022〕20号）2022.12.9

关于印发《全区工会深入开展党的二十大和习近平总书记视察宁夏重要讲话指示批示精神"大学习、大讨论、大宣传、大实践"活动实施方案》的通知（宁工办发〔2022〕21号）2022.12.13

关于印发《全区工会开展党的二十大精神宣讲工作实施方案》的通知（宁工办发〔2022〕22号）2022.12.14

关于切实做好全区工会系统年终岁尾安全生产工作的通知（宁工办发〔2022〕23号）2022.12.16

自治区总工会关于拨付2022年基层工会组织建设工作经费补助的通知（宁工办发〔2022〕24号）2022.12.19

关于组织开展2022年"双节"志愿服务活

时代"主题宣传教育进一步加强产业工人队伍思想政治引领的意见》的通知（宁工办通〔2022〕29号） 2022.4.18

关于转发落实《国务院安全生产委员会印发〈关于进一步强化安全生产责任落实坚决防范遏制重特大事故的若干措施〉的通知》的通知（宁工办通〔2022〕30号） 2022.4.18

关于深入开展"同上一堂思政课"活动进一步加强全区职工思想政治引领的通知（宁工办通〔2022〕31号） 2022.4.18

关于统筹做好2022年工会服务阵地项目申报工作的通知（宁工办通〔2022〕32号） 2022.4.24

关于参加2022年庆祝"五一"国际劳动节暨全国五一劳动奖和全国工人先锋号表彰大会的通知（宁工办通〔2022〕33号） 2022.4.25

关于举办2022年全区工会青年干部综合素质提升培训班的通知（宁工办通〔2022〕34号） 2022.4.26

关于召开庆祝"五一"国际劳动节暨自治区五一劳动奖表彰大会的通知（宁工办通〔2022〕35号） 2022.4.26

关于印发《自治区总工会落实小微企业工会经费支持政策以奖代补方案》的通知（宁工办通〔2022〕36号） 2022.4.29

关于做好"五一"劳动节开斋节假期疫情防控值班值守和安全生产等工作的通知（宁工办通〔2022〕37号） 2022.4.29

关于进一步规范党组（主席办公）会议组织工作的通知（宁工办通〔2022〕38号） 2022.5.5

关于印发《2022年自治区总工会普法工作要点》的通知（宁工办通〔2022〕39号） 2022.5.7

关于举办2022年全区新聘用社会化工会工作者培训班的通知（宁工办通〔2022〕40号） 2022.5.7

关于选聘2022年度集体协商指导员的通知（宁工办通〔2022〕41号） 2022.5.7

关于开展2022年度"聚合力 促发展"全区优秀职工代表提案征集推荐活动的通知（宁工办通〔2022〕42号） 2022.5.7

关于举办全区工会权益保障工作培训班的通知（宁工办通〔2022〕43号） 2022.5.7

关于做好2021年公开招聘社会化工会工作者聘用入职工作的通知（宁工办通〔2022〕44号） 2022.5.11

关于进一步加强困难职工常态化帮扶工作的通知（宁工办通〔2022〕45号） 2022.5.12

关于印发《2022年自治区总工会干部教育培训计划》的通知（宁工办通〔2022〕46号） 2022.5.12

关于印发《自治区总工会"谁服务 谁普法"四个清单分解表》的通知（宁工办通〔2022〕47号） 2022.5.12

关于做好区总本级和各直属单位安全隐患排查治理工作的通知（宁工办通〔2022〕48号） 2022.5.20

关于召开自治区总工会第十二届委员会第七次全体（扩大）会议、常务委员会第六次全体会议的通知（宁工办通〔2022〕49号） 2022.5.20

关于全区工会系统开展深入学习贯彻习近平新时代中国特色社会主义思想暨习近平总书记视察宁夏重要讲话精神和重要指示批示精神宣讲工作的通知（宁工办通〔2022〕50号） 2022.5.25

关于开展厂务公开民主管理先进单位复查工作的通知（宁工办通〔2022〕51号） 2022.5.26

关于开展"安全生产月"活动的通知（宁工办通〔2022〕52号） 2022.5.30

关于开展专项调研工作的通知（宁工办通〔2022〕53号） 2022.6.1

关于对2008年–2013年期间受表彰模范职工之家进行复查的通知（宁工办通〔2022〕55号） 2022.6.8

关于做好2022年职工防暑降温工作的通

知（宁工办通〔2022〕56号） 2022.6.8

关于持续开展模范职工之家"结对共建"试点活动的通知（宁工办通〔2022〕57号） 2022.6.8

关于组织职工群众开展2022年节能宣传周和低碳日活动的通知（宁工办通〔2022〕58号） 2022.6.13

关于印发《自治区总工会学习宣传贯彻落实自治区第十三次党代会精神工作任务分工表（第一批）》的通知（宁工办通〔2022〕59号） 2022.6.21

关于召开全区工会经审工作推进会的通知（宁工办通〔2022〕60号） 2022.6.23

关于召开学习宣传贯彻习近平总书记贺信精神弘扬"社会主义是干出来的"实干精神推动自治区第十三次党代会精神高效落实座谈会的通知（宁工办通〔2022〕61号） 2022.6.24

关于组织自治区（省部级）劳模开展银川疗休养活动的通知（宁工办通〔2022〕62号） 2022.6.24

关于工会系统做好自治区第十三次党代会精神社会宣传工作的通知（宁工办通〔2022〕63号） 2022.6.28

关于组织开展"喜迎二十大建功新时代"工会财务知识竞赛的通知（宁工办通〔2022〕64号） 2022.6.28

关于做好困难职工常态化慰问帮扶工作的通知（宁工办通〔2022〕65号） 2022.6.29

关于举办全区工会领导干部学习贯彻自治区第十三次党代会精神专题培训班的通知（宁工办通〔2022〕66号） 2022.6.29

关于开展为全区新就业形态劳动者免费体检工作的通知（宁工办通〔2022〕67号） 2022.6.29

关于征集争取国家部委项目和闽宁工会协作项目的通知（宁工办通〔2022〕68号） 2022.7.4

关于编制自治区总工会2023-2025年中期财政规划暨2023年部门预算的通知（宁工办通〔2022〕69号） 2022.7.5

关于推荐优秀年轻干部到自治区总工会机关挂职（跟班学习）的通知（宁工办通〔2022〕71号） 2022.7.8

关于推荐申报2022年全国工会职工书屋的通知（宁工办通〔2022〕72号） 2022.7.8

关于在全区开展百万职工"喜迎二十大建功新时代"重点工程示范性劳动竞赛和职工职业技能竞赛活动的通知（宁工办通〔2022〕73号） 2022.7.8

关于做好常态化疫情防控形势下维护职工权益工作的通知（宁工办通〔2022〕74号） 2022.7.8

自治区总工会办公室关于对全区工会2022年上半年重点工作落实情况进行调研的通知（宁工办通〔2022〕75号） 2022.7.14

关于征集第七届平安中国"三微"比赛参赛作品的通知（宁工办通〔2022〕76号） 2022.7.15

关于印发《自治区总工会安全生产百日专项整治行动方案》的通知（宁工办通〔2022〕78号） 2022.7.19

关于开展劳模宣讲活动的通知（宁工办通〔2022〕79号） 2022.7.25

关于组织自治区（省部级）劳模赴福建厦门开展疗休养活动的通知（宁工办通〔2022〕80号） 2022.7.25

关于进一步规范全民健身等相关工会经费使用管理的通知（宁工办通〔2022〕81号） 2022.7.25

关于举办2022年全国职工数字化应用技术技能大赛宁夏选拔赛的通知（宁工办通〔2022〕82号） 2022.8.1

关于做好递补社会化工会工作者考察、体检工作的通知（宁工办通〔2022〕83号） 2022.8.1

关于印发《关于在全区工会大力开展创新创优工作的实施方案》的通知（宁工办通〔2022〕84号） 2022.8.1

关于落实全国工会财务和资产监督管理工作会议精神的通知（宁工办通〔2022〕85号） 2022.8.1

关于开展2022年区总机关干部赴基层蹲点工作的通知（宁工办通〔2022〕86号） 2022.8.2

关于举办2022年全区快递行业职工职业技能竞赛的通知（宁工办通〔2022〕87号） 2022.8.11

关于深入开展违规收送红包礼金和不当收益及违规借转贷或高额放贷专项整治工作的通知（宁工办通〔2022〕88号） 2022.8.11

关于选派机关干部脱产蹲点（挂职交流）的通知（宁工办通〔2022〕89号） 2022.8.11

关于召开区总机关干部第一场专题研讨会的通知（宁工办通〔2022〕90号） 2022.8.11

关于印发《自治区总工会机关干部"我为工会高质量发展献计策"活动实施方案》的通知（宁工办通〔2022〕91号） 2022.8.17

关于转拨吴忠市总工会2021年全总项目补助的通知（宁工办通〔2022〕92号） 2022.8.18

关于征求《自治区劳模专项资金发放管理办法（征求意见稿）》意见和建议的通知（宁工办通〔2022〕93号） 2022.8.18

关于在全区工会深入学习宣传贯彻落实新修改的《宁夏回族自治区安全生产条例》的通知（宁工办通〔2022〕94号） 2022.8.19

关于报送2021年以来政府与同级工会联席会议召开情况及2022年自治区人民政府与工会联席会议议题的通知（宁工办通〔2022〕95号） 2022.8.22

关于报送全区工会系统2022年度创新创优工作的通知（宁工办通〔2022〕96号） 2022.8.23

自治区总工会关于举办2022年全区工会财务资产业务培训班的通知（宁工办通〔2022〕97号） 2022.8.23

关于组织参加县级工会干部素质能力提升网络培训班的通知（宁工办通〔2022〕98号） 2022.8.24

关于拨付2022年常态化送温暖资金的通知（宁工办通〔2022〕99号） 2022.8.25

关于印发《2022年度全区工会统计年报调查方案》的通知（宁工办通〔2022〕100号） 2022.8.26

关于贯彻落实《宁夏回族自治区安全生产"一竿子插到底"随机暗访抽查制度（试行）》的通知（宁工办通〔2022〕101号） 2022.8.30

关于开展2022年民族团结进步月活动的通知（宁工办通〔2022〕102号） 2022.9.1

自治区总工会关于举办网络安全专题视频培训的通知（宁工办通〔2022〕103号） 2022.9.1

关于开展2022年自治区"最美工会户外劳动者服务站点"推树活动的通知（宁工办通〔2022〕104号） 2022.9.5

关于做好2022年递补社会化工会工作者入职工作的通知（宁工办通〔2022〕105号） 2022.9.5

关于总结上报自治区总工会"大学习、大讨论、大宣传、大实践"活动成果典型案例的通知（宁工办通〔2022〕106号） 2022.9.7

关于开展全区企业民主管理工作和产业工人队伍建设改革工作互观互学活动的通知（宁工办通〔2022〕108号） 2022.9.16

关于在全区职工群众中加强和改进新时代国防教育工作的通知（宁工办通〔2022〕109号） 2022.9.23

关于开展《习近平谈治国理政》第四卷及习近平总书记重要讲话精神宣讲工作的通知（宁工办通〔2022〕110号） 2022.9.28

关于寻找推荐2022年"大国工匠年度人物"的紧急通知（宁工办通〔2022〕111号） 2022.9.28

关于进一步加强工会劳动保护监督检查督

宁夏回族自治区总工会及其直属单位，各市、县(区)工会，宁东能源化工基地工会，各产业工会通讯录

单位名称	地　　址	电话号码	邮政编码
宁夏回族自治区总工会及其直属单位通讯录			
宁夏回族自治区总工会	银川市金凤区正源北街135号	0951—2090018	750002
宁夏回族自治区总工会干部学校	宁夏银川市金凤区正源北街135号宁夏总工会综合楼1606	0951—2090038	750002
宁夏回族自治区工人文化宫	银川市金凤区正源北街135号	0951—2090152	750002
宁夏回族自治区工人疗养院	银川市正源南街581号	0951—5043241	750002
宁夏工会大厦	银川市兴庆区解放东街1号	0951—6037012	750004
各市、县(区)工会、宁东能源化工基地工会通讯录			
银川市总工会	宁夏银川市兴庆区凤凰北街172号	0951—5111003	750000
石嘴山市总工会	石嘴山市大武口区长庆东街397号	0952—2680189	753000
吴忠市总工会	吴忠市利通区文卫北街189号	0953—2033509	751100
固原市总工会	固原市行政中心民生大厦10楼1002	0954—2080087	756000
中卫市总工会	中卫市行政中心三楼308室	0955—7068690	755000
宁东能源化工基地工会	灵武市宁东镇长城路企业总部十楼	0951—3093364	751000
银川市兴庆区总工会	银川市兴庆区北京东路471号八楼	0951—6719145	750001
银川市金凤区总工会	银川市金凤区黄河东路721号(金凤区政府)	0951—8677033	750001
银川市西夏区总工会	贺兰山西路与丽子园北街交叉口西夏区人民政府院内	0951—2078780	750021
灵武市总工会	灵武市龙凤佳苑向南50米处	0951—4021651	750400
永宁县总工会	宁夏回族自治区银川市永宁县杨和大街208号	0951—8011372	750100
贺兰县总工会	贺兰县文昌路1号	0951—8078010	750200
银川经济技术开发区工会工作委员会	宁夏银川市黄河东路创新园48号银川经济技术开发区管理委员会	0951—5676029	750002
石嘴山市大武口区总工会	大武口区朝阳西街67号	0952—2013806	753000
石嘴山市惠农区总工会	石嘴山市惠农区北大街429号	0952—3020113	753200
平罗县总工会	平罗县人大政协综合楼8楼东侧	0952—6095054	753401
吴忠市利通区总工会	宁夏吴忠市利通区吴灵路与利华街交叉路口处	0953—2666608	751100
同心县总工会	同心县豫海镇利民路206号	0953—8022843	751300

续表

单位名称	地 址	电话号码	邮政编码
盐池县总工会	盐池县鼓楼北街29号	0953—6018077	751500
青铜峡市总工会	青铜峡市嘉宝路人社局大院内	0953—3665179	751600
吴忠市红寺堡区总工会	吴忠市红寺堡区金水街008号政府大楼	0953—5098558	751999
吴忠市太阳山开发区总工会	吴忠太阳山开发区太乙路1号	0953—5097009	751908
固原市原州区总工会	固原市原州区南城路2号	0954—2060955	756000
西吉县总工会	西吉县吉强镇政府街62号	0954—3012538	756299
隆德县总工会	隆德县龙泉苑广场东南角	0954—6011727	756300
泾源县总工会	宁夏固原市泾源县行政中心112室	0954—5670029	756400
彭阳县总工会	宁夏固原市彭阳县育红街1号	0954—7013867	756500
沙坡头区总工会	沙坡头区社会事业办公楼5楼	0955—8876079	755000
中宁县总工会	中宁县教育体育局四楼	0951—5021343	755100
海原县总工会	宁夏海原县政府西街海原县总工会	0955—4020089	755299
各产业工会通讯录			
宁夏教科文卫体工会	宁夏银川市金凤区正源北街135号	0951—2090100	750002
宁夏农林水财轻工工会	宁夏银川市金凤区正源北街135号	0951—2090121	750002
宁夏能源化工冶金通信工会	宁夏银川市金凤区正源北街135号	0951—2090105	750002
宁夏回族自治区电业工会	宁夏银川市兴庆区长城东路288号	0951—4913565	750001
宁夏邮政工会	宁夏银川市兴庆区解放西街9号宁夏邮政大厦	0951—6920163	750001
宁夏交通工会	宁夏银川市金凤区北京中路175号	0951—6076667	750011
宁夏建设工会	宁夏银川市兴庆区文化西街69号	0951—6128303	750001
宁夏地质工会	宁夏银川市西夏区北京西路215号地矿大厦	0951—2036268	750021
宁夏回族自治区直属机关工会工作委员会	宁夏银川市金凤区康平路1号自治区党委四号院群众工作部124室	0951—6669661	750066
中国金融工会宁夏工作委员会	宁夏回族自治区银川市兴庆区中心巷34号	0951—6098191	750004
宁夏驻北京办事处工会	北京市东城区分司厅胡同13号宁夏大厦	010—64033750	100009